SONIC™ THE HEDGEHOG

COMIC COLLECTION

01

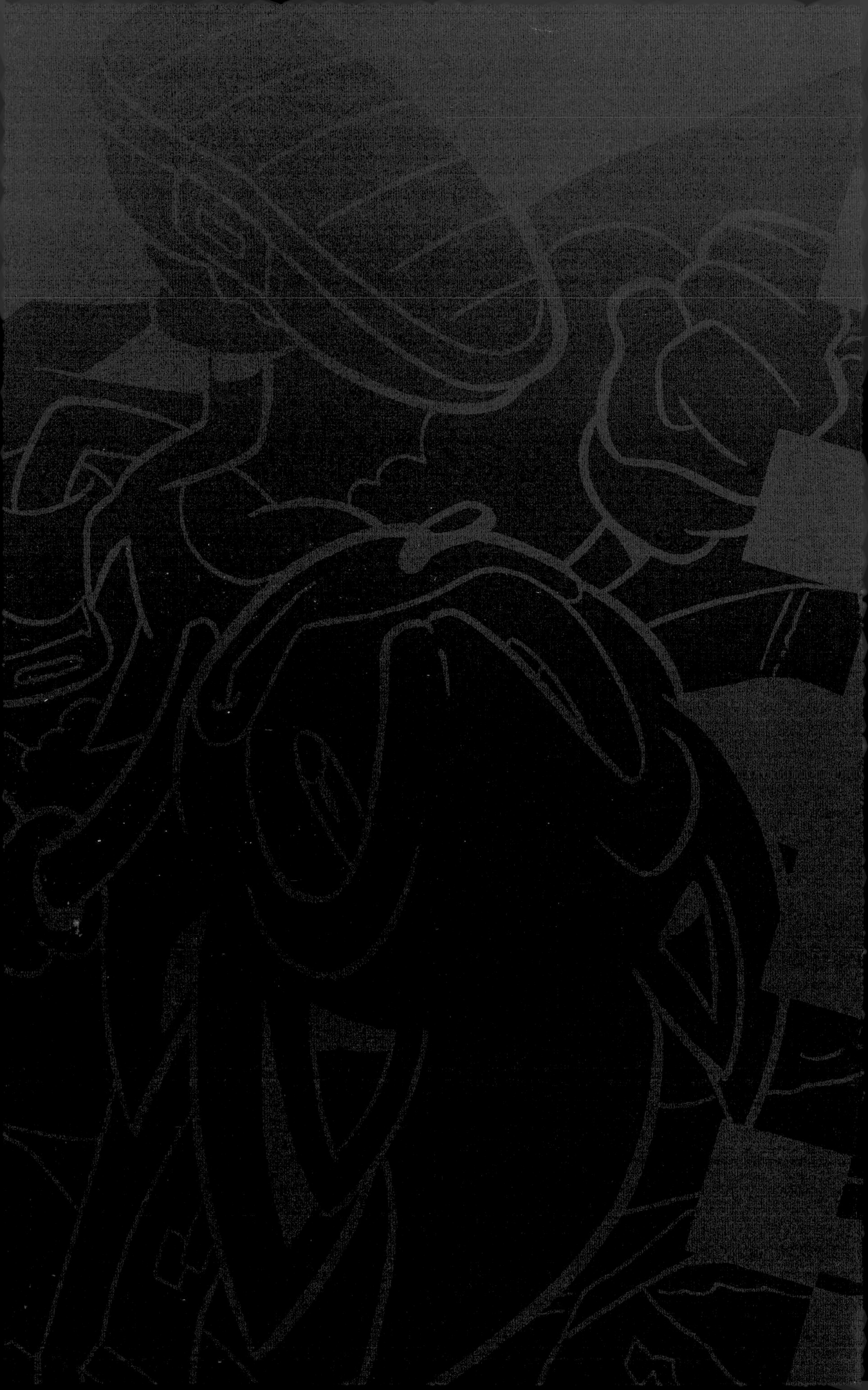

Sonic Comic Collection 01 – Das Vermächtnis

Originaltitel: Sonic The Hedgehog – The IDW Collection Vol. 1,
erschienen im Juni 2021 bei IDW Publishing
Aus dem Englischen von Kai Wichmann

1. Auflage
Verantwortlicher Redakteur: Fabian Gross
Gestaltung: Shawn Lee
Redaktion der Originalausgabe: David Mariotte und Joe Hughes (Series Editors), Megan Brown (Series Assistant Editor), Alonzo Simon und Zac Boone (Collection Editors)
Koordination: Angelika Schönhuber
Printed in the EU
ISBN 978-3-7704-0903-7

Vielen Dank an Mai Kiyotaki, Michael Cisneros, Sandra Jo, Sonic Team und alle bei Sega für ihre wertvolle Unterstützung.
Ursprünglich veröffentlicht als SONIC THE HEDGEHOG Ausgaben 1 bis 12, April 2018 bis Januar 2019.

Deutschsprachige Ausgabe erschienen in der
Egmont Comic Collection
Ritterstr. 26, 10969 Berlin

www.egmont.de
www.egmont-comic-collection.de
@EgmontComics

story house
EGMONT

INHALT

ZEICHNUNGEN: TYSON HESSE

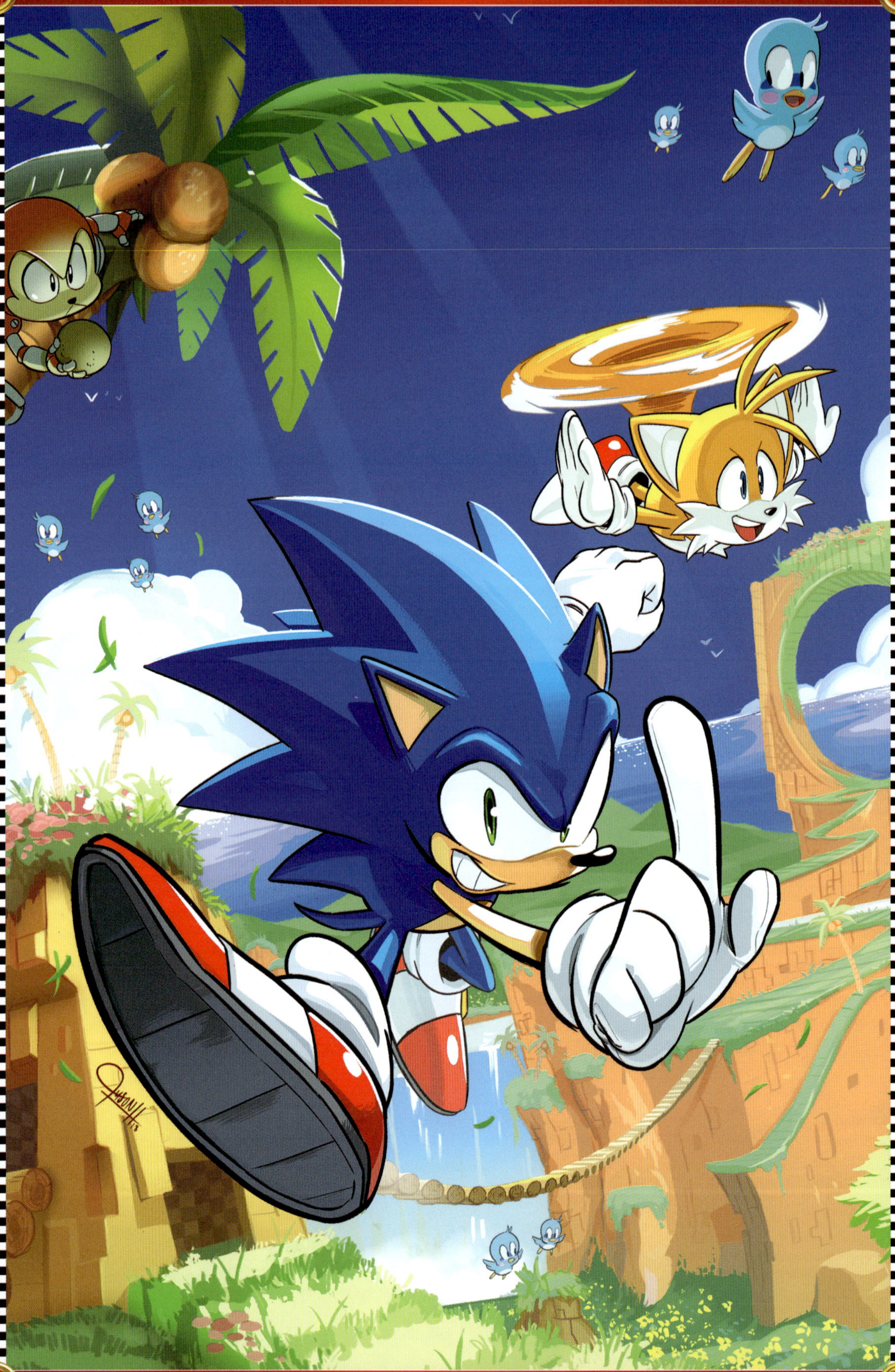

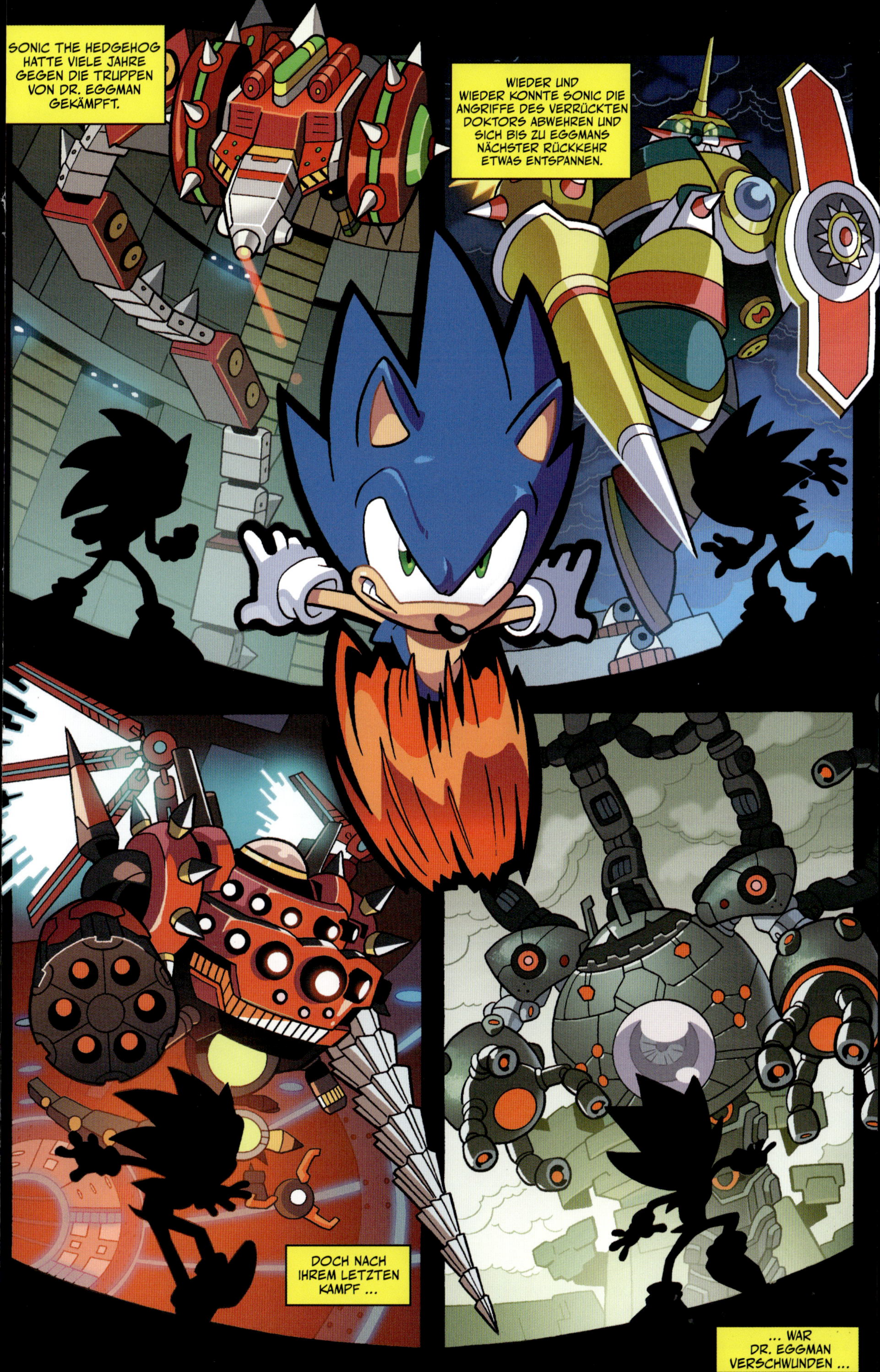
SONIC THE HEDGEHOG HATTE VIELE JAHRE GEGEN DIE TRUPPEN VON DR. EGGMAN GEKÄMPFT.
WIEDER UND WIEDER KONNTE SONIC DIE ANGRIFFE DES VERRÜCKTEN DOKTORS ABWEHREN UND SICH BIS ZU EGGMANS NÄCHSTER RÜCKKEHR ETWAS ENTSPANNEN.
DOCH NACH IHREM LETZTEN KAMPF ...
... WAR DR. EGGMAN VERSCHWUNDEN ...

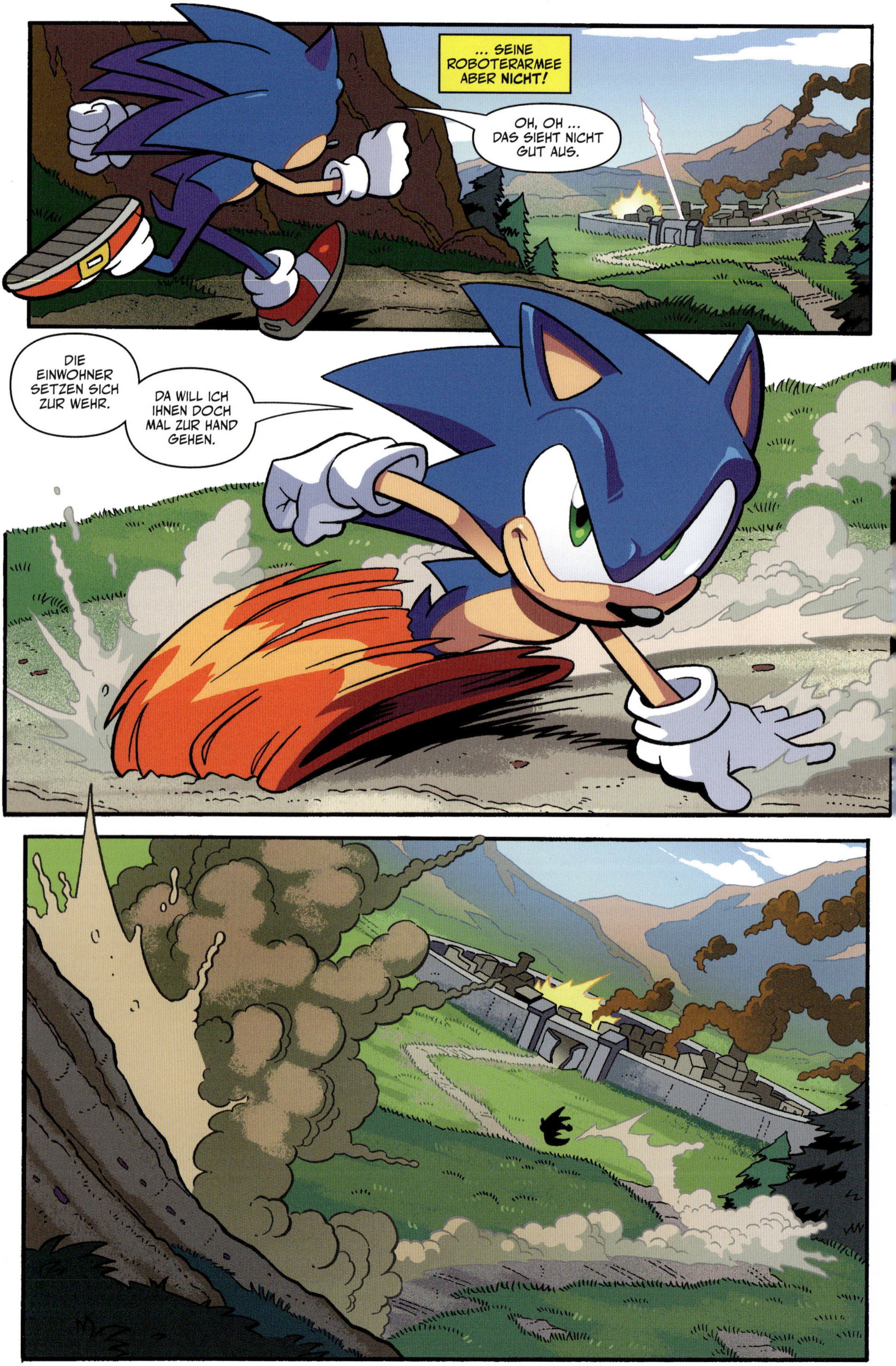
... SEINE ROBOTERARMEE ABER NICHT!
OH, OH ... DAS SIEHT NICHT GUT AUS.
DIE EINWOHNER SETZEN SICH ZUR WEHR.
DA WILL ICH IHNEN DOCH MAL ZUR HAND GEHEN.

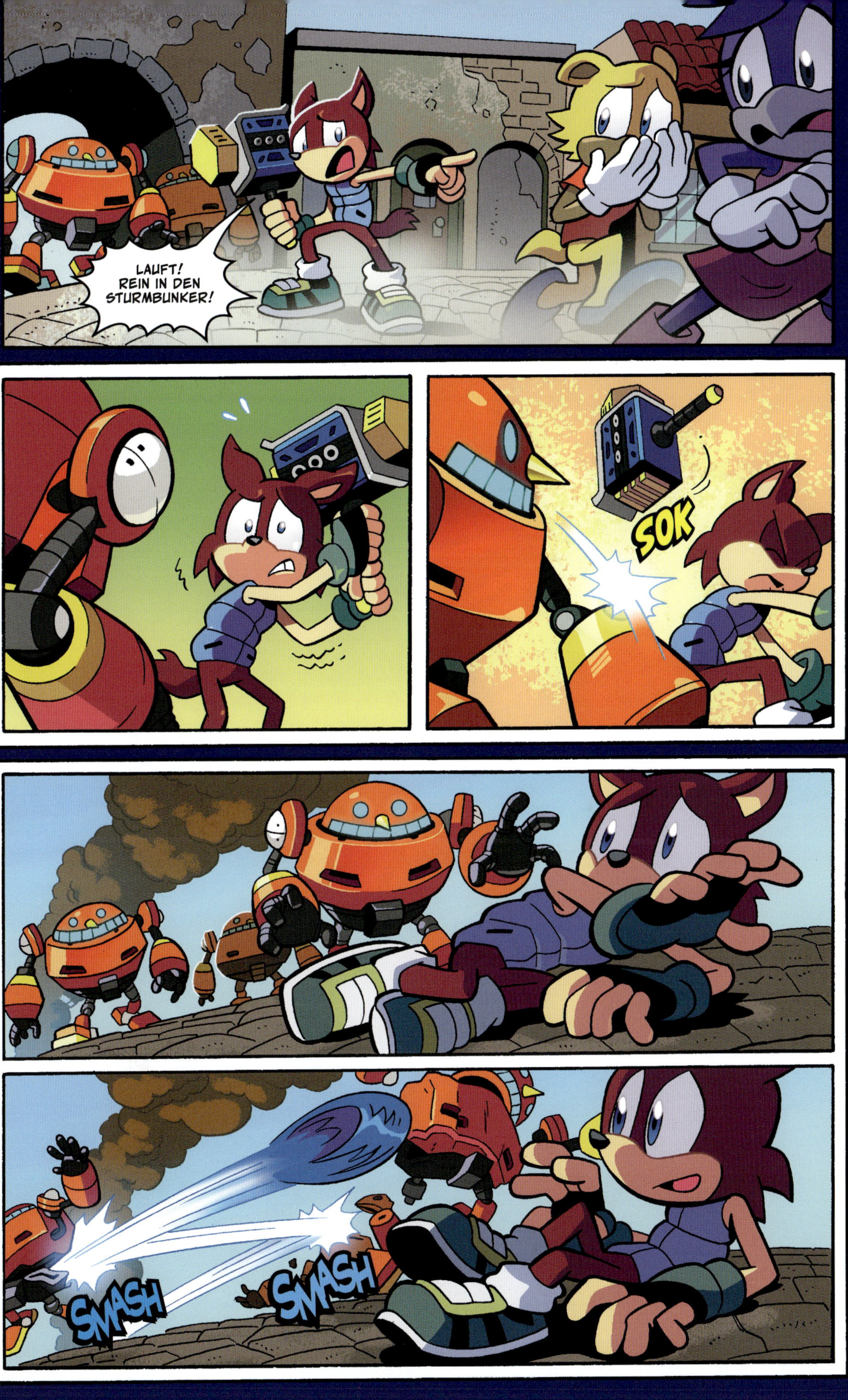
LAUFT!
REIN IN DEN
STURMBUNKER!
SOK
SMASH
SMASH

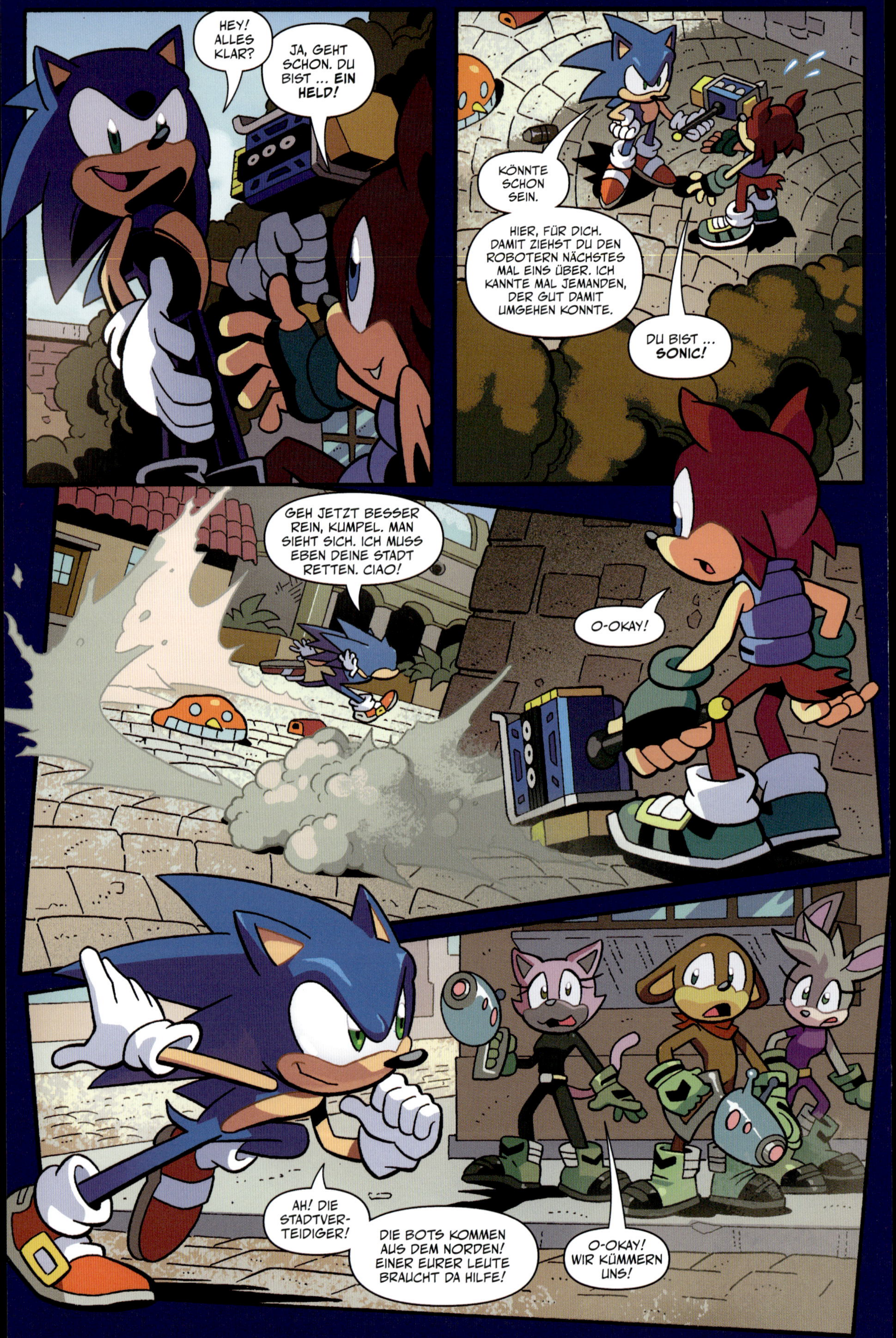
HEY! ALLES KLAR?
JA, GEHT SCHON. DU BIST ... **EIN HELD!**
KÖNNTE SCHON SEIN.
HIER, FÜR DICH. DAMIT ZIEHST DU DEN ROBOTERN NÄCHSTES MAL EINS ÜBER. ICH KANNTE MAL JEMANDEN, DER GUT DAMIT UMGEHEN KONNTE.
DU BIST ... **SONIC!**
GEH JETZT BESSER REIN, KUMPEL. MAN SIEHT SICH. ICH MUSS EBEN DEINE STADT RETTEN. CIAO!
O-OKAY!
AH! DIE STADTVERTEIDIGER!
DIE BOTS KOMMEN AUS DEM NORDEN! EINER EURER LEUTE BRAUCHT DA HILFE!
O-OKAY! WIR KÜMMERN UNS!

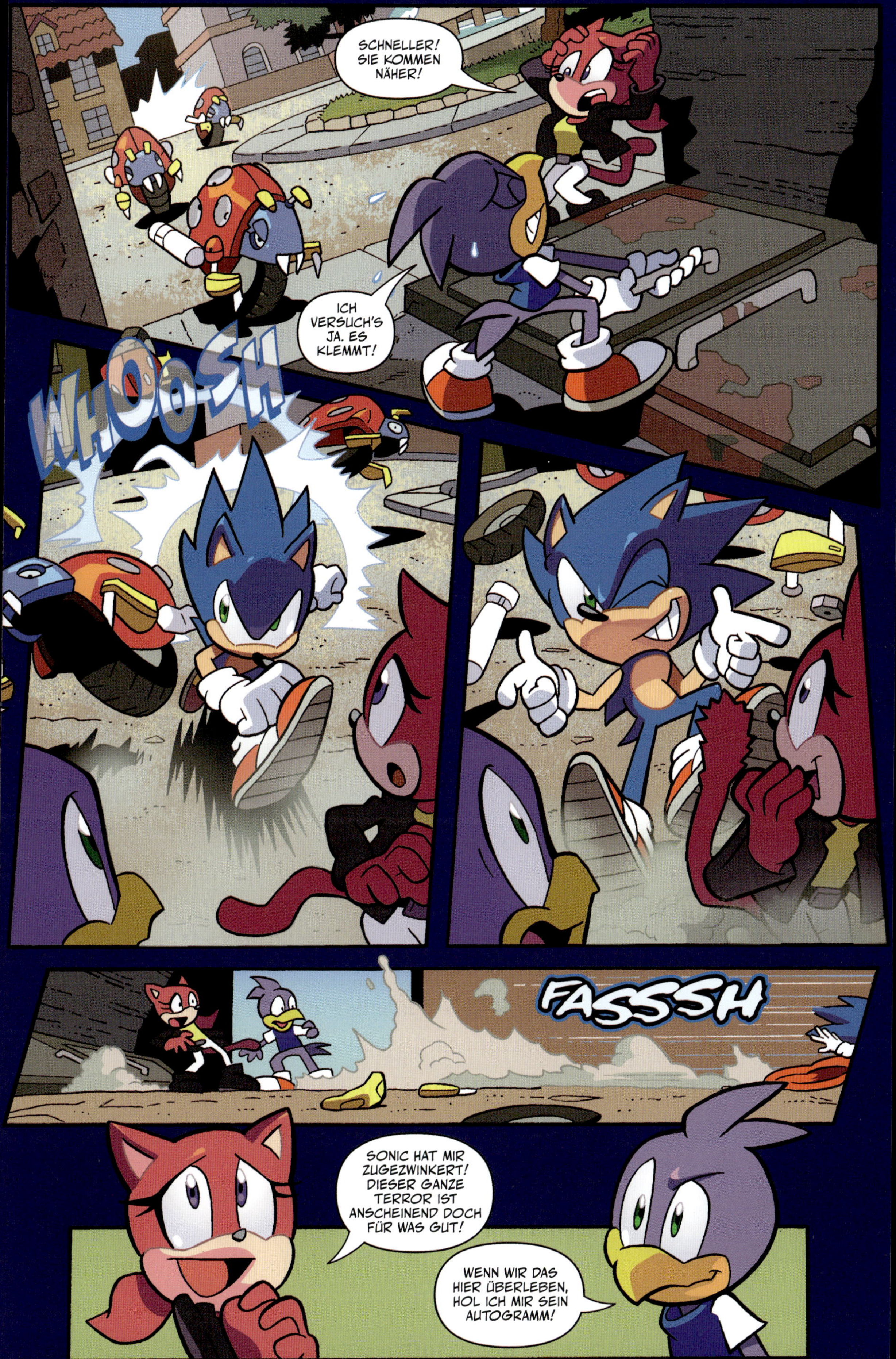
SCHNELLER! SIE KOMMEN NÄHER!
ICH VERSUCH'S JA. ES KLEMMT!
WHOOSH
FASSSH
SONIC HAT MIR ZUGEZWINKERT! DIESER GANZE TERROR IST ANSCHEINEND DOCH FÜR WAS GUT!
WENN WIR DAS HIER ÜBERLEBEN, HOL ICH MIR SEIN AUTOGRAMM!

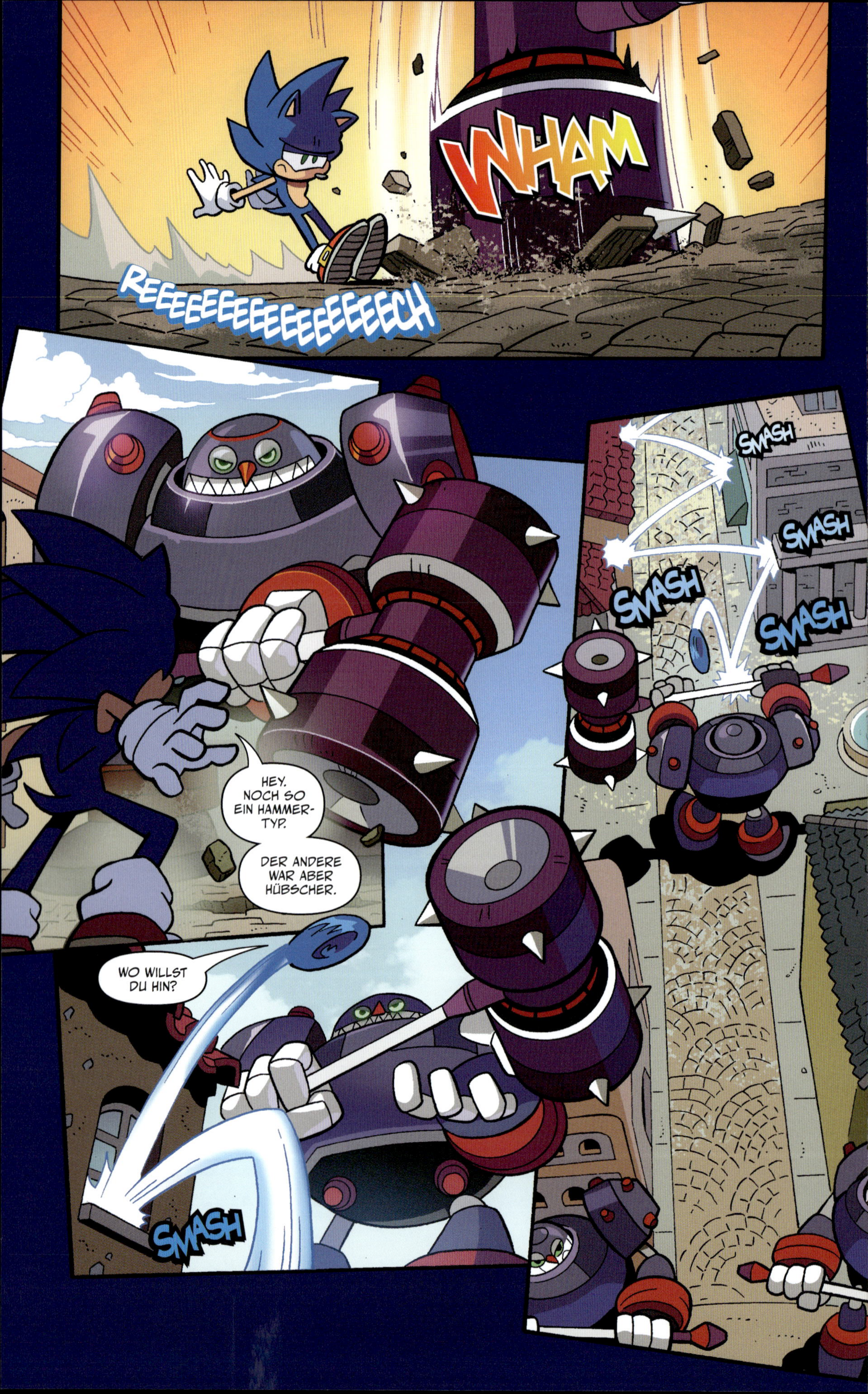
WHAM
REEEEEEEEEEEEEEEEECH
HEY. NOCH SO EIN HAMMER-TYP.
DER ANDERE WAR ABER HÜBSCHER.
SMASH
SMASH
SMASH
SMASH
WO WILLST DU HIN?
SMASH

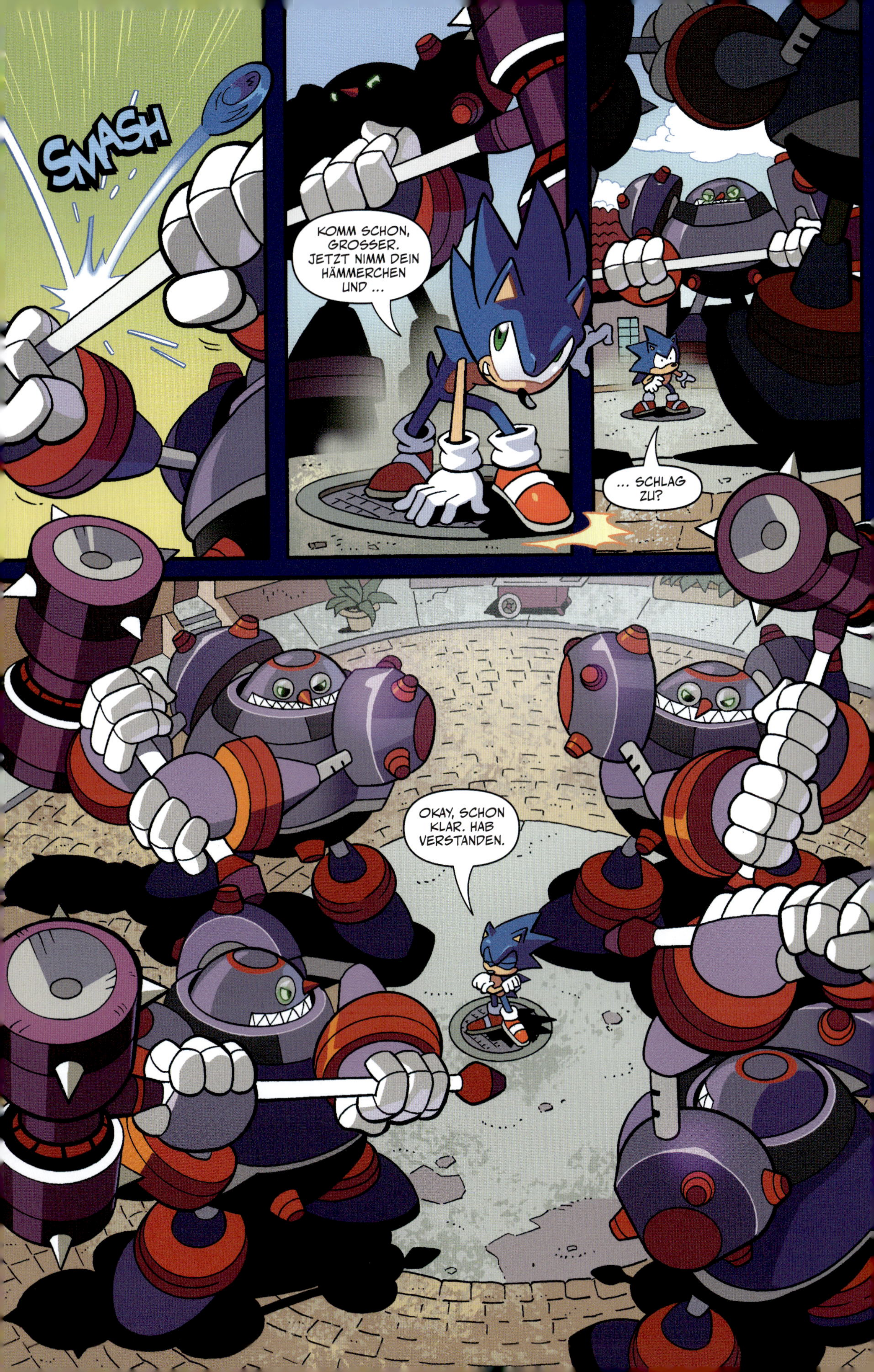
SMASH
KOMM SCHON, GROSSER. JETZT NIMM DEIN HÄMMERCHEN UND ...
... SCHLAG ZU?
OKAY, SCHON KLAR. HAB VERSTANDEN.

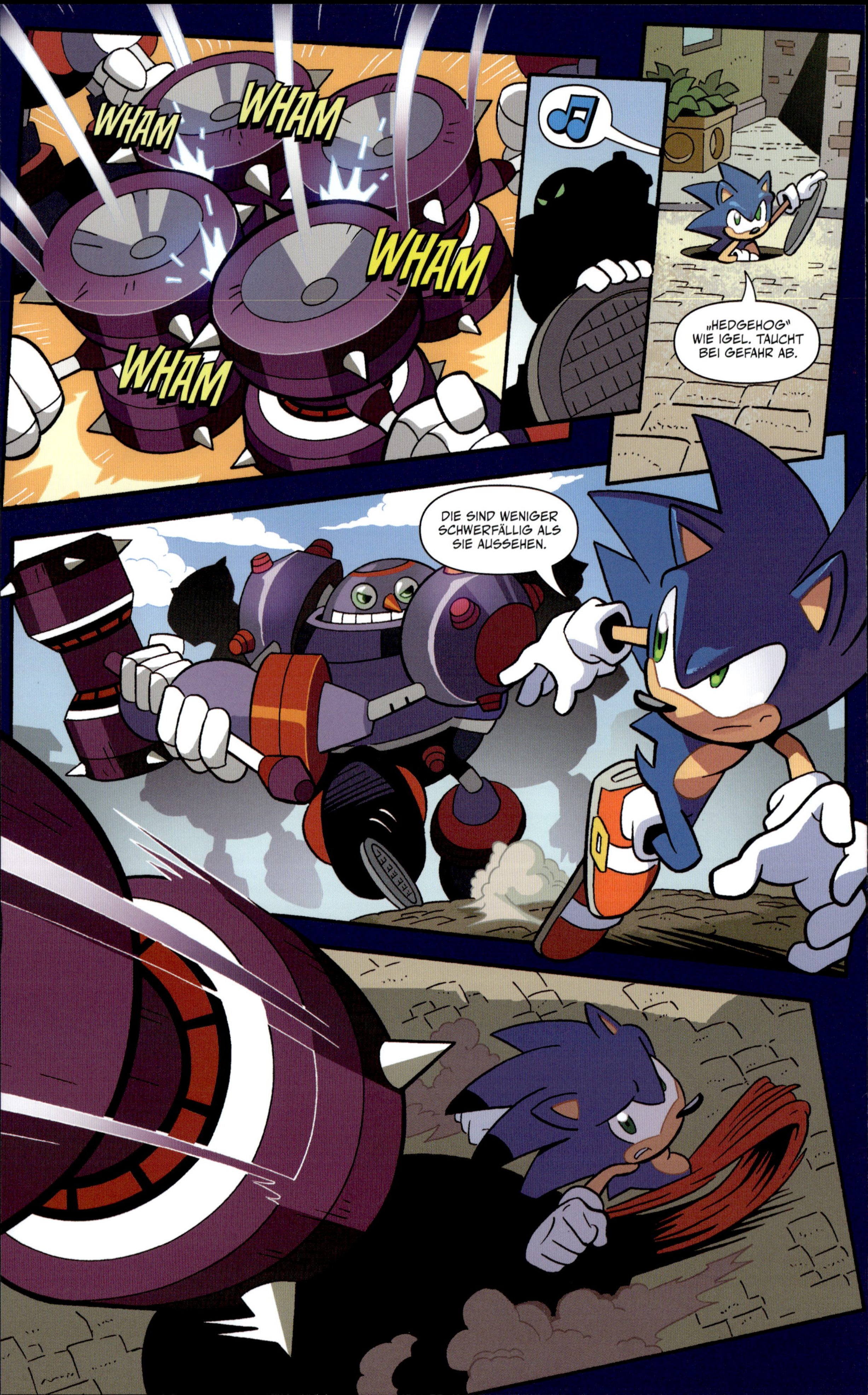
WHAM
WHAM
WHAM
WHAM
„HEDGEHOG" WIE IGEL. TAUCHT BEI GEFAHR AB.
DIE SIND WENIGER SCHWERFÄLLIG ALS SIE AUSSEHEN.

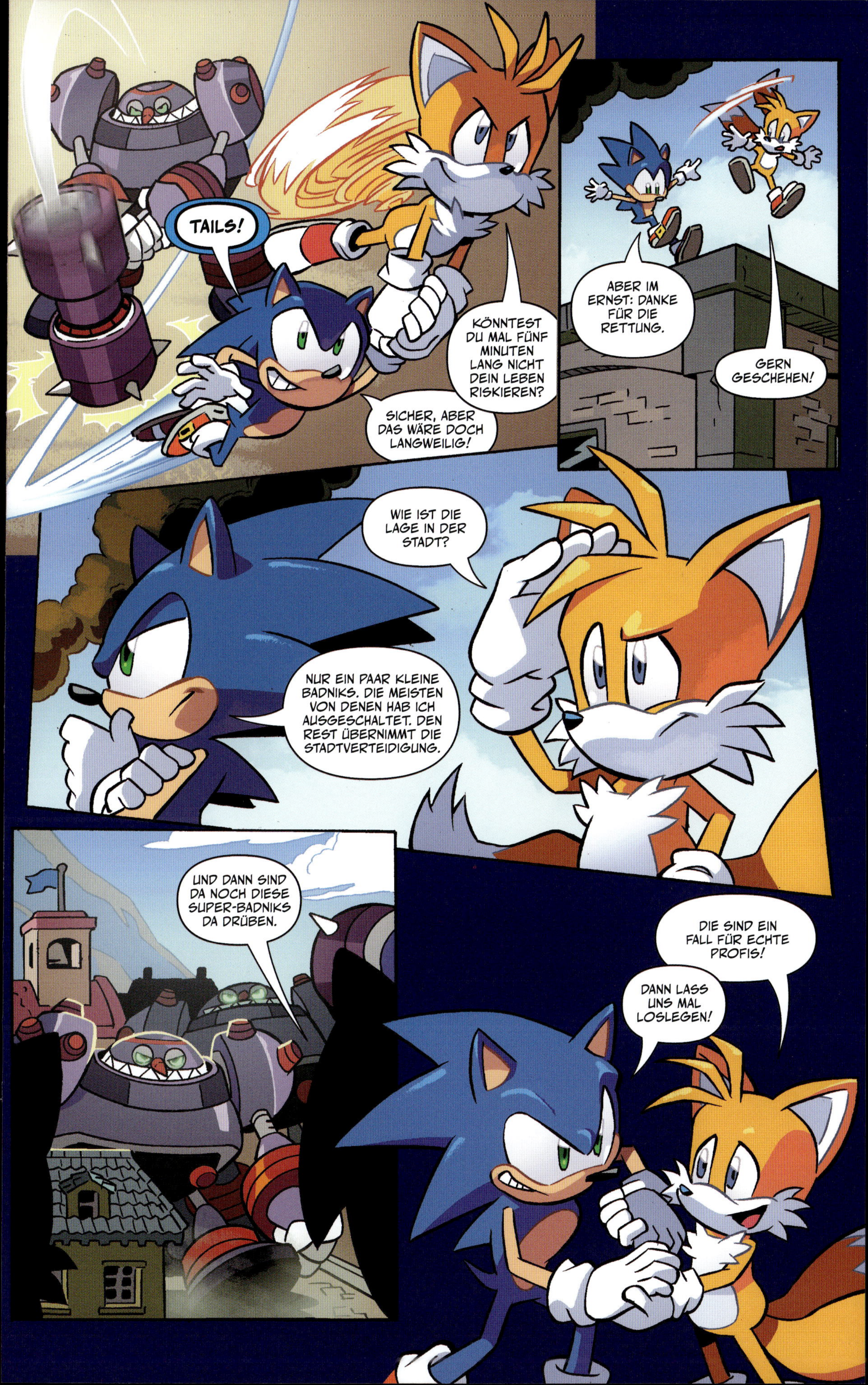
TAILS!
KÖNNTEST DU MAL FÜNF MINUTEN LANG NICHT DEIN LEBEN RISKIEREN?
SICHER, ABER DAS WÄRE DOCH LANGWEILIG!
ABER IM ERNST: DANKE FÜR DIE RETTUNG.
GERN GESCHEHEN!
WIE IST DIE LAGE IN DER STADT?
NUR EIN PAAR KLEINE BADNIKS. DIE MEISTEN VON DENEN HAB ICH AUSGESCHALTET. DEN REST ÜBERNIMMT DIE STADTVERTEIDIGUNG.
UND DANN SIND DA NOCH DIESE SUPER-BADNIKS DA DRÜBEN.
DIE SIND EIN FALL FÜR ECHTE PROFIS!
DANN LASS UNS MAL LOSLEGEN!

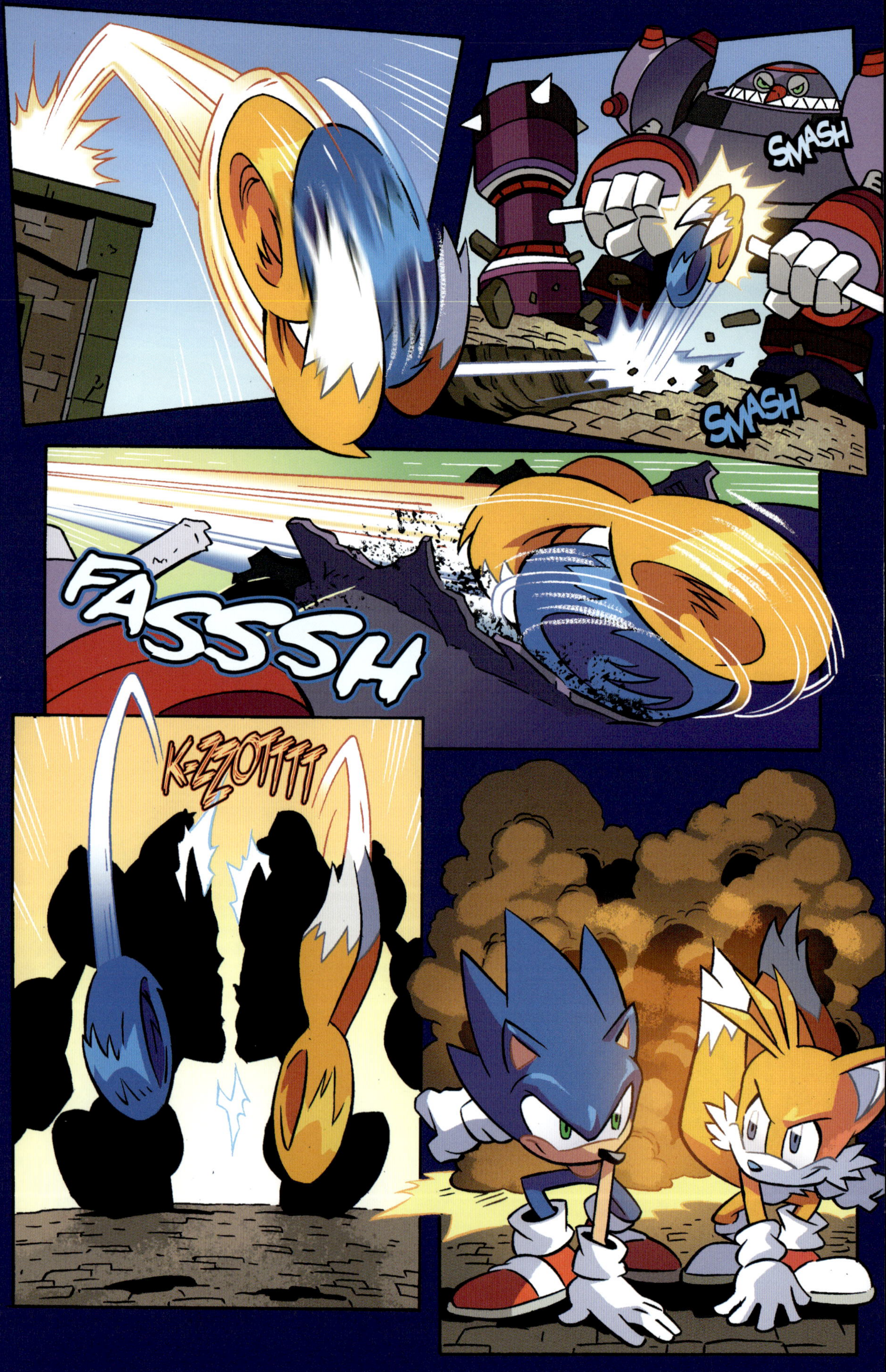
SMASH
SMASH
FASSSH
K-ZZOTTTT

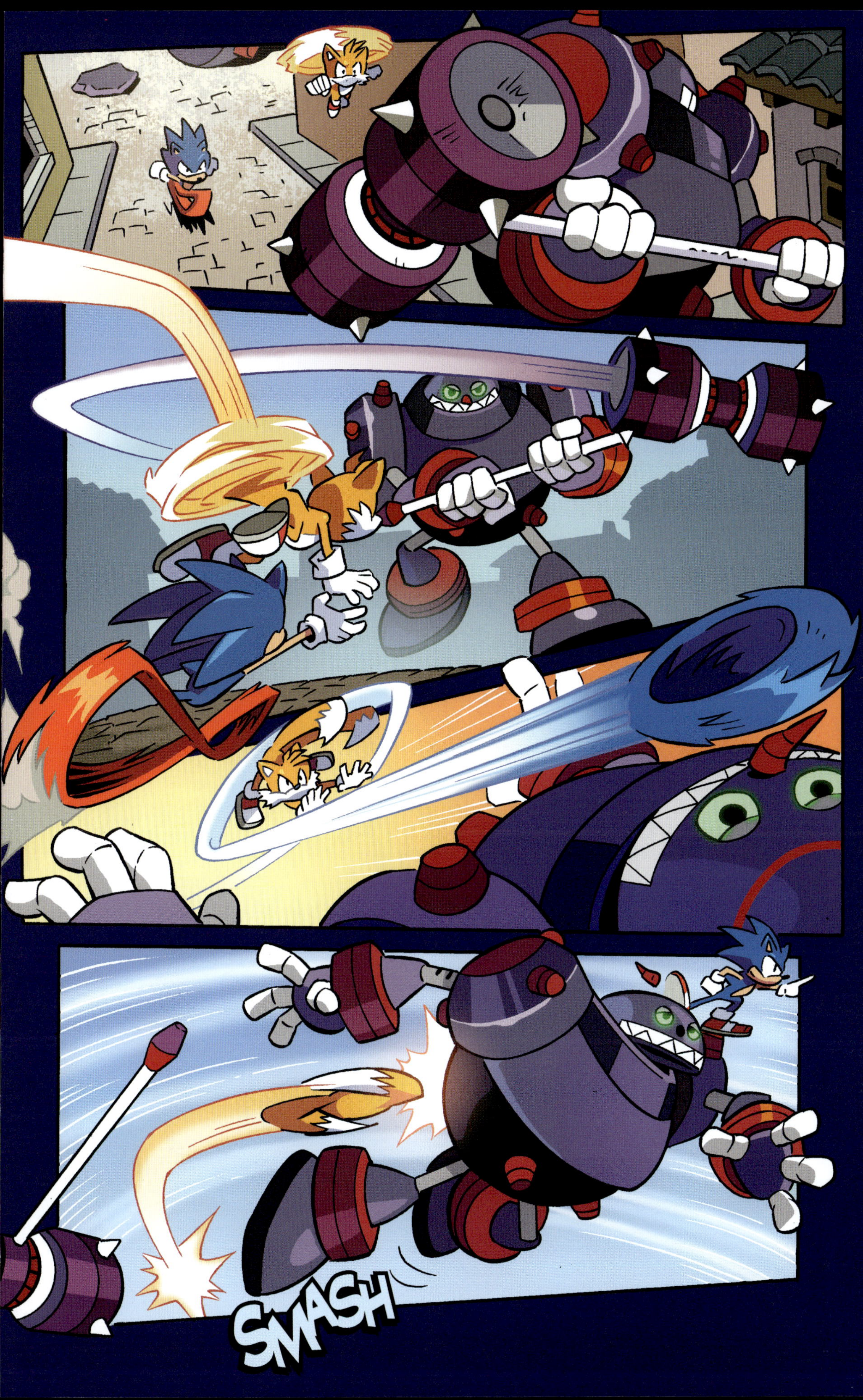
SMASH

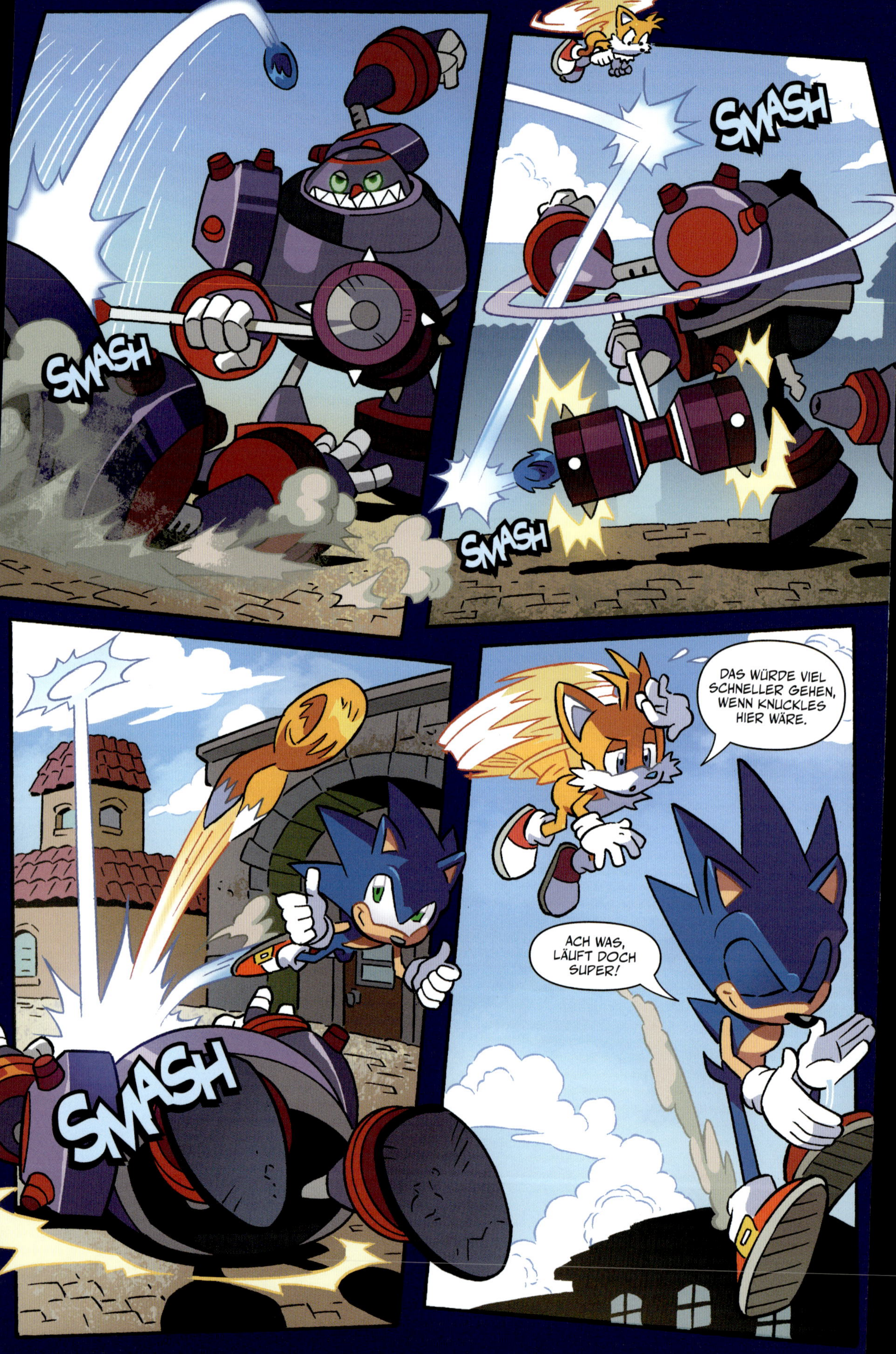
SMASH
SMASH
SMASH
SMASH
DAS WÜRDE VIEL SCHNELLER GEHEN, WENN KNUCKLES HIER WÄRE.
ACH WAS, LÄUFT DOCH SUPER!

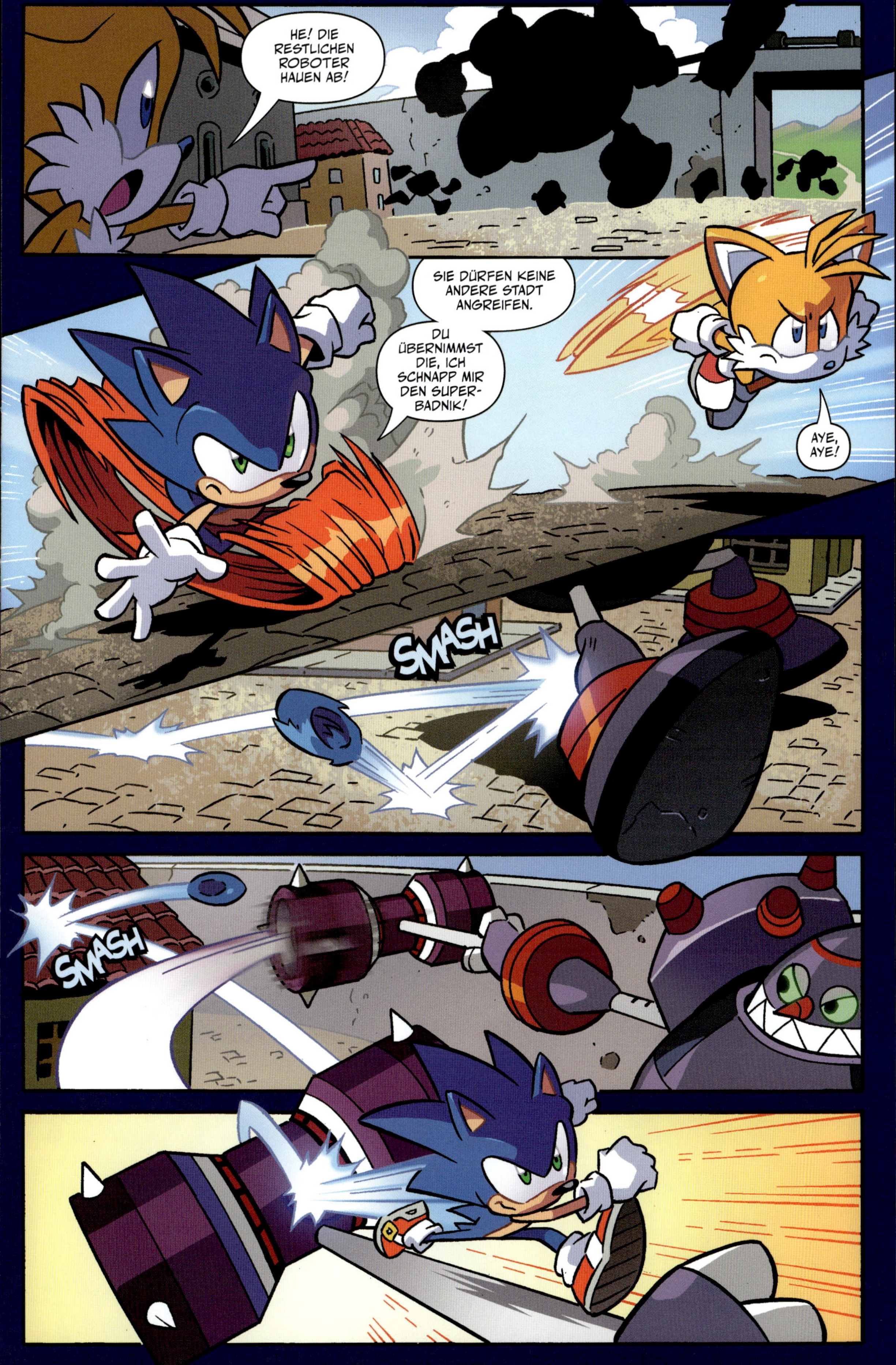
HE! DIE RESTLICHEN ROBOTER HAUEN AB!
SIE DÜRFEN KEINE ANDERE STADT ANGREIFEN.
DU ÜBERNIMMST DIE, ICH SCHNAPP MIR DEN SUPER-BADNIK!
AYE, AYE!
SMASH
SMASH

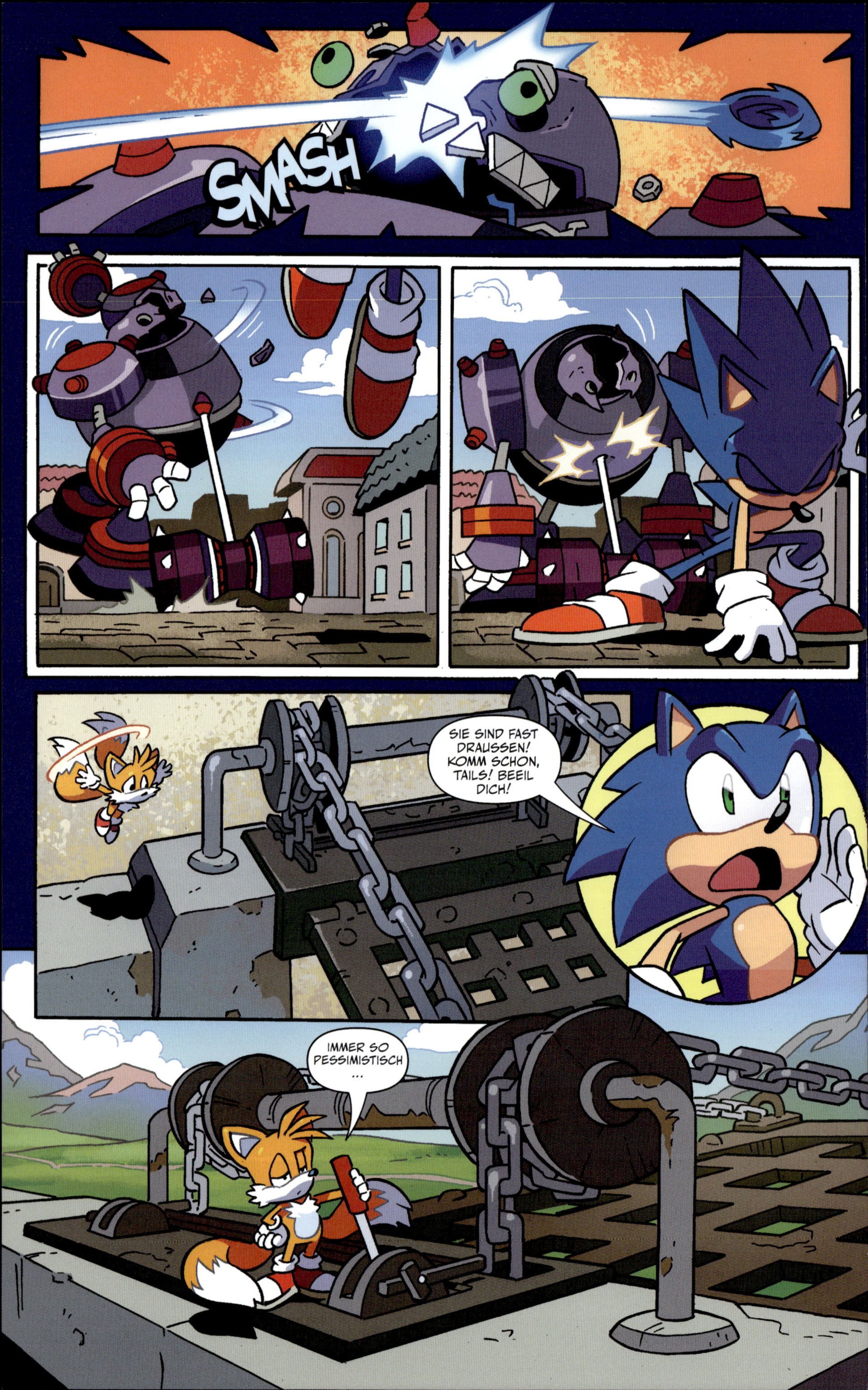
SMASH
SIE SIND FAST DRAUSSEN! KOMM SCHON, TAILS! BEEIL DICH!
IMMER SO PESSIMISTISCH ...

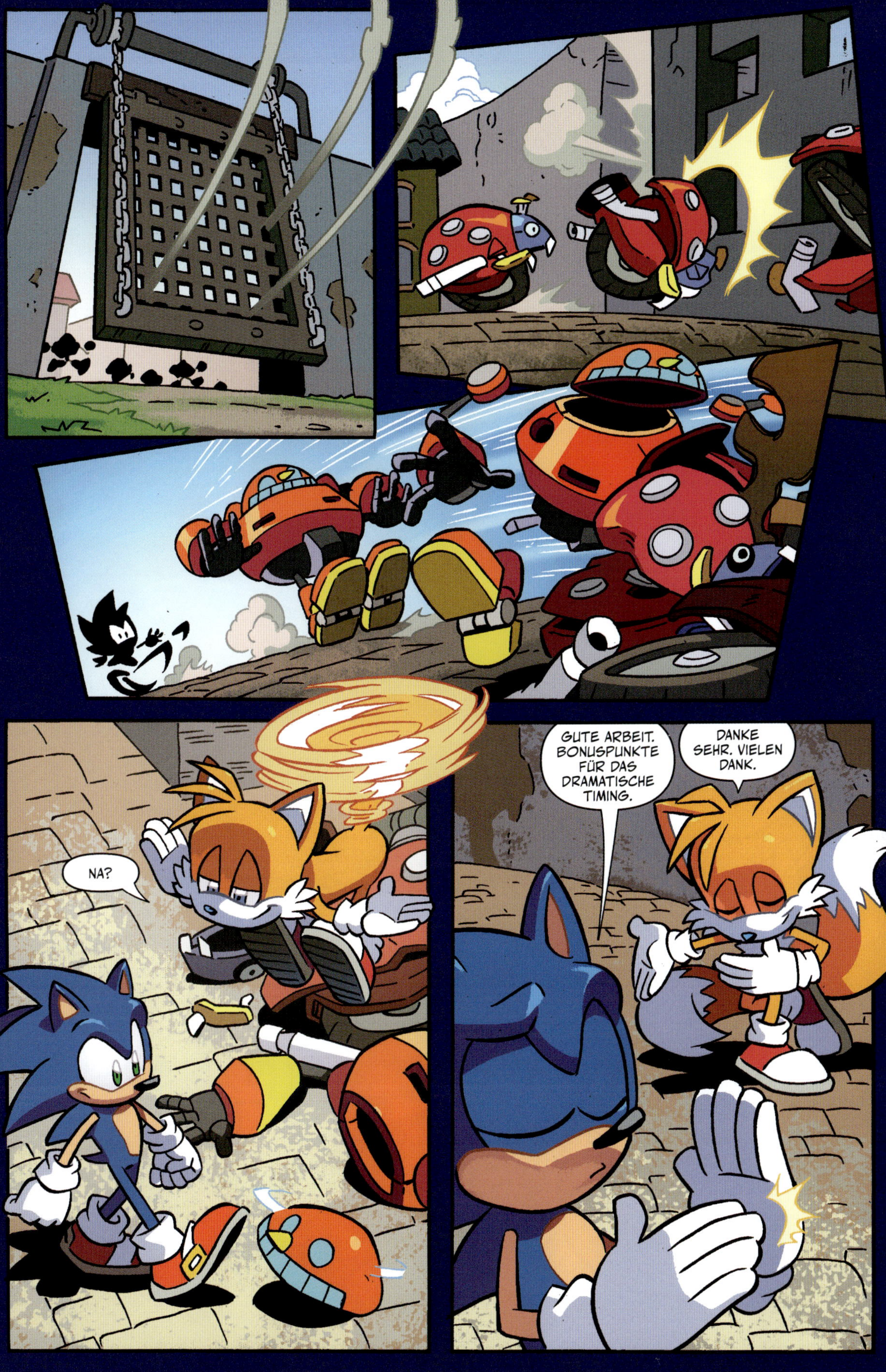
NA?
GUTE ARBEIT. BONUSPUNKTE FÜR DAS DRAMATISCHE TIMING.
DANKE SEHR. VIELEN DANK.

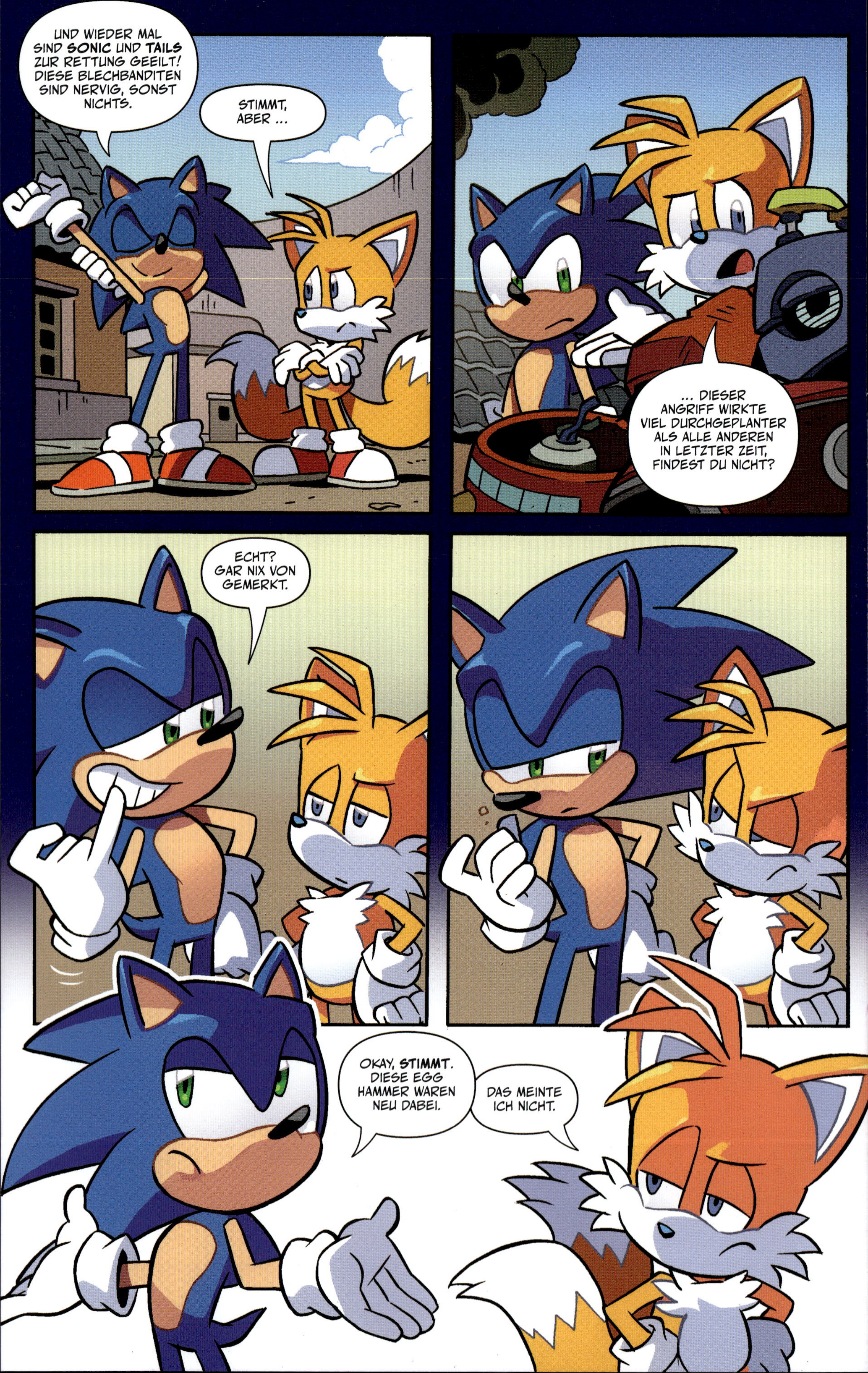
UND WIEDER MAL SIND **SONIC** UND **TAILS** ZUR RETTUNG GEEILT! DIESE BLECHBANDITEN SIND NERVIG, SONST NICHTS.
STIMMT, ABER ...
... DIESER ANGRIFF WIRKTE VIEL DURCHGEPLANTER ALS ALLE ANDEREN IN LETZTER ZEIT, FINDEST DU NICHT?
ECHT? GAR NIX VON GEMERKT.
OKAY, **STIMMT**. DIESE EGG HAMMER WAREN NEU DABEI.
DAS MEINTE ICH NICHT.

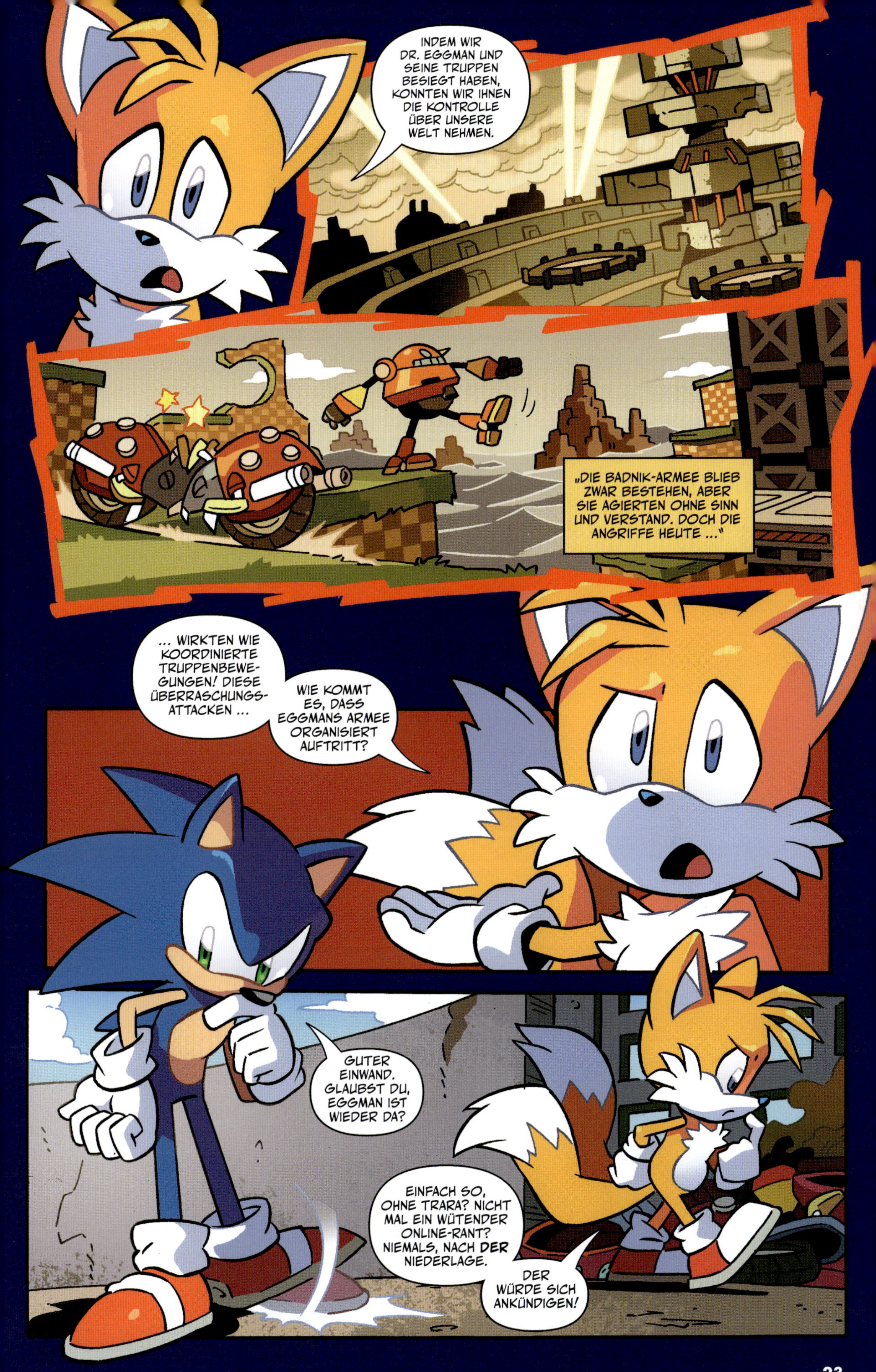
INDEM WIR DR. EGGMAN UND SEINE TRUPPEN BESIEGT HABEN, KONNTEN WIR IHNEN DIE KONTROLLE ÜBER UNSERE WELT NEHMEN.
„DIE BADNIK-ARMEE BLIEB ZWAR BESTEHEN, ABER SIE AGIERTEN OHNE SINN UND VERSTAND. DOCH DIE ANGRIFFE HEUTE ..."
... WIRKTEN WIE KOORDINIERTE TRUPPENBEWE-GUNGEN! DIESE ÜBERRASCHUNGS-ATTACKEN ...
WIE KOMMT ES, DASS EGGMANS ARMEE ORGANISIERT AUFTRITT?
GUTER EINWAND. GLAUBST DU, EGGMAN IST WIEDER DA?
EINFACH SO, OHNE TRARA? NICHT MAL EIN WÜTENDER ONLINE-RANT? NIEMALS, NACH **DER** NIEDERLAGE.
DER WÜRDE SICH ANKÜNDIGEN!

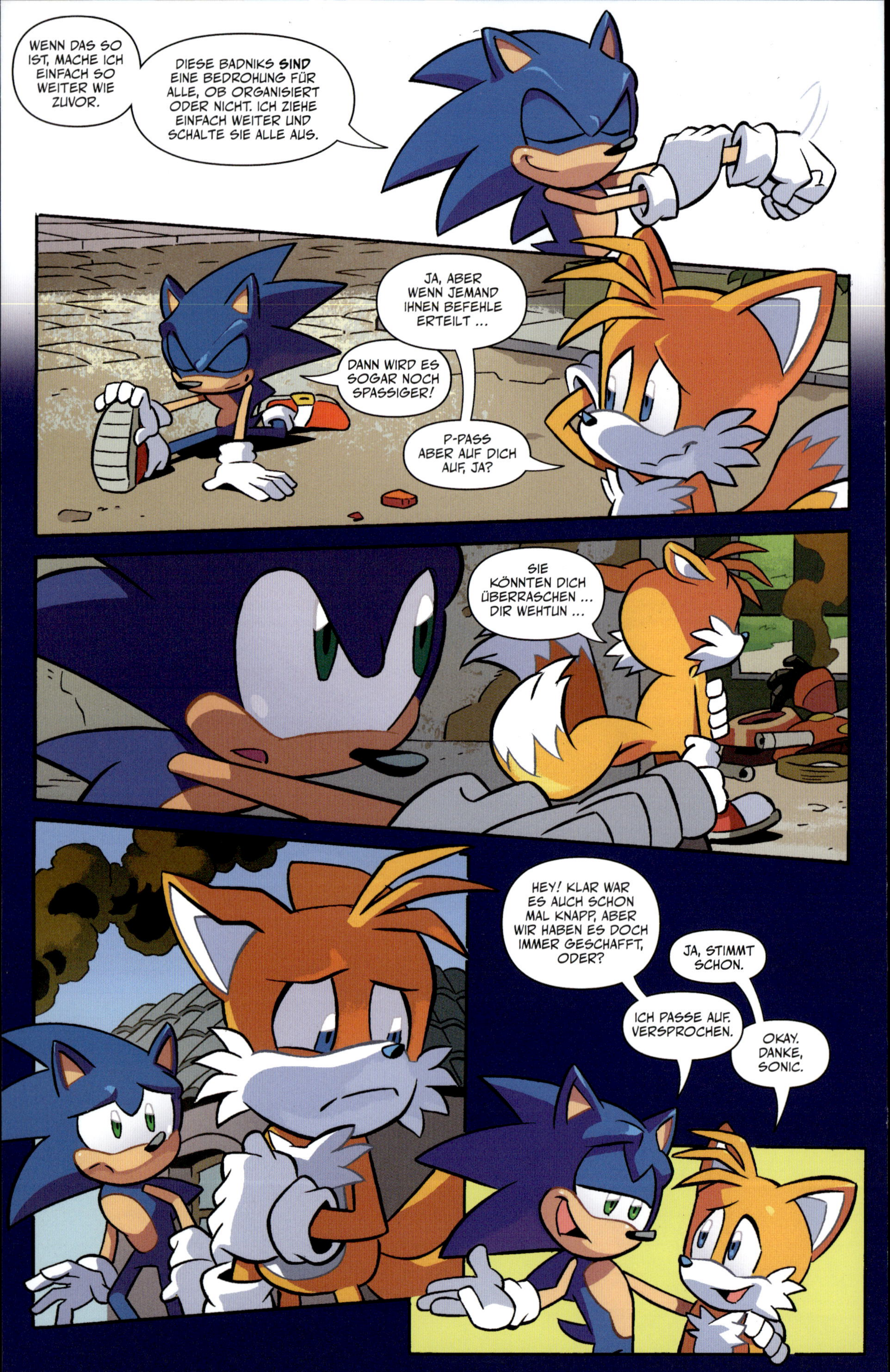
WENN DAS SO IST, MACHE ICH EINFACH SO WEITER WIE ZUVOR.
DIESE BADNIKS **SIND** EINE BEDROHUNG FÜR ALLE, OB ORGANISIERT ODER NICHT. ICH ZIEHE EINFACH WEITER UND SCHALTE SIE ALLE AUS.
JA, ABER WENN JEMAND IHNEN BEFEHLE ERTEILT ...
DANN WIRD ES SOGAR NOCH SPASSIGER!
P-PASS ABER AUF DICH AUF, JA?
SIE KÖNNTEN DICH ÜBERRASCHEN ... DIR WEHTUN ...
HEY! KLAR WAR ES AUCH SCHON MAL KNAPP, ABER WIR HABEN ES DOCH IMMER GESCHAFFT, ODER?
JA, STIMMT SCHON.
ICH PASSE AUF. VERSPROCHEN.
OKAY. DANKE, SONIC.

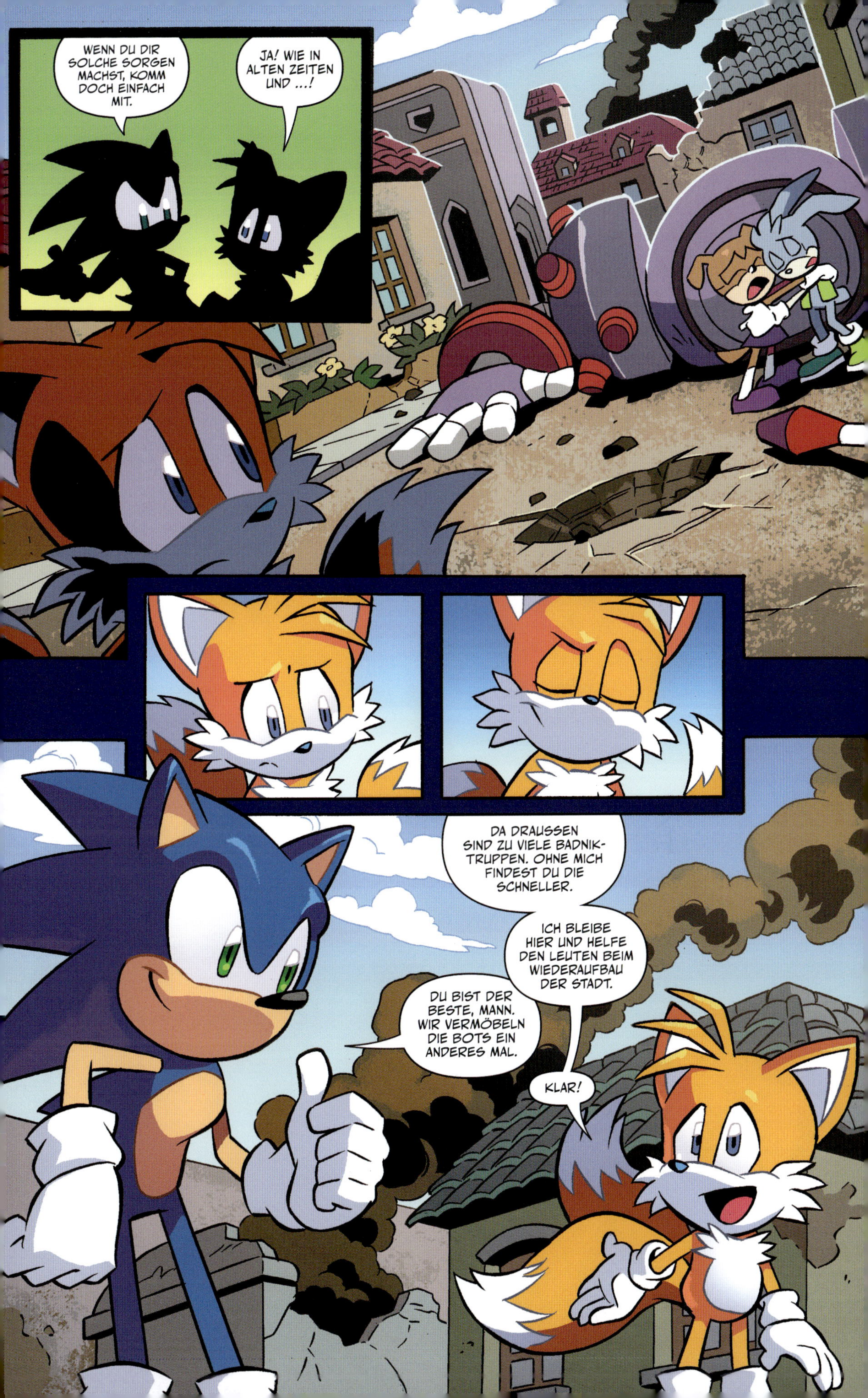
WENN DU DIR SOLCHE SORGEN MACHST, KOMM DOCH EINFACH MIT.
JA! WIE IN ALTEN ZEITEN UND ...!
DA DRAUSSEN SIND ZU VIELE BADNIK-TRUPPEN. OHNE MICH FINDEST DU DIE SCHNELLER.
ICH BLEIBE HIER UND HELFE DEN LEUTEN BEIM WIEDERAUFBAU DER STADT.
DU BIST DER BESTE, MANN. WIR VERMÖBELN DIE BOTS EIN ANDERES MAL.
KLAR!

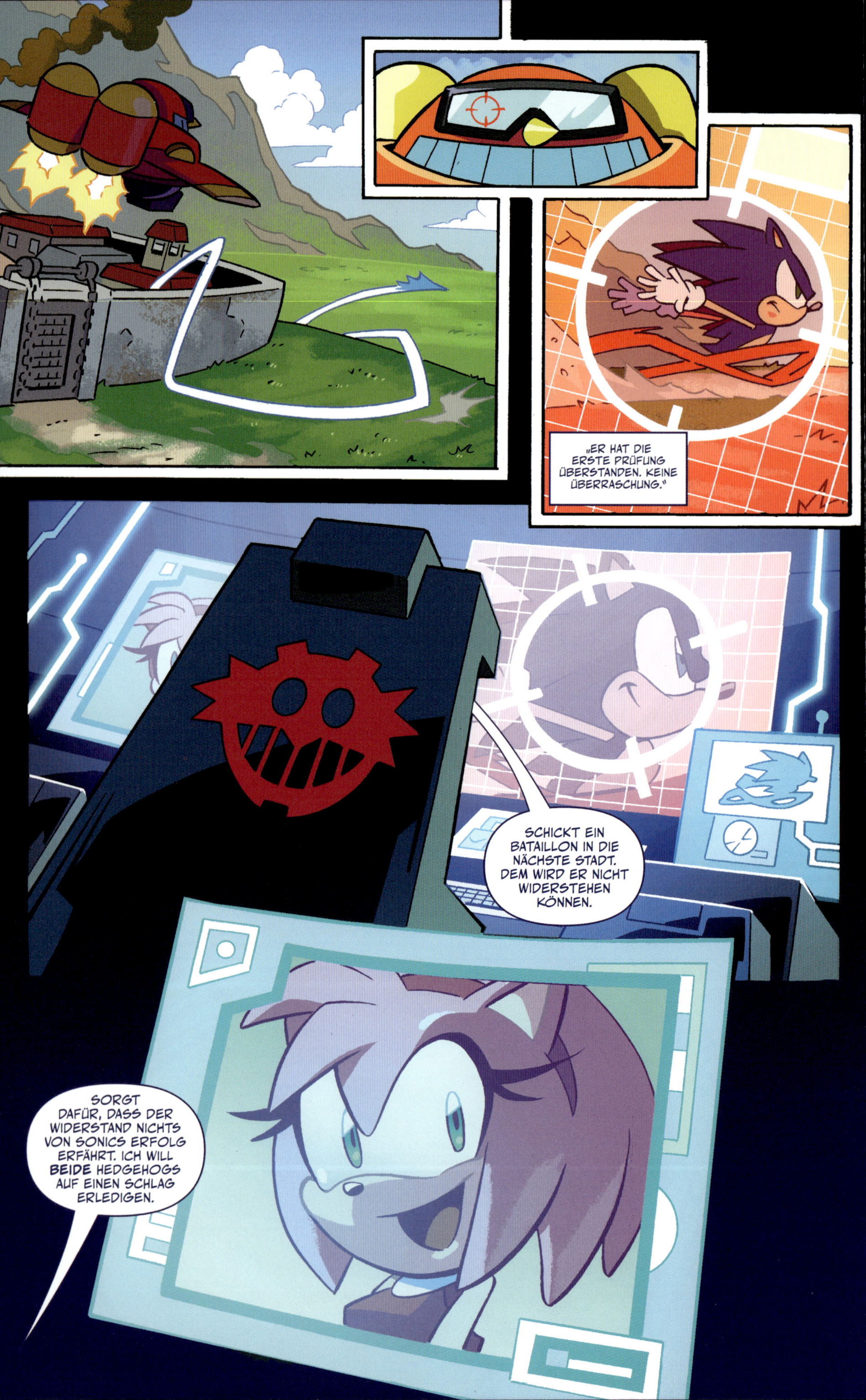
„ER HAT DIE ERSTE PRÜFUNG ÜBERSTANDEN. KEINE ÜBERRASCHUNG."
SCHICKT EIN BATAILLON IN DIE NÄCHSTE STADT. DEM WIRD ER NICHT WIDERSTEHEN KÖNNEN.
SORGT DAFÜR, DASS DER WIDERSTAND NICHTS VON SONICS ERFOLG ERFÄHRT. ICH WILL **BEIDE** HEDGEHOGS AUF EINEN SCHLAG ERLEDIGEN.

ZEICHNUNGEN: **NATHALIE FOURDRAINE**

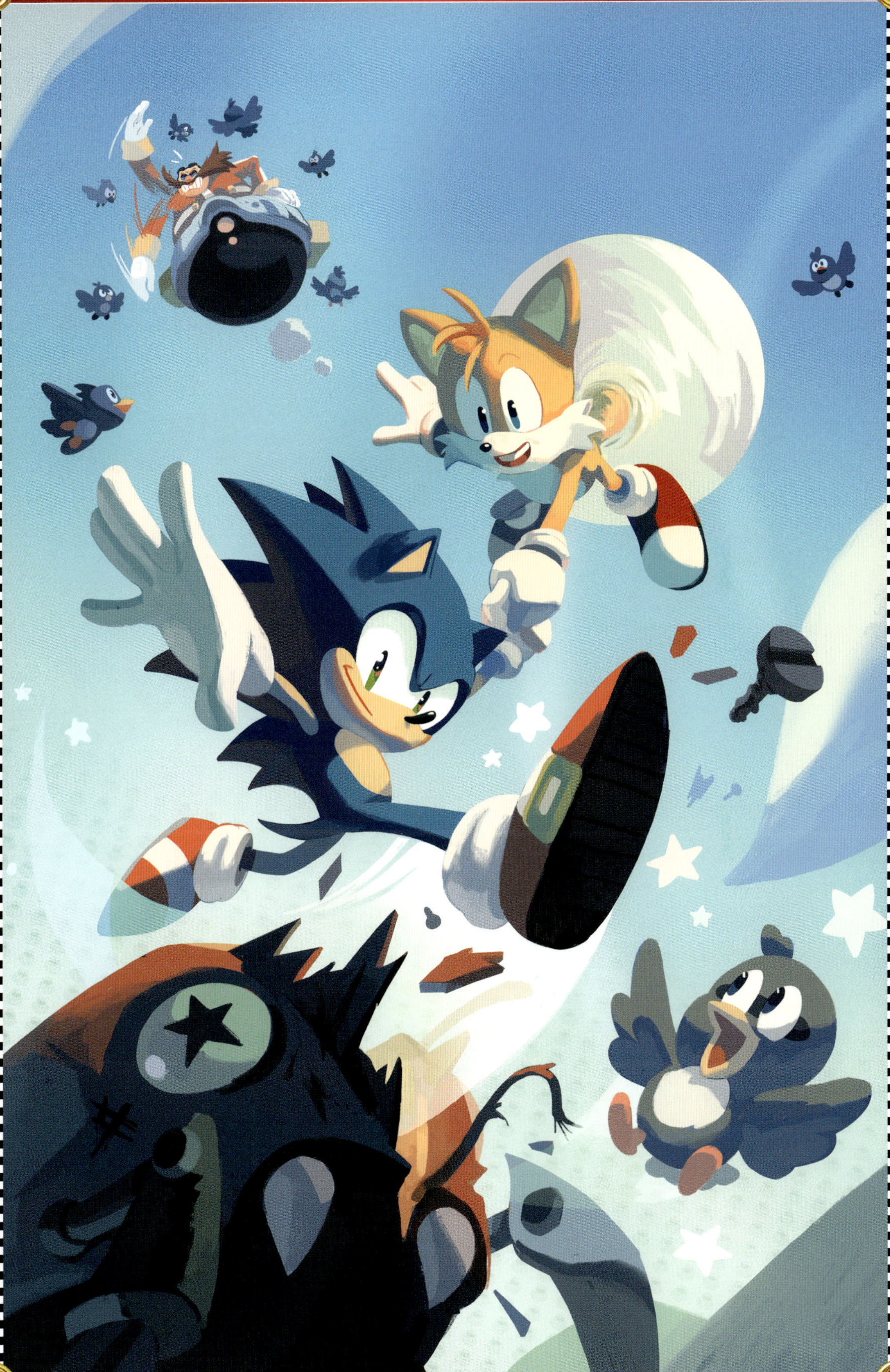

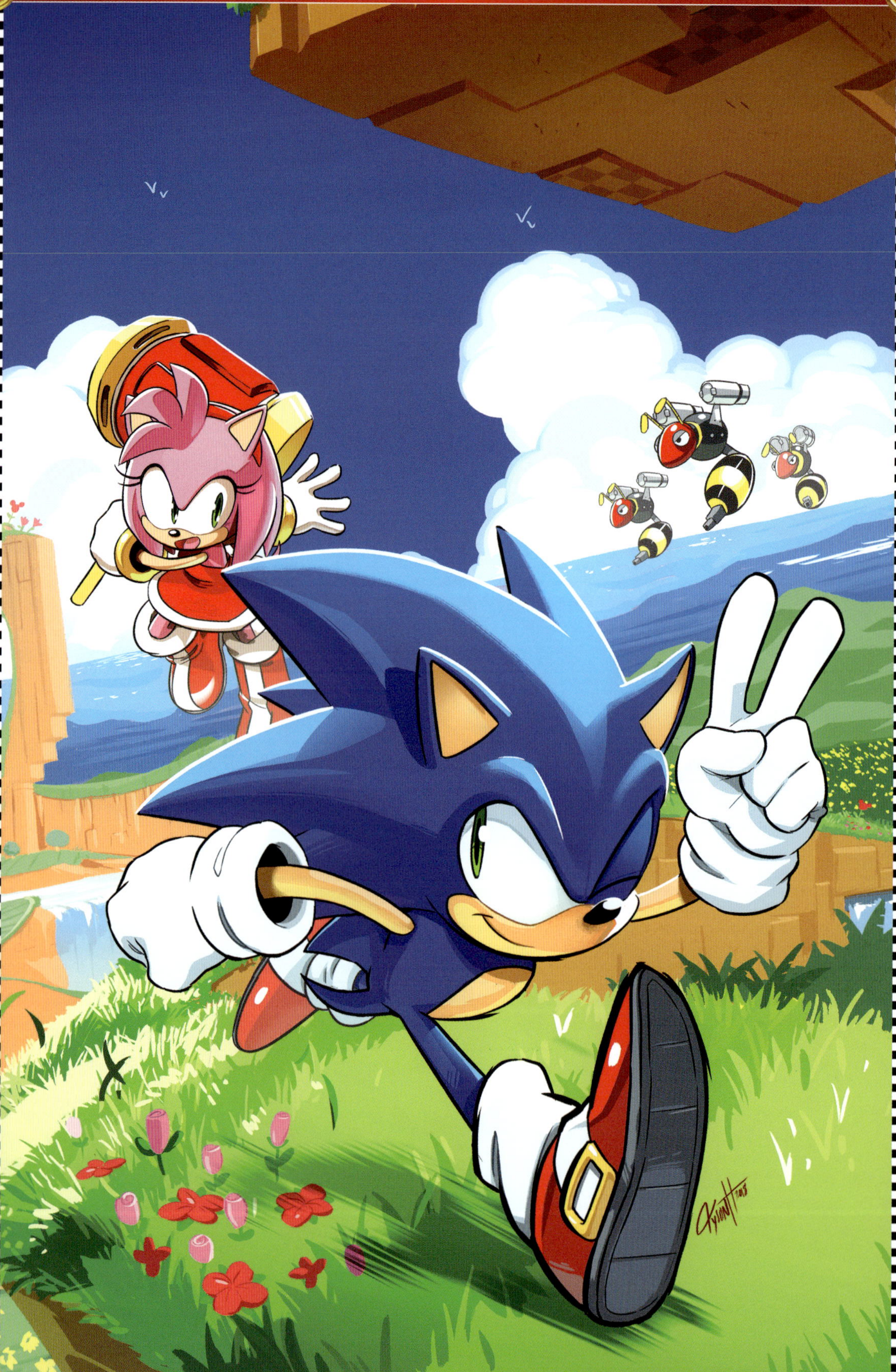

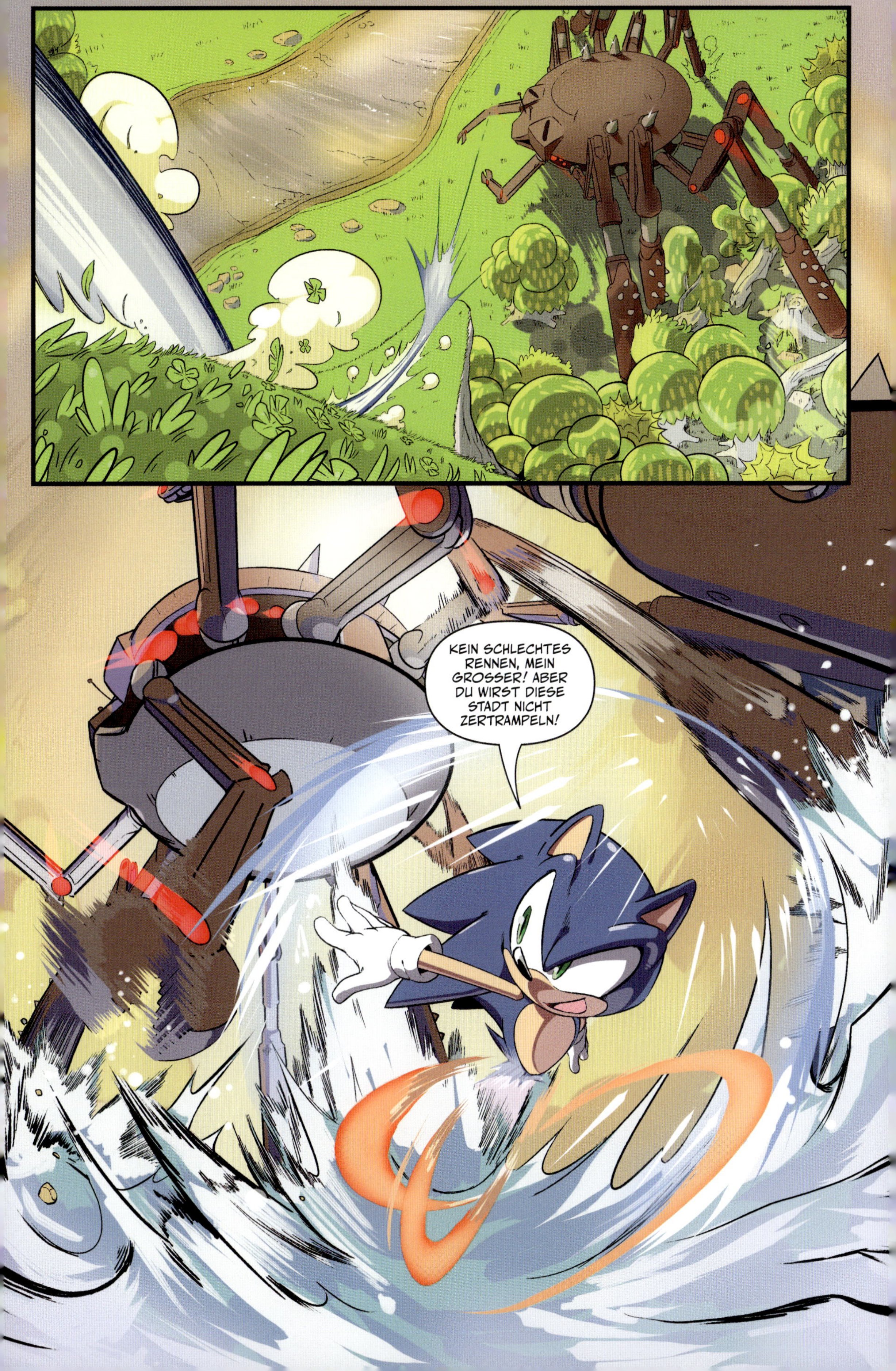
KEIN SCHLECHTES RENNEN, MEIN GROSSER! ABER DU WIRST DIESE STADT NICHT ZERTRAMPELN!

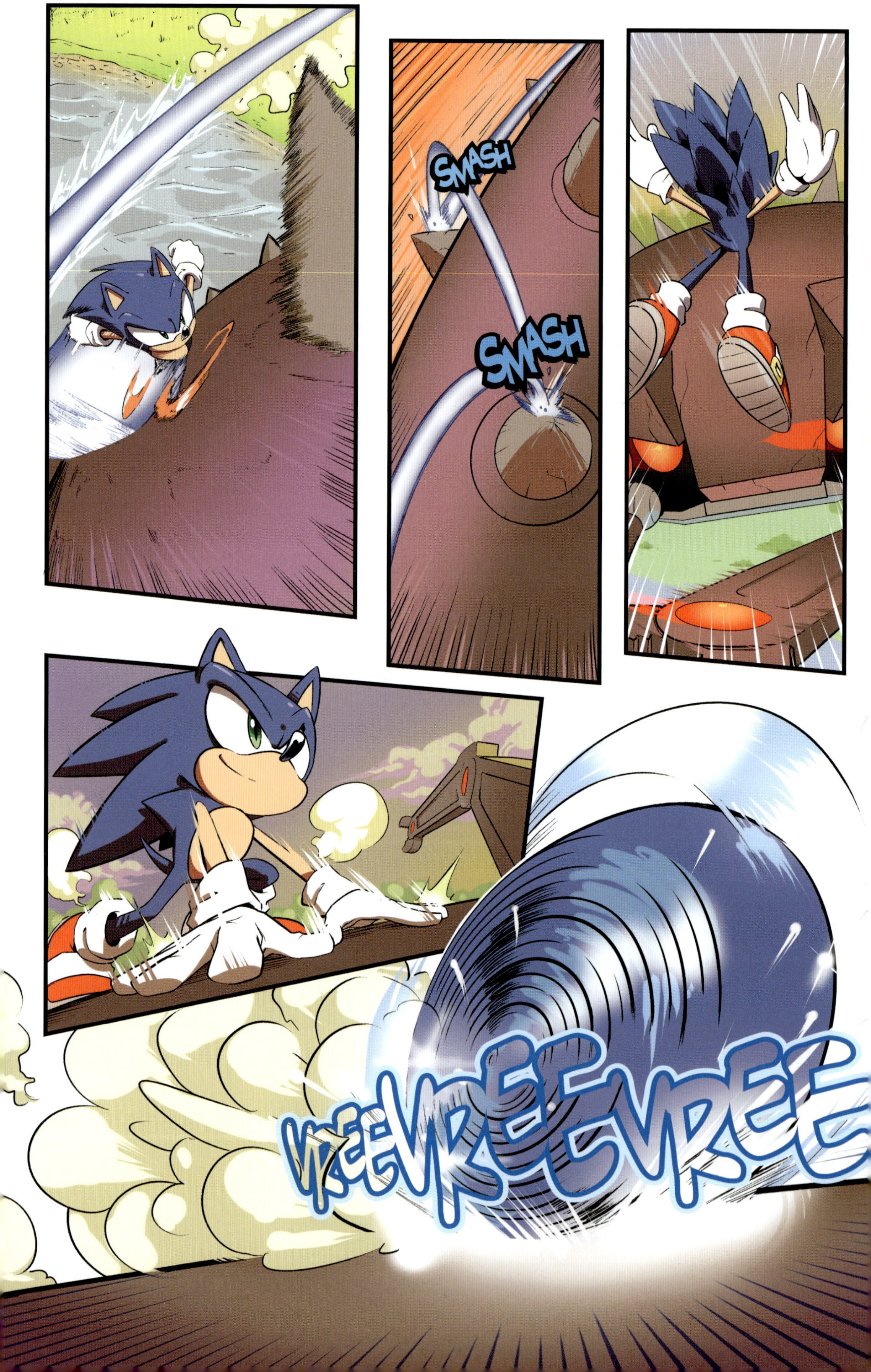
SMASH
SMASH
VREEVREEVREE

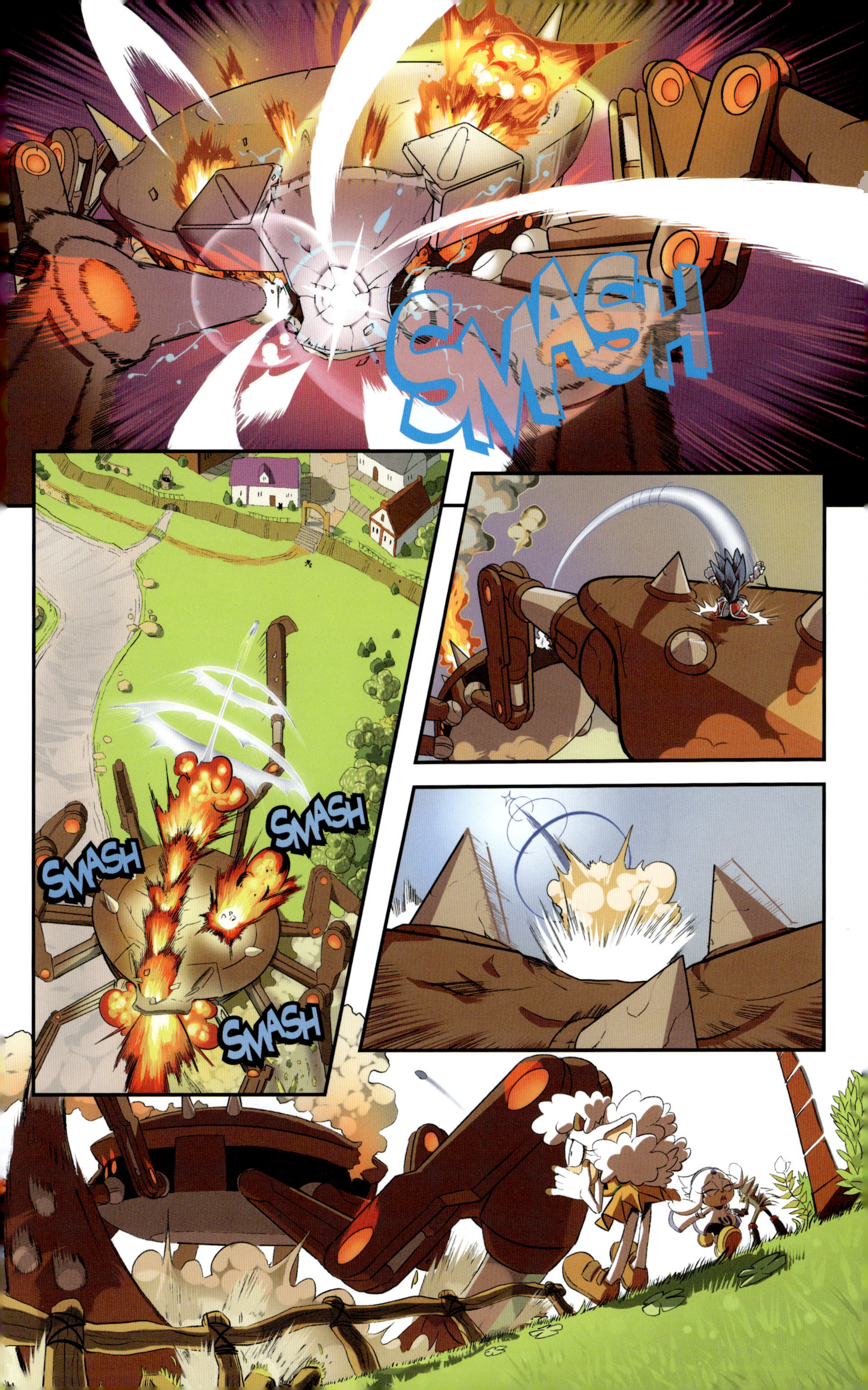
SMASH
SMASH
SMASH
SMASH

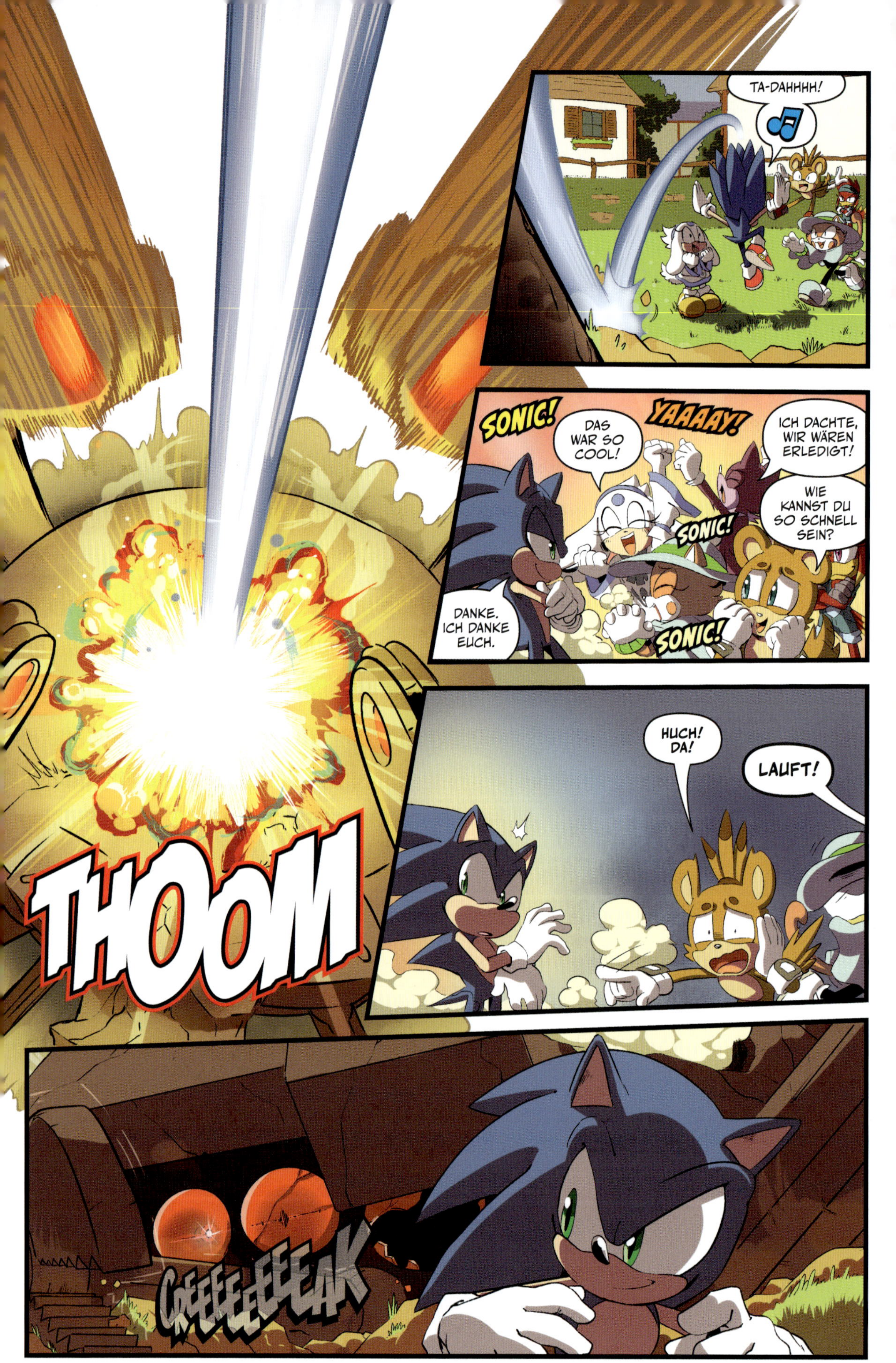
TA-DAHHHH!
SONIC!
DAS WAR SO COOL!
YAAAAY!
ICH DACHTE, WIR WÄREN ERLEDIGT!
WIE KANNST DU SO SCHNELL SEIN?
SONIC!
SONIC!
DANKE. ICH DANKE EUCH.
THOOM
HUCH! DA!
LAUFT!
CREEEEEEEAK

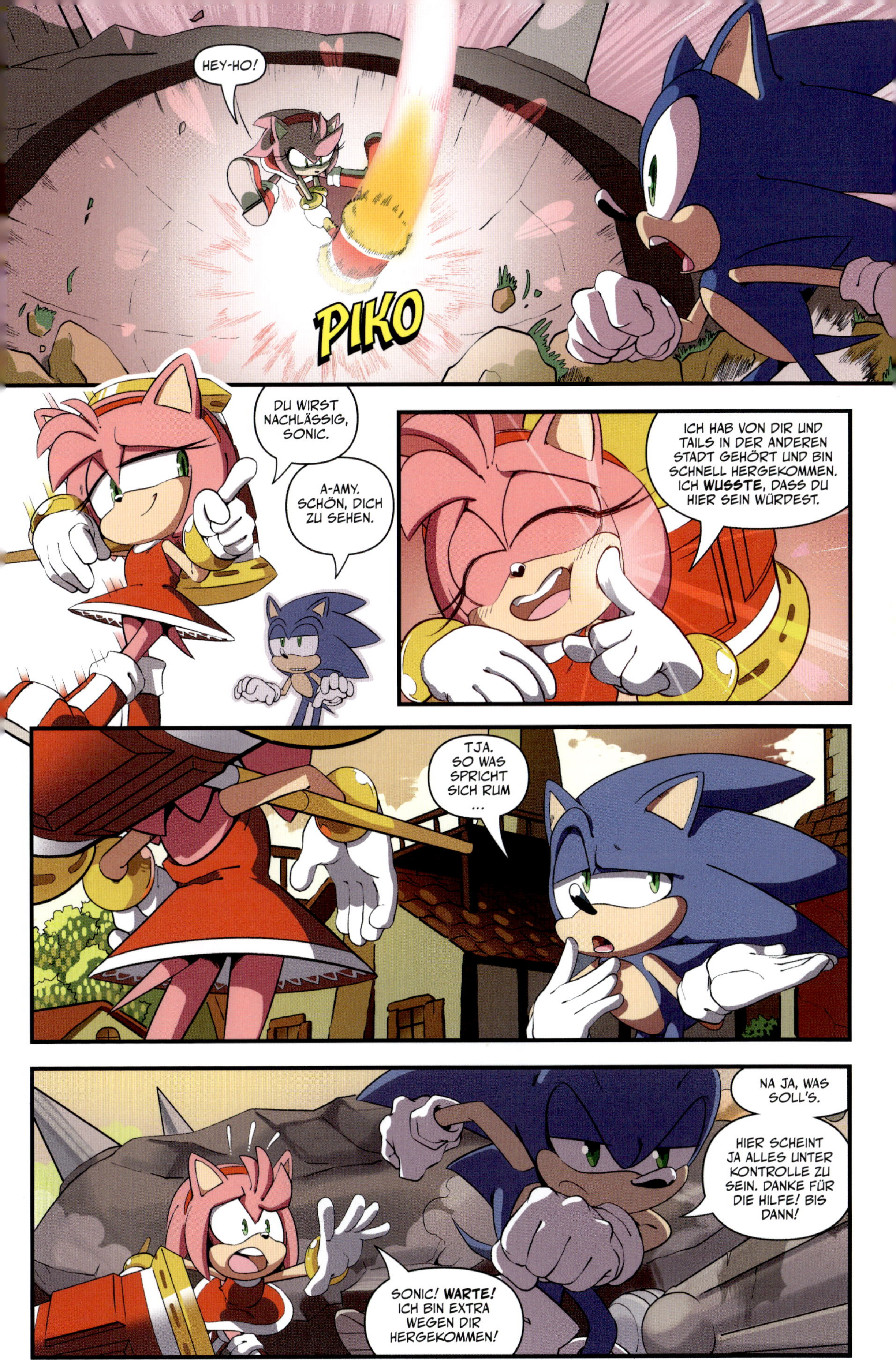
HEY-HO!
PIKO
DU WIRST NACHLÄSSIG, SONIC.
A-AMY. SCHÖN, DICH ZU SEHEN.
ICH HAB VON DIR UND TAILS IN DER ANDEREN STADT GEHÖRT UND BIN SCHNELL HERGEKOMMEN. ICH **WUSSTE**, DASS DU HIER SEIN WÜRDEST.
TJA. SO WAS SPRICHT SICH RUM ...
NA JA, WAS SOLL'S.
HIER SCHEINT JA ALLES UNTER KONTROLLE ZU SEIN. DANKE FÜR DIE HILFE! BIS DANN!
SONIC! **WARTE!** ICH BIN EXTRA WEGEN DIR HERGEKOMMEN!

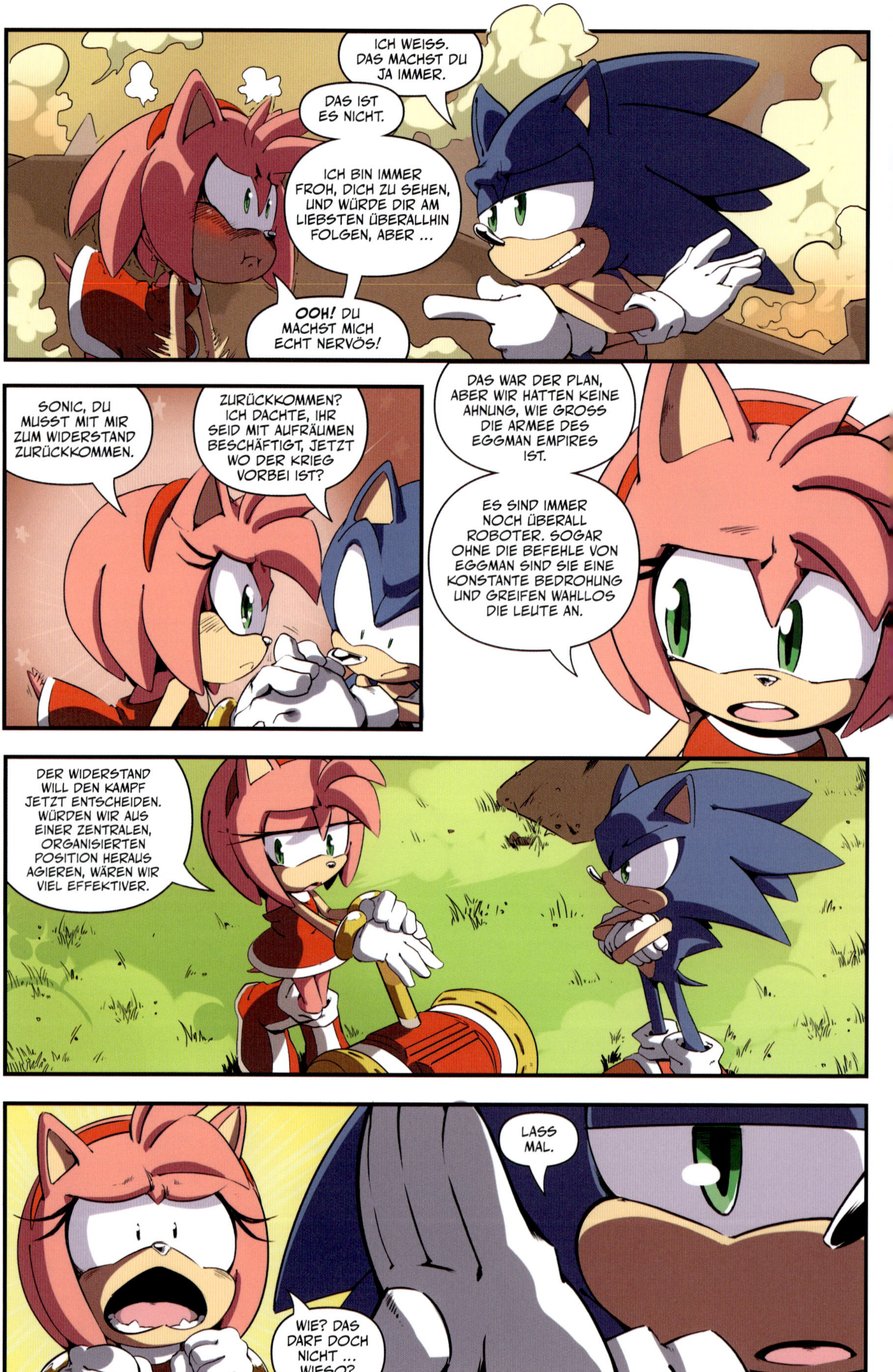
ICH WEISS. DAS MACHST DU JA IMMER.
DAS IST ES NICHT.
ICH BIN IMMER FROH, DICH ZU SEHEN, UND WÜRDE DIR AM LIEBSTEN ÜBERALLHIN FOLGEN, ABER …
OOH! DU MACHST MICH ECHT NERVÖS!
SONIC, DU MUSST MIT MIR ZUM WIDERSTAND ZURÜCKKOMMEN.
ZURÜCKKOMMEN? ICH DACHTE, IHR SEID MIT AUFRÄUMEN BESCHÄFTIGT, JETZT WO DER KRIEG VORBEI IST?
DAS WAR DER PLAN, ABER WIR HATTEN KEINE AHNUNG, WIE GROSS DIE ARMEE DES EGGMAN EMPIRES IST.
ES SIND IMMER NOCH ÜBERALL ROBOTER. SOGAR OHNE DIE BEFEHLE VON EGGMAN SIND SIE EINE KONSTANTE BEDROHUNG UND GREIFEN WAHLLOS DIE LEUTE AN.
DER WIDERSTAND WILL DEN KAMPF JETZT ENTSCHEIDEN. WÜRDEN WIR AUS EINER ZENTRALEN, ORGANISIERTEN POSITION HERAUS AGIEREN, WÄREN WIR VIEL EFFEKTIVER.
LASS MAL.
WIE? DAS DARF DOCH NICHT … WIESO?

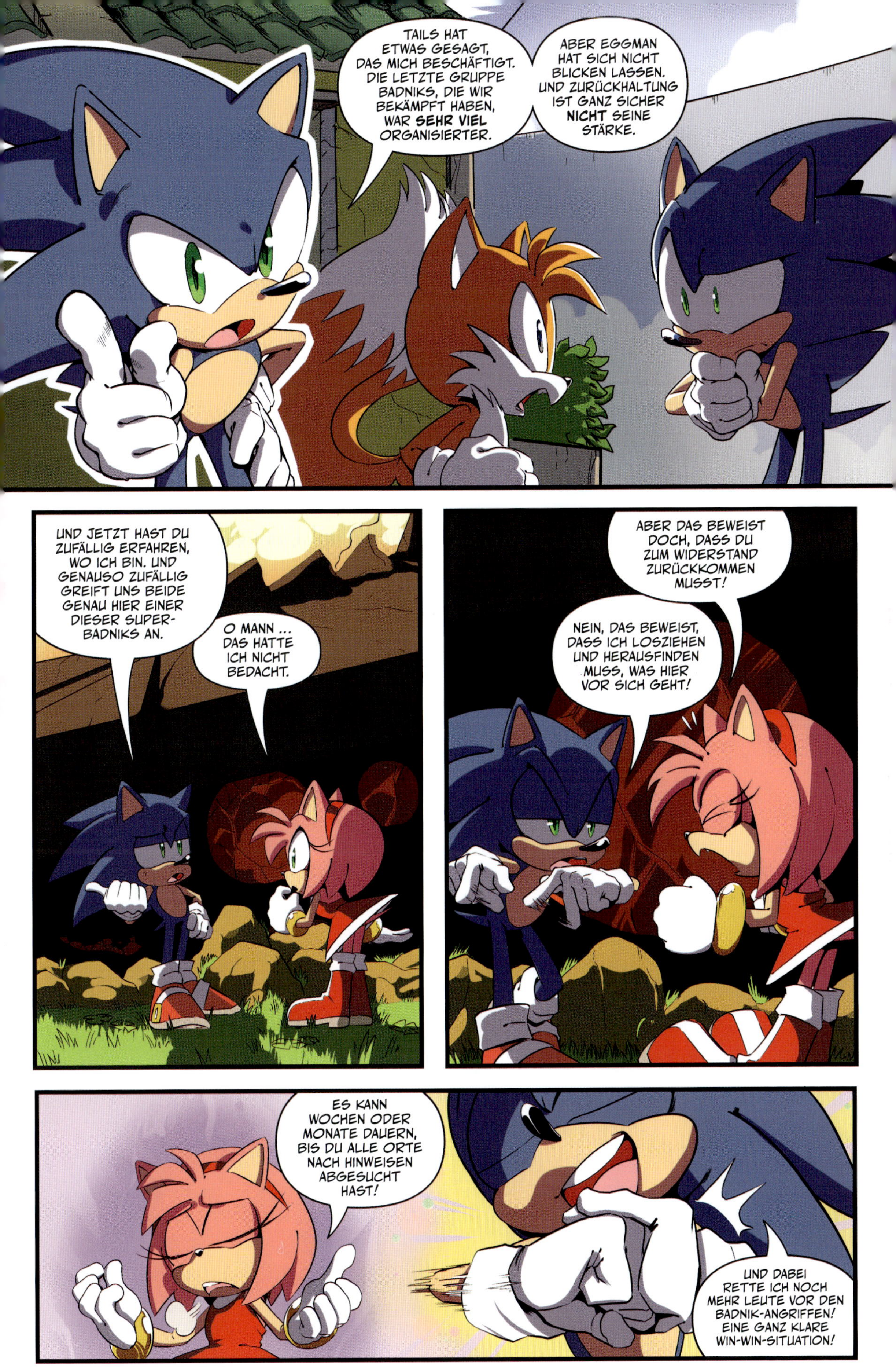
TAILS HAT ETWAS GESAGT, DAS MICH BESCHÄFTIGT. DIE LETZTE GRUPPE BADNIKS, DIE WIR BEKÄMPFT HABEN, WAR **SEHR VIEL** ORGANISIERTER.
ABER EGGMAN HAT SICH NICHT BLICKEN LASSEN. UND ZURÜCKHALTUNG IST GANZ SICHER **NICHT** SEINE STÄRKE.
UND JETZT HAST DU ZUFÄLLIG ERFAHREN, WO ICH BIN. UND GENAUSO ZUFÄLLIG GREIFT UNS BEIDE GENAU HIER EINER DIESER SUPER-BADNIKS AN.
O MANN ... DAS HATTE ICH NICHT BEDACHT.
ABER DAS BEWEIST DOCH, DASS DU ZUM WIDERSTAND ZURÜCKKOMMEN MUSST!
NEIN, DAS BEWEIST, DASS ICH LOSZIEHEN UND HERAUSFINDEN MUSS, WAS HIER VOR SICH GEHT!
ES KANN WOCHEN ODER MONATE DAUERN, BIS DU ALLE ORTE NACH HINWEISEN ABGESUCHT HAST!
UND DABEI RETTE ICH NOCH MEHR LEUTE VOR DEN BADNIK-ANGRIFFEN! EINE GANZ KLARE WIN-WIN-SITUATION!

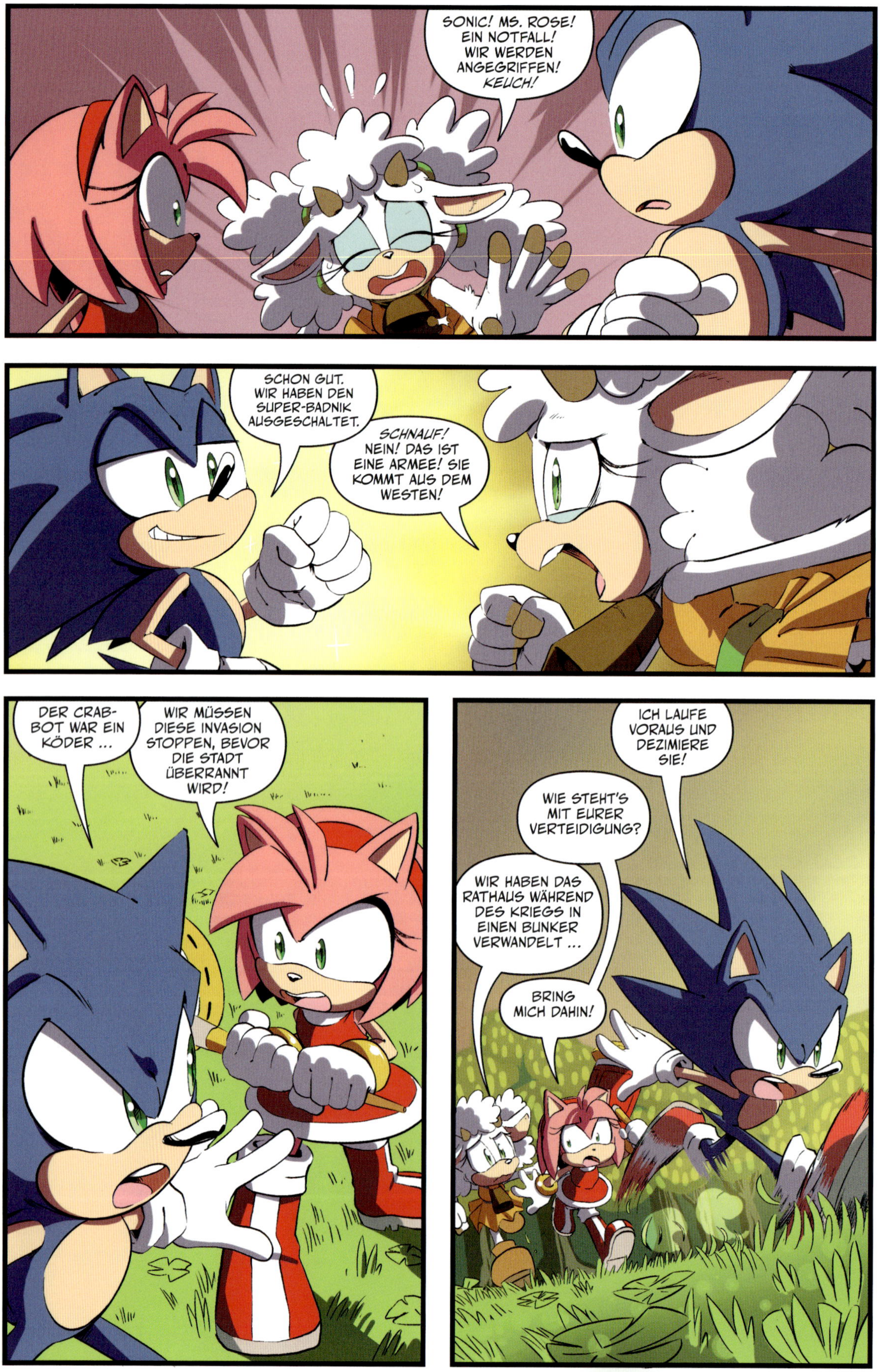
SONIC! MS. ROSE! EIN NOTFALL! WIR WERDEN ANGEGRIFFEN! KEUCH!
SCHON GUT. WIR HABEN DEN SUPER-BADNIK AUSGESCHALTET.
SCHNAUF! NEIN! DAS IST EINE ARMEE! SIE KOMMT AUS DEM WESTEN!
DER CRAB-BOT WAR EIN KÖDER ...
WIR MÜSSEN DIESE INVASION STOPPEN, BEVOR DIE STADT ÜBERRANNT WIRD!
ICH LAUFE VORAUS UND DEZIMIERE SIE!
WIE STEHT'S MIT EURER VERTEIDIGUNG?
WIR HABEN DAS RATHAUS WÄHREND DES KRIEGS IN EINEN BUNKER VERWANDELT ...
BRING MICH DAHIN!

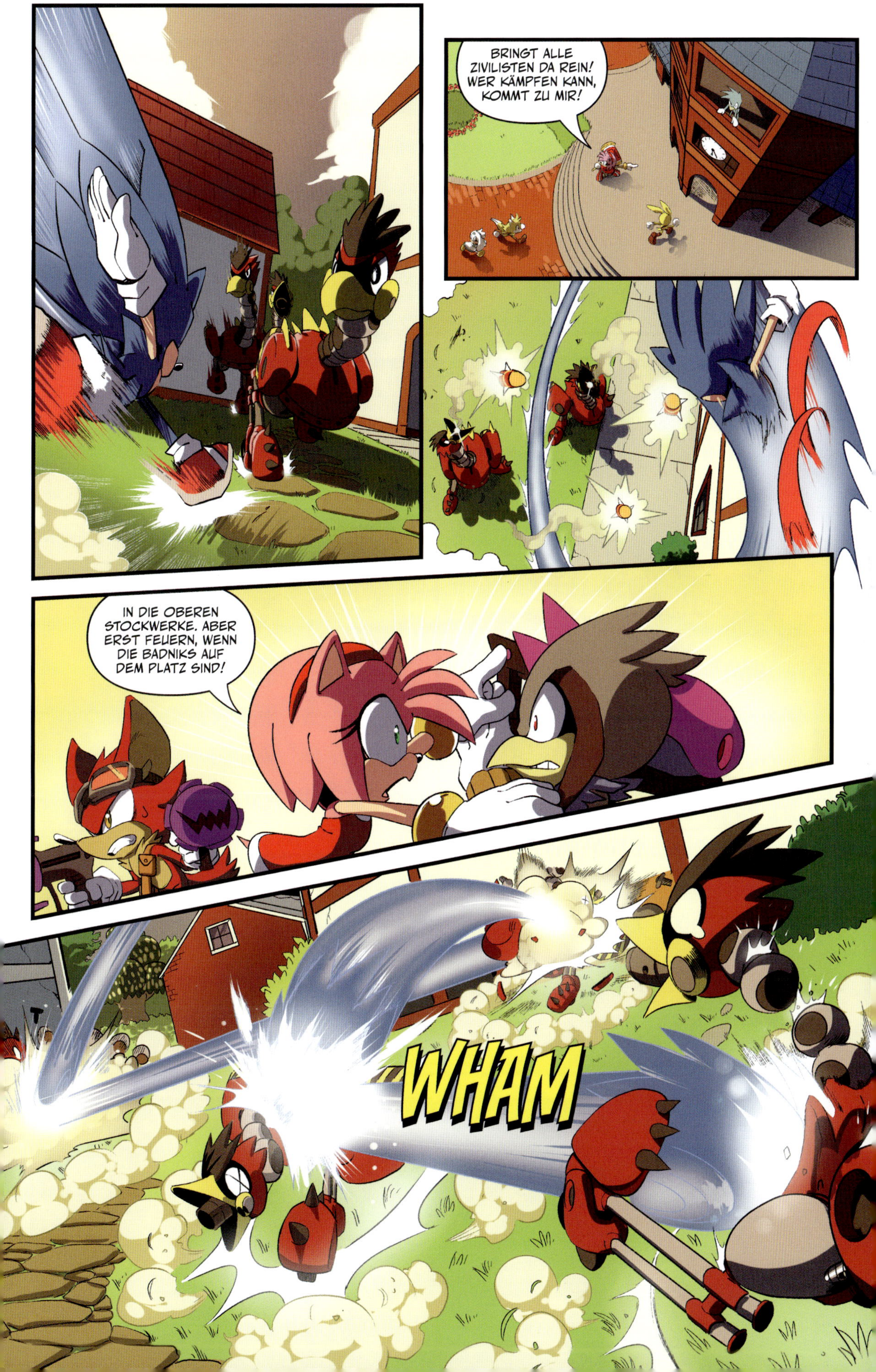
BRINGT ALLE ZIVILISTEN DA REIN! WER KÄMPFEN KANN, KOMMT ZU MIR!
IN DIE OBEREN STOCKWERKE. ABER ERST FEUERN, WENN DIE BADNIKS AUF DEM PLATZ SIND!
WHAM

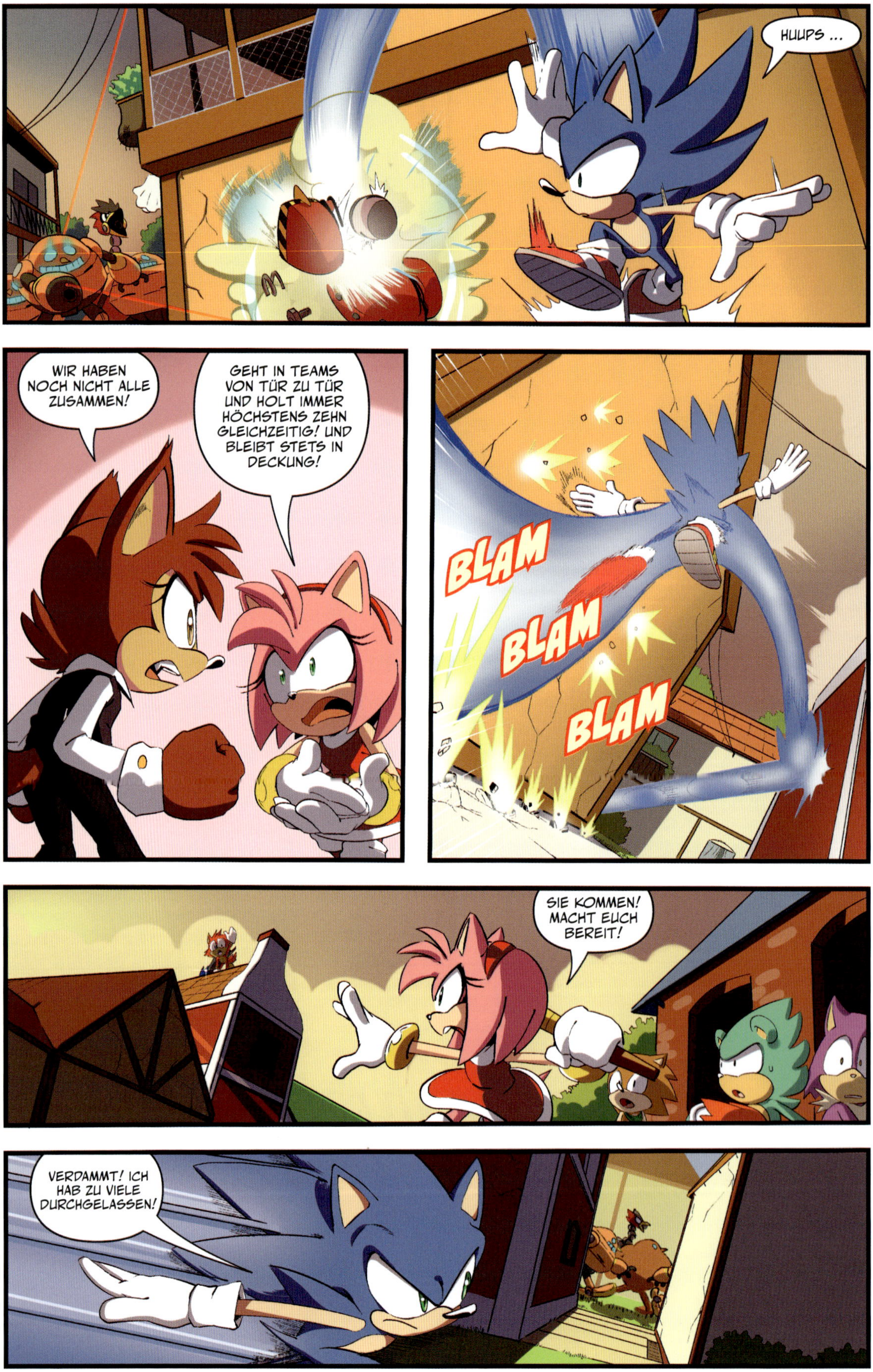
HUUPS ...
WIR HABEN NOCH NICHT ALLE ZUSAMMEN!
GEHT IN TEAMS VON TÜR ZU TÜR UND HOLT IMMER HÖCHSTENS ZEHN GLEICHZEITIG! UND BLEIBT STETS IN DECKUNG!
BLAM
BLAM
BLAM
SIE KOMMEN! MACHT EUCH BEREIT!
VERDAMMT! ICH HAB ZU VIELE DURCHGELASSEN!

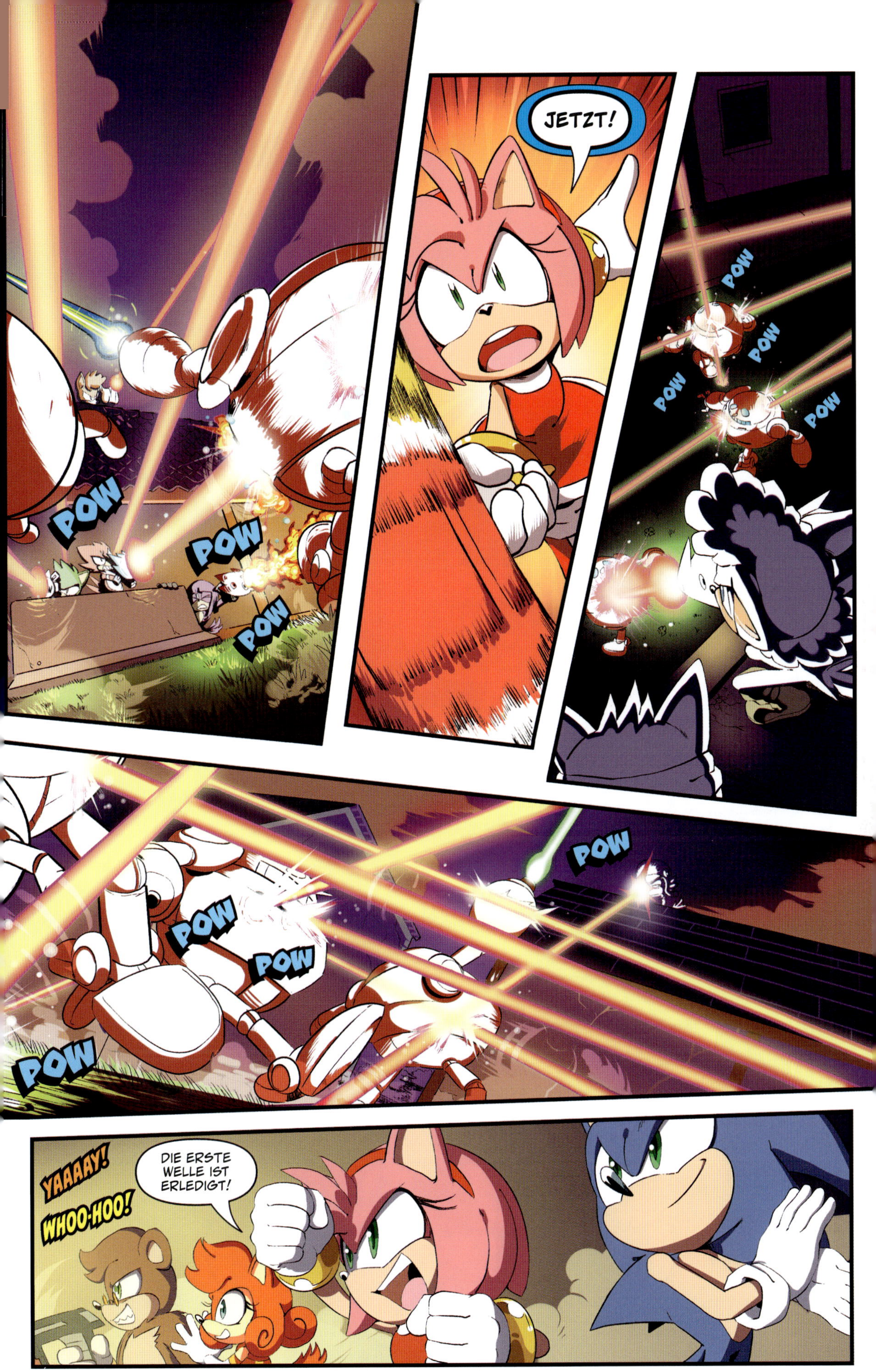
POW
POW
POW
JETZT!
POW
POW
POW
POW
POW
POW
POW
POW
YAAAAY!
WHOO-HOO!
DIE ERSTE WELLE IST ERLEDIGT!

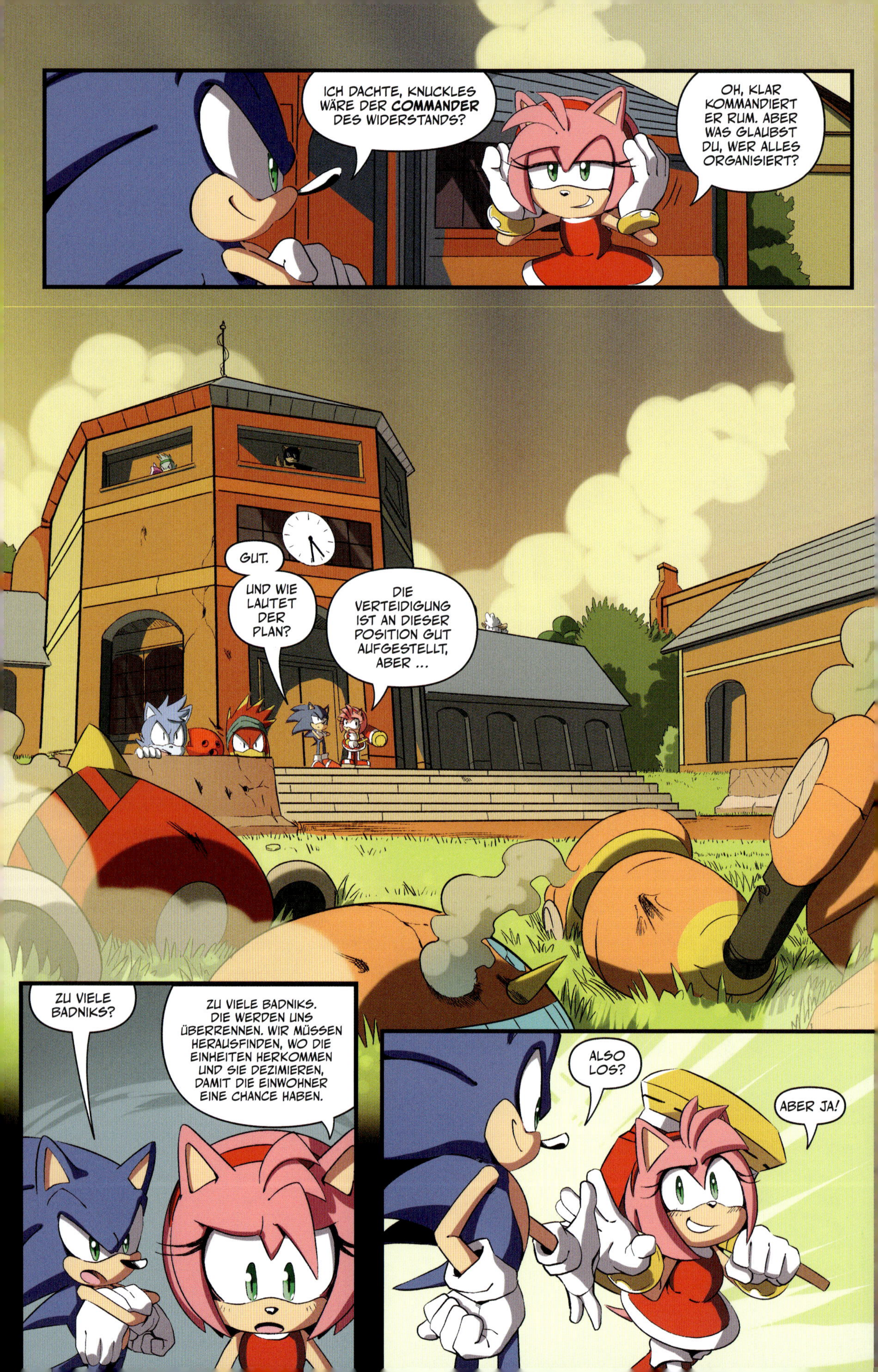
ICH DACHTE, KNUCKLES WÄRE DER **COMMANDER** DES WIDERSTANDS?
OH, KLAR KOMMANDIERT ER RUM. ABER WAS GLAUBST DU, WER ALLES ORGANISIERT?
GUT.
UND WIE LAUTET DER PLAN?
DIE VERTEIDIGUNG IST AN DIESER POSITION GUT AUFGESTELLT, ABER ...
ZU VIELE BADNIKS?
ZU VIELE BADNIKS. DIE WERDEN UNS ÜBERRENNEN. WIR MÜSSEN HERAUSFINDEN, WO DIE EINHEITEN HERKOMMEN UND SIE DEZIMIEREN, DAMIT DIE EINWOHNER EINE CHANCE HABEN.
ALSO LOS?
ABER JA!

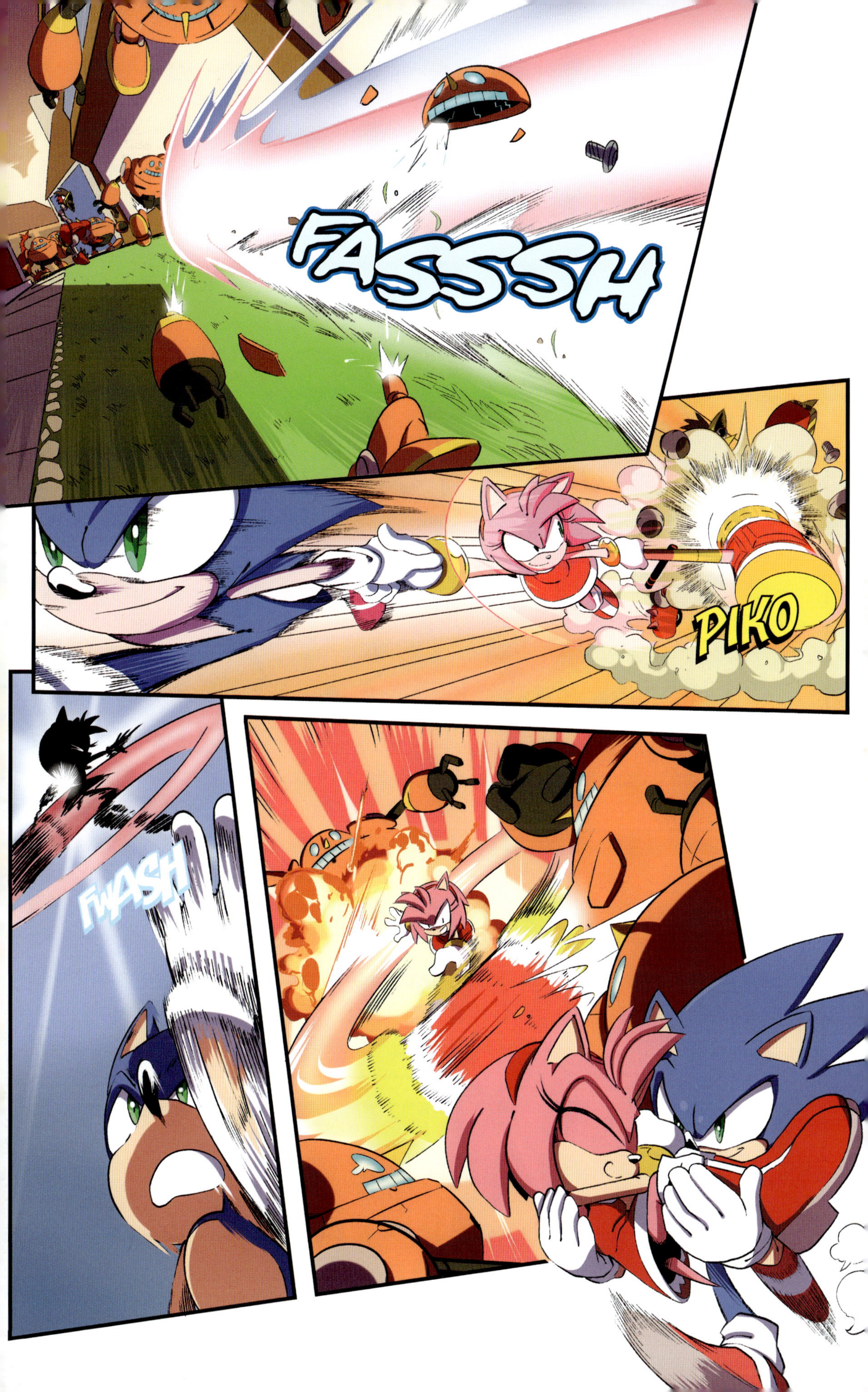
FASSSH
PIKO
FWASH

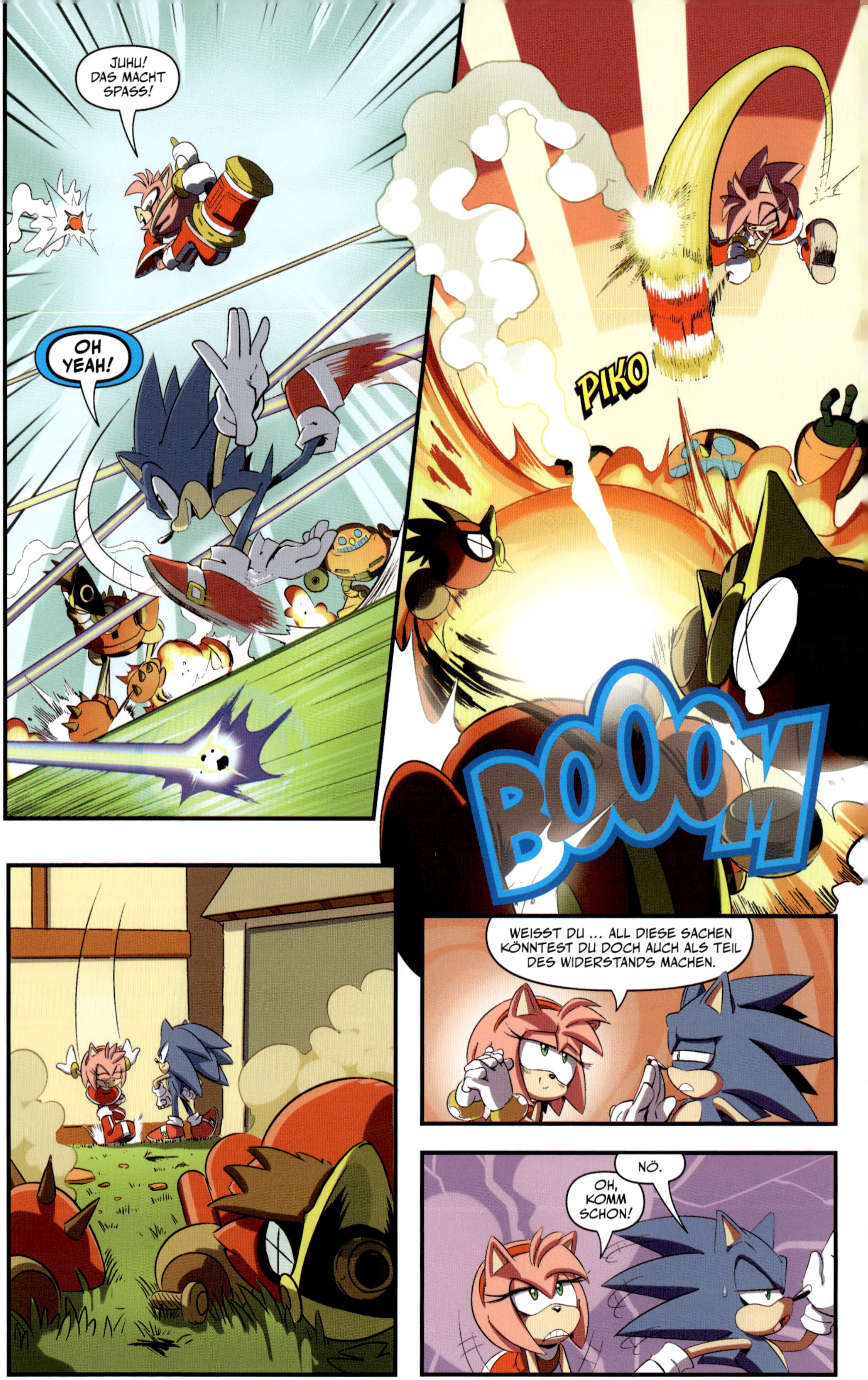
JUHU! DAS MACHT SPASS!
OH YEAH!
PIKO
BOOOOM
WEISST DU ... ALL DIESE SACHEN KÖNNTEST DU DOCH AUCH ALS TEIL DES WIDERSTANDS MACHEN.
NÖ.
OH, KOMM SCHON!

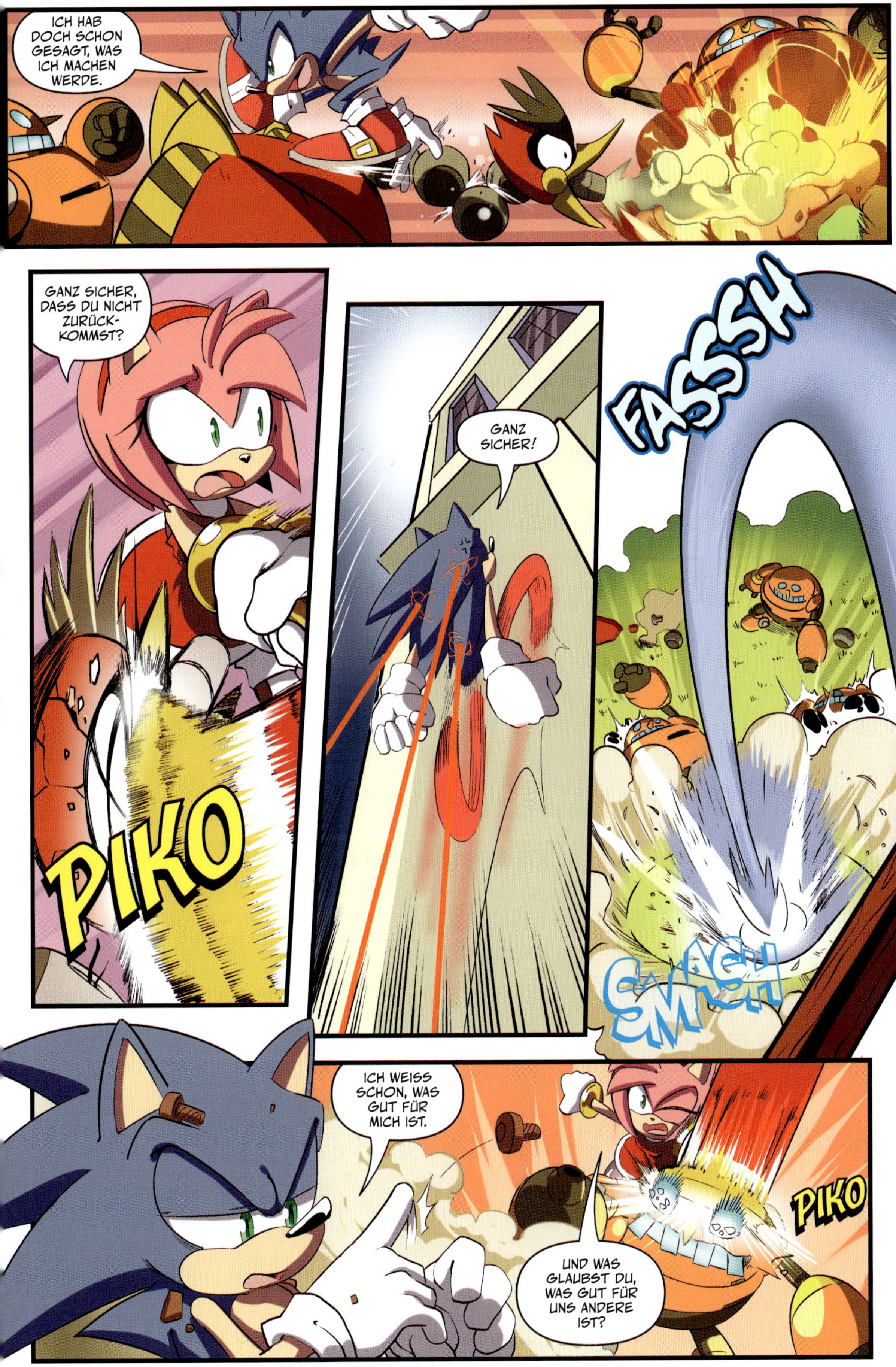
ICH HAB DOCH SCHON GESAGT, WAS ICH MACHEN WERDE.
GANZ SICHER, DASS DU NICHT ZURÜCK-KOMMST?
PIKO
GANZ SICHER!
FASSSH
SMASH
ICH WEISS SCHON, WAS GUT FÜR MICH IST.
PIKO
UND WAS GLAUBST DU, WAS GUT FÜR UNS ANDERE IST?

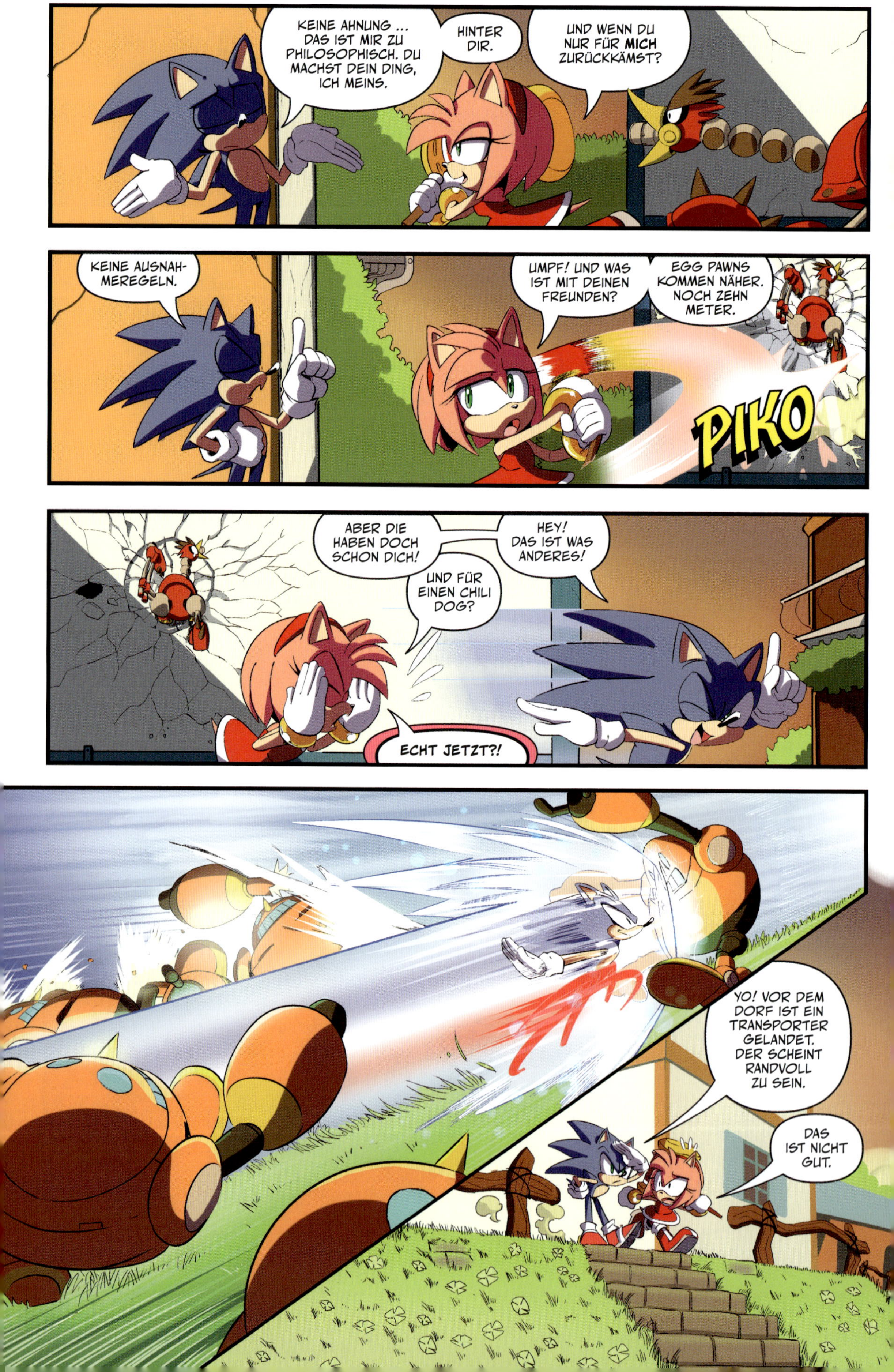
KEINE AHNUNG ... DAS IST MIR ZU PHILOSOPHISCH. DU MACHST DEIN DING, ICH MEINS.
HINTER DIR.
UND WENN DU NUR FÜR **MICH** ZURÜCKKÄMST?
KEINE AUSNAH-MEREGELN.
UMPF! UND WAS IST MIT DEINEN FREUNDEN?
EGG PAWNS KOMMEN NÄHER. NOCH ZEHN METER.
PIKO
ABER DIE HABEN DOCH SCHON DICH!
HEY! DAS IST WAS ANDERES!
UND FÜR EINEN CHILI DOG?
ECHT JETZT?!
YO! VOR DEM DORF IST EIN TRANSPORTER GELANDET. DER SCHEINT RANDVOLL ZU SEIN.
DAS IST NICHT GUT.

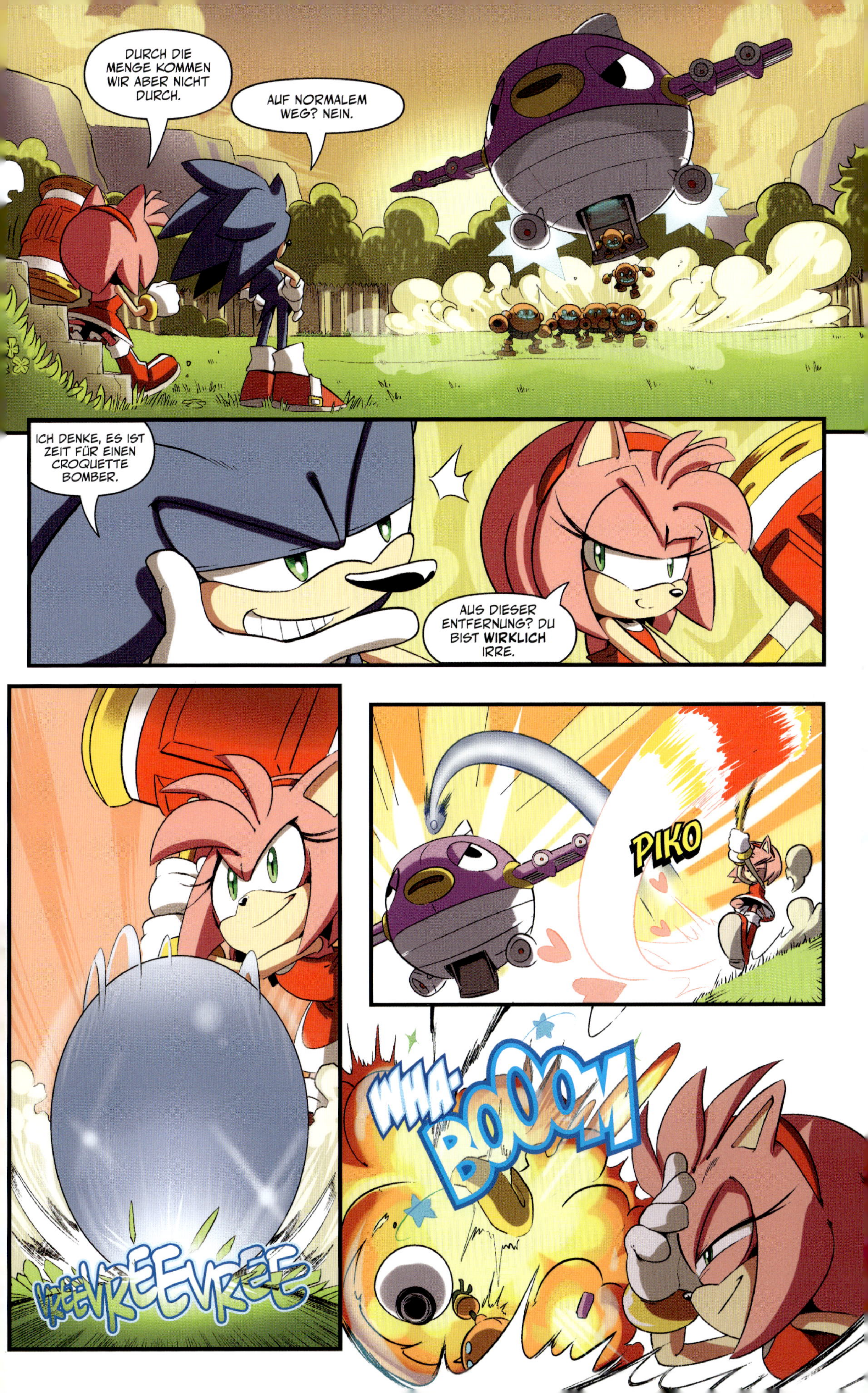
DURCH DIE MENGE KOMMEN WIR ABER NICHT DURCH.
AUF NORMALEM WEG? NEIN.
ICH DENKE, ES IST ZEIT FÜR EINEN CROQUETTE BOMBER.
AUS DIESER ENTFERNUNG? DU BIST **WIRKLICH** IRRE.
VREEVREEVREE
PIKO
WHA-BOOOM

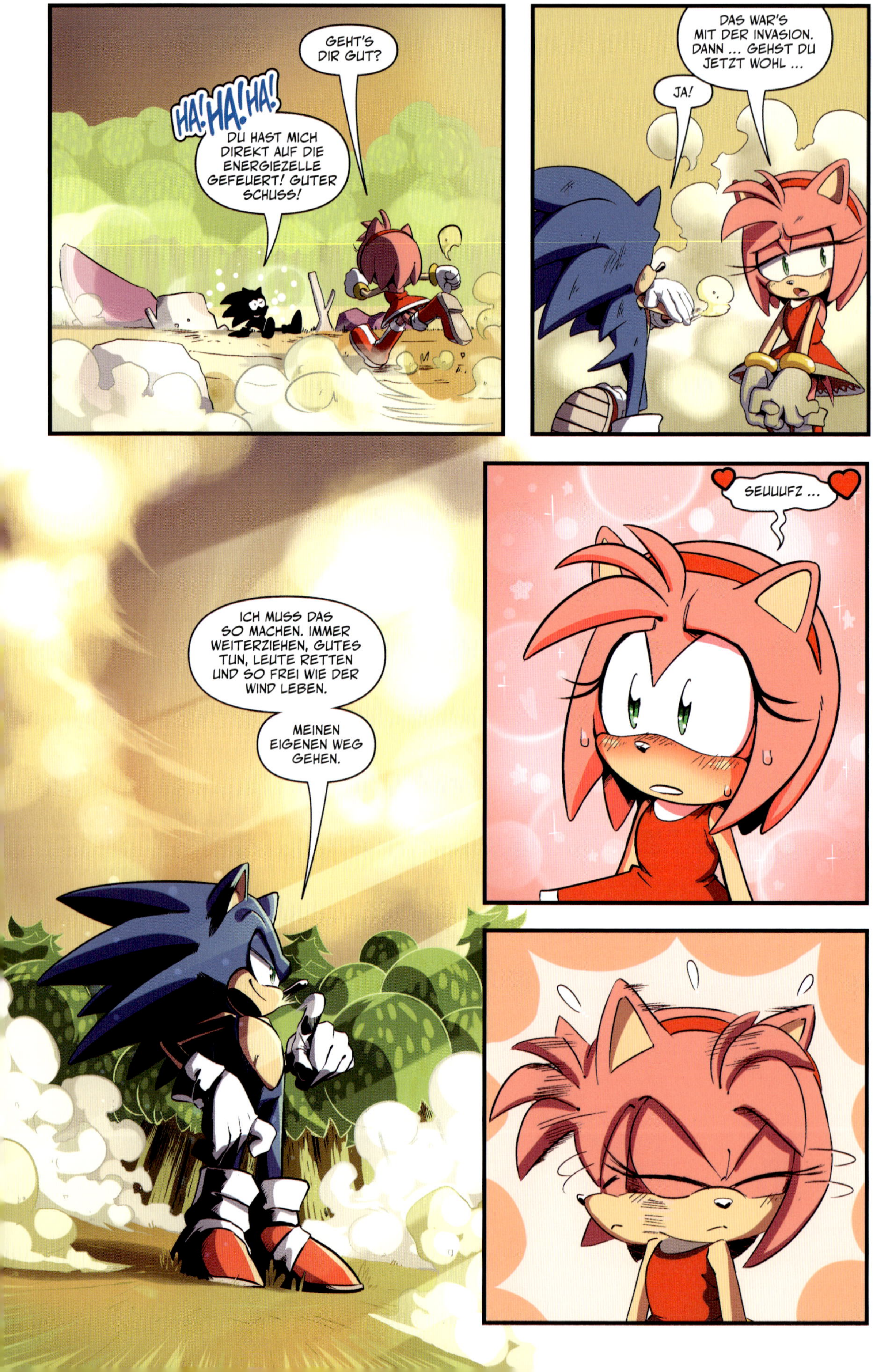

HA!HA!HA!
DU HAST MICH DIREKT AUF DIE ENERGIEZELLE GEFEUERT! GUTER SCHUSS!
GEHT'S DIR GUT?
DAS WAR'S MIT DER INVASION. DANN ... GEHST DU JETZT WOHL ...
JA!
ICH MUSS DAS SO MACHEN. IMMER WEITERZIEHEN, GUTES TUN, LEUTE RETTEN UND SO FREI WIE DER WIND LEBEN.
MEINEN EIGENEN WEG GEHEN.
SEUUUFZ ...

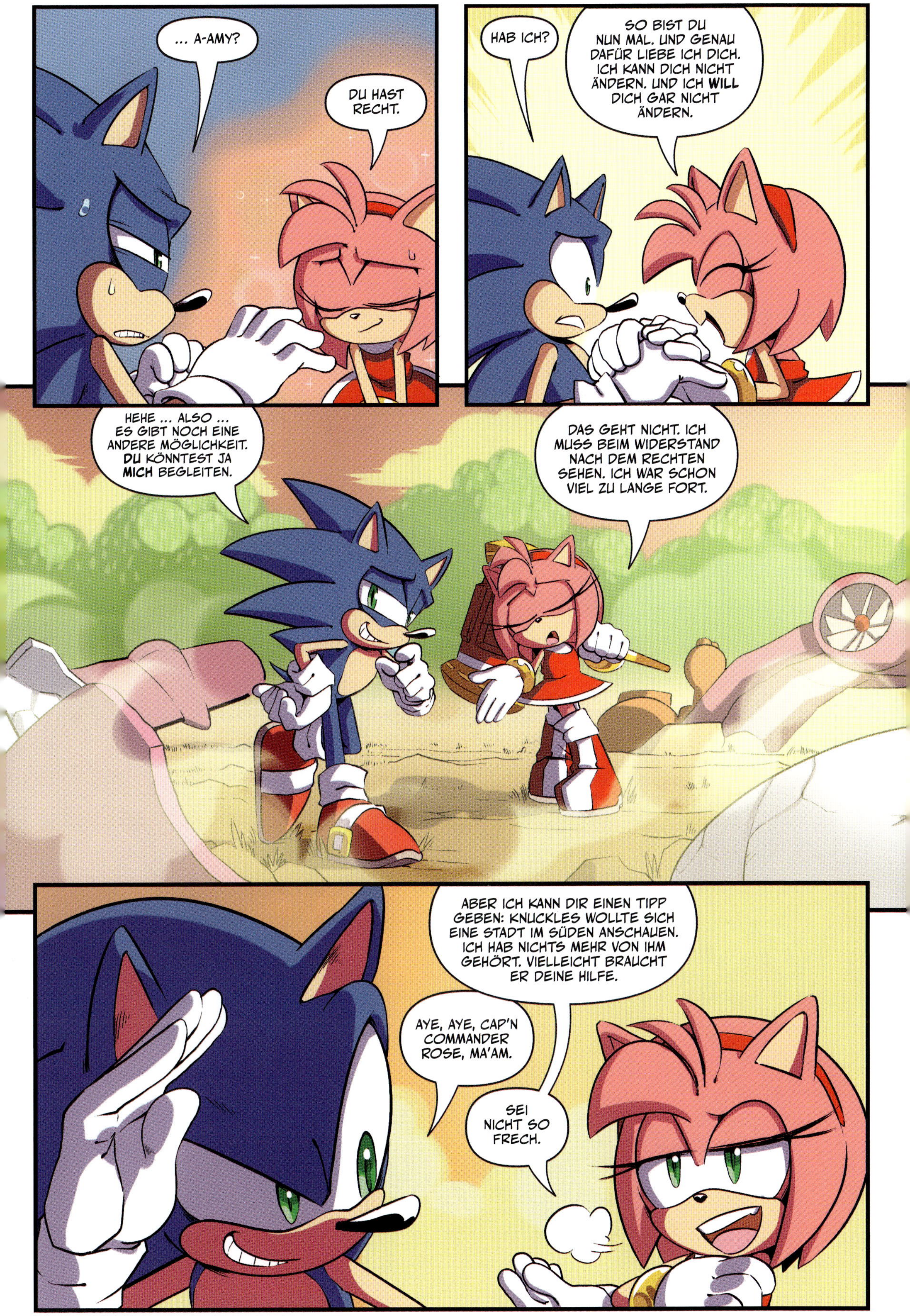
... A-AMY?
DU HAST RECHT.
HAB ICH?
SO BIST DU NUN MAL. UND GENAU DAFÜR LIEBE ICH DICH. ICH KANN DICH NICHT ÄNDERN. UND ICH **WILL** DICH GAR NICHT ÄNDERN.
HEHE ... ALSO ... ES GIBT NOCH EINE ANDERE MÖGLICHKEIT. **DU** KÖNNTEST JA **MICH** BEGLEITEN.
DAS GEHT NICHT. ICH MUSS BEIM WIDERSTAND NACH DEM RECHTEN SEHEN. ICH WAR SCHON VIEL ZU LANGE FORT.
ABER ICH KANN DIR EINEN TIPP GEBEN: KNUCKLES WOLLTE SICH EINE STADT IM SÜDEN ANSCHAUEN. ICH HAB NICHTS MEHR VON IHM GEHÖRT. VIELLEICHT BRAUCHT ER DEINE HILFE.
AYE, AYE, CAP'N COMMANDER ROSE, MA'AM.
SEI NICHT SO FRECH.

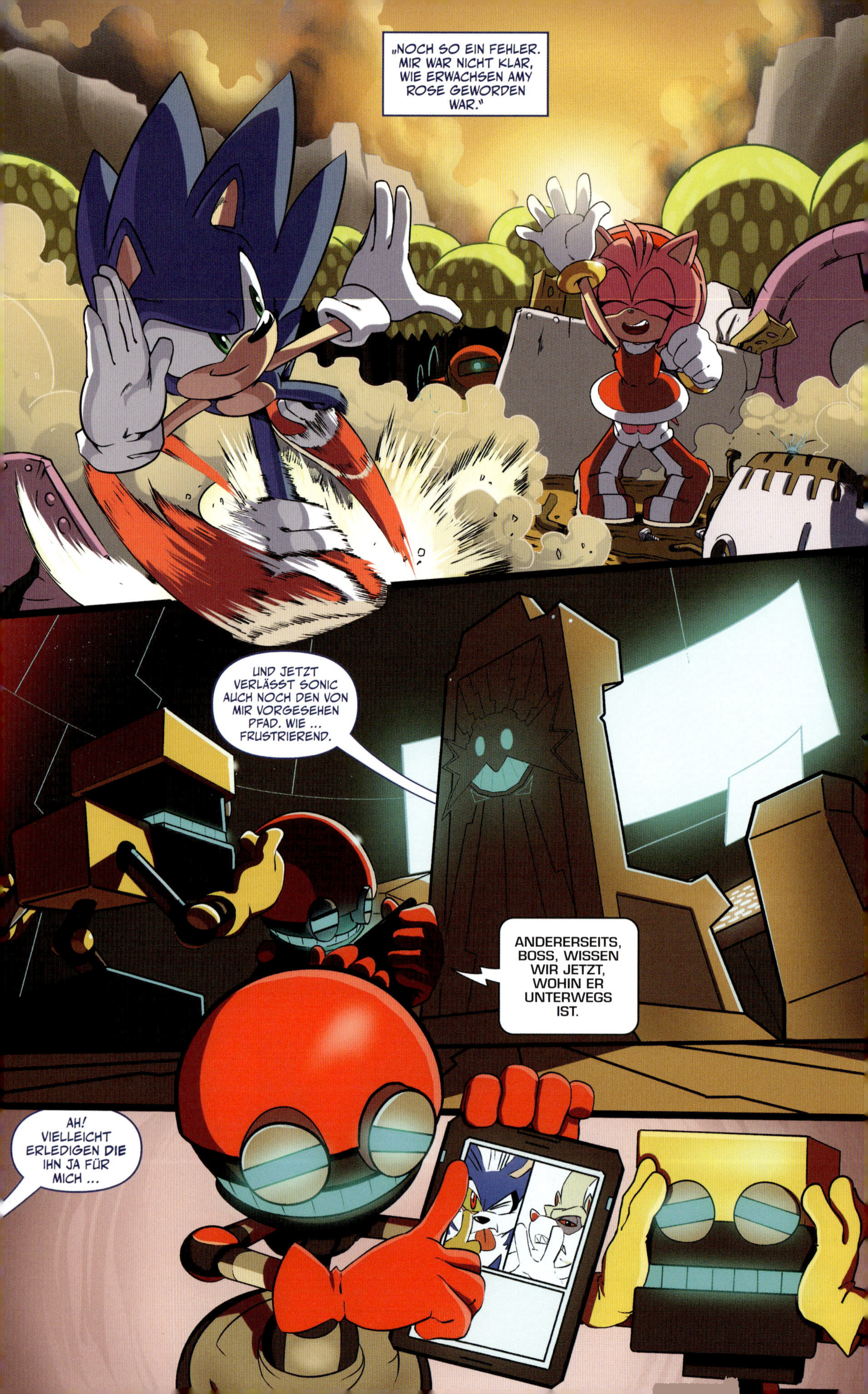
„NOCH SO EIN FEHLER. MIR WAR NICHT KLAR, WIE ERWACHSEN AMY ROSE GEWORDEN WAR."
UND JETZT VERLÄSST SONIC AUCH NOCH DEN VON MIR VORGESEHEN PFAD. WIE ... FRUSTRIEREND.
ANDERERSEITS, BOSS, WISSEN WIR JETZT, WOHIN ER UNTERWEGS IST.
AH! VIELLEICHT ERLEDIGEN DIE IHN JA FÜR MICH ...

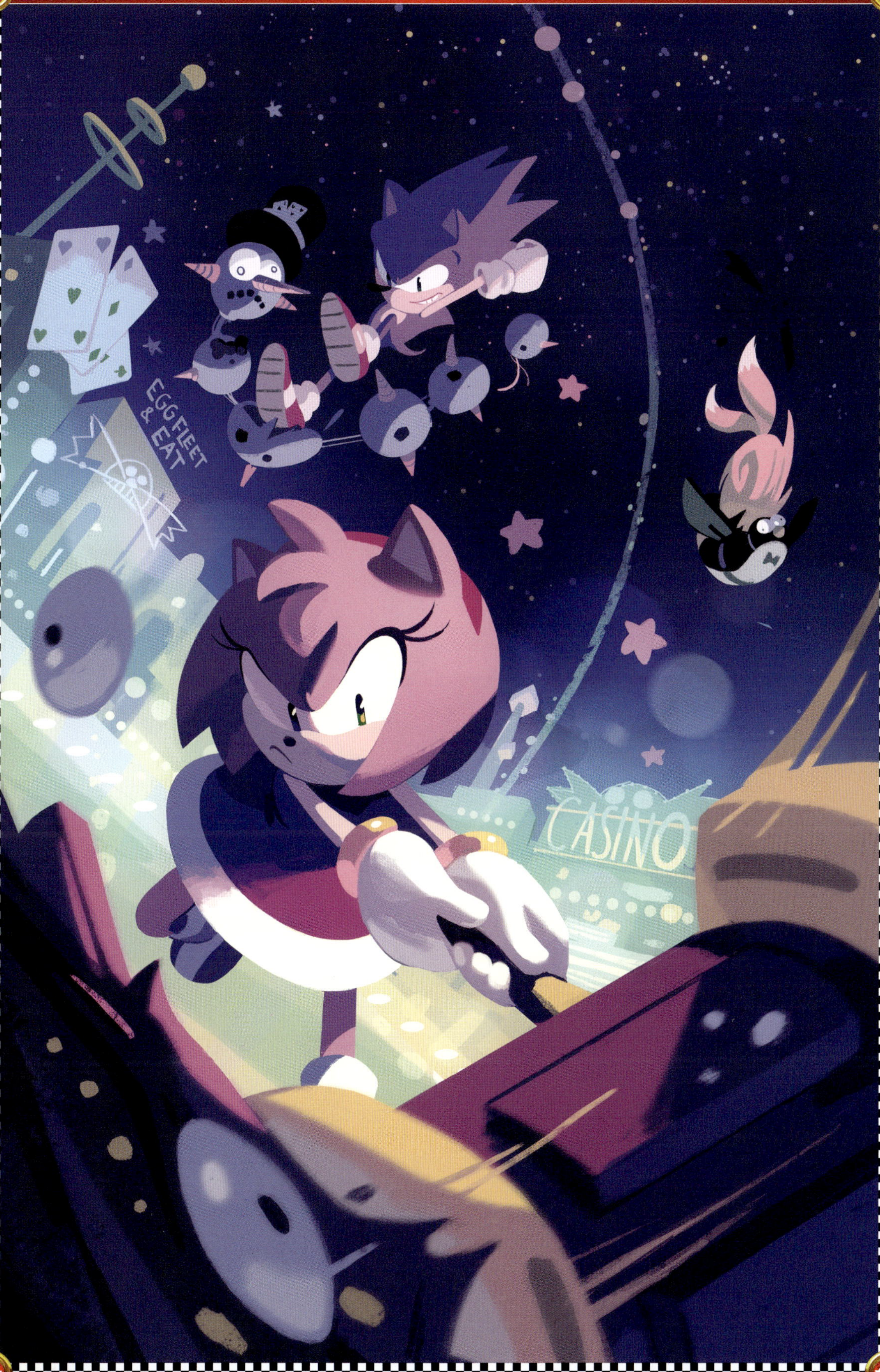
EGGFLEET & EAT
CASINO

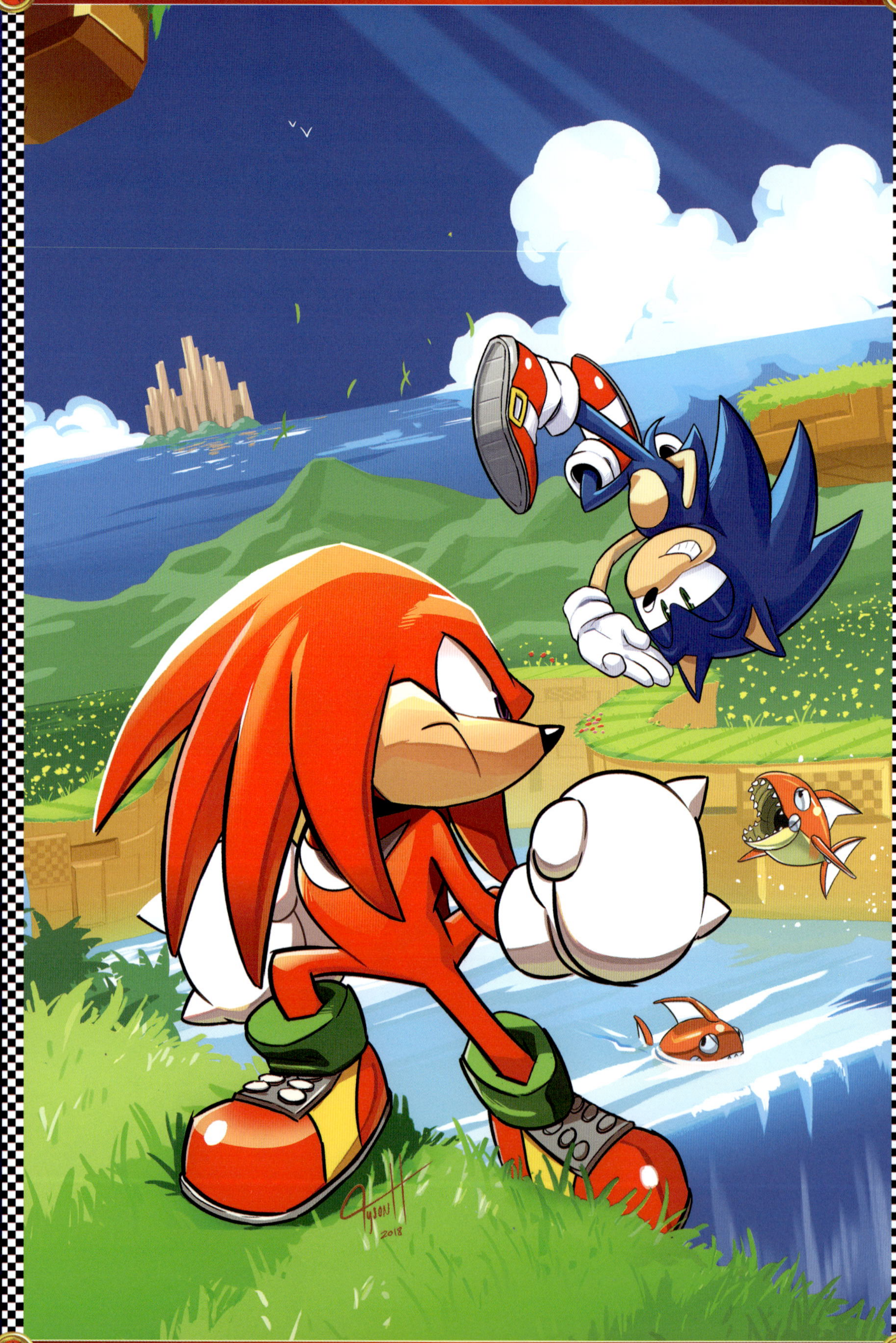

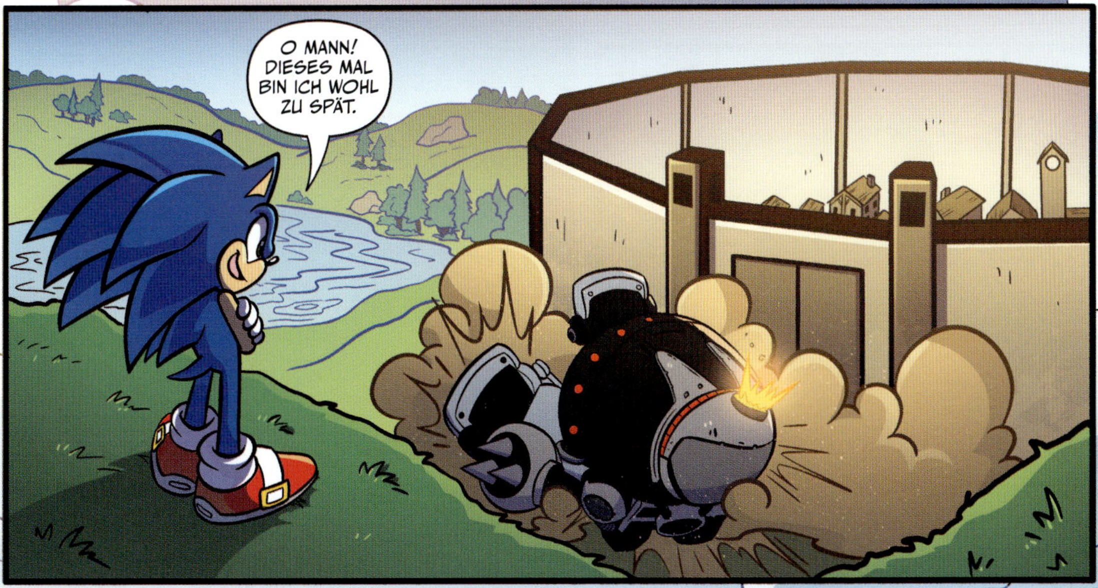
O MANN! DIESES MAL BIN ICH WOHL ZU SPÄT.

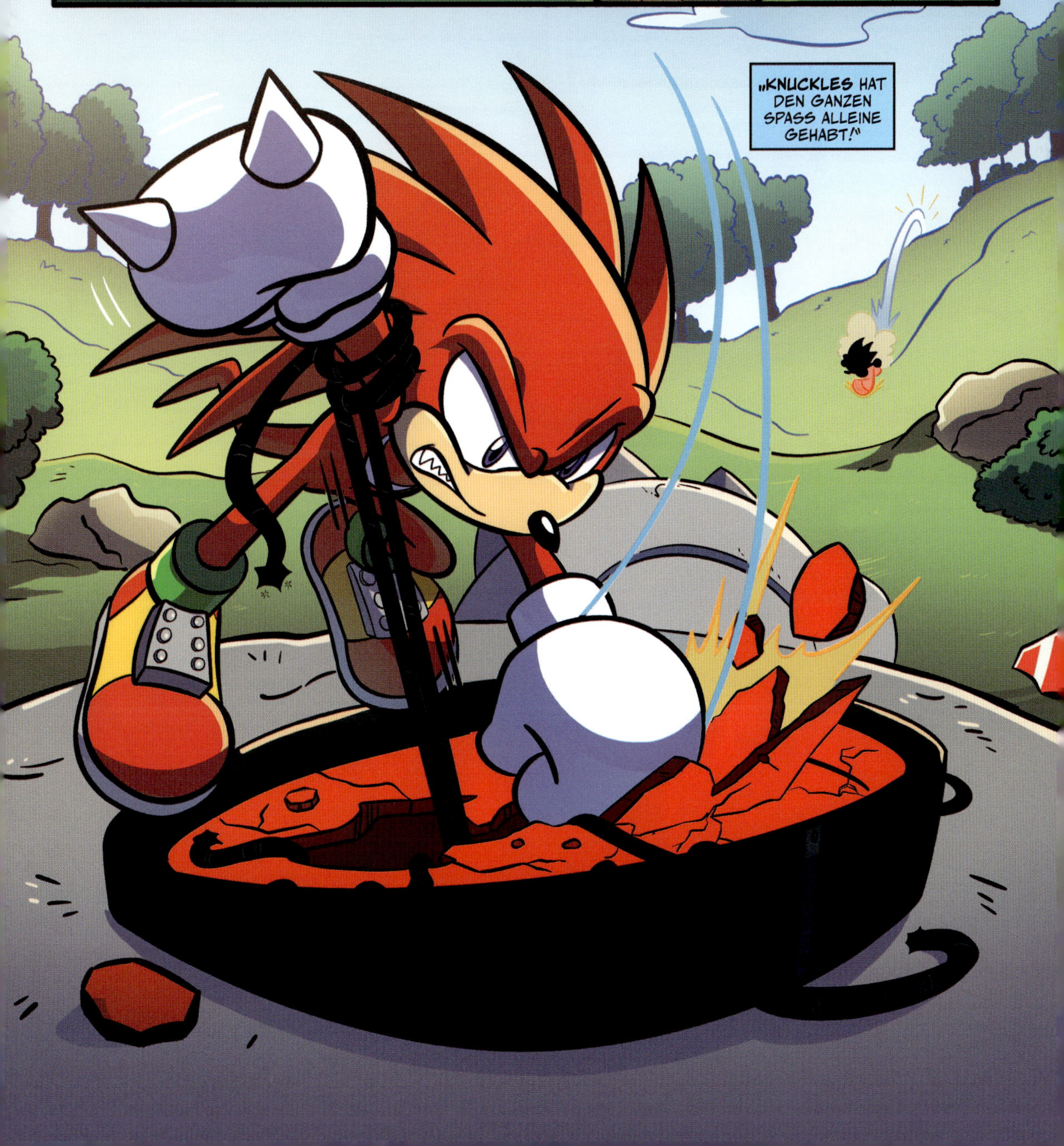
„KNUCKLES HAT DEN GANZEN SPASS ALLEINE GEHABT!"

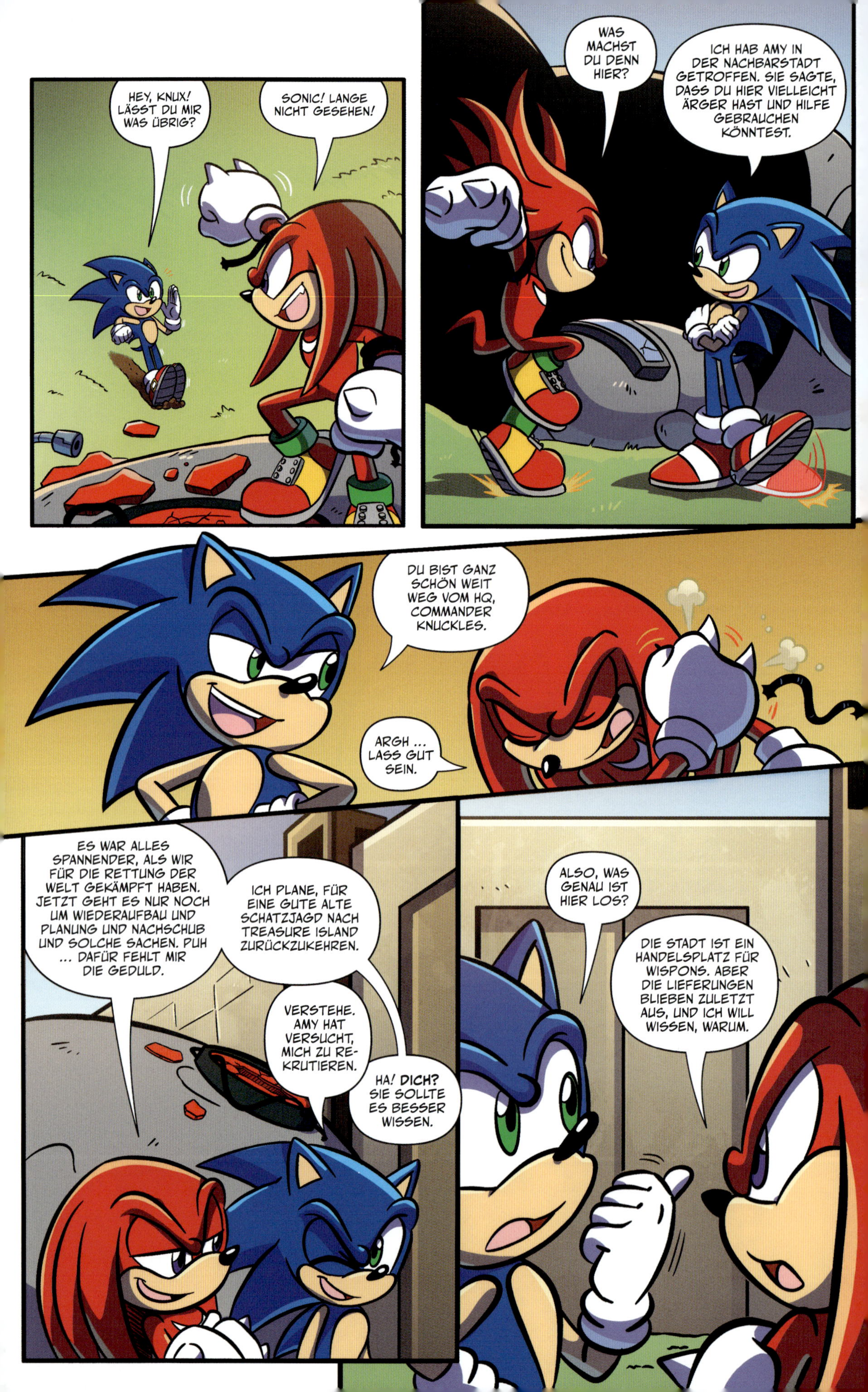
HEY, KNUX! LÄSST DU MIR WAS ÜBRIG?
SONIC! LANGE NICHT GESEHEN!
WAS MACHST DU DENN HIER?
ICH HAB AMY IN DER NACHBARSTADT GETROFFEN. SIE SAGTE, DASS DU HIER VIELLEICHT ÄRGER HAST UND HILFE GEBRAUCHEN KÖNNTEST.
DU BIST GANZ SCHÖN WEIT WEG VOM HQ, COMMANDER KNUCKLES.
ARGH ... LASS GUT SEIN.
ES WAR ALLES SPANNENDER, ALS WIR FÜR DIE RETTUNG DER WELT GEKÄMPFT HABEN. JETZT GEHT ES NUR NOCH UM WIEDERAUFBAU UND PLANUNG UND NACHSCHUB UND SOLCHE SACHEN. PUH ... DAFÜR FEHLT MIR DIE GEDULD.
ICH PLANE, FÜR EINE GUTE ALTE SCHATZJAGD NACH TREASURE ISLAND ZURÜCKZUKEHREN.
VERSTEHE. AMY HAT VERSUCHT, MICH ZU REKRUTIEREN.
HA! **DICH?** SIE SOLLTE ES BESSER WISSEN.
ALSO, WAS GENAU IST HIER LOS?
DIE STADT IST EIN HANDELSPLATZ FÜR WISPONS. ABER DIE LIEFERUNGEN BLIEBEN ZULETZT AUS, UND ICH WILL WISSEN, WARUM.

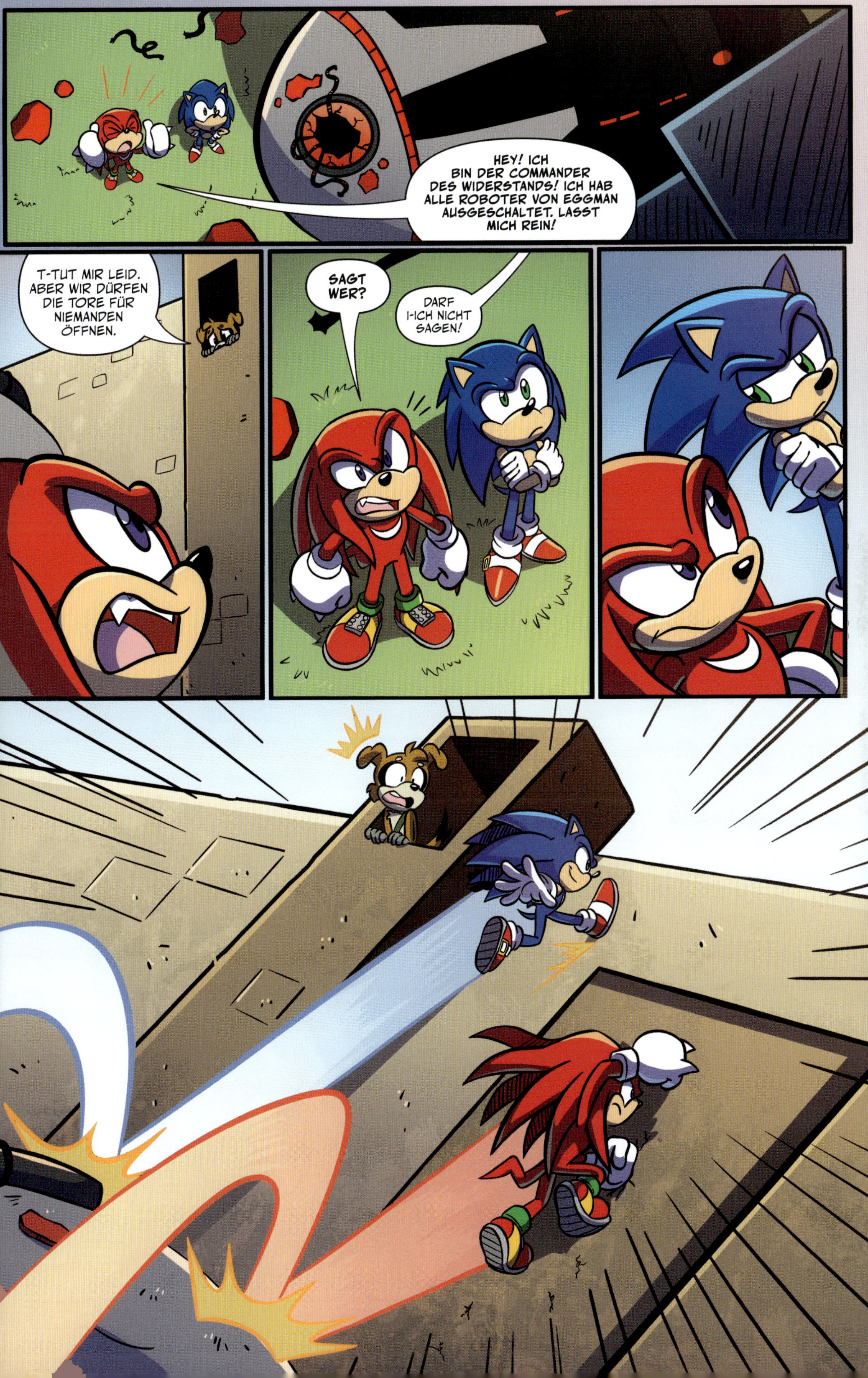
HEY! ICH BIN DER COMMANDER DES WIDERSTANDS! ICH HAB ALLE ROBOTER VON EGGMAN AUSGESCHALTET. LASST MICH REIN!
T-TUT MIR LEID. ABER WIR DÜRFEN DIE TORE FÜR NIEMANDEN ÖFFNEN.
SAGT WER?
DARF I-ICH NICHT SAGEN!

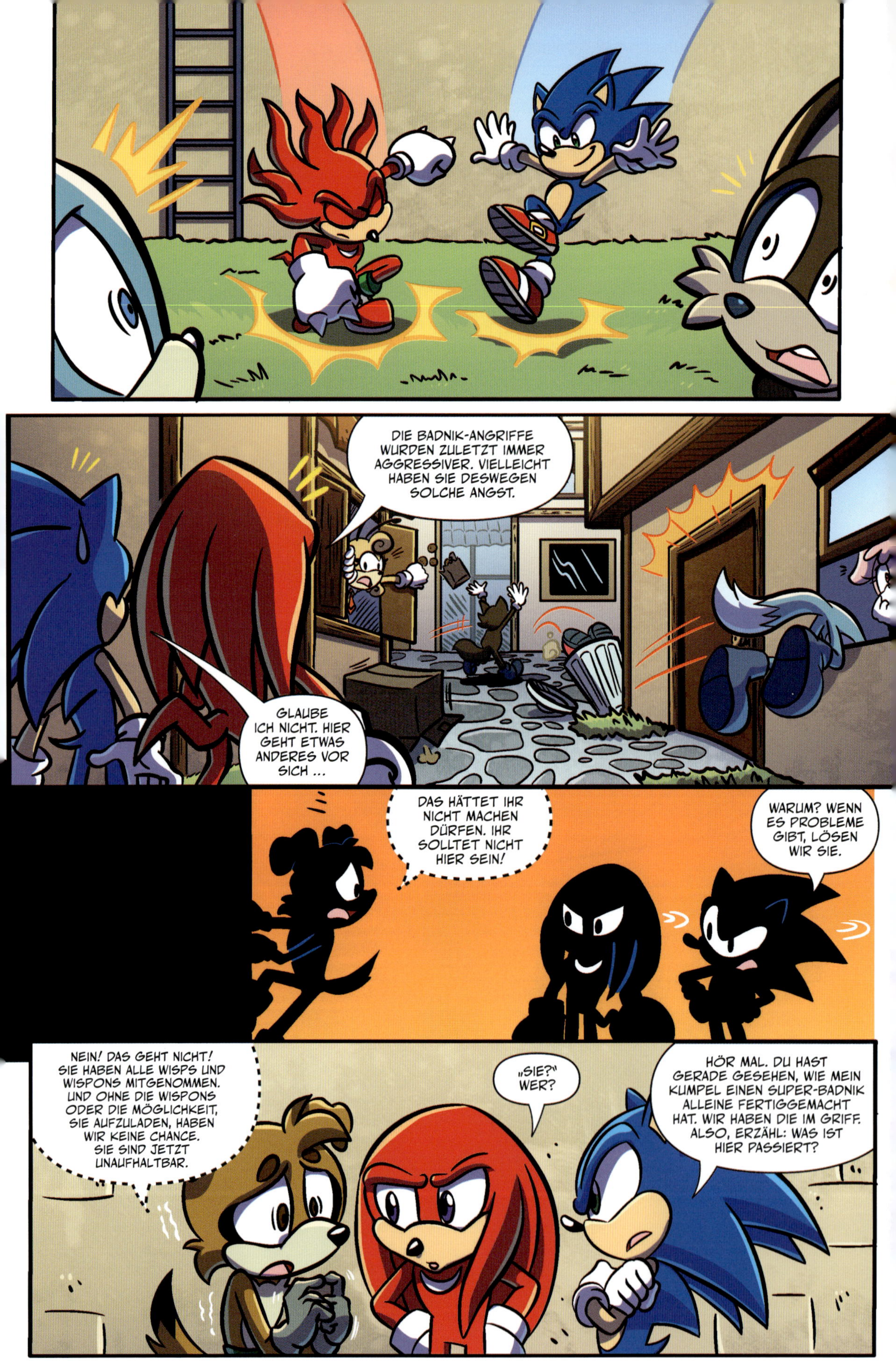
DIE BADNIK-ANGRIFFE WURDEN ZULETZT IMMER AGGRESSIVER. VIELLEICHT HABEN SIE DESWEGEN SOLCHE ANGST.
GLAUBE ICH NICHT. HIER GEHT ETWAS ANDERES VOR SICH ...
DAS HÄTTET IHR NICHT MACHEN DÜRFEN. IHR SOLLTET NICHT HIER SEIN!
WARUM? WENN ES PROBLEME GIBT, LÖSEN WIR SIE.
NEIN! DAS GEHT NICHT! SIE HABEN ALLE WISPS UND WISPONS MITGENOMMEN. UND OHNE DIE WISPONS ODER DIE MÖGLICHKEIT, SIE AUFZULADEN, HABEN WIR KEINE CHANCE. SIE SIND JETZT UNAUFHALTBAR.
„SIE?" WER?
HÖR MAL. DU HAST GERADE GESEHEN, WIE MEIN KUMPEL EINEN SUPER-BADNIK ALLEINE FERTIGGEMACHT HAT. WIR HABEN DIE IM GRIFF. ALSO, ERZÄHL: WAS IST HIER PASSIERT?

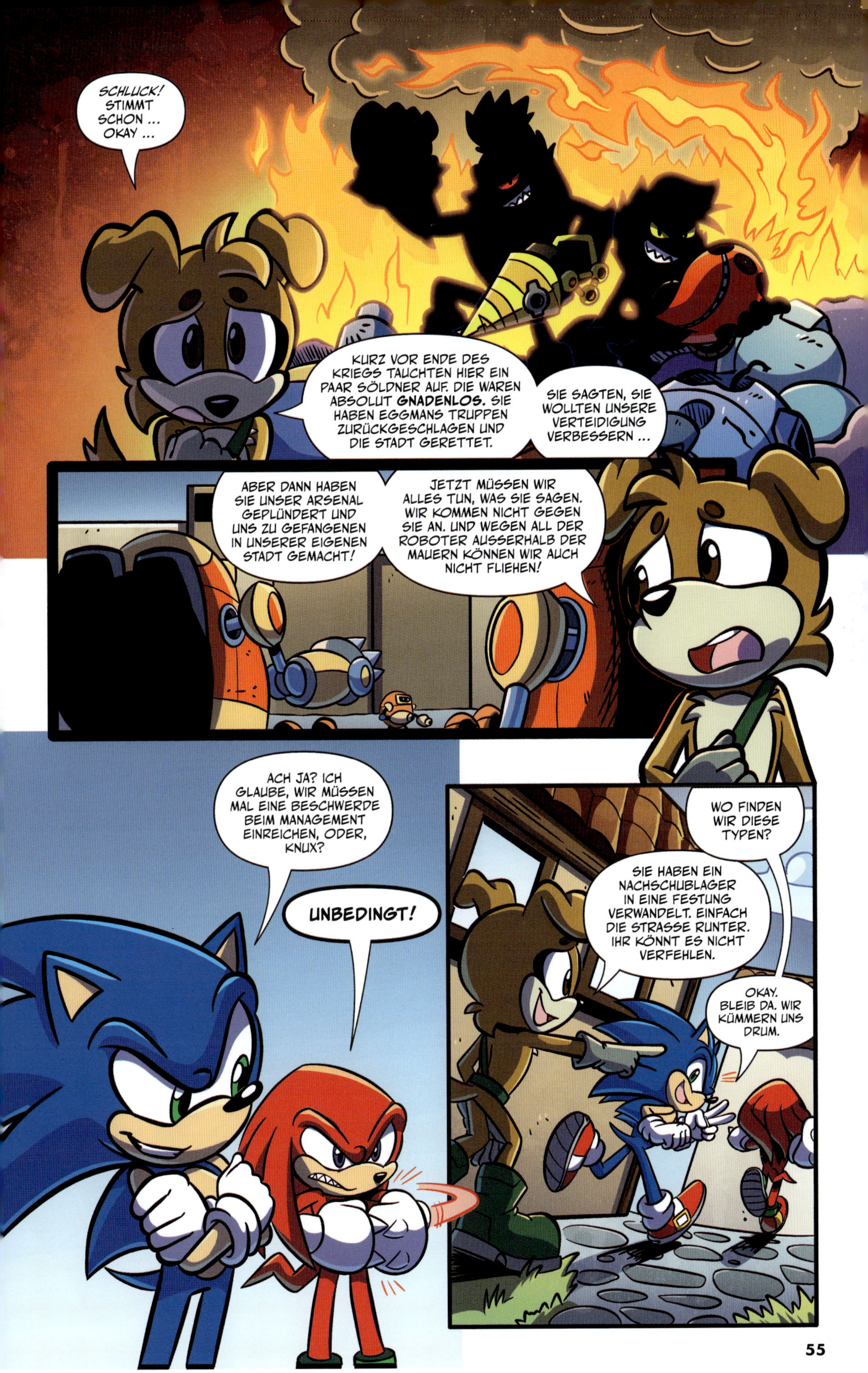
SCHLUCK! STIMMT SCHON ... OKAY ...
KURZ VOR ENDE DES KRIEGS TAUCHTEN HIER EIN PAAR SÖLDNER AUF. DIE WAREN ABSOLUT **GNADENLOS.** SIE HABEN EGGMANS TRUPPEN ZURÜCKGESCHLAGEN UND DIE STADT GERETTET.
SIE SAGTEN, SIE WOLLTEN UNSERE VERTEIDIGUNG VERBESSERN ...
ABER DANN HABEN SIE UNSER ARSENAL GEPLÜNDERT UND UNS ZU GEFANGENEN IN UNSERER EIGENEN STADT GEMACHT!
JETZT MÜSSEN WIR ALLES TUN, WAS SIE SAGEN. WIR KOMMEN NICHT GEGEN SIE AN. UND WEGEN ALL DER ROBOTER AUSSERHALB DER MAUERN KÖNNEN WIR AUCH NICHT FLIEHEN!
ACH JA? ICH GLAUBE, WIR MÜSSEN MAL EINE BESCHWERDE BEIM MANAGEMENT EINREICHEN, ODER, KNUX?
UNBEDINGT!
WO FINDEN WIR DIESE TYPEN?
SIE HABEN EIN NACHSCHUBLAGER IN EINE FESTUNG VERWANDELT. EINFACH DIE STRASSE RUNTER. IHR KÖNNT ES NICHT VERFEHLEN.
OKAY. BLEIB DA. WIR KÜMMERN UNS DRUM.

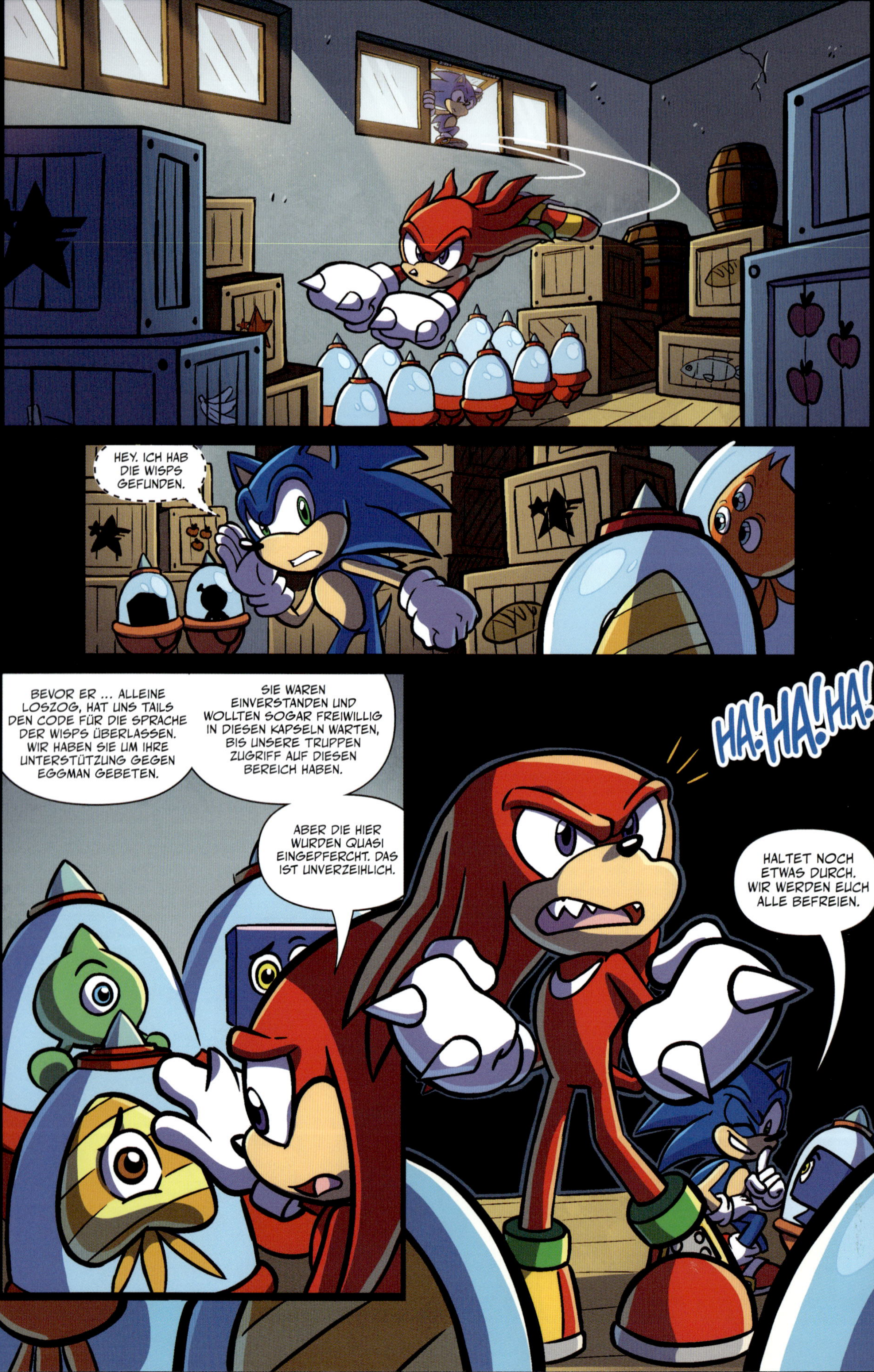
HEY. ICH HAB DIE WISPS GEFUNDEN.
BEVOR ER ... ALLEINE LOSZOG, HAT UNS TAILS DEN CODE FÜR DIE SPRACHE DER WISPS ÜBERLASSEN. WIR HABEN SIE UM IHRE UNTERSTÜTZUNG GEGEN EGGMAN GEBETEN.
SIE WAREN EINVERSTANDEN UND WOLLTEN SOGAR FREIWILLIG IN DIESEN KAPSELN WARTEN, BIS UNSERE TRUPPEN ZUGRIFF AUF DIESEN BEREICH HABEN.
ABER DIE HIER WURDEN QUASI EINGEPFERCHT. DAS IST UNVERZEIHLICH.
HA!HA!HA!
HALTET NOCH ETWAS DURCH. WIR WERDEN EUCH ALLE BEFREIEN.

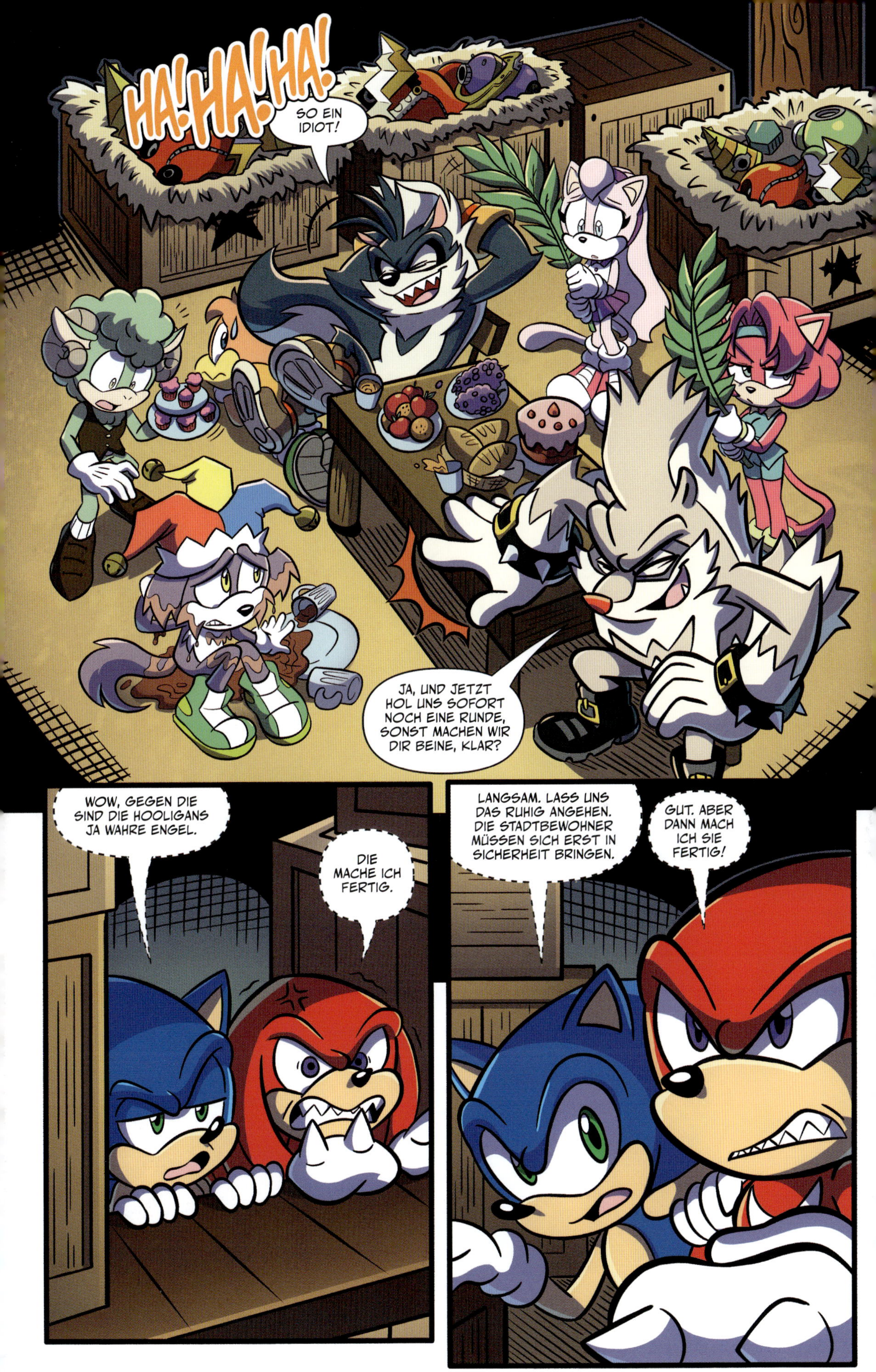
HA! HA! HA!
SO EIN IDIOT!
JA, UND JETZT HOL UNS SOFORT NOCH EINE RUNDE, SONST MACHEN WIR DIR BEINE, KLAR?
WOW, GEGEN DIE SIND DIE HOOLIGANS JA WAHRE ENGEL.
DIE MACHE ICH FERTIG.
LANGSAM. LASS UNS DAS RUHIG ANGEHEN. DIE STADTBEWOHNER MÜSSEN SICH ERST IN SICHERHEIT BRINGEN.
GUT. ABER DANN MACH ICH SIE FERTIG!

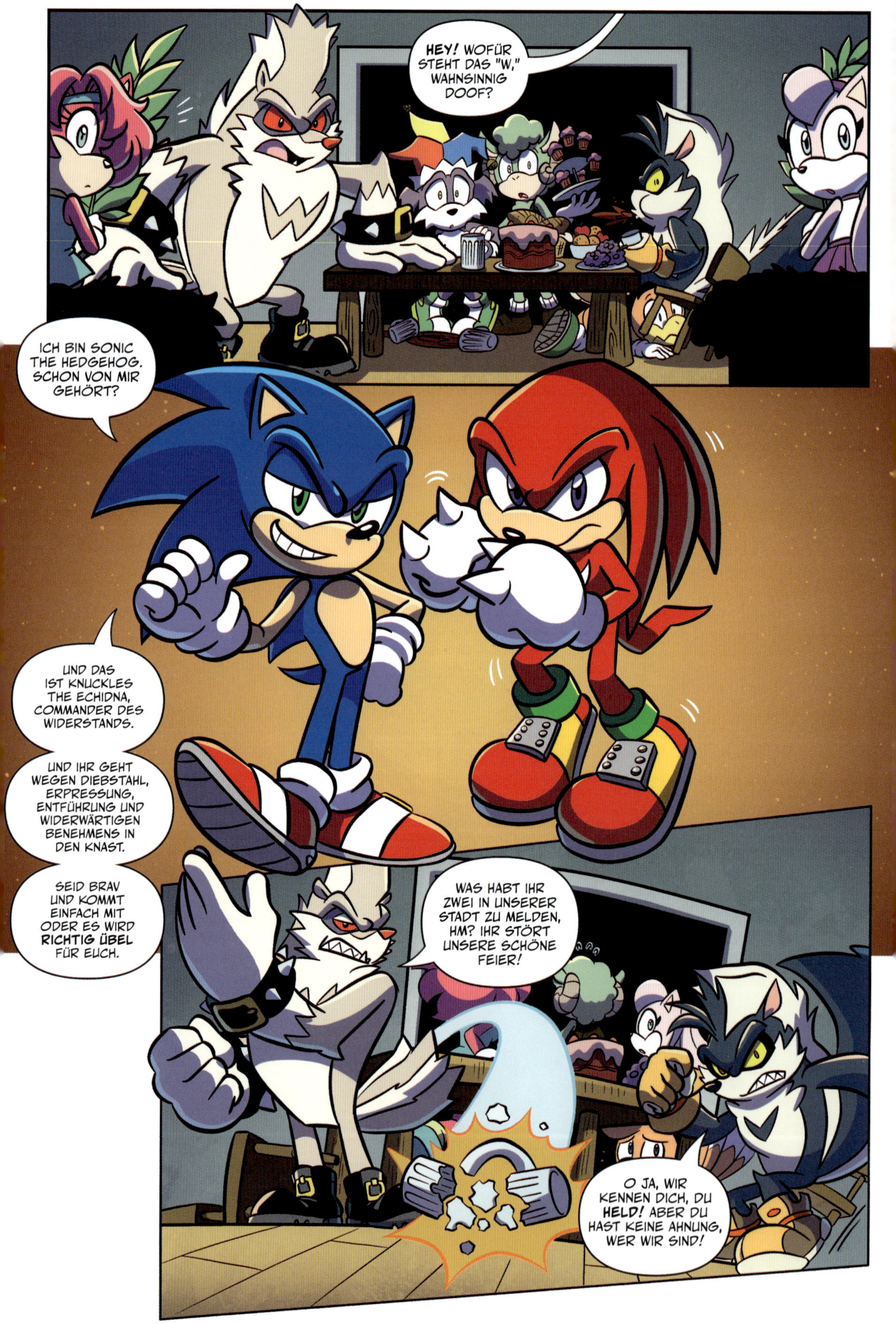
HEY! WOFÜR STEHT DAS "W," WAHNSINNIG DOOF?
ICH BIN SONIC THE HEDGEHOG. SCHON VON MIR GEHÖRT?
UND DAS IST KNUCKLES THE ECHIDNA, COMMANDER DES WIDERSTANDS.
UND IHR GEHT WEGEN DIEBSTAHL, ERPRESSUNG, ENTFÜHRUNG UND WIDERWÄRTIGEN BENEHMENS IN DEN KNAST.
SEID BRAV UND KOMMT EINFACH MIT ODER ES WIRD RICHTIG ÜBEL FÜR EUCH.
WAS HABT IHR ZWEI IN UNSERER STADT ZU MELDEN, HM? IHR STÖRT UNSERE SCHÖNE FEIER!
O JA, WIR KENNEN DICH, DU HELD! ABER DU HAST KEINE AHNUNG, WER WIR SIND!

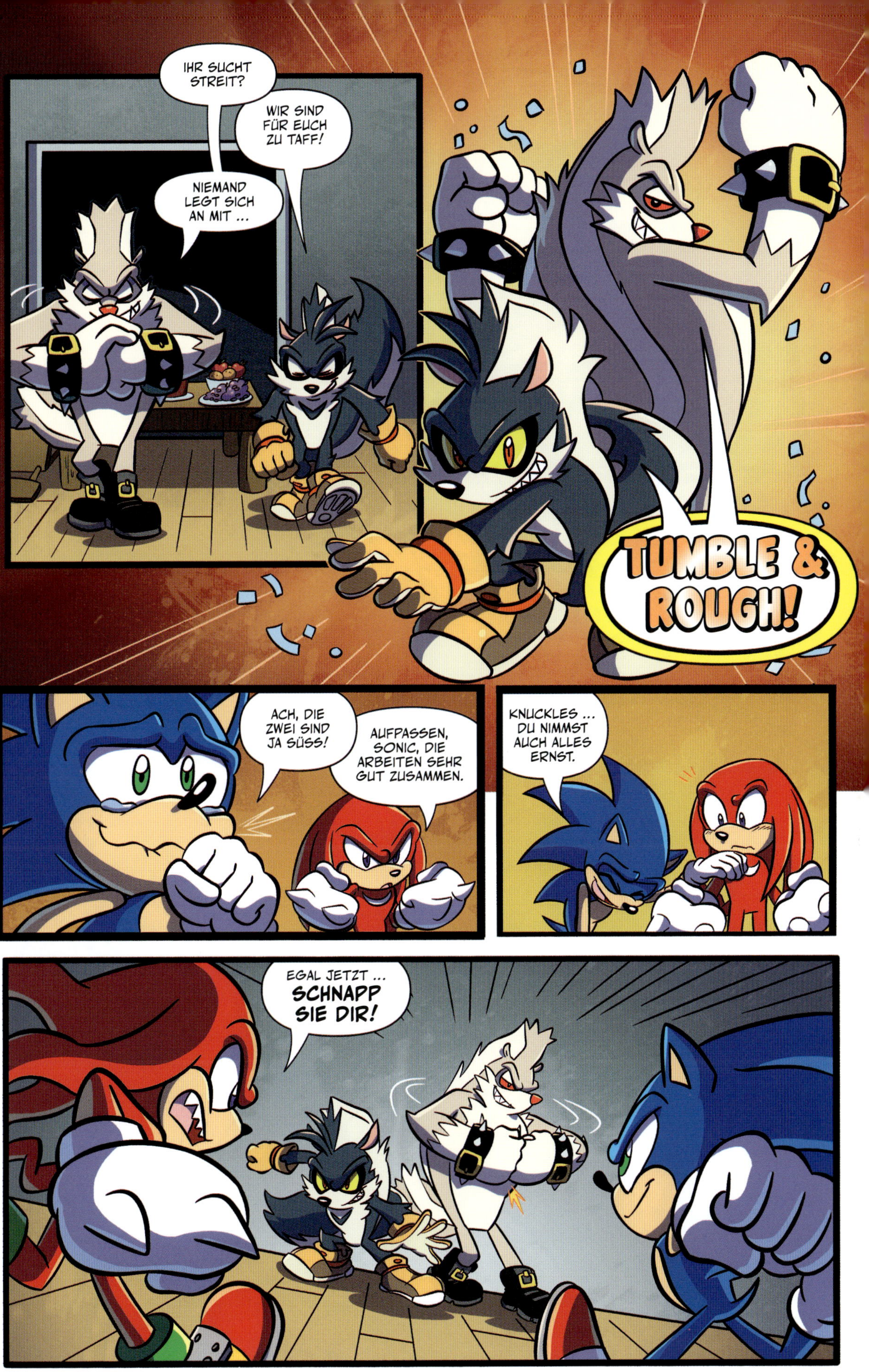
IHR SUCHT STREIT?
WIR SIND FÜR EUCH ZU TAFF!
NIEMAND LEGT SICH AN MIT ...
TUMBLE & ROUGH!
ACH, DIE ZWEI SIND JA SÜSS!
AUFPASSEN, SONIC, DIE ARBEITEN SEHR GUT ZUSAMMEN.
KNUCKLES ... DU NIMMST AUCH ALLES ERNST.
EGAL JETZT ... SCHNAPP SIE DIR!

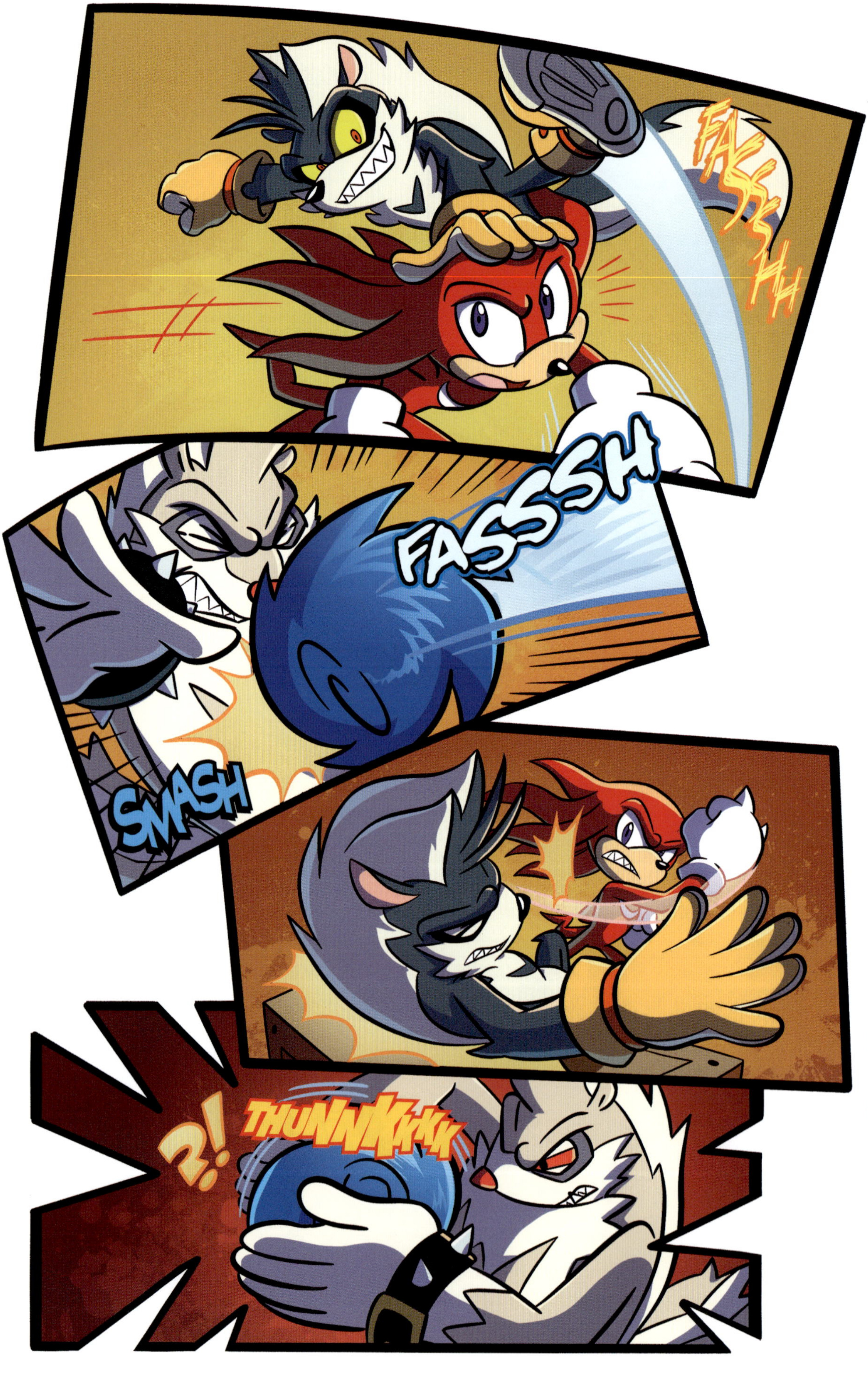
FASSSHH
FASSSH
SMASH
THUNNKKKK
?!

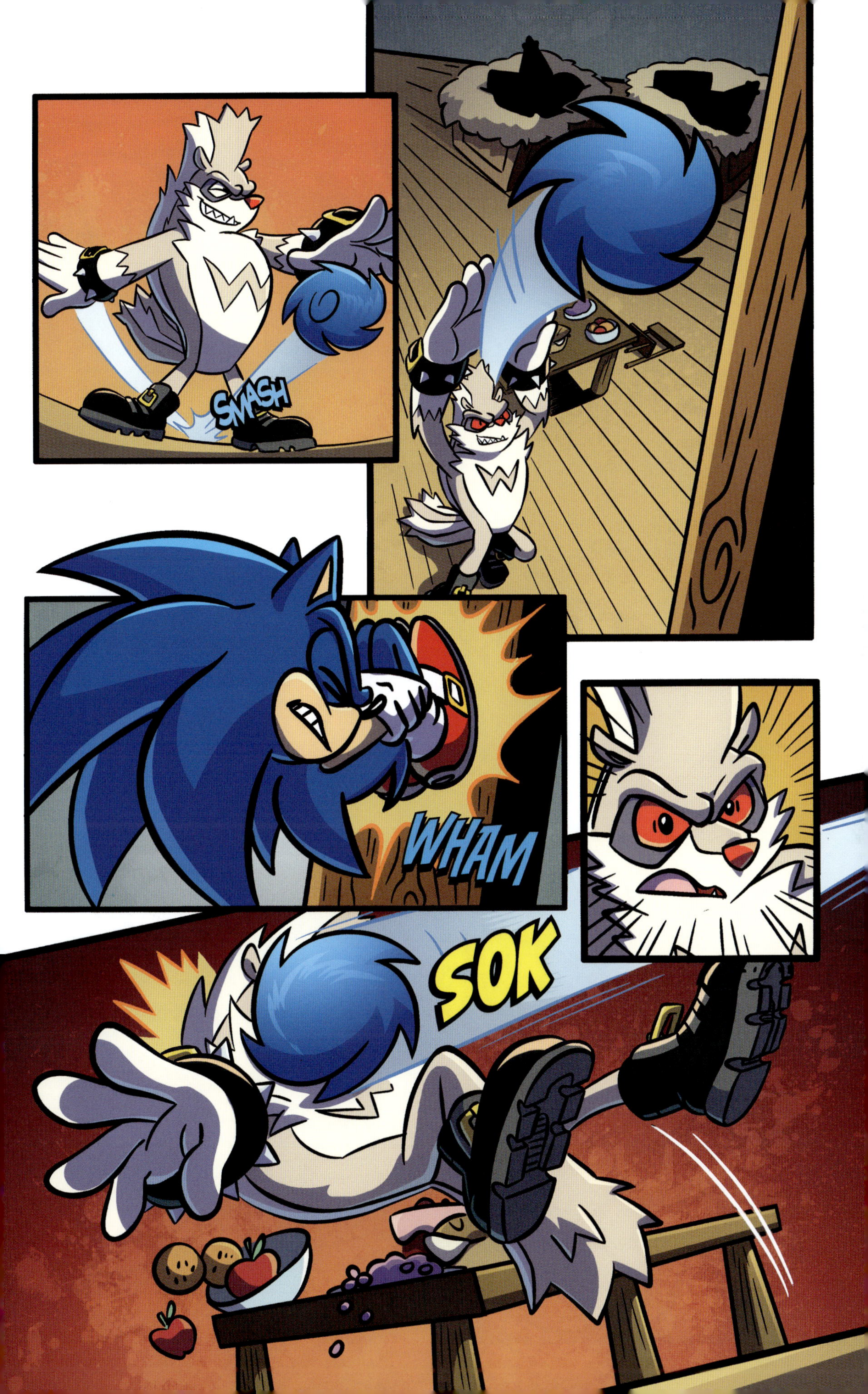
SMASH
WHAM
SOK

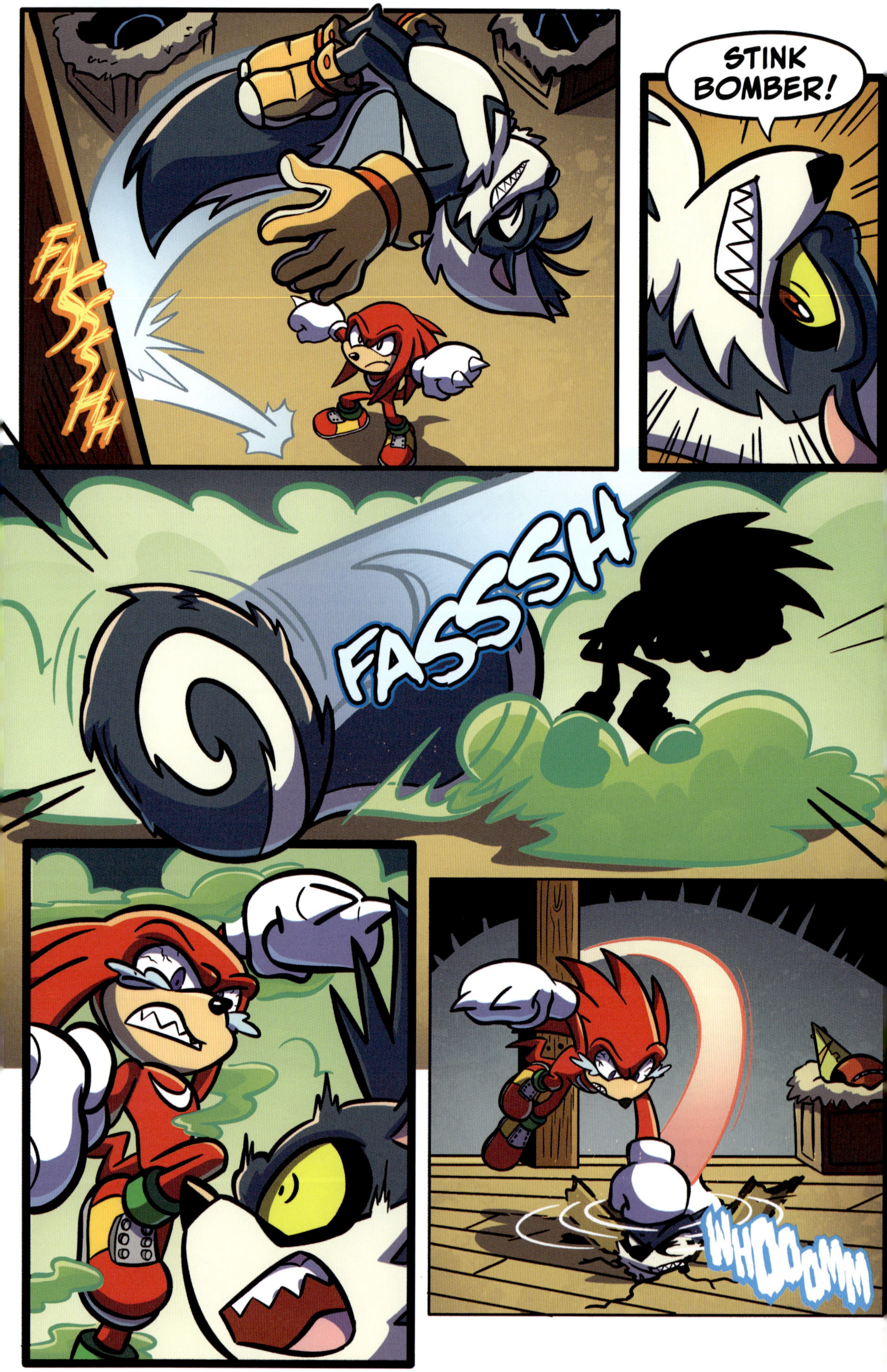
FASSSHH
STINK BOMBER!
FASSSH
WHOOOMM

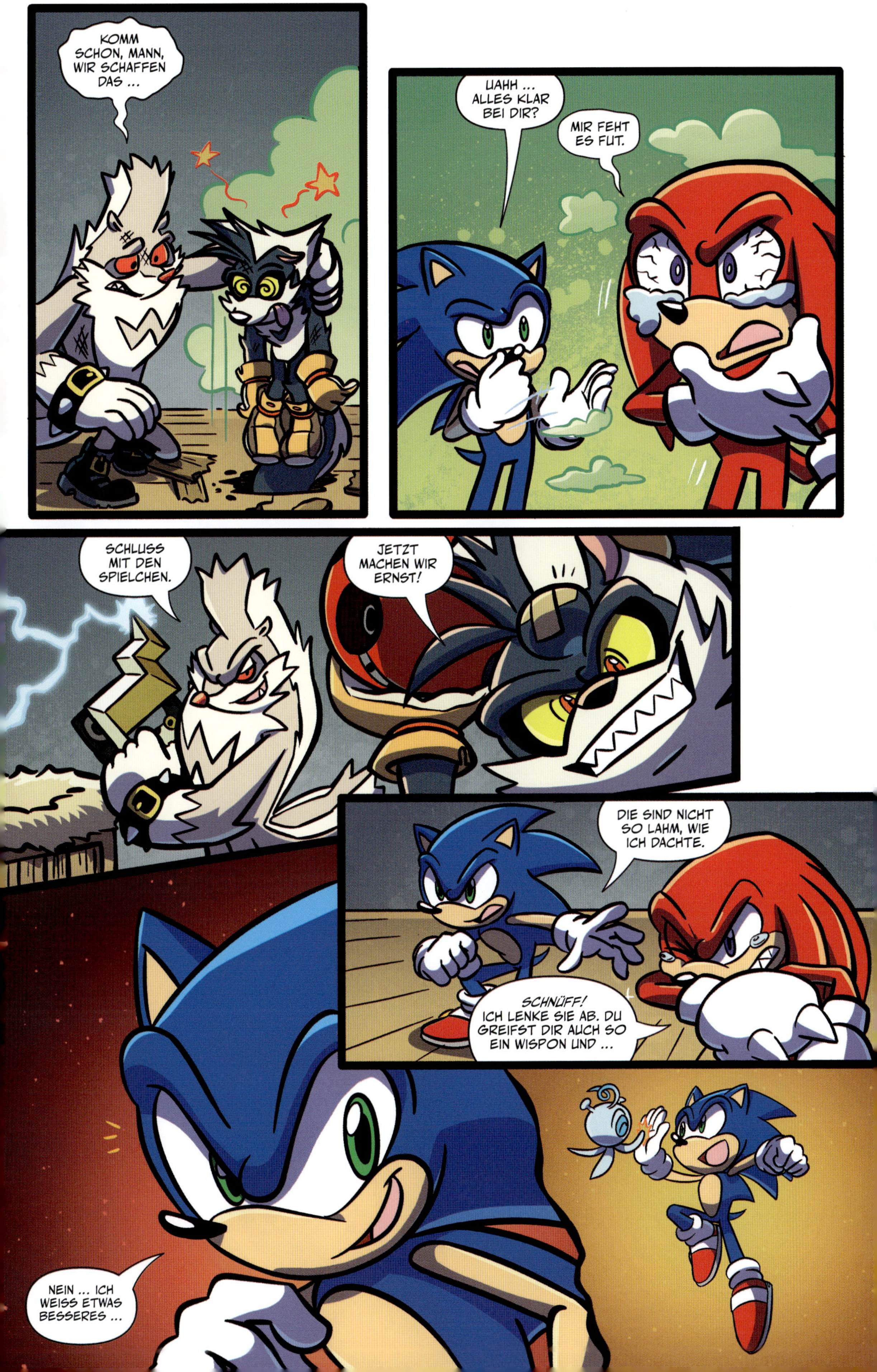
KOMM SCHON, MANN, WIR SCHAFFEN DAS ...
UAHH ... ALLES KLAR BEI DIR?
MIR FEHT ES FUT.
SCHLUSS MIT DEN SPIELCHEN.
JETZT MACHEN WIR ERNST!
DIE SIND NICHT SO LAHM, WIE ICH DACHTE.
SCHNÜFF! ICH LENKE SIE AB. DU GREIFST DIR AUCH SO EIN WISPON UND ...
NEIN ... ICH WEISS ETWAS BESSERES ...

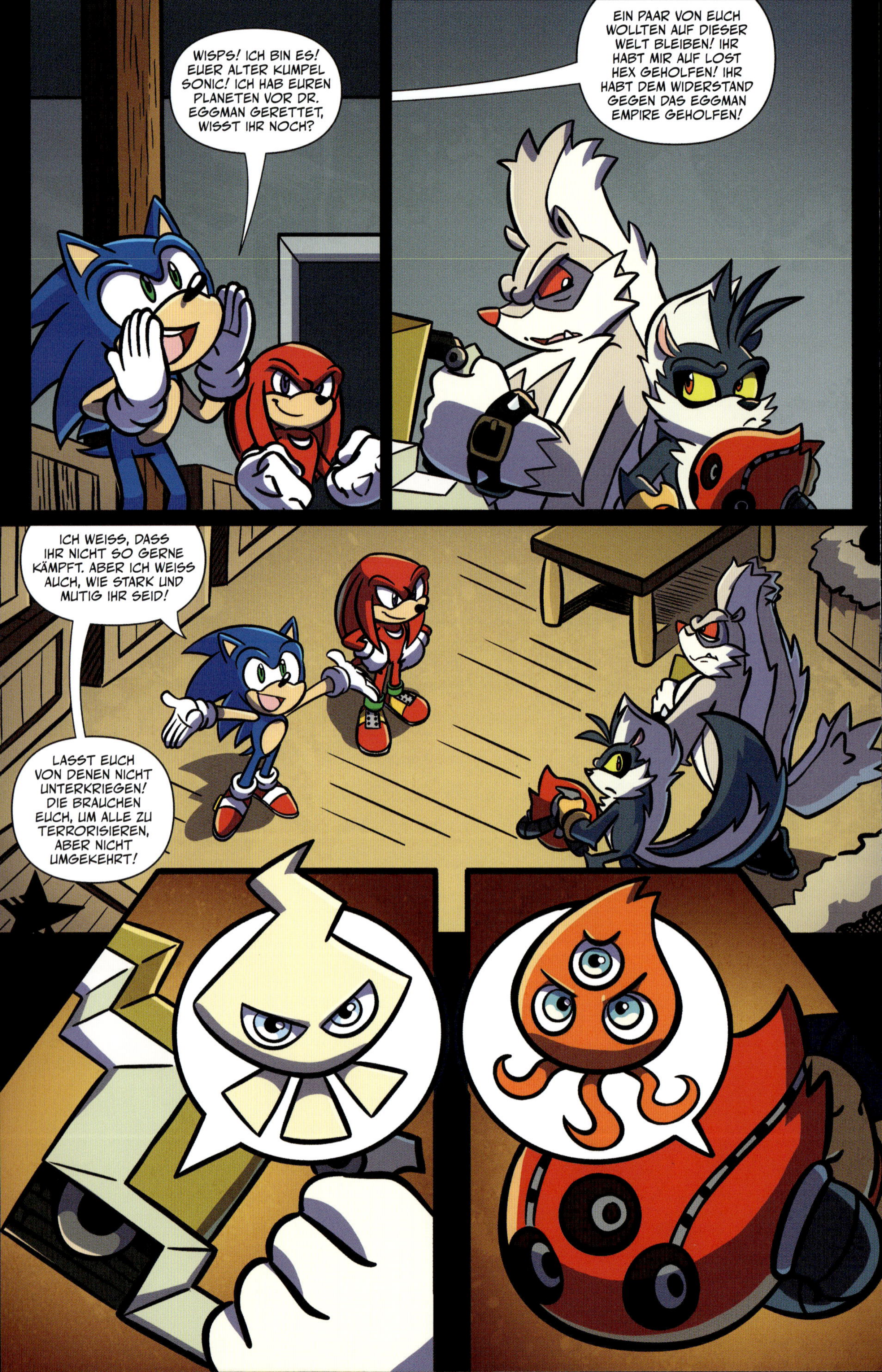
WISPS! ICH BIN ES! EUER ALTER KUMPEL SONIC! ICH HAB EUREN PLANETEN VOR DR. EGGMAN GERETTET, WISST IHR NOCH?
EIN PAAR VON EUCH WOLLTEN AUF DIESER WELT BLEIBEN! IHR HABT MIR AUF LOST HEX GEHOLFEN! IHR HABT DEM WIDERSTAND GEGEN DAS EGGMAN EMPIRE GEHOLFEN!
ICH WEISS, DASS IHR NICHT SO GERNE KÄMPFT. ABER ICH WEISS AUCH, WIE STARK UND MUTIG IHR SEID!
LASST EUCH VON DENEN NICHT UNTERKRIEGEN! DIE BRAUCHEN EUCH, UM ALLE ZU TERRORISIEREN, ABER NICHT UMGEKEHRT!

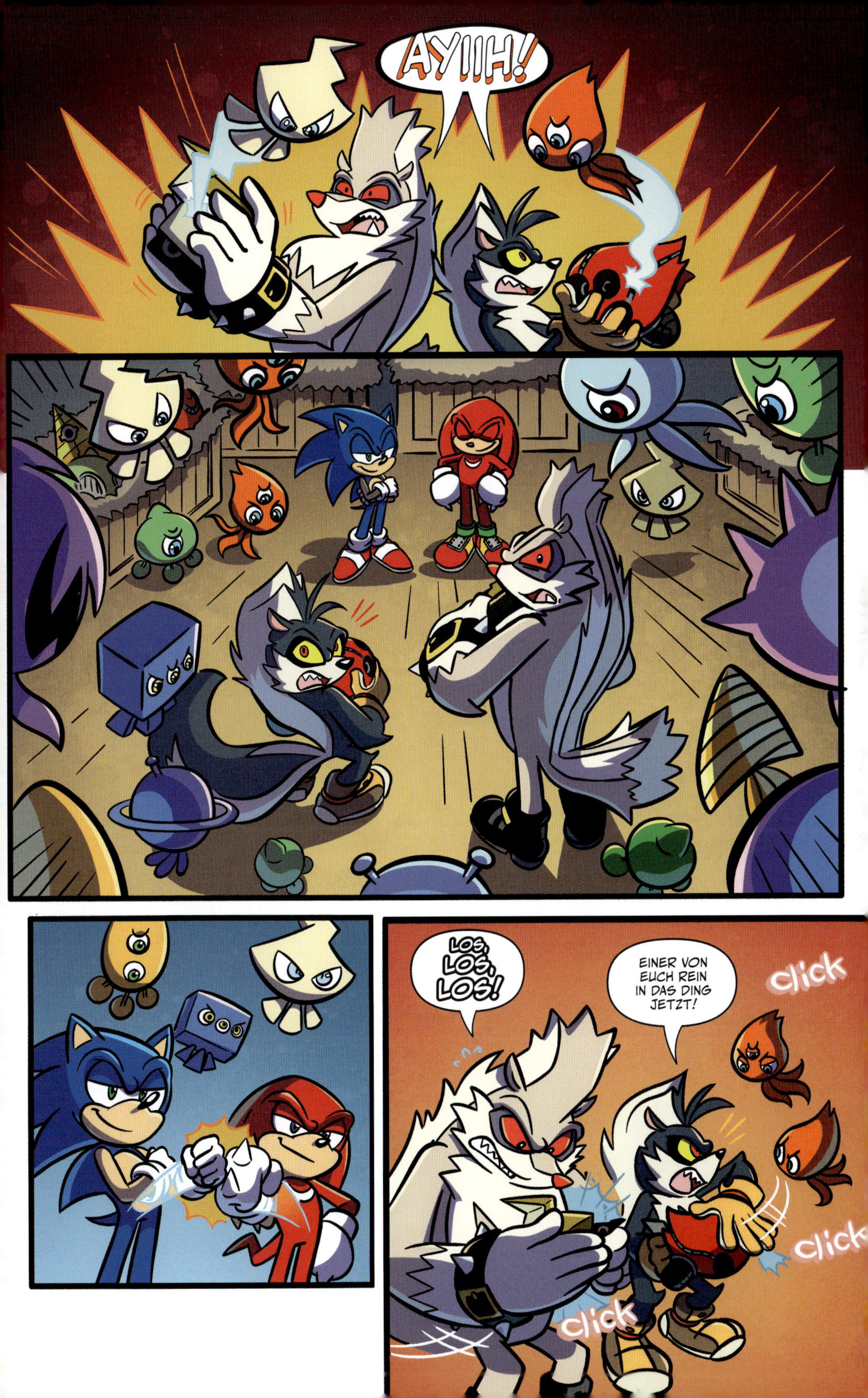
AYIIH!
LOS, LOS, LOS!
EINER VON EUCH REIN IN DAS DING JETZT!
CLICK
CLICK
CLICK

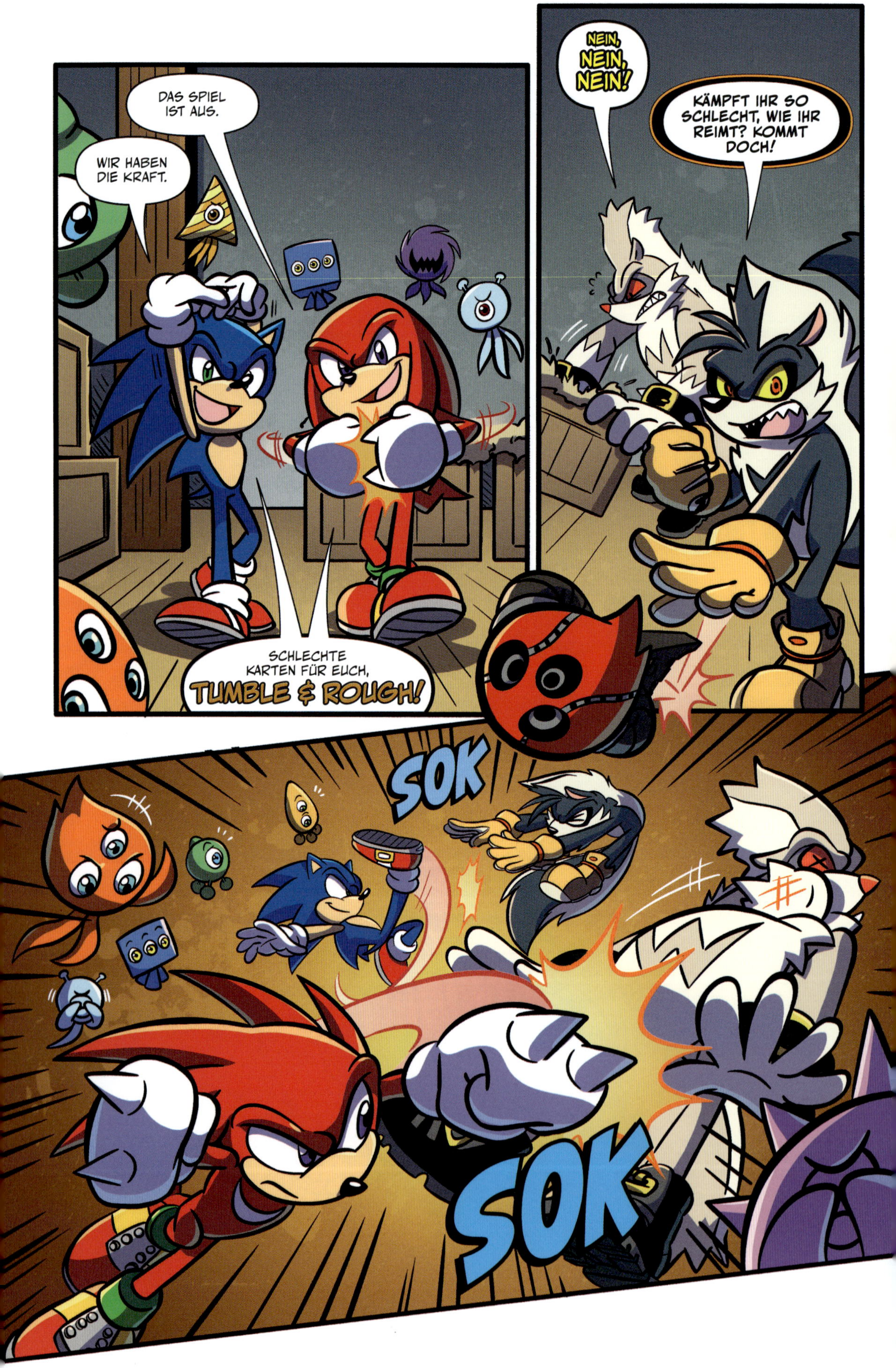
DAS SPIEL IST AUS.
WIR HABEN DIE KRAFT.
SCHLECHTE KARTEN FÜR EUCH, TUMBLE & ROUGH!
NEIN, NEIN, NEIN!
KÄMPFT IHR SO SCHLECHT, WIE IHR REIMT? KOMMT DOCH!
SOK
SOK

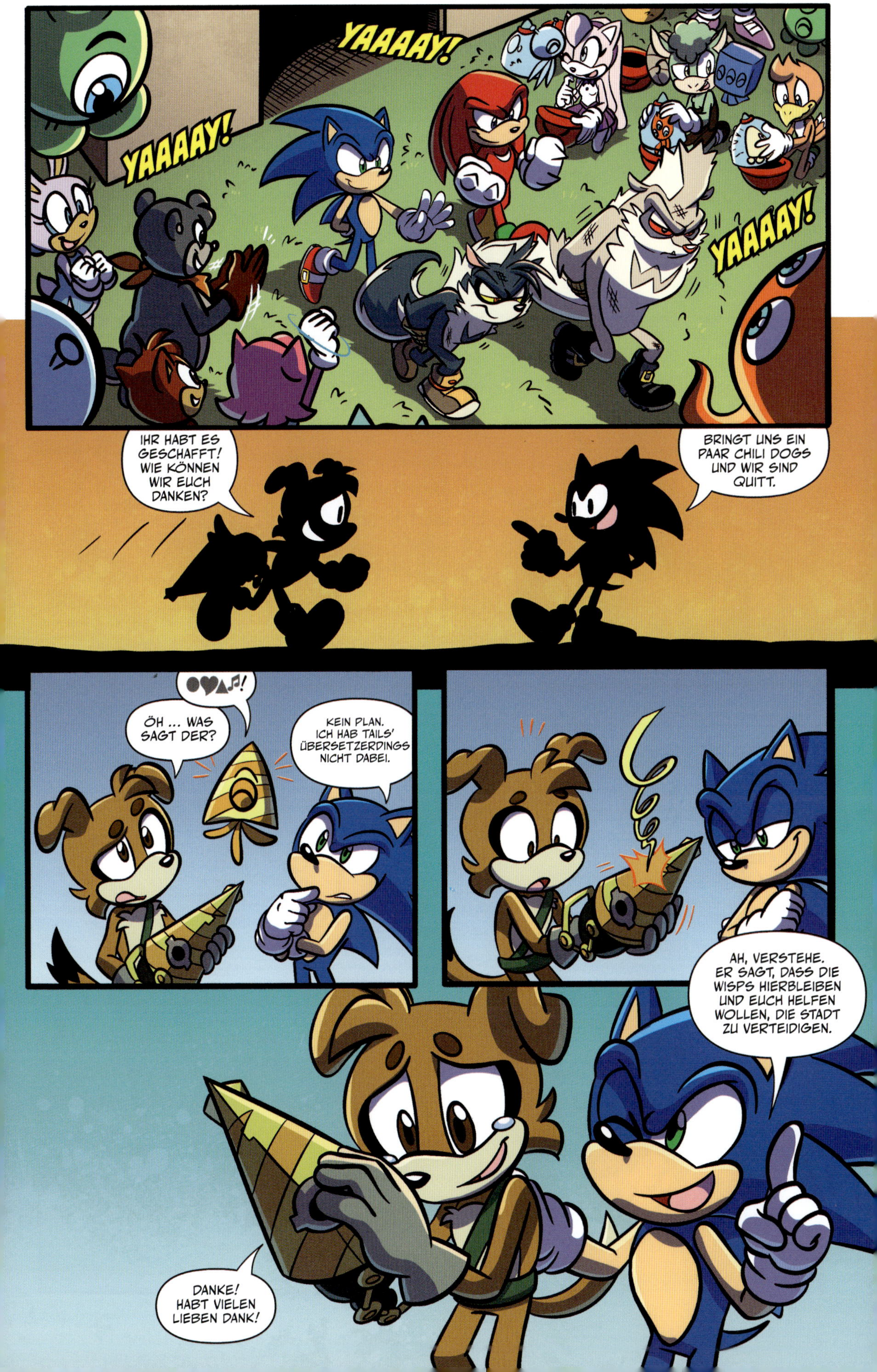

YAAAAY!
YAAAAY!
YAAAAY!
IHR HABT ES GESCHAFFT! WIE KÖNNEN WIR EUCH DANKEN?
BRINGT UNS EIN PAAR CHILI DOGS UND WIR SIND QUITT.
ÖH ... WAS SAGT DER?
KEIN PLAN. ICH HAB TAILS' ÜBERSETZERDINGS NICHT DABEI.
AH, VERSTEHE. ER SAGT, DASS DIE WISPS HIERBLEIBEN UND EUCH HELFEN WOLLEN, DIE STADT ZU VERTEIDIGEN.
DANKE! HABT VIELEN LIEBEN DANK!

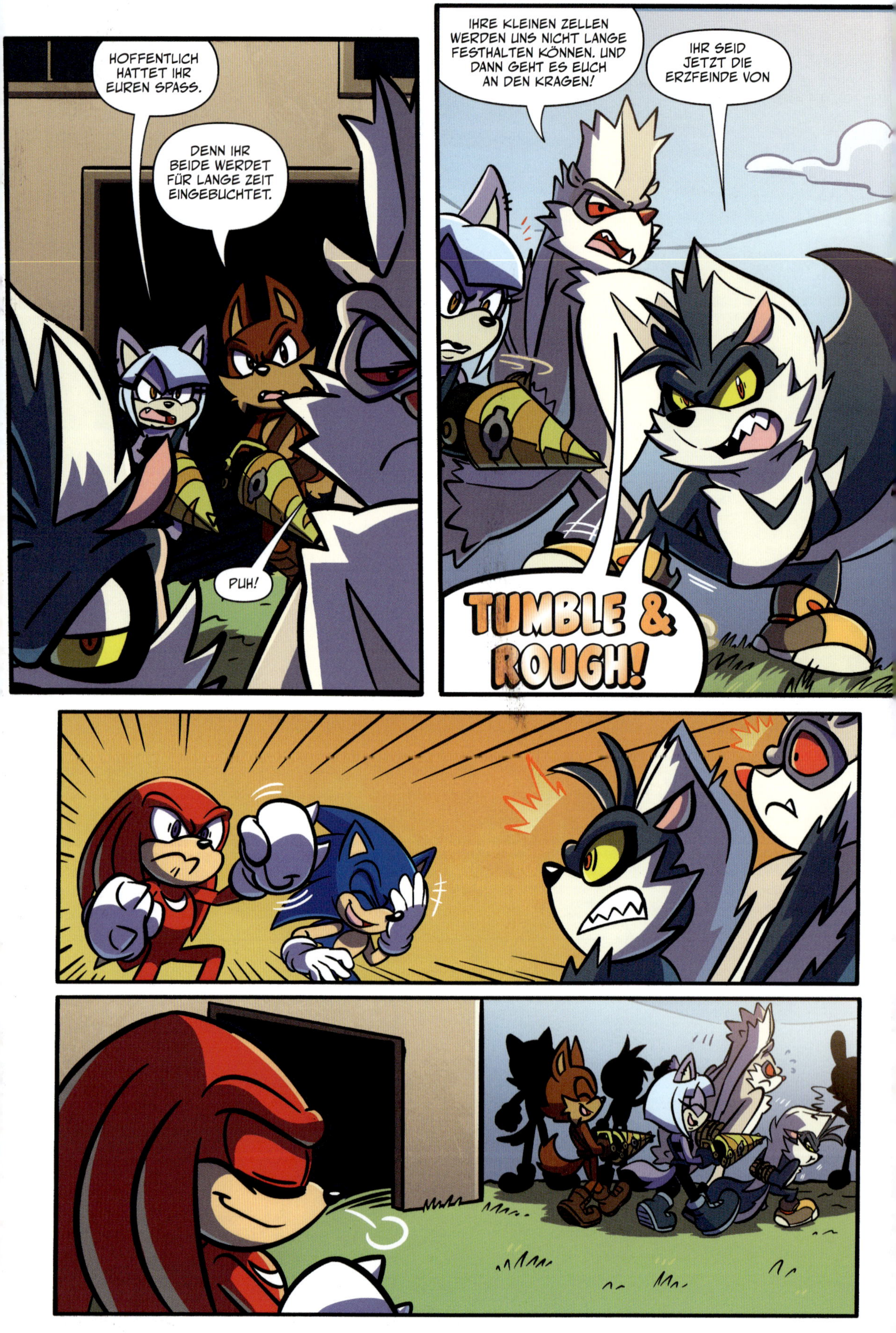
HOFFENTLICH HATTET IHR EUREN SPASS.
DENN IHR BEIDE WERDET FÜR LANGE ZEIT EINGEBUCHTET.
PUH!
IHRE KLEINEN ZELLEN WERDEN UNS NICHT LANGE FESTHALTEN KÖNNEN. UND DANN GEHT ES EUCH AN DEN KRAGEN!
IHR SEID JETZT DIE ERZFEINDE VON
TUMBLE & ROUGH!

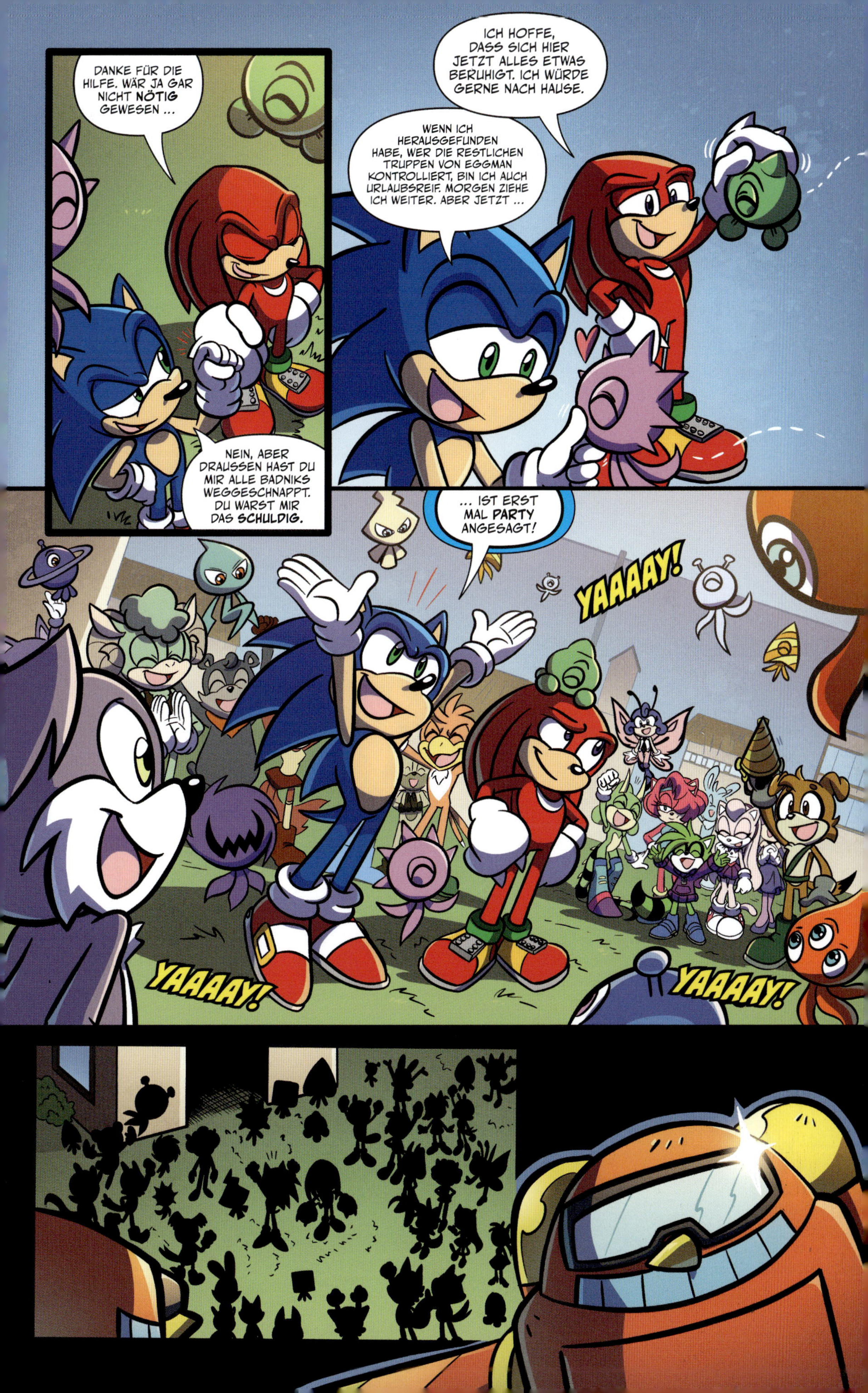
DANKE FÜR DIE HILFE. WÄR JA GAR NICHT **NÖTIG** GEWESEN ...
NEIN, ABER DRAUSSEN HAST DU MIR ALLE BADNIKS WEGGESCHNAPPT. DU WARST MIR DAS **SCHULDIG**.
ICH HOFFE, DASS SICH HIER JETZT ALLES ETWAS BERUHIGT. ICH WÜRDE GERNE NACH HAUSE.
WENN ICH HERAUSGEFUNDEN HABE, WER DIE RESTLICHEN TRUPPEN VON EGGMAN KONTROLLIERT, BIN ICH AUCH URLAUBSREIF. MORGEN ZIEHE ICH WEITER. ABER JETZT ...
... IST ERST MAL **PARTY** ANGESAGT!
YAAAAY!
YAAAAY!
YAAAAY!

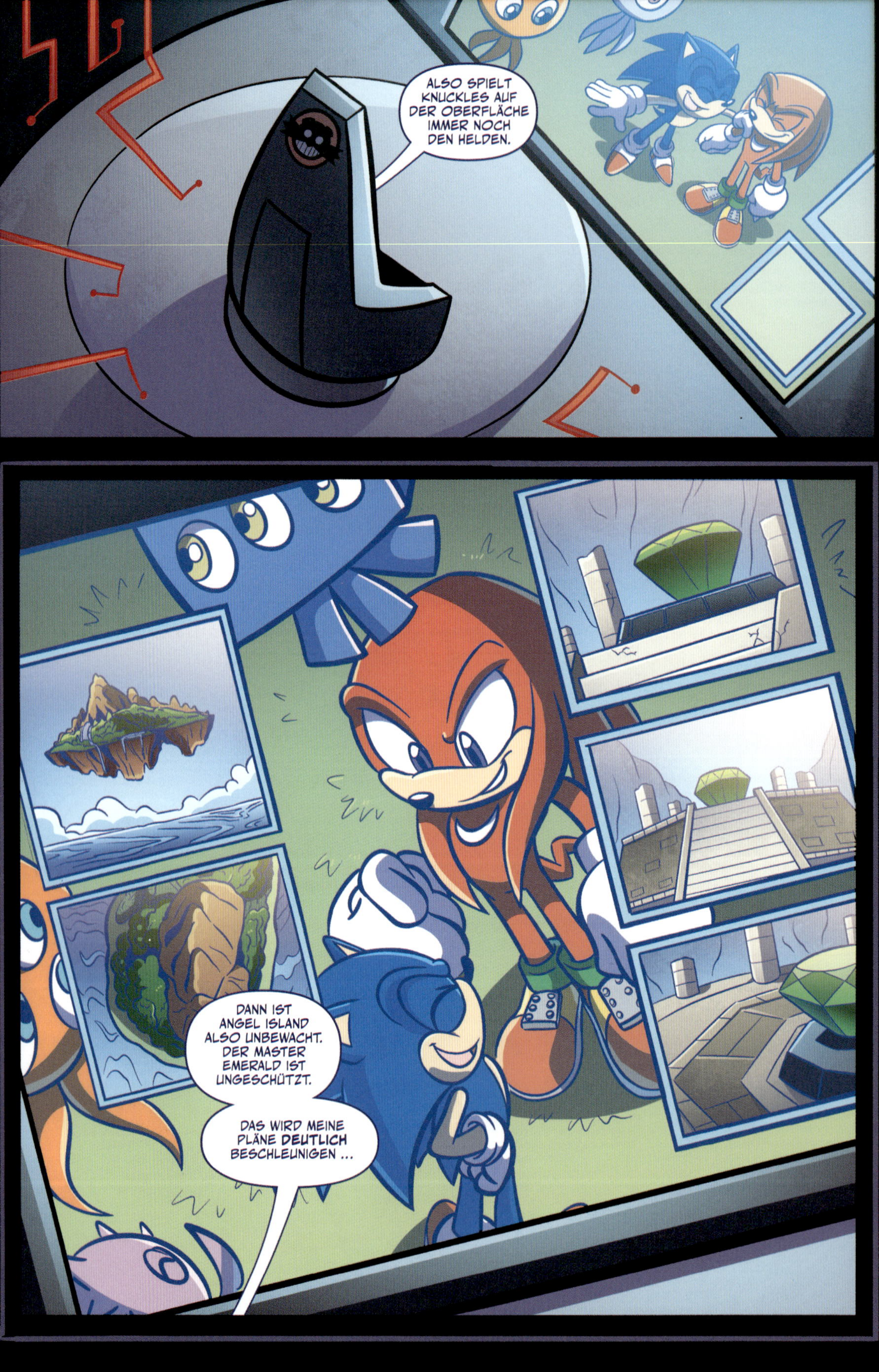
ALSO SPIELT KNUCKLES AUF DER OBERFLÄCHE IMMER NOCH DEN HELDEN.
DANN IST ANGEL ISLAND ALSO UNBEWACHT. DER MASTER EMERALD IST UNGESCHÜTZT.
DAS WIRD MEINE PLÄNE **DEUTLICH** BESCHLEUNIGEN ...

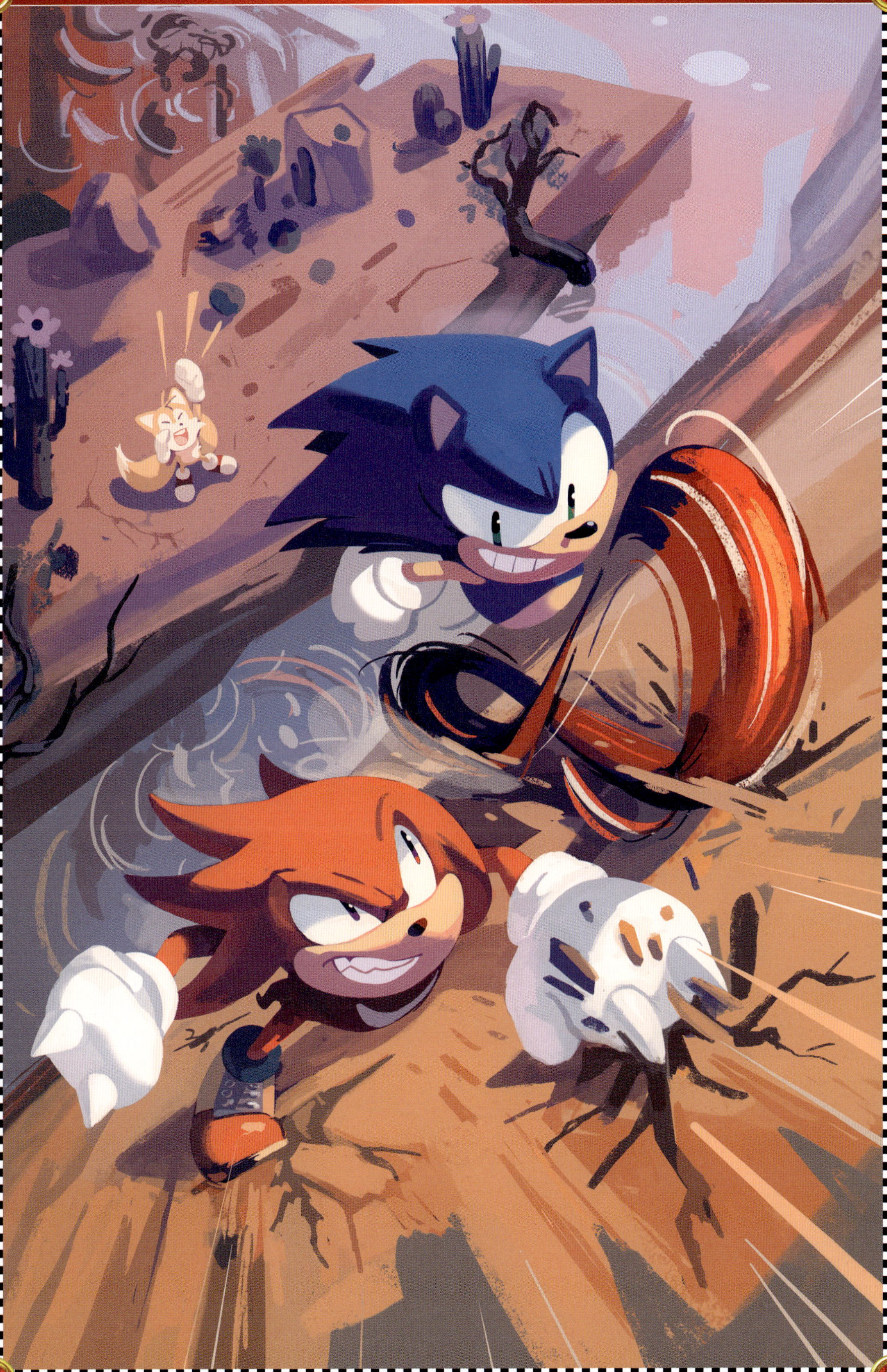

ZEICHNUNGEN: **TYSON HESSE**

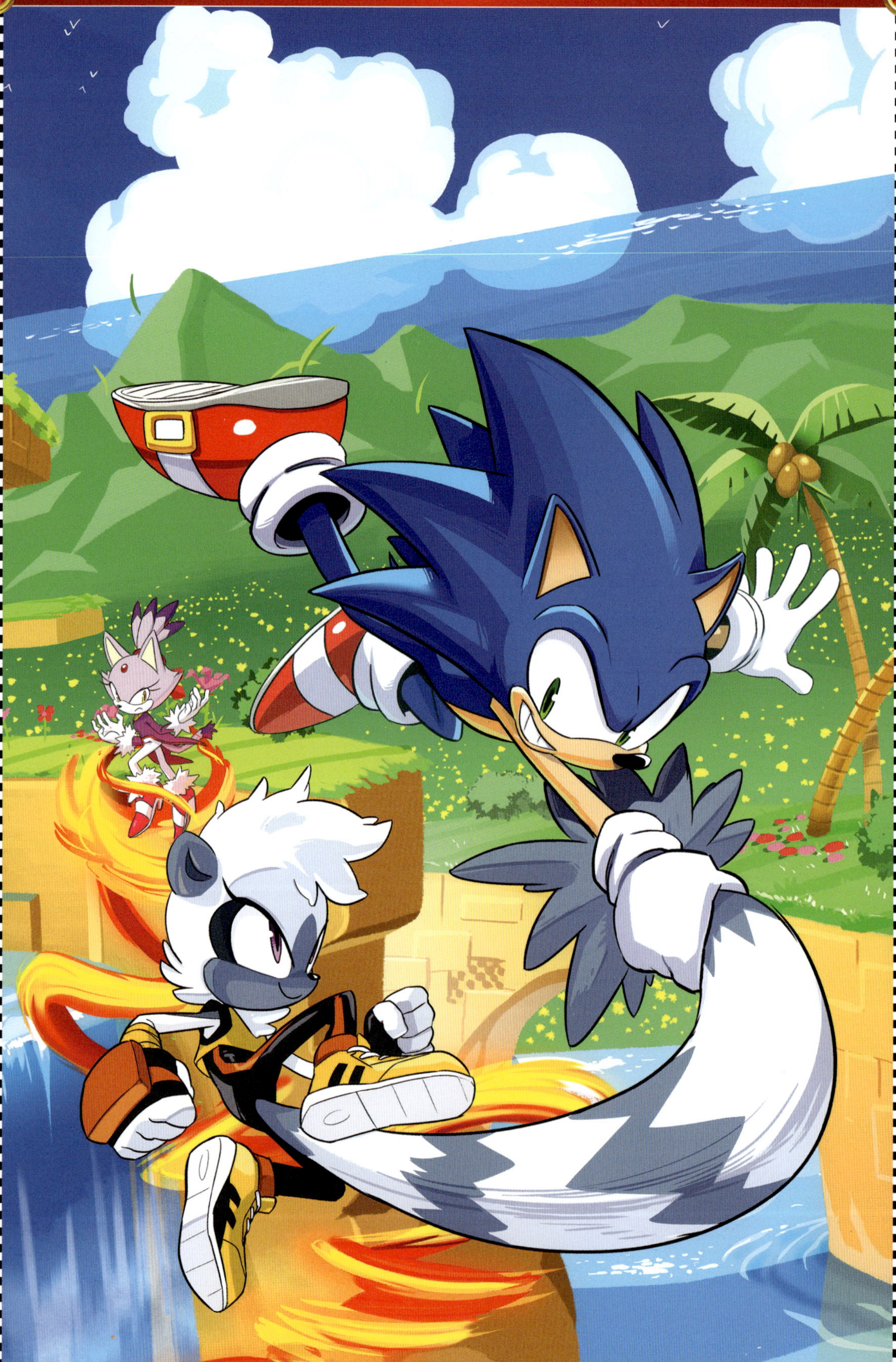

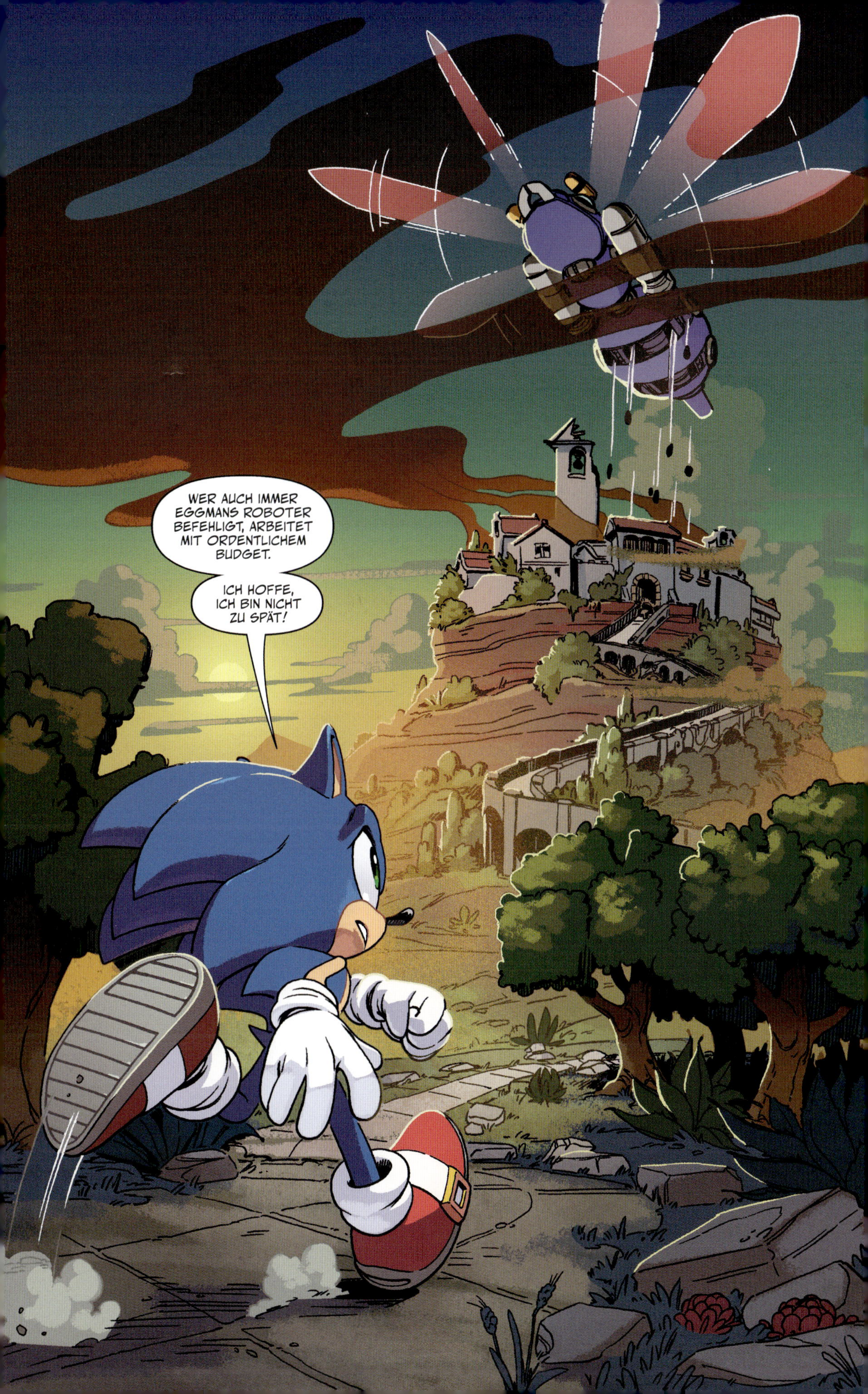
WER AUCH IMMER EGGMANS ROBOTER BEFEHLIGT, ARBEITET MIT ORDENTLICHEM BUDGET.
ICH HOFFE, ICH BIN NICHT ZU SPÄT!

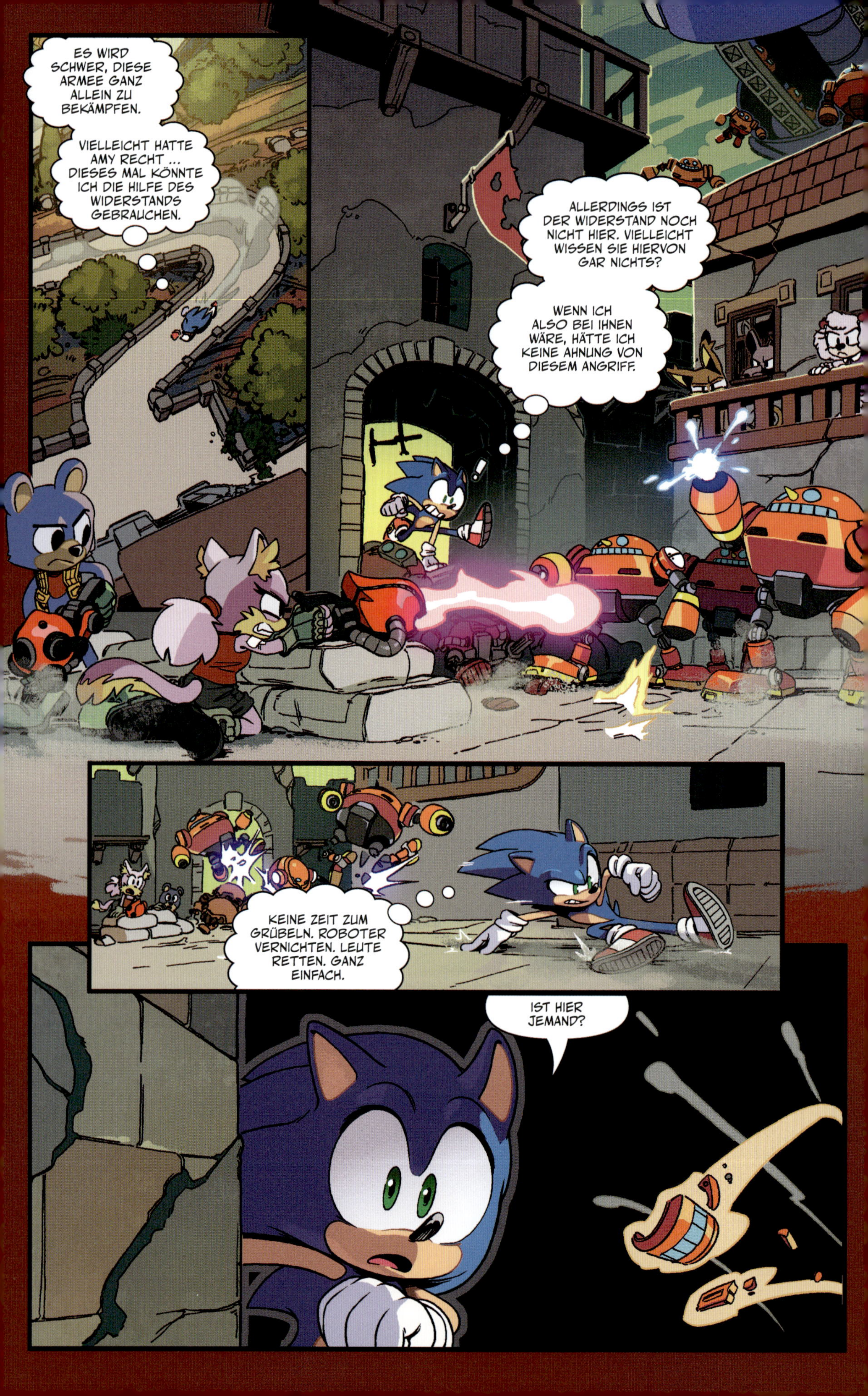
ES WIRD SCHWER, DIESE ARMEE GANZ ALLEIN ZU BEKÄMPFEN.
VIELLEICHT HATTE AMY RECHT ... DIESES MAL KÖNNTE ICH DIE HILFE DES WIDERSTANDS GEBRAUCHEN.
ALLERDINGS IST DER WIDERSTAND NOCH NICHT HIER. VIELLEICHT WISSEN SIE HIERVON GAR NICHTS?
WENN ICH ALSO BEI IHNEN WÄRE, HÄTTE ICH KEINE AHNUNG VON DIESEM ANGRIFF.
KEINE ZEIT ZUM GRÜBELN. ROBOTER VERNICHTEN. LEUTE RETTEN. GANZ EINFACH.
IST HIER JEMAND?

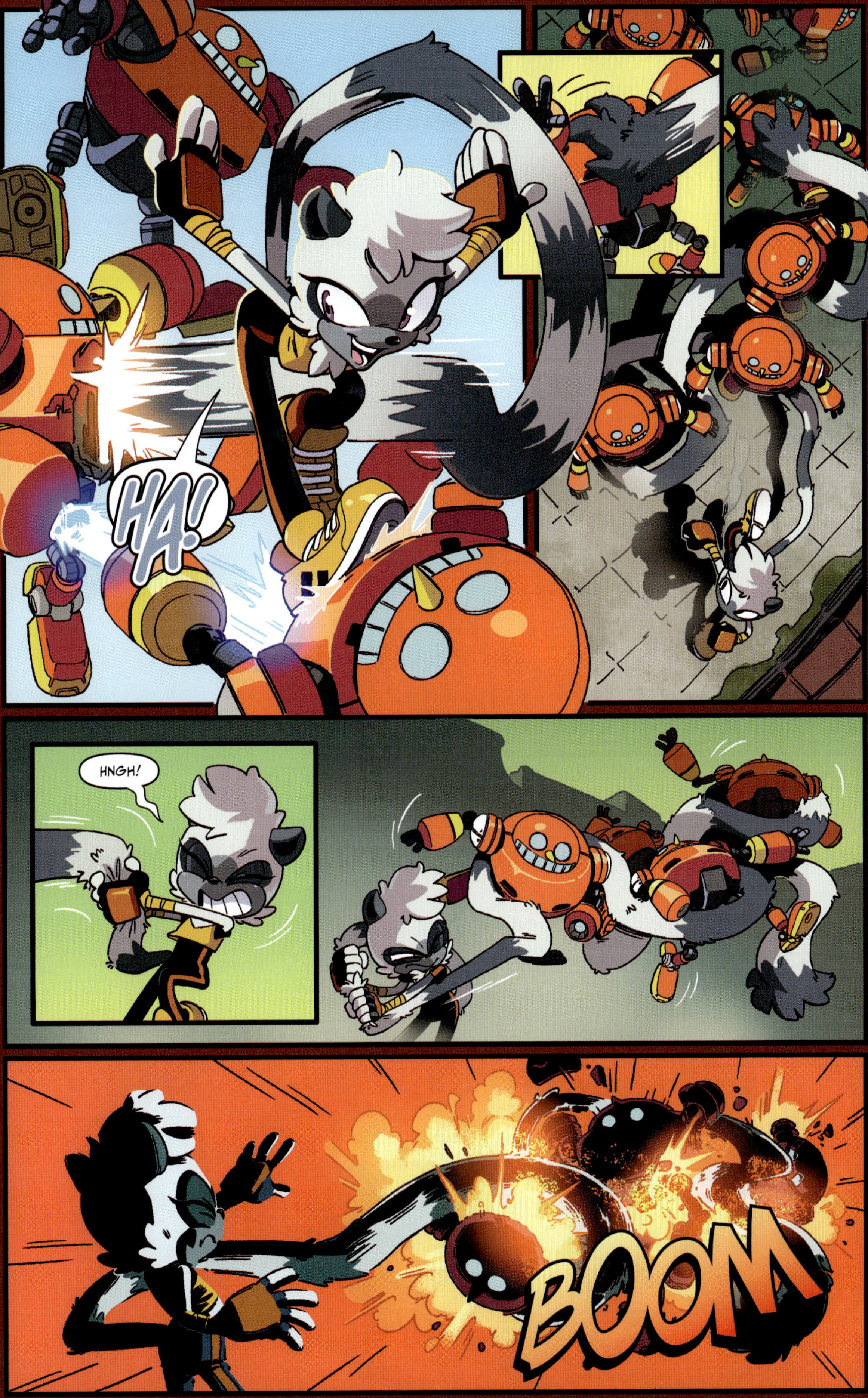
HA!
HNGH!
BOOM

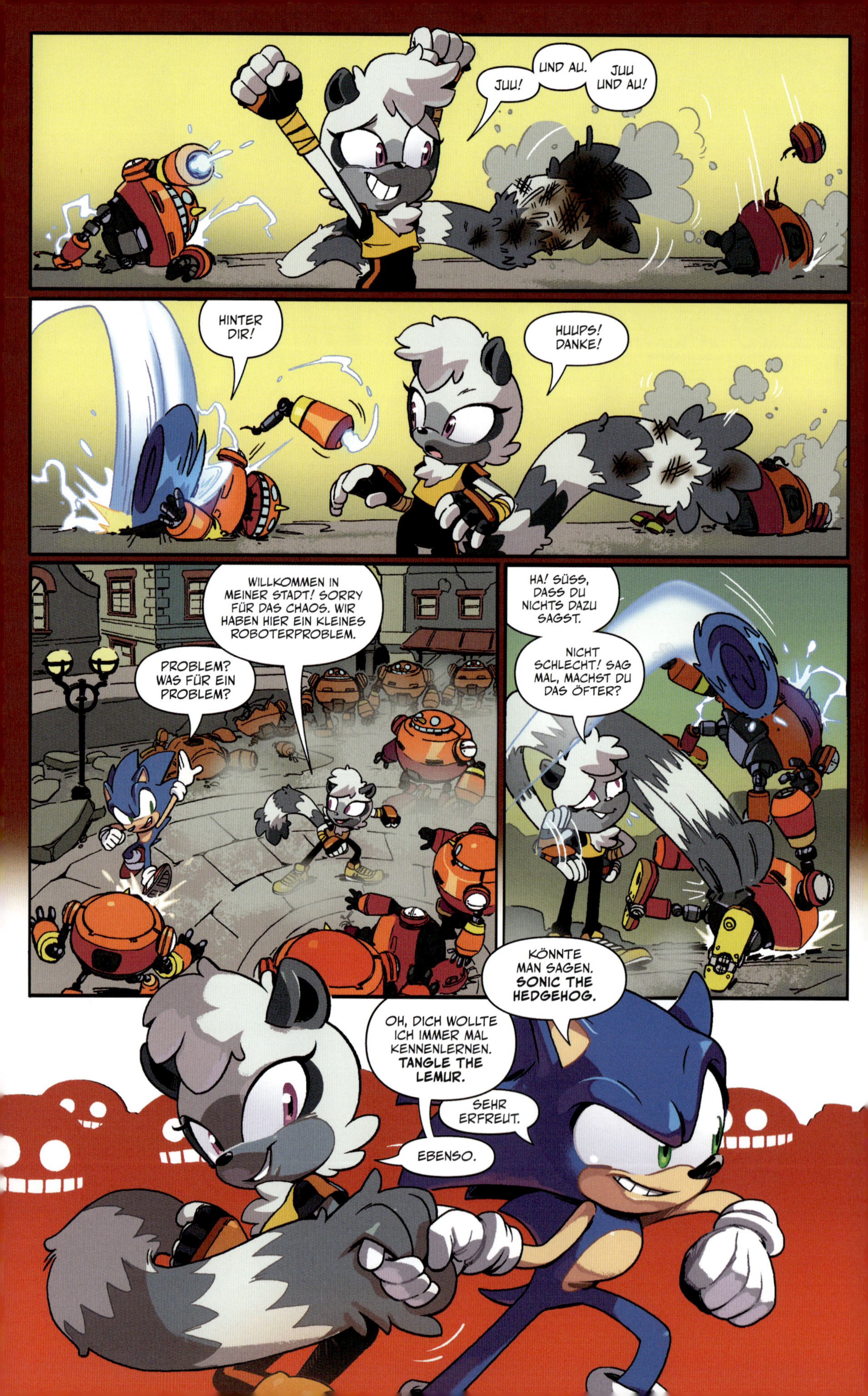
JUU!
UND AU.
JUU UND AU!
HINTER DIR!
HUUPS! DANKE!
WILLKOMMEN IN MEINER STADT! SORRY FÜR DAS CHAOS. WIR HABEN HIER EIN KLEINES ROBOTERPROBLEM.
PROBLEM? WAS FÜR EIN PROBLEM?
HA! SÜSS, DASS DU NICHTS DAZU SAGST.
NICHT SCHLECHT! SAG MAL, MACHST DU DAS ÖFTER?
KÖNNTE MAN SAGEN. **SONIC THE HEDGEHOG.**
OH, DICH WOLLTE ICH IMMER MAL KENNENLERNEN. **TANGLE THE LEMUR.**
SEHR ERFREUT.
EBENSO.

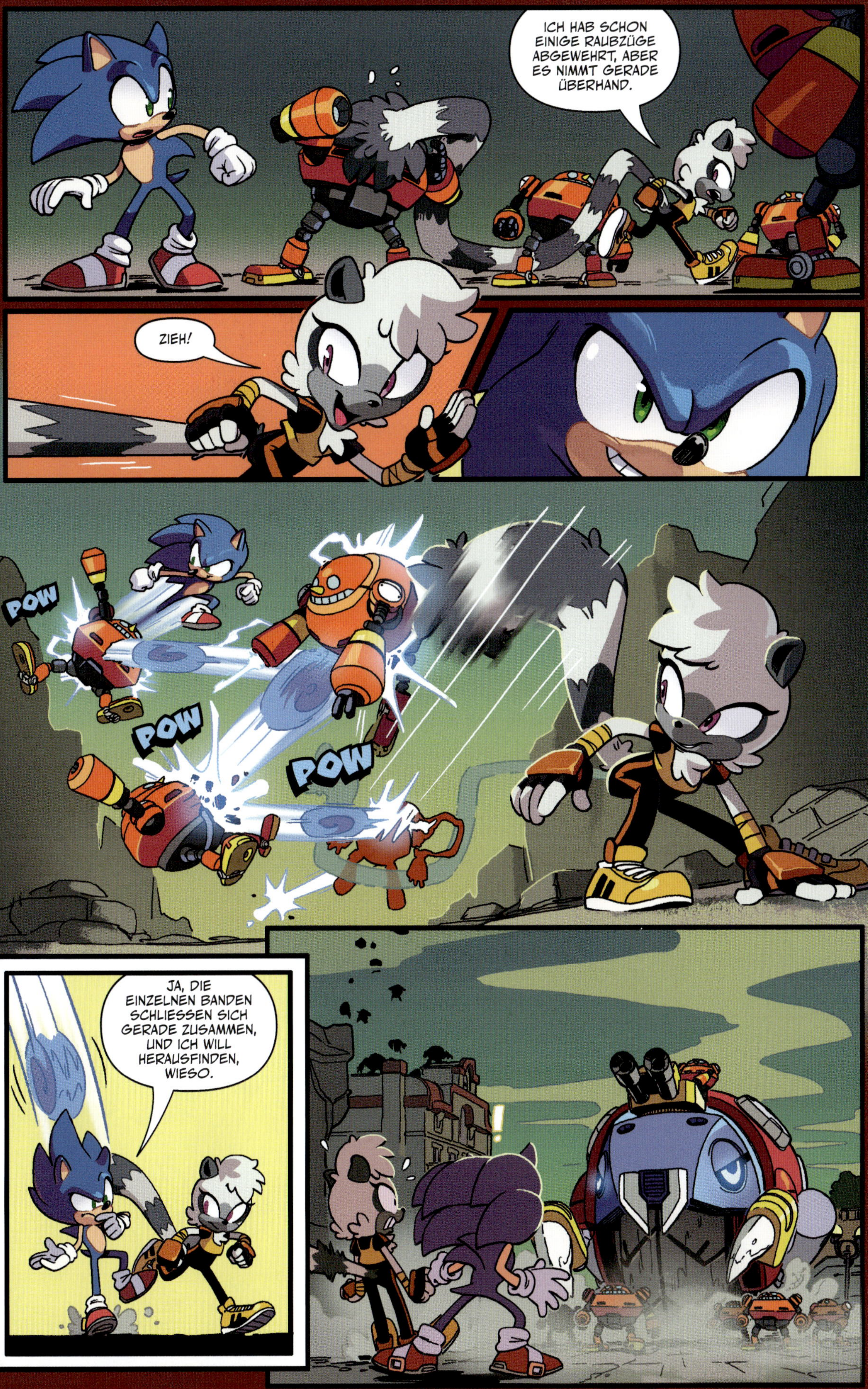
ICH HAB SCHON EINIGE RAUBZÜGE ABGEWEHRT, ABER ES NIMMT GERADE ÜBERHAND.
ZIEH!
POW
POW
POW
JA, DIE EINZELNEN BANDEN SCHLIESSEN SICH GERADE ZUSAMMEN, UND ICH WILL HERAUSFINDEN, WIESO.
!

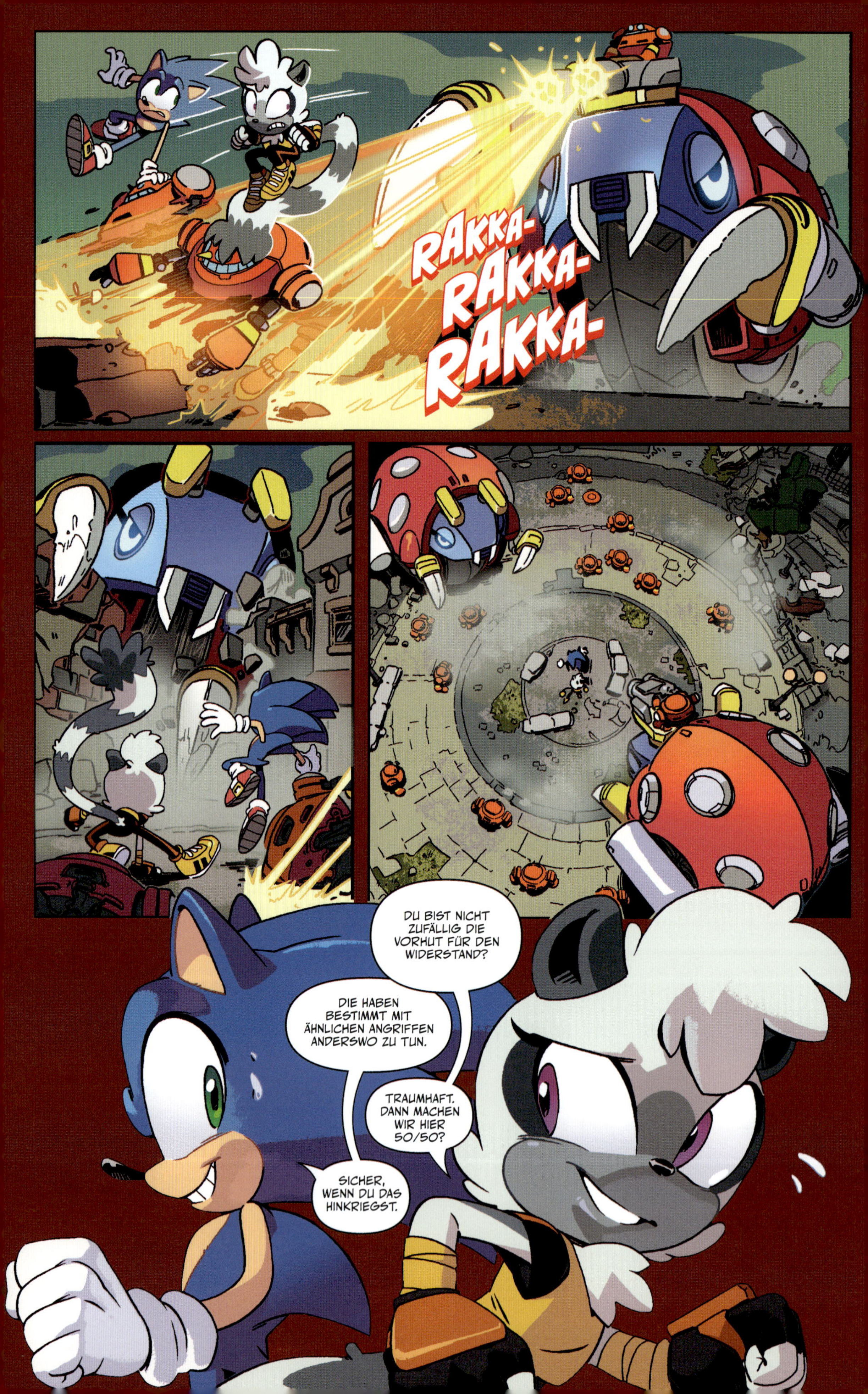
RAKKA-
RAKKA-
RAKKA-
DU BIST NICHT ZUFÄLLIG DIE VORHUT FÜR DEN WIDERSTAND?
DIE HABEN BESTIMMT MIT ÄHNLICHEN ANGRIFFEN ANDERSWO ZU TUN.
TRAUMHAFT. DANN MACHEN WIR HIER 50/50?
SICHER, WENN DU DAS HINKRIEGST.

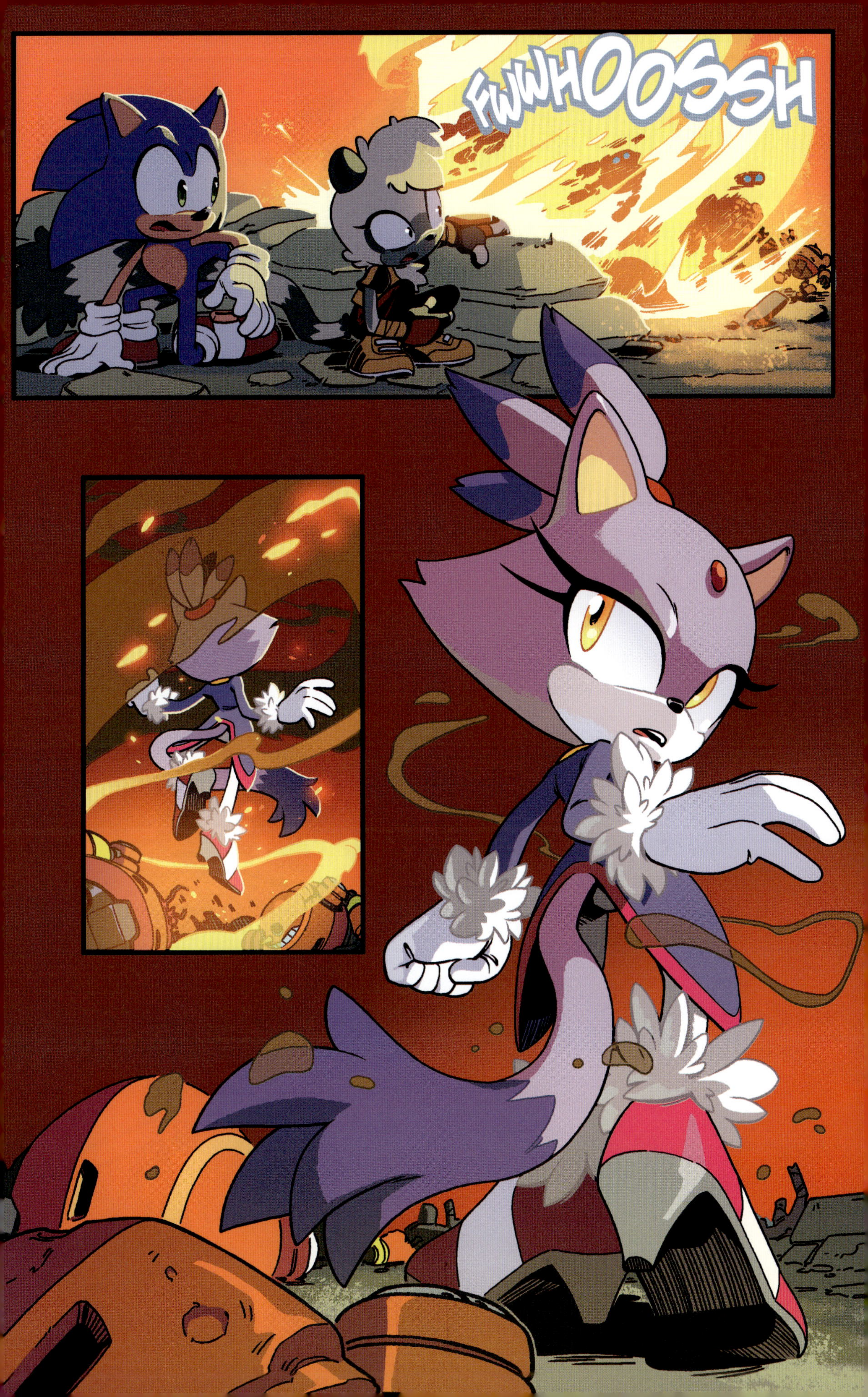
FWWHOOSSH

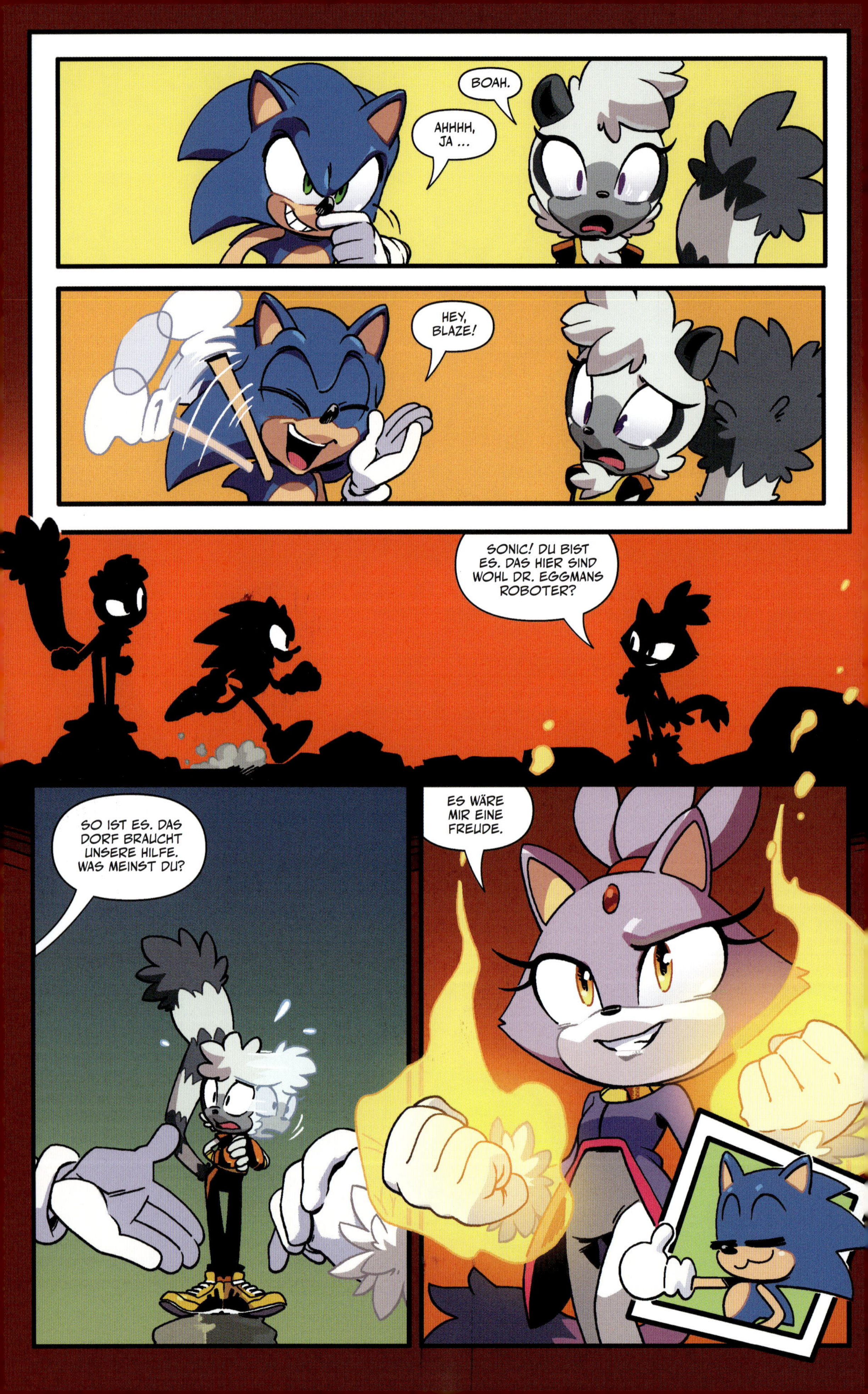
AHHHH, JA ...
BOAH.
HEY, BLAZE!
SONIC! DU BIST ES. DAS HIER SIND WOHL DR. EGGMANS ROBOTER?
SO IST ES. DAS DORF BRAUCHT UNSERE HILFE. WAS MEINST DU?
ES WÄRE MIR EINE FREUDE.

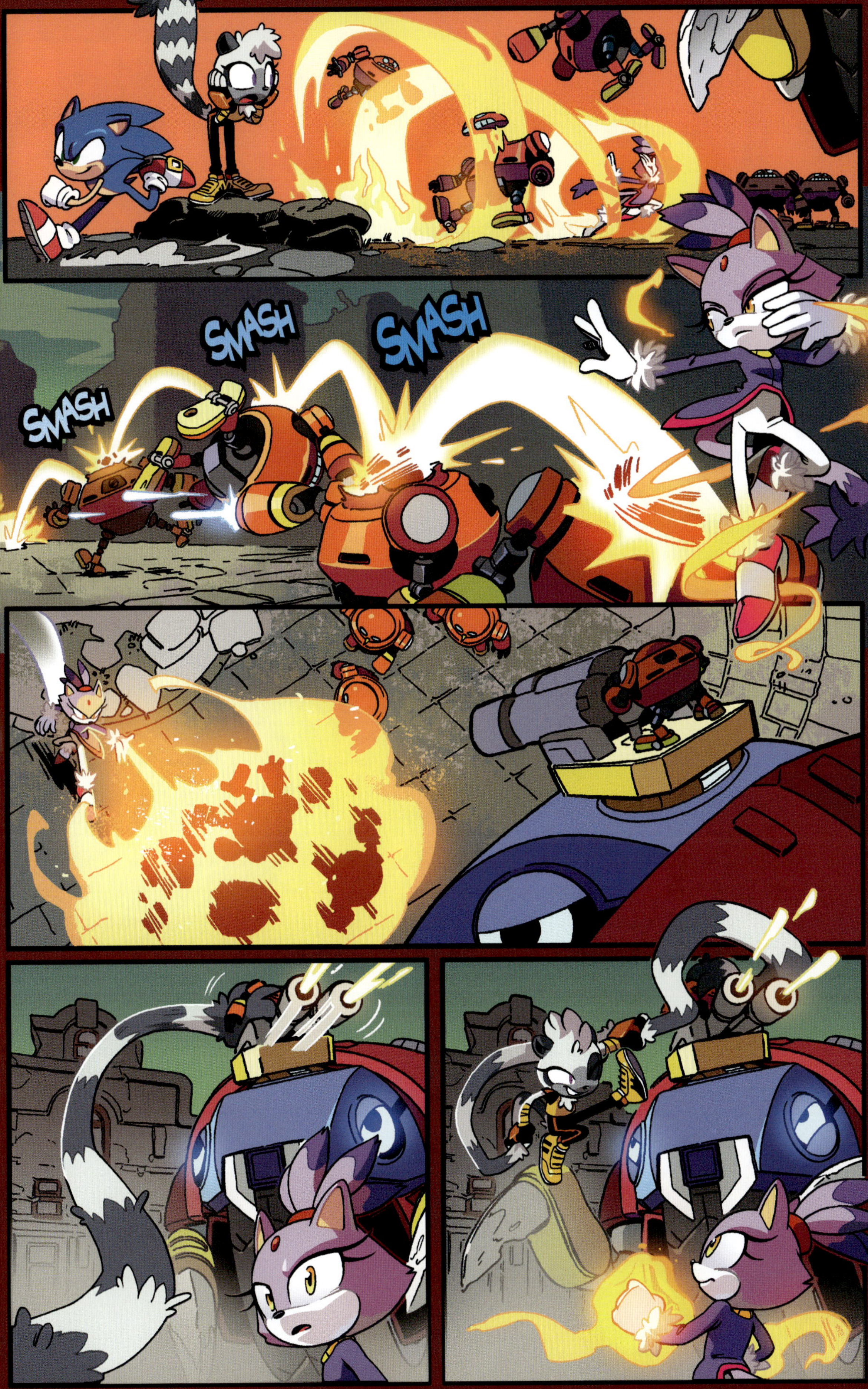
SMASH
SMASH
SMASH

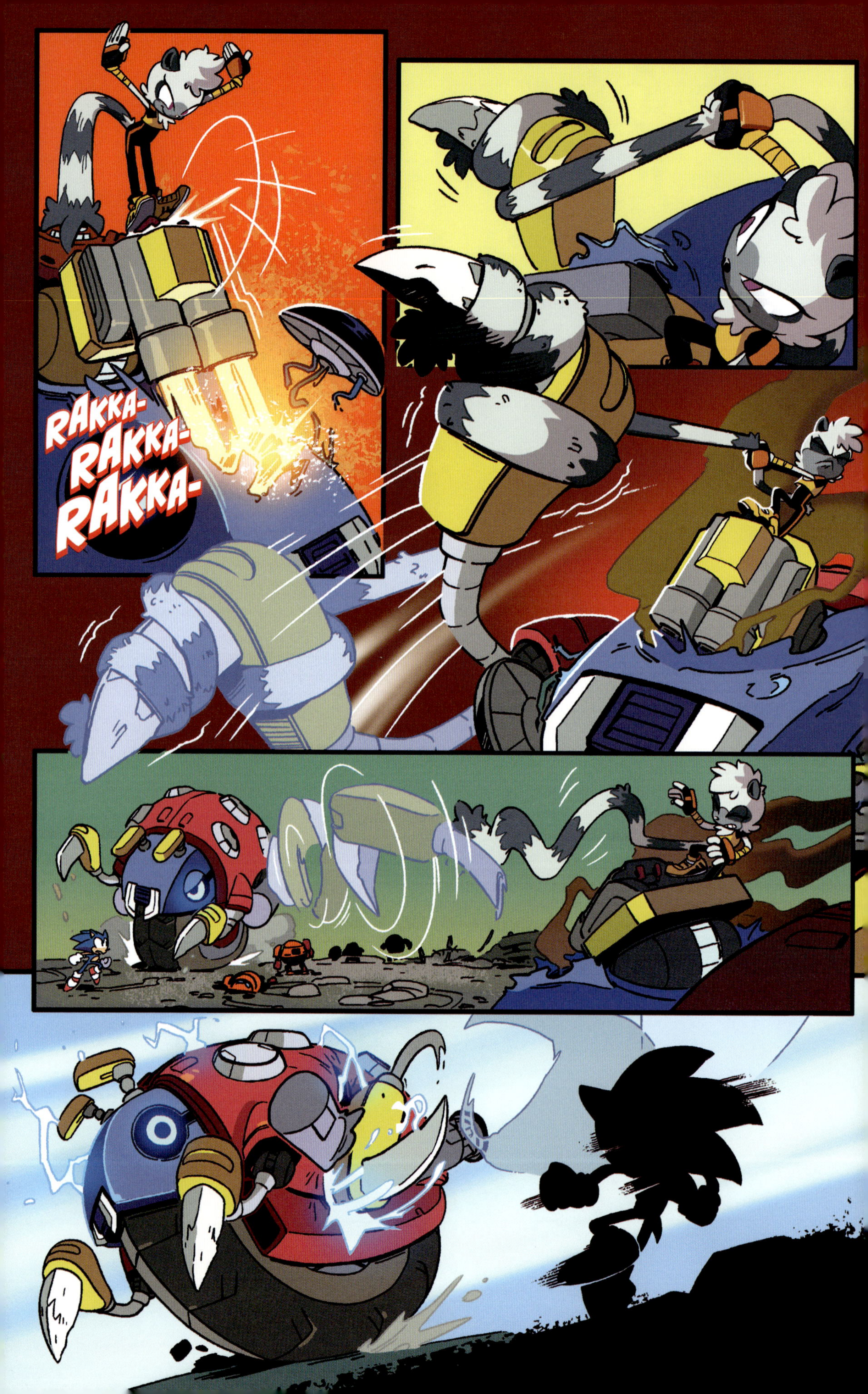
RAKKA-
RAKKA-
RAKKA-

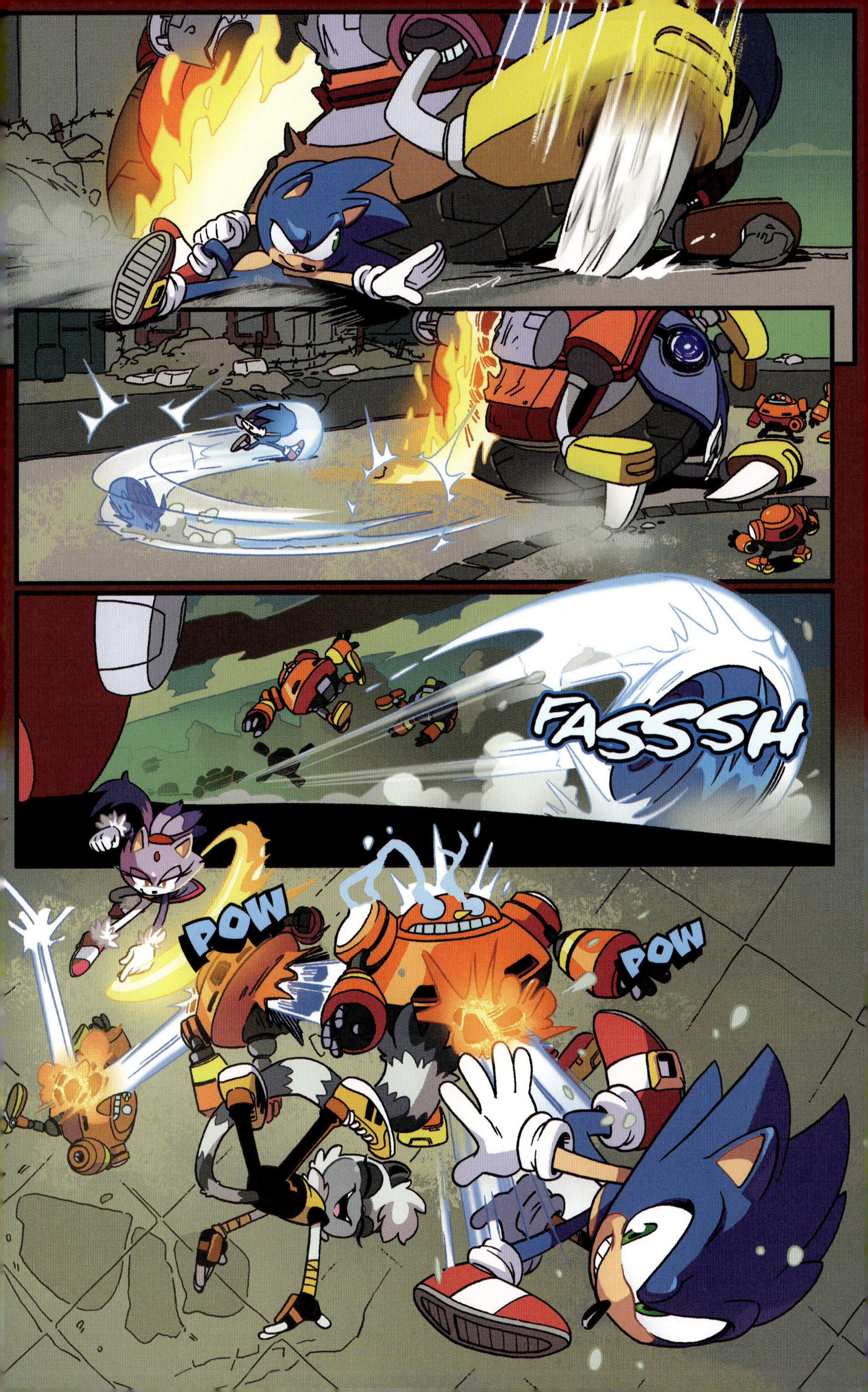
FASSSH
POW
POW

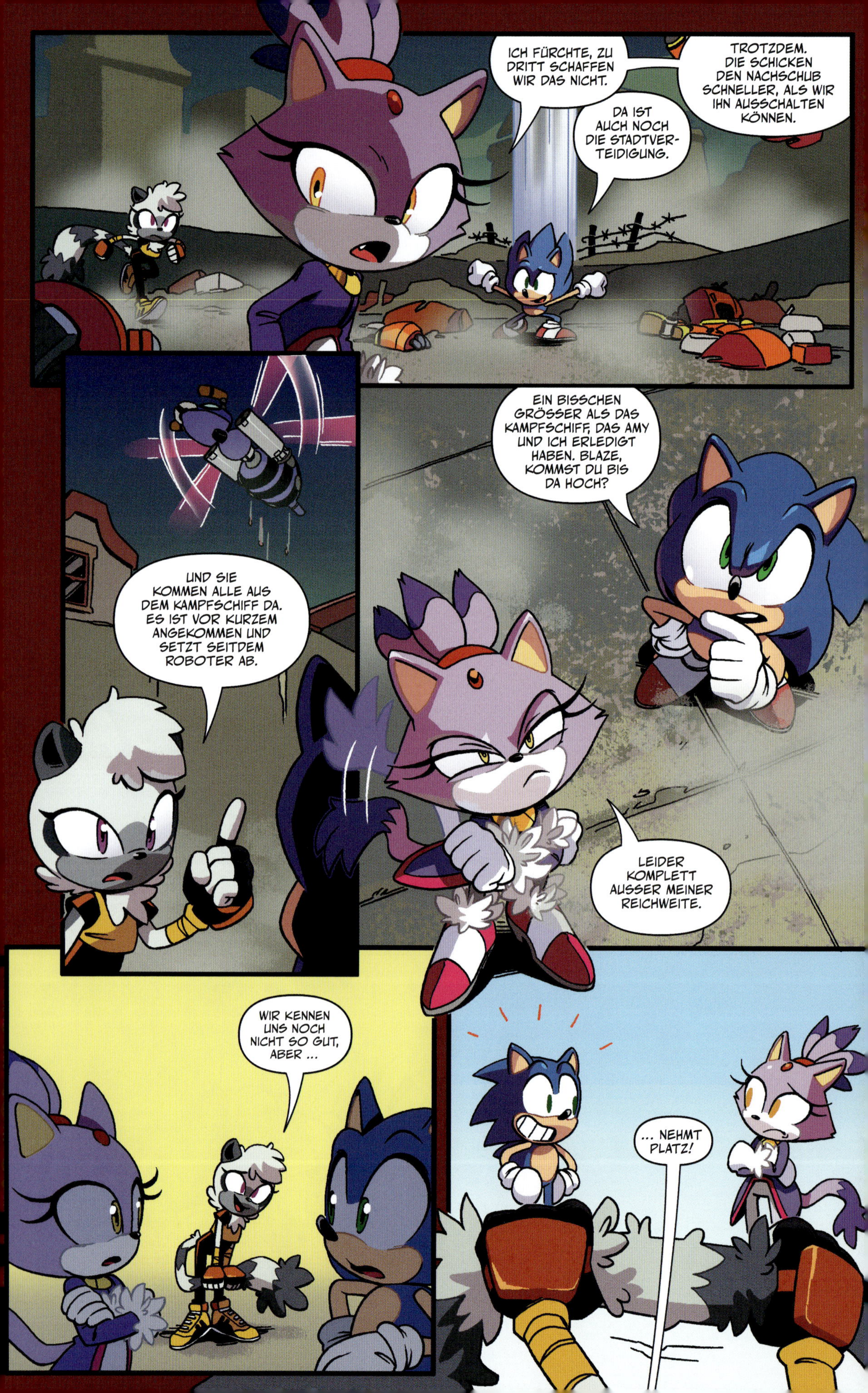

ICH FÜRCHTE, ZU DRITT SCHAFFEN WIR DAS NICHT.
TROTZDEM. DIE SCHICKEN DEN NACHSCHUB SCHNELLER, ALS WIR IHN AUSSCHALTEN KÖNNEN.
DA IST AUCH NOCH DIE STADTVERTEIDIGUNG.
UND SIE KOMMEN ALLE AUS DEM KAMPFSCHIFF DA. ES IST VOR KURZEM ANGEKOMMEN UND SETZT SEITDEM ROBOTER AB.
EIN BISSCHEN GRÖSSER ALS DAS KAMPFSCHIFF, DAS AMY UND ICH ERLEDIGT HABEN. BLAZE, KOMMST DU BIS DA HOCH?
LEIDER KOMPLETT AUSSER MEINER REICHWEITE.
WIR KENNEN UNS NOCH NICHT SO GUT, ABER ...
... NEHMT PLATZ!

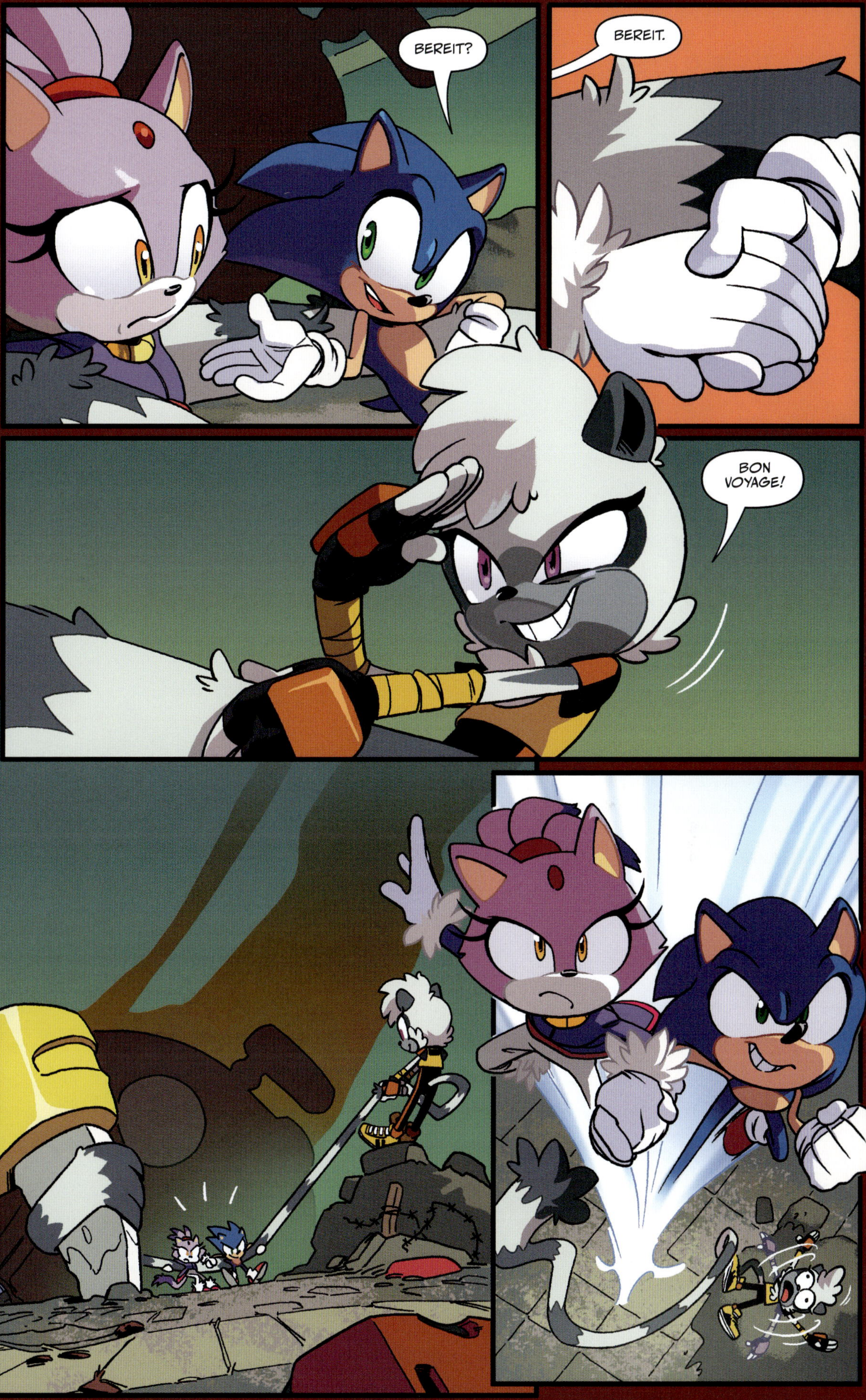
BEREIT?
BEREIT.
BON VOYAGE!

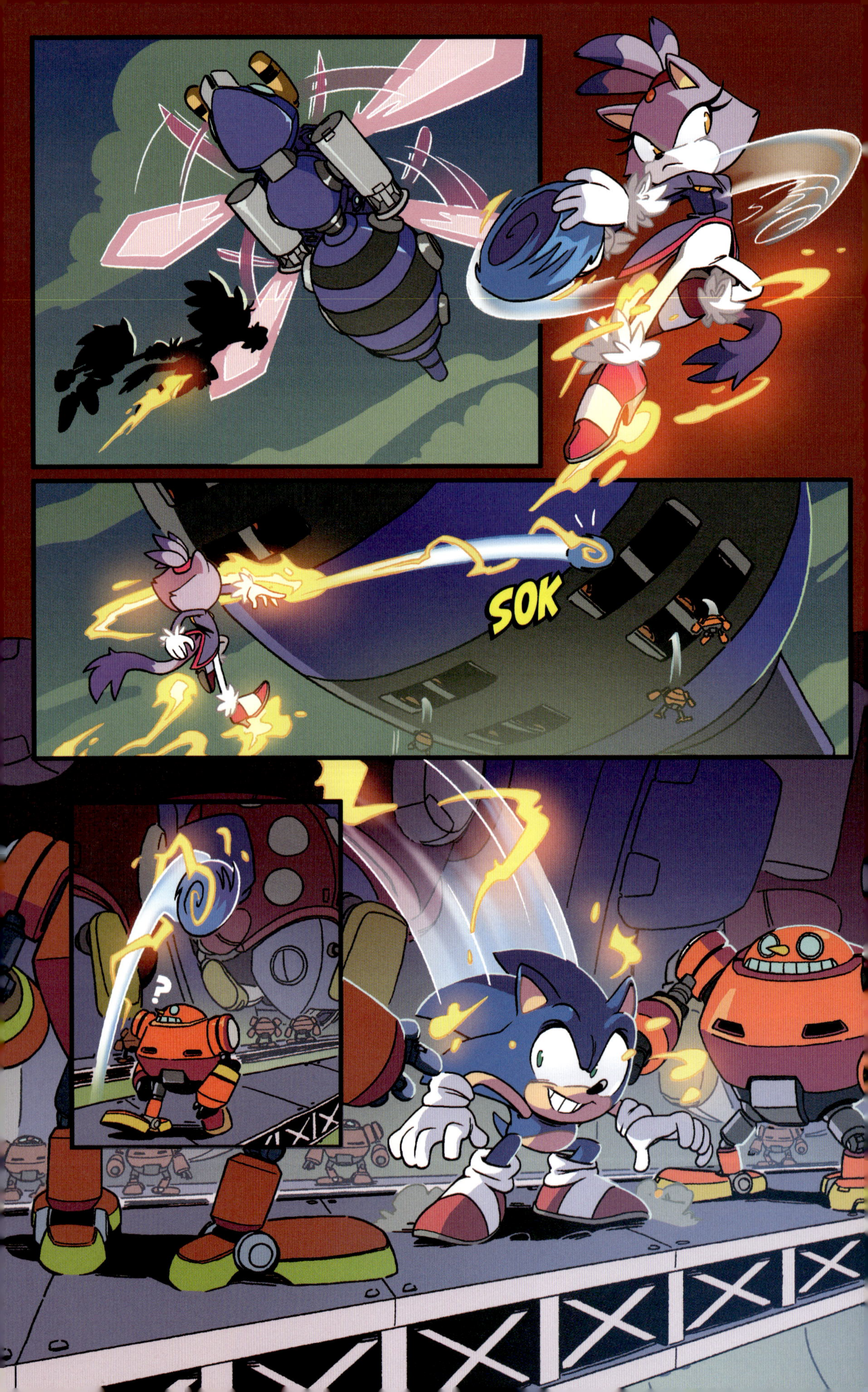
SOK
?

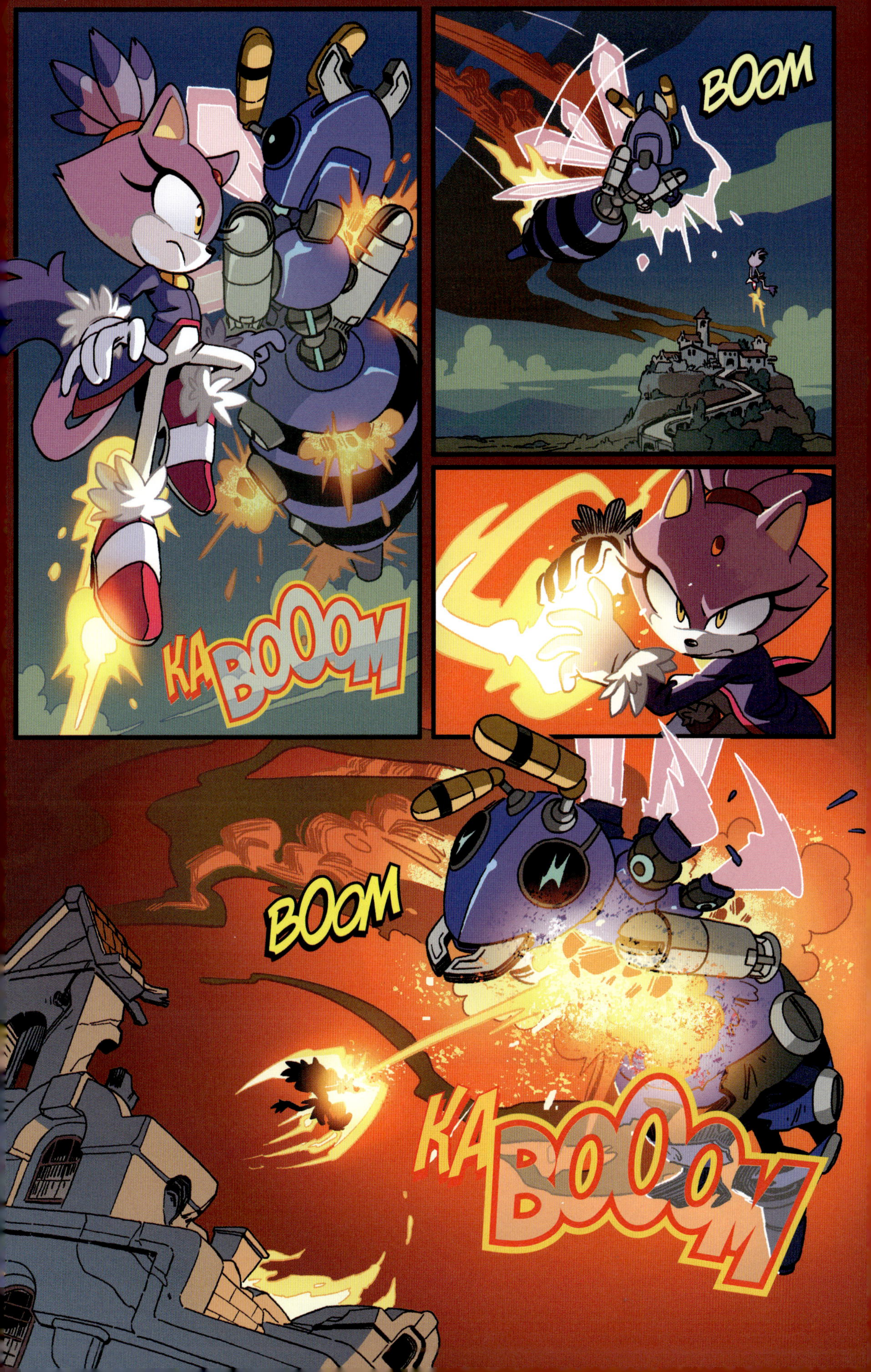
KABOOOM
BOOM
BOOM
KABOOOM

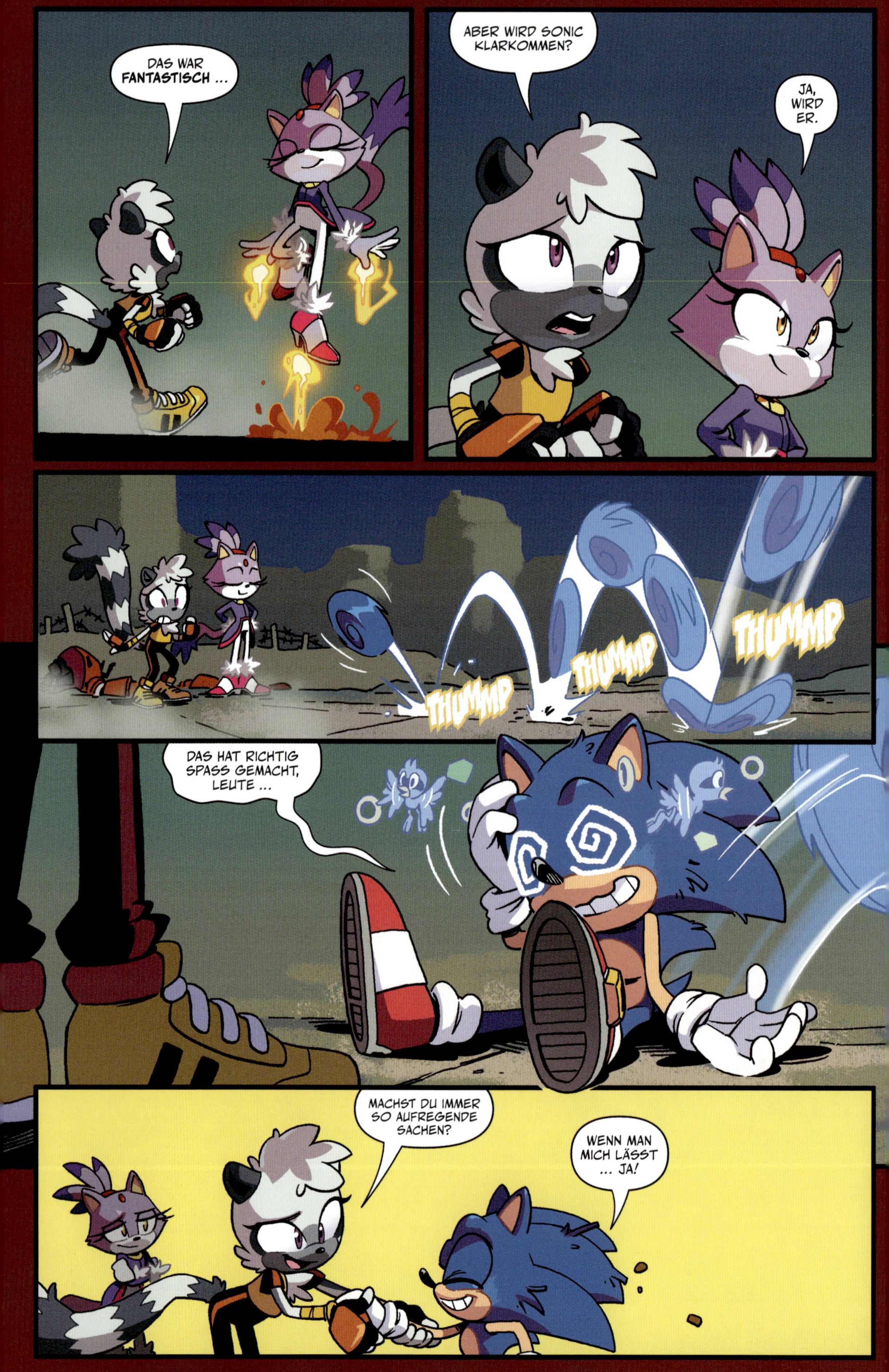
DAS WAR FANTASTISCH ...
ABER WIRD SONIC KLARKOMMEN?
JA, WIRD ER.
THUMMP
THUMMP
THUMMP
DAS HAT RICHTIG SPASS GEMACHT, LEUTE ...
MACHST DU IMMER SO AUFREGENDE SACHEN?
WENN MAN MICH LÄSST ... JA!

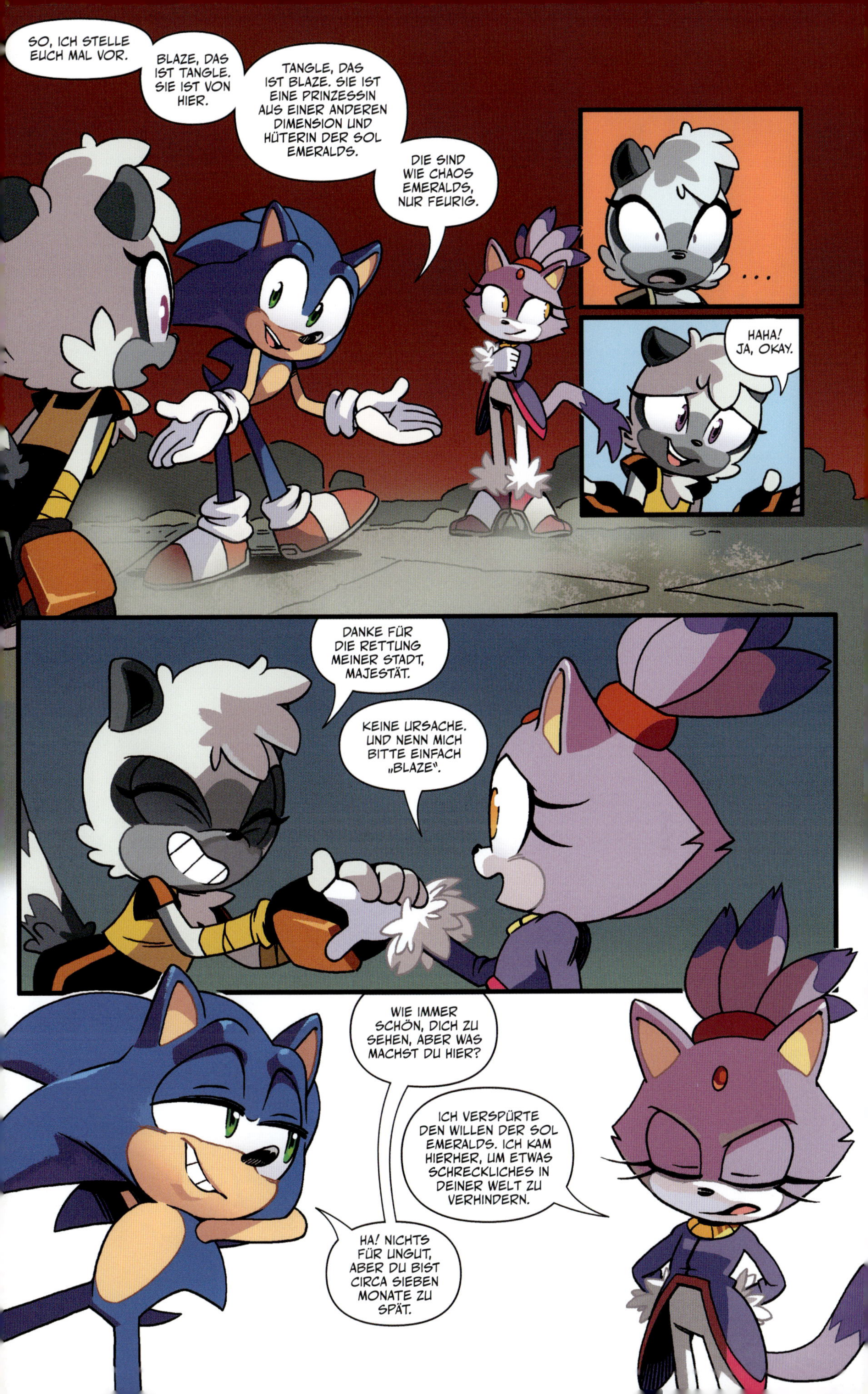
SO, ICH STELLE EUCH MAL VOR.
BLAZE, DAS IST TANGLE. SIE IST VON HIER.
TANGLE, DAS IST BLAZE. SIE IST EINE PRINZESSIN AUS EINER ANDEREN DIMENSION UND HÜTERIN DER SOL EMERALDS.
DIE SIND WIE CHAOS EMERALDS, NUR FEURIG.
...
HAHA! JA, OKAY.
DANKE FÜR DIE RETTUNG MEINER STADT, MAJESTÄT.
KEINE URSACHE. UND NENN MICH BITTE EINFACH „BLAZE".
WIE IMMER SCHÖN, DICH ZU SEHEN, ABER WAS MACHST DU HIER?
ICH VERSPÜRTE DEN WILLEN DER SOL EMERALDS. ICH KAM HIERHER, UM ETWAS SCHRECKLICHES IN DEINER WELT ZU VERHINDERN.
HA! NICHTS FÜR UNGUT, ABER DU BIST CIRCA SIEBEN MONATE ZU SPÄT.

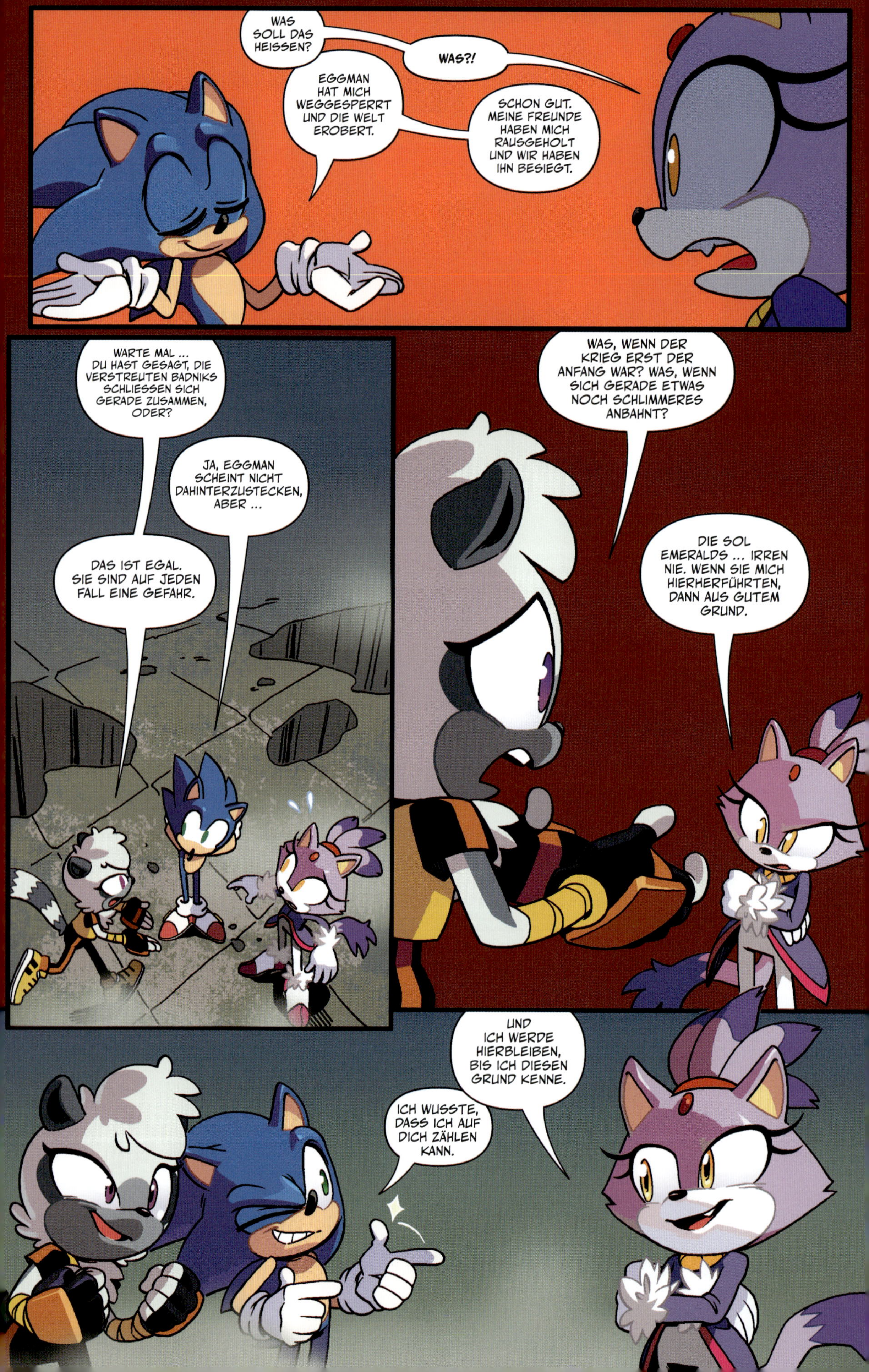
WAS SOLL DAS HEISSEN?
WAS?!
EGGMAN HAT MICH WEGGESPERRT UND DIE WELT EROBERT.
SCHON GUT. MEINE FREUNDE HABEN MICH RAUSGEHOLT UND WIR HABEN IHN BESIEGT.
WARTE MAL ... DU HAST GESAGT, DIE VERSTREUTEN BADNIKS SCHLIESSEN SICH GERADE ZUSAMMEN, ODER?
JA, EGGMAN SCHEINT NICHT DAHINTERZUSTECKEN, ABER ...
DAS IST EGAL. SIE SIND AUF JEDEN FALL EINE GEFAHR.
WAS, WENN DER KRIEG ERST DER ANFANG WAR? WAS, WENN SICH GERADE ETWAS NOCH SCHLIMMERES ANBAHNT?
DIE SOL EMERALDS ... IRREN NIE. WENN SIE MICH HIERHERFÜHRTEN, DANN AUS GUTEM GRUND.
UND ICH WERDE HIERBLEIBEN, BIS ICH DIESEN GRUND KENNE.
ICH WUSSTE, DASS ICH AUF DICH ZÄHLEN KANN.

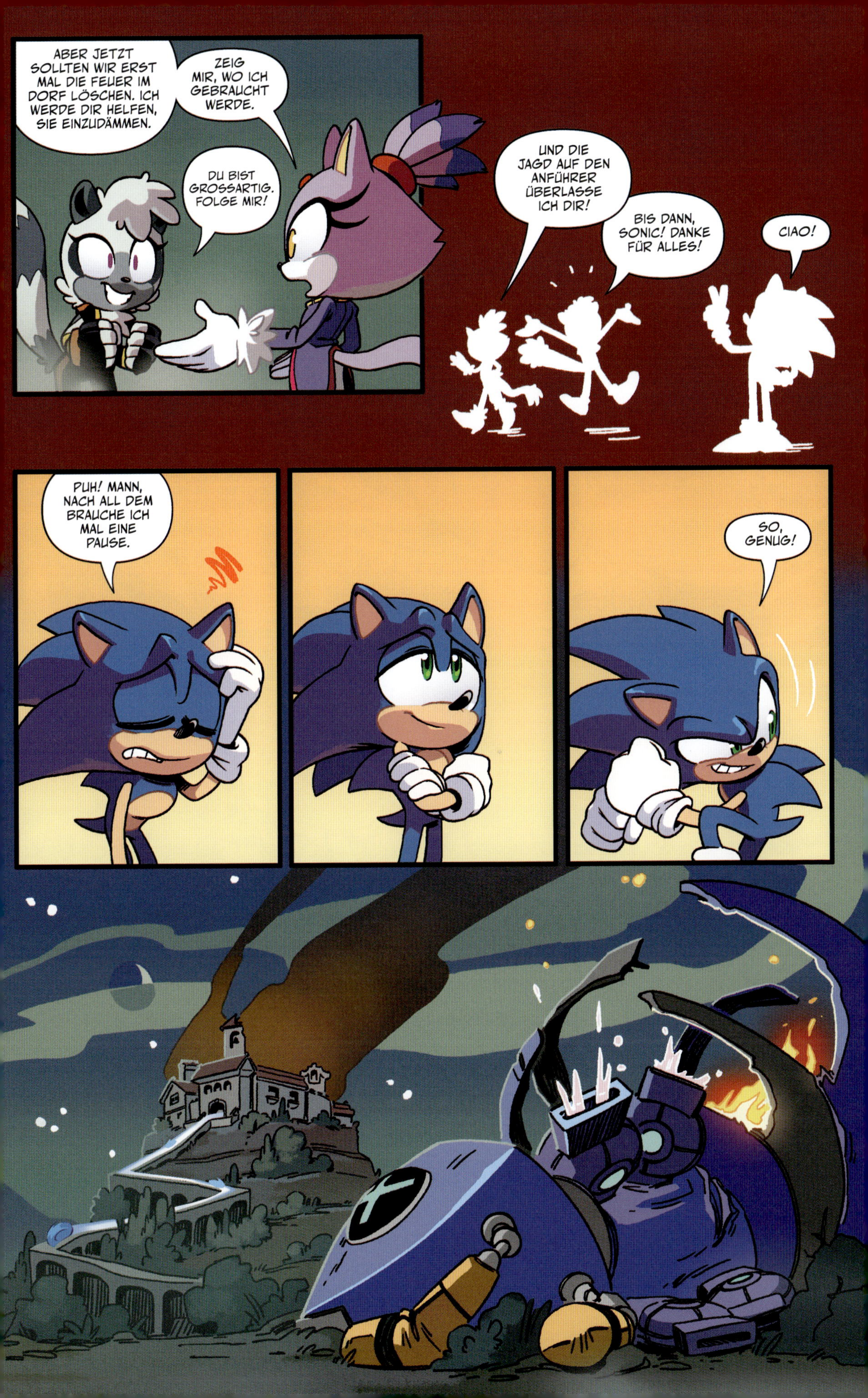
ABER JETZT SOLLTEN WIR ERST MAL DIE FEUER IM DORF LÖSCHEN. ICH WERDE DIR HELFEN, SIE EINZUDÄMMEN.
ZEIG MIR, WO ICH GEBRAUCHT WERDE.
DU BIST GROSSARTIG. FOLGE MIR!
UND DIE JAGD AUF DEN ANFÜHRER ÜBERLASSE ICH DIR!
BIS DANN, SONIC! DANKE FÜR ALLES!
CIAO!
PUH! MANN, NACH ALL DEM BRAUCHE ICH MAL EINE PAUSE.
SO, GENUG!

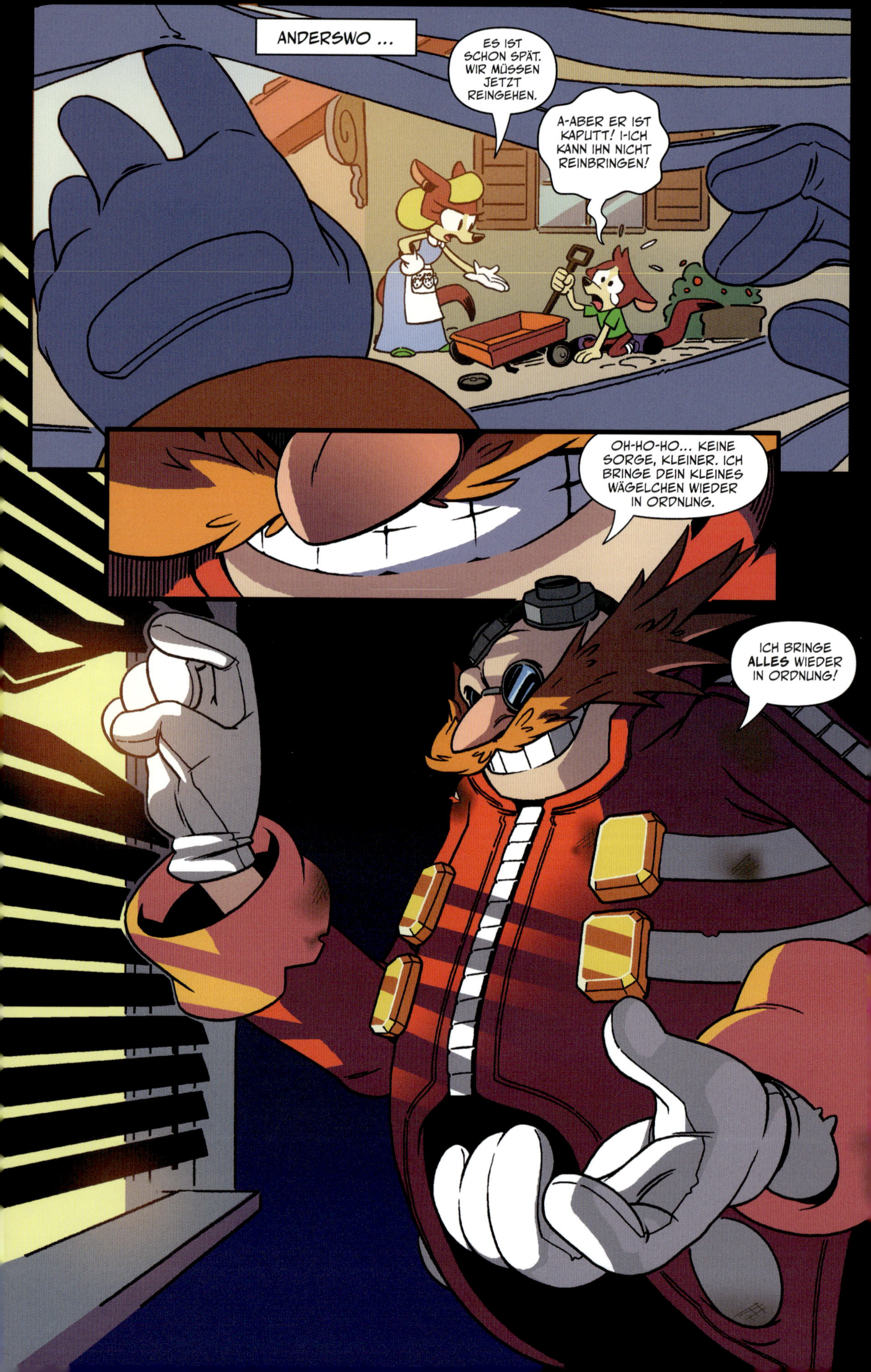
ANDERSWO ...
ES IST SCHON SPÄT. WIR MÜSSEN JETZT REINGEHEN.
A-ABER ER IST KAPUTT! I-ICH KANN IHN NICHT REINBRINGEN!
OH-HO-HO... KEINE SORGE, KLEINER. ICH BRINGE DEIN KLEINES WÄGELCHEN WIEDER IN ORDNUNG.
ICH BRINGE **ALLES** WIEDER IN ORDNUNG!

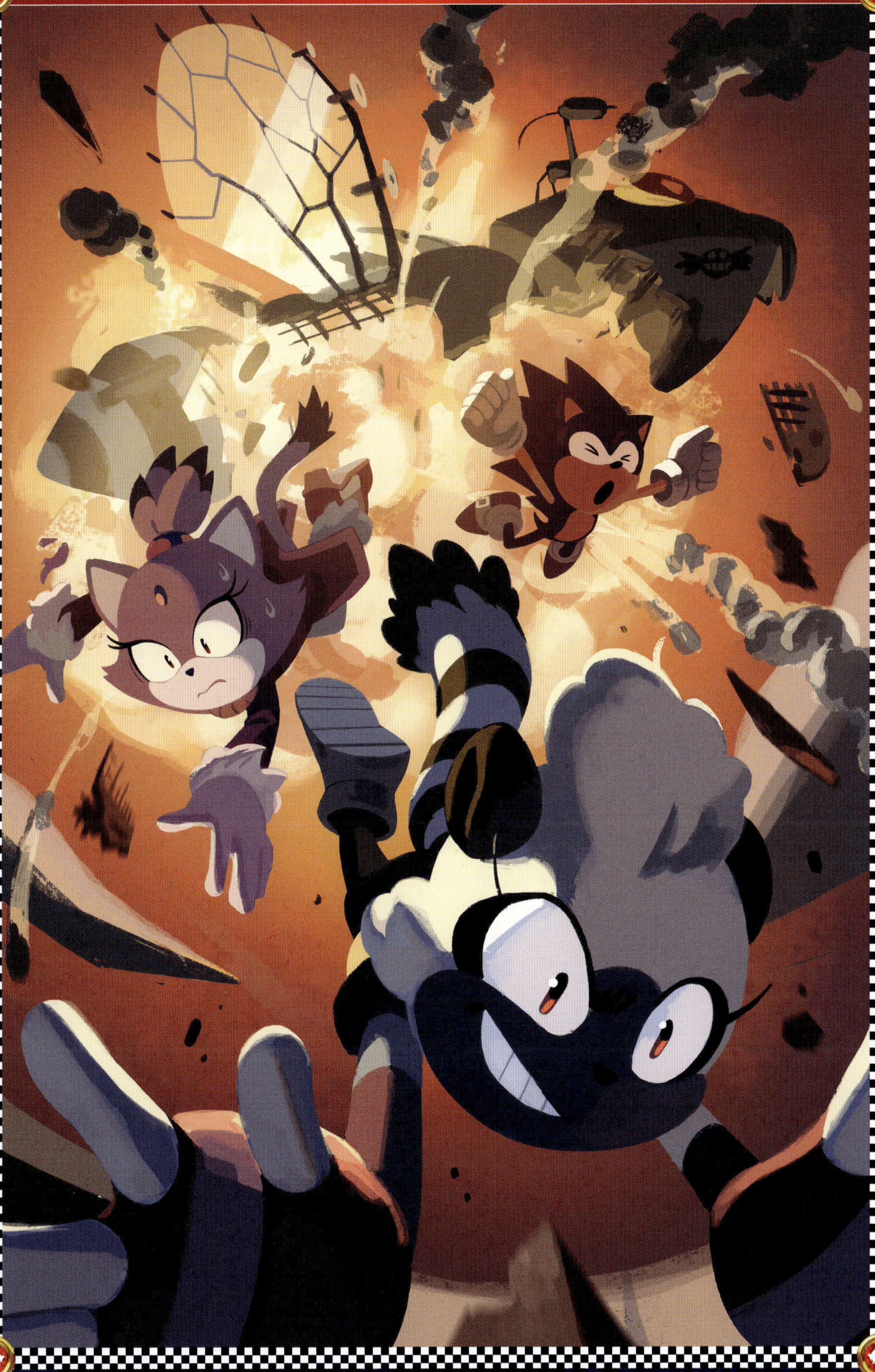

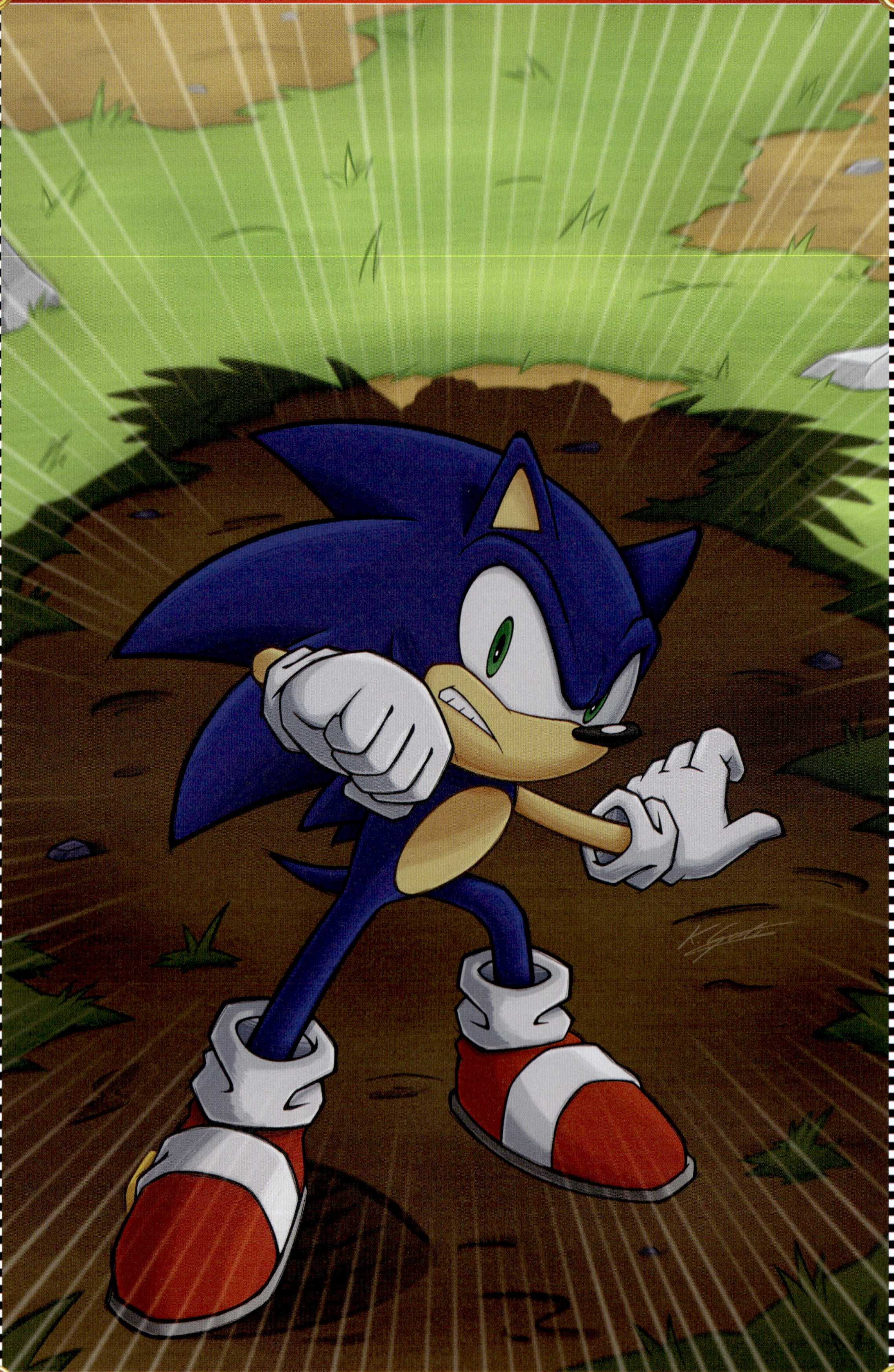

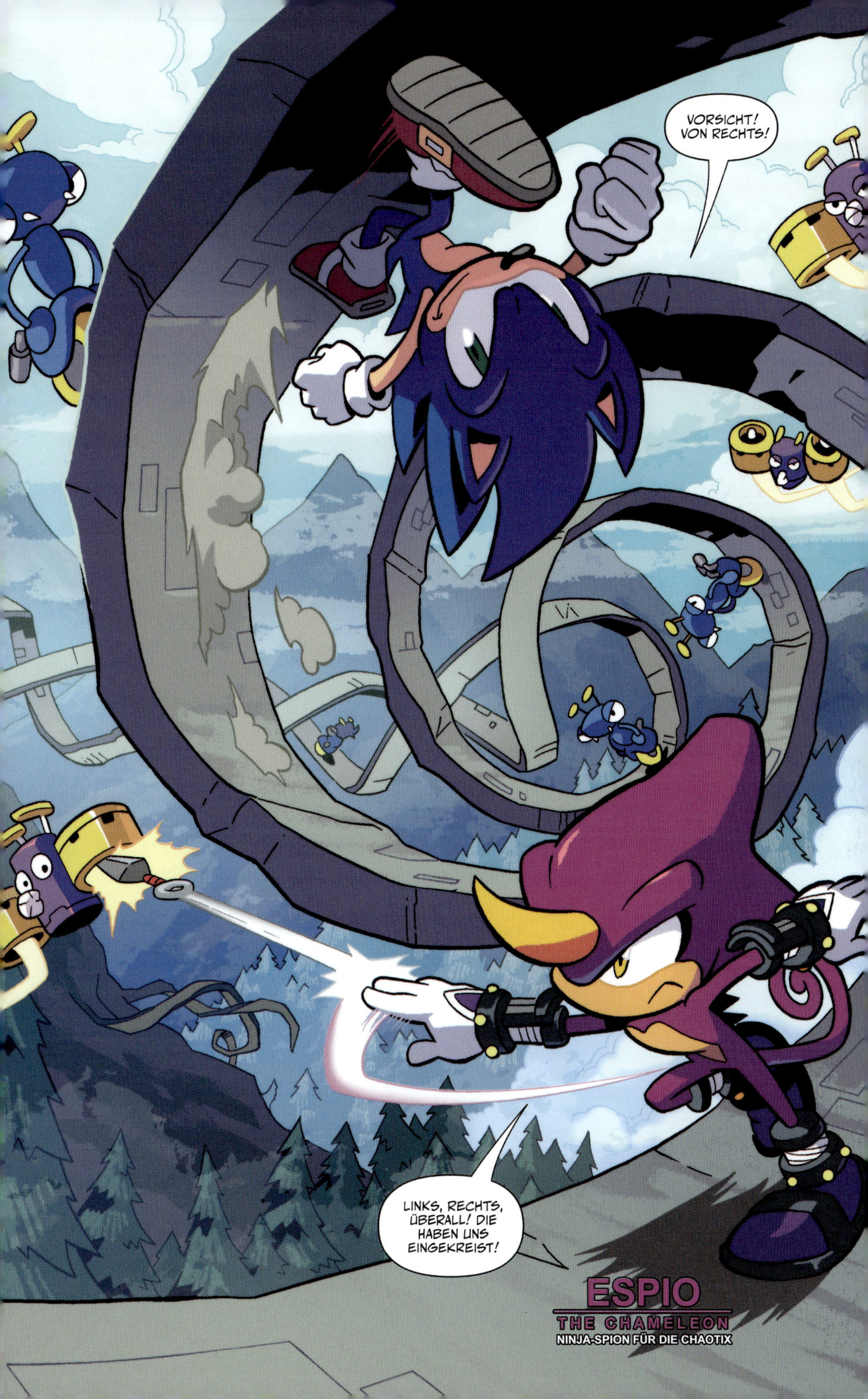
VORSICHT! VON RECHTS!
LINKS, RECHTS, ÜBERALL! DIE HABEN UNS EINGEKREIST!
ESPIO
THE CHAMELEON
NINJA-SPION FÜR DIE CHAOTIX

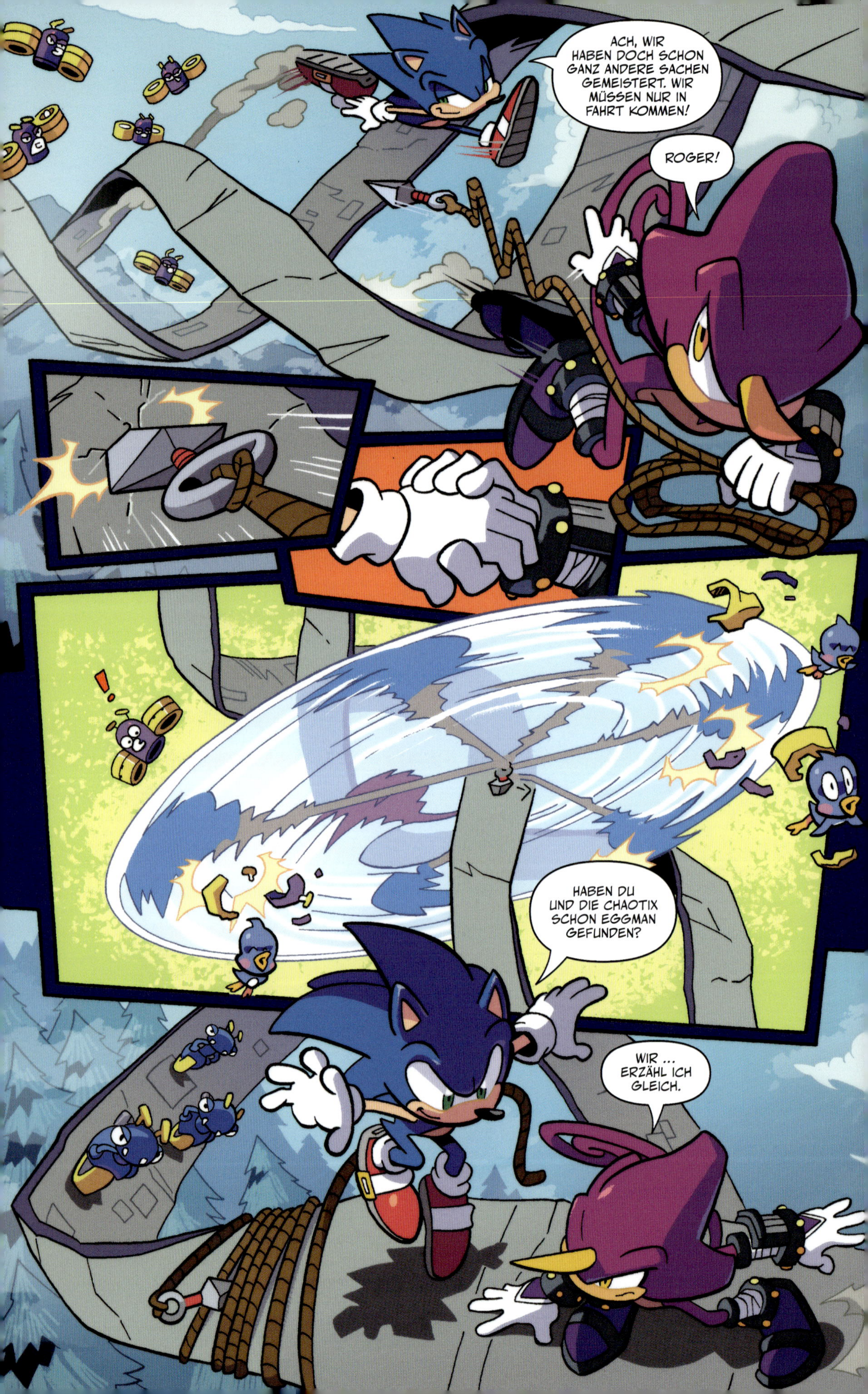
ACH, WIR HABEN DOCH SCHON GANZ ANDERE SACHEN GEMEISTERT. WIR MÜSSEN NUR IN FAHRT KOMMEN!
ROGER!
HABEN DU UND DIE CHAOTIX SCHON EGGMAN GEFUNDEN?
WIR ... ERZÄHL ICH GLEICH.

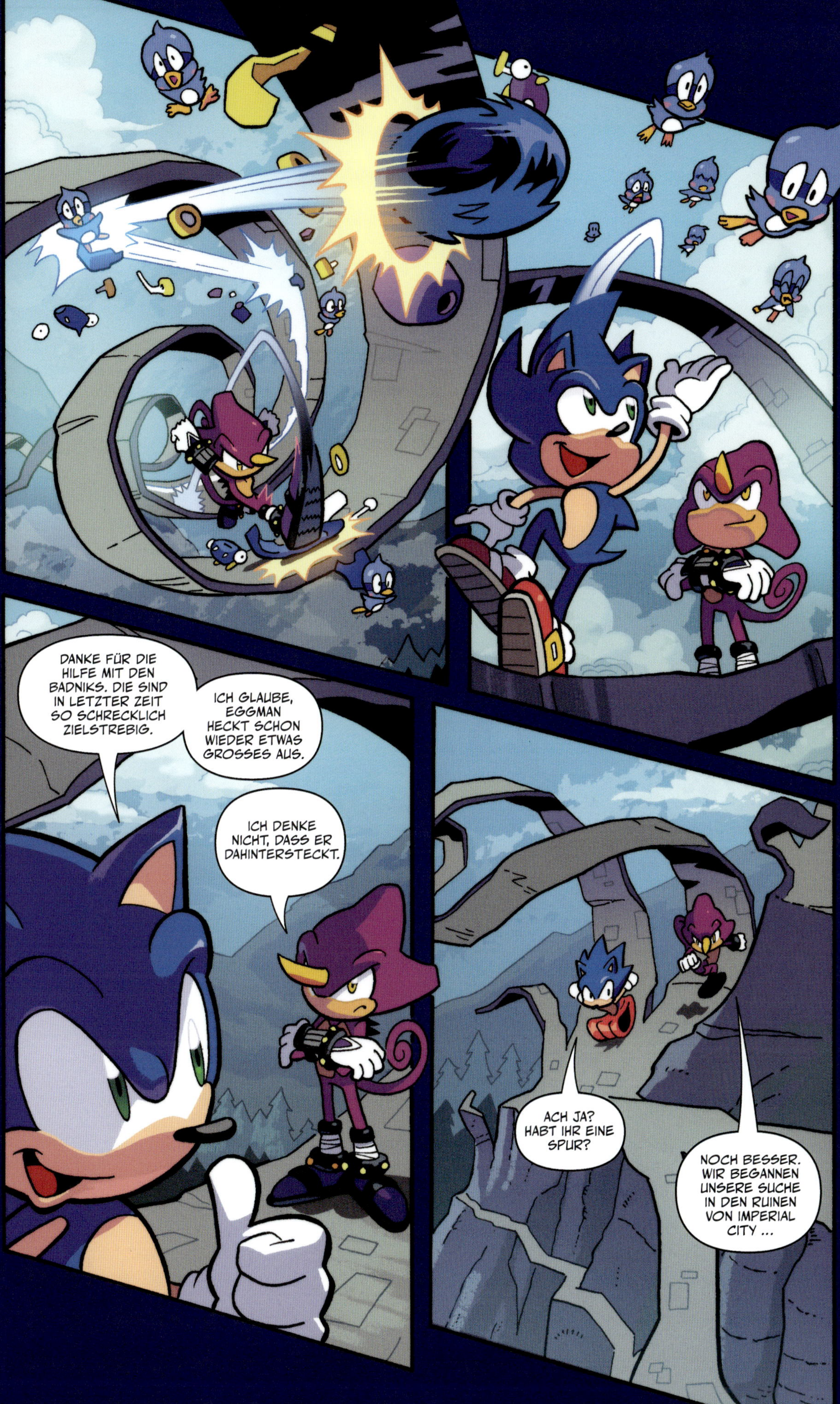
DANKE FÜR DIE HILFE MIT DEN BADNIKS. DIE SIND IN LETZTER ZEIT SO SCHRECKLICH ZIELSTREBIG.
ICH GLAUBE, EGGMAN HECKT SCHON WIEDER ETWAS GROSSES AUS.
ICH DENKE NICHT, DASS ER DAHINTERSTECKT.
ACH JA? HABT IHR EINE SPUR?
NOCH BESSER. WIR BEGANNEN UNSERE SUCHE IN DEN RUINEN VON IMPERIAL CITY ...

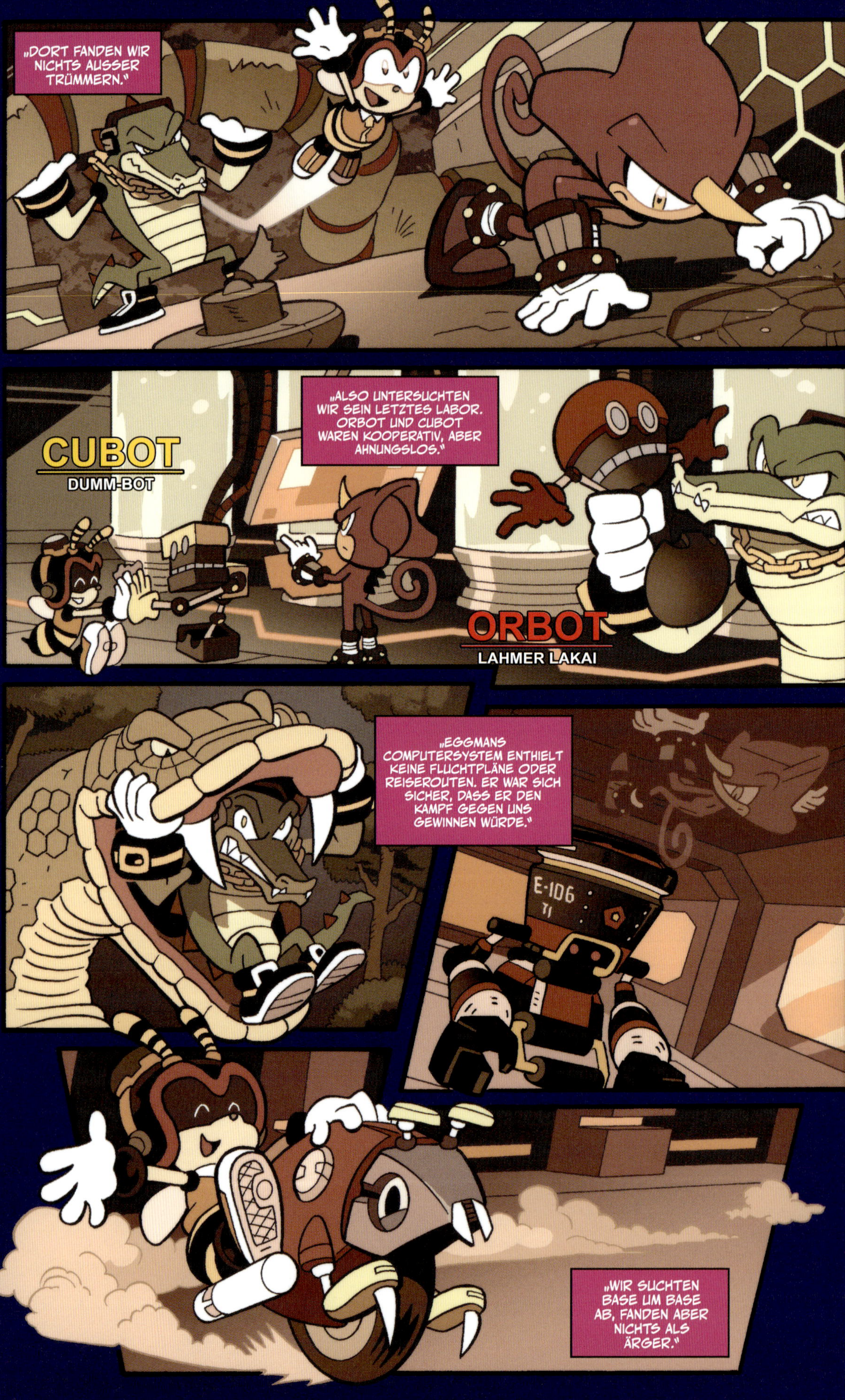
„DORT FANDEN WIR NICHTS AUSSER TRÜMMERN."
„ALSO UNTERSUCHTEN WIR SEIN LETZTES LABOR. ORBOT UND CUBOT WAREN KOOPERATIV, ABER AHNUNGSLOS."
CUBOT
DUMM-BOT
ORBOT
LAHMER LAKAI
„EGGMANS COMPUTERSYSTEM ENTHIELT KEINE FLUCHTPLÄNE ODER REISEROUTEN. ER WAR SICH SICHER, DASS ER DEN KAMPF GEGEN UNS GEWINNEN WÜRDE."
E-106
„WIR SUCHTEN BASE UM BASE AB, FANDEN ABER NICHTS ALS ÄRGER."

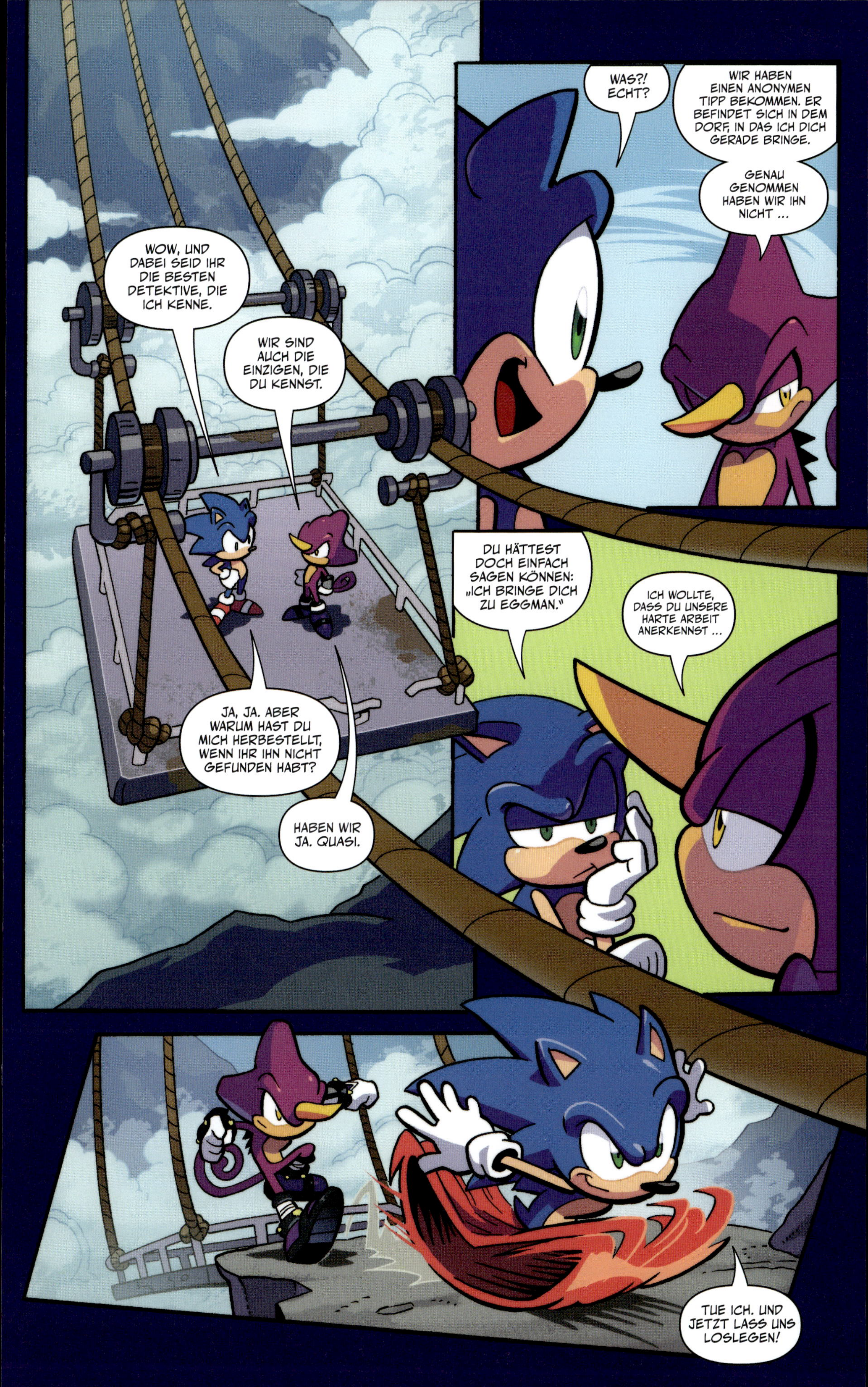
WOW, UND DABEI SEID IHR DIE BESTEN DETEKTIVE, DIE ICH KENNE.
WIR SIND AUCH DIE EINZIGEN, DIE DU KENNST.
JA, JA. ABER WARUM HAST DU MICH HERBESTELLT, WENN IHR IHN NICHT GEFUNDEN HABT?
HABEN WIR JA. QUASI.
WAS?! ECHT?
WIR HABEN EINEN ANONYMEN TIPP BEKOMMEN. ER BEFINDET SICH IN DEM DORF, IN DAS ICH DICH GERADE BRINGE.
GENAU GENOMMEN HABEN WIR IHN NICHT …
DU HÄTTEST DOCH EINFACH SAGEN KÖNNEN: „ICH BRINGE DICH ZU EGGMAN.“
ICH WOLLTE, DASS DU UNSERE HARTE ARBEIT ANERKENNST …
TUE ICH. UND JETZT LASS UNS LOSLEGEN!

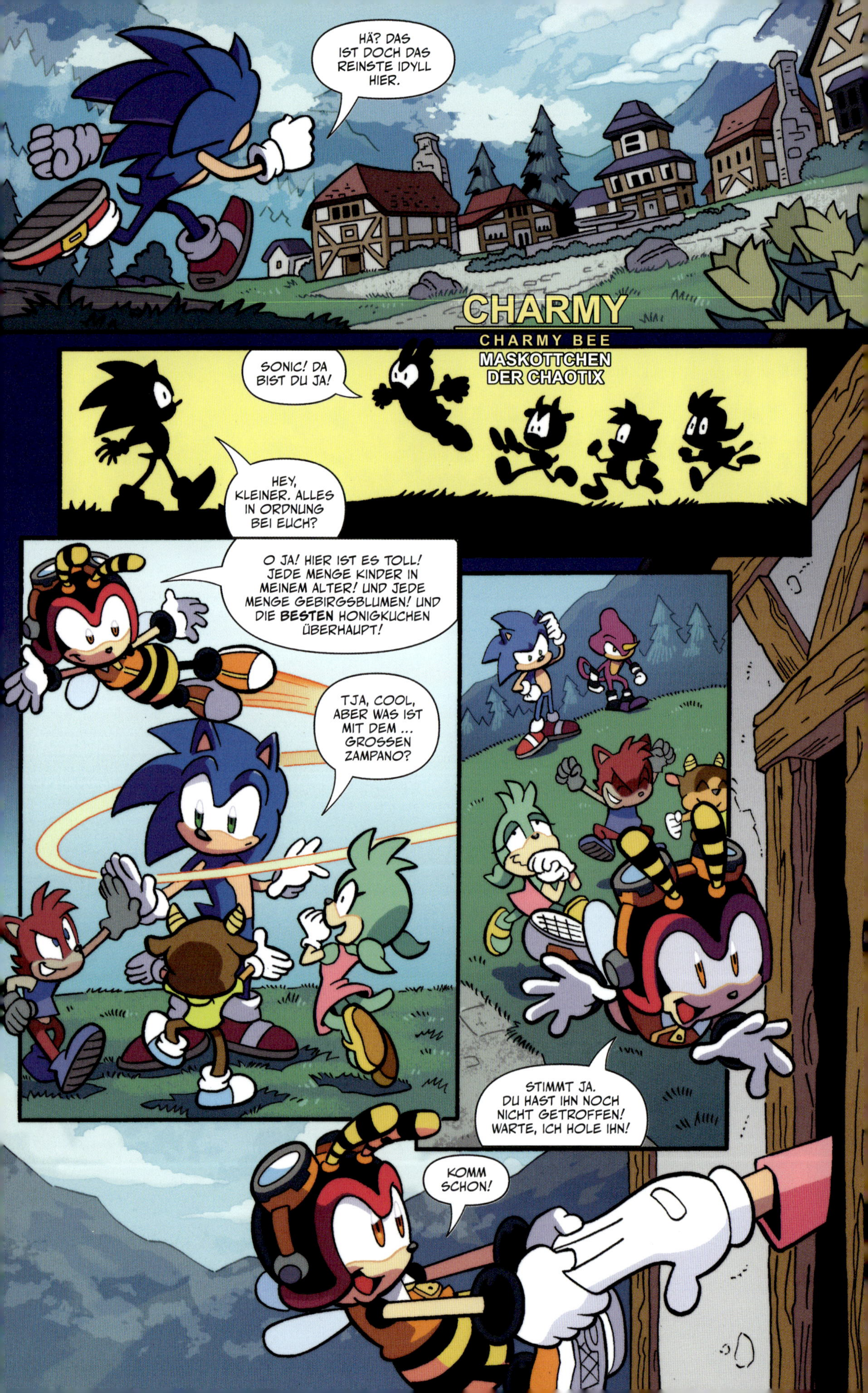
HÄ? DAS IST DOCH DAS REINSTE IDYLL HIER.
CHARMY
CHARMY BEE
MASKOTTCHEN DER CHAOTIX
SONIC! DA BIST DU JA!
HEY, KLEINER. ALLES IN ORDNUNG BEI EUCH?
O JA! HIER IST ES TOLL! JEDE MENGE KINDER IN MEINEM ALTER! UND JEDE MENGE GEBIRGSBLUMEN! UND DIE **BESTEN** HONIGKUCHEN ÜBERHAUPT!
TJA, COOL, ABER WAS IST MIT DEM ... GROSSEN ZAMPANO?
STIMMT JA. DU HAST IHN NOCH NICHT GETROFFEN! WARTE, ICH HOLE IHN!
KOMM SCHON!

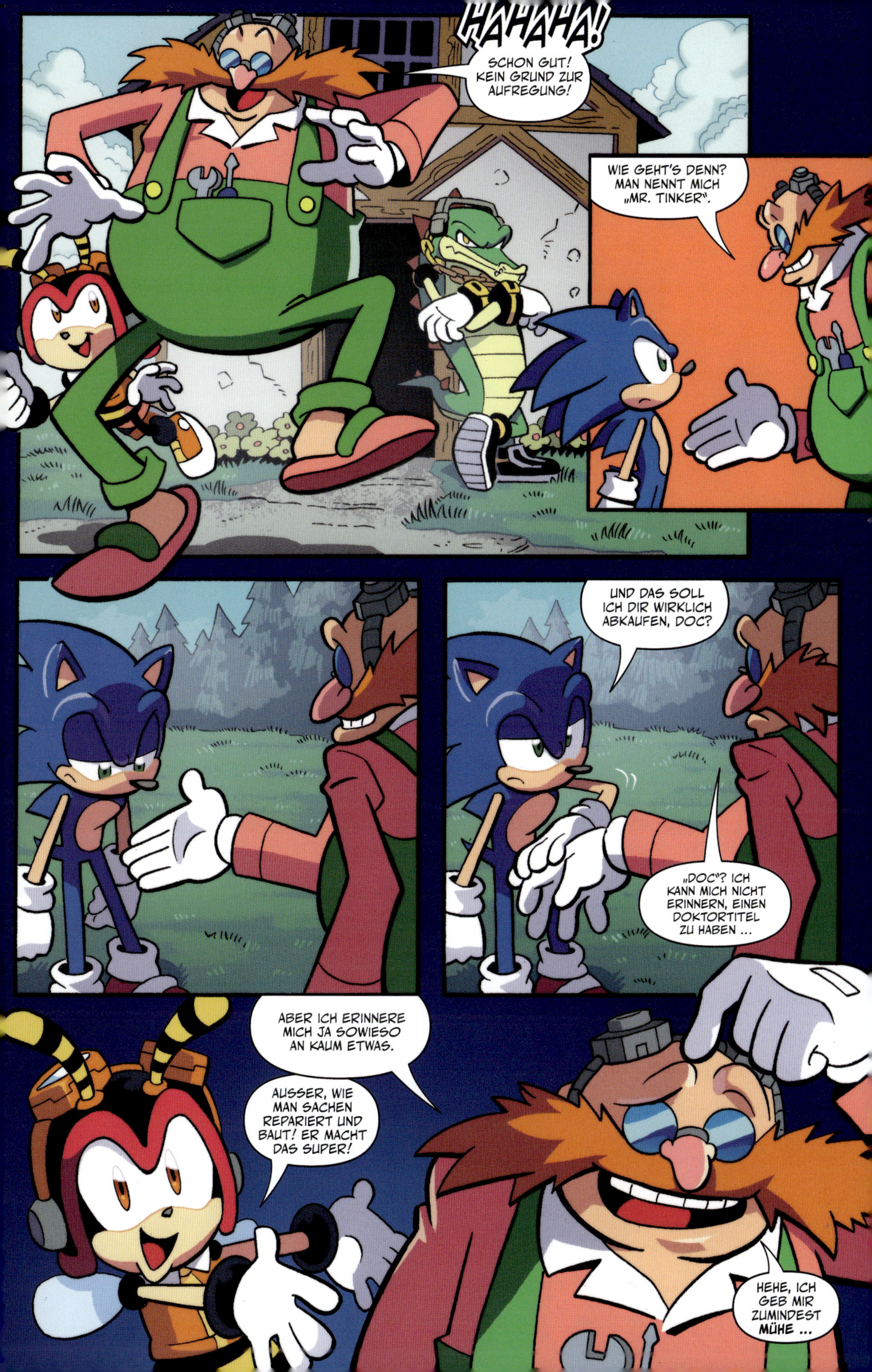
HAHAHA!
SCHON GUT! KEIN GRUND ZUR AUFREGUNG!
WIE GEHT'S DENN? MAN NENNT MICH „MR. TINKER".
UND DAS SOLL ICH DIR WIRKLICH ABKAUFEN, DOC?
„DOC"? ICH KANN MICH NICHT ERINNERN, EINEN DOKTORTITEL ZU HABEN ...
ABER ICH ERINNERE MICH JA SOWIESO AN KAUM ETWAS.
AUSSER, WIE MAN SACHEN REPARIERT UND BAUT! ER MACHT DAS SUPER!
HEHE, ICH GEB MIR ZUMINDEST **MÜHE** ...

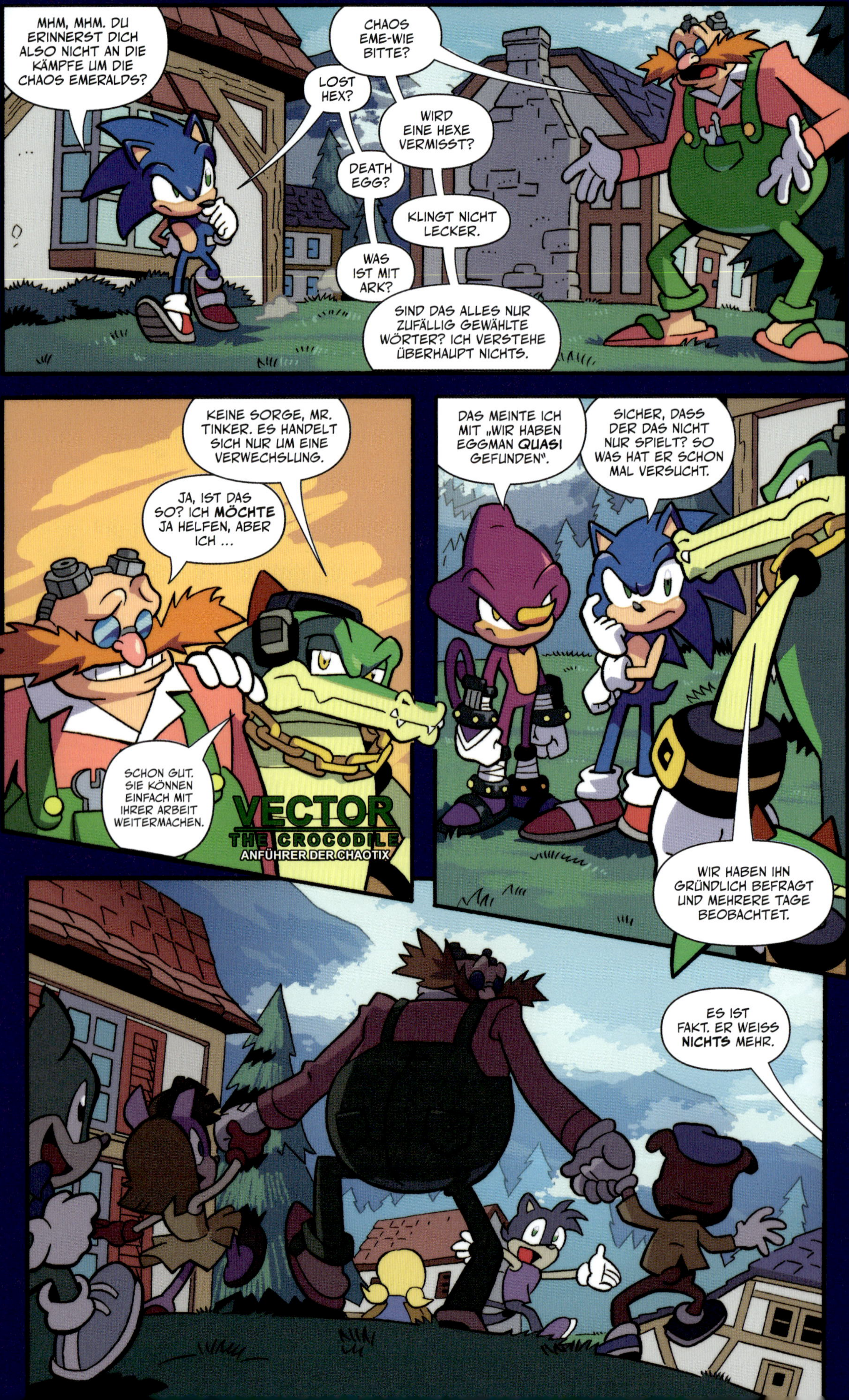
MHM, MHM. DU ERINNERST DICH ALSO NICHT AN DIE KÄMPFE UM DIE CHAOS EMERALDS?
CHAOS EME-WIE BITTE?
LOST HEX?
WIRD EINE HEXE VERMISST?
DEATH EGG?
KLINGT NICHT LECKER.
WAS IST MIT ARK?
SIND DAS ALLES NUR ZUFÄLLIG GEWÄHLTE WÖRTER? ICH VERSTEHE ÜBERHAUPT NICHTS.
KEINE SORGE, MR. TINKER. ES HANDELT SICH NUR UM EINE VERWECHSLUNG.
JA, IST DAS SO? ICH **MÖCHTE** JA HELFEN, ABER ICH ...
SCHON GUT. SIE KÖNNEN EINFACH MIT IHRER ARBEIT WEITERMACHEN.
VECTOR
THE CROCODILE
ANFÜHRER DER CHAOTIX
DAS MEINTE ICH MIT „WIR HABEN EGGMAN **QUASI** GEFUNDEN".
SICHER, DASS DER DAS NICHT NUR SPIELT? SO WAS HAT ER SCHON MAL VERSUCHT.
WIR HABEN IHN GRÜNDLICH BEFRAGT UND MEHRERE TAGE BEOBACHTET.
ES IST FAKT. ER WEISS **NICHTS** MEHR.

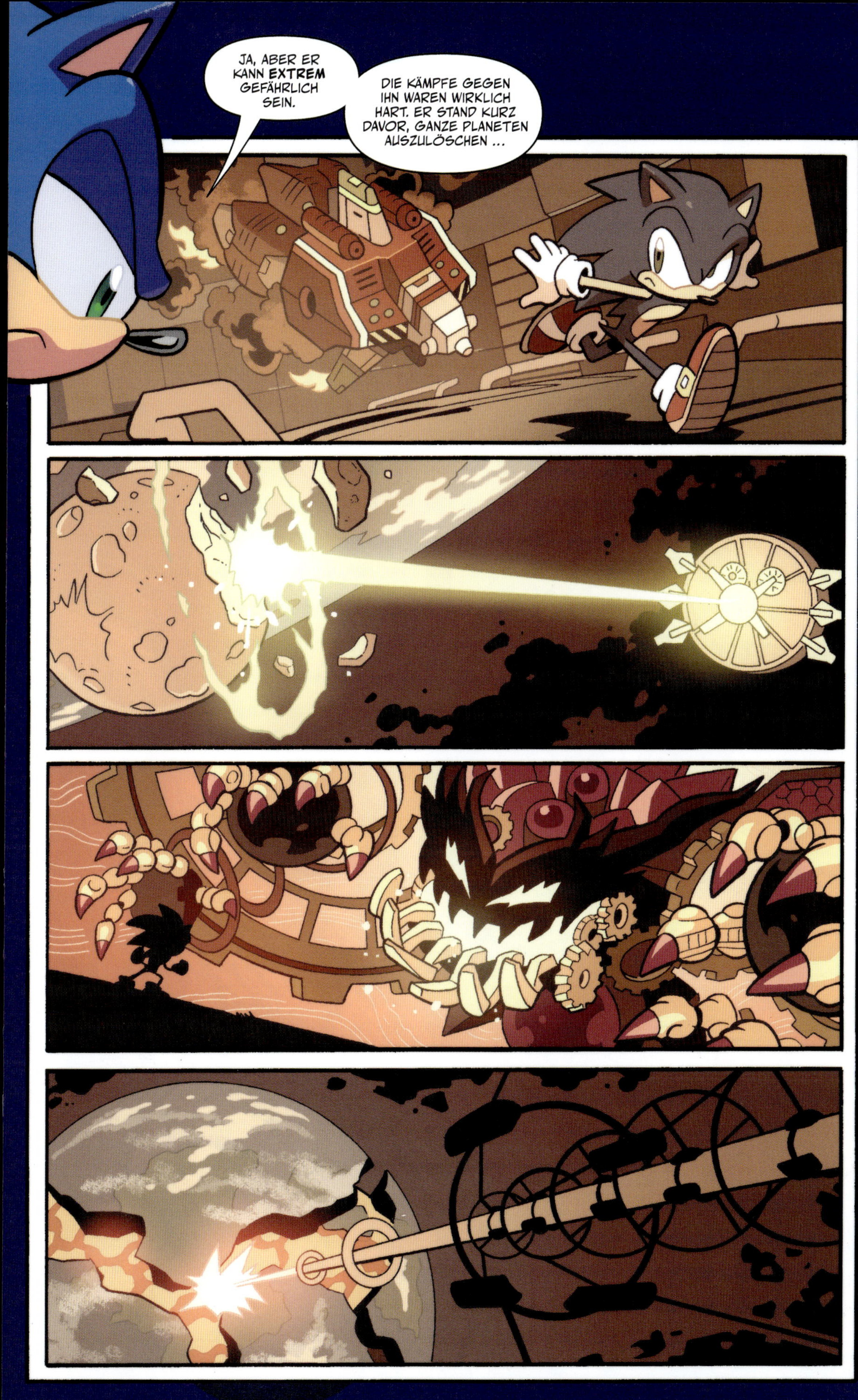

JA, ABER ER KANN **EXTREM** GEFÄHRLICH SEIN.
DIE KÄMPFE GEGEN IHN WAREN WIRKLICH HART. ER STAND KURZ DAVOR, GANZE PLANETEN AUSZULÖSCHEN ...

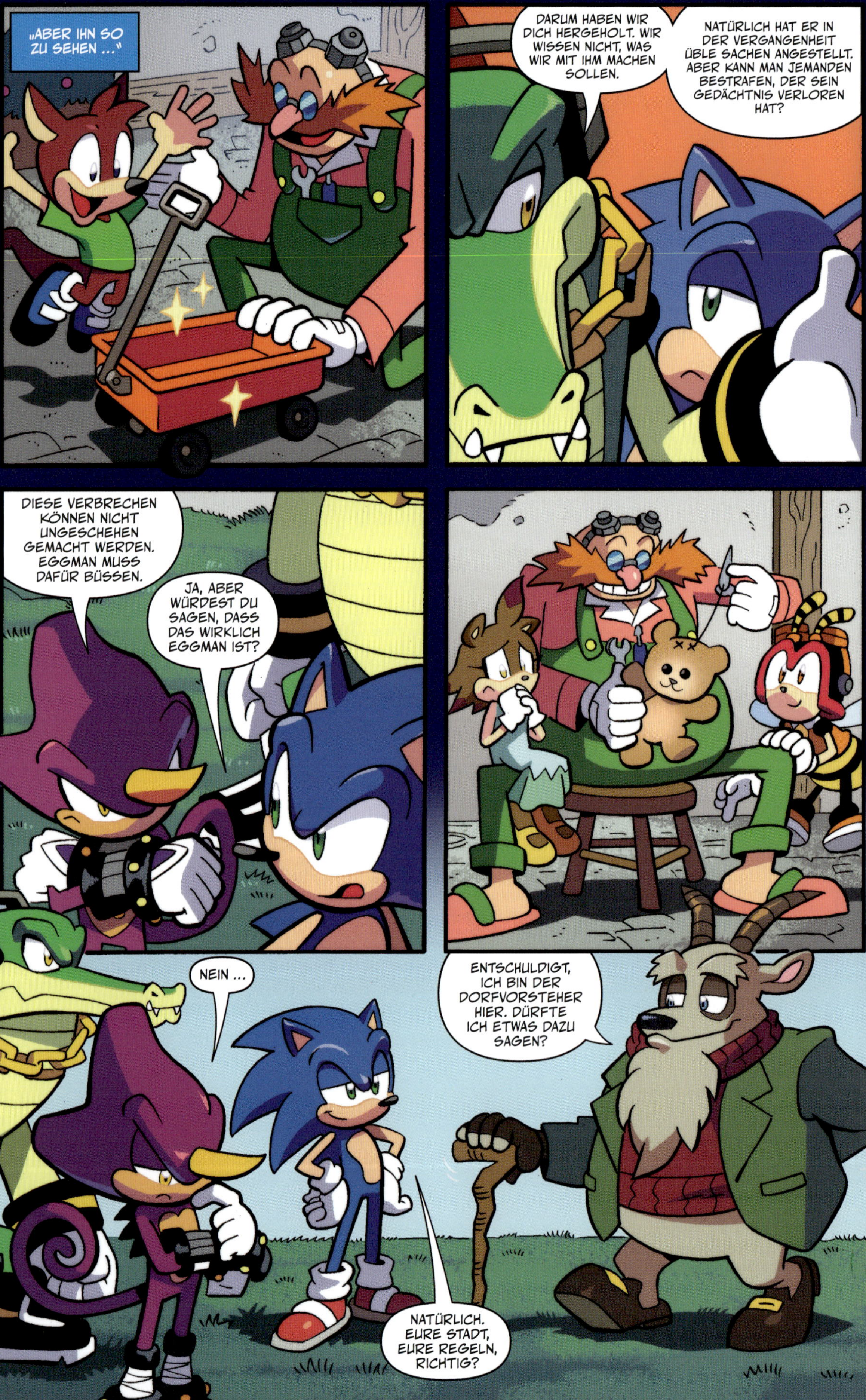
„ABER IHN SO ZU SEHEN …“
DARUM HABEN WIR DICH HERGEHOLT. WIR WISSEN NICHT, WAS WIR MIT IHM MACHEN SOLLEN.
NATÜRLICH HAT ER IN DER VERGANGENHEIT ÜBLE SACHEN ANGESTELLT. ABER KANN MAN JEMANDEN BESTRAFEN, DER SEIN GEDÄCHTNIS VERLOREN HAT?
DIESE VERBRECHEN KÖNNEN NICHT UNGESCHEHEN GEMACHT WERDEN. EGGMAN MUSS DAFÜR BÜSSEN.
JA, ABER WÜRDEST DU SAGEN, DASS DAS WIRKLICH EGGMAN IST?
NEIN …
ENTSCHULDIGT, ICH BIN DER DORFVORSTEHER HIER. DÜRFTE ICH ETWAS DAZU SAGEN?
NATÜRLICH. EURE STADT, EURE REGELN, RICHTIG?

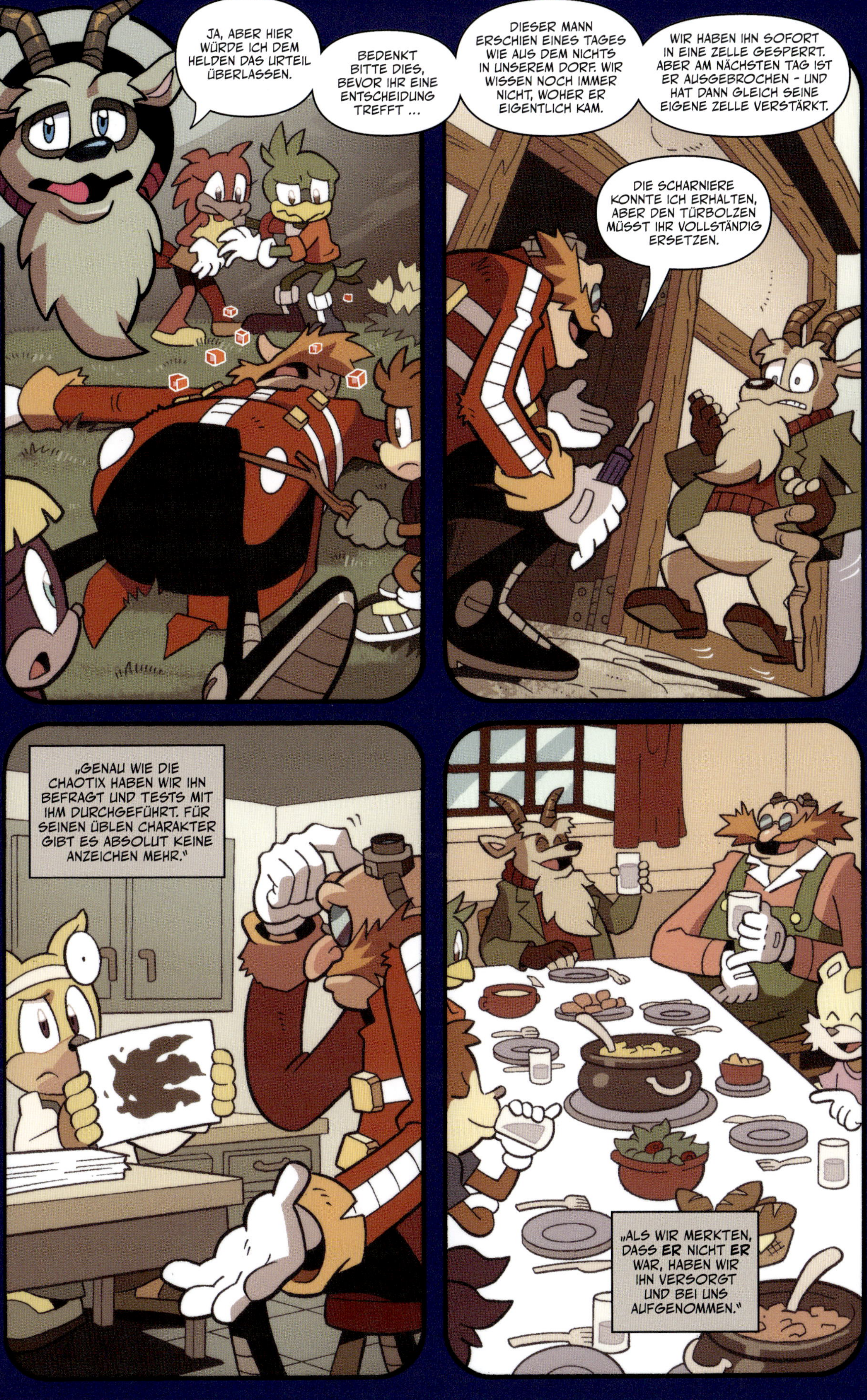
JA, ABER HIER WÜRDE ICH DEM HELDEN DAS URTEIL ÜBERLASSEN.
BEDENKT BITTE DIES, BEVOR IHR EINE ENTSCHEIDUNG TREFFT ...
DIESER MANN ERSCHIEN EINES TAGES WIE AUS DEM NICHTS IN UNSEREM DORF. WIR WISSEN NOCH IMMER NICHT, WOHER ER EIGENTLICH KAM.
WIR HABEN IHN SOFORT IN EINE ZELLE GESPERRT. ABER AM NÄCHSTEN TAG IST ER AUSGEBROCHEN – UND HAT DANN GLEICH SEINE EIGENE ZELLE VERSTÄRKT.
DIE SCHARNIERE KONNTE ICH ERHALTEN, ABER DEN TÜRBOLZEN MÜSST IHR VOLLSTÄNDIG ERSETZEN.
„GENAU WIE DIE CHAOTIX HABEN WIR IHN BEFRAGT UND TESTS MIT IHM DURCHGEFÜHRT. FÜR SEINEN ÜBLEN CHARAKTER GIBT ES ABSOLUT KEINE ANZEICHEN MEHR."
„ALS WIR MERKTEN, DASS **ER** NICHT **ER** WAR, HABEN WIR IHN VERSORGT UND BEI UNS AUFGENOMMEN."

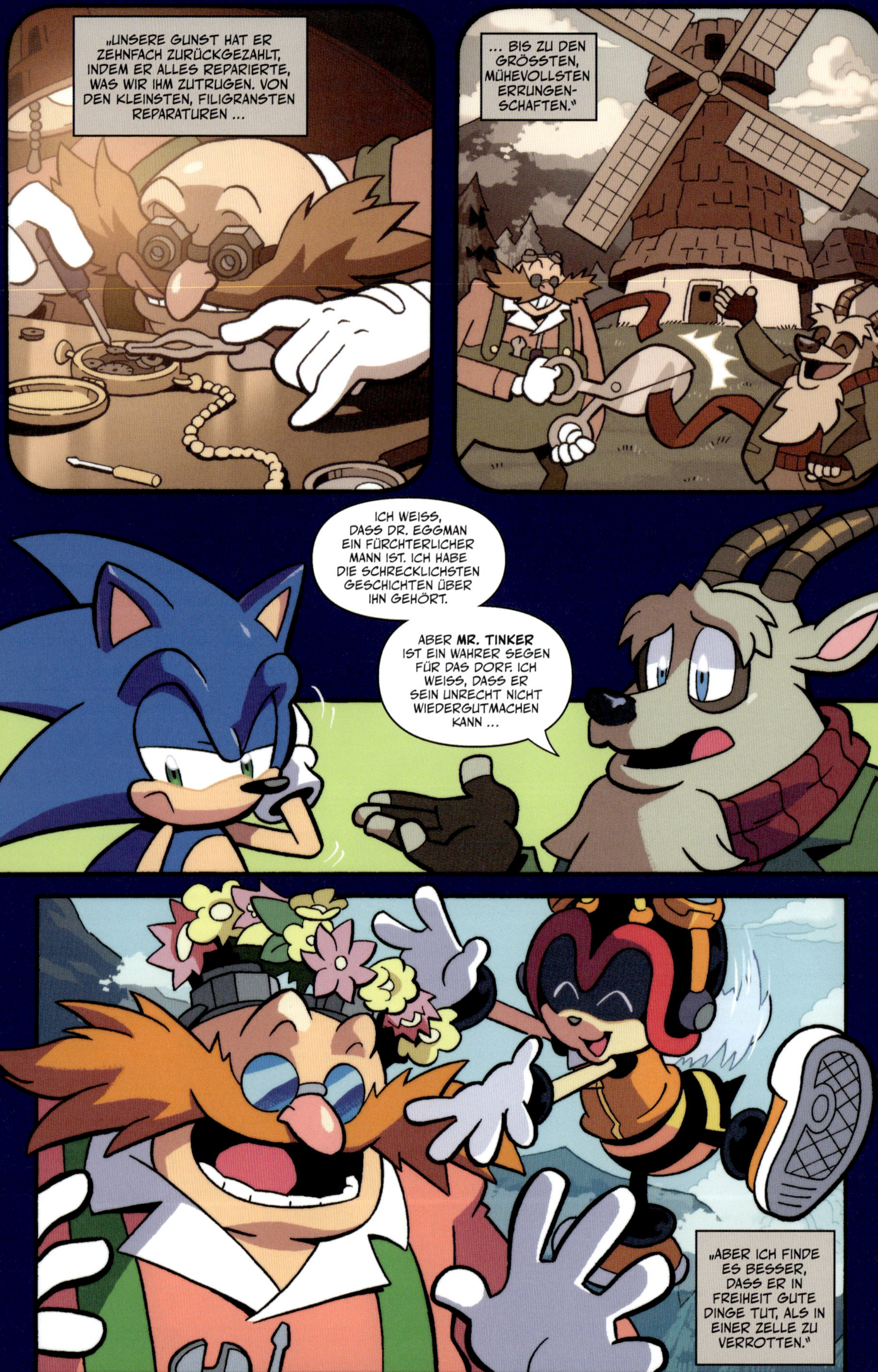
„UNSERE GUNST HAT ER ZEHNFACH ZURÜCKGEZAHLT, INDEM ER ALLES REPARIERTE, WAS WIR IHM ZUTRUGEN. VON DEN KLEINSTEN, FILIGRANSTEN REPARATUREN ...
... BIS ZU DEN GRÖSSTEN, MÜHEVOLLSTEN ERRUNGENSCHAFTEN."
ICH WEISS, DASS DR. EGGMAN EIN FÜRCHTERLICHER MANN IST. ICH HABE DIE SCHRECKLICHSTEN GESCHICHTEN ÜBER IHN GEHÖRT.
ABER **MR. TINKER** IST EIN WAHRER SEGEN FÜR DAS DORF. ICH WEISS, DASS ER SEIN UNRECHT NICHT WIEDERGUTMACHEN KANN ...
„ABER ICH FINDE ES BESSER, DASS ER IN FREIHEIT GUTE DINGE TUT, ALS IN EINER ZELLE ZU VERROTTEN."

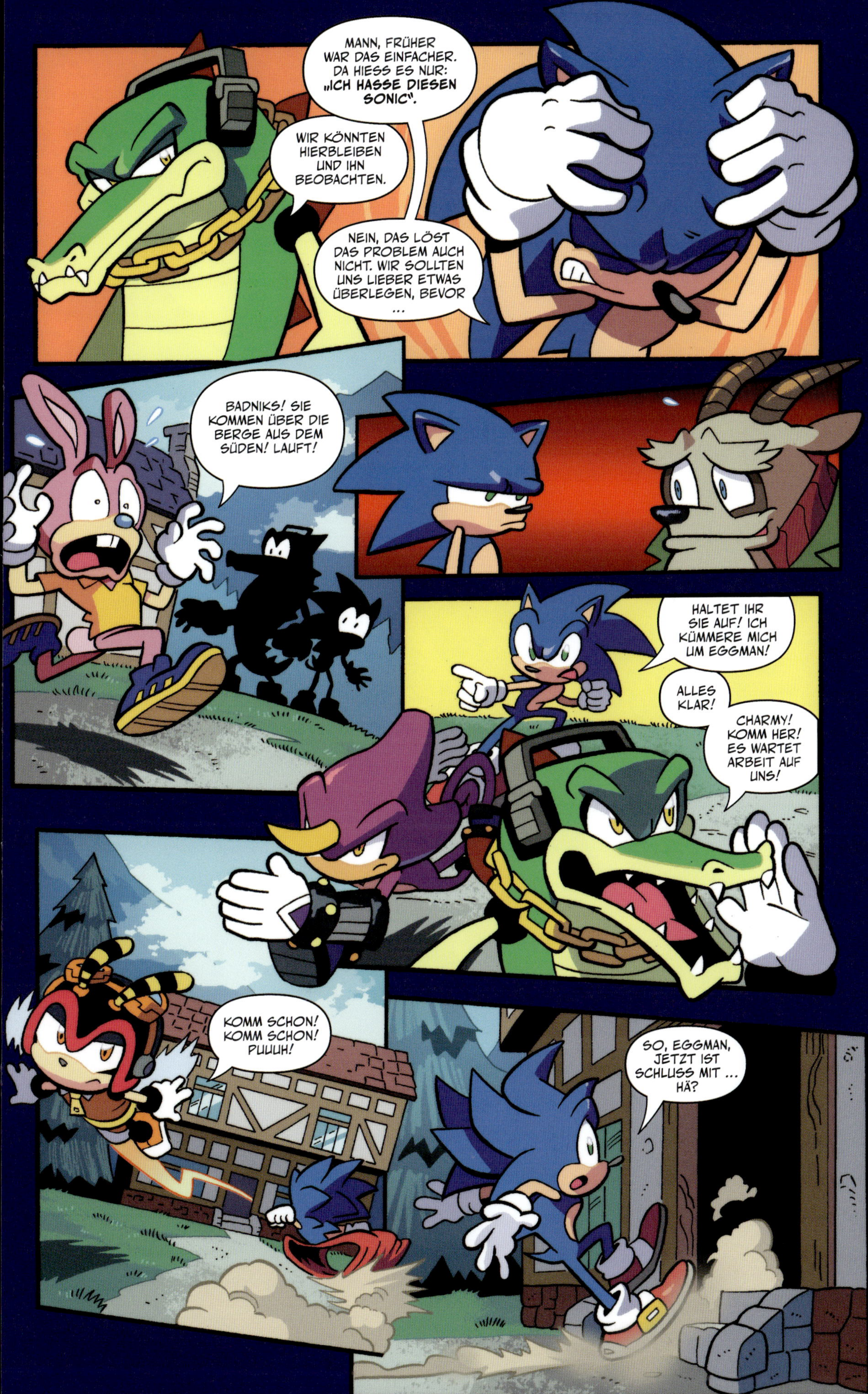

MANN, FRÜHER WAR DAS EINFACHER. DA HIESS ES NUR: „ICH HASSE DIESEN SONIC".
WIR KÖNNTEN HIERBLEIBEN UND IHN BEOBACHTEN.
NEIN, DAS LÖST DAS PROBLEM AUCH NICHT. WIR SOLLTEN UNS LIEBER ETWAS ÜBERLEGEN, BEVOR ...
BADNIKS! SIE KOMMEN ÜBER DIE BERGE AUS DEM SÜDEN! LAUFT!
HALTET IHR SIE AUF! ICH KÜMMERE MICH UM EGGMAN!
ALLES KLAR!
CHARMY! KOMM HER! ES WARTET ARBEIT AUF UNS!
KOMM SCHON! KOMM SCHON! PUUUH!
SO, EGGMAN, JETZT IST SCHLUSS MIT ... HÄ?

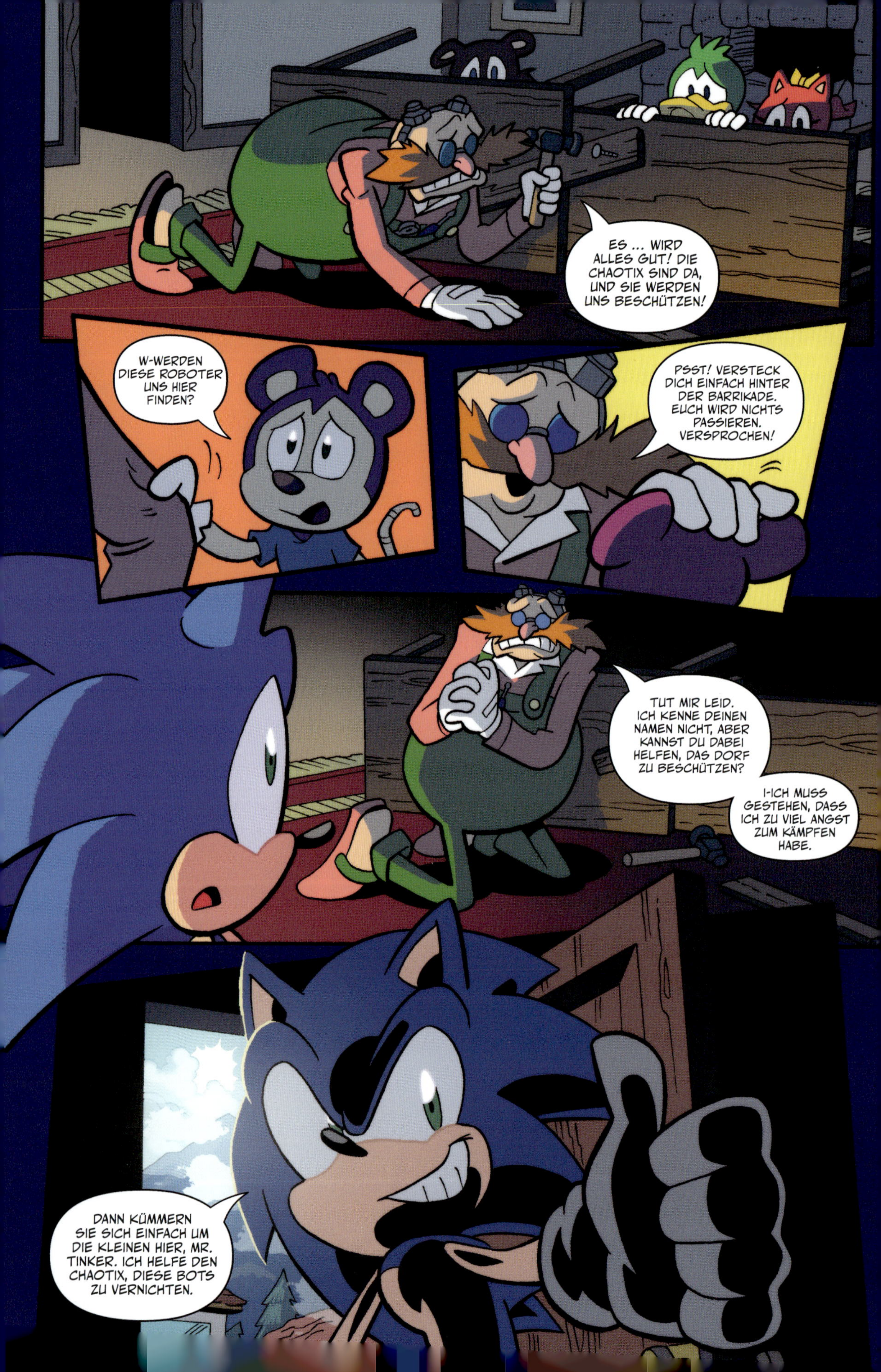
ES ... WIRD ALLES GUT! DIE CHAOTIX SIND DA, UND SIE WERDEN UNS BESCHÜTZEN!
W-WERDEN DIESE ROBOTER UNS HIER FINDEN?
PSST! VERSTECK DICH EINFACH HINTER DER BARRIKADE. EUCH WIRD NICHTS PASSIEREN. VERSPROCHEN!
TUT MIR LEID. ICH KENNE DEINEN NAMEN NICHT, ABER KANNST DU DABEI HELFEN, DAS DORF ZU BESCHÜTZEN?
I-ICH MUSS GESTEHEN, DASS ICH ZU VIEL ANGST ZUM KÄMPFEN HABE.
DANN KÜMMERN SIE SICH EINFACH UM DIE KLEINEN HIER, MR. TINKER. ICH HELFE DEN CHAOTIX, DIESE BOTS ZU VERNICHTEN.

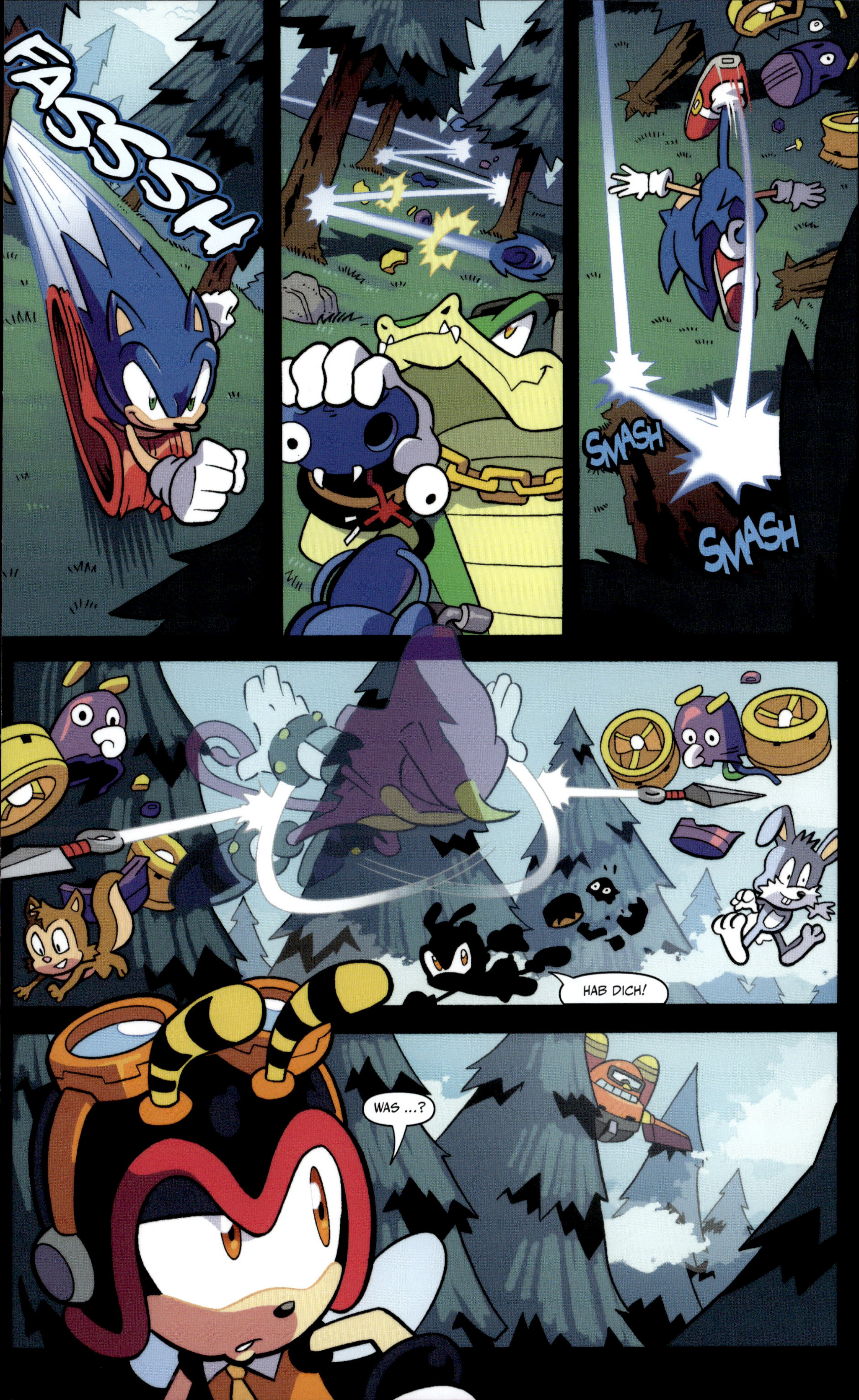
FASSSH
SMASH
SMASH
HAB DICH!
WAS ...?

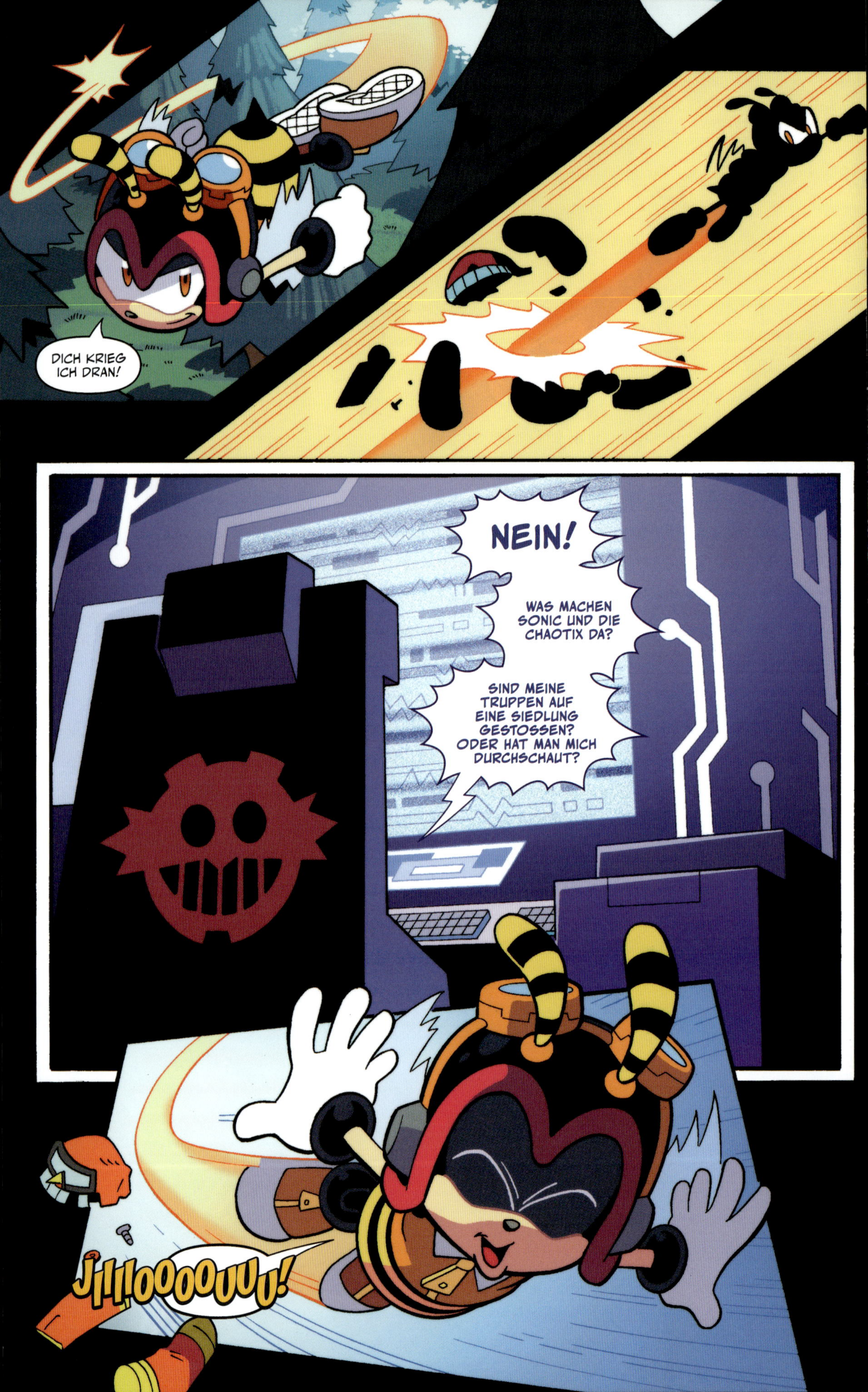

DICH KRIEG ICH DRAN!
NEIN!
WAS MACHEN SONIC UND DIE CHAOTIX DA?
SIND MEINE TRUPPEN AUF EINE SIEDLUNG GESTOSSEN? ODER HAT MAN MICH DURCHSCHAUT?
JIIIIOOOOUUU!

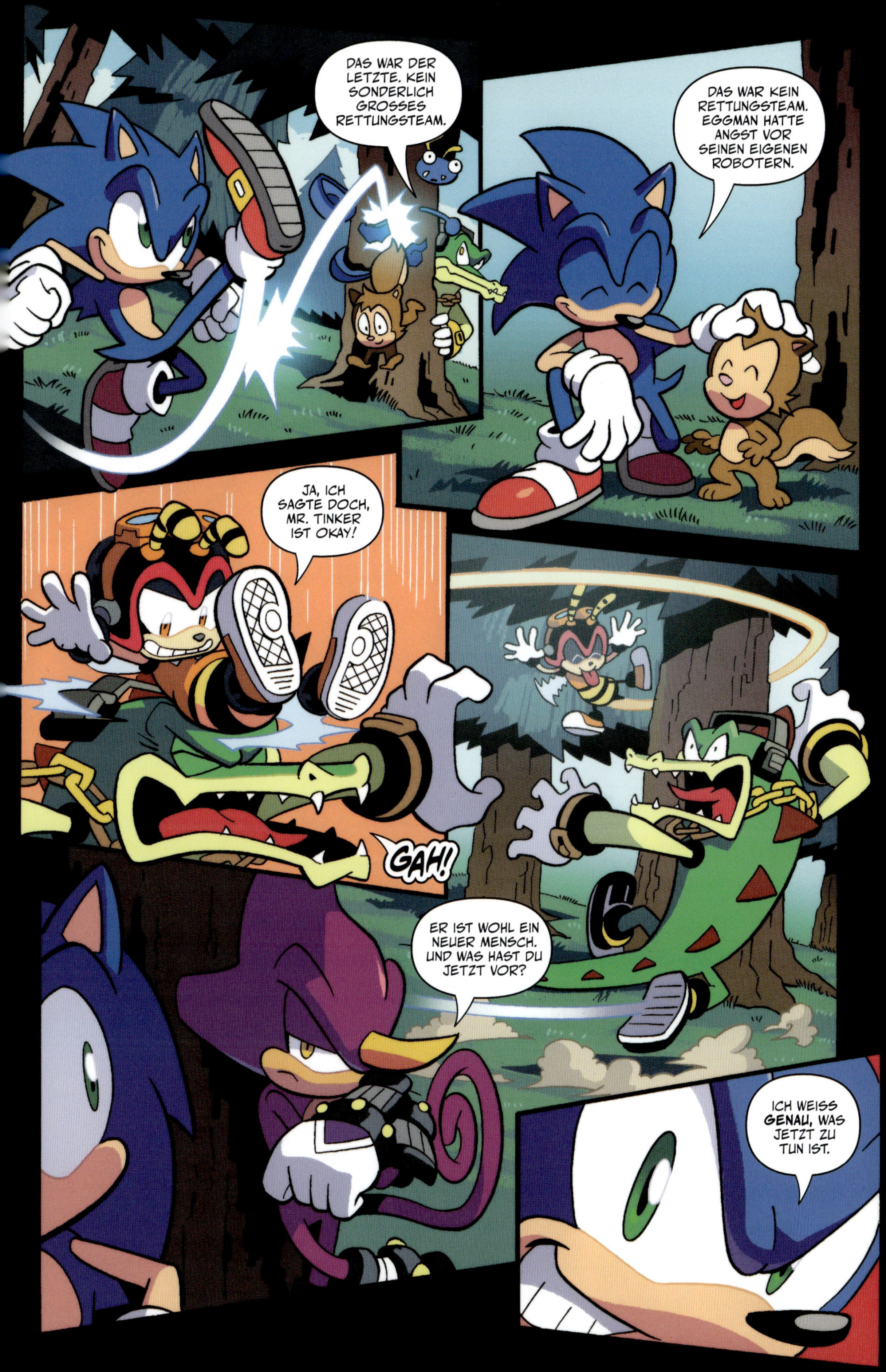
DAS WAR DER LETZTE. KEIN SONDERLICH GROSSES RETTUNGSTEAM.
DAS WAR KEIN RETTUNGSTEAM. EGGMAN HATTE ANGST VOR SEINEN EIGENEN ROBOTERN.
JA, ICH SAGTE DOCH, MR. TINKER IST OKAY!
GAH!
ER IST WOHL EIN NEUER MENSCH. UND WAS HAST DU JETZT VOR?
ICH WEISS **GENAU**, WAS JETZT ZU TUN IST.

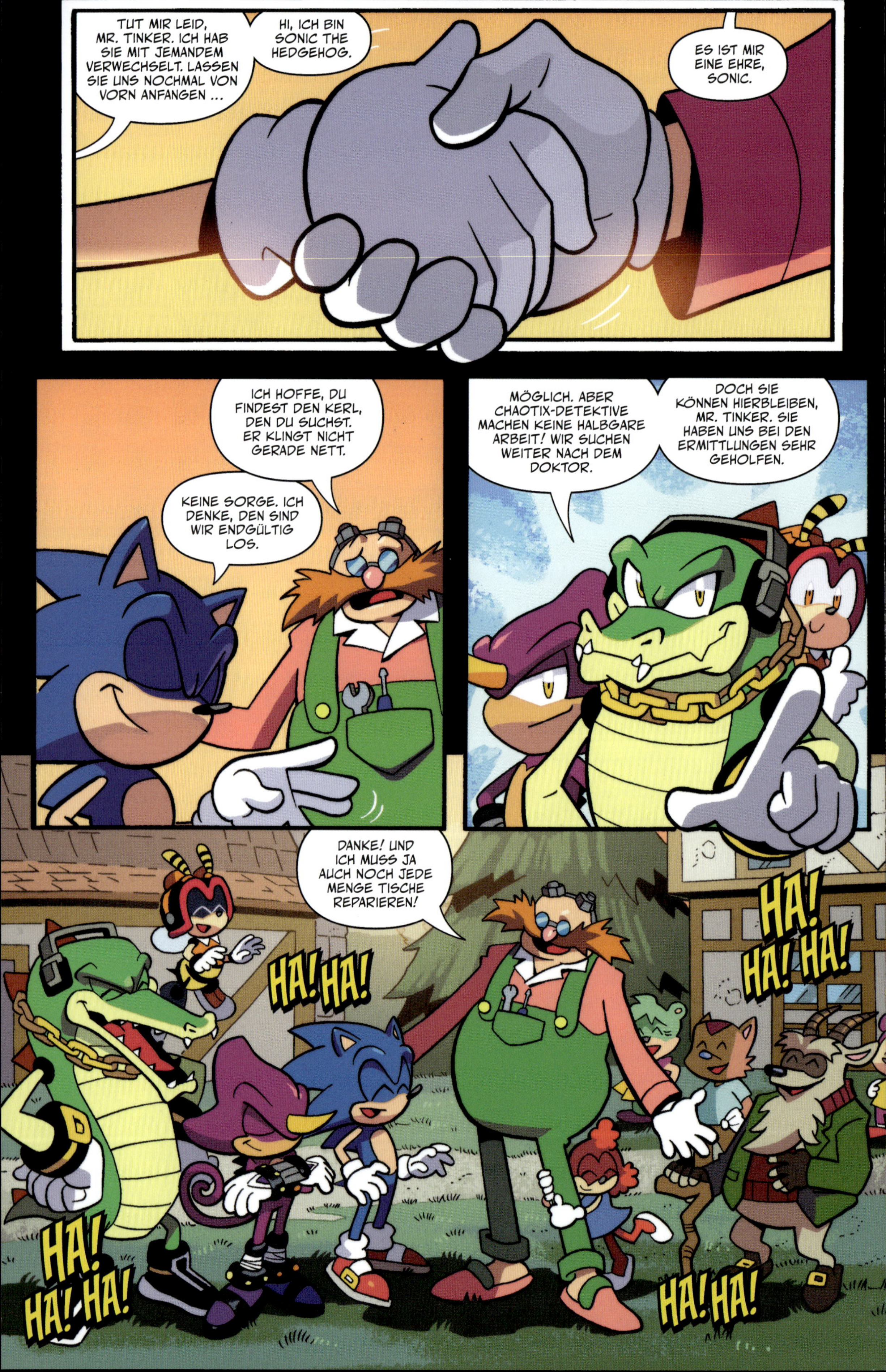

TUT MIR LEID, MR. TINKER. ICH HAB SIE MIT JEMANDEM VERWECHSELT. LASSEN SIE UNS NOCHMAL VON VORN ANFANGEN ...
HI, ICH BIN SONIC THE HEDGEHOG.
ES IST MIR EINE EHRE, SONIC.
ICH HOFFE, DU FINDEST DEN KERL, DEN DU SUCHST. ER KLINGT NICHT GERADE NETT.
KEINE SORGE. ICH DENKE, DEN SIND WIR ENDGÜLTIG LOS.
MÖGLICH. ABER CHAOTIX-DETEKTIVE MACHEN KEINE HALBGARE ARBEIT! WIR SUCHEN WEITER NACH DEM DOKTOR.
DOCH SIE KÖNNEN HIERBLEIBEN, MR. TINKER. SIE HABEN UNS BEI DEN ERMITTLUNGEN SEHR GEHOLFEN.
DANKE! UND ICH MUSS JA AUCH NOCH JEDE MENGE TISCHE REPARIEREN!
HA! HA!
HA! HA! HA!
HA! HA! HA!
HA! HA!

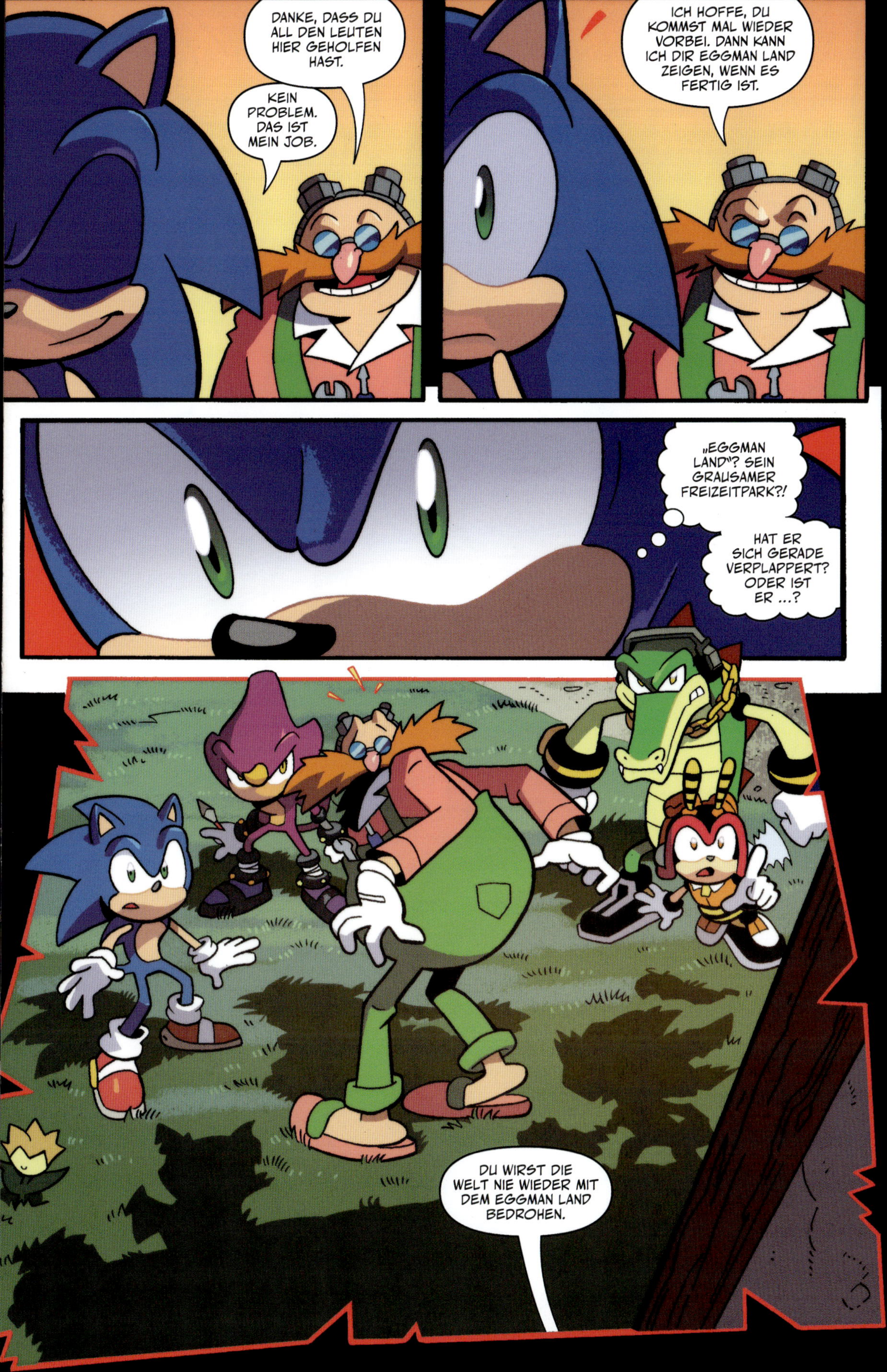
DANKE, DASS DU ALL DEN LEUTEN HIER GEHOLFEN HAST.
KEIN PROBLEM. DAS IST MEIN JOB.
ICH HOFFE, DU KOMMST MAL WIEDER VORBEI. DANN KANN ICH DIR EGGMAN LAND ZEIGEN, WENN ES FERTIG IST.
„EGGMAN LAND"? SEIN GRAUSAMER FREIZEITPARK?!
HAT ER SICH GERADE VERPLAPPERT? ODER IST ER ...?
DU WIRST DIE WELT NIE WIEDER MIT DEM EGGMAN LAND BEDROHEN.

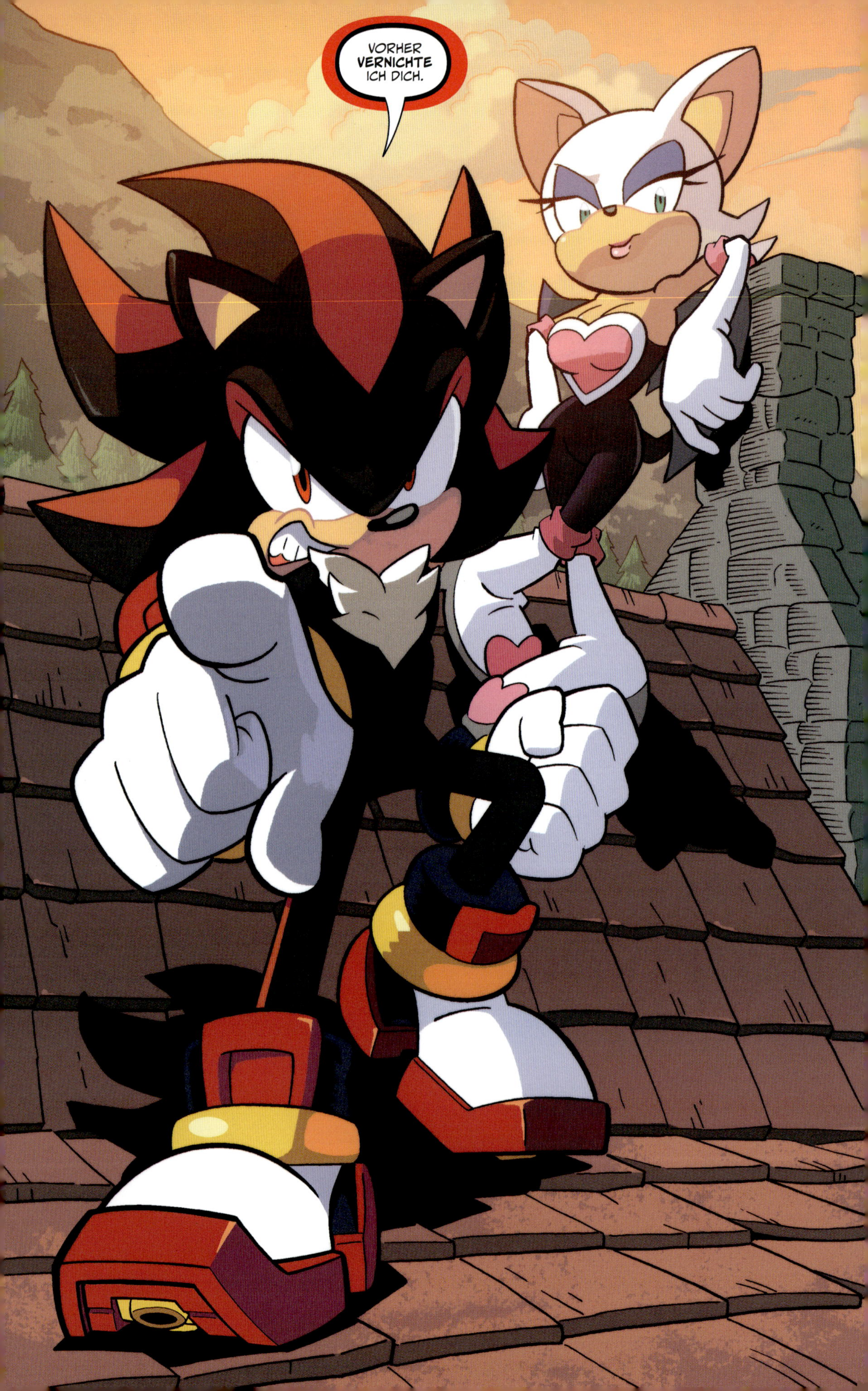
VORHER VERNICHTE ICH DICH.

ZEICHNUNGEN: **NATHALIE FOURDRAINE**

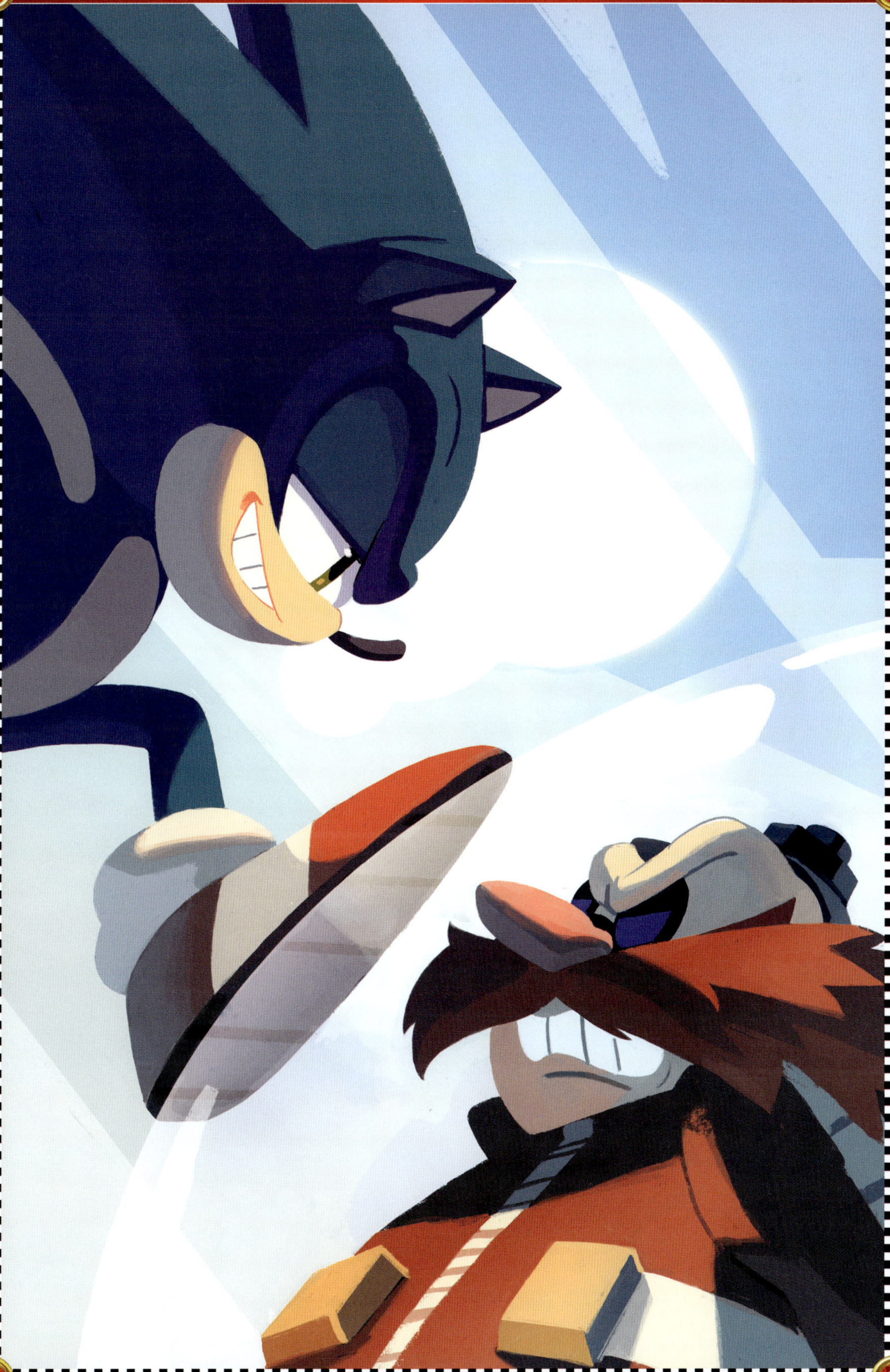

ZEICHNUNGEN: **JONATHAN GRAY** KOLORIERUNG: **MATT HERMS**

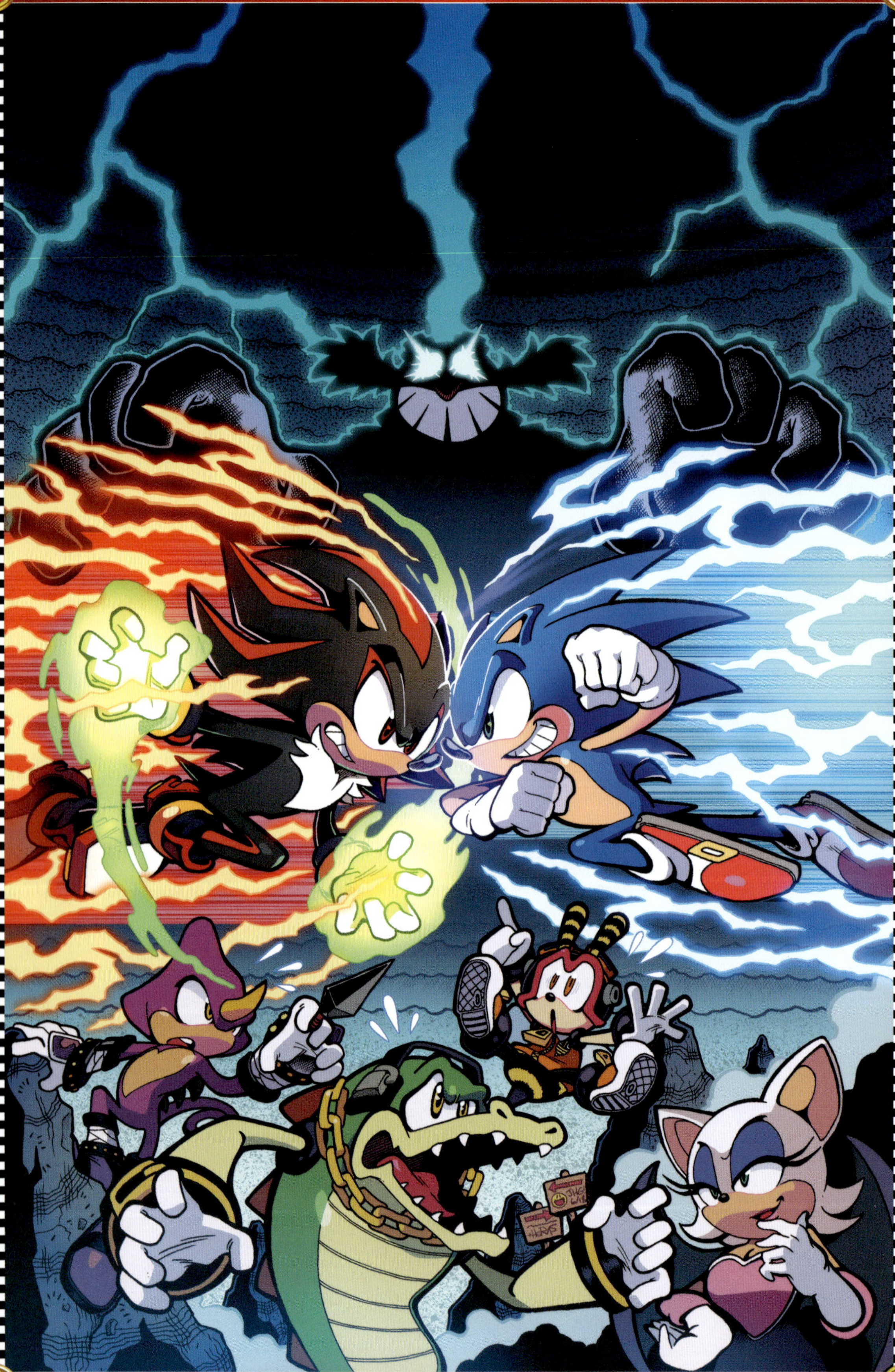

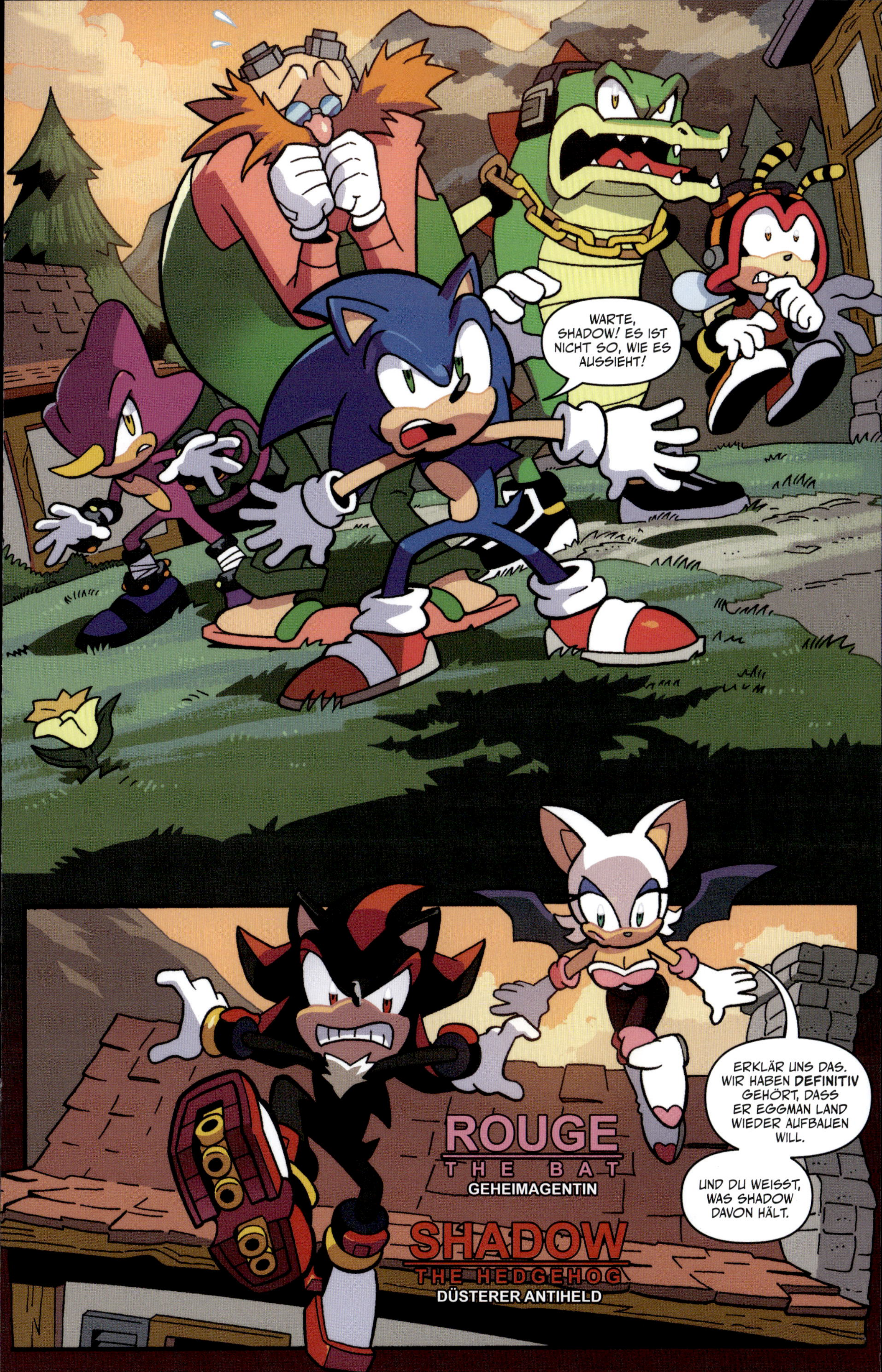
WARTE, SHADOW! ES IST NICHT SO, WIE ES AUSSIEHT!
ROUGE THE BAT
GEHEIMAGENTIN
SHADOW THE HEDGEHOG
DÜSTERER ANTIHELD
ERKLÄR UNS DAS. WIR HABEN DEFINITIV GEHÖRT, DASS ER EGGMAN LAND WIEDER AUFBAUEN WILL.
UND DU WEISST, WAS SHADOW DAVON HÄLT.

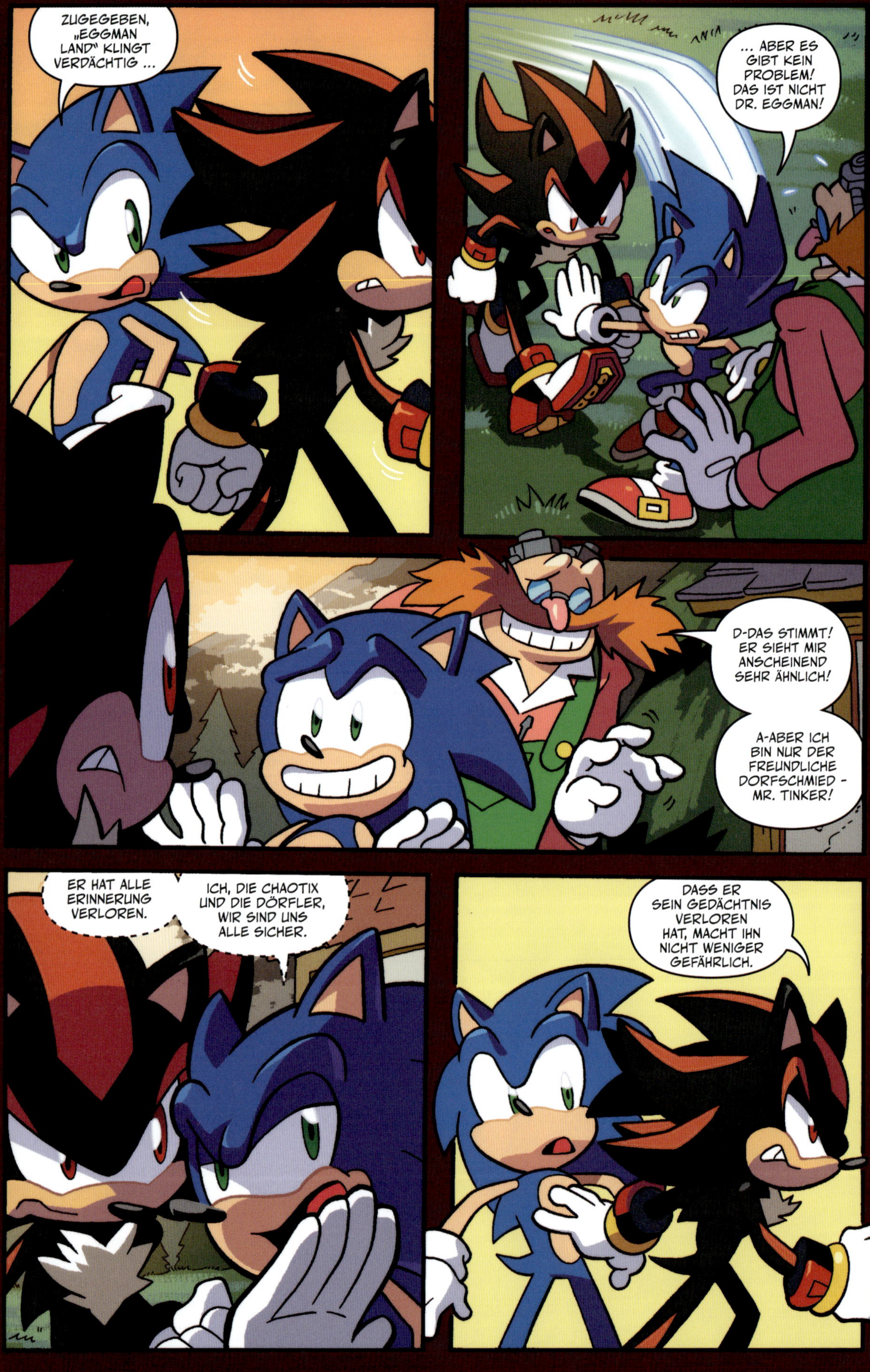
ZUGEGEBEN, „EGGMAN LAND" KLINGT VERDÄCHTIG ...
... ABER ES GIBT KEIN PROBLEM! DAS IST NICHT DR. EGGMAN!
D-DAS STIMMT! ER SIEHT MIR ANSCHEINEND SEHR ÄHNLICH!
A-ABER ICH BIN NUR DER FREUNDLICHE DORFSCHMIED - MR. TINKER!
ER HAT ALLE ERINNERUNG VERLOREN.
ICH, DIE CHAOTIX UND DIE DÖRFLER, WIR SIND UNS ALLE SICHER.
DASS ER SEIN GEDÄCHTNIS VERLOREN HAT, MACHT IHN NICHT WENIGER GEFÄHRLICH.

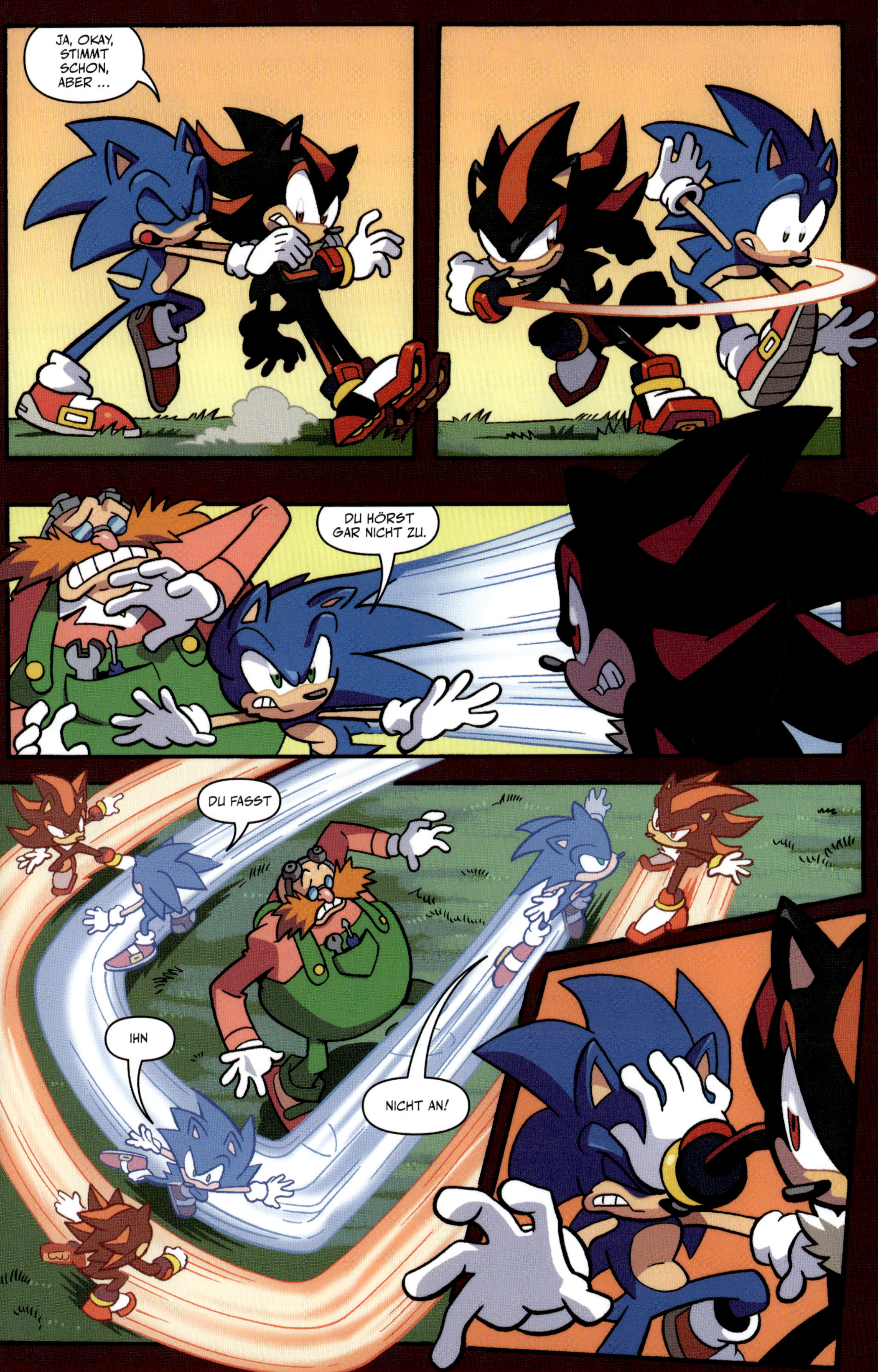
JA, OKAY, STIMMT SCHON, ABER ...
DU HÖRST GAR NICHT ZU.
DU FASST
IHN
NICHT AN!

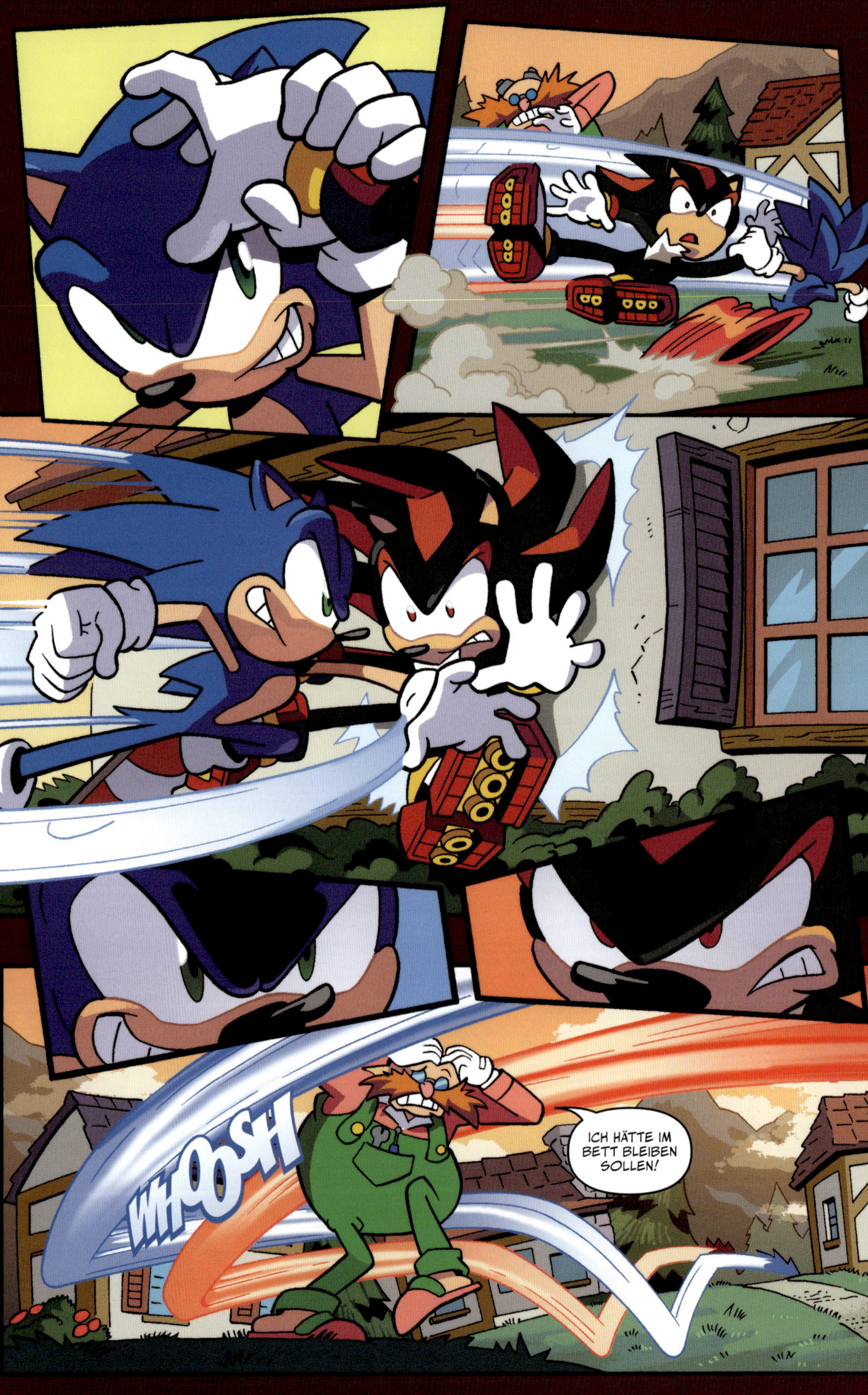
WHOOSH
ICH HÄTTE IM
BETT BLEIBEN
SOLLEN!

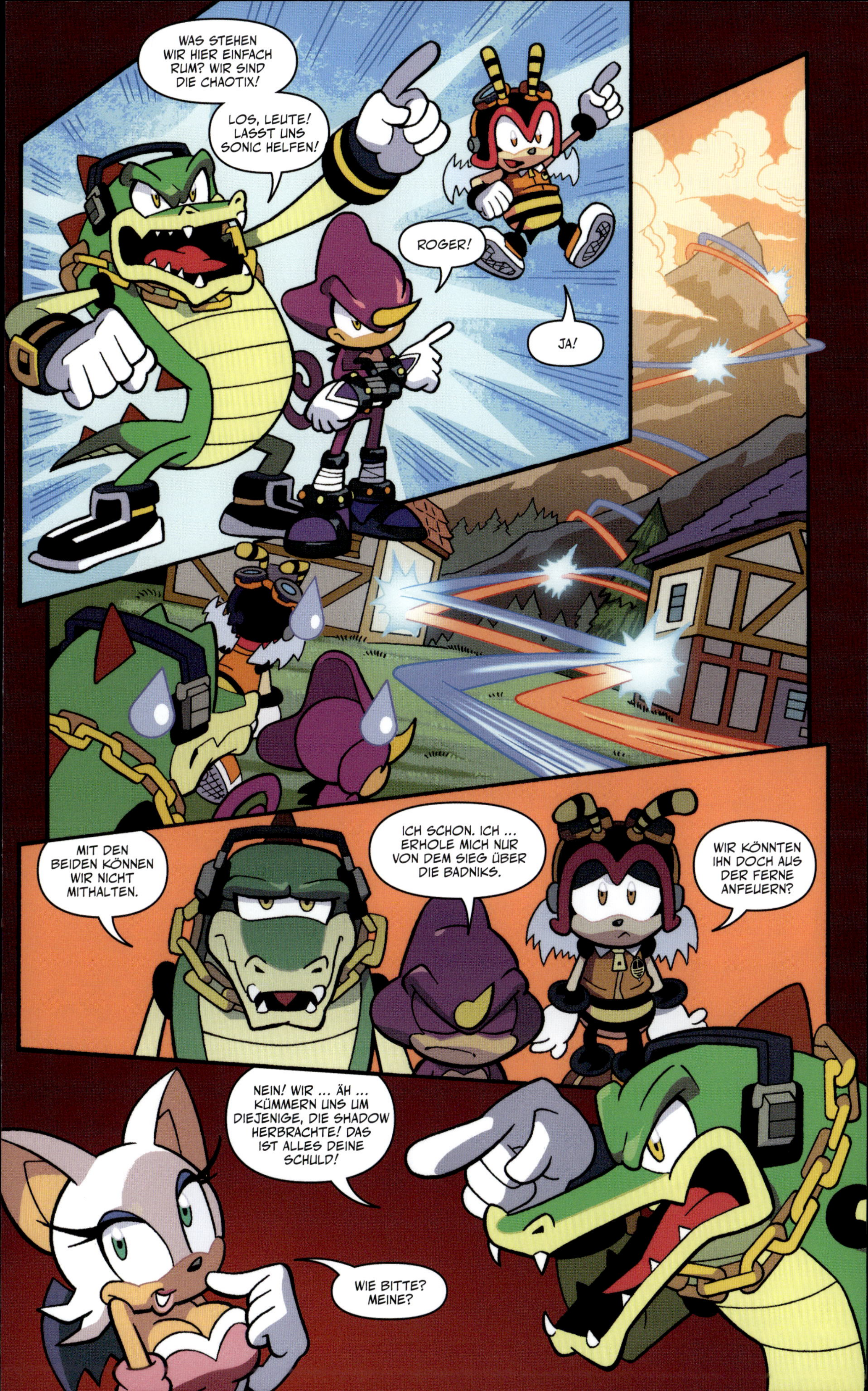

WAS STEHEN WIR HIER EINFACH RUM? WIR SIND DIE CHAOTIX!
LOS, LEUTE! LASST UNS SONIC HELFEN!
ROGER!
JA!
MIT DEN BEIDEN KÖNNEN WIR NICHT MITHALTEN.
ICH SCHON. ICH ... ERHOLE MICH NUR VON DEM SIEG ÜBER DIE BADNIKS.
WIR KÖNNTEN IHN DOCH AUS DER FERNE ANFEUERN?
NEIN! WIR ... ÄH ... KÜMMERN UNS UM DIEJENIGE, DIE SHADOW HERBRACHTE! DAS IST ALLES DEINE SCHULD!
WIE BITTE? MEINE?

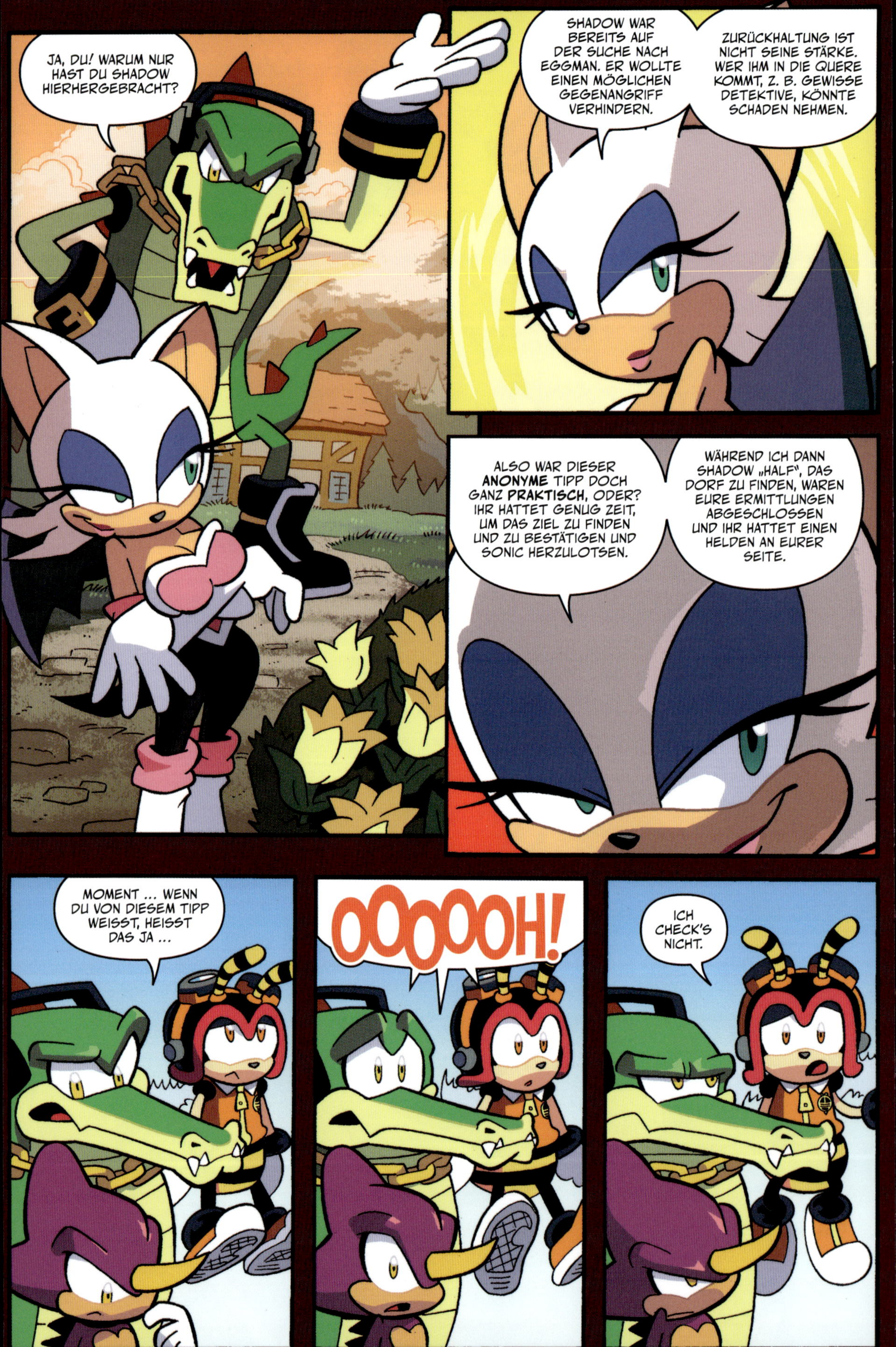
JA, DU! WARUM NUR HAST DU SHADOW HIERHERGEBRACHT?
SHADOW WAR BEREITS AUF DER SUCHE NACH EGGMAN. ER WOLLTE EINEN MÖGLICHEN GEGENANGRIFF VERHINDERN.
ZURÜCKHALTUNG IST NICHT SEINE STÄRKE. WER IHM IN DIE QUERE KOMMT, Z. B. GEWISSE DETEKTIVE, KÖNNTE SCHADEN NEHMEN.
ALSO WAR DIESER **ANONYME** TIPP DOCH GANZ **PRAKTISCH**, ODER? IHR HATTET GENUG ZEIT, UM DAS ZIEL ZU FINDEN UND ZU BESTÄTIGEN UND SONIC HERZULOTSEN.
WÄHREND ICH DANN SHADOW „HALF", DAS DORF ZU FINDEN, WAREN EURE ERMITTLUNGEN ABGESCHLOSSEN UND IHR HATTET EINEN HELDEN AN EURER SEITE.
MOMENT ... WENN DU VON DIESEM TIPP WEISST, HEISST DAS JA ...
OOOOOH!
ICH CHECK'S NICHT.

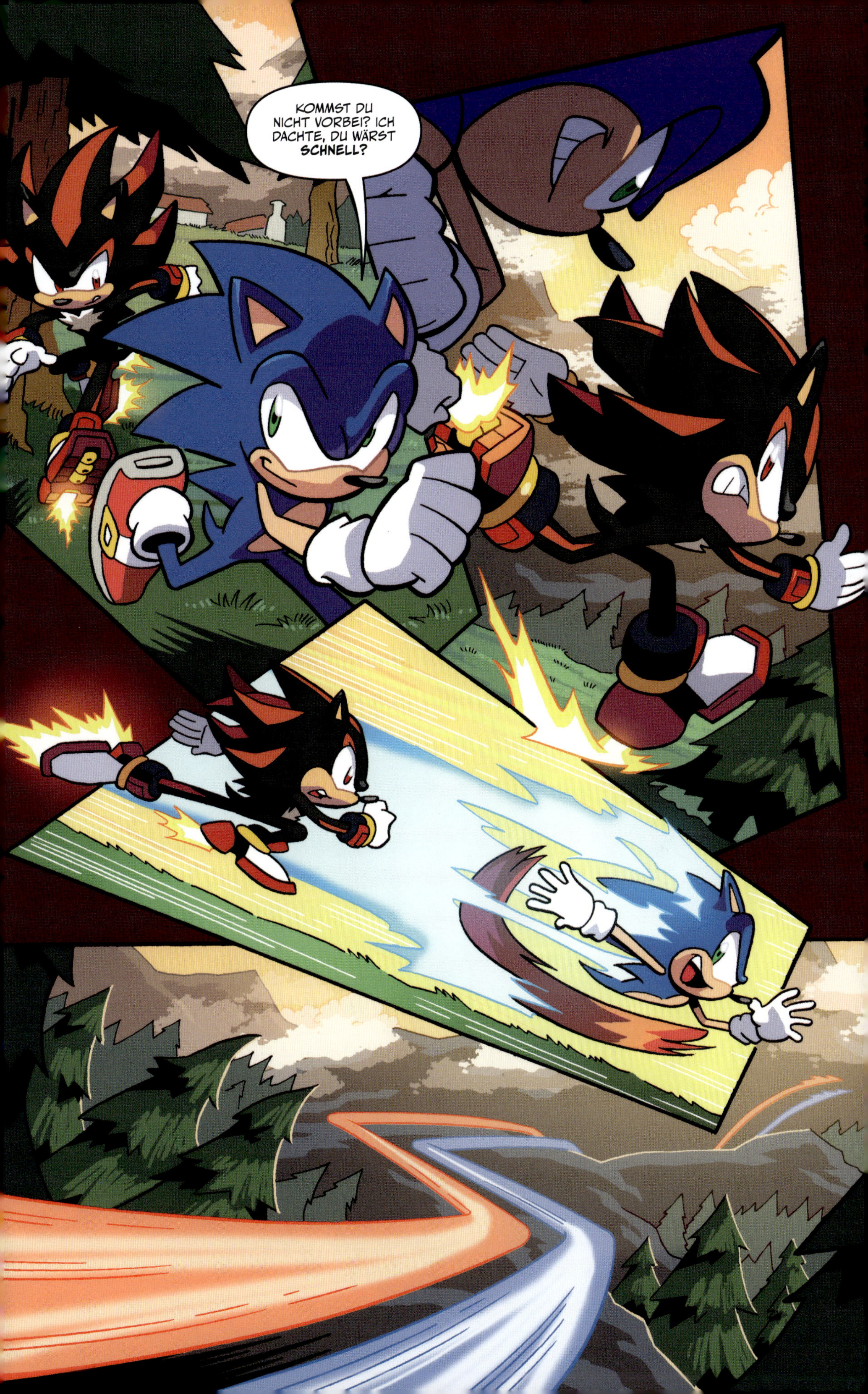
KOMMST DU NICHT VORBEI? ICH DACHTE, DU WÄRST SCHNELL?

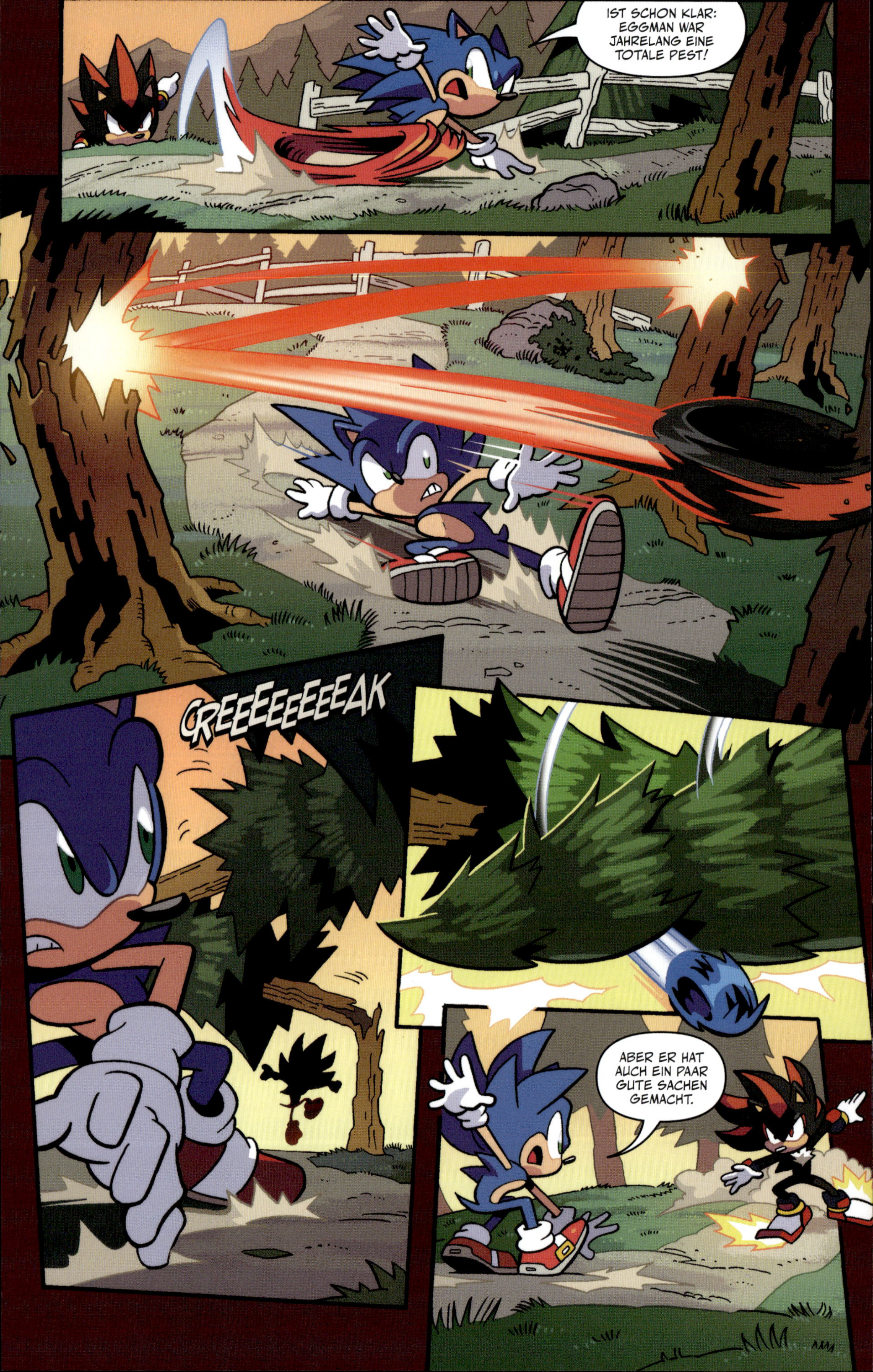
IST SCHON KLAR: EGGMAN WAR JAHRELANG EINE TOTALE PEST!
CREEEEEEEEEAK
ABER ER HAT AUCH EIN PAAR GUTE SACHEN GEMACHT.

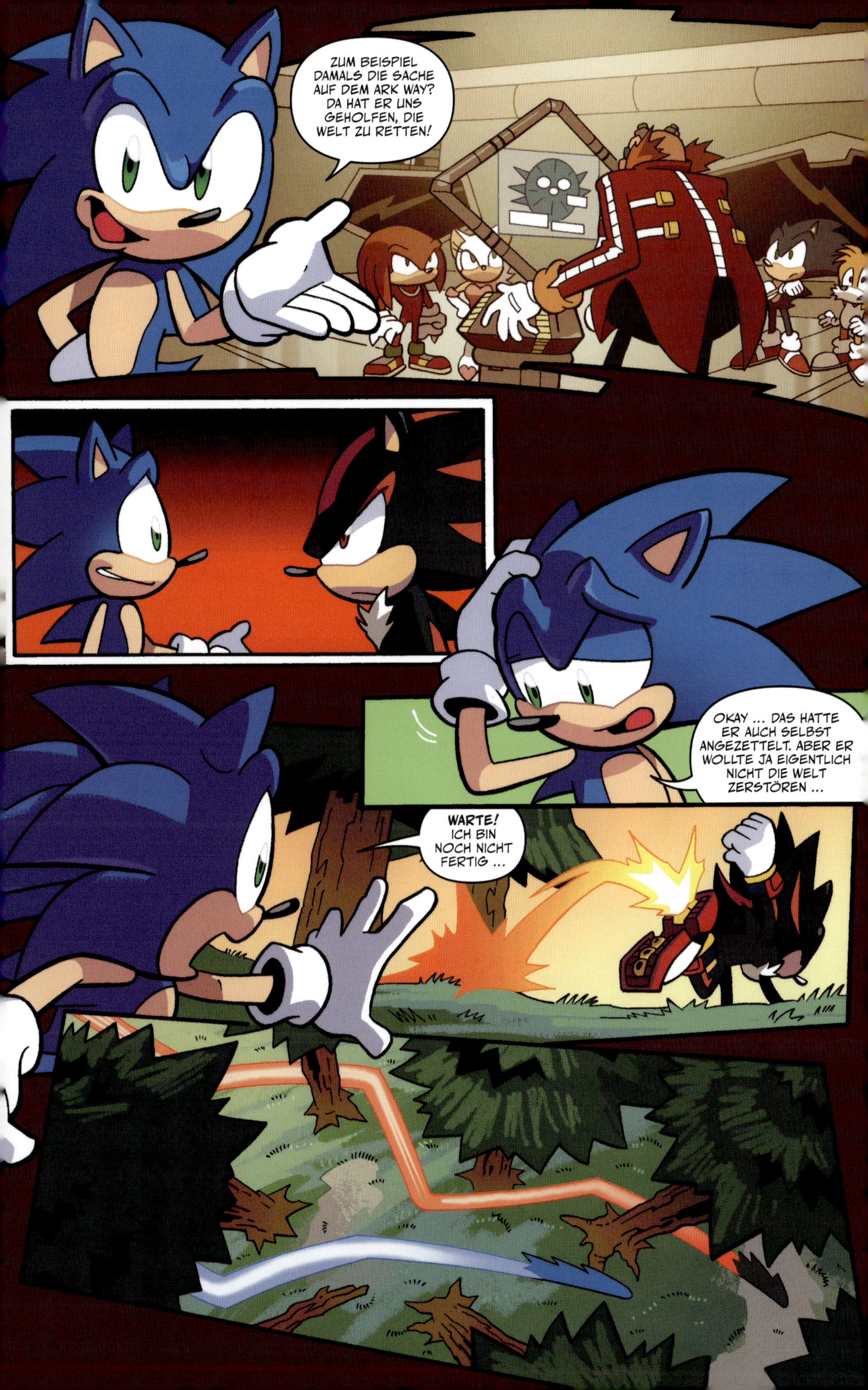
ZUM BEISPIEL DAMALS DIE SACHE AUF DEM ARK WAY? DA HAT ER UNS GEHOLFEN, DIE WELT ZU RETTEN!
OKAY ... DAS HATTE ER AUCH SELBST ANGEZETTELT. ABER ER WOLLTE JA EIGENTLICH NICHT DIE WELT ZERSTÖREN ...
WARTE! ICH BIN NOCH NICHT FERTIG ...

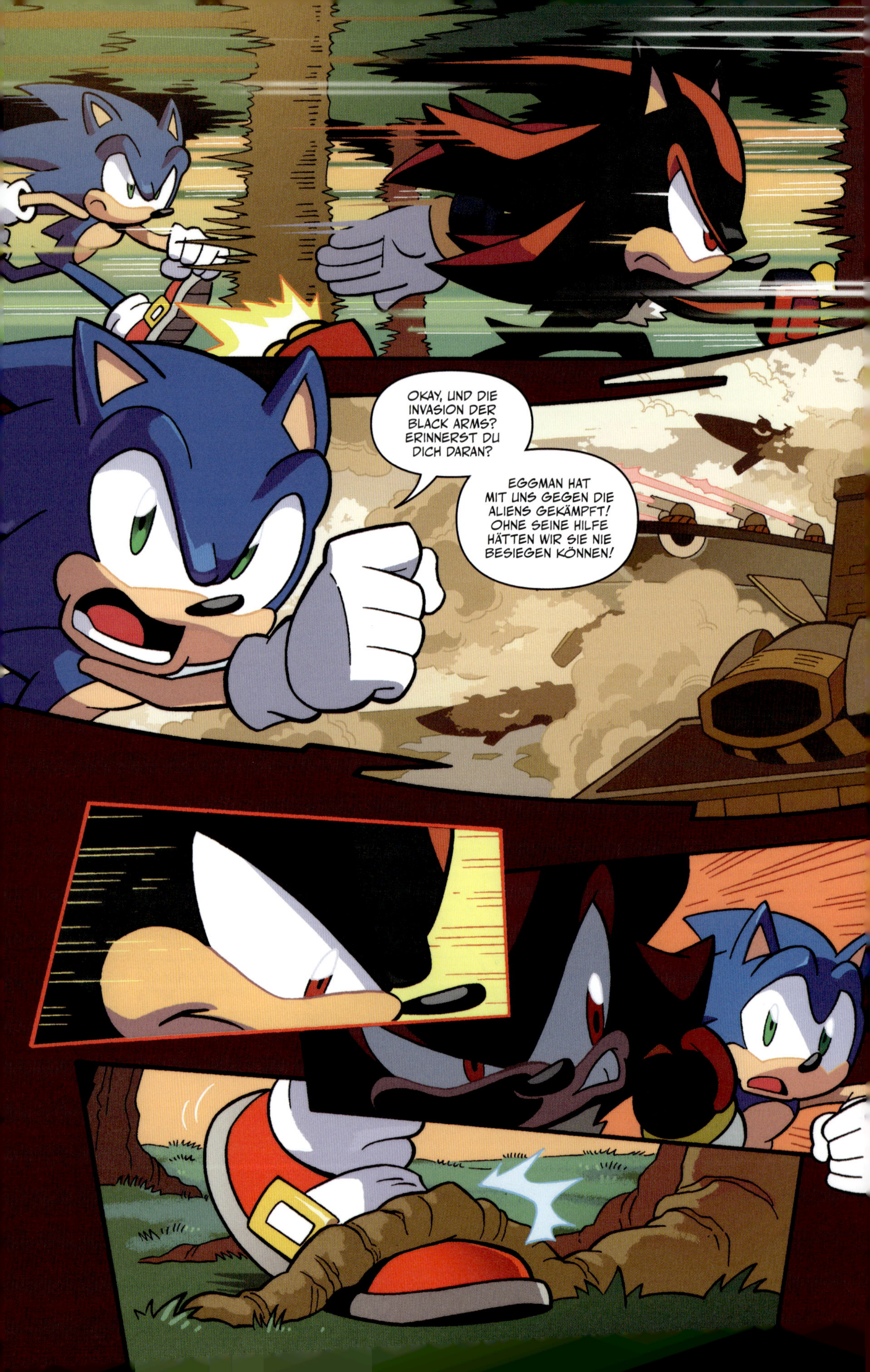
OKAY, UND DIE INVASION DER BLACK ARMS? ERINNERST DU DICH DARAN?
EGGMAN HAT MIT UNS GEGEN DIE ALIENS GEKÄMPFT! OHNE SEINE HILFE HÄTTEN WIR SIE NIE BESIEGEN KÖNNEN!

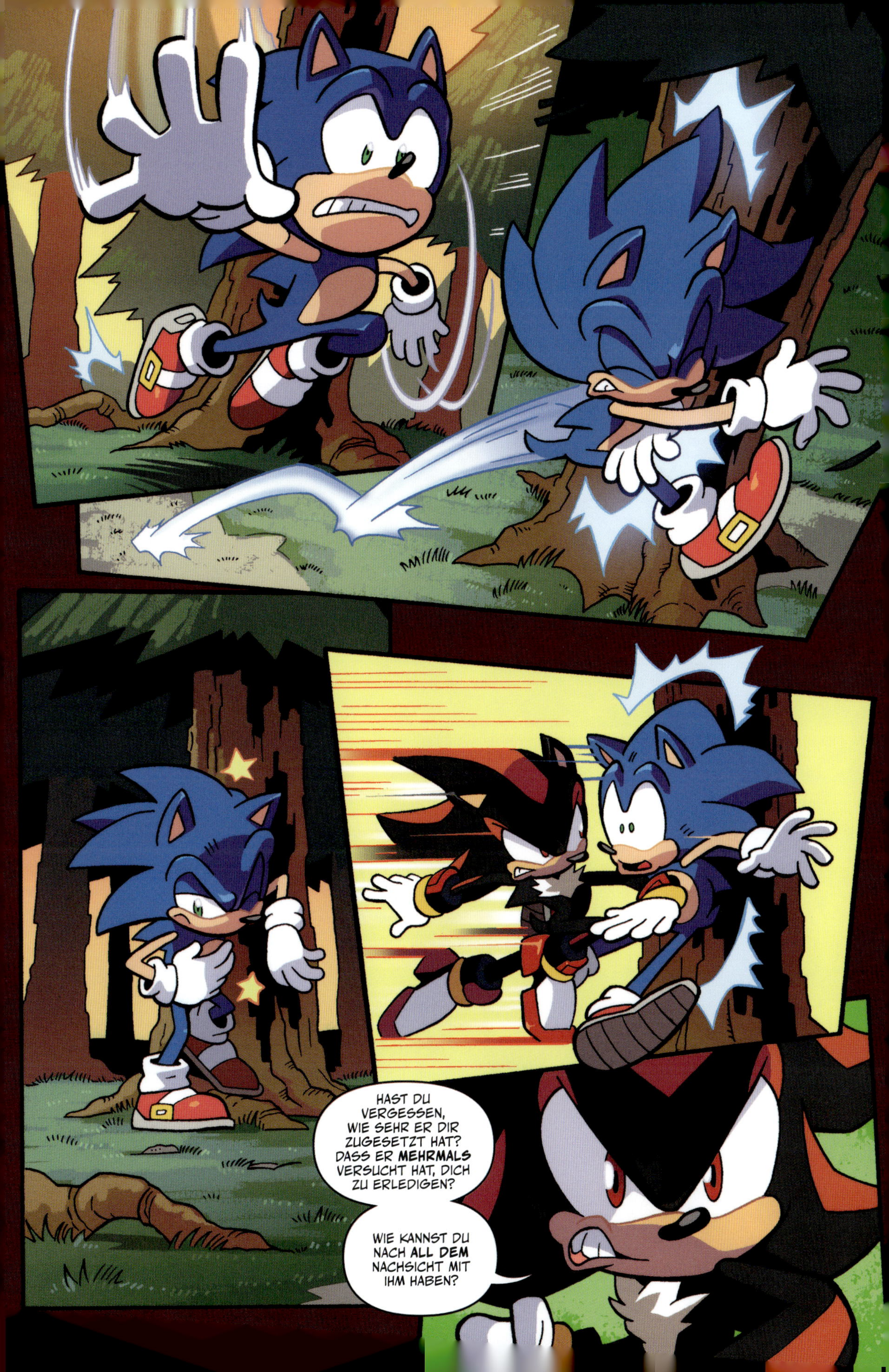
HAST DU VERGESSEN, WIE SEHR ER DIR ZUGESETZT HAT? DASS ER **MEHRMALS** VERSUCHT HAT, DICH ZU ERLEDIGEN?
WIE KANNST DU NACH **ALL DEM** NACHSICHT MIT IHM HABEN?

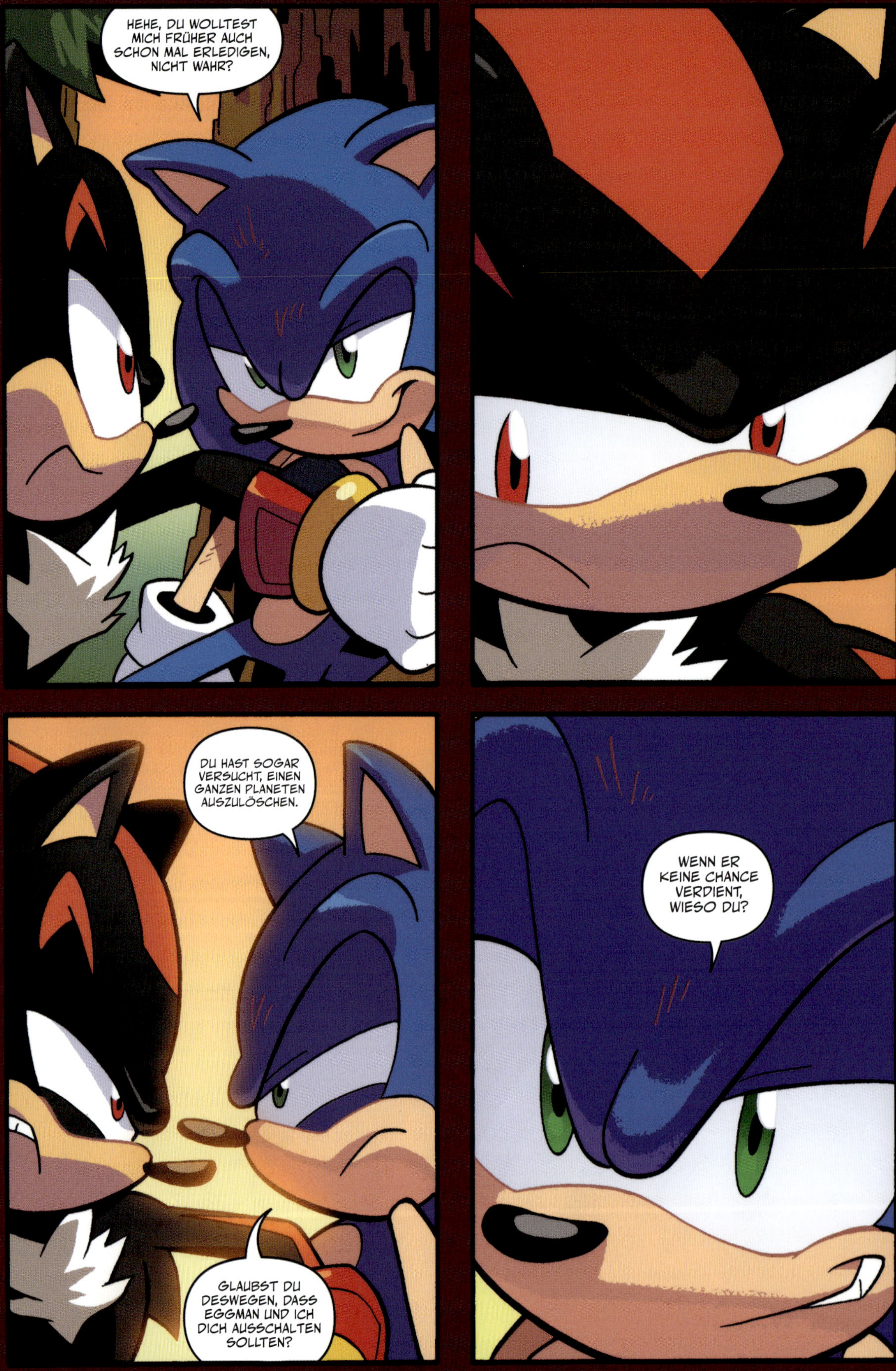
HEHE, DU WOLLTEST MICH FRÜHER AUCH SCHON MAL ERLEDIGEN, NICHT WAHR?
DU HAST SOGAR VERSUCHT, EINEN GANZEN PLANETEN AUSZULÖSCHEN.
GLAUBST DU DESWEGEN, DASS EGGMAN UND ICH DICH AUSSCHALTEN SOLLTEN?
WENN ER KEINE CHANCE VERDIENT, WIESO DU?

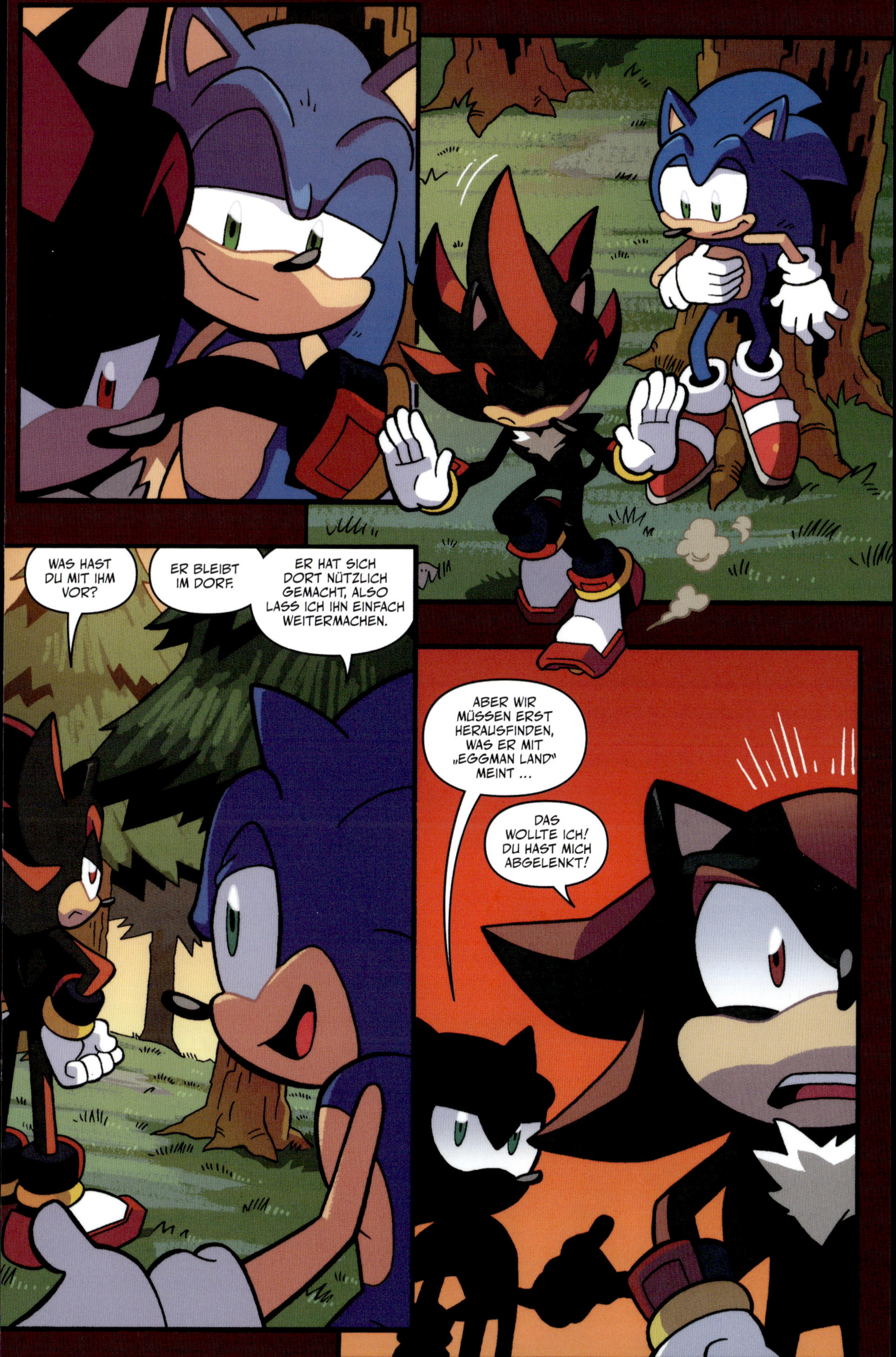
WAS HAST DU MIT IHM VOR?
ER BLEIBT IM DORF.
ER HAT SICH DORT NÜTZLICH GEMACHT, ALSO LASS ICH IHN EINFACH WEITERMACHEN.
ABER WIR MÜSSEN ERST HERAUSFINDEN, WAS ER MIT „EGGMAN LAND" MEINT ...
DAS WOLLTE ICH! DU HAST MICH ABGELENKT!

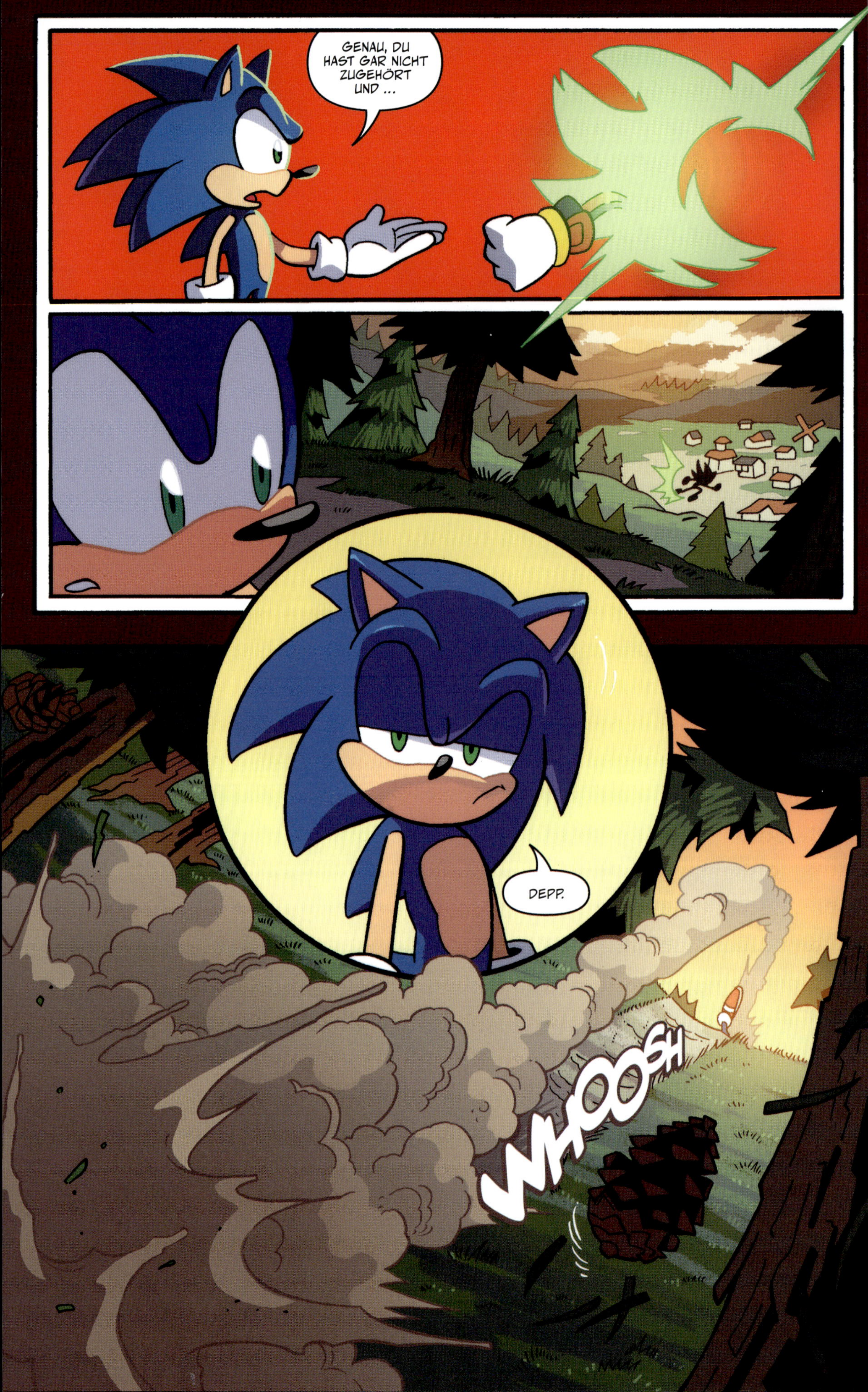
GENAU, DU HAST GAR NICHT ZUGEHÖRT UND ...
DEPP.
WHOOSH

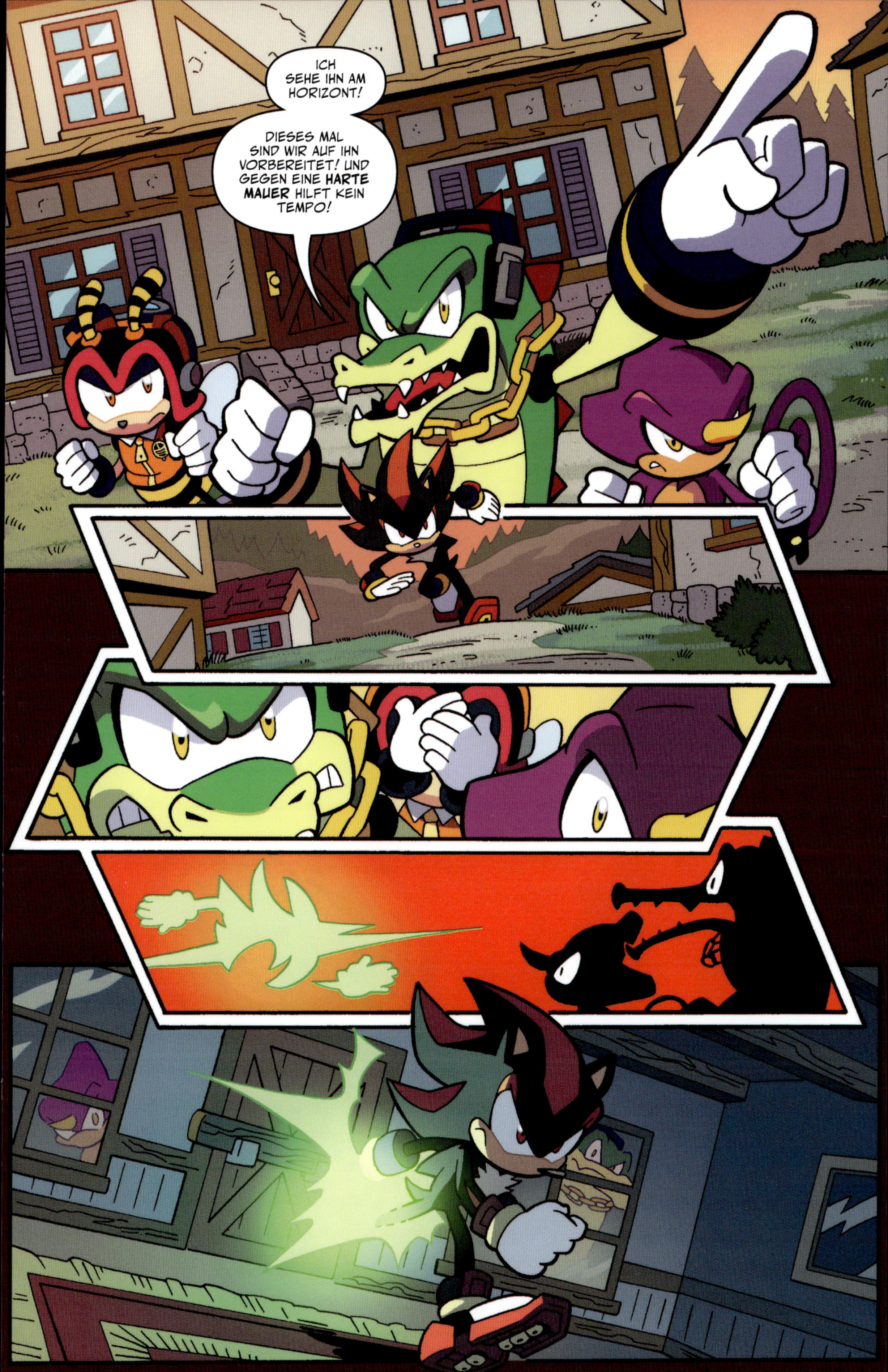
ICH SEHE IHN AM HORIZONT!
DIESES MAL SIND WIR AUF IHN VORBEREITET! UND GEGEN EINE **HARTE MAUER** HILFT KEIN TEMPO!

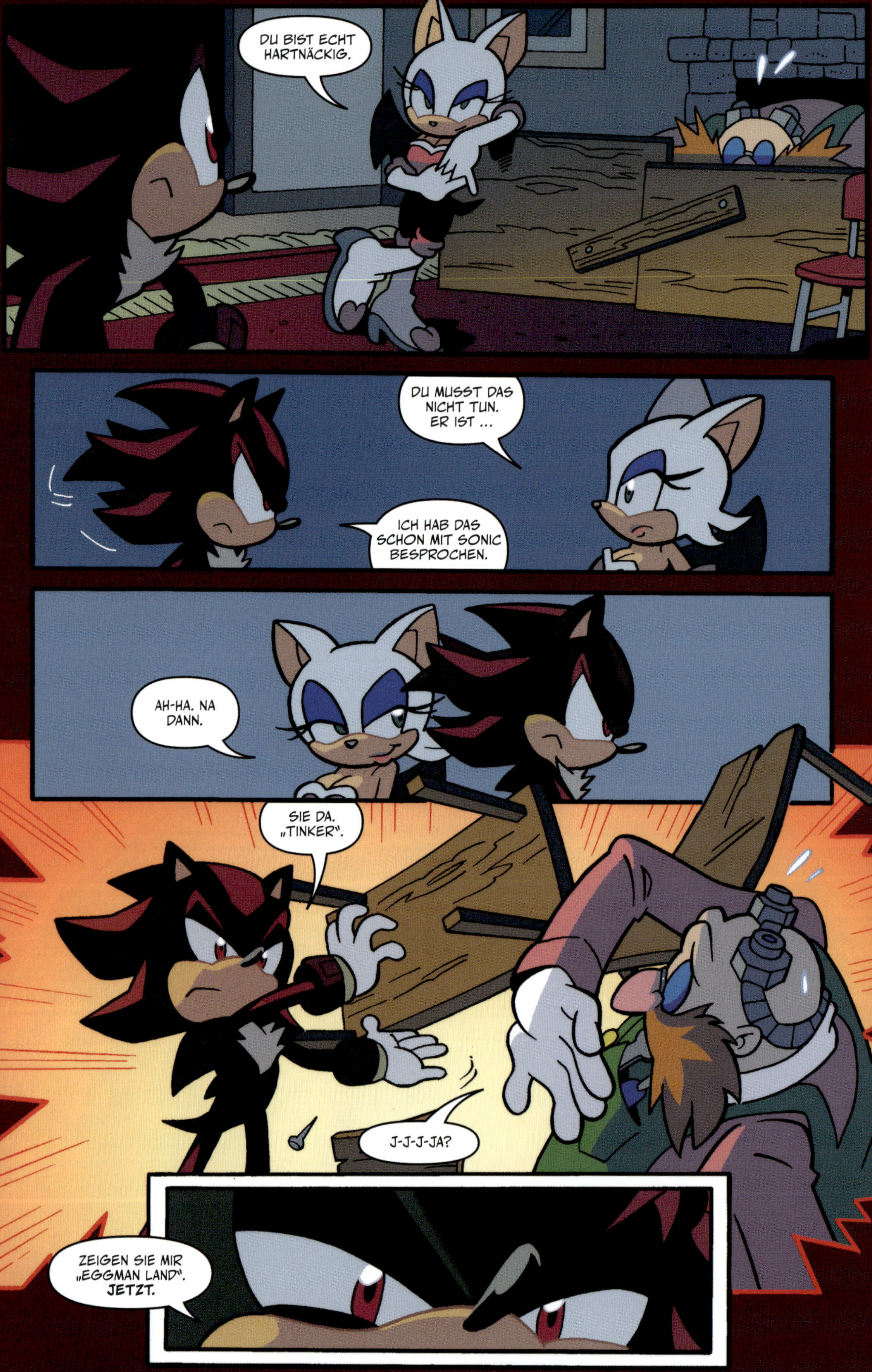

DU BIST ECHT HARTNÄCKIG.
DU MUSST DAS NICHT TUN. ER IST …
ICH HAB DAS SCHON MIT SONIC BESPROCHEN.
AH-HA. NA DANN.
SIE DA. „TINKER“.
J-J-J-JA?
ZEIGEN SIE MIR „EGGMAN LAND“. **JETZT.**

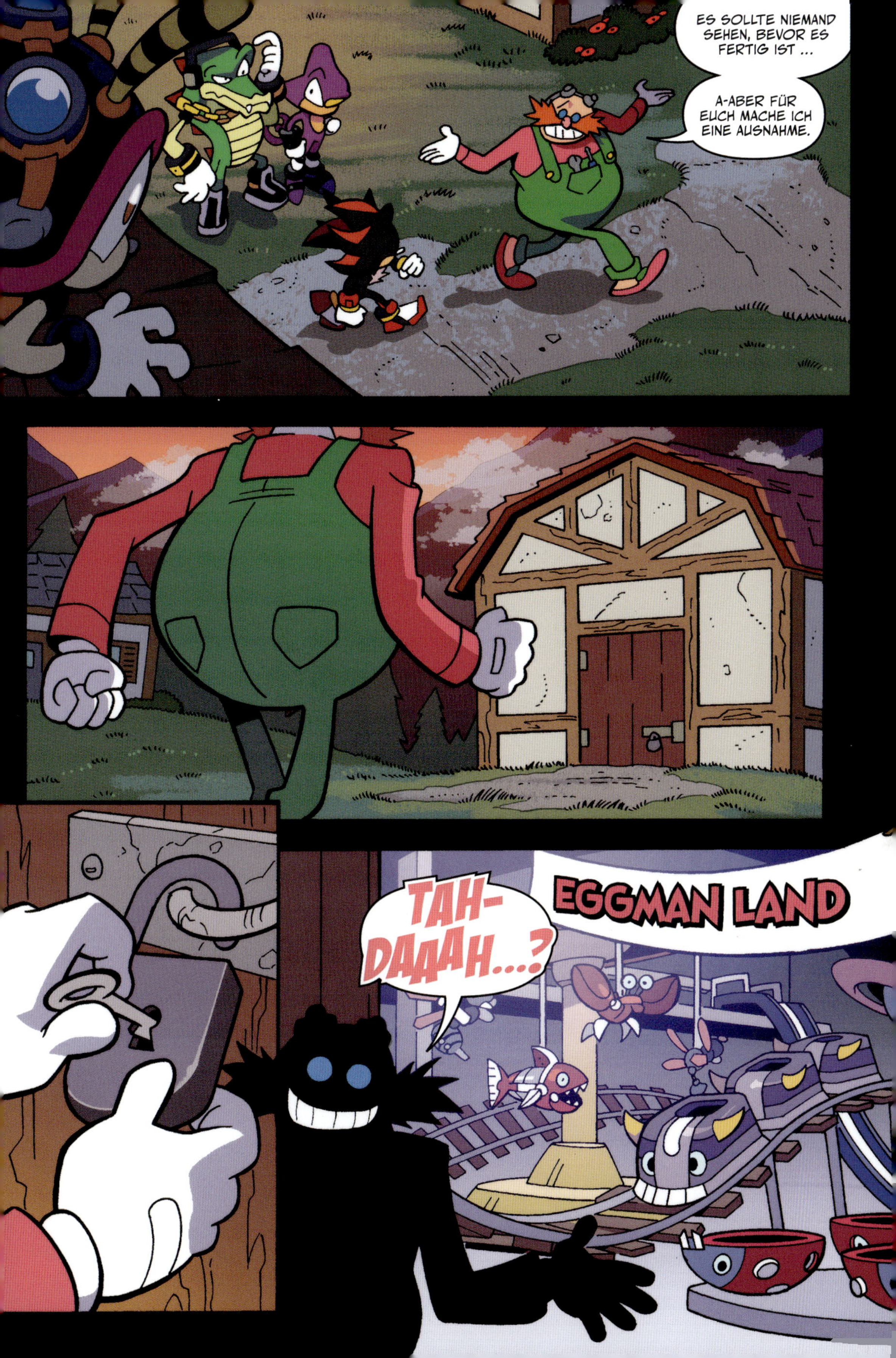
ES SOLLTE NIEMAND SEHEN, BEVOR ES FERTIG IST ...
A-ABER FÜR EUCH MACHE ICH EINE AUSNAHME.
TAH-DAAAH...?
EGGMAN LAND

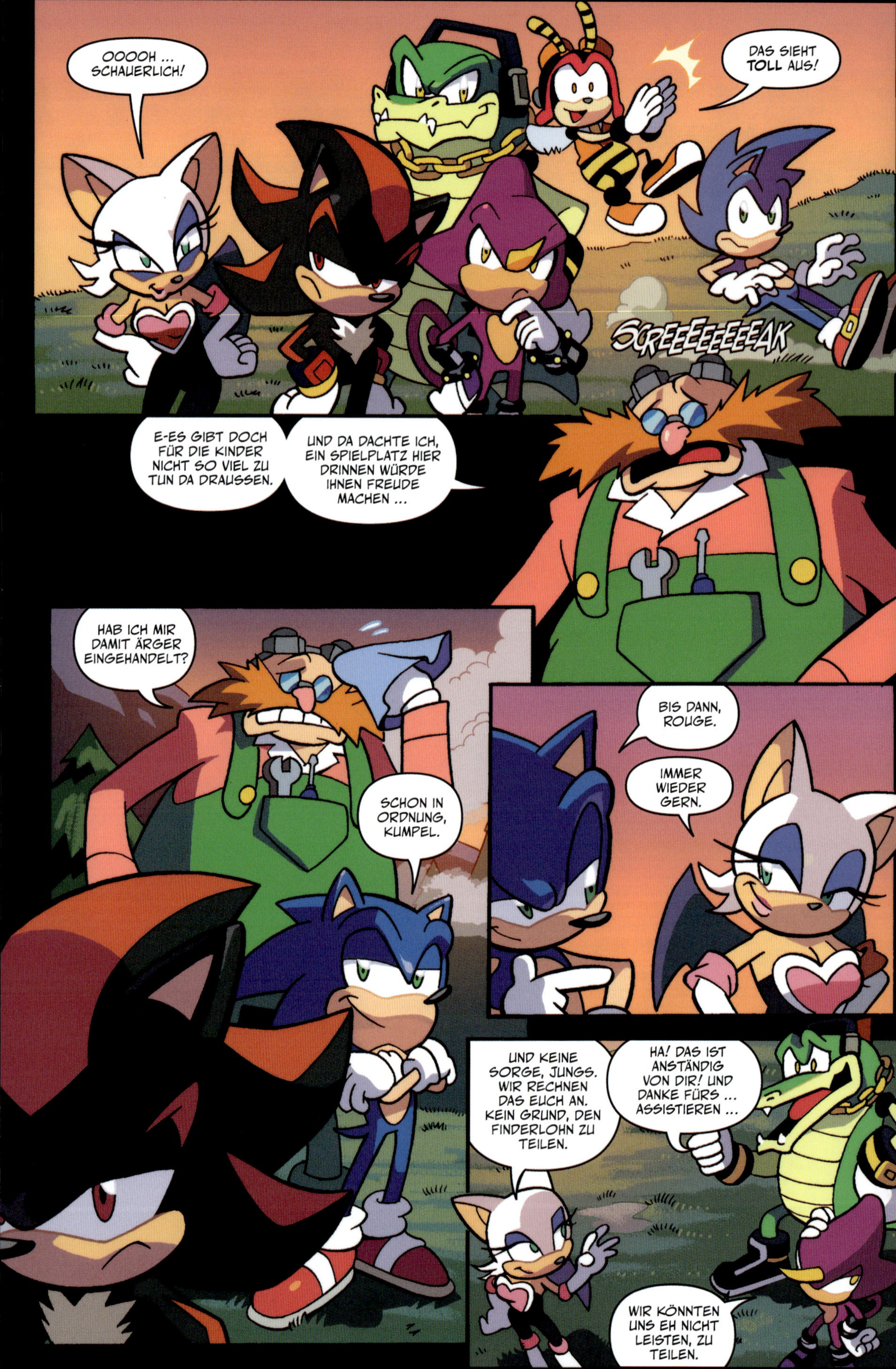
OOOOH ... SCHAUERLICH!
DAS SIEHT TOLL AUS!
SCREEEEEEEEAK
E-ES GIBT DOCH FÜR DIE KINDER NICHT SO VIEL ZU TUN DA DRAUSSEN.
UND DA DACHTE ICH, EIN SPIELPLATZ HIER DRINNEN WÜRDE IHNEN FREUDE MACHEN ...
HAB ICH MIR DAMIT ÄRGER EINGEHANDELT?
SCHON IN ORDNUNG, KUMPEL.
BIS DANN, ROUGE.
IMMER WIEDER GERN.
UND KEINE SORGE, JUNGS. WIR RECHNEN DAS EUCH AN. KEIN GRUND, DEN FINDERLOHN ZU TEILEN.
HA! DAS IST ANSTÄNDIG VON DIR! UND DANKE FÜRS ... ASSISTIEREN ...
WIR KÖNNTEN UNS EH NICHT LEISTEN, ZU TEILEN.

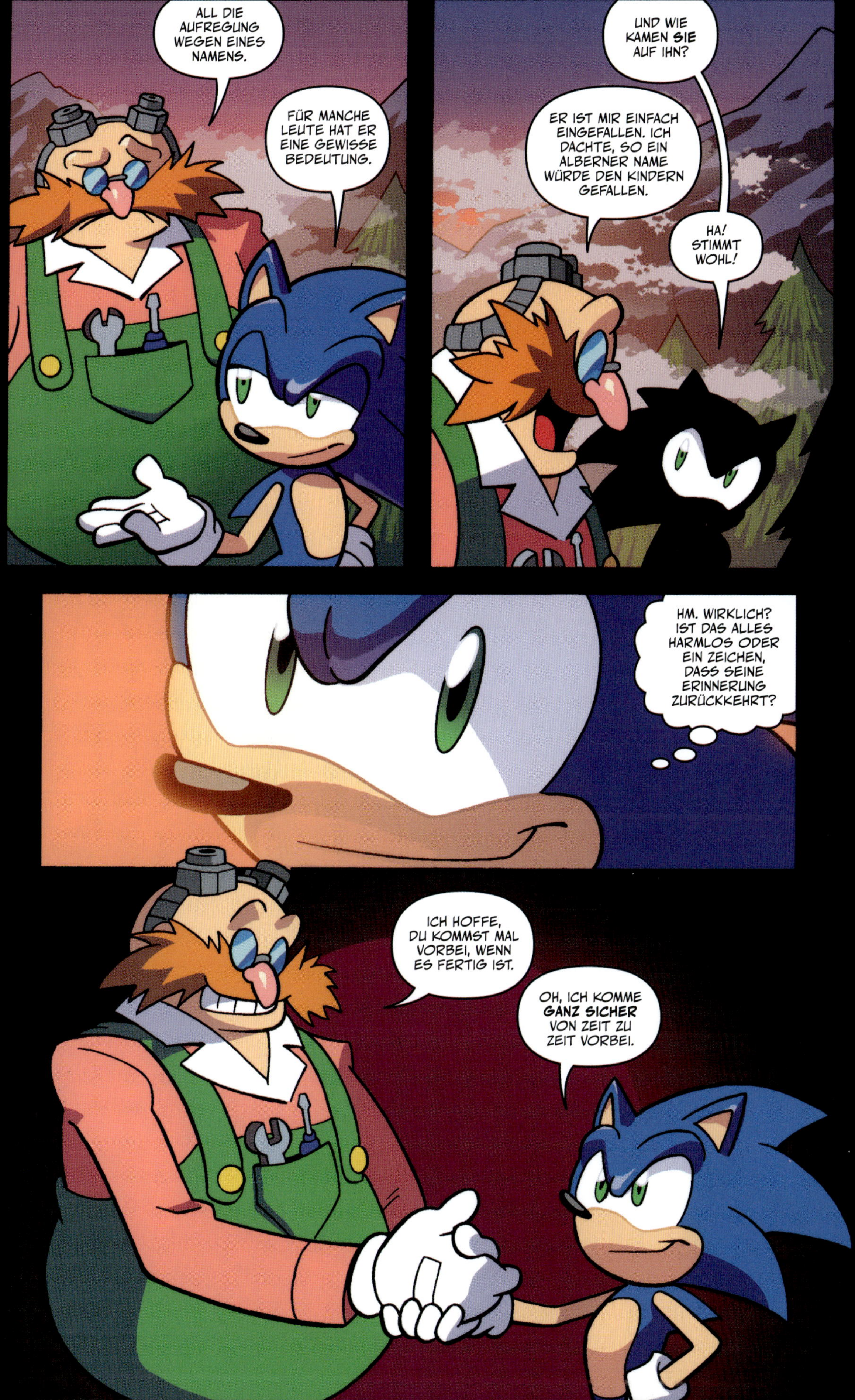
ALL DIE AUFREGUNG WEGEN EINES NAMENS.
FÜR MANCHE LEUTE HAT ER EINE GEWISSE BEDEUTUNG.
UND WIE KAMEN **SIE** AUF IHN?
ER IST MIR EINFACH EINGEFALLEN. ICH DACHTE, SO EIN ALBERNER NAME WÜRDE DEN KINDERN GEFALLEN.
HA! STIMMT WOHL!
HM. WIRKLICH? IST DAS ALLES HARMLOS ODER EIN ZEICHEN, DASS SEINE ERINNERUNG ZURÜCKKEHRT?
ICH HOFFE, DU KOMMST MAL VORBEI, WENN ES FERTIG IST.
OH, ICH KOMME **GANZ SICHER** VON ZEIT ZU ZEIT VORBEI.

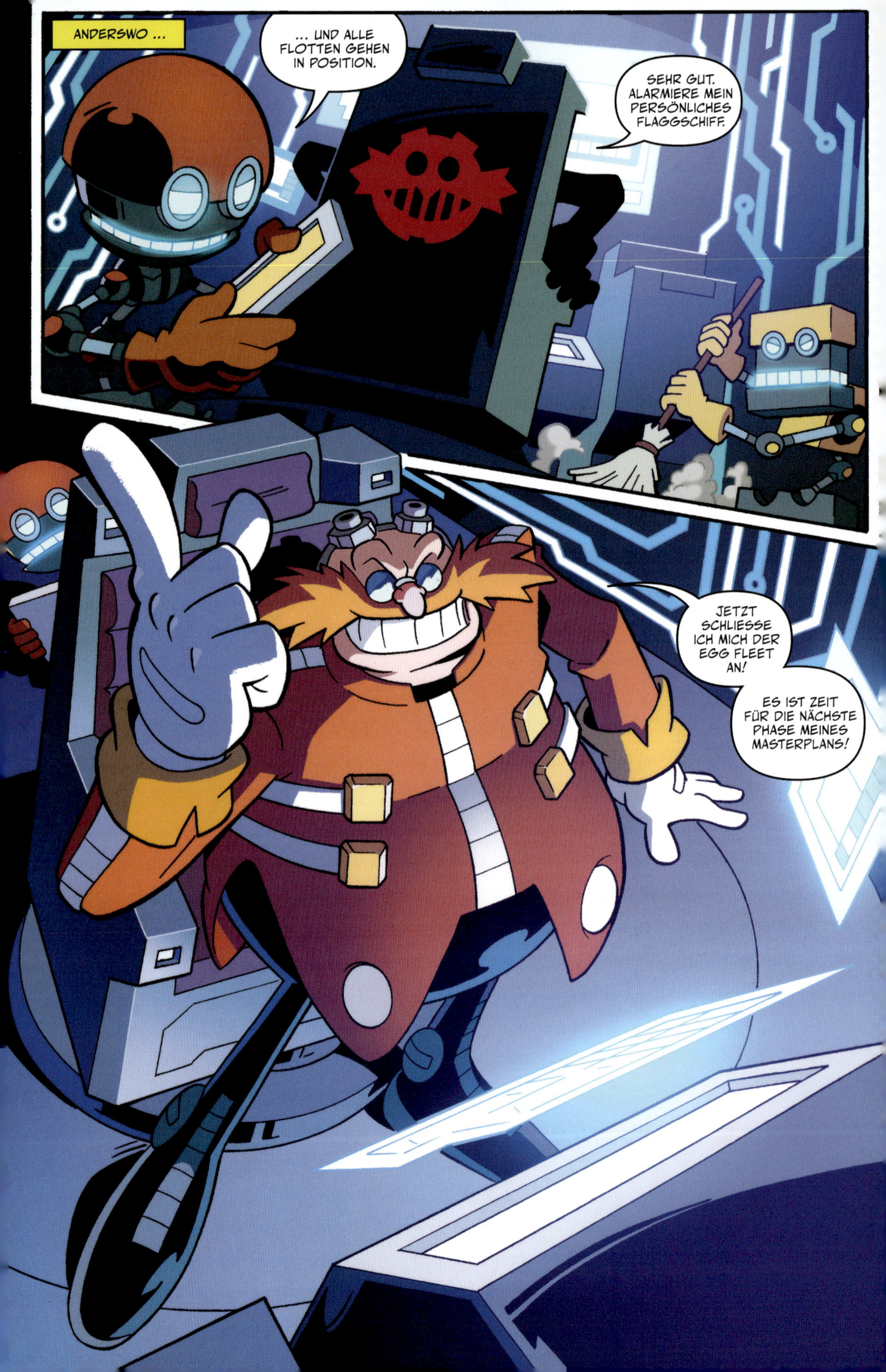
ANDERSWO ...
... UND ALLE FLOTTEN GEHEN IN POSITION.
SEHR GUT. ALARMIERE MEIN PERSÖNLICHES FLAGGSCHIFF.
JETZT SCHLIESSE ICH MICH DER EGG FLEET AN!
ES IST ZEIT FÜR DIE NÄCHSTE PHASE MEINES MASTERPLANS!

ZEICHNUNGEN: **NATHALIE FOURDRAINE**

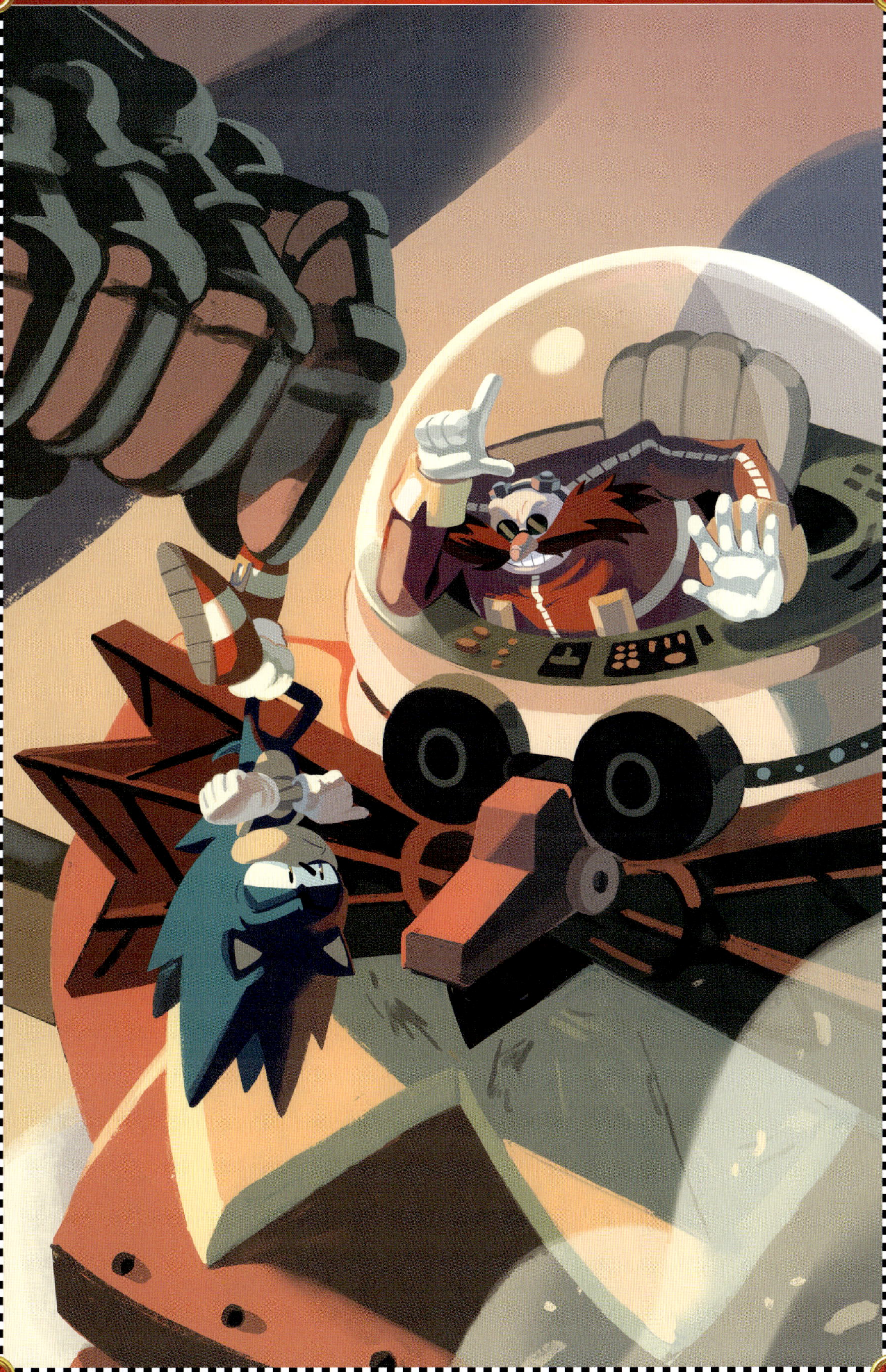

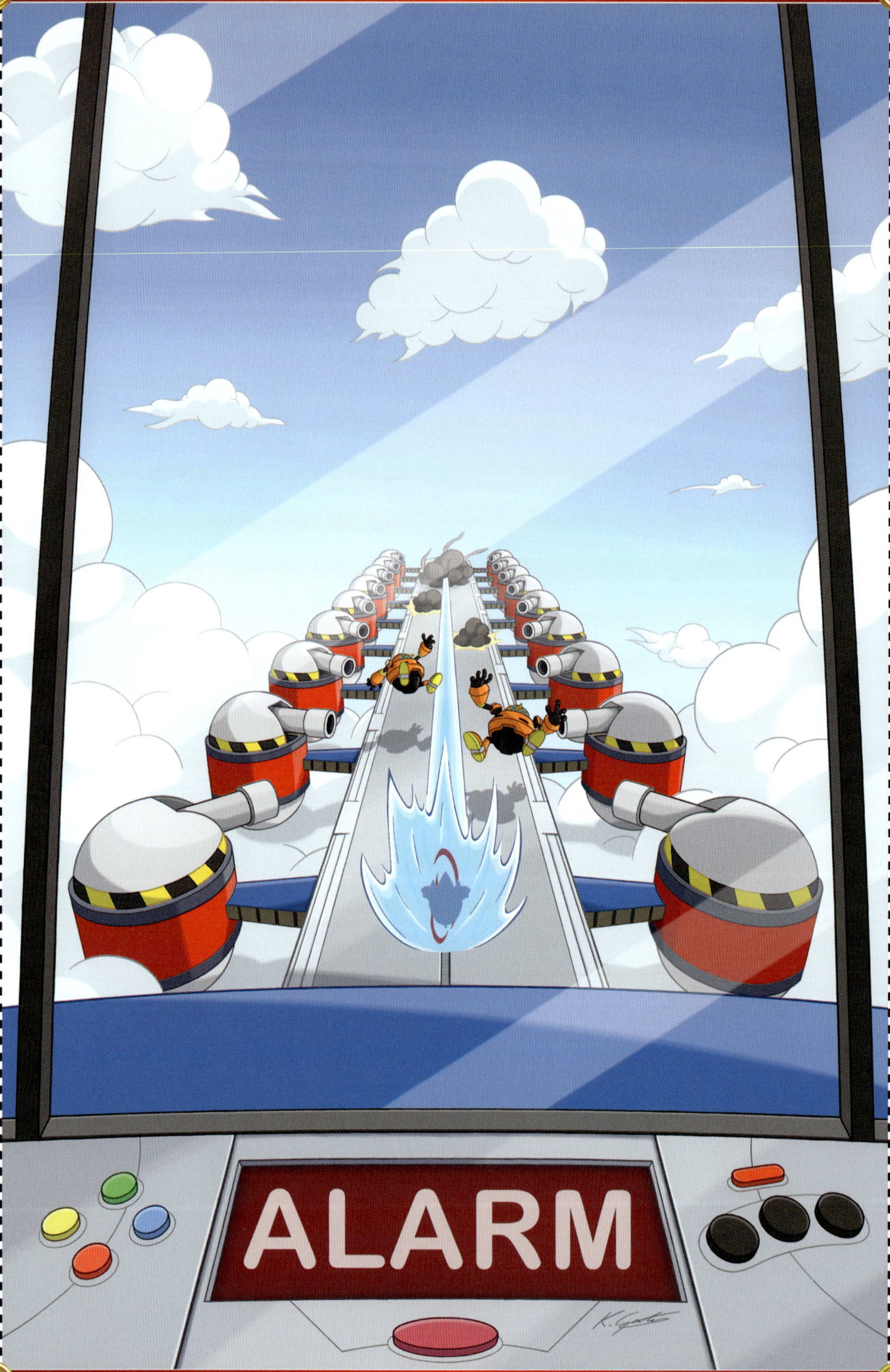
ALARM
K. Gates

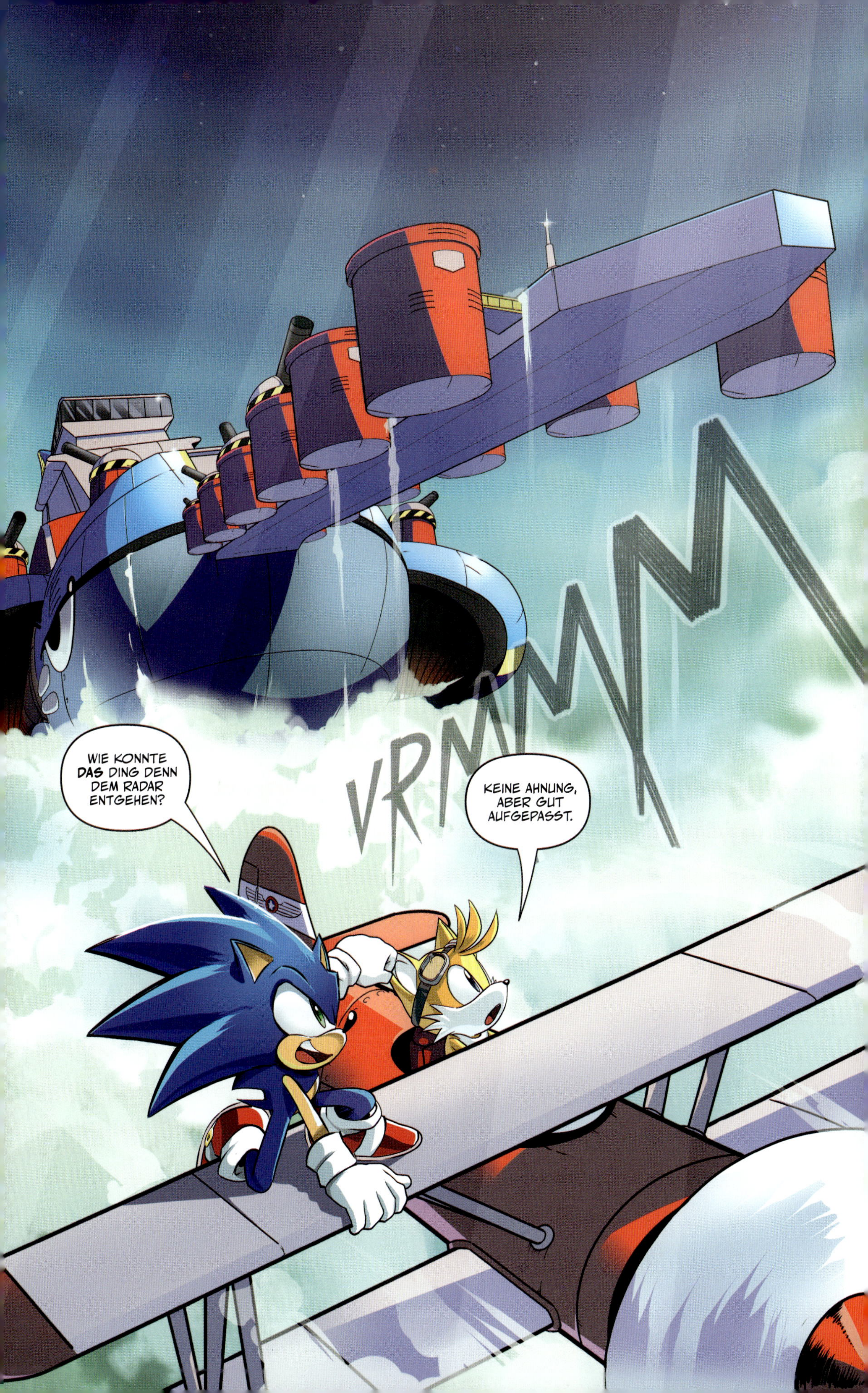
WIE KONNTE DAS DING DENN DEM RADAR ENTGEHEN?
VRMMM
KEINE AHNUNG, ABER GUT AUFGEPASST.

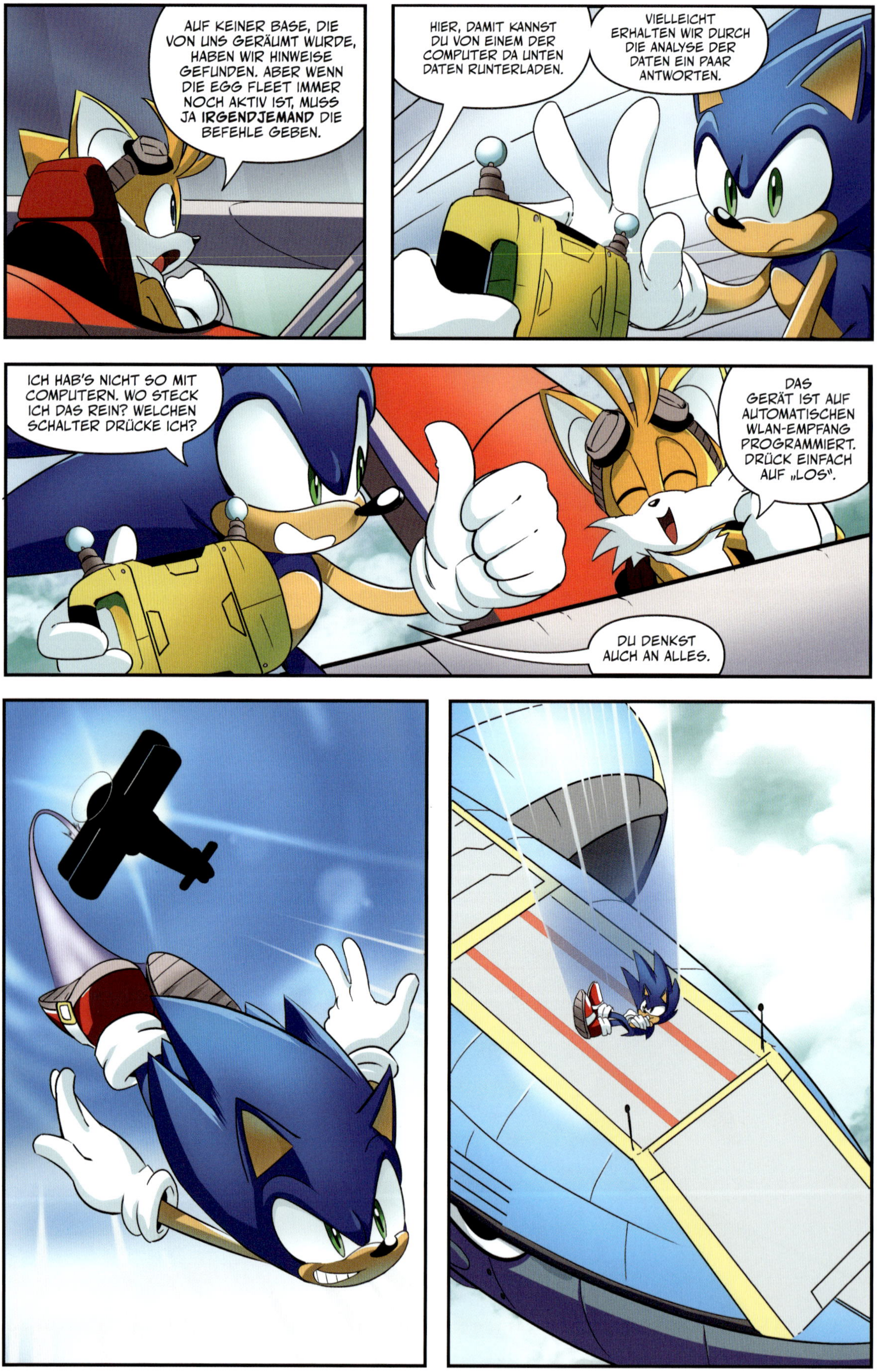
AUF KEINER BASE, DIE VON UNS GERÄUMT WURDE, HABEN WIR HINWEISE GEFUNDEN. ABER WENN DIE EGG FLEET IMMER NOCH AKTIV IST, MUSS JA **IRGENDJEMAND** DIE BEFEHLE GEBEN.
HIER, DAMIT KANNST DU VON EINEM DER COMPUTER DA UNTEN DATEN RUNTERLADEN.
VIELLEICHT ERHALTEN WIR DURCH DIE ANALYSE DER DATEN EIN PAAR ANTWORTEN.
ICH HAB'S NICHT SO MIT COMPUTERN. WO STECK ICH DAS REIN? WELCHEN SCHALTER DRÜCKE ICH?
DAS GERÄT IST AUF AUTOMATISCHEN WLAN-EMPFANG PROGRAMMIERT. DRÜCK EINFACH AUF „LOS".
DU DENKST AUCH AN ALLES.

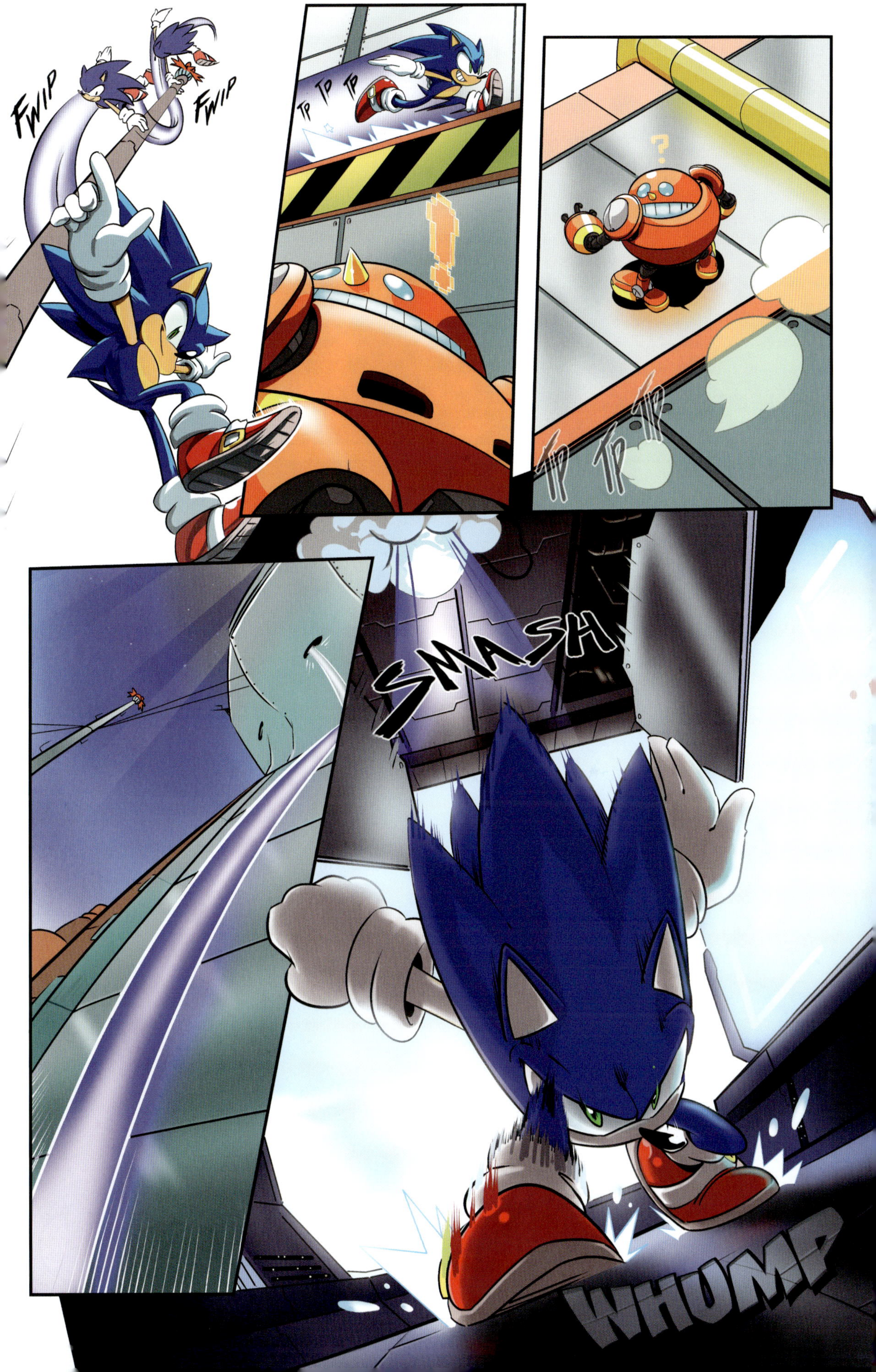
FWIP
FWIP
TP TP TP
TP TP TP
SMASH
WHUMP

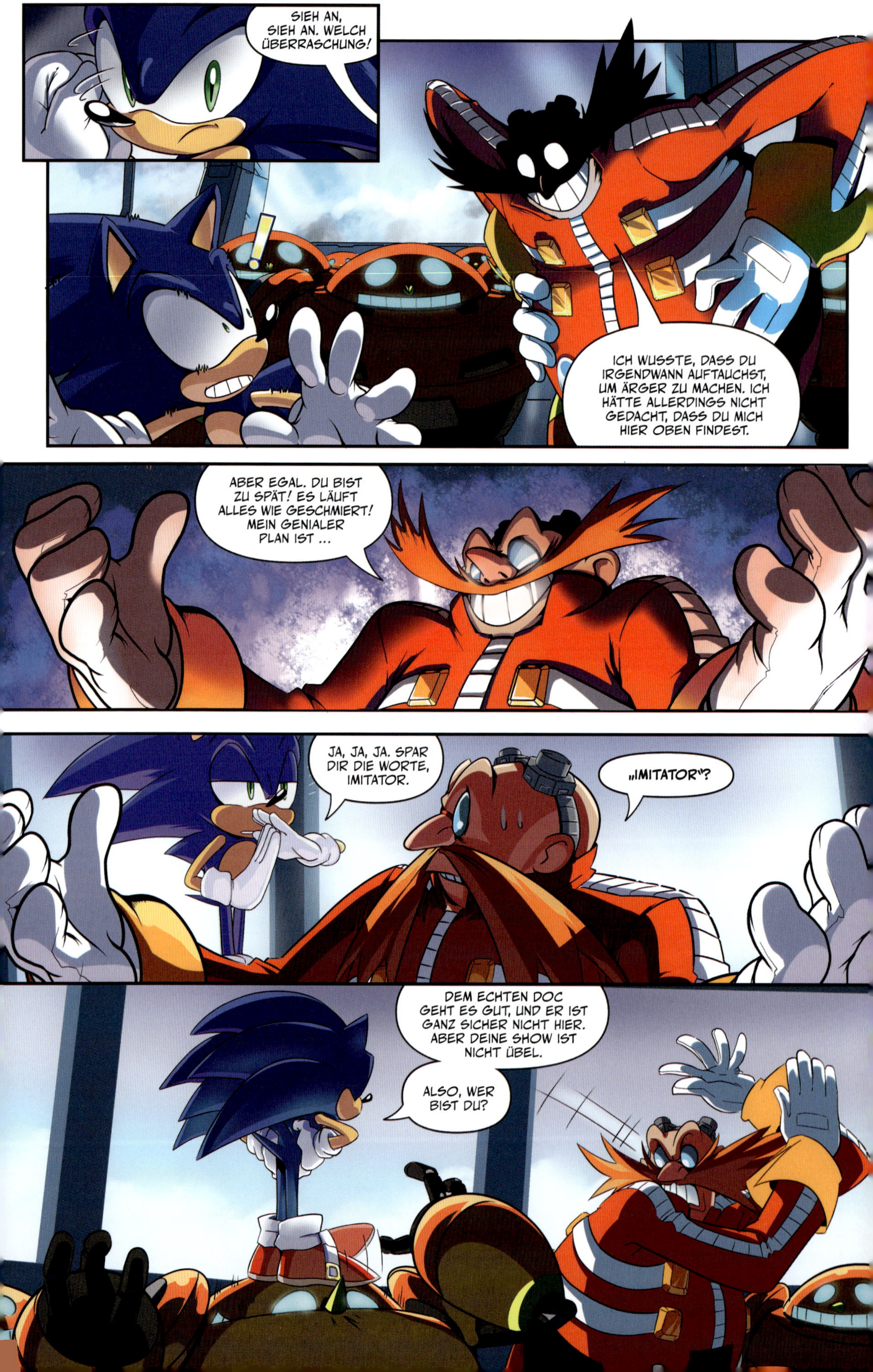
SIEH AN, SIEH AN. WELCH ÜBERRASCHUNG!
ICH WUSSTE, DASS DU IRGENDWANN AUFTAUCHST, UM ÄRGER ZU MACHEN. ICH HÄTTE ALLERDINGS NICHT GEDACHT, DASS DU MICH HIER OBEN FINDEST.
ABER EGAL. DU BIST ZU SPÄT! ES LÄUFT ALLES WIE GESCHMIERT! MEIN GENIALER PLAN IST ...
JA, JA, JA. SPAR DIR DIE WORTE, IMITATOR.
„IMITATOR"?
DEM ECHTEN DOC GEHT ES GUT, UND ER IST GANZ SICHER NICHT HIER. ABER DEINE SHOW IST NICHT ÜBEL.
ALSO, WER BIST DU?

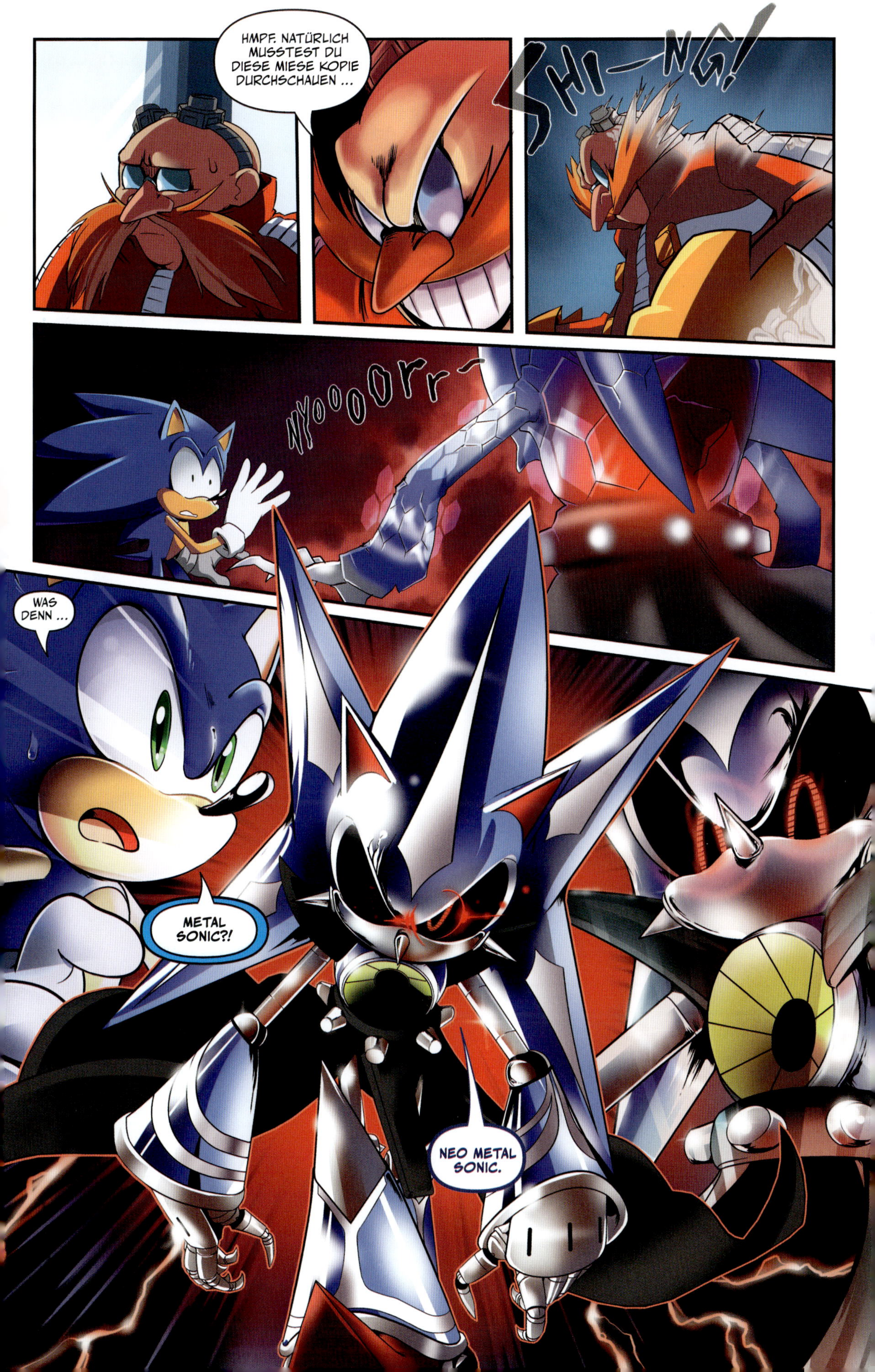
HMPF. NATÜRLICH MUSSTEST DU DIESE MIESE KOPIE DURCHSCHAUEN ...
SHI-NG!
NYOOOOrr~
WAS DENN ...
METAL SONIC?!
NEO METAL SONIC.

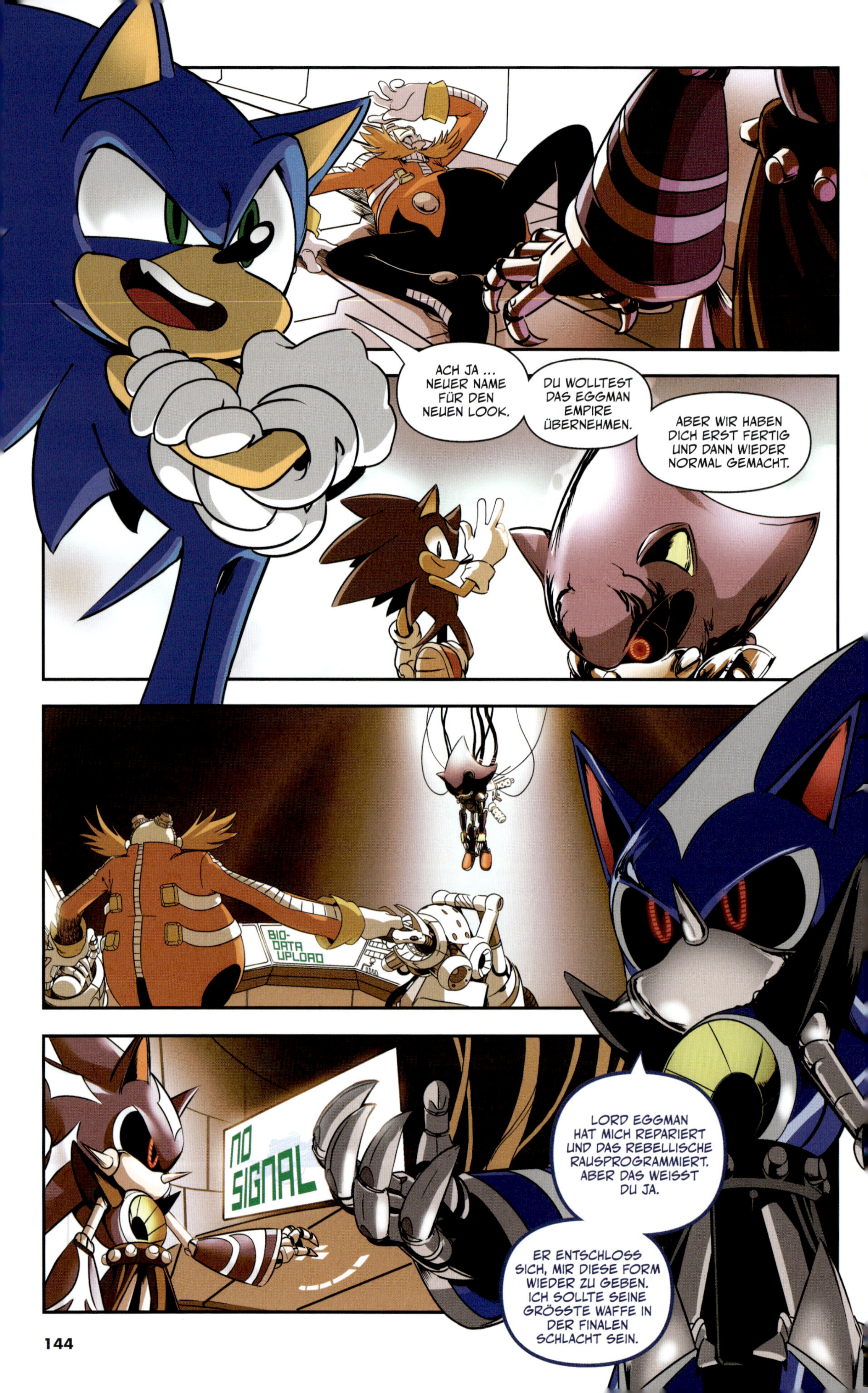
ACH JA ... NEUER NAME FÜR DEN NEUEN LOOK.
DU WOLLTEST DAS EGGMAN EMPIRE ÜBERNEHMEN.
ABER WIR HABEN DICH ERST FERTIG UND DANN WIEDER NORMAL GEMACHT.
BIO-DATA UPLOAD
NO SIGNAL
LORD EGGMAN HAT MICH REPARIERT UND DAS REBELLISCHE RAUSPROGRAMMIERT. ABER DAS WEISST DU JA.
ER ENTSCHLOSS SICH, MIR DIESE FORM WIEDER ZU GEBEN. ICH SOLLTE SEINE GRÖSSTE WAFFE IN DER FINALEN SCHLACHT SEIN.

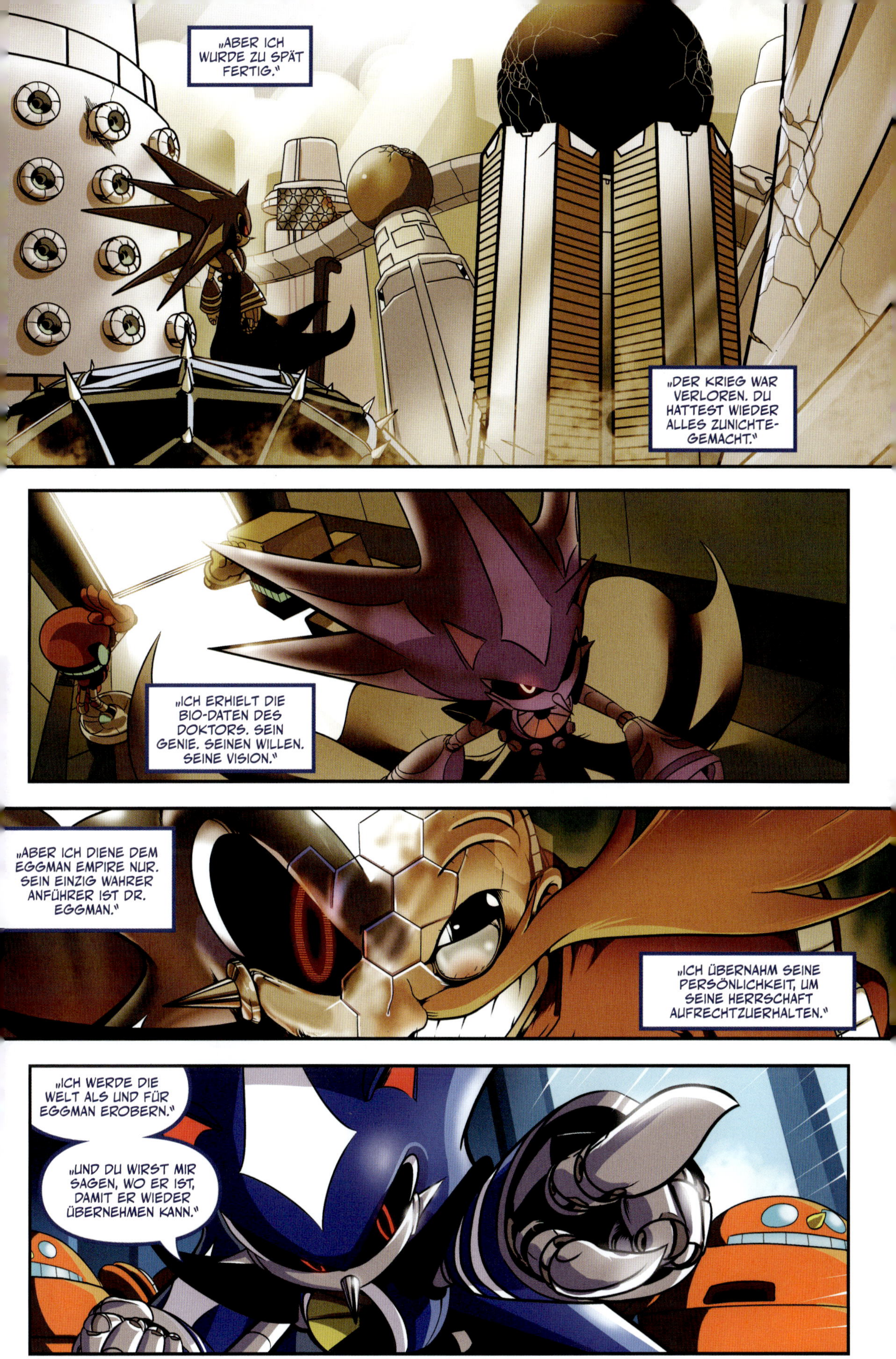
„ABER ICH WURDE ZU SPÄT FERTIG."
„DER KRIEG WAR VERLOREN. DU HATTEST WIEDER ALLES ZUNICHTE-GEMACHT."
„ICH ERHIELT DIE BIO-DATEN DES DOKTORS. SEIN GENIE. SEINEN WILLEN. SEINE VISION."
„ABER ICH DIENE DEM EGGMAN EMPIRE NUR. SEIN EINZIG WAHRER ANFÜHRER IST DR. EGGMAN."
„ICH ÜBERNAHM SEINE PERSÖNLICHKEIT, UM SEINE HERRSCHAFT AUFRECHTZUERHALTEN."
„ICH WERDE DIE WELT ALS UND FÜR EGGMAN EROBERN."
„UND DU WIRST MIR SAGEN, WO ER IST, DAMIT ER WIEDER ÜBERNEHMEN KANN."

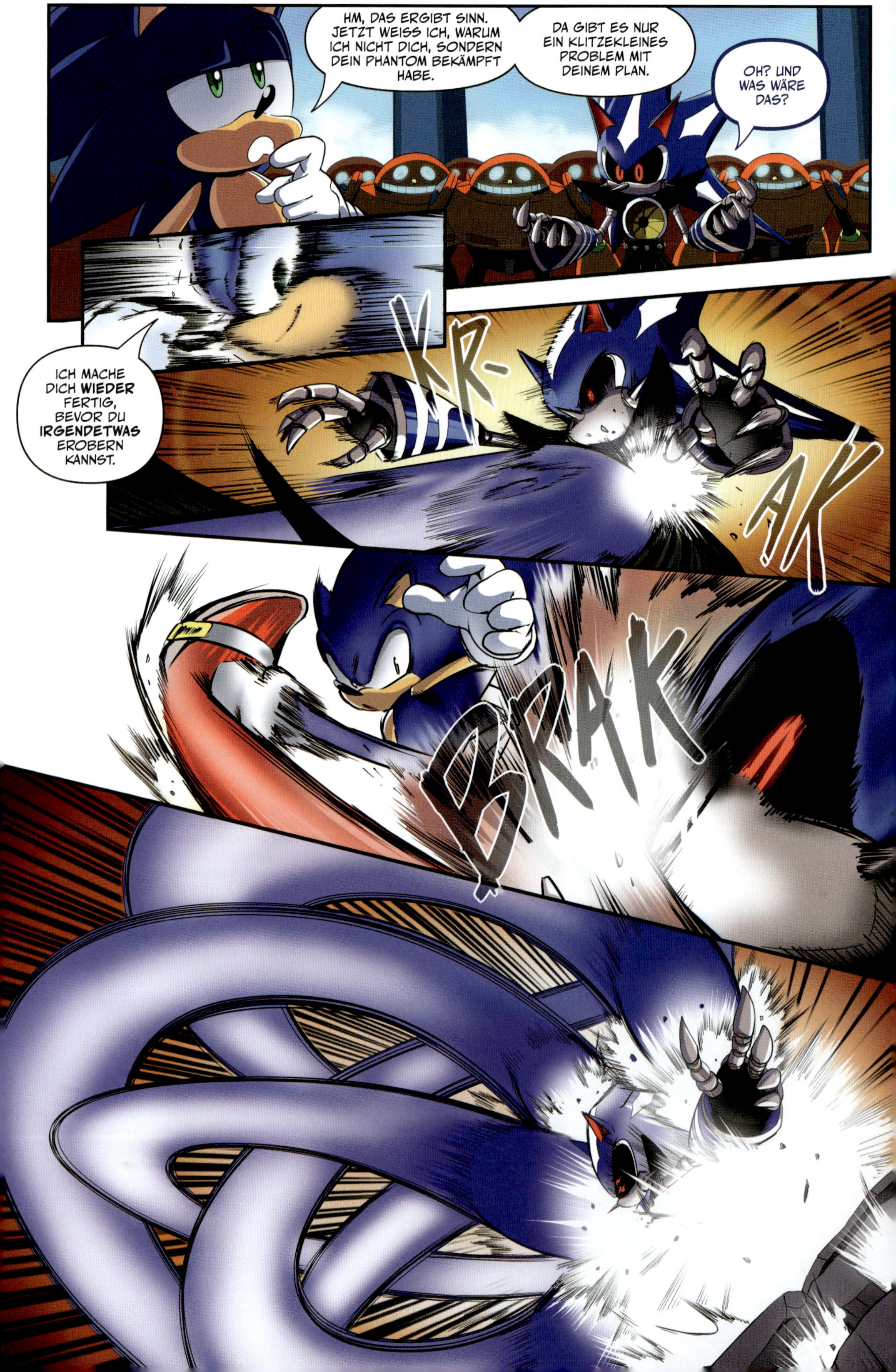
HM, DAS ERGIBT SINN. JETZT WEISS ICH, WARUM ICH NICHT DICH, SONDERN DEIN PHANTOM BEKÄMPFT HABE.
DA GIBT ES NUR EIN KLITZEKLEINES PROBLEM MIT DEINEM PLAN.
OH? UND WAS WÄRE DAS?
ICH MACHE DICH **WIEDER** FERTIG, BEVOR DU **IRGENDETWAS** EROBERN KANNST.
KR-
AK
BRAK

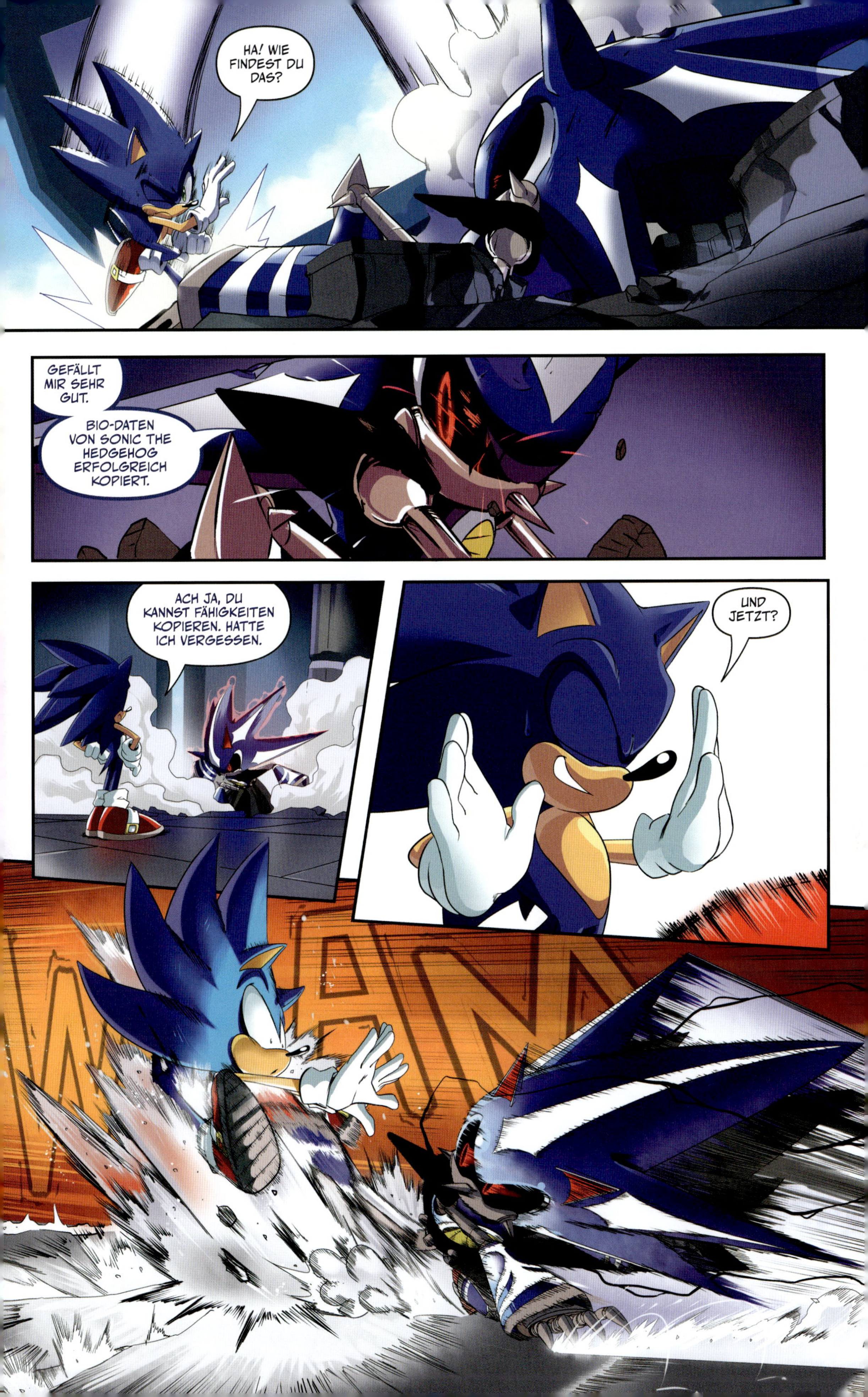
HA! WIE FINDEST DU DAS?
GEFÄLLT MIR SEHR GUT.
BIO-DATEN VON SONIC THE HEDGEHOG ERFOLGREICH KOPIERT.
ACH JA, DU KANNST FÄHIGKEITEN KOPIEREN. HATTE ICH VERGESSEN.
UND JETZT?

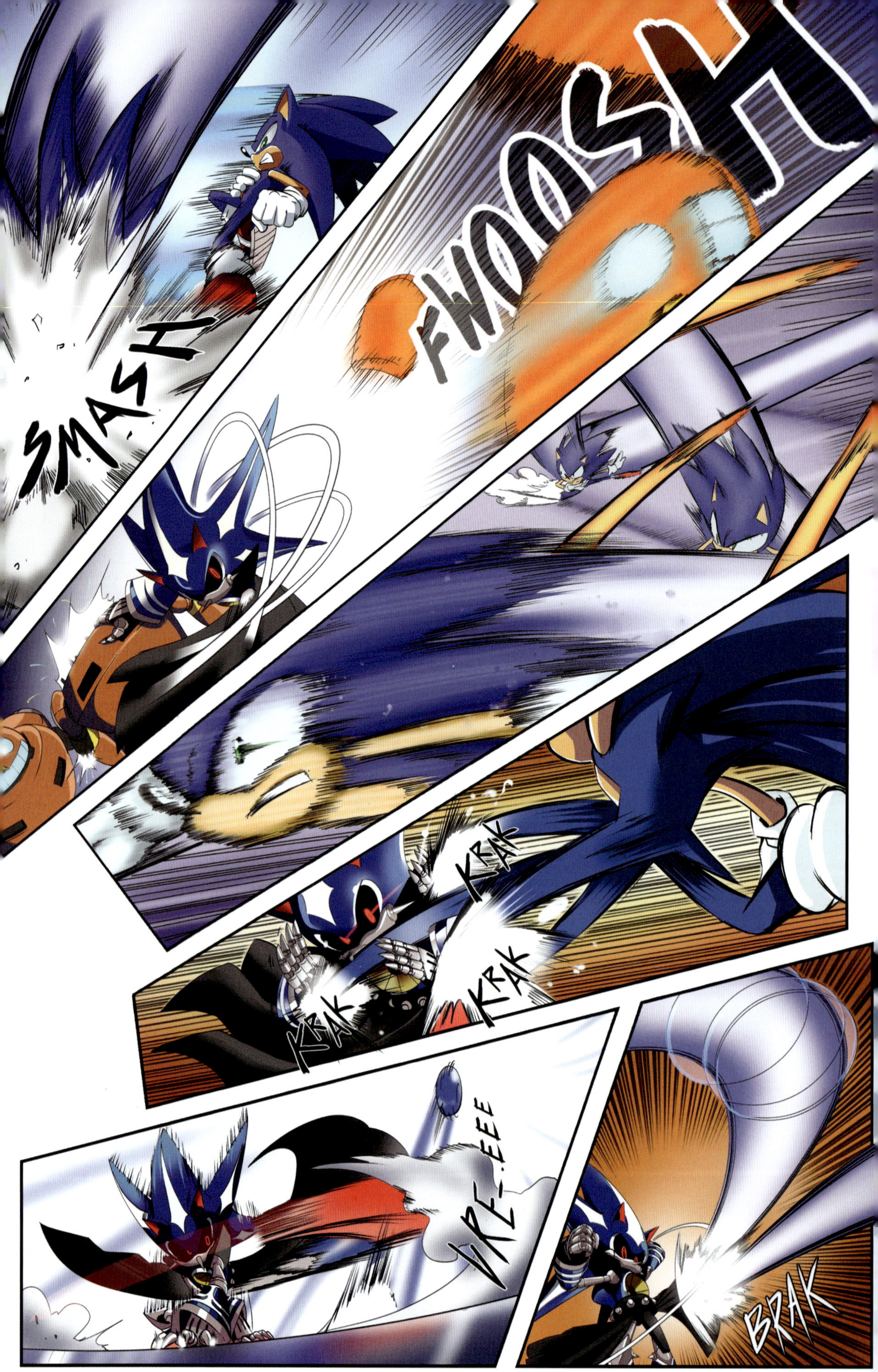
SMASH
FWOOSH
KRAK
KRAK
KRAK
VRE-EEEE
BRAK

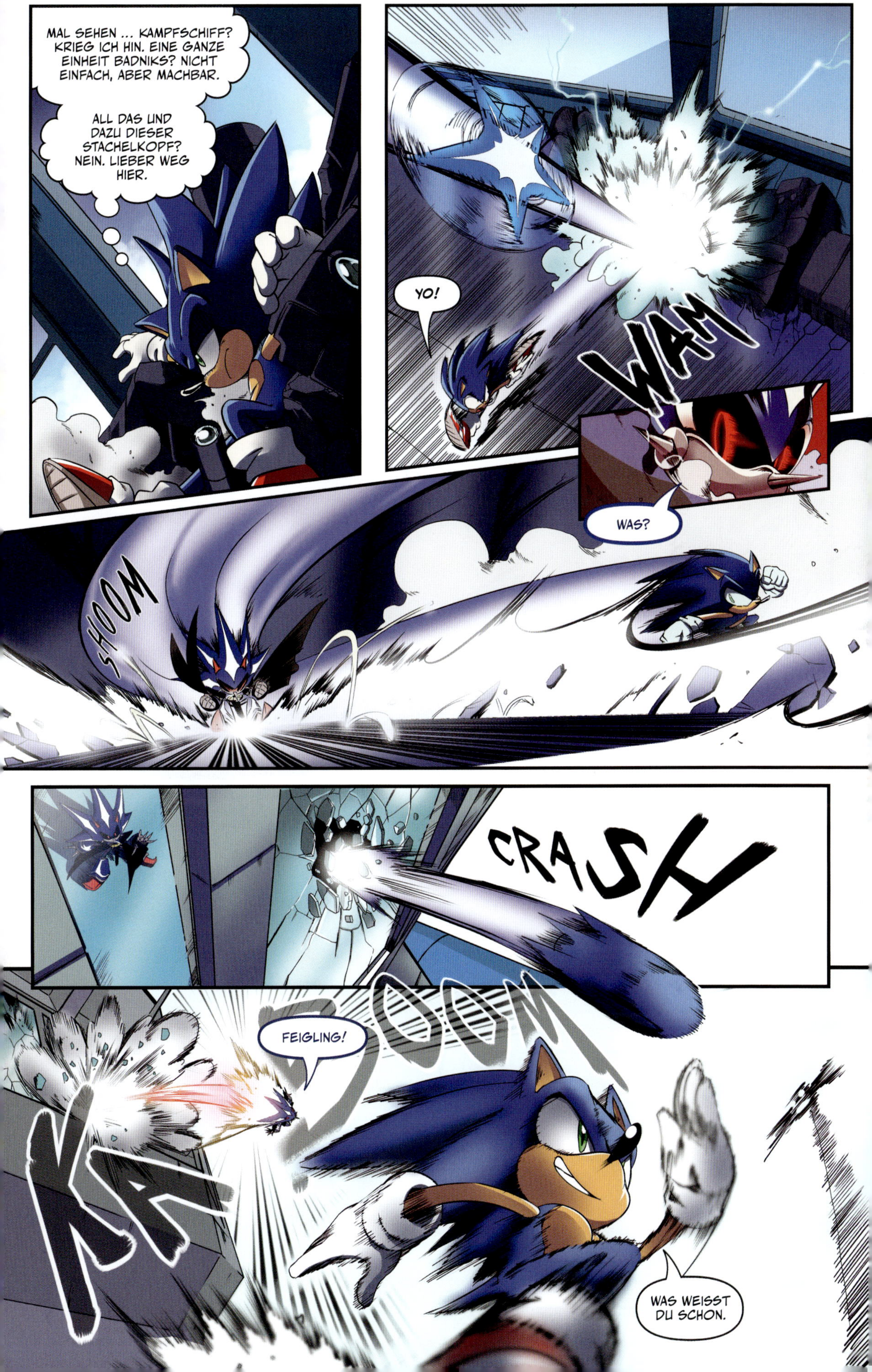
MAL SEHEN ... KAMPFSCHIFF? KRIEG ICH HIN. EINE GANZE EINHEIT BADNIKS? NICHT EINFACH, ABER MACHBAR.
ALL DAS UND DAZU DIESER STACHELKOPF? NEIN. LIEBER WEG HIER.
YO!
WAM
WAS?
SHOOM
CRASH
FEIGLING!
KA-BOOM
WAS WEISST DU SCHON.

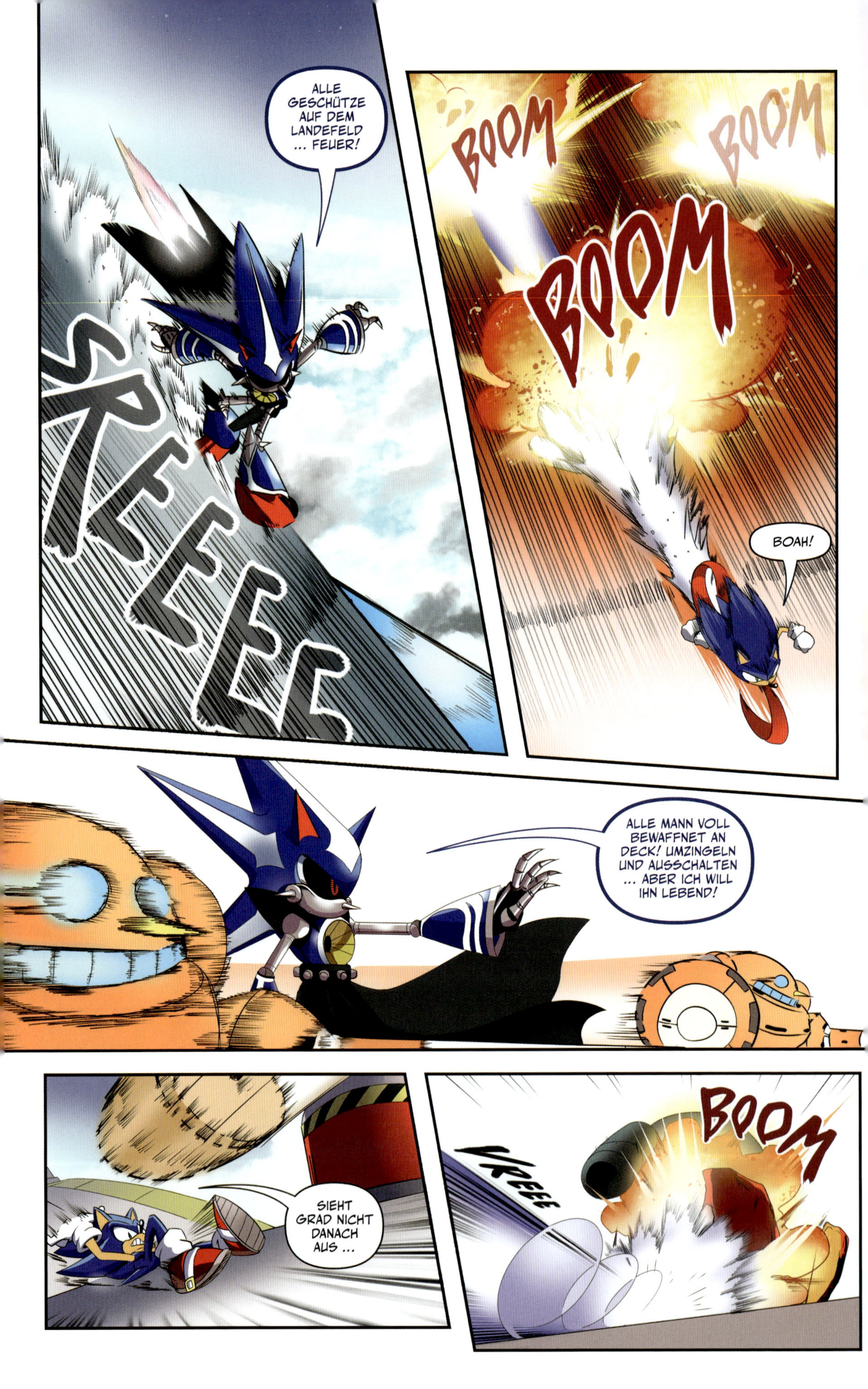
ALLE GESCHÜTZE AUF DEM LANDEFELD ... FEUER!
SREEEEE
BOOM
BOOM
BOOM
BOAH!
ALLE MANN VOLL BEWAFFNET AN DECK! UMZINGELN UND AUSSCHALTEN ... ABER ICH WILL IHN LEBEND!
SIEHT GRAD NICHT DANACH AUS ...
VREEE
BOOM

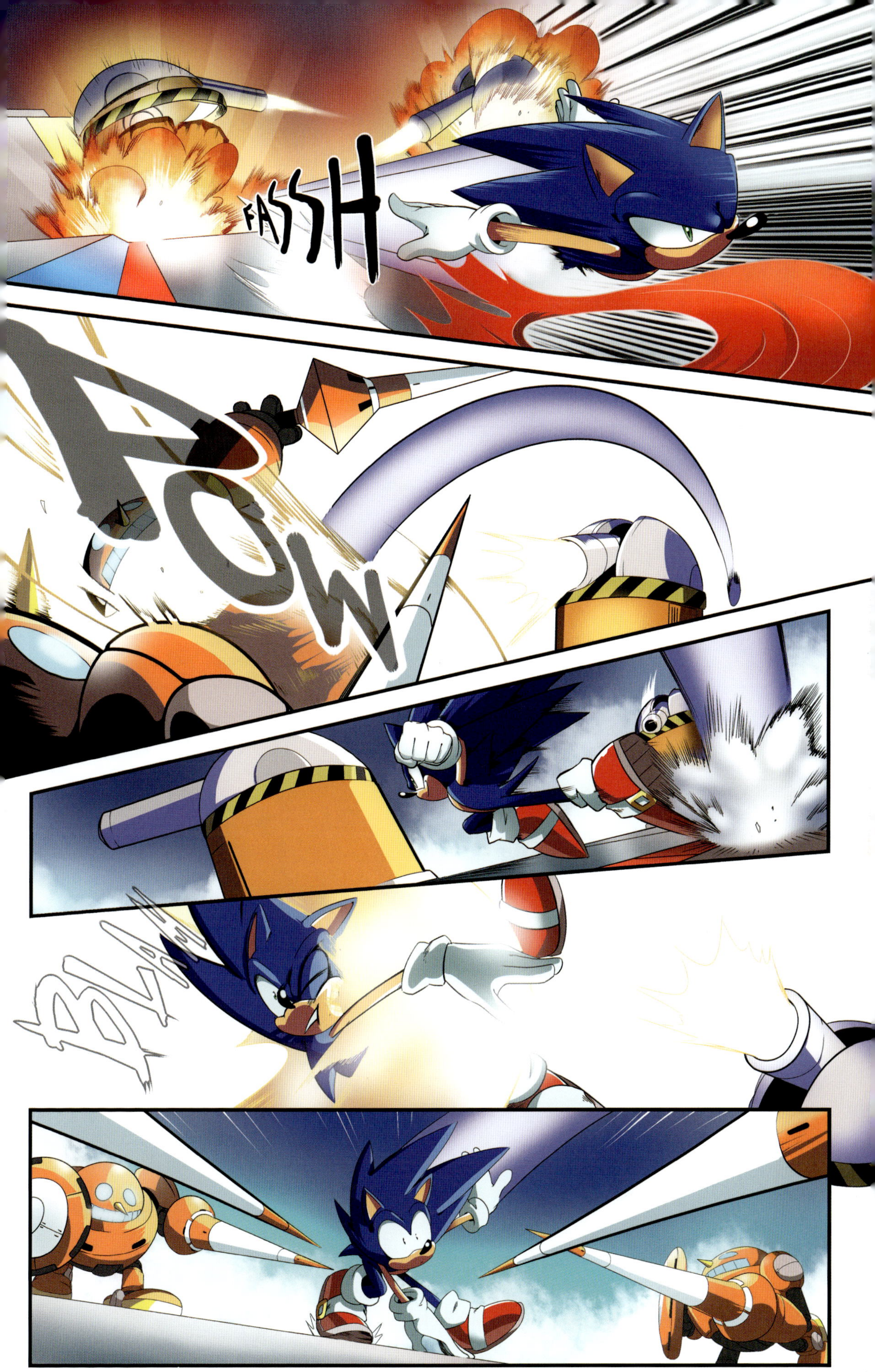
FASSH
POW
BLAM

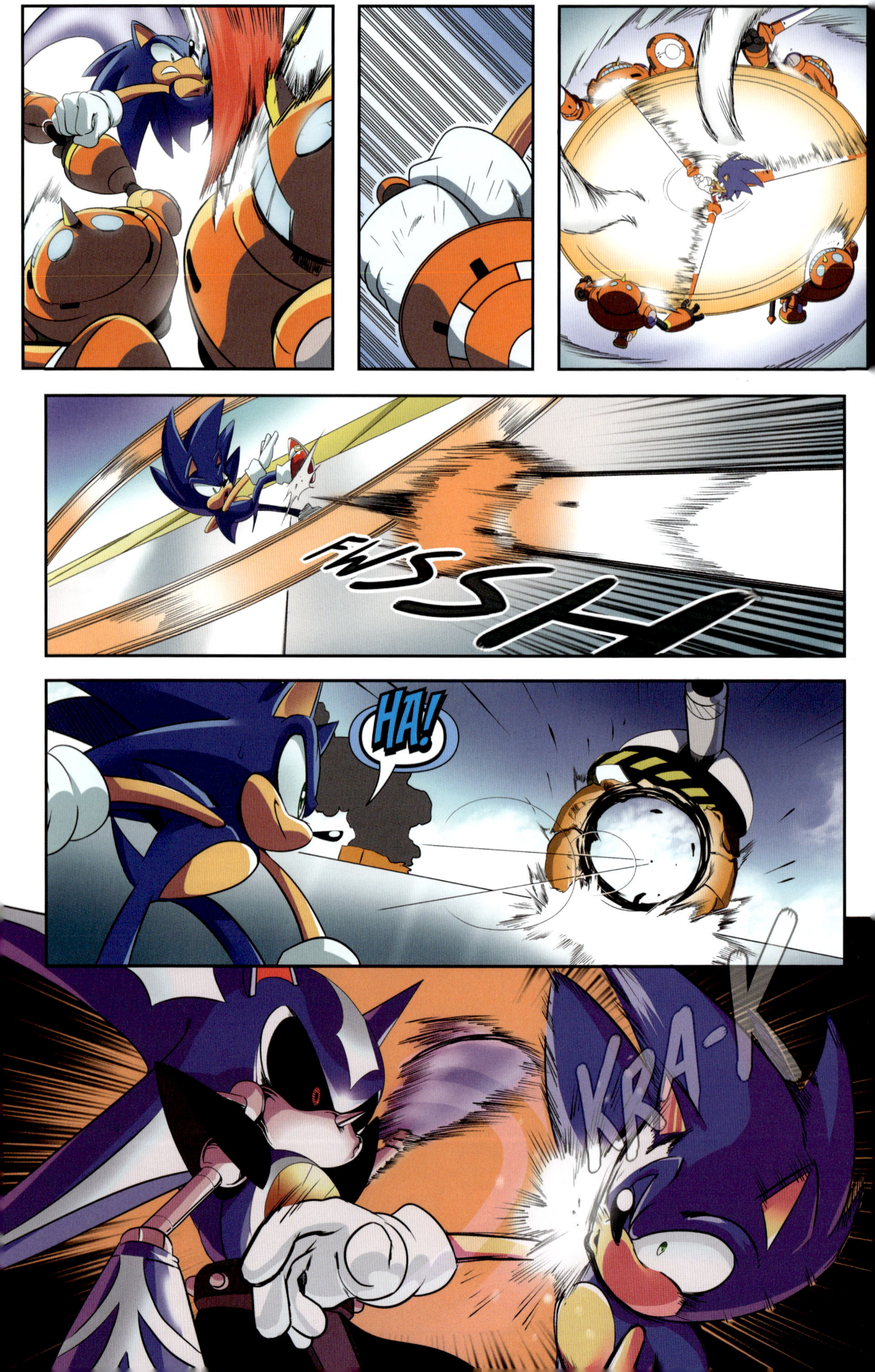
FWSSH
HA!
KRA-K

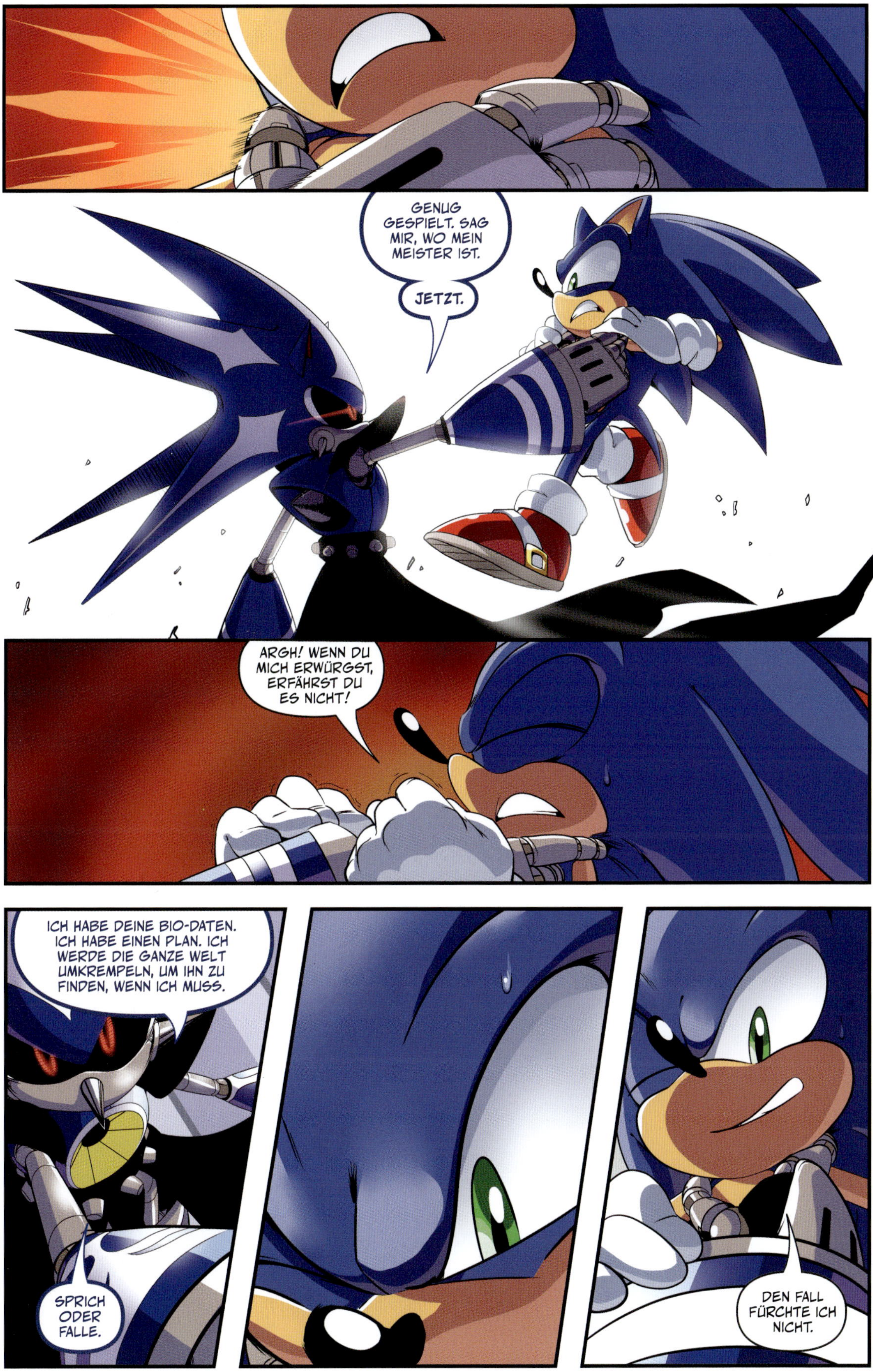
GENUG GESPIELT. SAG MIR, WO MEIN MEISTER IST.
JETZT.
ARGH! WENN DU MICH ERWÜRGST, ERFÄHRST DU ES NICHT!
ICH HABE DEINE BIO-DATEN. ICH HABE EINEN PLAN. ICH WERDE DIE GANZE WELT UMKREMPELN, UM IHN ZU FINDEN, WENN ICH MUSS.
SPRICH ODER FALLE.
DEN FALL FÜRCHTE ICH NICHT.

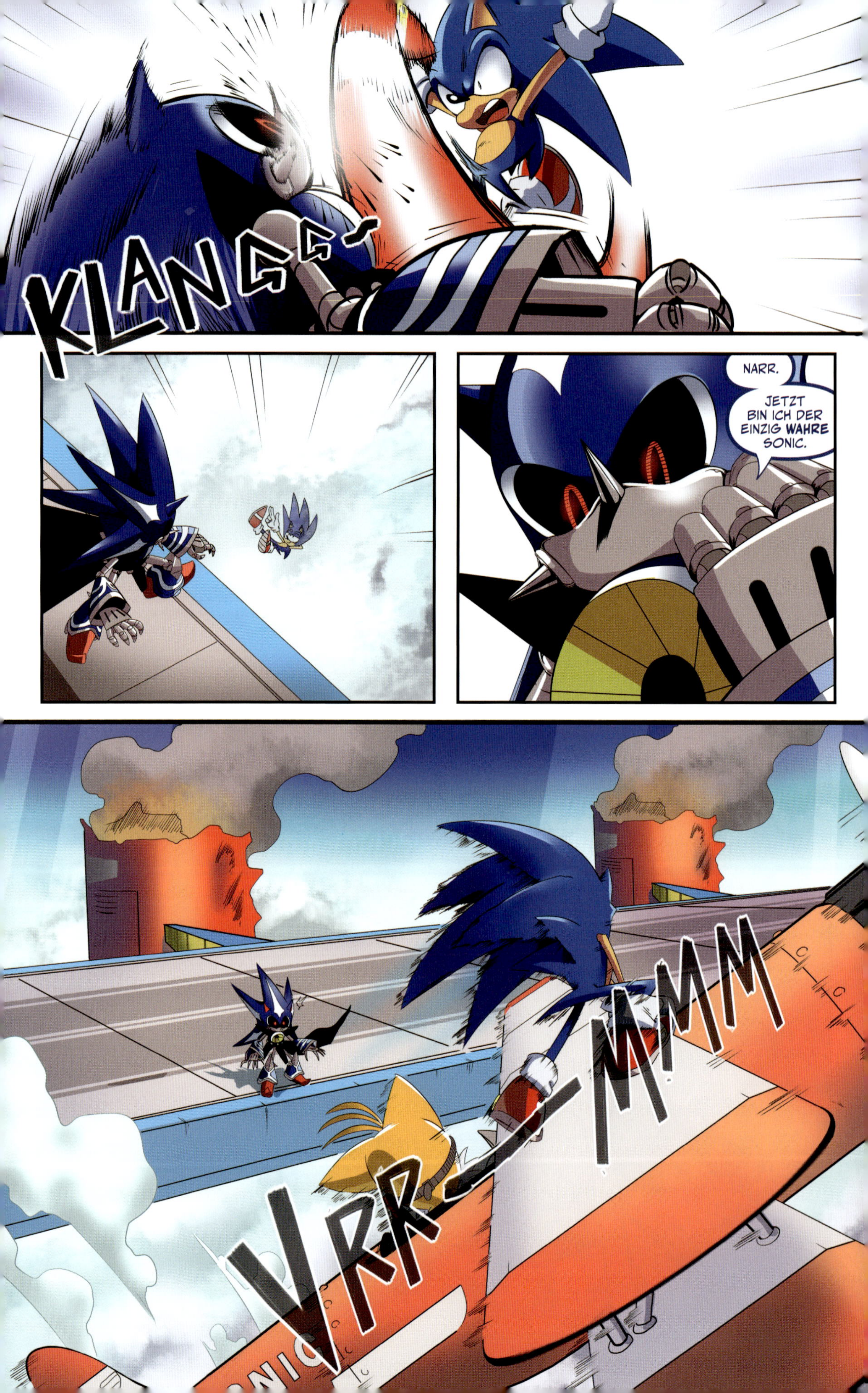
KLANGG
NARR.
JETZT BIN ICH DER EINZIG WAHRE SONIC.
VRR—MMM

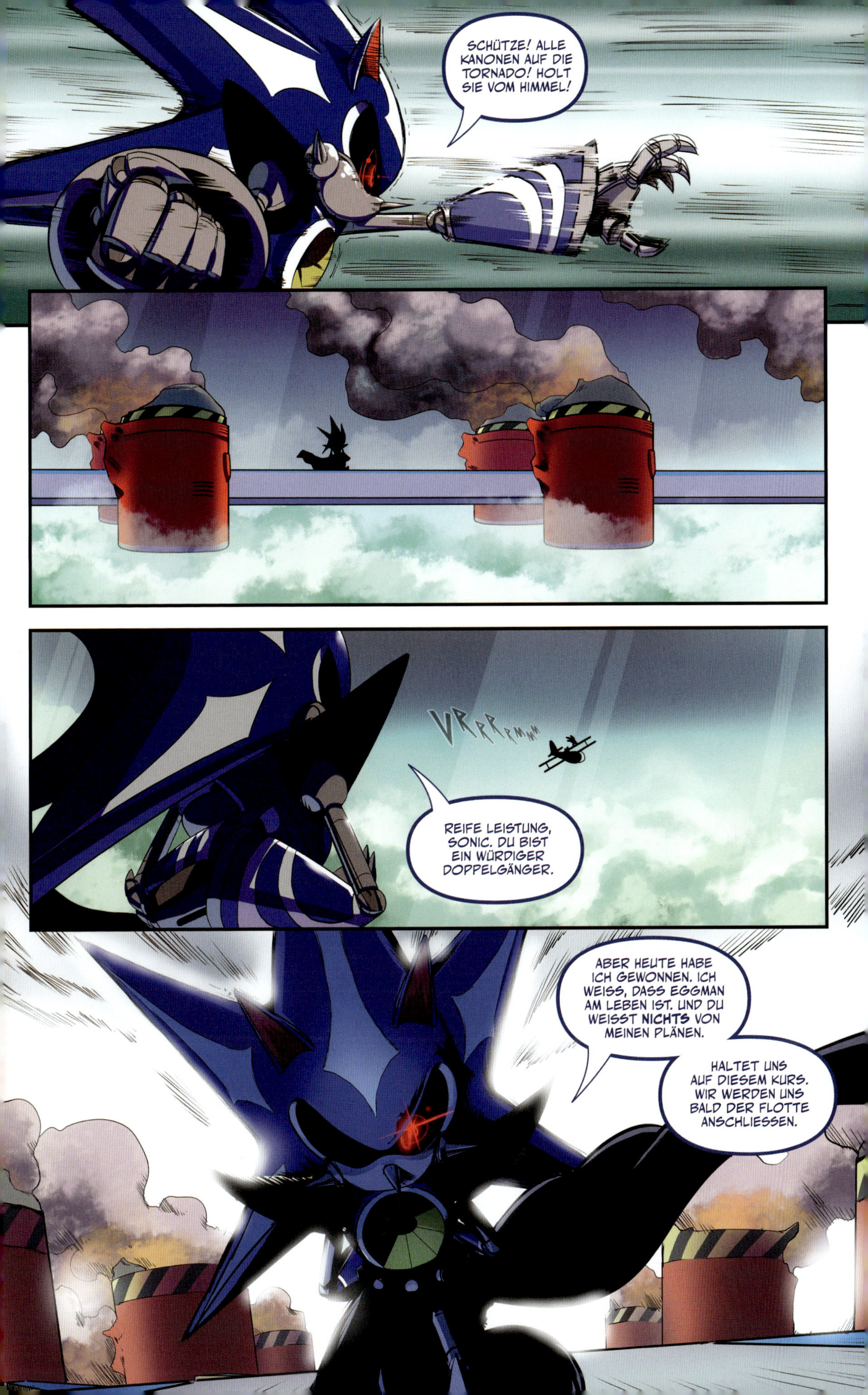
SCHÜTZE! ALLE KANONEN AUF DIE TORNADO! HOLT SIE VOM HIMMEL!
VRRRRMMM
REIFE LEISTUNG, SONIC. DU BIST EIN WÜRDIGER DOPPELGÄNGER.
ABER HEUTE HABE ICH GEWONNEN. ICH WEISS, DASS EGGMAN AM LEBEN IST. UND DU WEISST **NICHTS** VON MEINEN PLÄNEN.
HALTET UNS AUF DIESEM KURS. WIR WERDEN UNS BALD DER FLOTTE ANSCHLIESSEN.

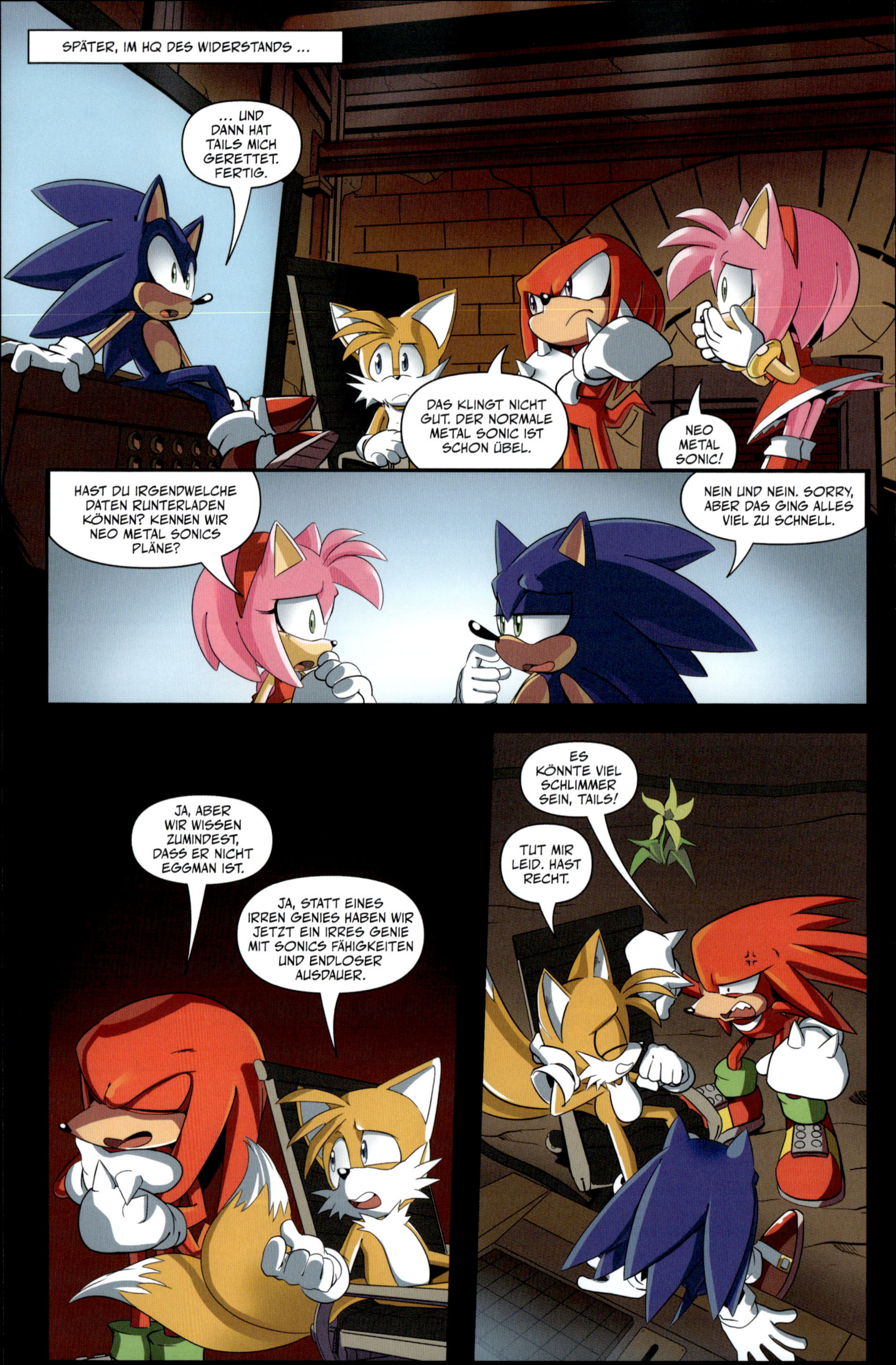
SPÄTER, IM HQ DES WIDERSTANDS ...
... UND DANN HAT TAILS MICH GERETTET. FERTIG.
DAS KLINGT NICHT GUT. DER NORMALE METAL SONIC IST SCHON ÜBEL.
NEO METAL SONIC!
HAST DU IRGENDWELCHE DATEN RUNTERLADEN KÖNNEN? KENNEN WIR NEO METAL SONICS PLÄNE?
NEIN UND NEIN. SORRY, ABER DAS GING ALLES VIEL ZU SCHNELL.
JA, ABER WIR WISSEN ZUMINDEST, DASS ER NICHT EGGMAN IST.
JA, STATT EINES IRREN GENIES HABEN WIR JETZT EIN IRRES GENIE MIT SONICS FÄHIGKEITEN UND ENDLOSER AUSDAUER.
ES KÖNNTE VIEL SCHLIMMER SEIN, TAILS!
TUT MIR LEID. HAST RECHT.

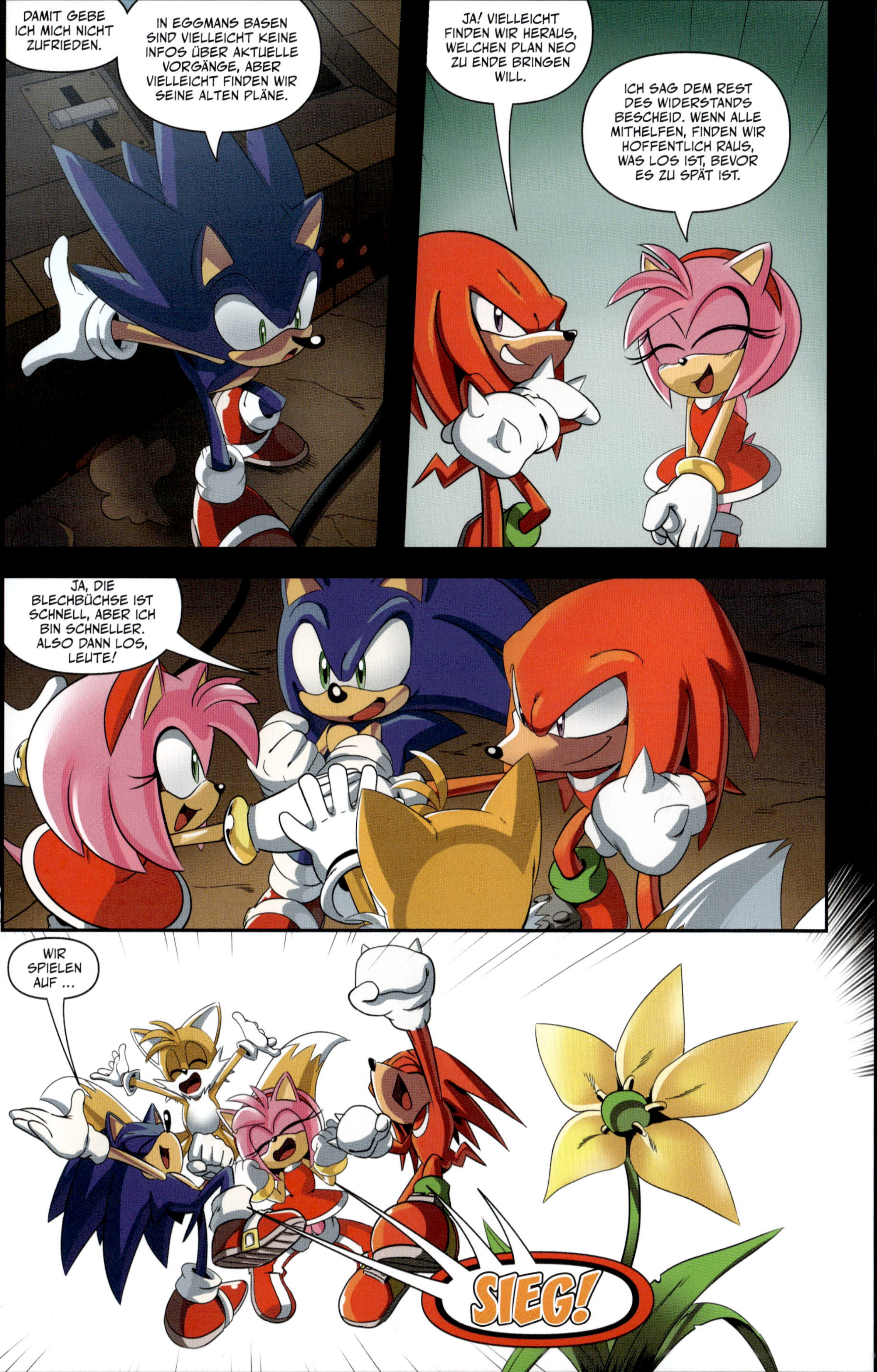
DAMIT GEBE ICH MICH NICHT ZUFRIEDEN.
IN EGGMANS BASEN SIND VIELLEICHT KEINE INFOS ÜBER AKTUELLE VORGÄNGE, ABER VIELLEICHT FINDEN WIR SEINE ALTEN PLÄNE.
JA! VIELLEICHT FINDEN WIR HERAUS, WELCHEN PLAN NEO ZU ENDE BRINGEN WILL.
ICH SAG DEM REST DES WIDERSTANDS BESCHEID. WENN ALLE MITHELFEN, FINDEN WIR HOFFENTLICH RAUS, WAS LOS IST, BEVOR ES ZU SPÄT IST.
JA, DIE BLECHBÜCHSE IST SCHNELL, ABER ICH BIN SCHNELLER. ALSO DANN LOS, LEUTE!
WIR SPIELEN AUF ...
SIEG!

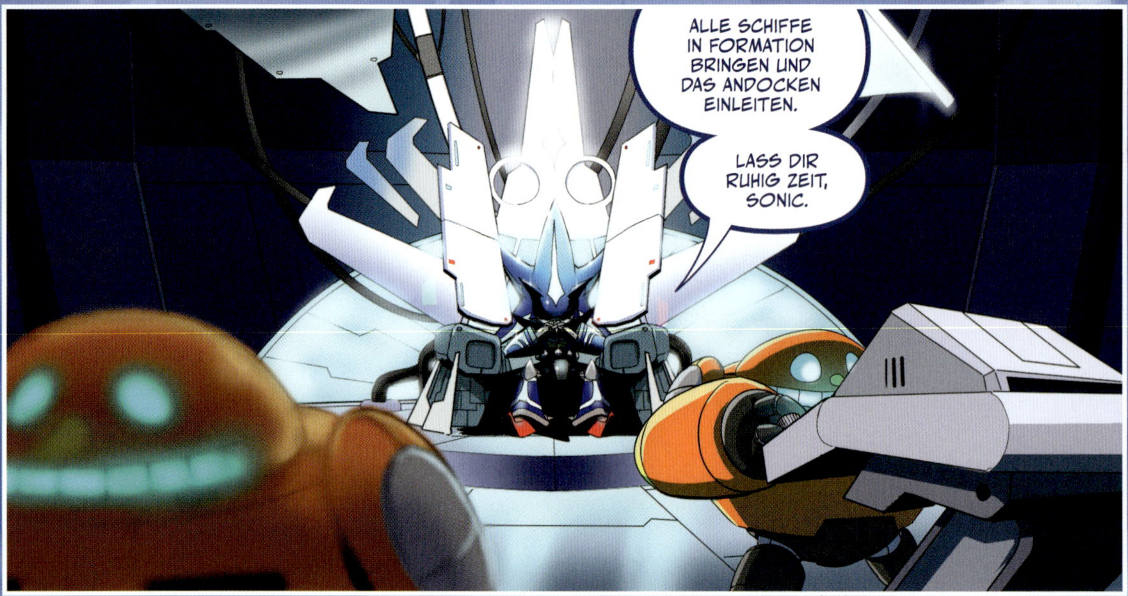
ALLE SCHIFFE IN FORMATION BRINGEN UND DAS ANDOCKEN EINLEITEN.
LASS DIR RUHIG ZEIT, SONIC.

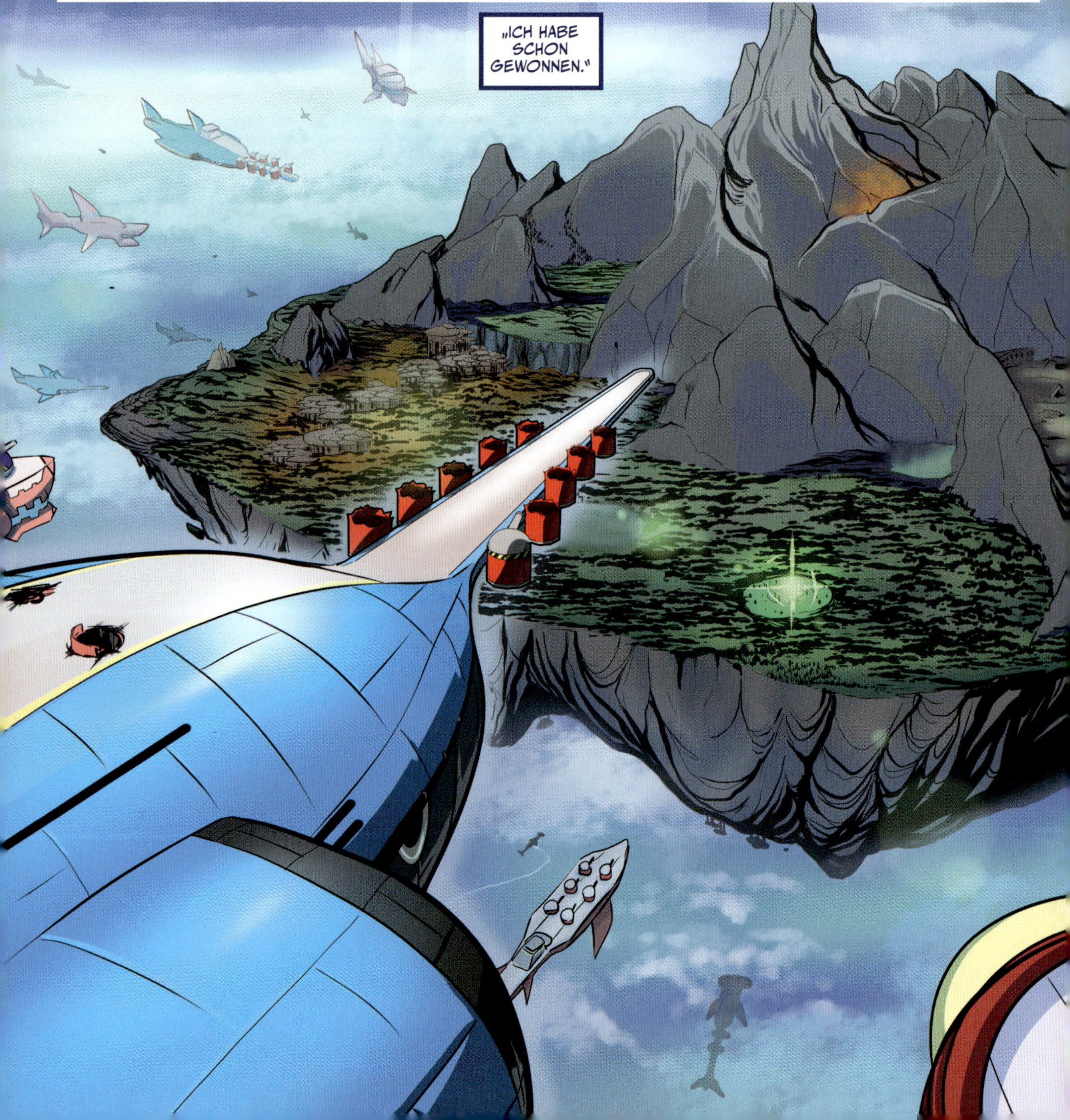
„ICH HABE SCHON GEWONNEN."

ZEICHNUNGEN: **NATHALIE FOURDRAINE**

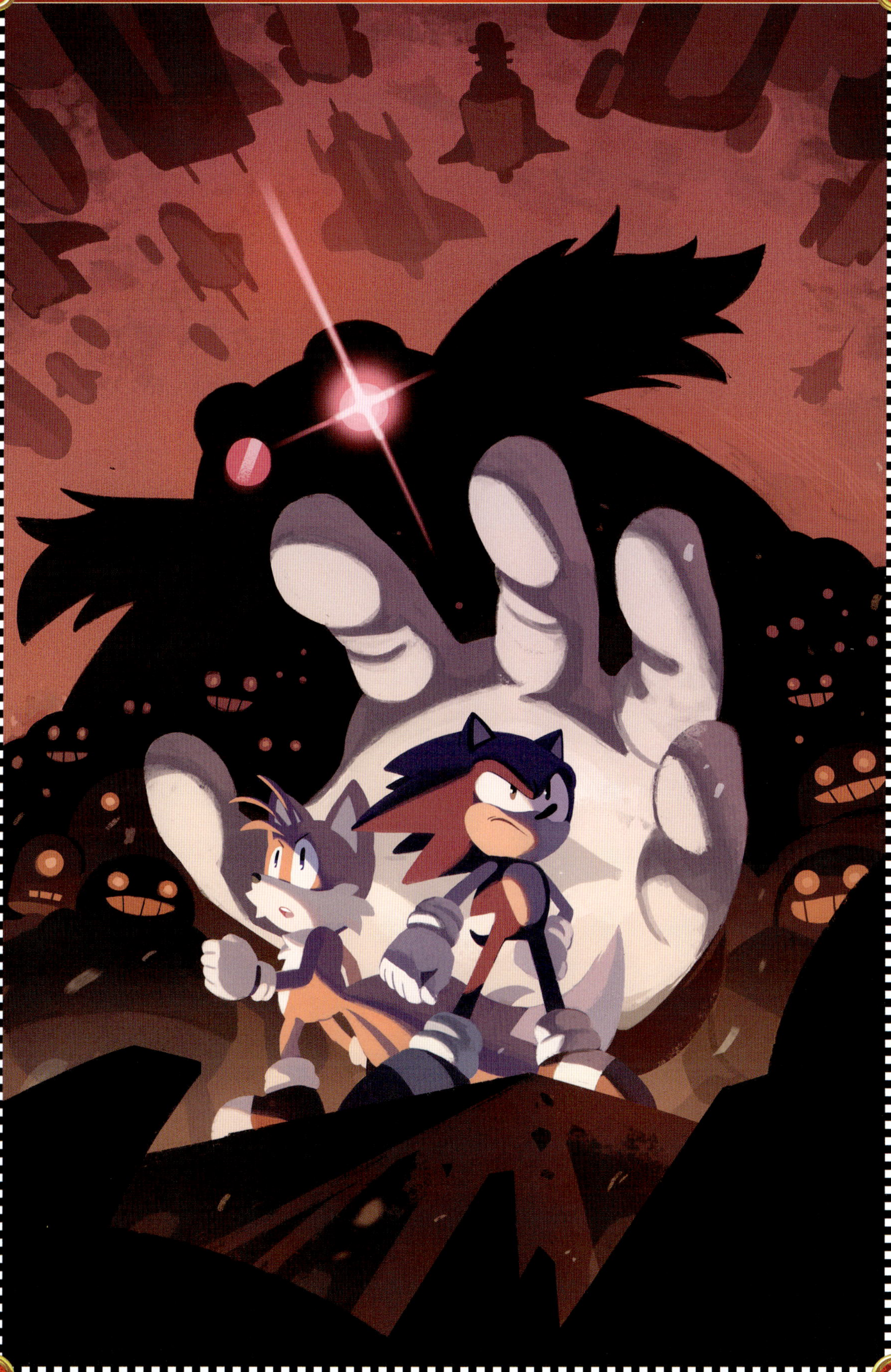

ZEICHNUNGEN: EVAN STANLEY KOLORIERUNG: MATT HERMS

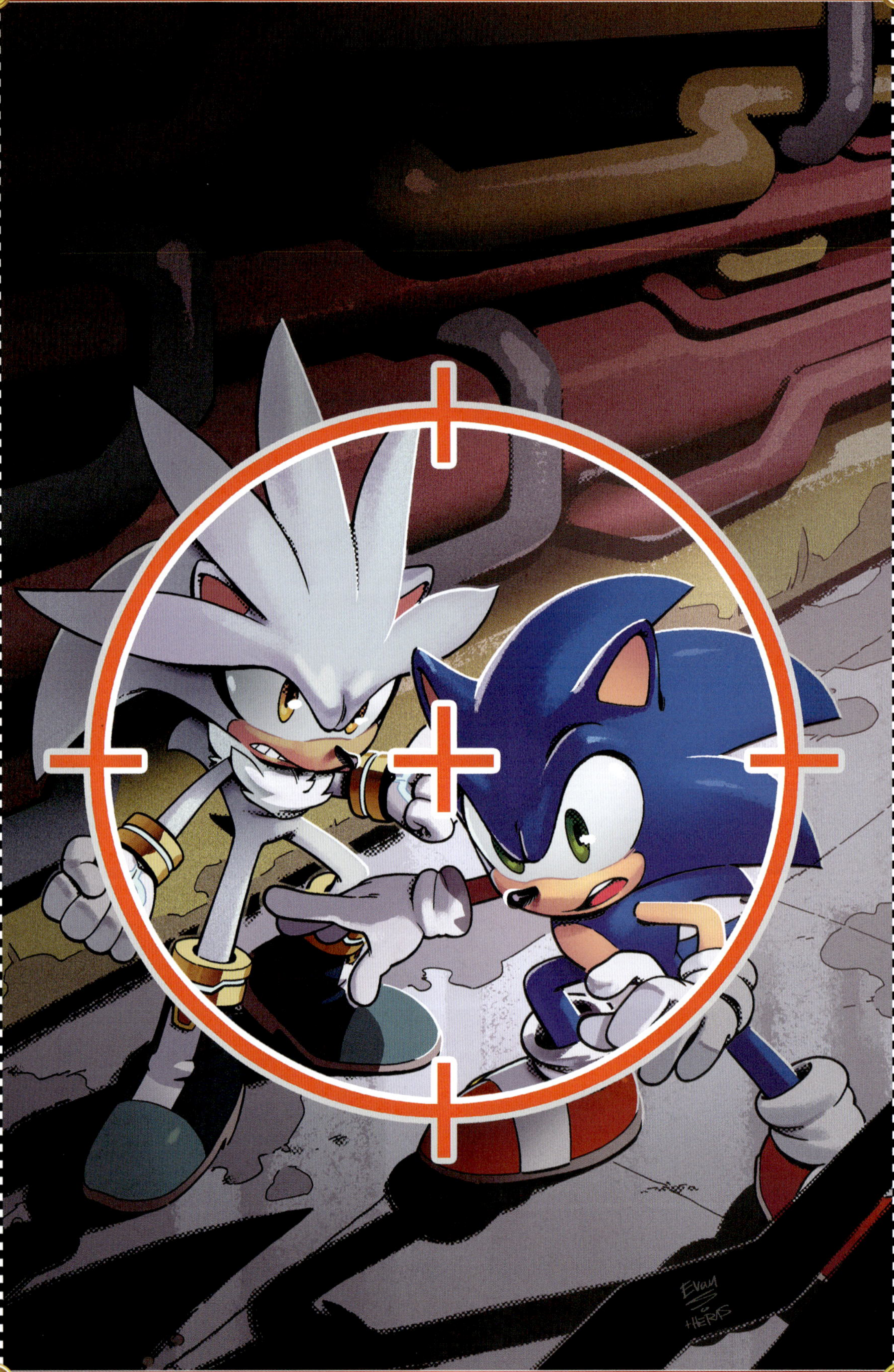

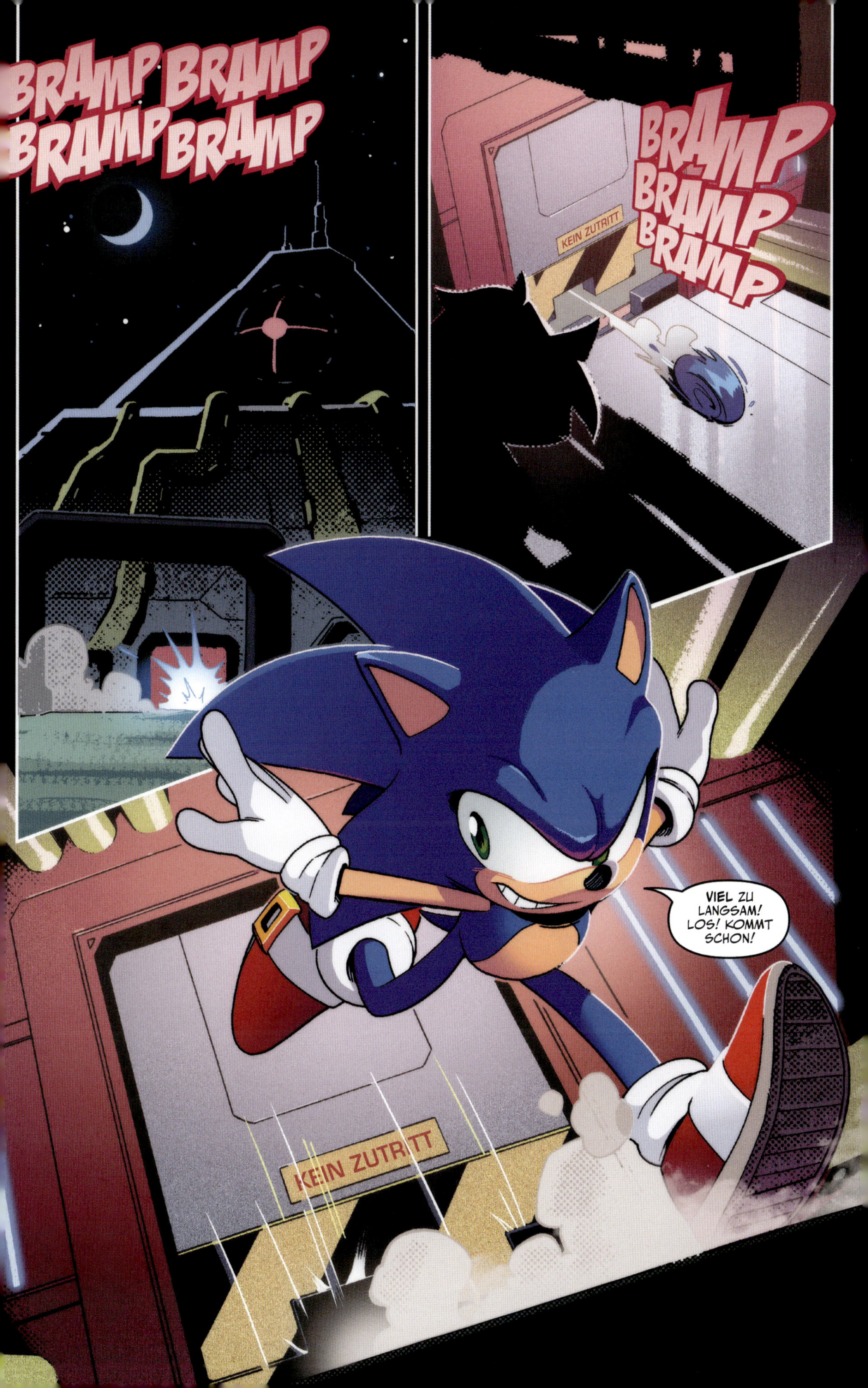
BRAMP BRAMP
BRAMP BRAMP
KEIN ZUTRITT
BRAMP
BRAMP
BRAMP
VIEL ZU LANGSAM! LOS! KOMMT SCHON!
KEIN ZUTRITT

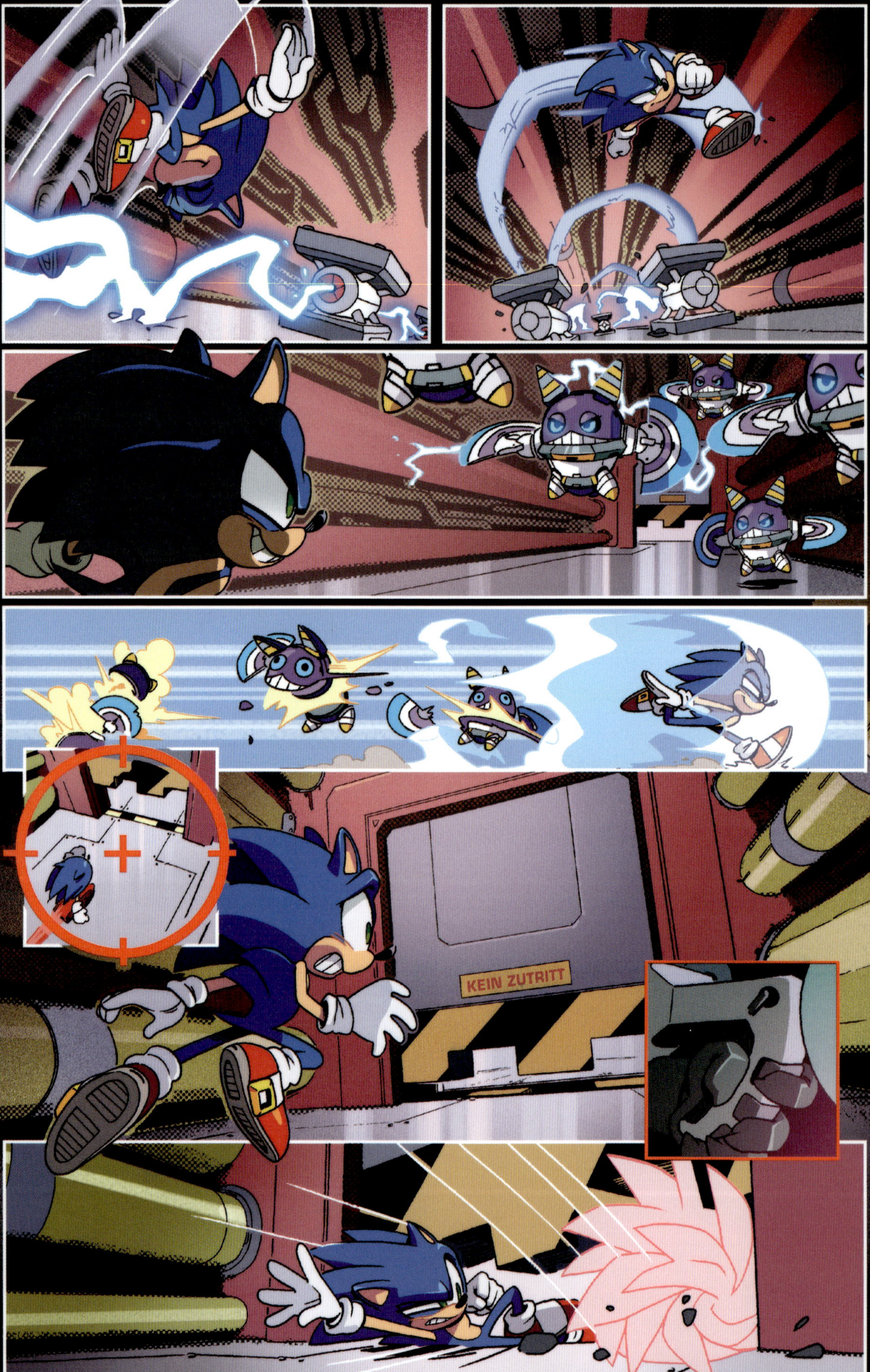
KEIN ZUTRITT

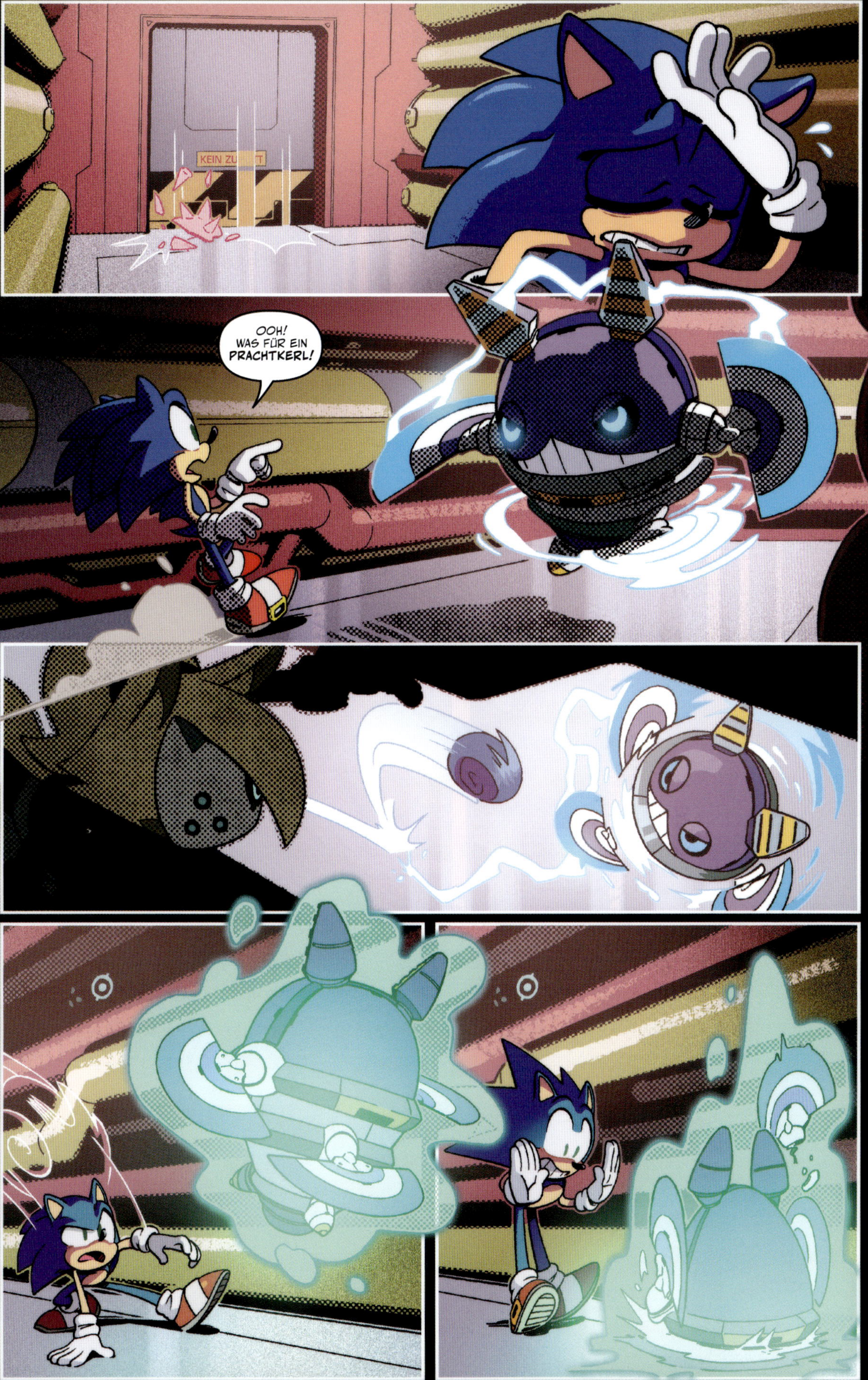
OOH! WAS FÜR EIN PRACHTKERL!

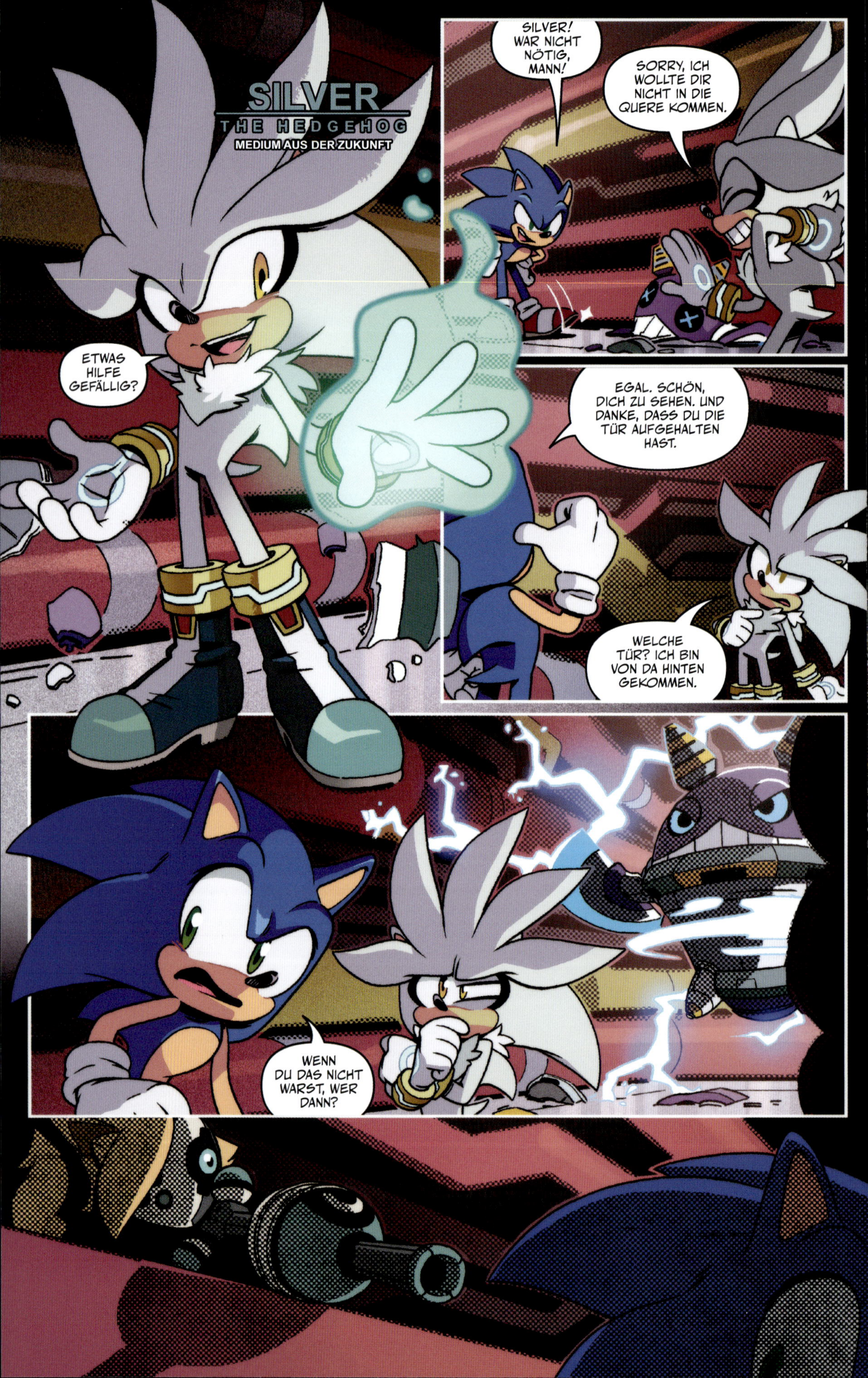
SILVER
THE HEDGEHOG
MEDIUM AUS DER ZUKUNFT
ETWAS HILFE GEFÄLLIG?
SILVER! WAR NICHT NÖTIG, MANN!
SORRY, ICH WOLLTE DIR NICHT IN DIE QUERE KOMMEN.
EGAL. SCHÖN, DICH ZU SEHEN. UND DANKE, DASS DU DIE TÜR AUFGEHALTEN HAST.
WELCHE TÜR? ICH BIN VON DA HINTEN GEKOMMEN.
WENN DU DAS NICHT WARST, WER DANN?

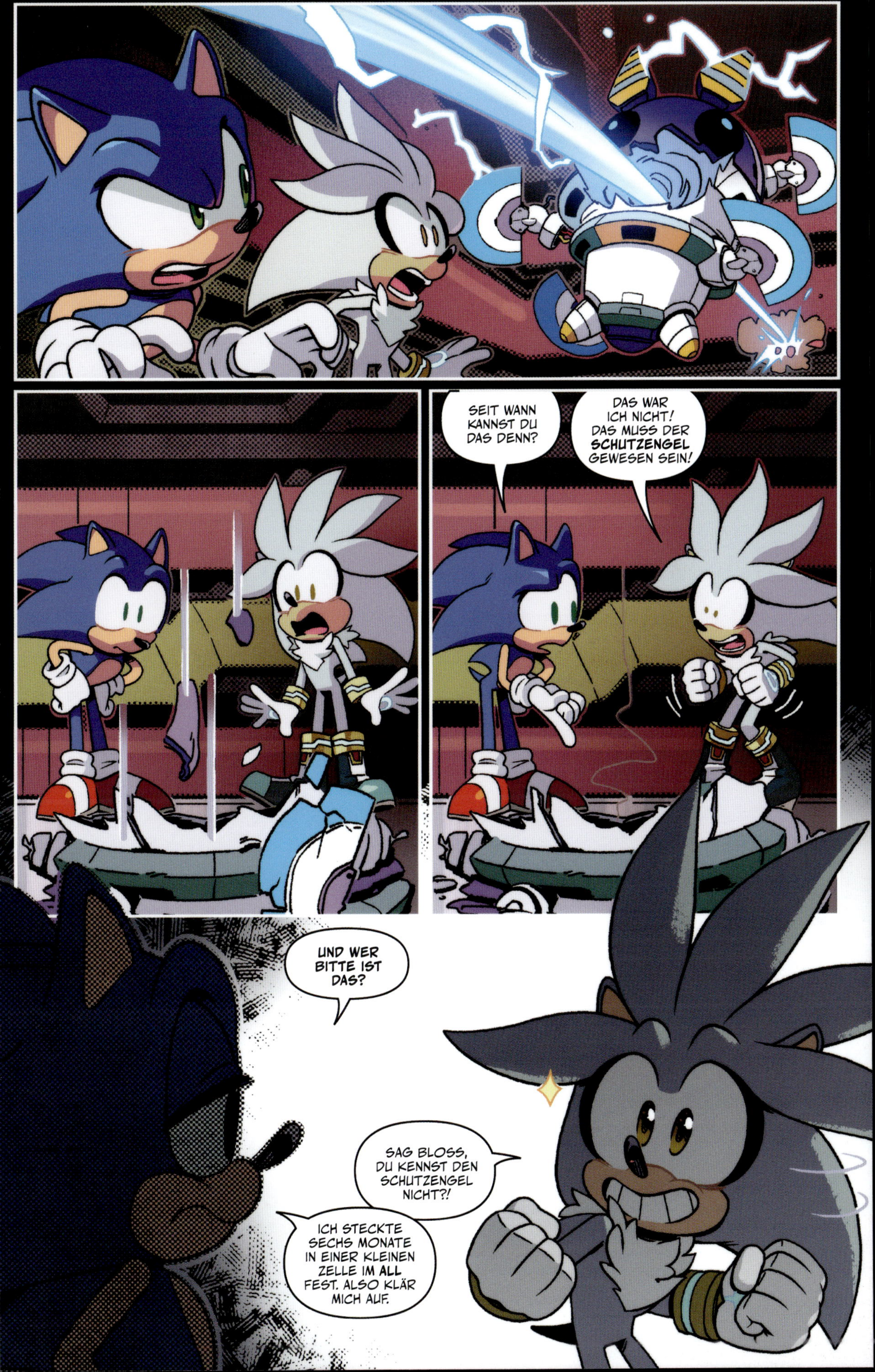
SEIT WANN KANNST DU DAS DENN?
DAS WAR ICH NICHT! DAS MUSS DER **SCHUTZENGEL** GEWESEN SEIN!
UND WER BITTE IST DAS?
SAG BLOSS, DU KENNST DEN SCHUTZENGEL NICHT?!
ICH STECKTE SECHS MONATE IN EINER KLEINEN ZELLE IM **ALL** FEST. ALSO KLÄR MICH AUF.

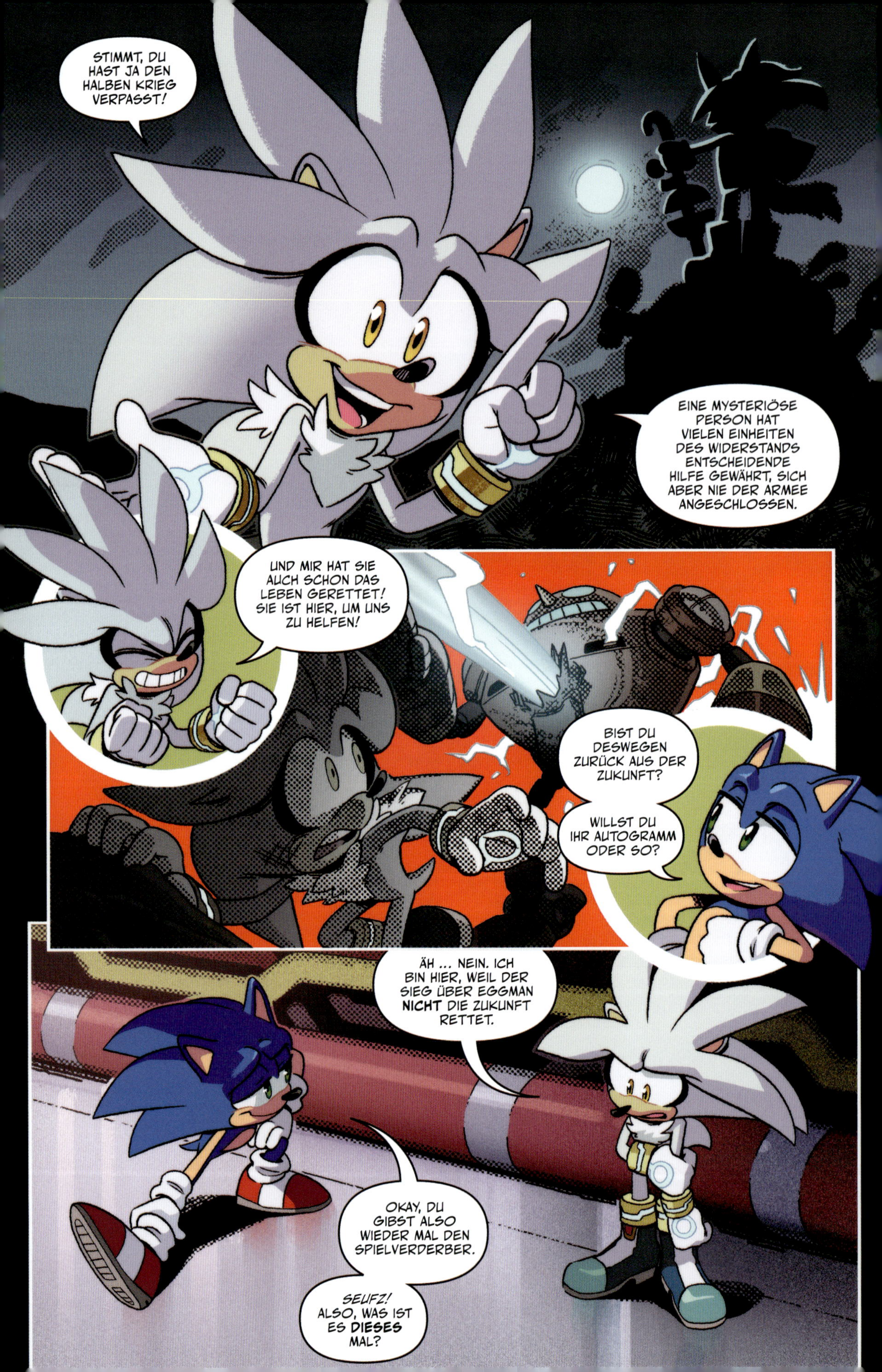
STIMMT, DU HAST JA DEN HALBEN KRIEG VERPASST!
EINE MYSTERIÖSE PERSON HAT VIELEN EINHEITEN DES WIDERSTANDS ENTSCHEIDENDE HILFE GEWÄHRT, SICH ABER NIE DER ARMEE ANGESCHLOSSEN.
UND MIR HAT SIE AUCH SCHON DAS LEBEN GERETTET! SIE IST HIER, UM UNS ZU HELFEN!
BIST DU DESWEGEN ZURÜCK AUS DER ZUKUNFT?
WILLST DU IHR AUTOGRAMM ODER SO?
ÄH ... NEIN. ICH BIN HIER, WEIL DER SIEG ÜBER EGGMAN **NICHT** DIE ZUKUNFT RETTET.
OKAY, DU GIBST ALSO WIEDER MAL DEN SPIELVERDERBER.
SEUFZ! ALSO, WAS IST ES **DIESES** MAL?

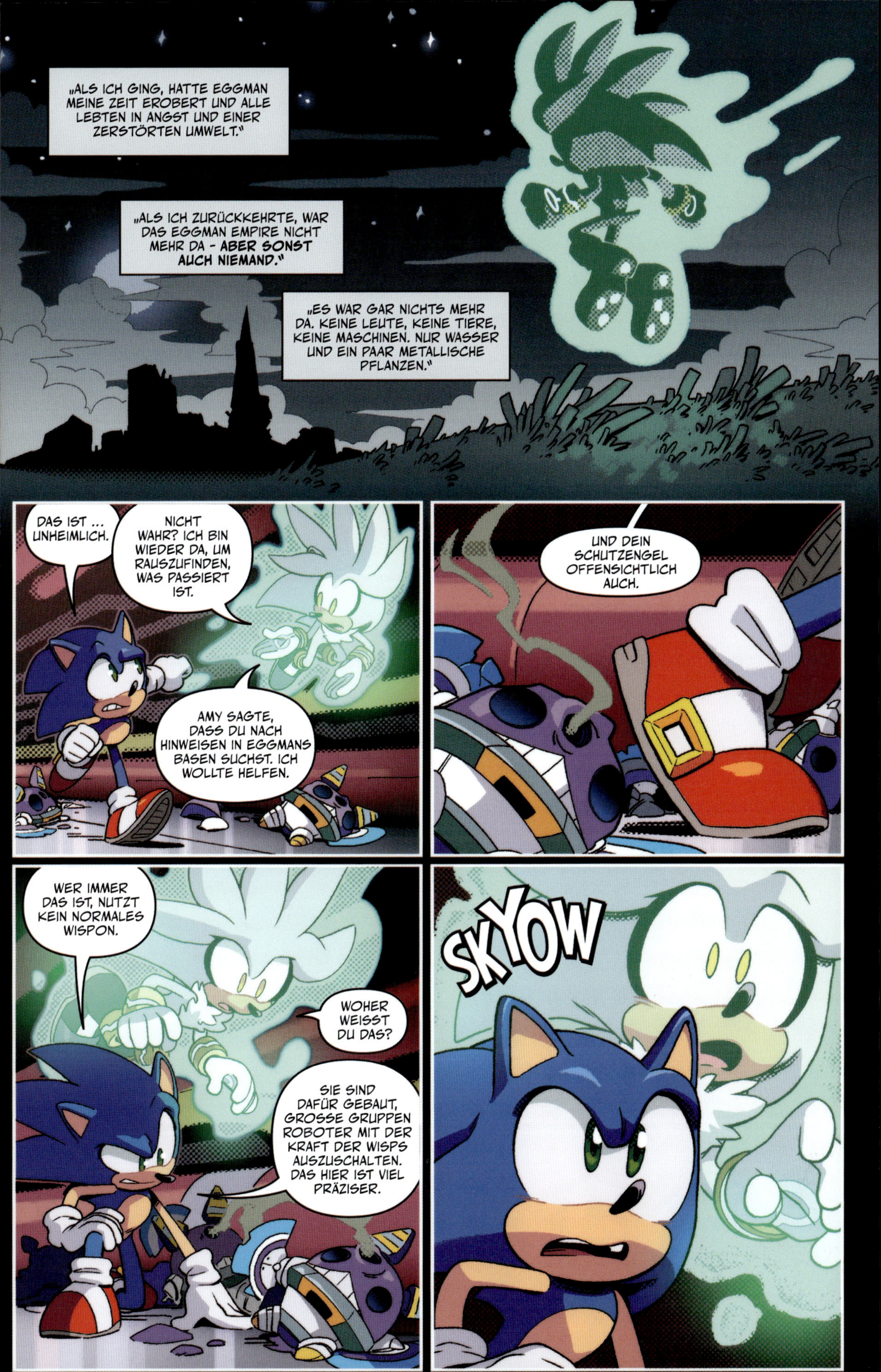
„ALS ICH GING, HATTE EGGMAN MEINE ZEIT EROBERT UND ALLE LEBTEN IN ANGST UND EINER ZERSTÖRTEN UMWELT."
„ALS ICH ZURÜCKKEHRTE, WAR DAS EGGMAN EMPIRE NICHT MEHR DA - **ABER SONST AUCH NIEMAND.**"
„ES WAR GAR NICHTS MEHR DA. KEINE LEUTE, KEINE TIERE, KEINE MASCHINEN. NUR WASSER UND EIN PAAR METALLISCHE PFLANZEN."
DAS IST ... UNHEIMLICH.
NICHT WAHR? ICH BIN WIEDER DA, UM RAUSZUFINDEN, WAS PASSIERT IST.
AMY SAGTE, DASS DU NACH HINWEISEN IN EGGMANS BASEN SUCHST. ICH WOLLTE HELFEN.
UND DEIN SCHUTZENGEL OFFENSICHTLICH AUCH.
WER IMMER DAS IST, NUTZT KEIN NORMALES WISPON.
WOHER WEISST DU DAS?
SIE SIND DAFÜR GEBAUT, GROSSE GRUPPEN ROBOTER MIT DER KRAFT DER WISPS AUSZUSCHALTEN. DAS HIER IST VIEL PRÄZISER.
SKYOW

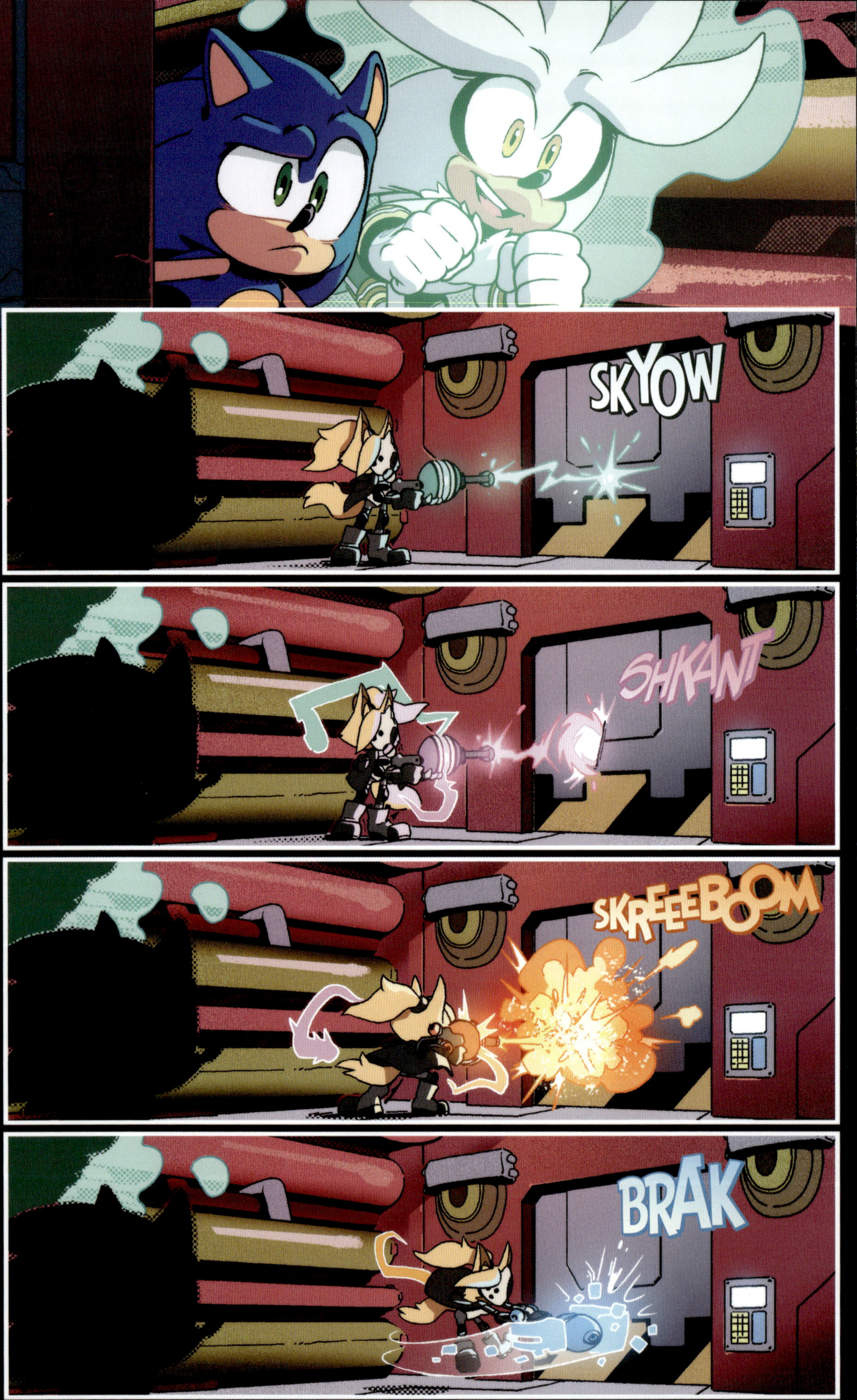
SKYOW
SHKANT
SKREEEBOOM
BRAK

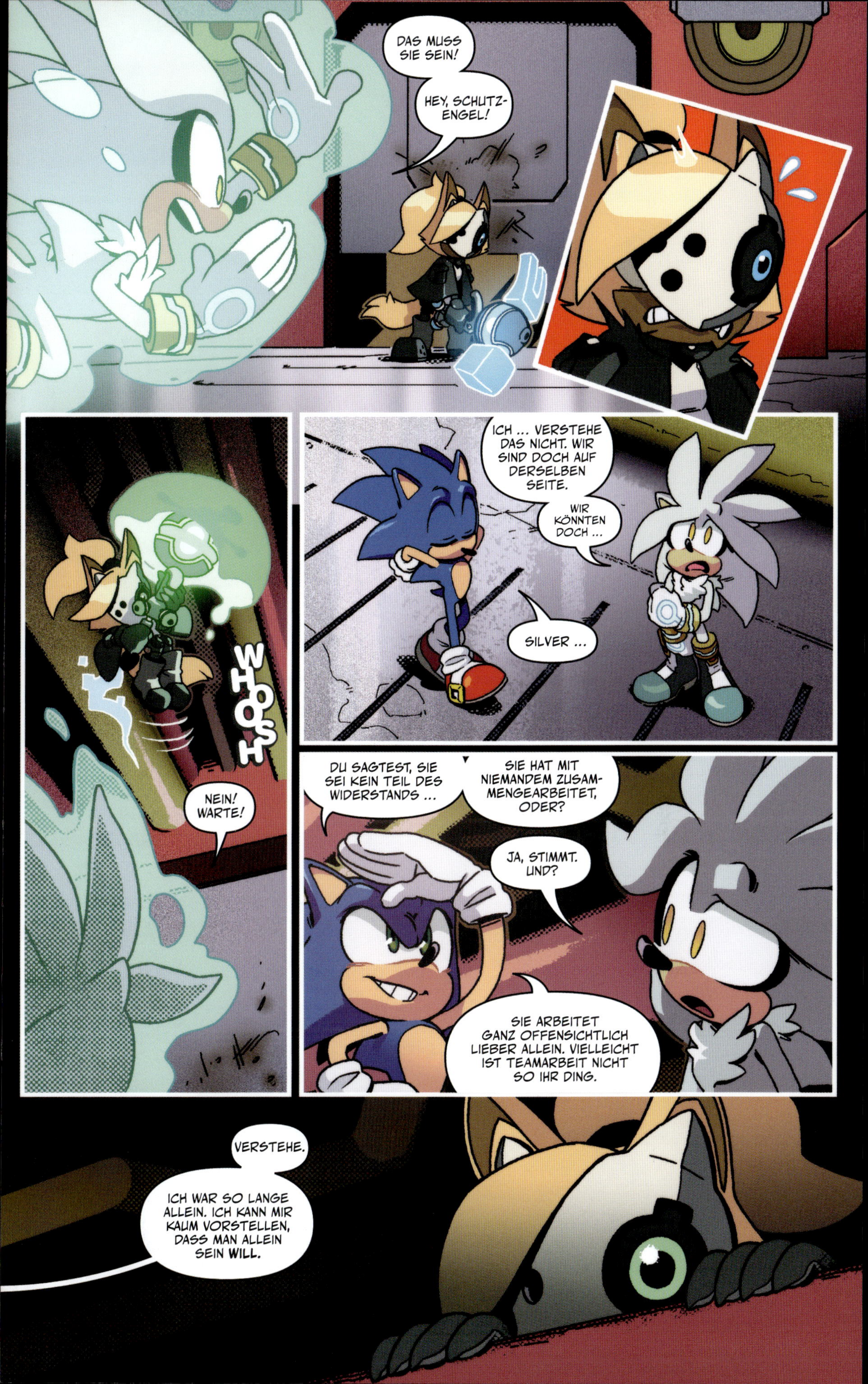

DAS MUSS SIE SEIN!
HEY, SCHUTZ-ENGEL!
WHOOSH
NEIN! WARTE!
ICH ... VERSTEHE DAS NICHT. WIR SIND DOCH AUF DERSELBEN SEITE.
WIR KÖNNTEN DOCH ...
SILVER ...
DU SAGTEST, SIE SEI KEIN TEIL DES WIDERSTANDS ...
SIE HAT MIT NIEMANDEM ZUSAM-MENGEARBEITET, ODER?
JA, STIMMT. UND?
SIE ARBEITET GANZ OFFENSICHTLICH LIEBER ALLEIN. VIELLEICHT IST TEAMARBEIT NICHT SO IHR DING.
VERSTEHE.
ICH WAR SO LANGE ALLEIN. ICH KANN MIR KAUM VORSTELLEN, DASS MAN ALLEIN SEIN WILL.

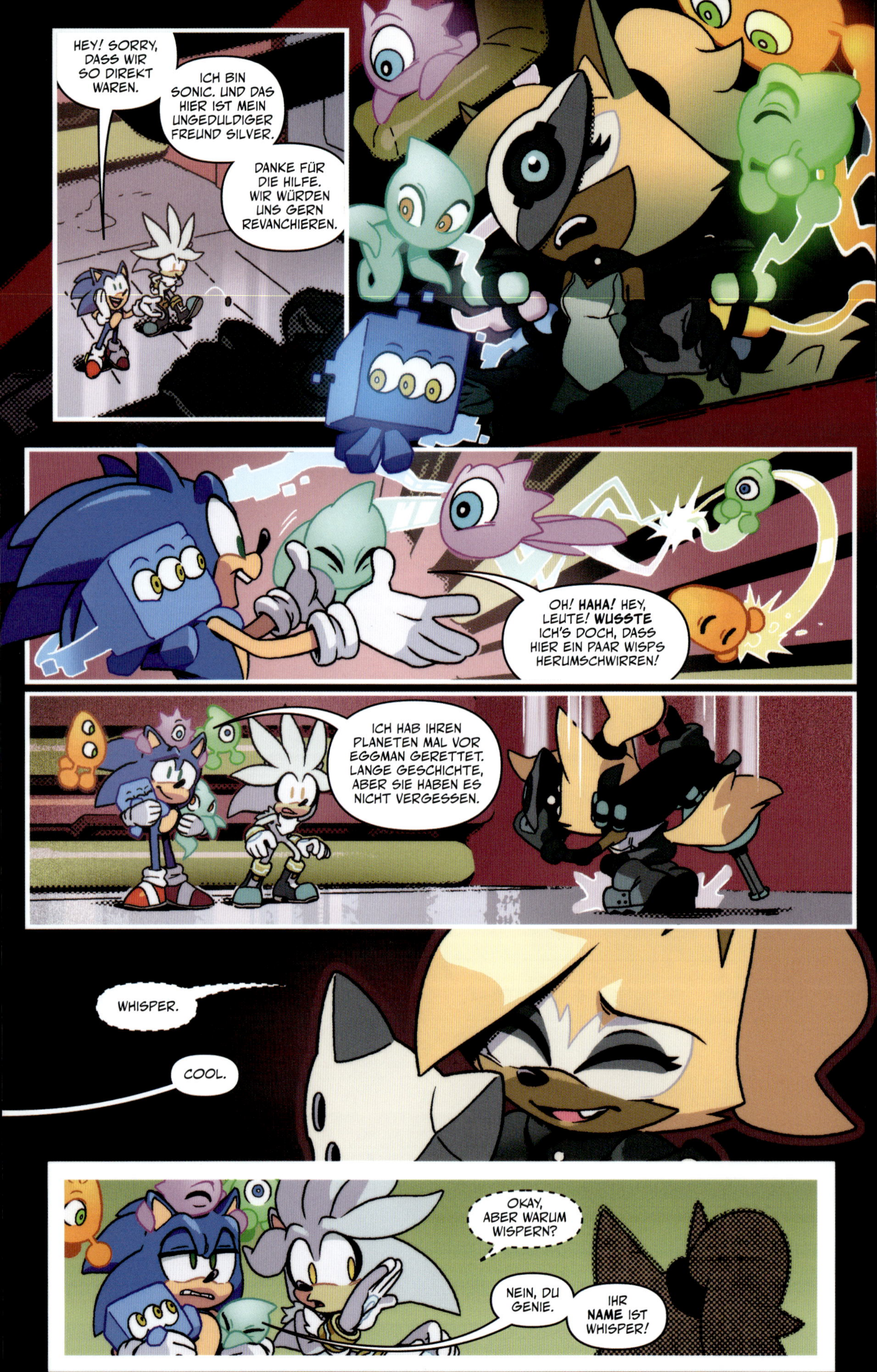
HEY! SORRY, DASS WIR SO DIREKT WAREN.
ICH BIN SONIC. UND DAS HIER IST MEIN UNGEDULDIGER FREUND SILVER.
DANKE FÜR DIE HILFE. WIR WÜRDEN UNS GERN REVANCHIEREN.
OH! HAHA! HEY, LEUTE! WUSSTE ICH'S DOCH, DASS HIER EIN PAAR WISPS HERUMSCHWIRREN!
ICH HAB IHREN PLANETEN MAL VOR EGGMAN GERETTET. LANGE GESCHICHTE, ABER SIE HABEN ES NICHT VERGESSEN.
WHISPER.
COOL.
OKAY, ABER WARUM WISPERN?
NEIN, DU GENIE.
IHR NAME IST WHISPER!

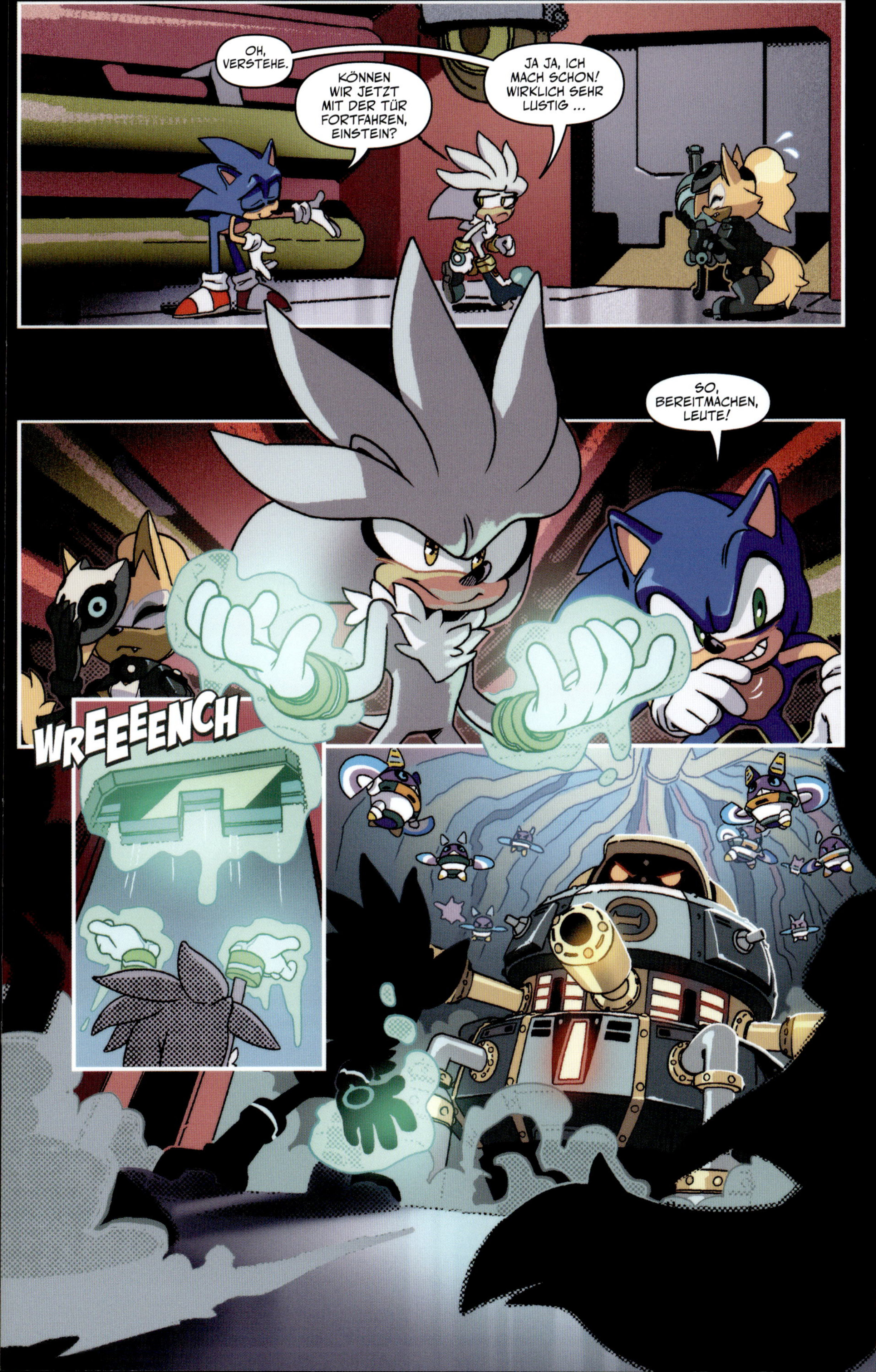
OH, VERSTEHE.
KÖNNEN WIR JETZT MIT DER TÜR FORTFAHREN, EINSTEIN?
JA JA, ICH MACH SCHON! WIRKLICH SEHR LUSTIG ...
SO, BEREITMACHEN, LEUTE!
WREEEENCH

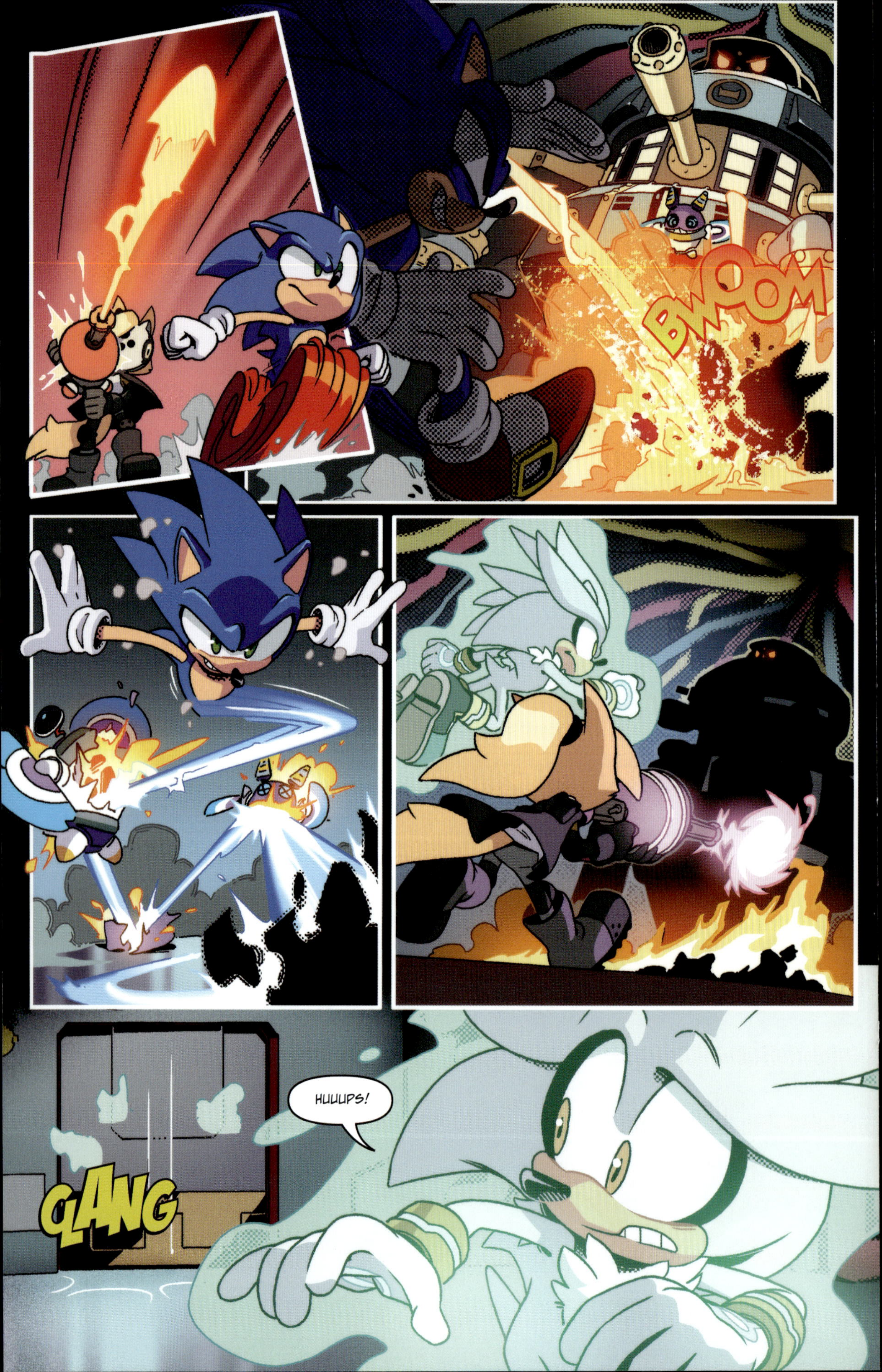
BWOOM
HUUUPS!
CLANG

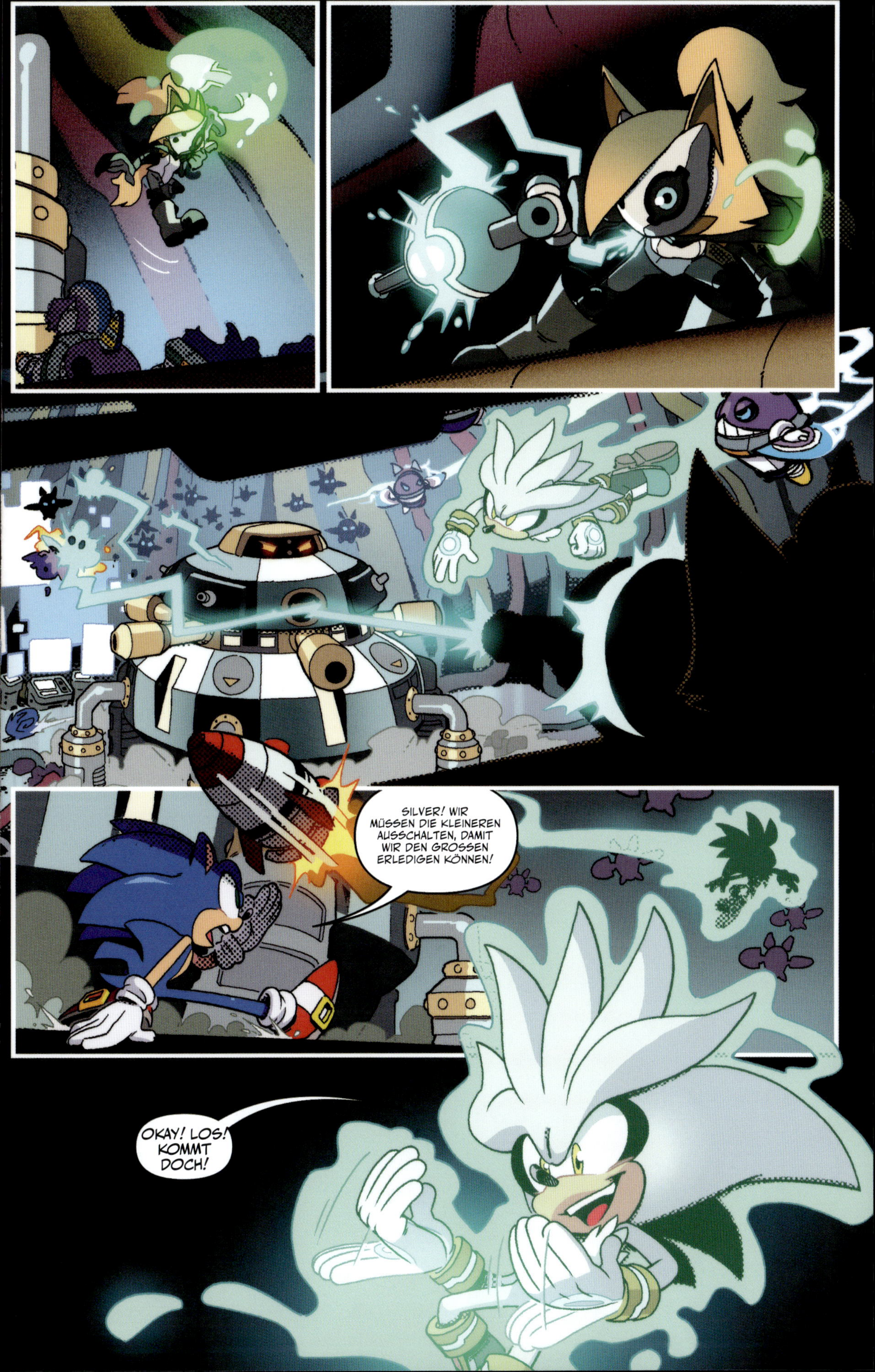

SILVER! WIR MÜSSEN DIE KLEINEREN AUSSCHALTEN, DAMIT WIR DEN GROSSEN ERLEDIGEN KÖNNEN!
OKAY! LOS! KOMMT DOCH!

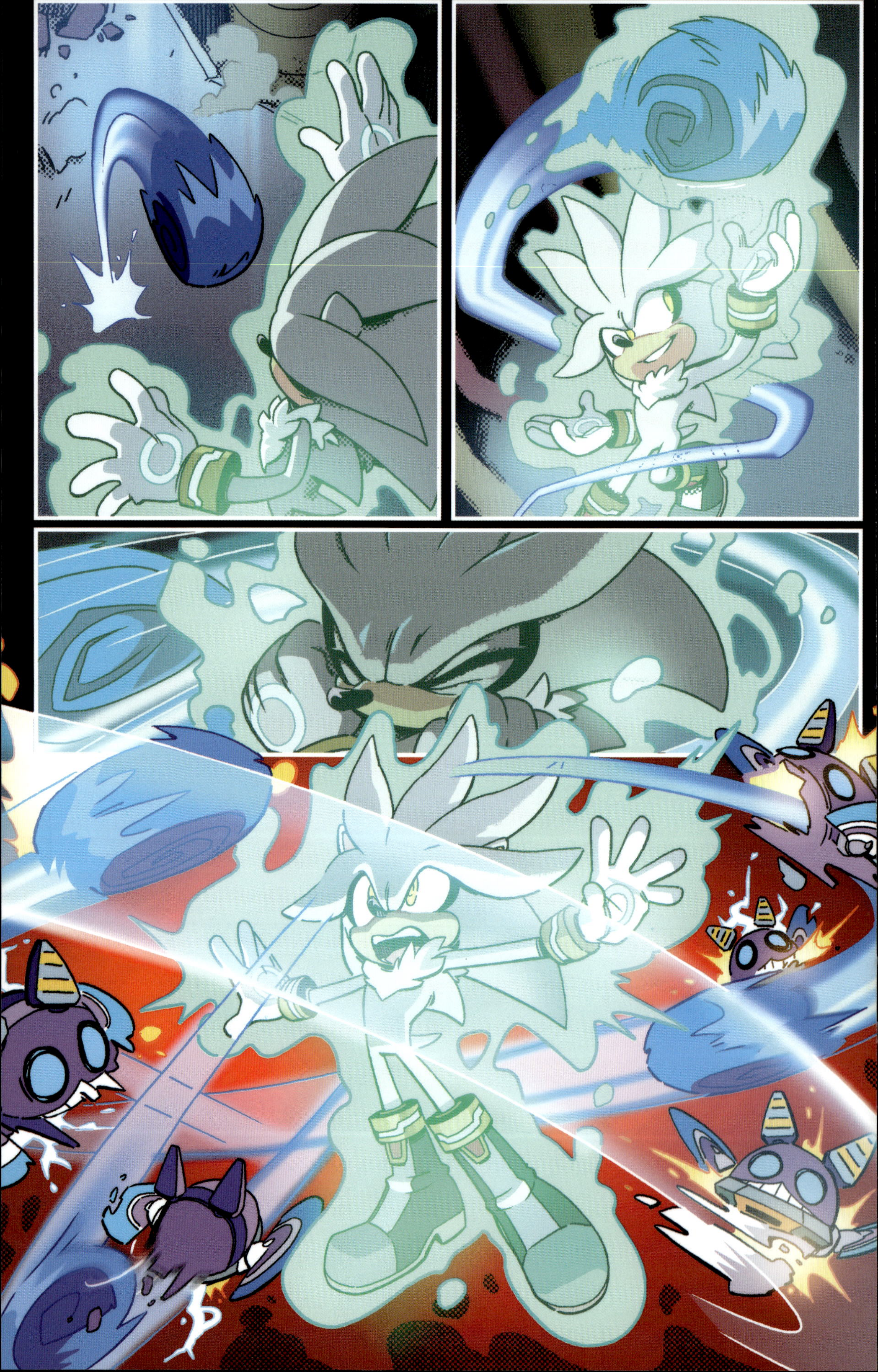

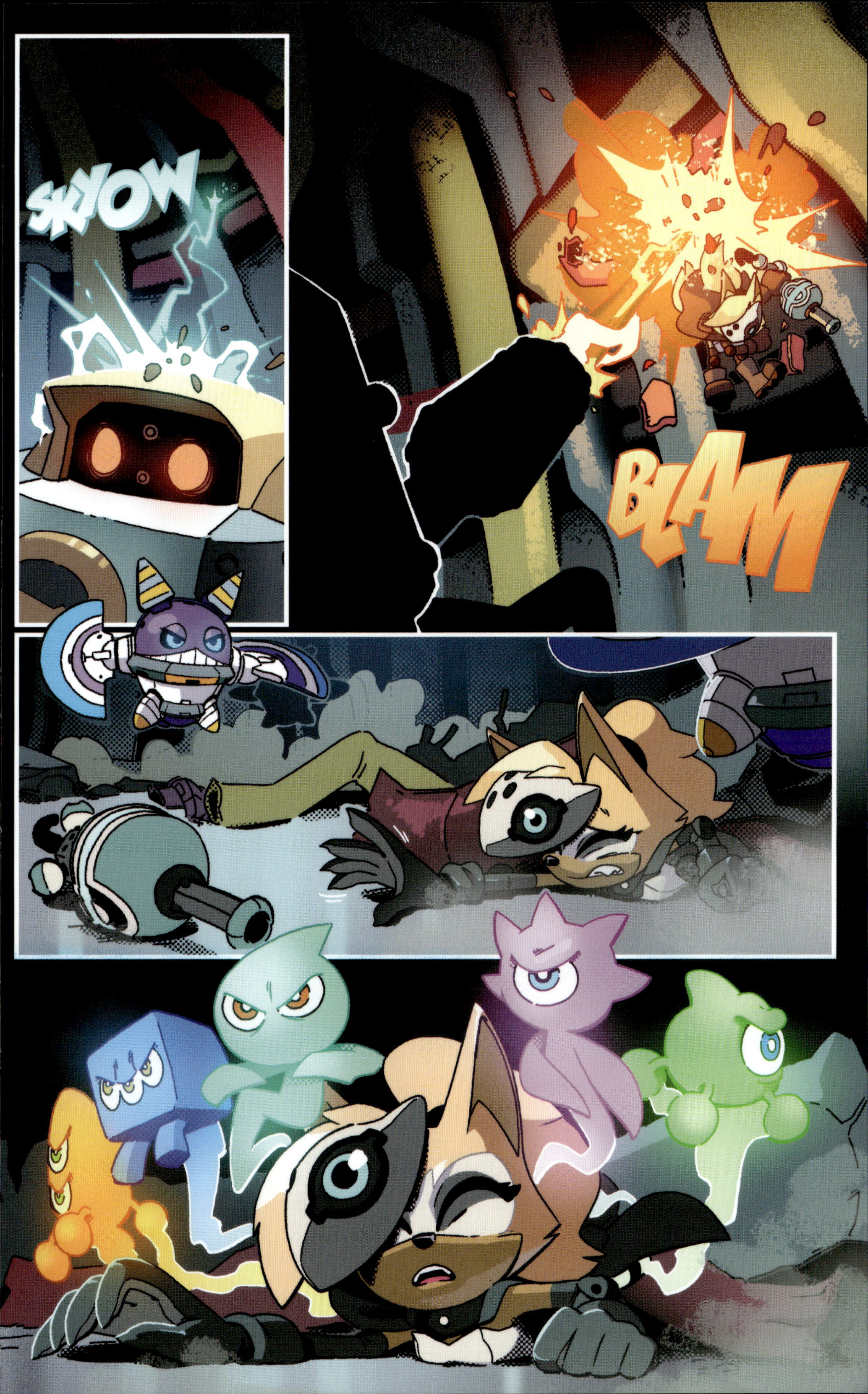
SKYOW
BLAM

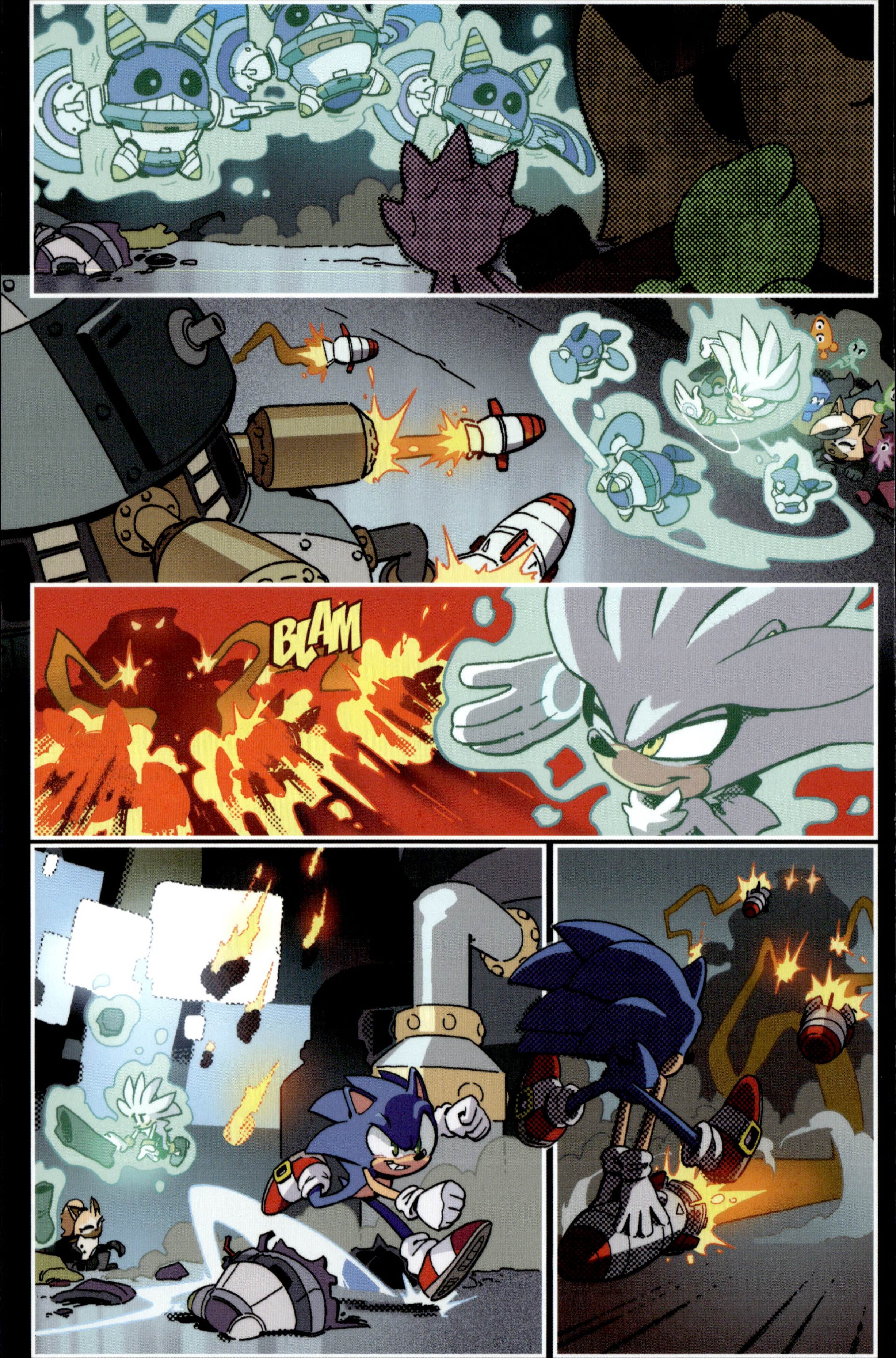
BLAM

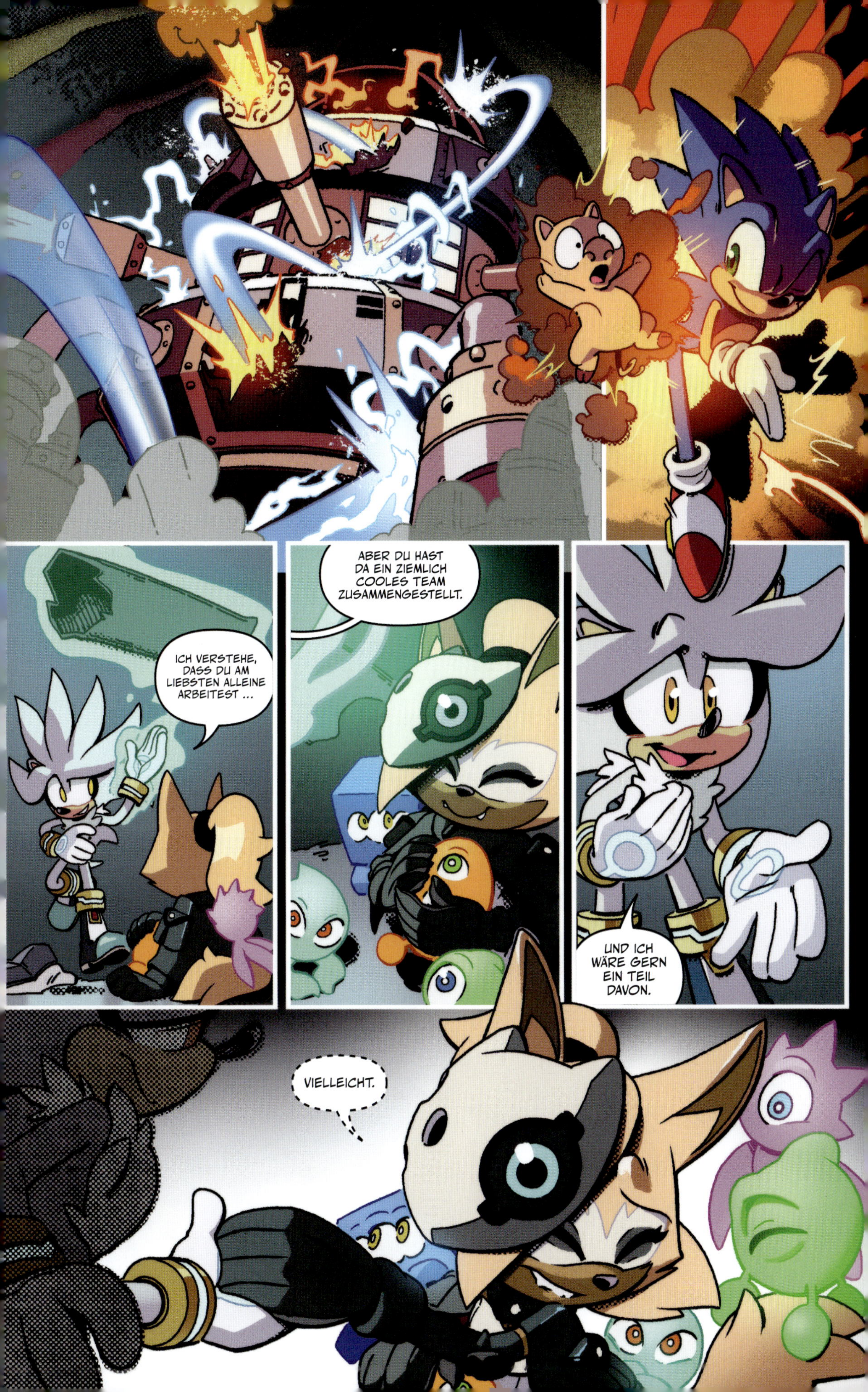
ICH VERSTEHE, DASS DU AM LIEBSTEN ALLEINE ARBEITEST ...
ABER DU HAST DA EIN ZIEMLICH COOLES TEAM ZUSAMMENGESTELLT.
UND ICH WÄRE GERN EIN TEIL DAVON.
VIELLEICHT.

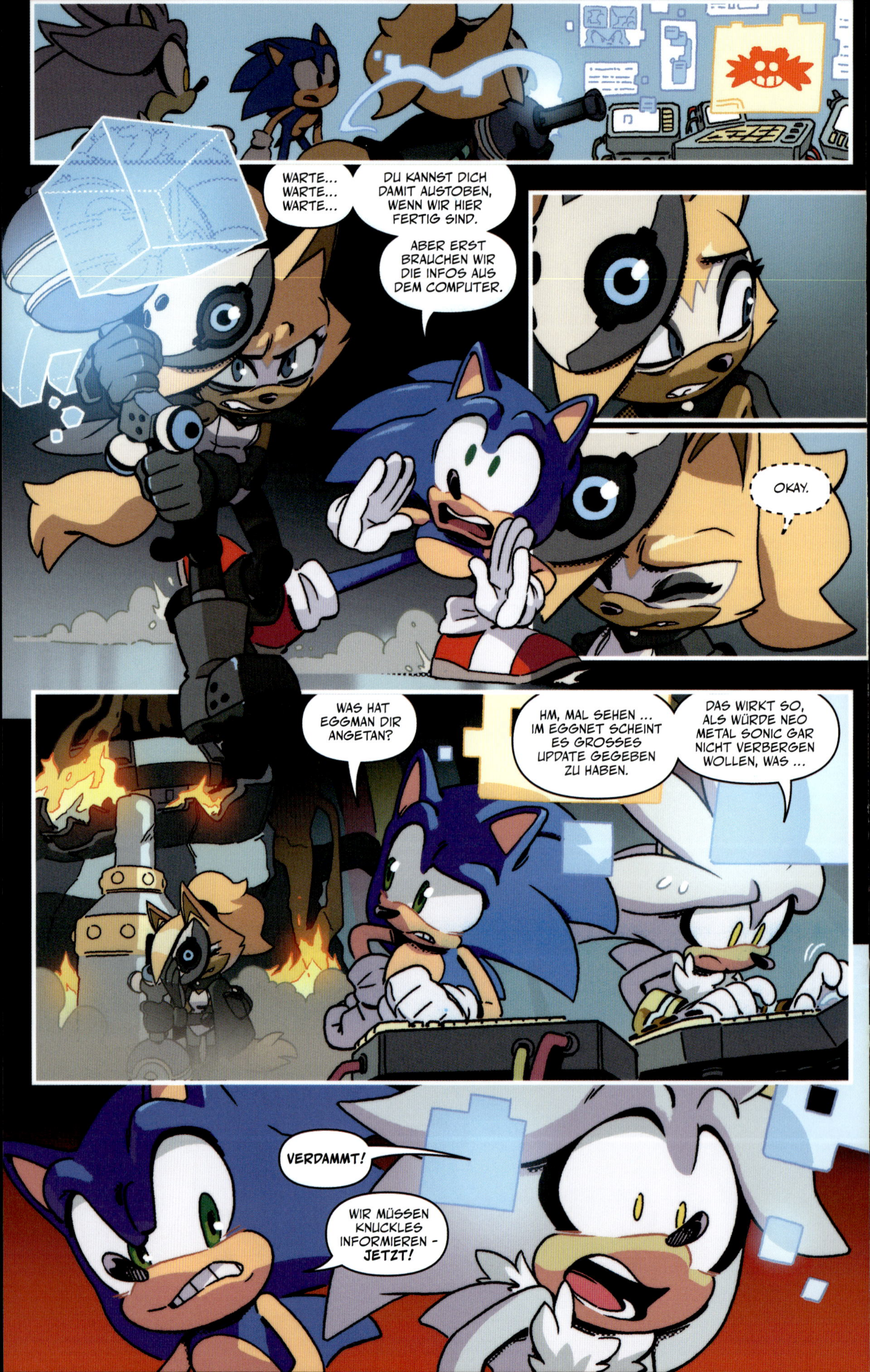
WARTE... WARTE... WARTE...
DU KANNST DICH DAMIT AUSTOBEN, WENN WIR HIER FERTIG SIND.
ABER ERST BRAUCHEN WIR DIE INFOS AUS DEM COMPUTER.
OKAY.
WAS HAT EGGMAN DIR ANGETAN?
HM, MAL SEHEN ... IM EGGNET SCHEINT ES GROSSES UPDATE GEGEBEN ZU HABEN.
DAS WIRKT SO, ALS WÜRDE NEO METAL SONIC GAR NICHT VERBERGEN WOLLEN, WAS ...
VERDAMMT!
WIR MÜSSEN KNUCKLES INFORMIEREN - JETZT!

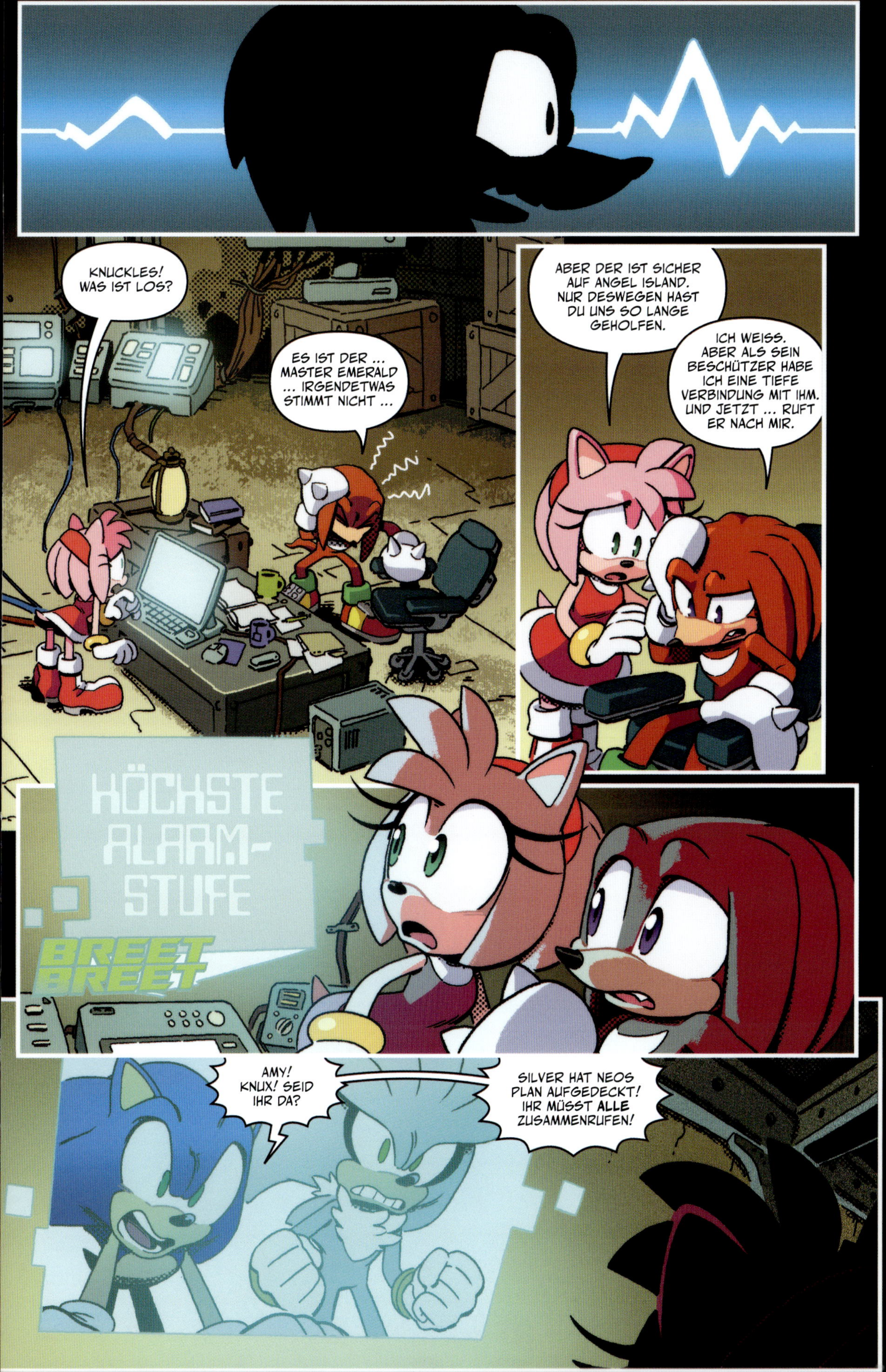
KNUCKLES! WAS IST LOS?
ES IST DER ... MASTER EMERALD ... IRGENDETWAS STIMMT NICHT ...
ABER DER IST SICHER AUF ANGEL ISLAND. NUR DESWEGEN HAST DU UNS SO LANGE GEHOLFEN.
ICH WEISS. ABER ALS SEIN BESCHÜTZER HABE ICH EINE TIEFE VERBINDUNG MIT IHM. UND JETZT ... RUFT ER NACH MIR.
HÖCHSTE ALARM-STUFE
BREET BREET
AMY! KNUX! SEID IHR DA?
SILVER HAT NEOS PLAN AUFGEDECKT! IHR MÜSST **ALLE** ZUSAMMENRUFEN!

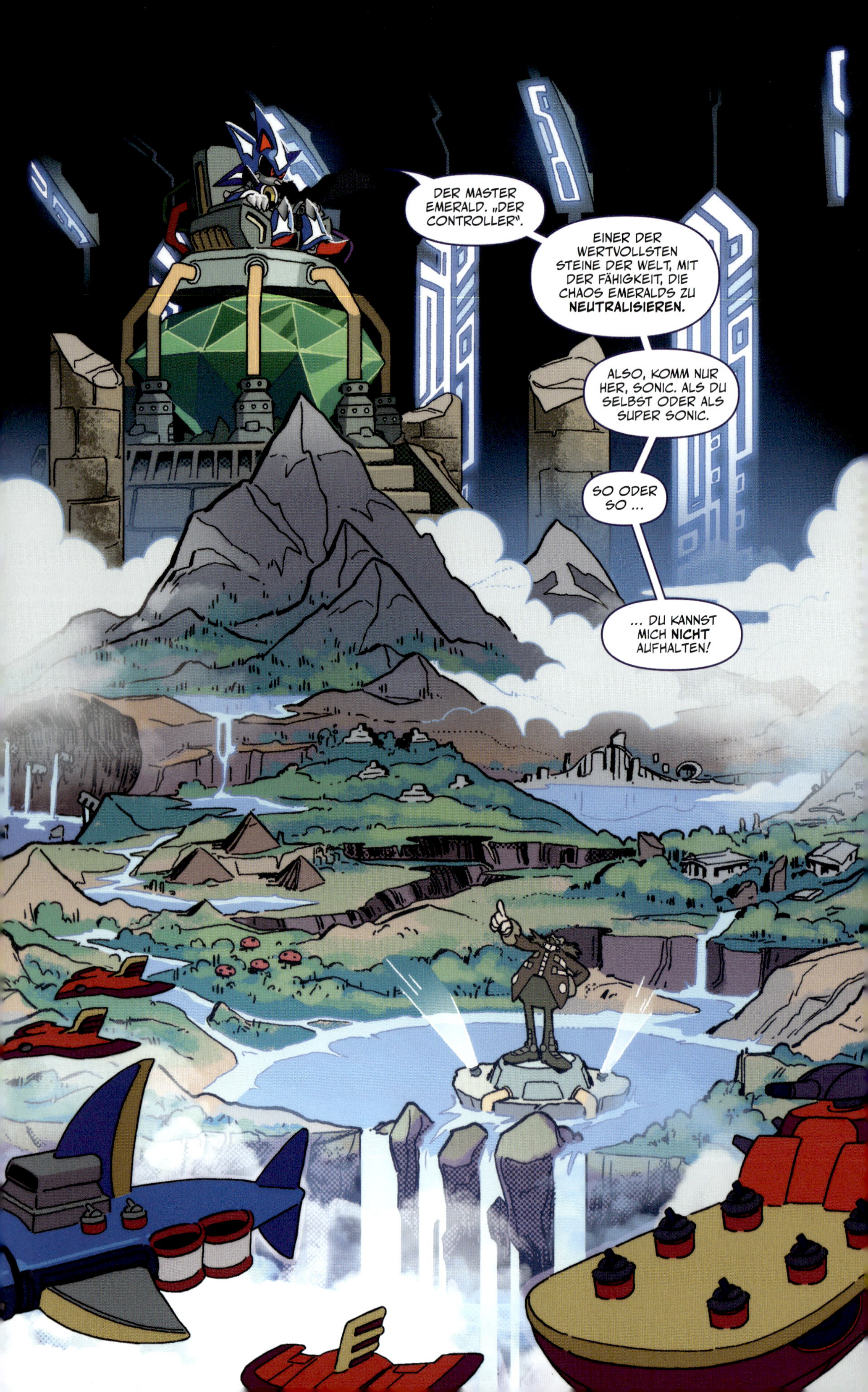
DER MASTER EMERALD. „DER CONTROLLER“.
EINER DER WERTVOLLSTEN STEINE DER WELT, MIT DER FÄHIGKEIT, DIE CHAOS EMERALDS ZU **NEUTRALISIEREN.**
ALSO, KOMM NUR HER, SONIC. ALS DU SELBST ODER ALS SUPER SONIC.
SO ODER SO ...
... DU KANNST MICH **NICHT** AUFHALTEN!

ZEICHNUNGEN: **NATHALIE FOURDRAINE**

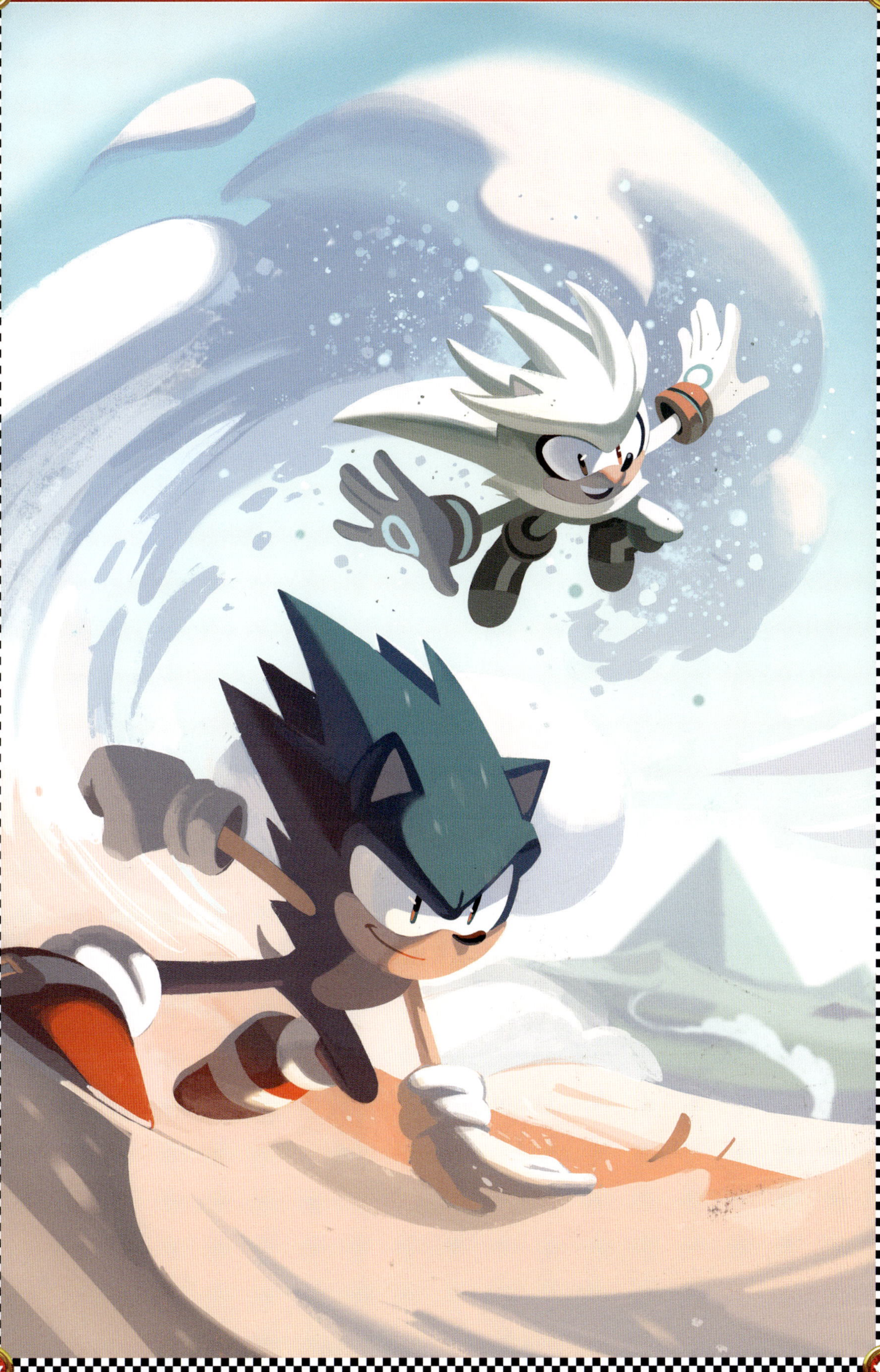

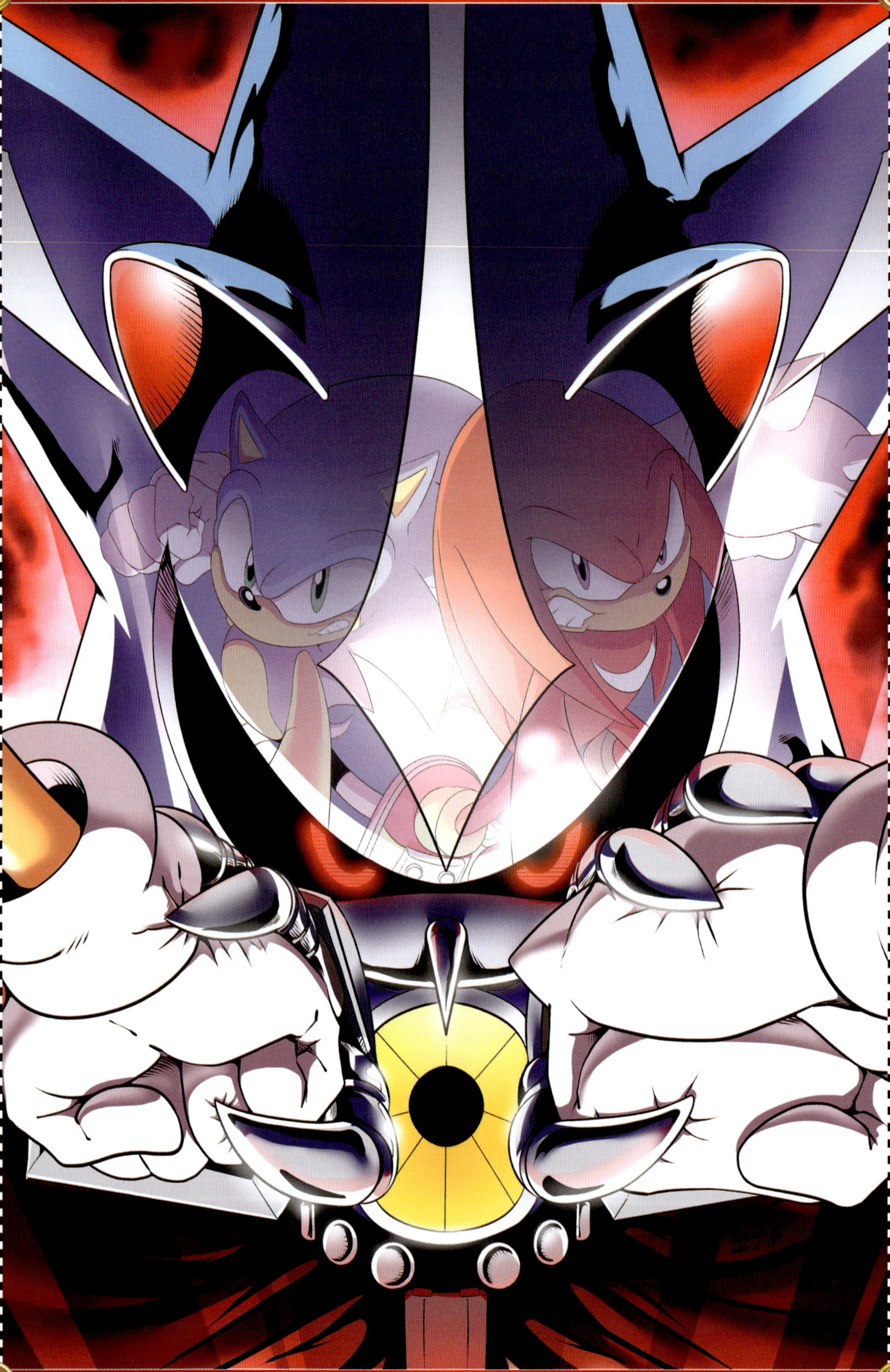

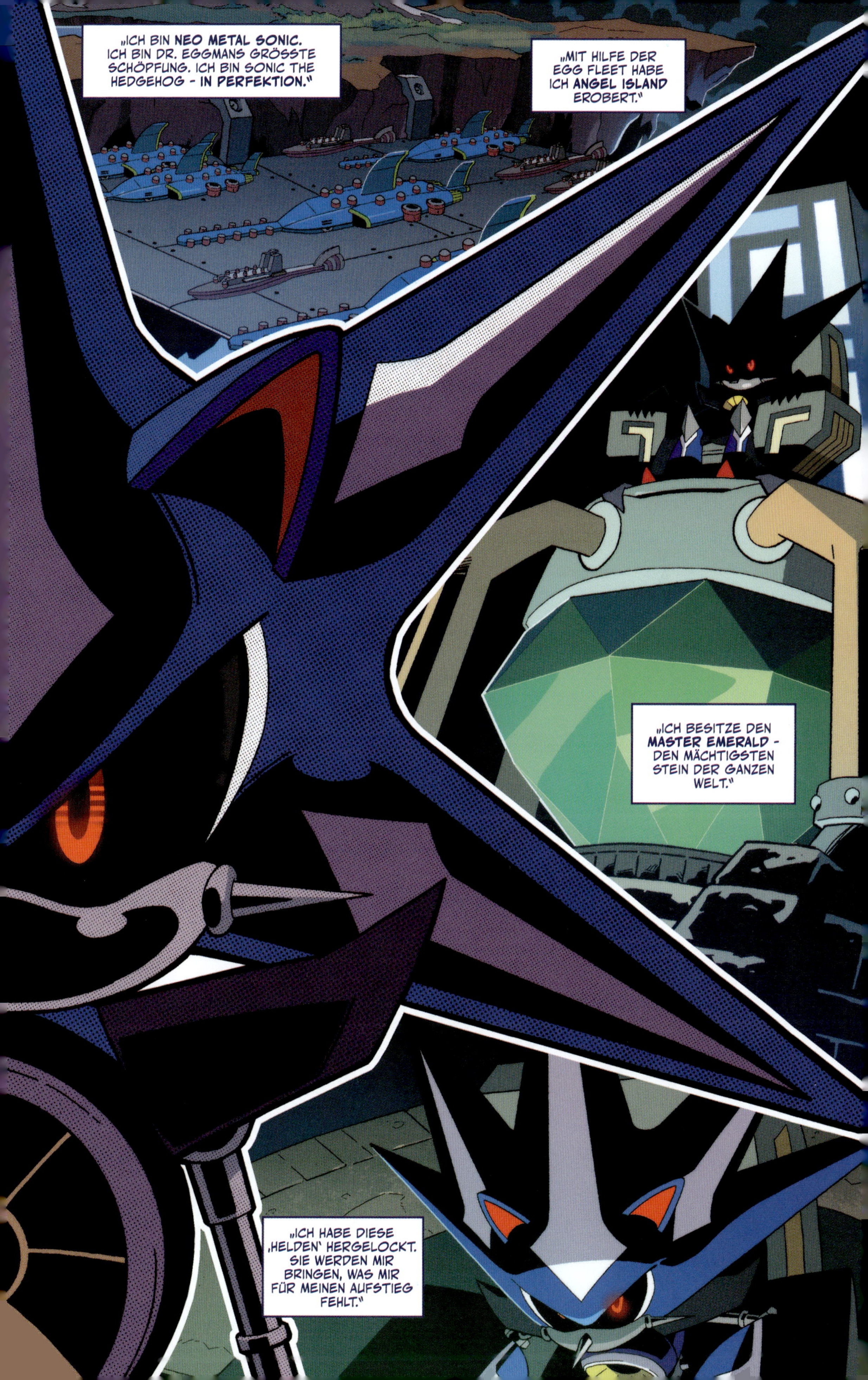
„ICH BIN NEO METAL SONIC. ICH BIN DR. EGGMANS GRÖSSTE SCHÖPFUNG. ICH BIN SONIC THE HEDGEHOG – IN PERFEKTION."
„MIT HILFE DER EGG FLEET HABE ICH ANGEL ISLAND EROBERT."
„ICH BESITZE DEN MASTER EMERALD – DEN MÄCHTIGSTEN STEIN DER GANZEN WELT."
„ICH HABE DIESE ‚HELDEN' HERGELOCKT. SIE WERDEN MIR BRINGEN, WAS MIR FÜR MEINEN AUFSTIEG FEHLT."

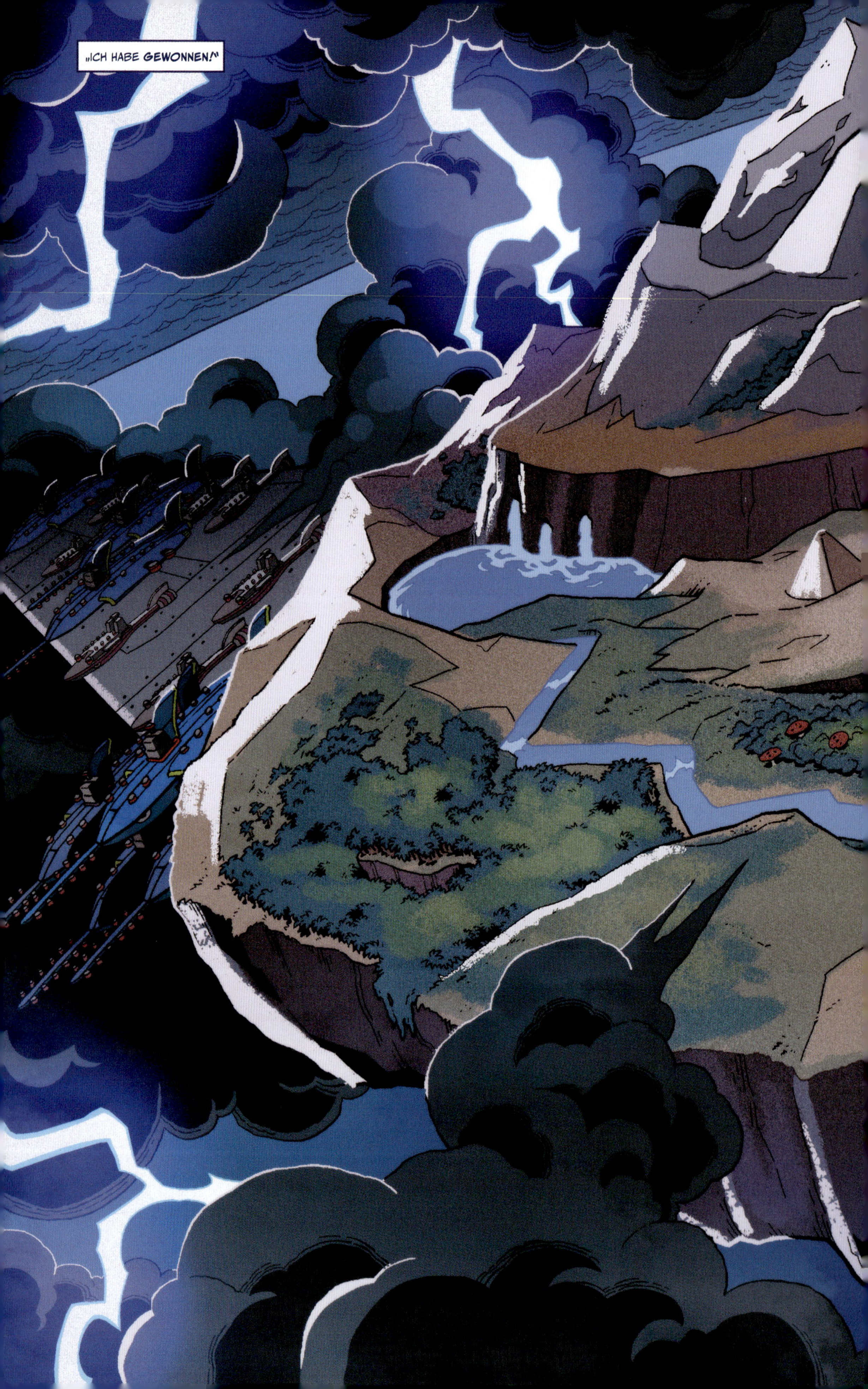
„ICH HABE GEWONNEN!“

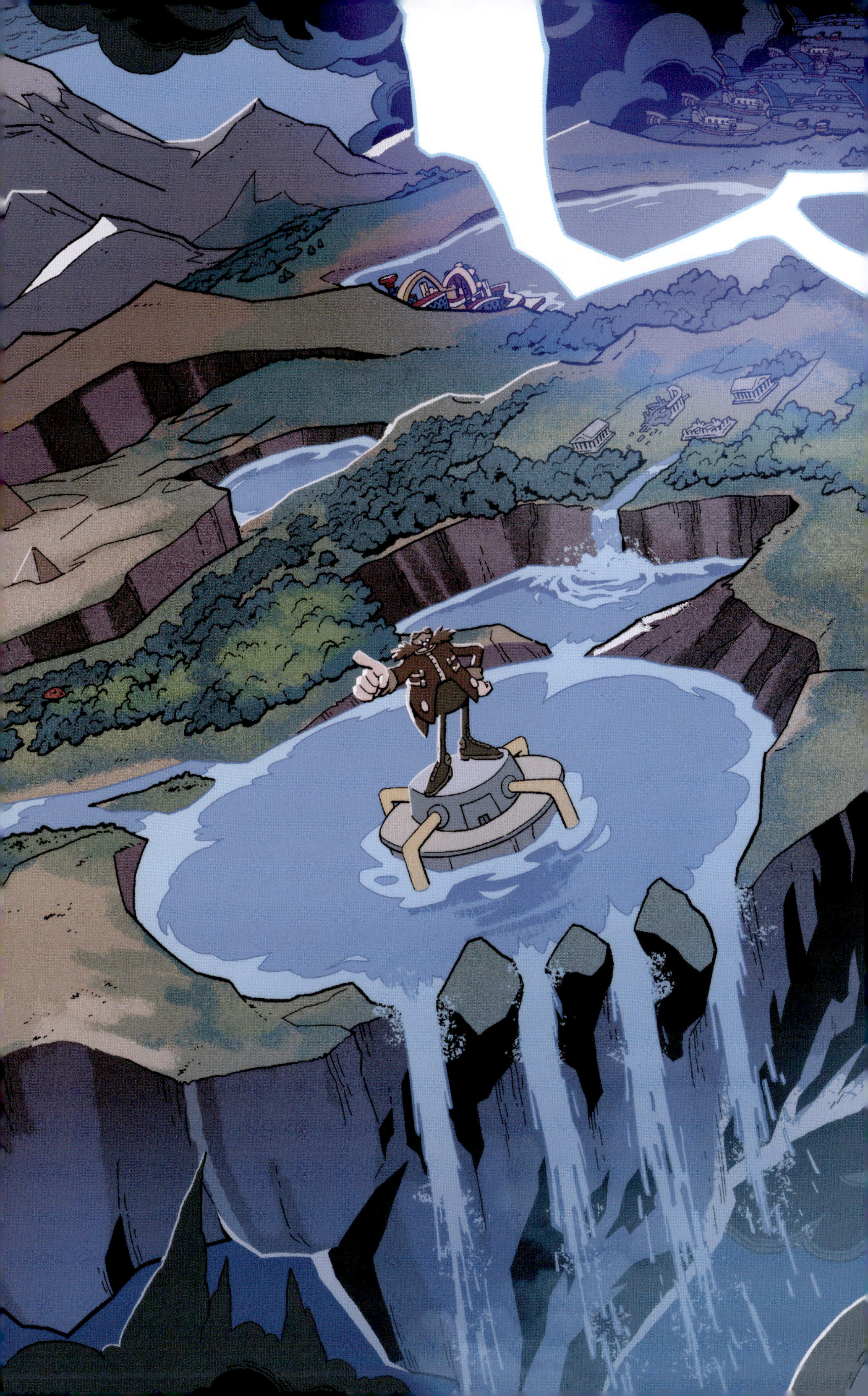

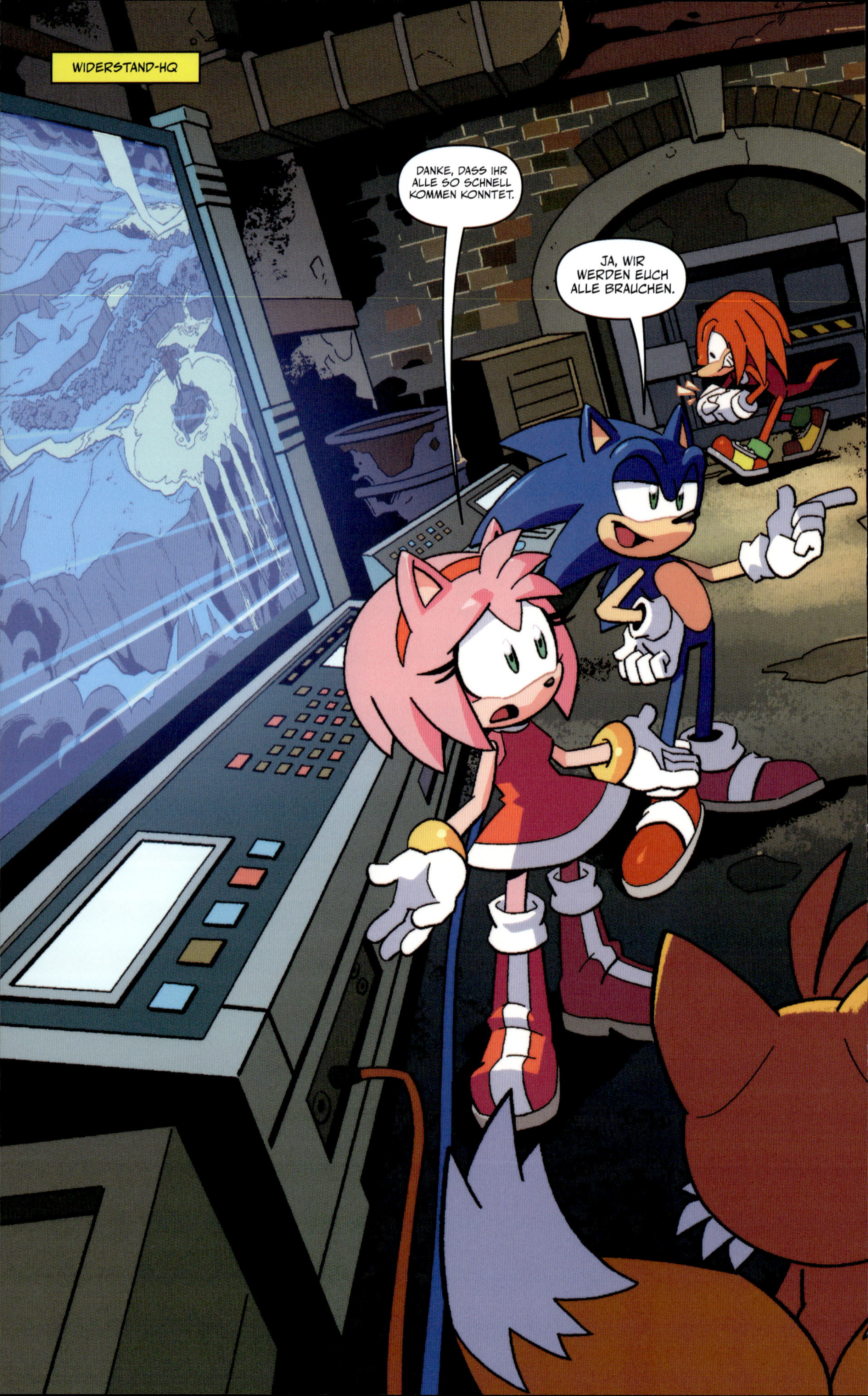
WIDERSTAND-HQ
DANKE, DASS IHR ALLE SO SCHNELL KOMMEN KONNTET.
JA, WIR WERDEN EUCH ALLE BRAUCHEN.

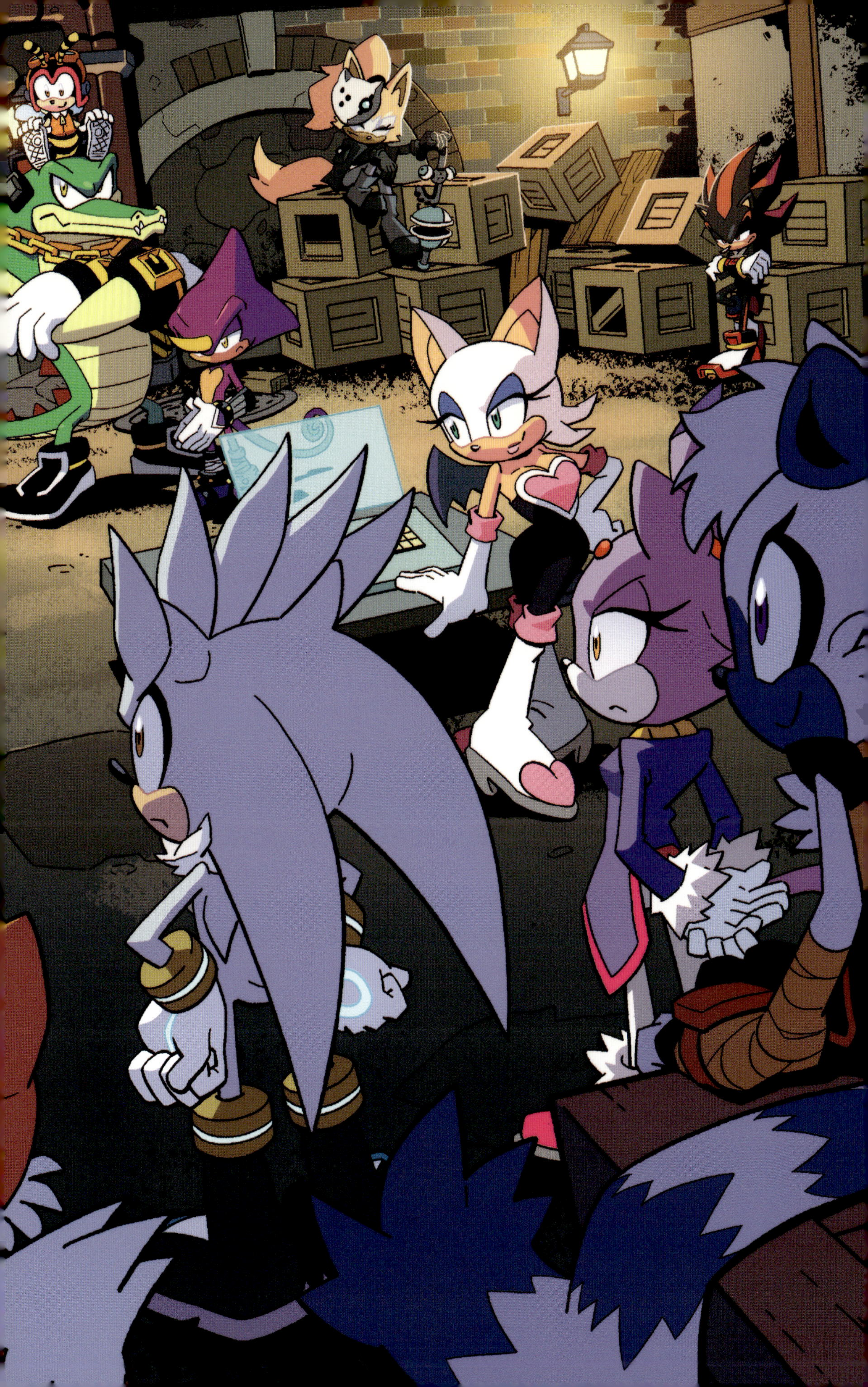

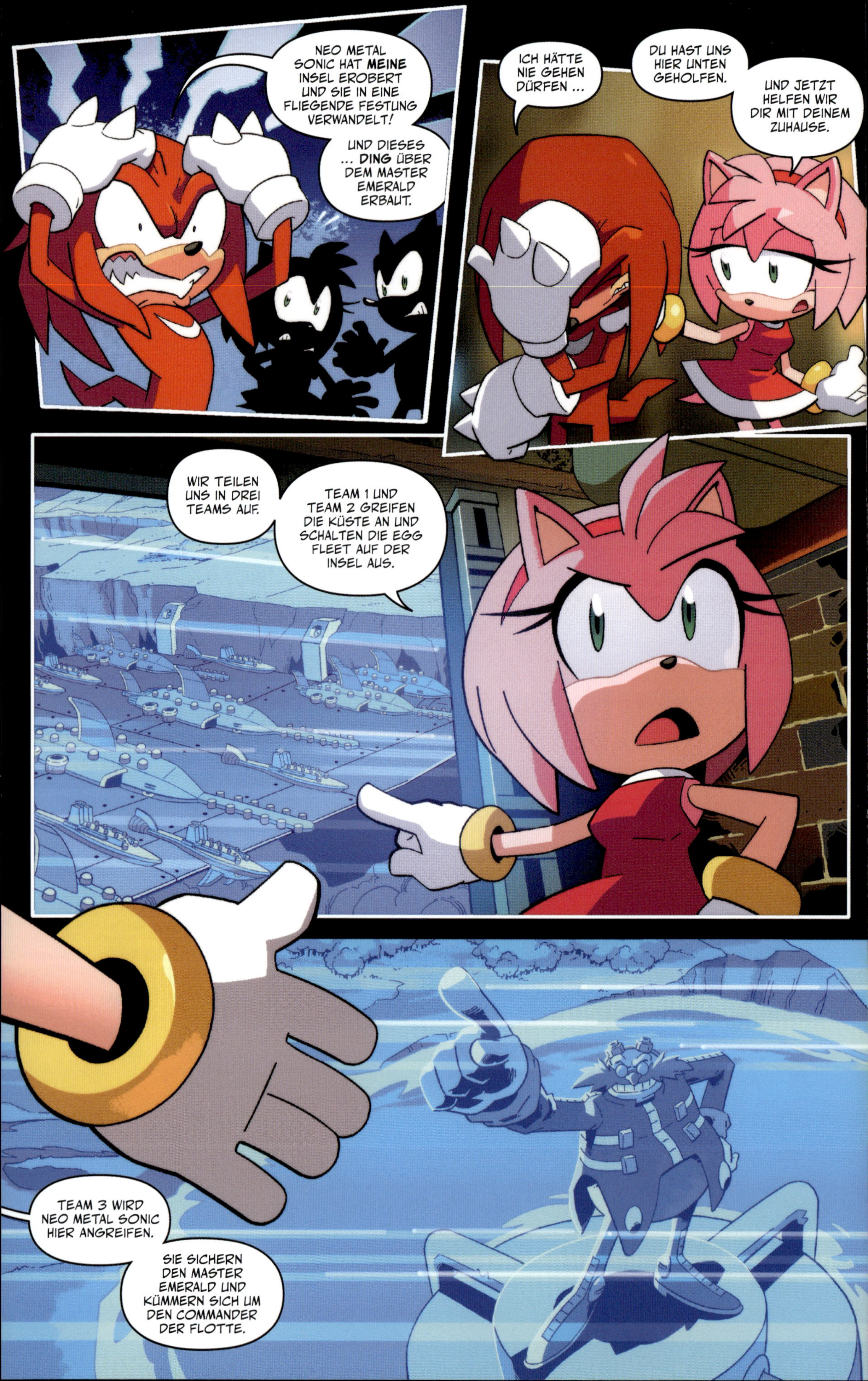
NEO METAL SONIC HAT **MEINE** INSEL EROBERT UND SIE IN EINE FLIEGENDE FESTUNG VERWANDELT!
UND DIESES ... **DING** ÜBER DEM MASTER EMERALD ERBAUT.
ICH HÄTTE NIE GEHEN DÜRFEN ...
DU HAST UNS HIER UNTEN GEHOLFEN.
UND JETZT HELFEN WIR DIR MIT DEINEM ZUHAUSE.
WIR TEILEN UNS IN DREI TEAMS AUF.
TEAM 1 UND TEAM 2 GREIFEN DIE KÜSTE AN UND SCHALTEN DIE EGG FLEET AUF DER INSEL AUS.
TEAM 3 WIRD NEO METAL SONIC HIER ANGREIFEN.
SIE SICHERN DEN MASTER EMERALD UND KÜMMERN SICH UM DEN COMMANDER DER FLOTTE.

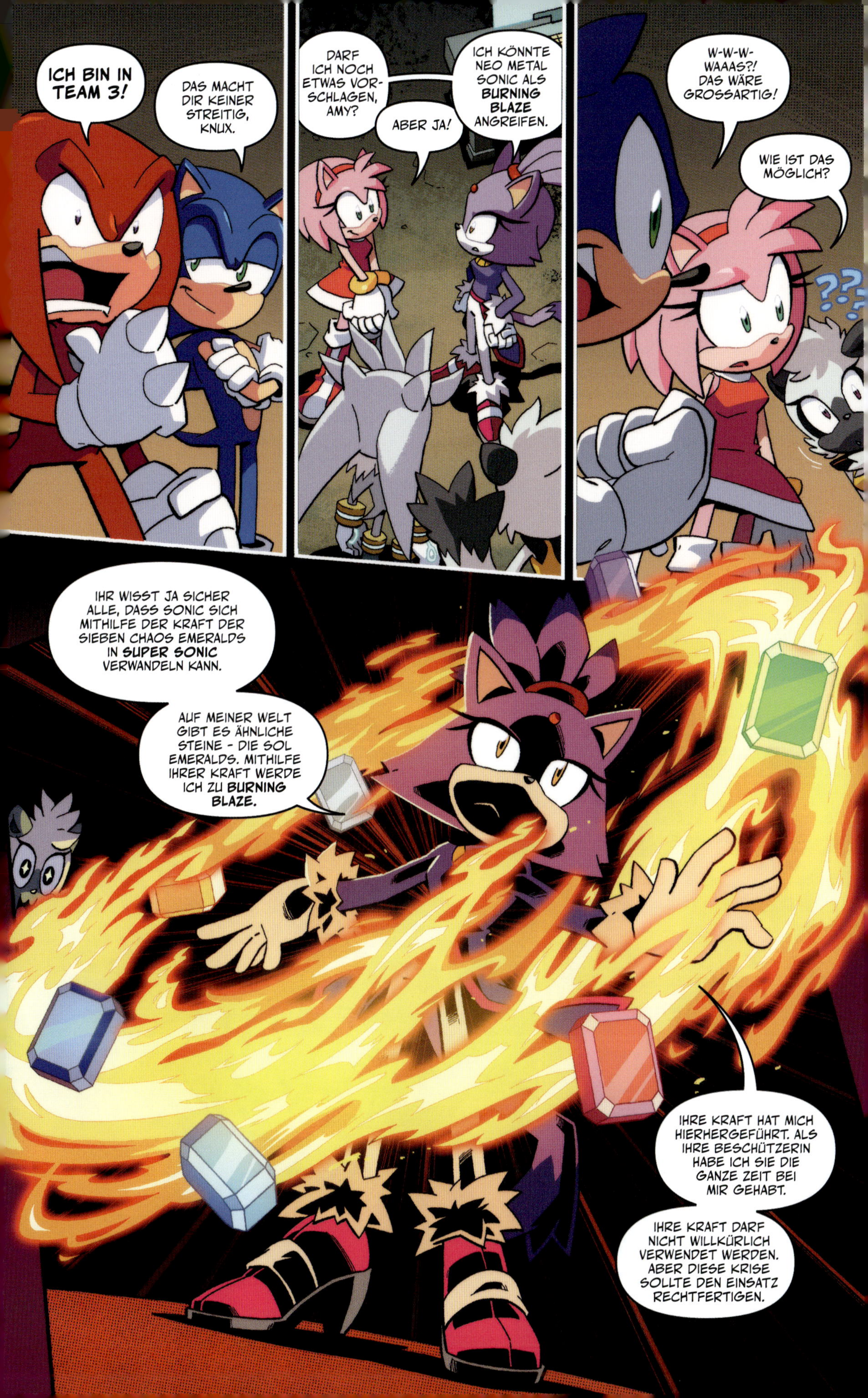
ICH BIN IN TEAM 3!
DAS MACHT DIR KEINER STREITIG, KNUX.
DARF ICH NOCH ETWAS VORSCHLAGEN, AMY?
ABER JA!
ICH KÖNNTE NEO METAL SONIC ALS BURNING BLAZE ANGREIFEN.
W-W-W-WAAAS?! DAS WÄRE GROSSARTIG!
WIE IST DAS MÖGLICH?
IHR WISST JA SICHER ALLE, DASS SONIC SICH MITHILFE DER KRAFT DER SIEBEN CHAOS EMERALDS IN SUPER SONIC VERWANDELN KANN.
AUF MEINER WELT GIBT ES ÄHNLICHE STEINE - DIE SOL EMERALDS. MITHILFE IHRER KRAFT WERDE ICH ZU BURNING BLAZE.
IHRE KRAFT HAT MICH HIERHERGEFÜHRT. ALS IHRE BESCHÜTZERIN HABE ICH SIE DIE GANZE ZEIT BEI MIR GEHABT.
IHRE KRAFT DARF NICHT WILLKÜRLICH VERWENDET WERDEN. ABER DIESE KRISE SOLLTE DEN EINSATZ RECHTFERTIGEN.

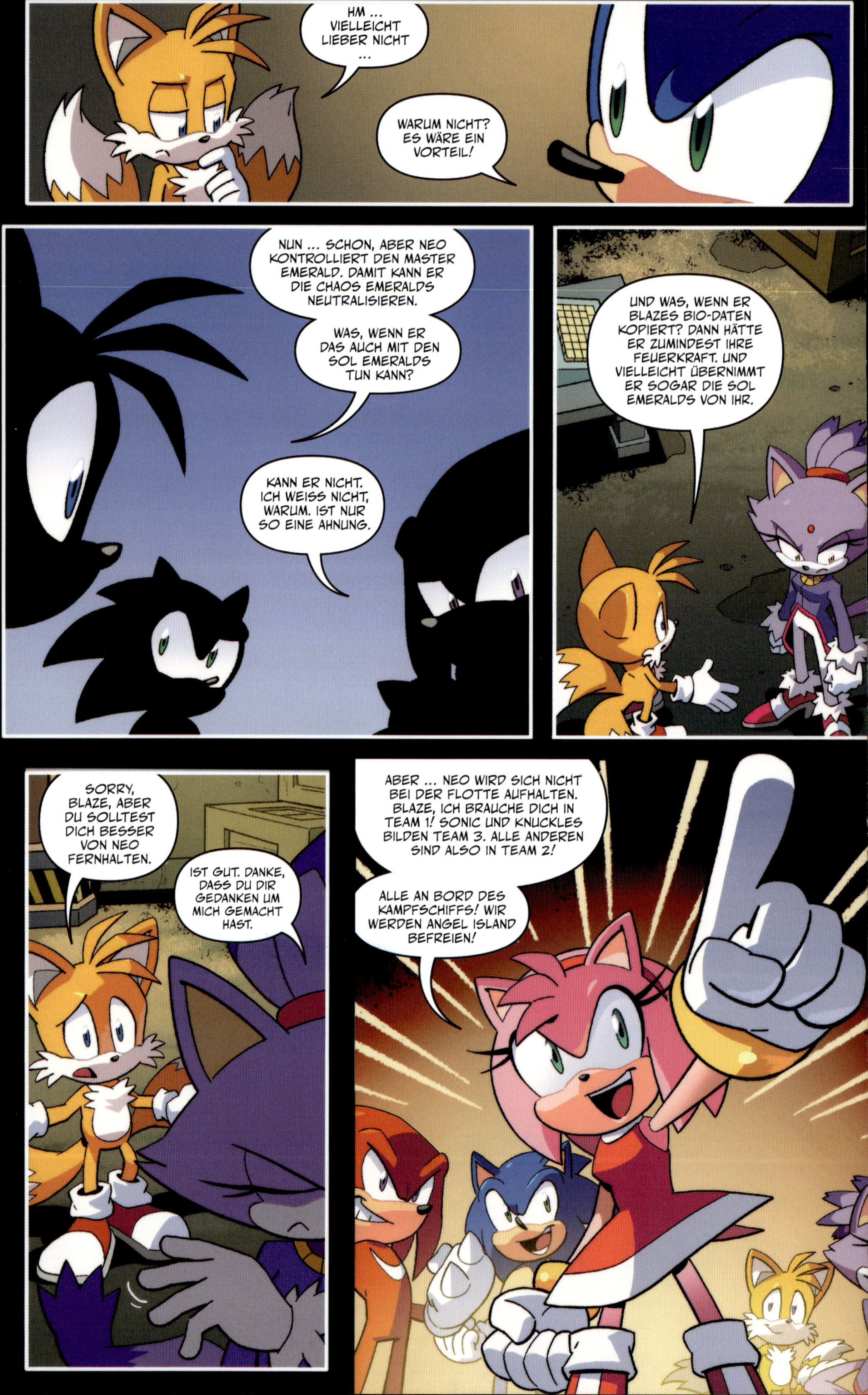
HM ... VIELLEICHT LIEBER NICHT ...
WARUM NICHT? ES WÄRE EIN VORTEIL!
NUN ... SCHON, ABER NEO KONTROLLIERT DEN MASTER EMERALD. DAMIT KANN ER DIE CHAOS EMERALDS NEUTRALISIEREN.
WAS, WENN ER DAS AUCH MIT DEN SOL EMERALDS TUN KANN?
KANN ER NICHT. ICH WEISS NICHT, WARUM. IST NUR SO EINE AHNUNG.
UND WAS, WENN ER BLAZES BIO-DATEN KOPIERT? DANN HÄTTE ER ZUMINDEST IHRE FEUERKRAFT. UND VIELLEICHT ÜBERNIMMT ER SOGAR DIE SOL EMERALDS VON IHR.
SORRY, BLAZE, ABER DU SOLLTEST DICH BESSER VON NEO FERNHALTEN.
IST GUT. DANKE, DASS DU DIR GEDANKEN UM MICH GEMACHT HAST.
ABER ... NEO WIRD SICH NICHT BEI DER FLOTTE AUFHALTEN. BLAZE, ICH BRAUCHE DICH IN TEAM 1! SONIC UND KNUCKLES BILDEN TEAM 3. ALLE ANDEREN SIND ALSO IN TEAM 2!
ALLE AN BORD DES KAMPFSCHIFFS! WIR WERDEN ANGEL ISLAND BEFREIEN!

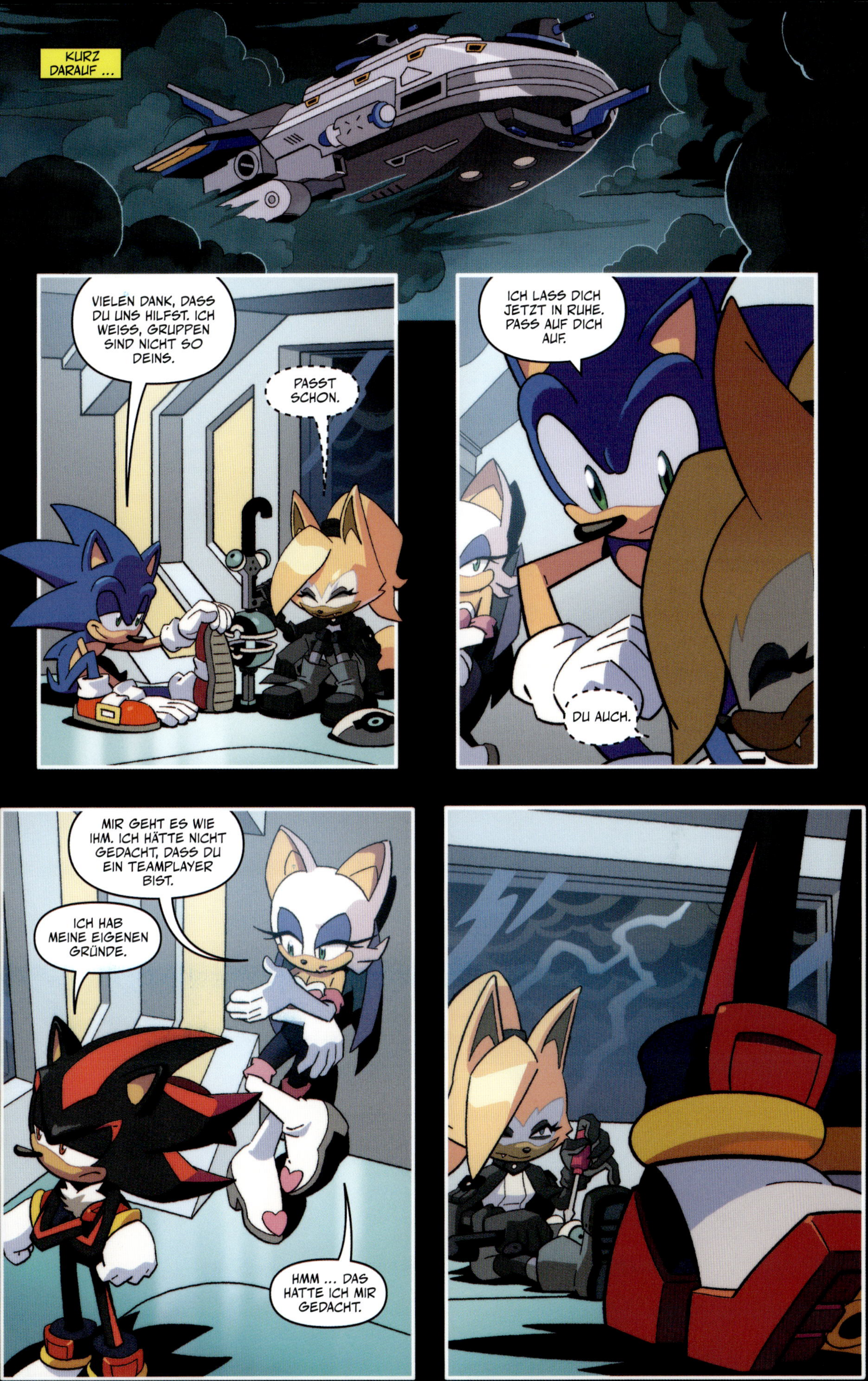
KURZ DARAUF ...
VIELEN DANK, DASS DU UNS HILFST. ICH WEISS, GRUPPEN SIND NICHT SO DEINS.
PASST SCHON.
ICH LASS DICH JETZT IN RUHE. PASS AUF DICH AUF.
DU AUCH.
MIR GEHT ES WIE IHM. ICH HÄTTE NICHT GEDACHT, DASS DU EIN TEAMPLAYER BIST.
ICH HAB MEINE EIGENEN GRÜNDE.
HMM ... DAS HATTE ICH MIR GEDACHT.

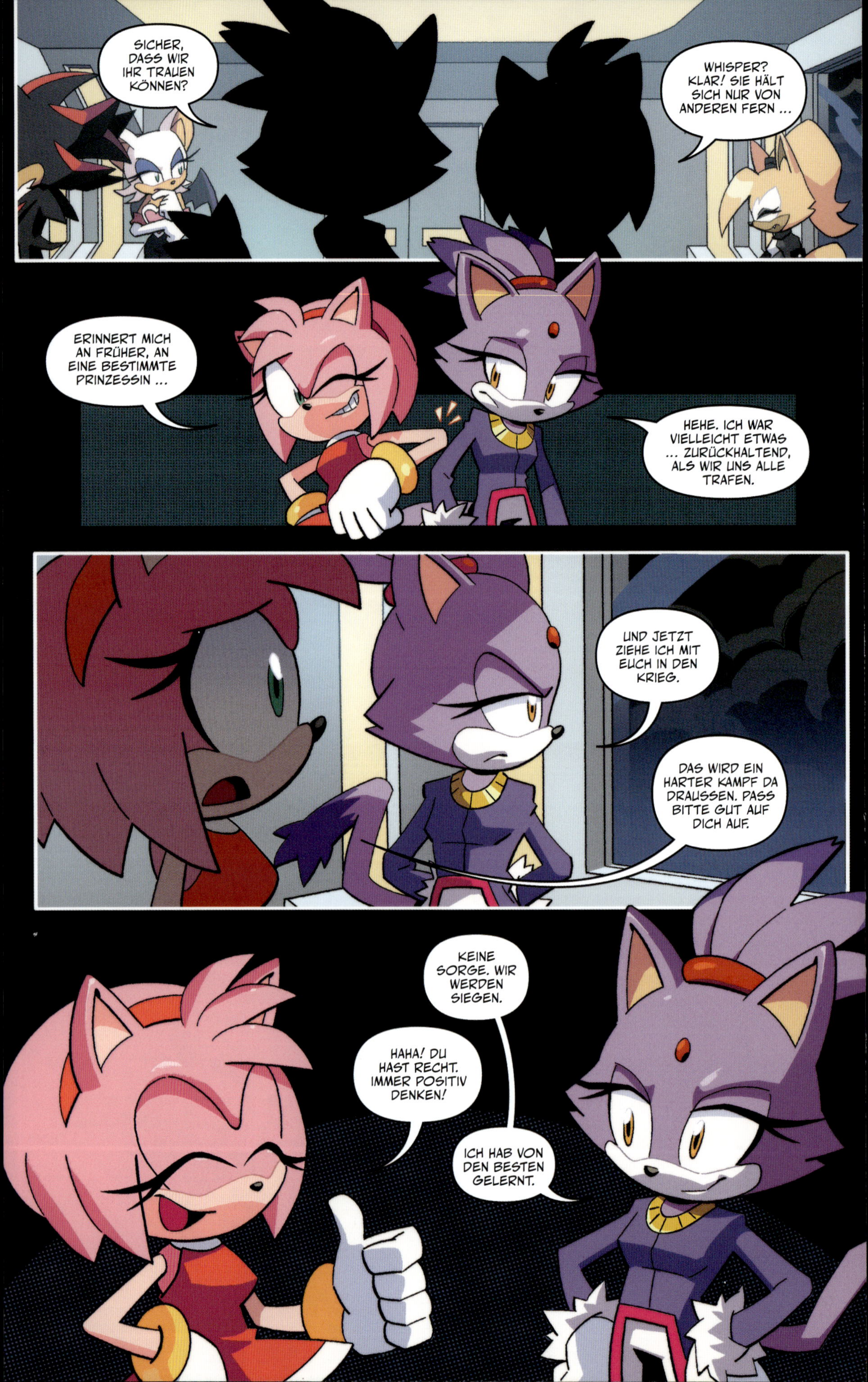
SICHER, DASS WIR IHR TRAUEN KÖNNEN?
WHISPER? KLAR! SIE HÄLT SICH NUR VON ANDEREN FERN ...
ERINNERT MICH AN FRÜHER, AN EINE BESTIMMTE PRINZESSIN ...
HEHE. ICH WAR VIELLEICHT ETWAS ... ZURÜCKHALTEND, ALS WIR UNS ALLE TRAFEN.
UND JETZT ZIEHE ICH MIT EUCH IN DEN KRIEG.
DAS WIRD EIN HARTER KAMPF DA DRAUSSEN. PASS BITTE GUT AUF DICH AUF.
HAHA! DU HAST RECHT. IMMER POSITIV DENKEN!
KEINE SORGE. WIR WERDEN SIEGEN.
ICH HAB VON DEN BESTEN GELERNT.

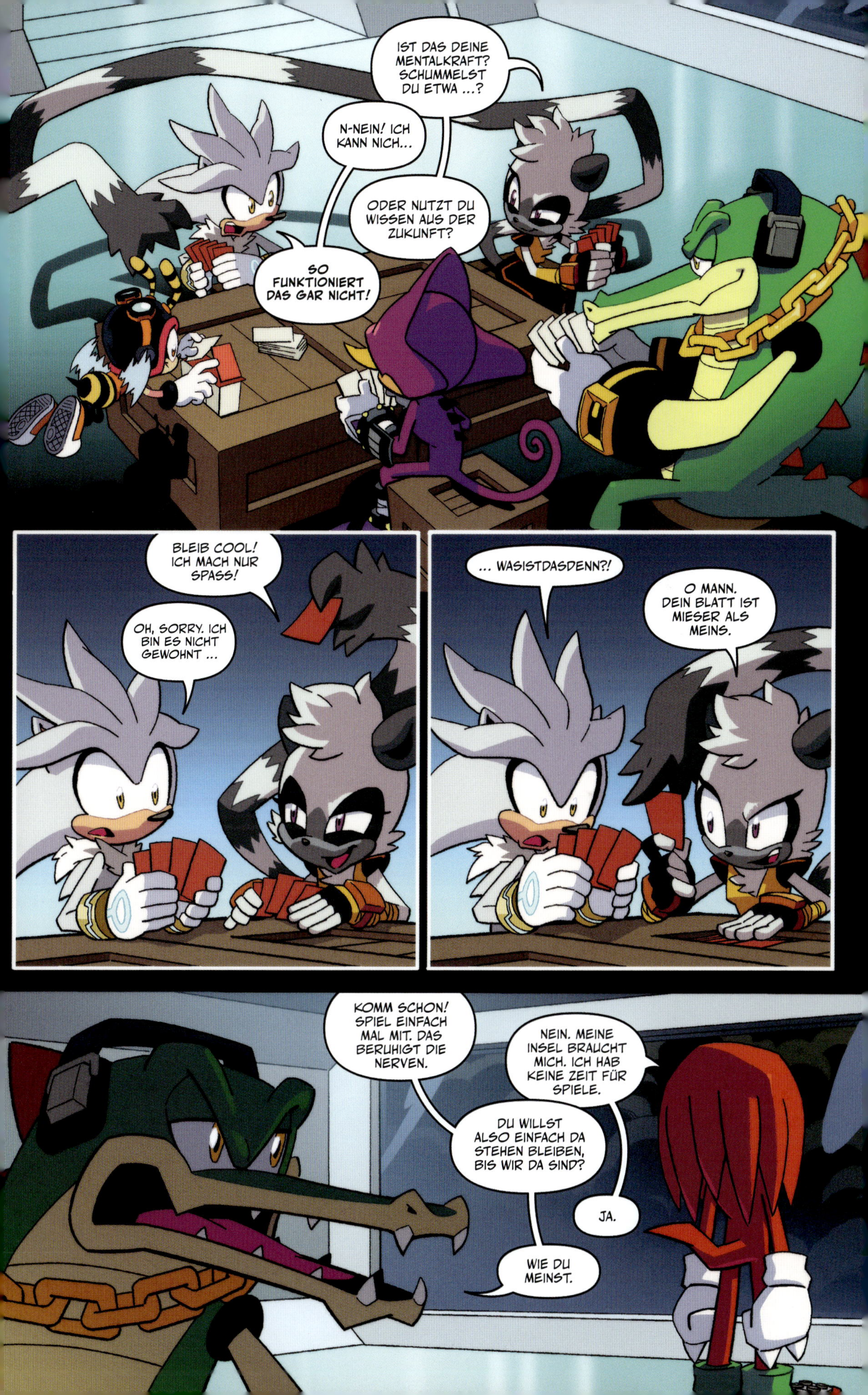
IST DAS DEINE MENTALKRAFT? SCHUMMELST DU ETWA ...?
N-NEIN! ICH KANN NICH...
ODER NUTZT DU WISSEN AUS DER ZUKUNFT?
SO FUNKTIONIERT DAS GAR NICHT!
BLEIB COOL! ICH MACH NUR SPASS!
OH, SORRY. ICH BIN ES NICHT GEWOHNT ...
... WASISTDASDENN?!
O MANN. DEIN BLATT IST MIESER ALS MEINS.
KOMM SCHON! SPIEL EINFACH MAL MIT. DAS BERUHIGT DIE NERVEN.
NEIN. MEINE INSEL BRAUCHT MICH. ICH HAB KEINE ZEIT FÜR SPIELE.
DU WILLST ALSO EINFACH DA STEHEN BLEIBEN, BIS WIR DA SIND?
JA.
WIE DU MEINST.

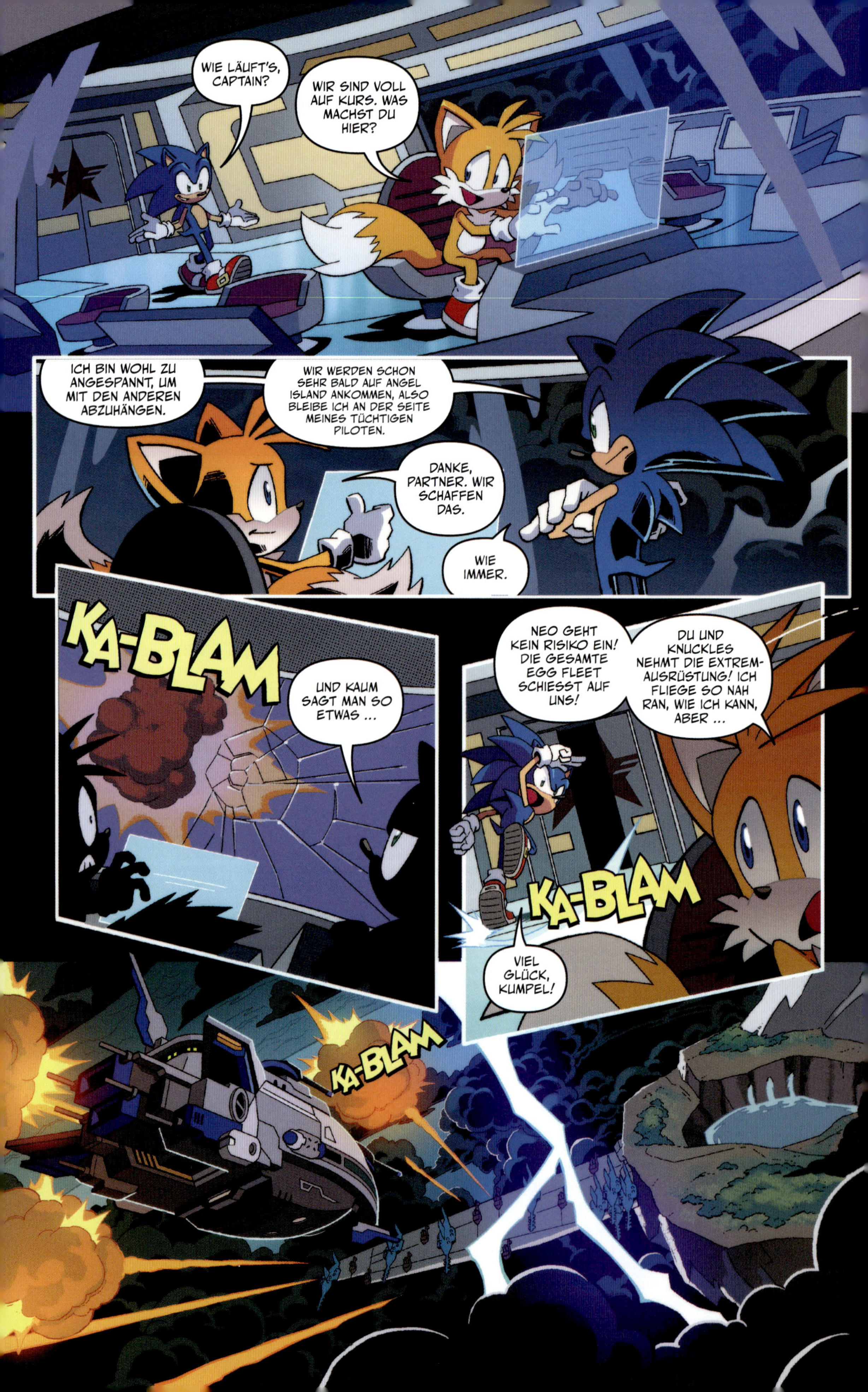
WIE LÄUFT'S, CAPTAIN?
WIR SIND VOLL AUF KURS. WAS MACHST DU HIER?
ICH BIN WOHL ZU ANGESPANNT, UM MIT DEN ANDEREN ABZUHÄNGEN.
WIR WERDEN SCHON SEHR BALD AUF ANGEL ISLAND ANKOMMEN, ALSO BLEIBE ICH AN DER SEITE MEINES TÜCHTIGEN PILOTEN.
DANKE, PARTNER. WIR SCHAFFEN DAS.
WIE IMMER.
KA-BLAM
UND KAUM SAGT MAN SO ETWAS ...
NEO GEHT KEIN RISIKO EIN! DIE GESAMTE EGG FLEET SCHIESST AUF UNS!
DU UND KNUCKLES NEHMT DIE EXTREM-AUSRÜSTUNG! ICH FLIEGE SO NAH RAN, WIE ICH KANN, ABER ...
KA-BLAM
VIEL GLÜCK, KUMPEL!
KA-BLAM

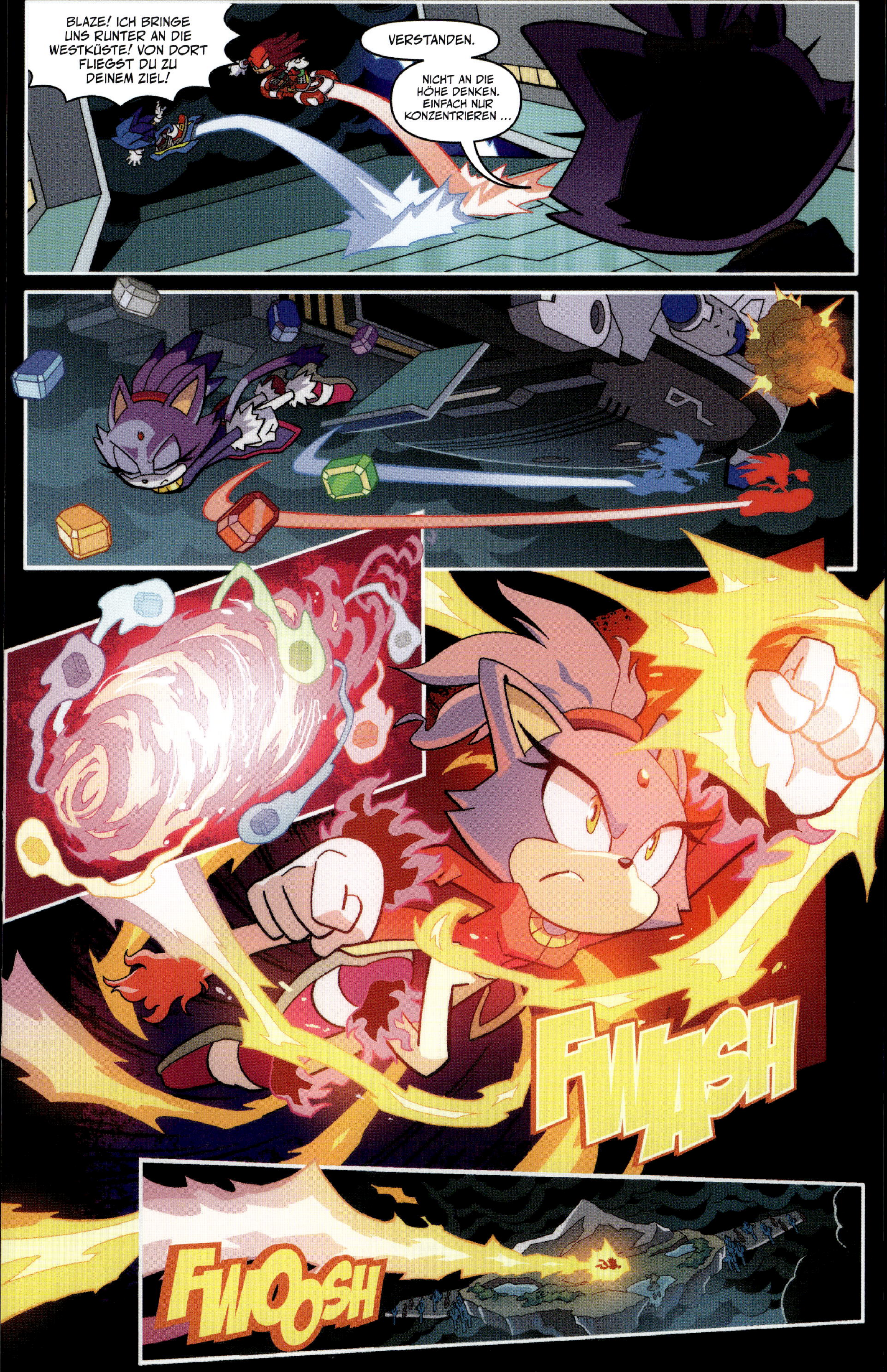
BLAZE! ICH BRINGE UNS RUNTER AN DIE WESTKÜSTE! VON DORT FLIEGST DU ZU DEINEM ZIEL!
VERSTANDEN.
NICHT AN DIE HÖHE DENKEN. EINFACH NUR KONZENTRIEREN ...
FWASH
FWOOSH

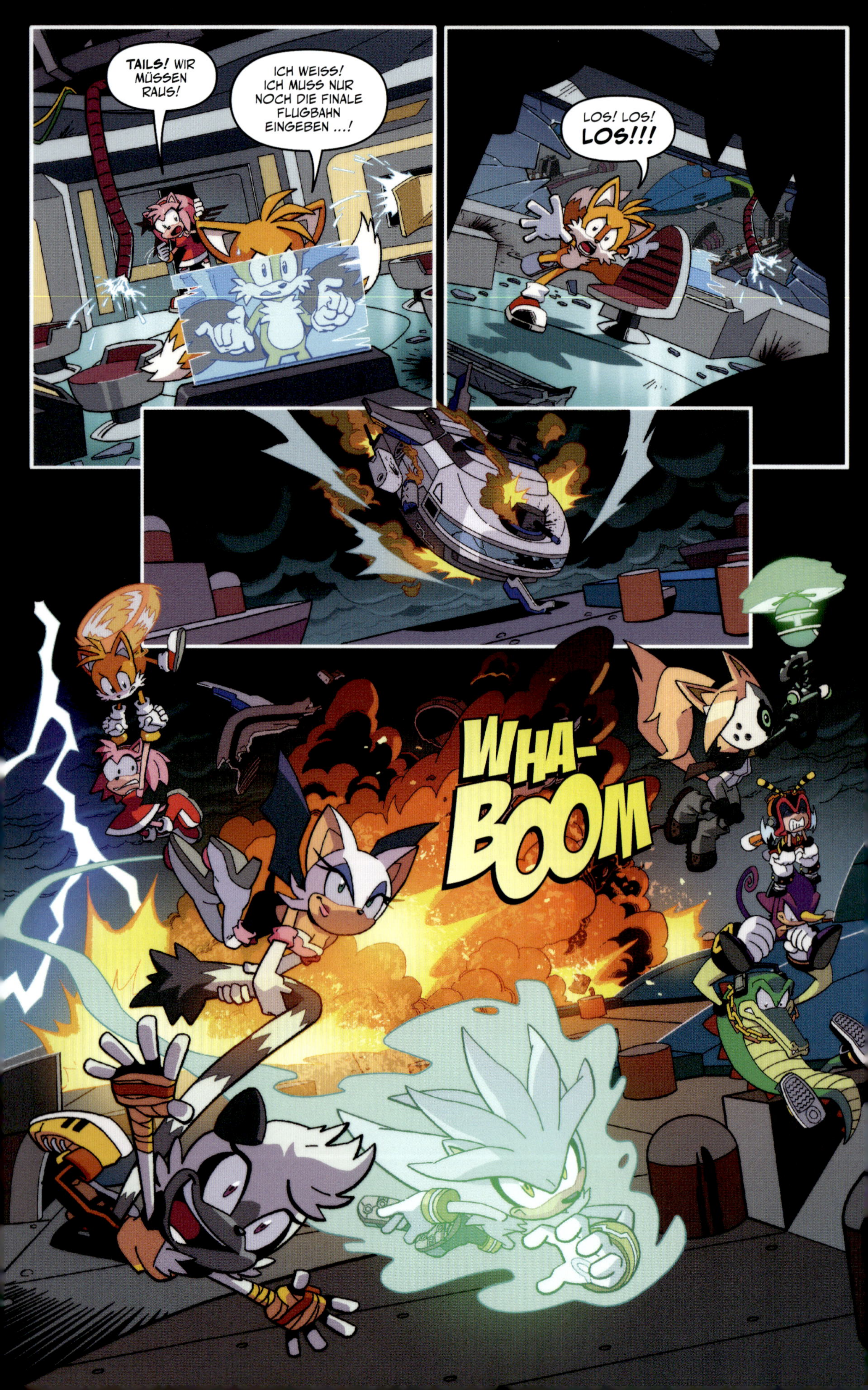
TAILS! WIR MÜSSEN RAUS!
ICH WEISS! ICH MUSS NUR NOCH DIE FINALE FLUGBAHN EINGEBEN ...!
LOS! LOS! LOS!!!
WHA-BOOM

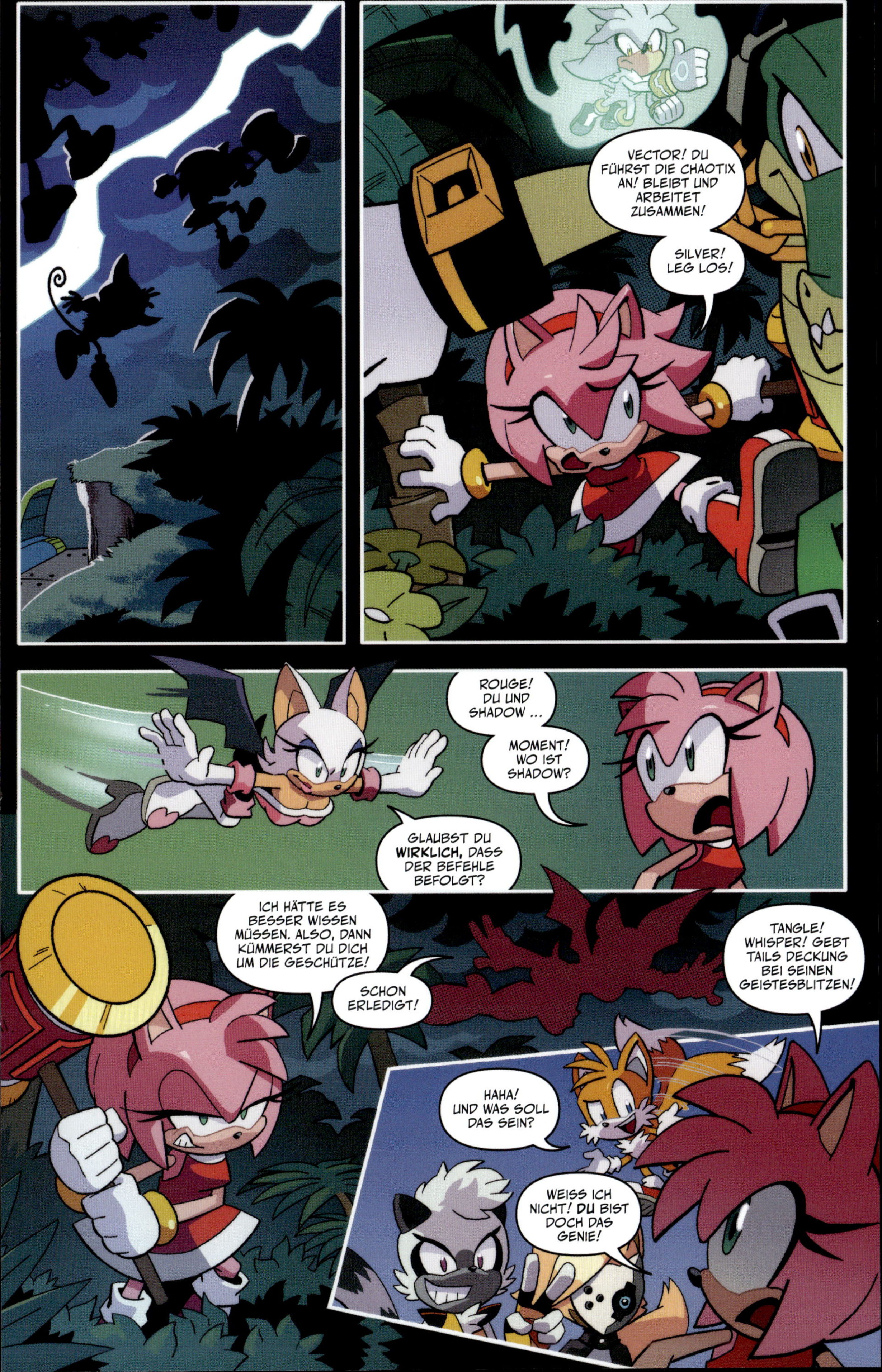
VECTOR! DU FÜHRST DIE CHAOTIX AN! BLEIBT UND ARBEITET ZUSAMMEN!
SILVER! LEG LOS!
ROUGE! DU UND SHADOW ...
MOMENT! WO IST SHADOW?
GLAUBST DU **WIRKLICH,** DASS DER BEFEHLE BEFOLGT?
ICH HÄTTE ES BESSER WISSEN MÜSSEN. ALSO, DANN KÜMMERST DU DICH UM DIE GESCHÜTZE!
SCHON ERLEDIGT!
TANGLE! WHISPER! GEBT TAILS DECKUNG BEI SEINEN GEISTESBLITZEN!
HAHA! UND WAS SOLL DAS SEIN?
WEISS ICH NICHT! **DU** BIST DOCH DAS GENIE!

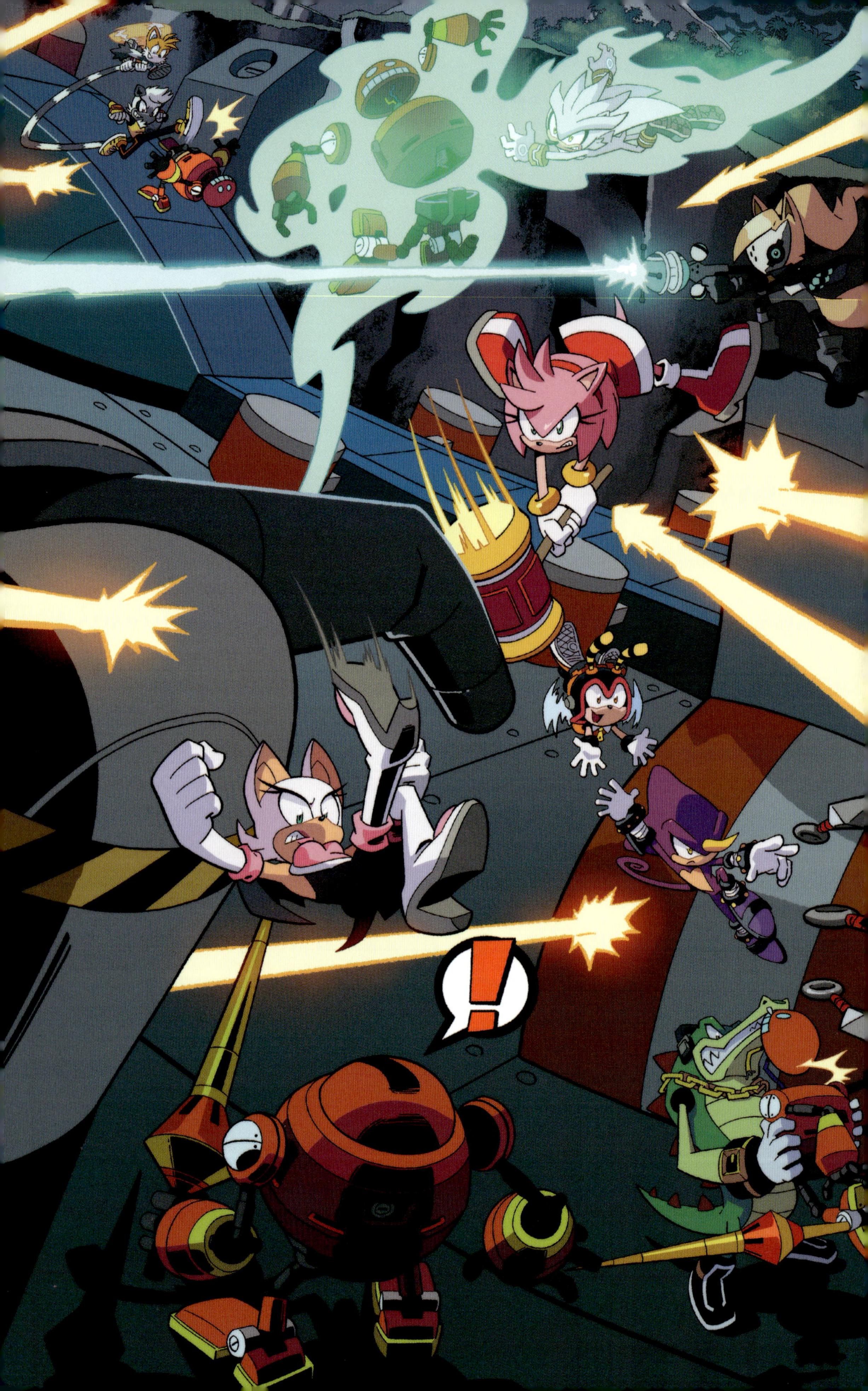

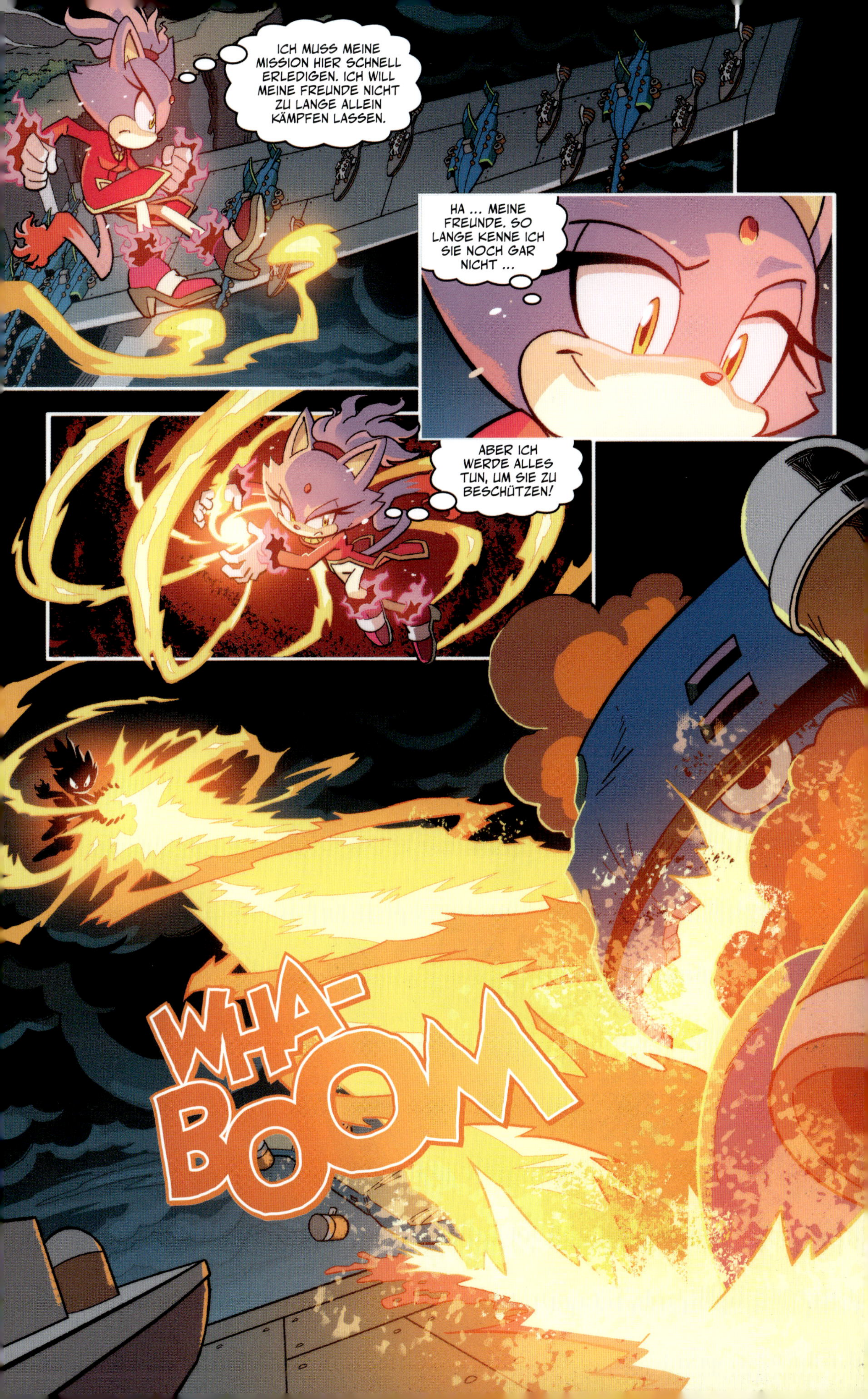
ICH MUSS MEINE MISSION HIER SCHNELL ERLEDIGEN. ICH WILL MEINE FREUNDE NICHT ZU LANGE ALLEIN KÄMPFEN LASSEN.
HA ... MEINE FREUNDE. SO LANGE KENNE ICH SIE NOCH GAR NICHT ...
ABER ICH WERDE ALLES TUN, UM SIE ZU BESCHÜTZEN!
WHA-BOOM

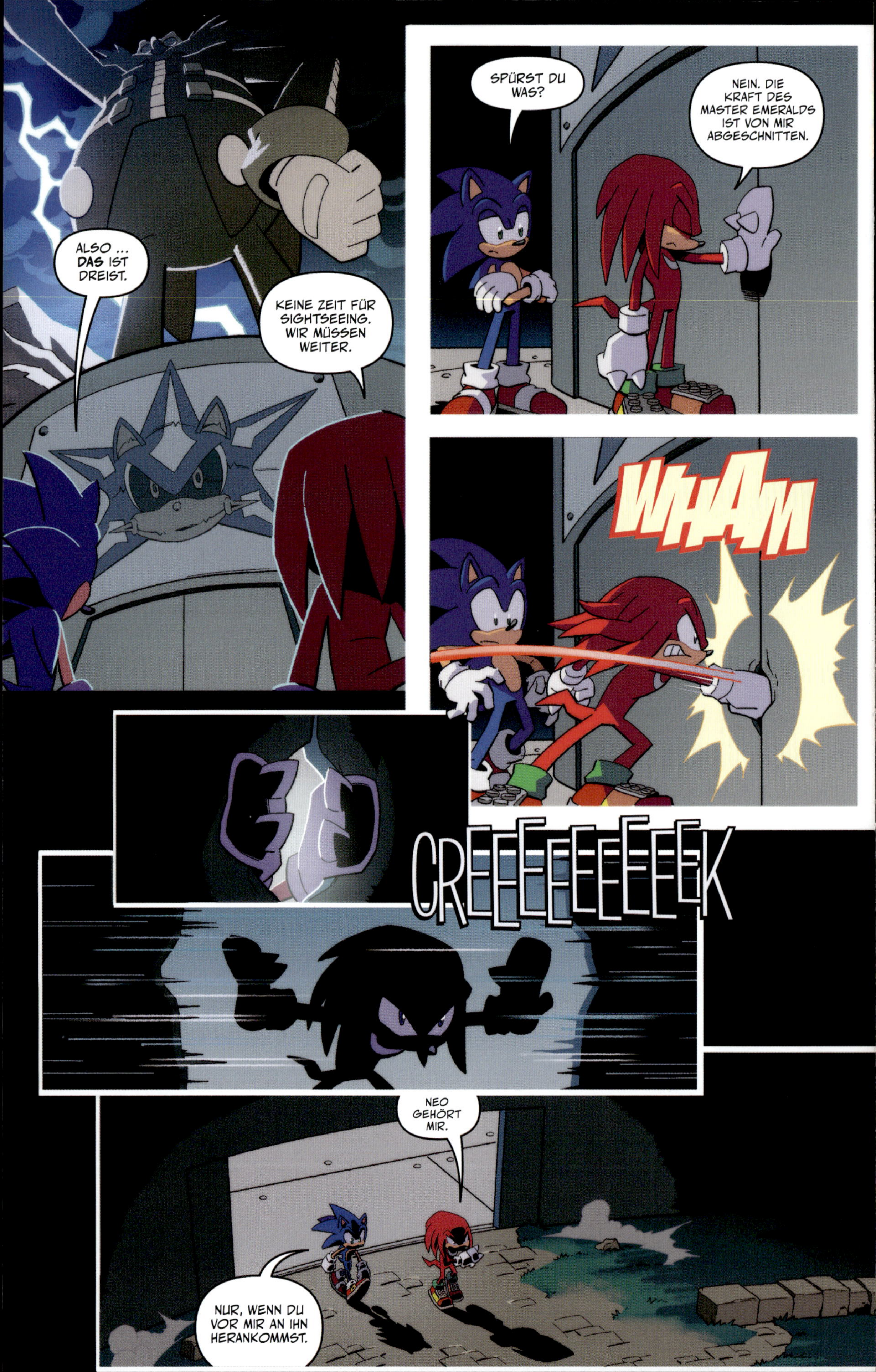
ALSO ... **DAS** IST DREIST.
KEINE ZEIT FÜR SIGHTSEEING. WIR MÜSSEN WEITER.
SPÜRST DU WAS?
NEIN. DIE KRAFT DES MASTER EMERALDS IST VON MIR ABGESCHNITTEN.
WHAM
CREEEEEEEEEEK
NEO GEHÖRT MIR.
NUR, WENN DU VOR MIR AN IHN HERANKOMMST.

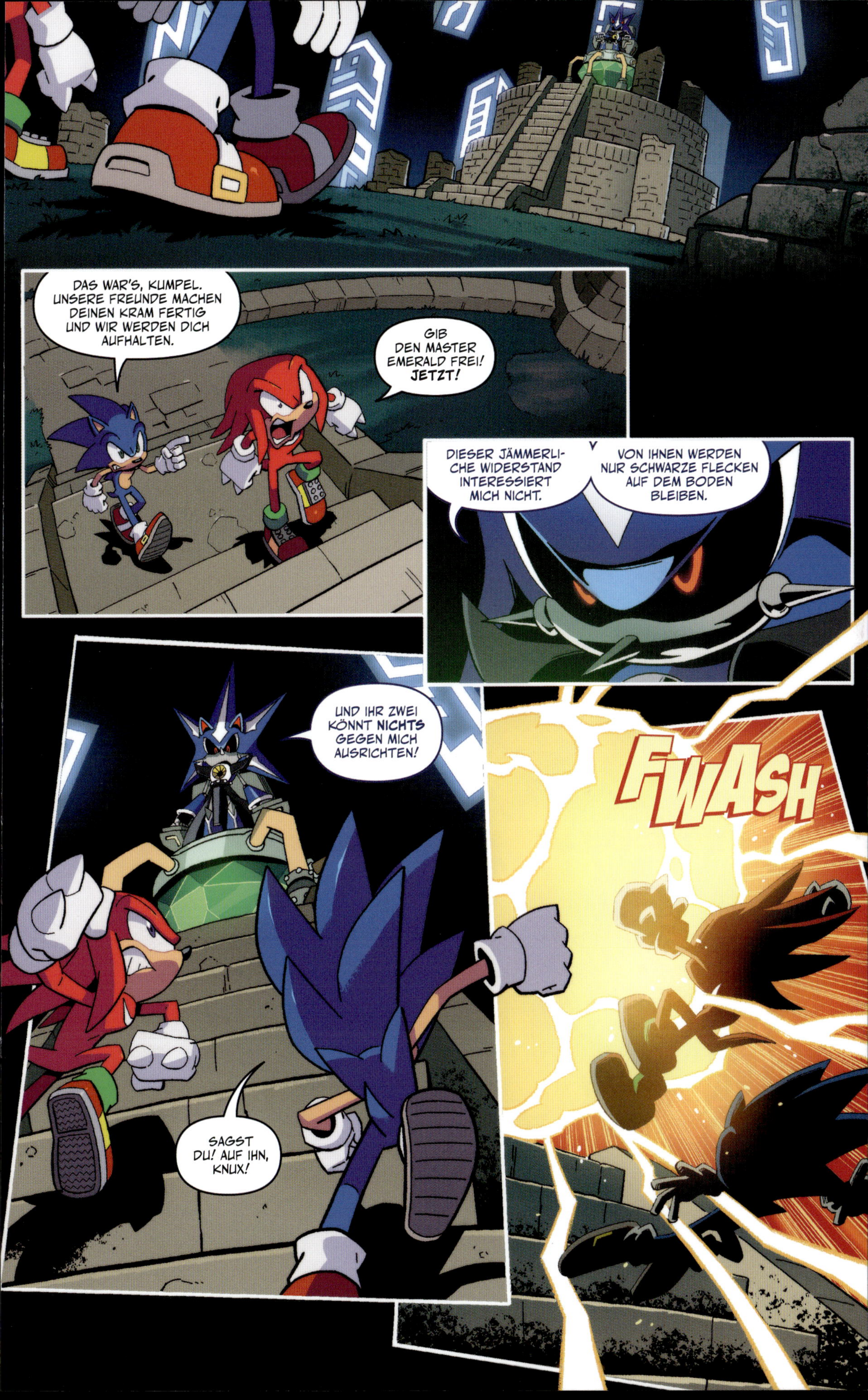
DAS WAR'S, KUMPEL. UNSERE FREUNDE MACHEN DEINEN KRAM FERTIG UND WIR WERDEN DICH AUFHALTEN.
GIB DEN MASTER EMERALD FREI! JETZT!
DIESER JÄMMERLICHE WIDERSTAND INTERESSIERT MICH NICHT.
VON IHNEN WERDEN NUR SCHWARZE FLECKEN AUF DEM BODEN BLEIBEN.
UND IHR ZWEI KÖNNT NICHTS GEGEN MICH AUSRICHTEN!
SAGST DU! AUF IHN, KNUX!
FWASH

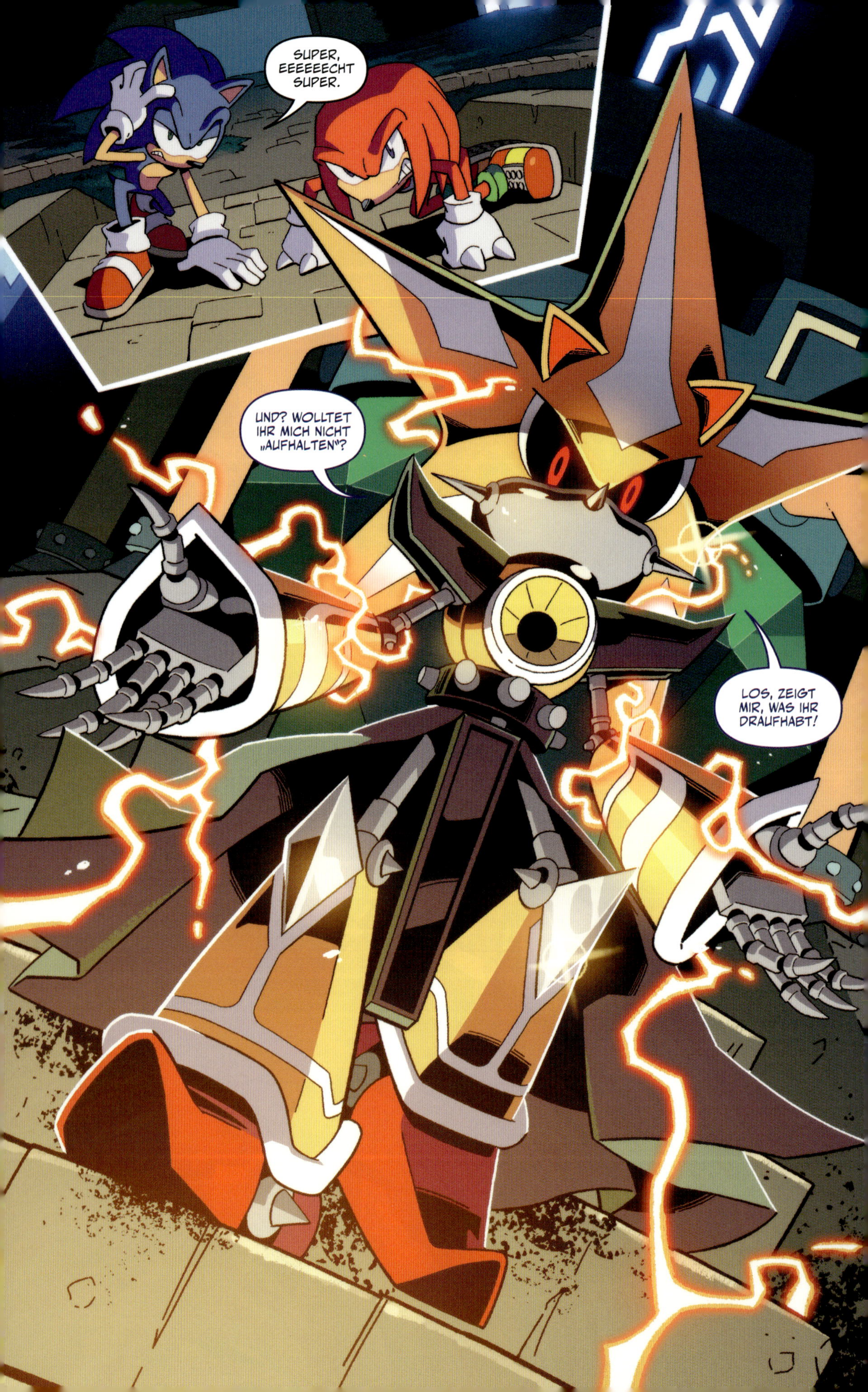
SUPER, EEEEEECHT SUPER.
UND? WOLLTET IHR MICH NICHT „AUFHALTEN"?
LOS, ZEIGT MIR, WAS IHR DRAUFHABT!

ZEICHNUNGEN: **NATHALIE FOURDRAINE**

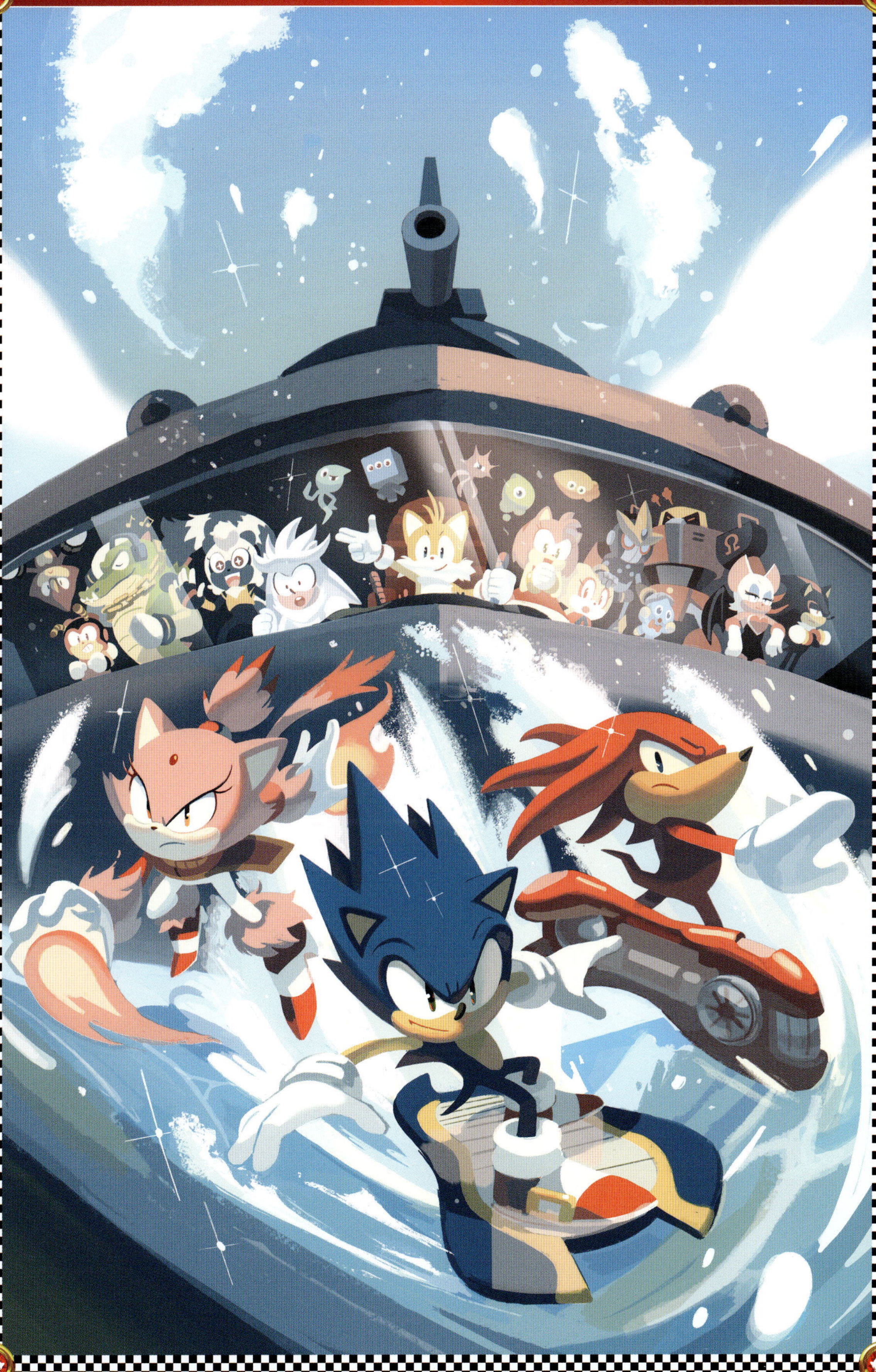

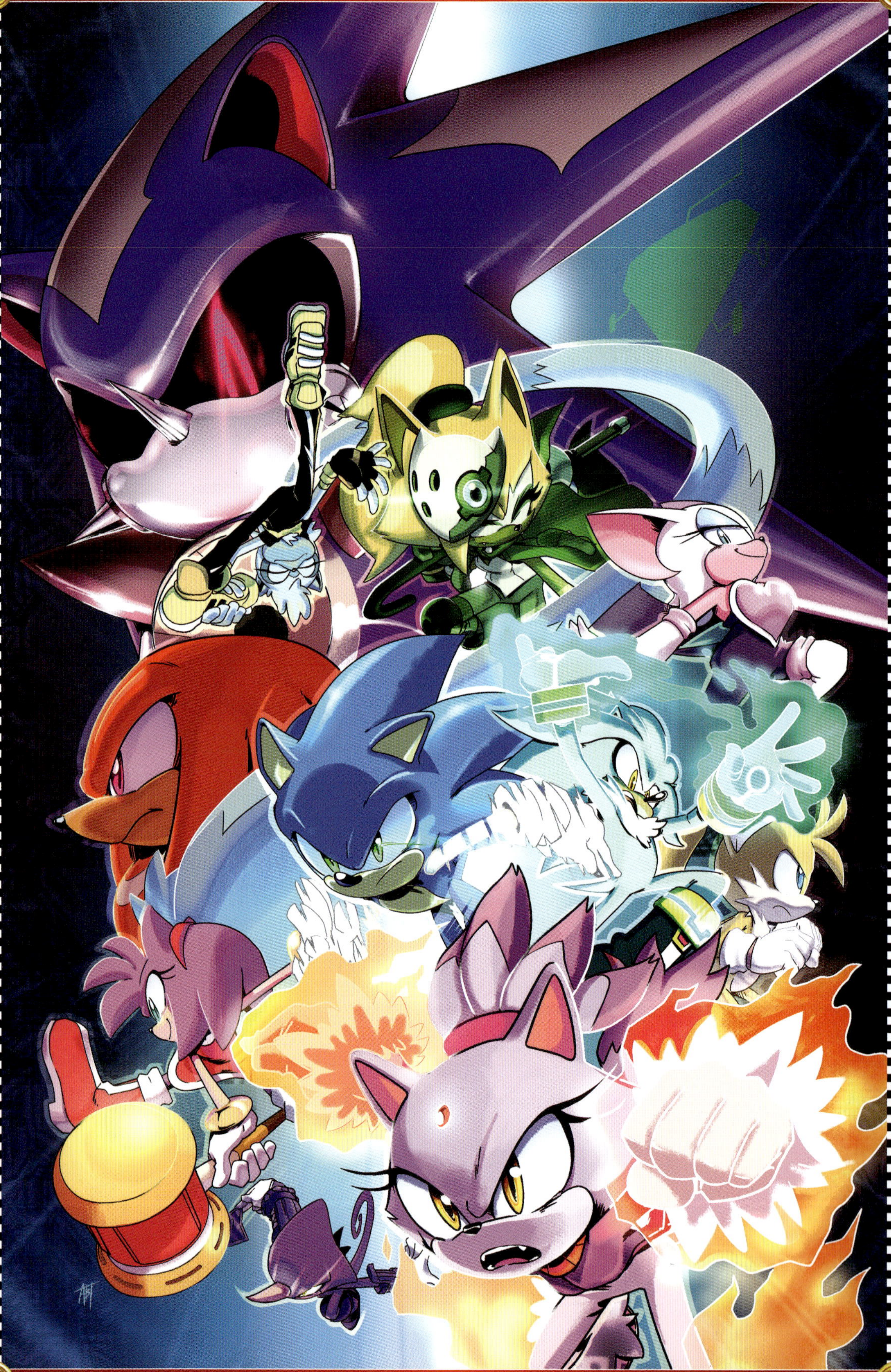

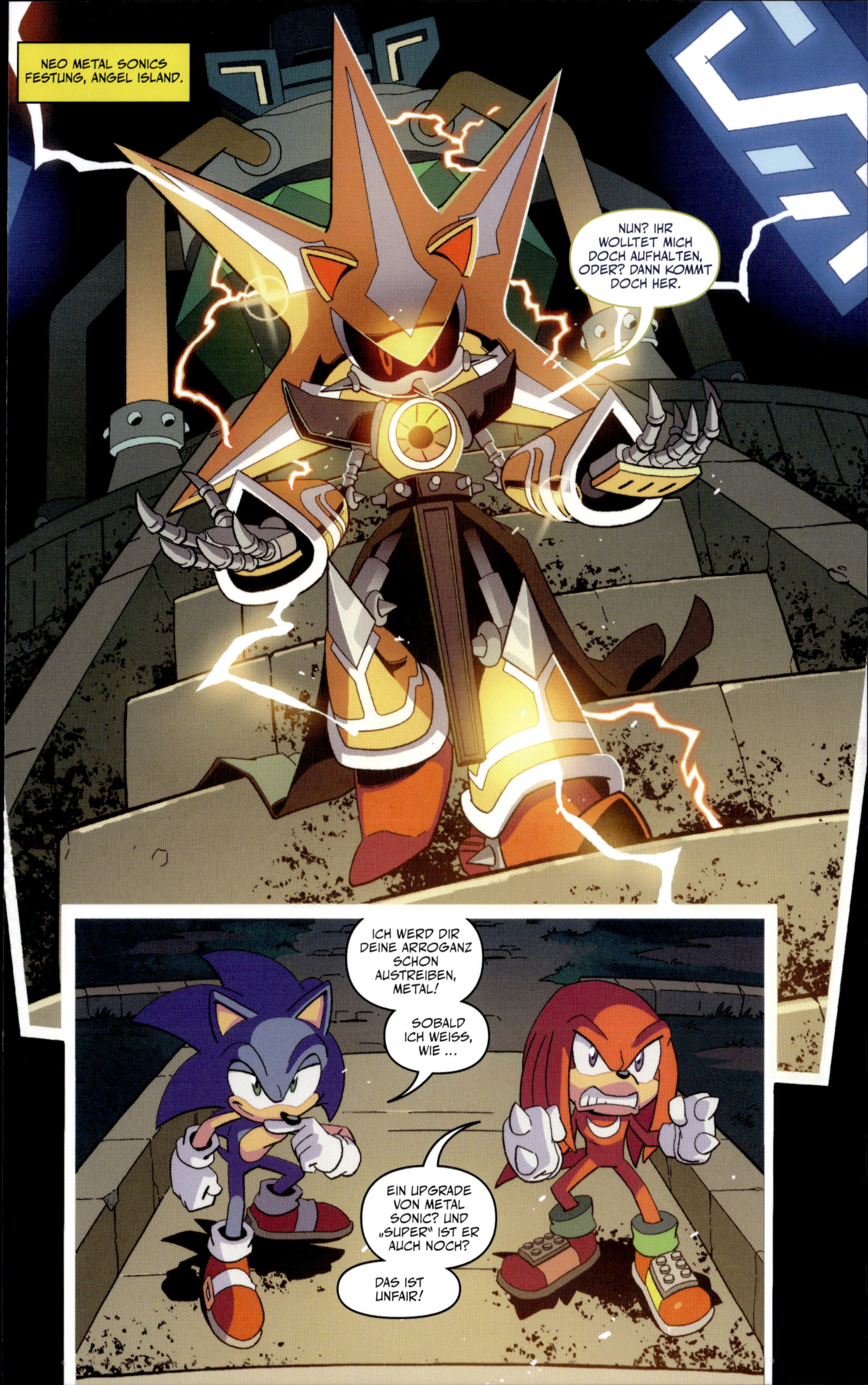
NEO METAL SONICS FESTUNG, ANGEL ISLAND.
NUN? IHR WOLLTET MICH DOCH AUFHALTEN, ODER? DANN KOMMT DOCH HER.
ICH WERD DIR DEINE ARROGANZ SCHON AUSTREIBEN, METAL!
SOBALD ICH WEISS, WIE ...
EIN UPGRADE VON METAL SONIC? UND „SUPER“ IST ER AUCH NOCH?
DAS IST UNFAIR!

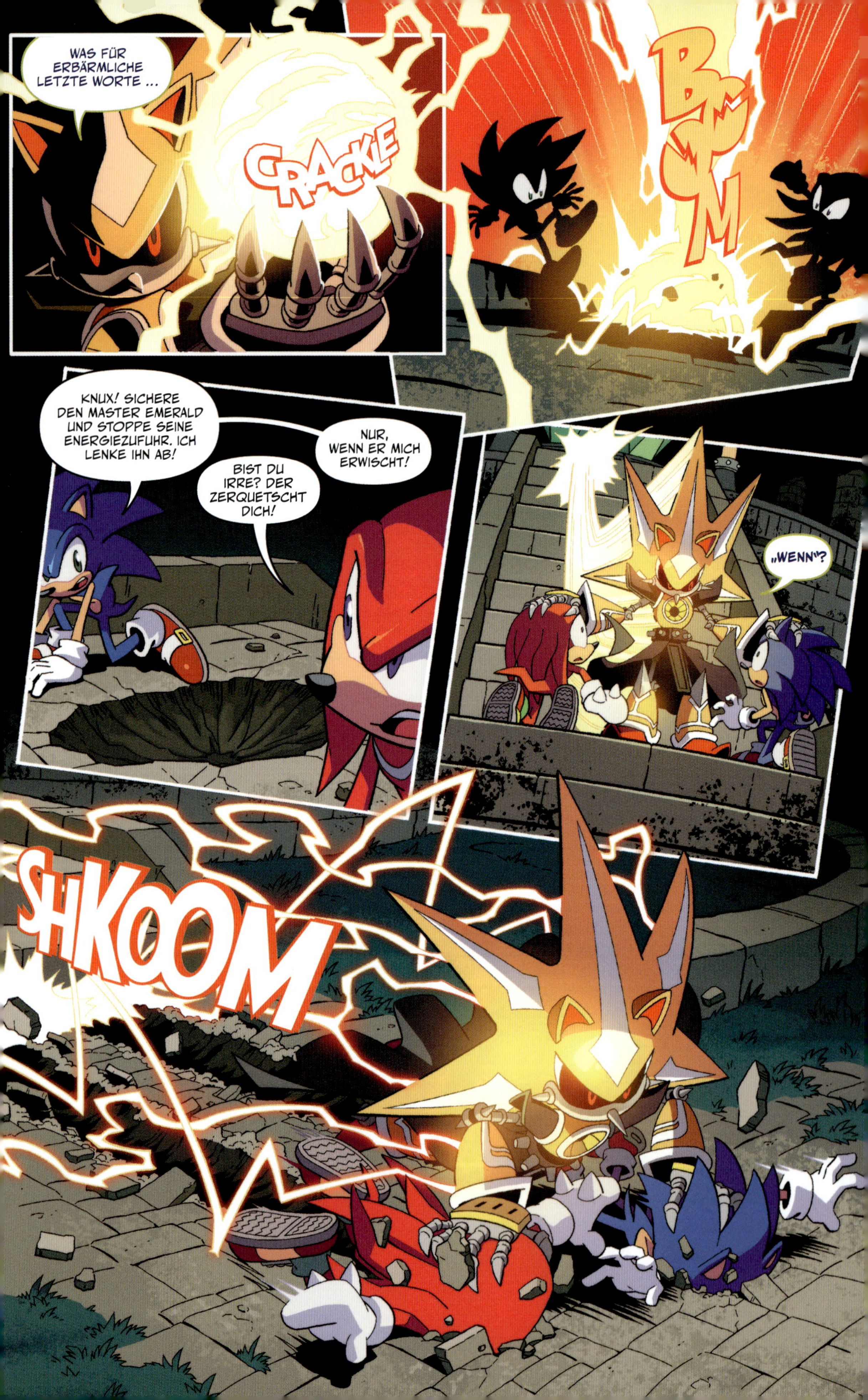
WAS FÜR ERBÄRMLICHE LETZTE WORTE ...
CRACKLE
BOOM
KNUX! SICHERE DEN MASTER EMERALD UND STOPPE SEINE ENERGIEZUFUHR. ICH LENKE IHN AB!
BIST DU IRRE? DER ZERQUETSCHT DICH!
NUR, WENN ER MICH ERWISCHT!
„WENN"?
SHKOOM

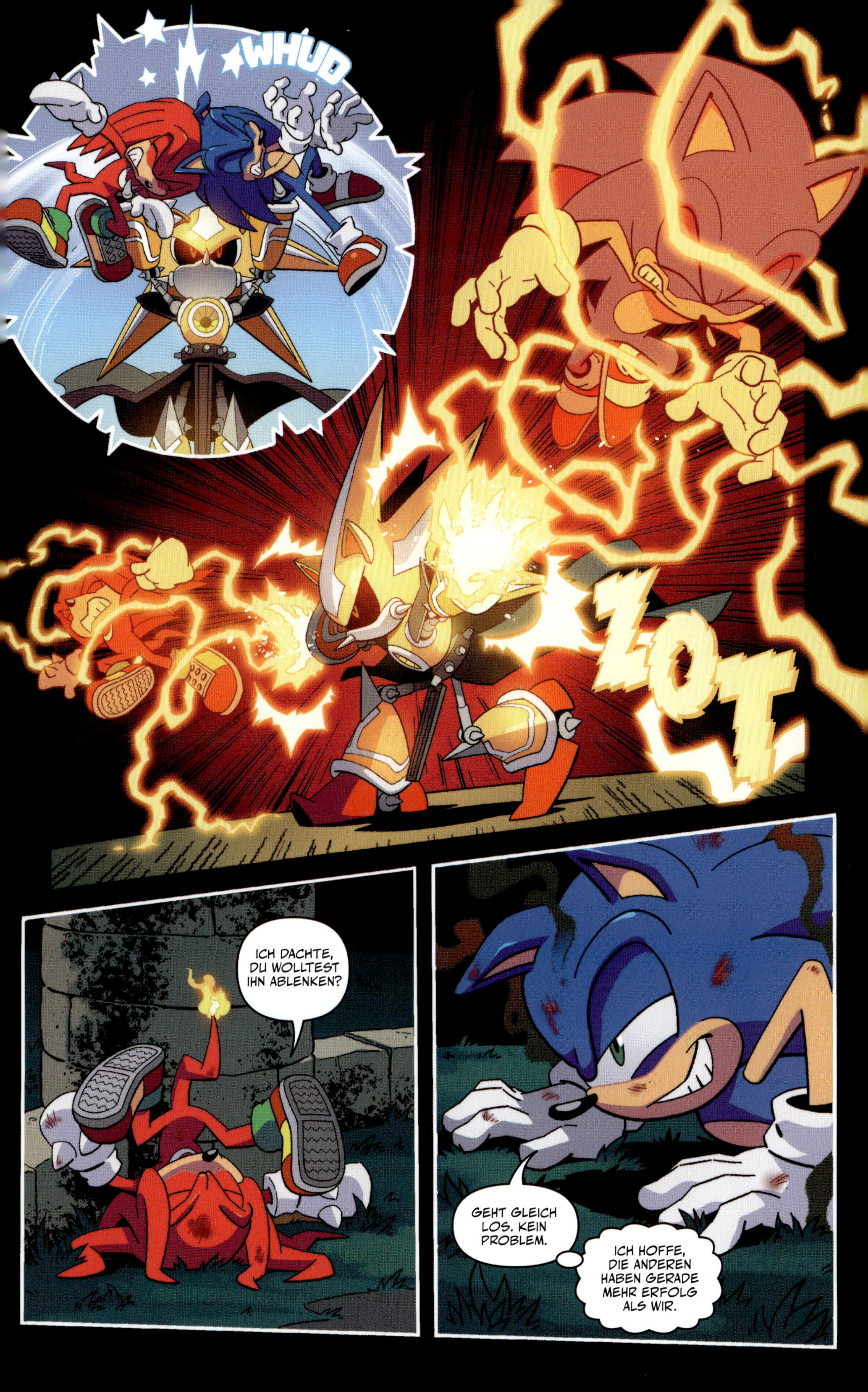
WHUD
ZOT
ICH DACHTE, DU WOLLTEST IHN ABLENKEN?
GEHT GLEICH LOS. KEIN PROBLEM.
ICH HOFFE, DIE ANDEREN HABEN GERADE MEHR ERFOLG ALS WIR.

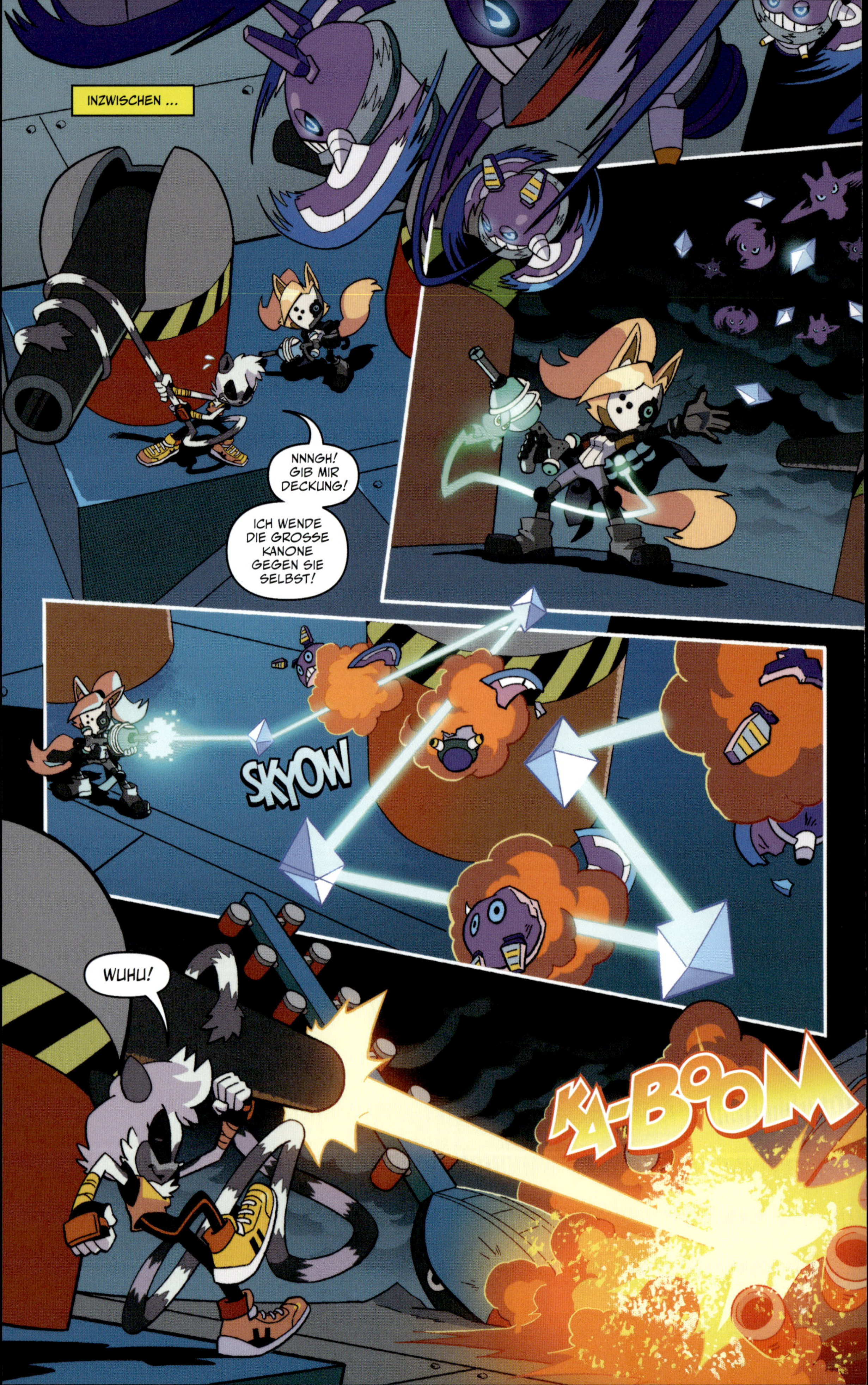
INZWISCHEN ...
NNNGH! GIB MIR DECKUNG!
ICH WENDE DIE GROSSE KANONE GEGEN SIE SELBST!
SKYOW
WUHU!
KA-BOOM

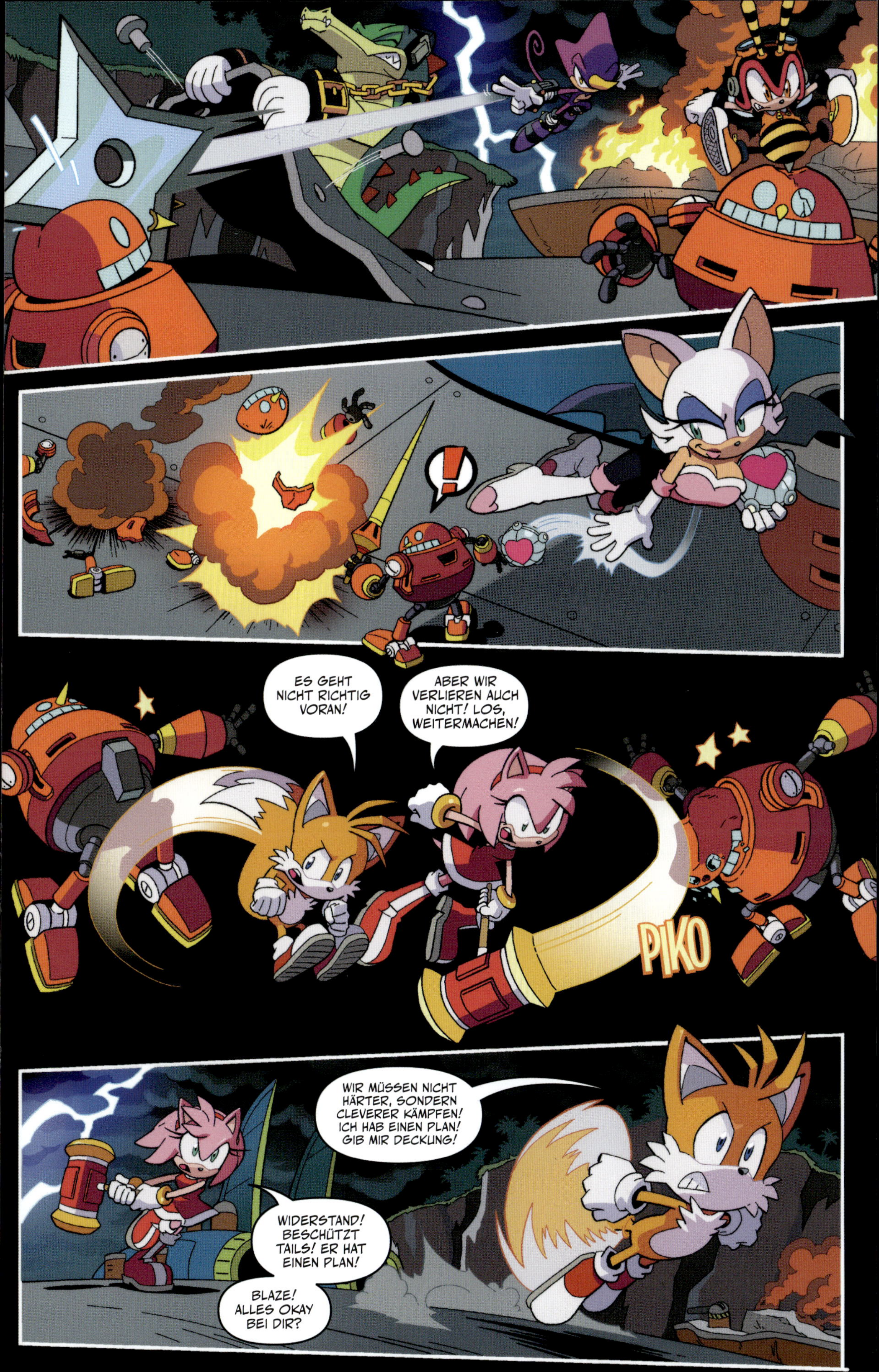
ES GEHT NICHT RICHTIG VORAN!
ABER WIR VERLIEREN AUCH NICHT! LOS, WEITERMACHEN!
PIKO
WIR MÜSSEN NICHT HÄRTER, SONDERN CLEVERER KÄMPFEN! ICH HAB EINEN PLAN! GIB MIR DECKUNG!
WIDERSTAND! BESCHÜTZT TAILS! ER HAT EINEN PLAN!
BLAZE! ALLES OKAY BEI DIR?

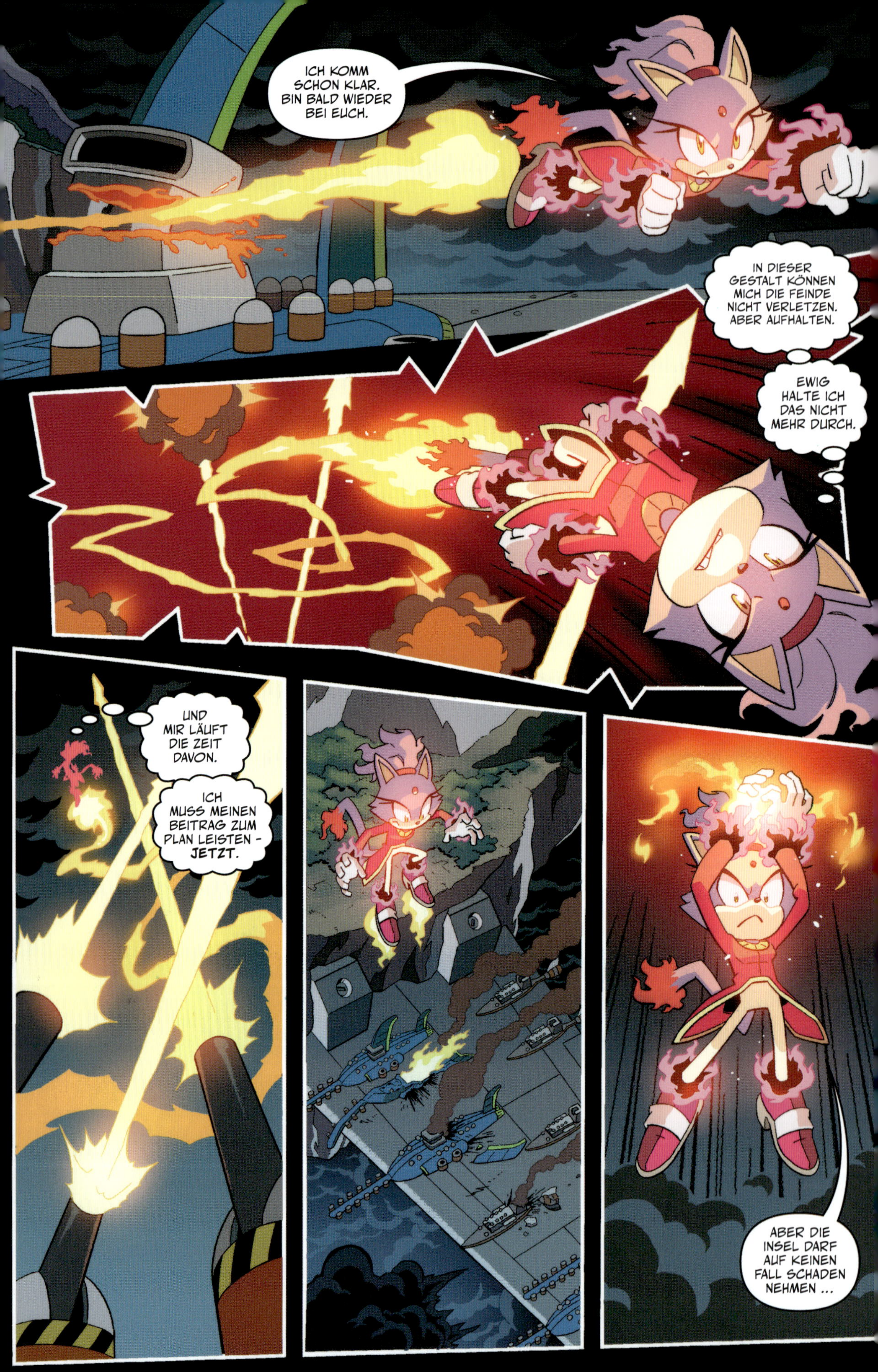
ICH KOMM SCHON KLAR. BIN BALD WIEDER BEI EUCH.
IN DIESER GESTALT KÖNNEN MICH DIE FEINDE NICHT VERLETZEN. ABER AUFHALTEN.
EWIG HALTE ICH DAS NICHT MEHR DURCH.
UND MIR LÄUFT DIE ZEIT DAVON.
ICH MUSS MEINEN BEITRAG ZUM PLAN LEISTEN - **JETZT**.
ABER DIE INSEL DARF AUF KEINEN FALL SCHADEN NEHMEN ...

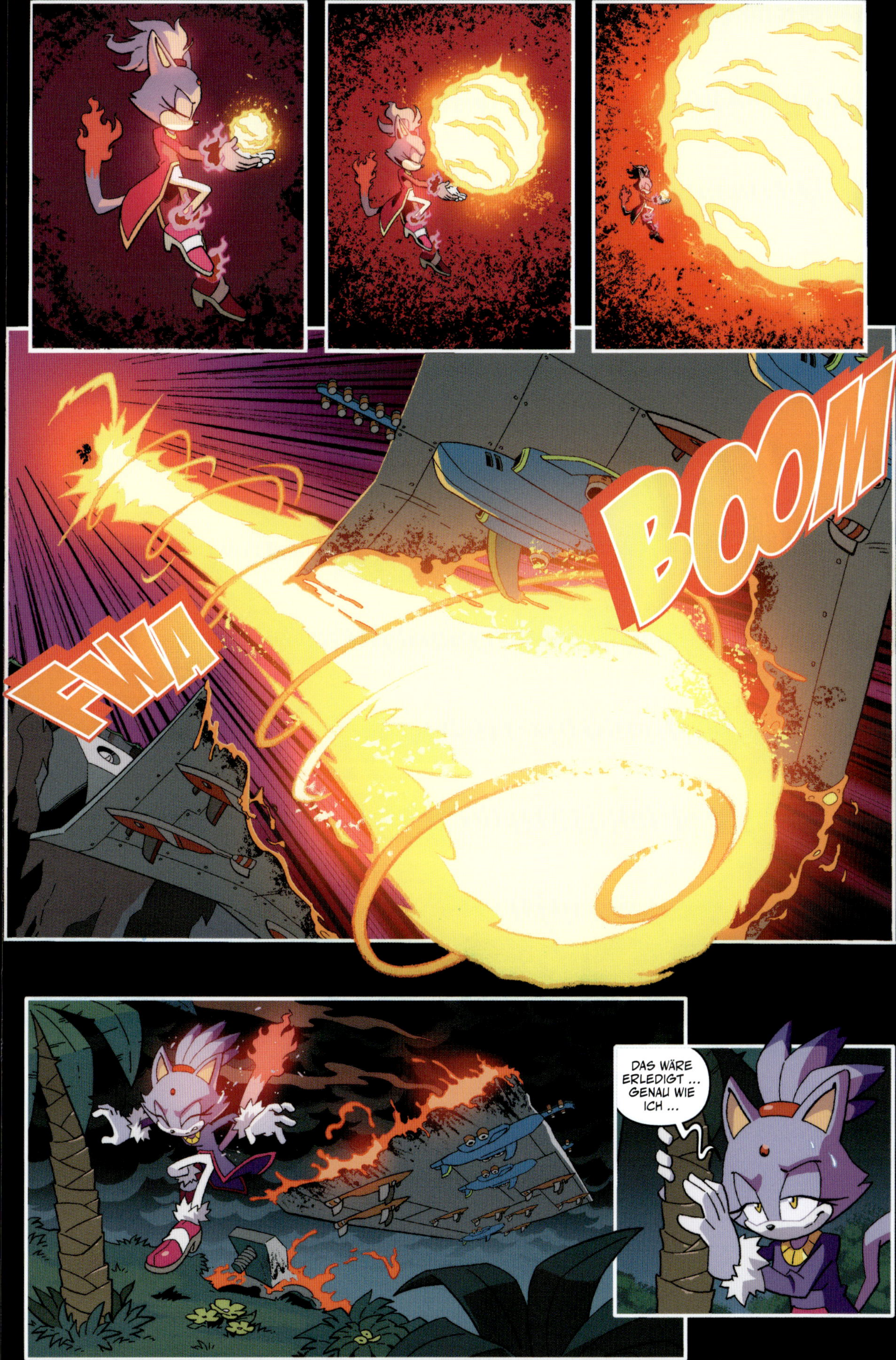
FWA
BOOM
DAS WÄRE ERLEDIGT ... GENAU WIE ICH ...

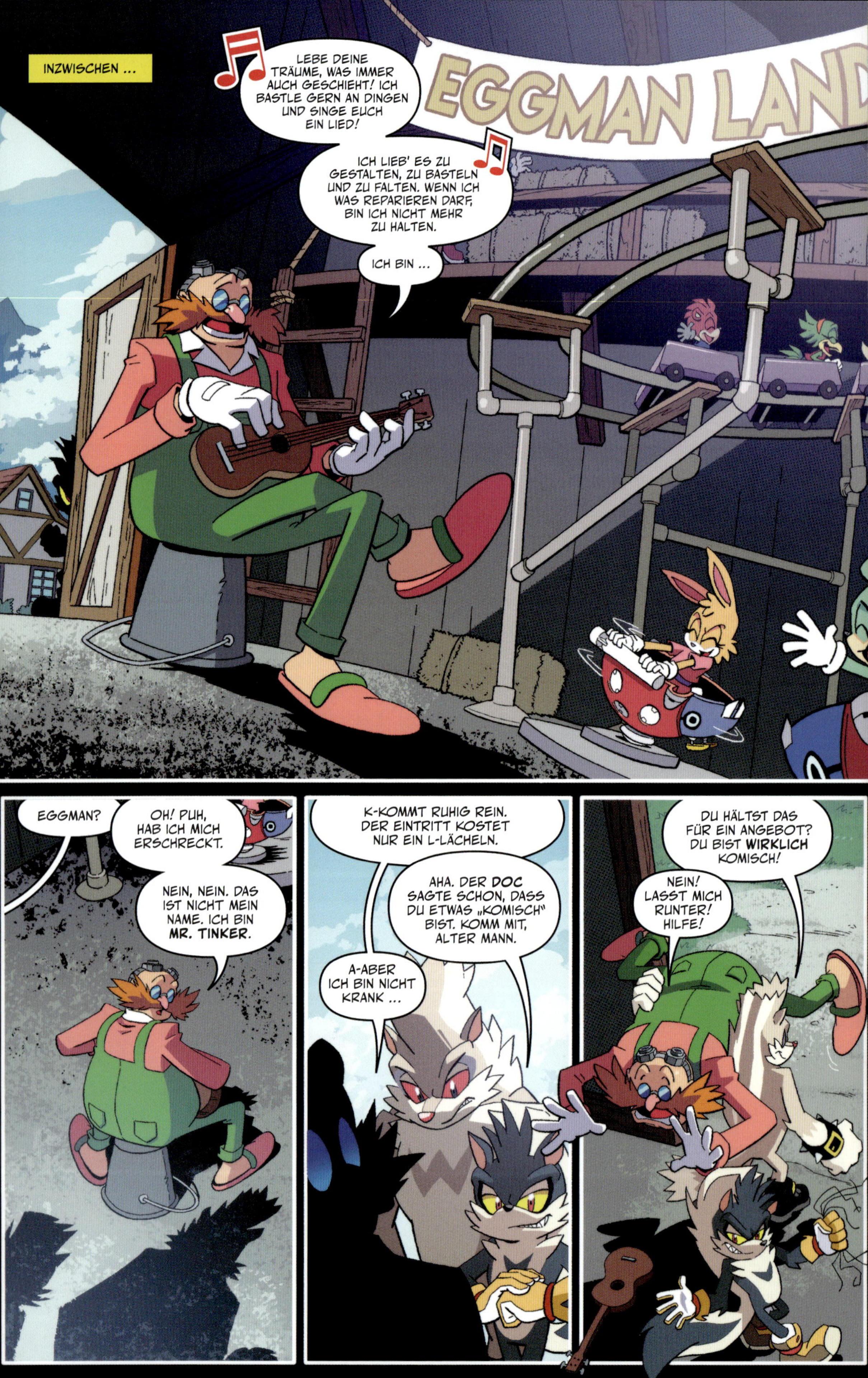
INZWISCHEN ...
LEBE DEINE TRÄUME, WAS IMMER AUCH GESCHIEHT! ICH BASTLE GERN AN DINGEN UND SINGE EUCH EIN LIED!
ICH LIEB' ES ZU GESTALTEN, ZU BASTELN UND ZU FALTEN. WENN ICH WAS REPARIEREN DARF, BIN ICH NICHT MEHR ZU HALTEN.
ICH BIN ...
EGGMAN LAND
EGGMAN?
OH! PUH, HAB ICH MICH ERSCHRECKT.
NEIN, NEIN. DAS IST NICHT MEIN NAME. ICH BIN **MR. TINKER**.
K-KOMMT RUHIG REIN. DER EINTRITT KOSTET NUR EIN L-LÄCHELN.
AHA. DER **DOC** SAGTE SCHON, DASS DU ETWAS „KOMISCH" BIST. KOMM MIT, ALTER MANN.
A-ABER ICH BIN NICHT KRANK ...
DU HÄLTST DAS FÜR EIN ANGEBOT? DU BIST **WIRKLICH** KOMISCH!
NEIN! LASST MICH RUNTER! HILFE!

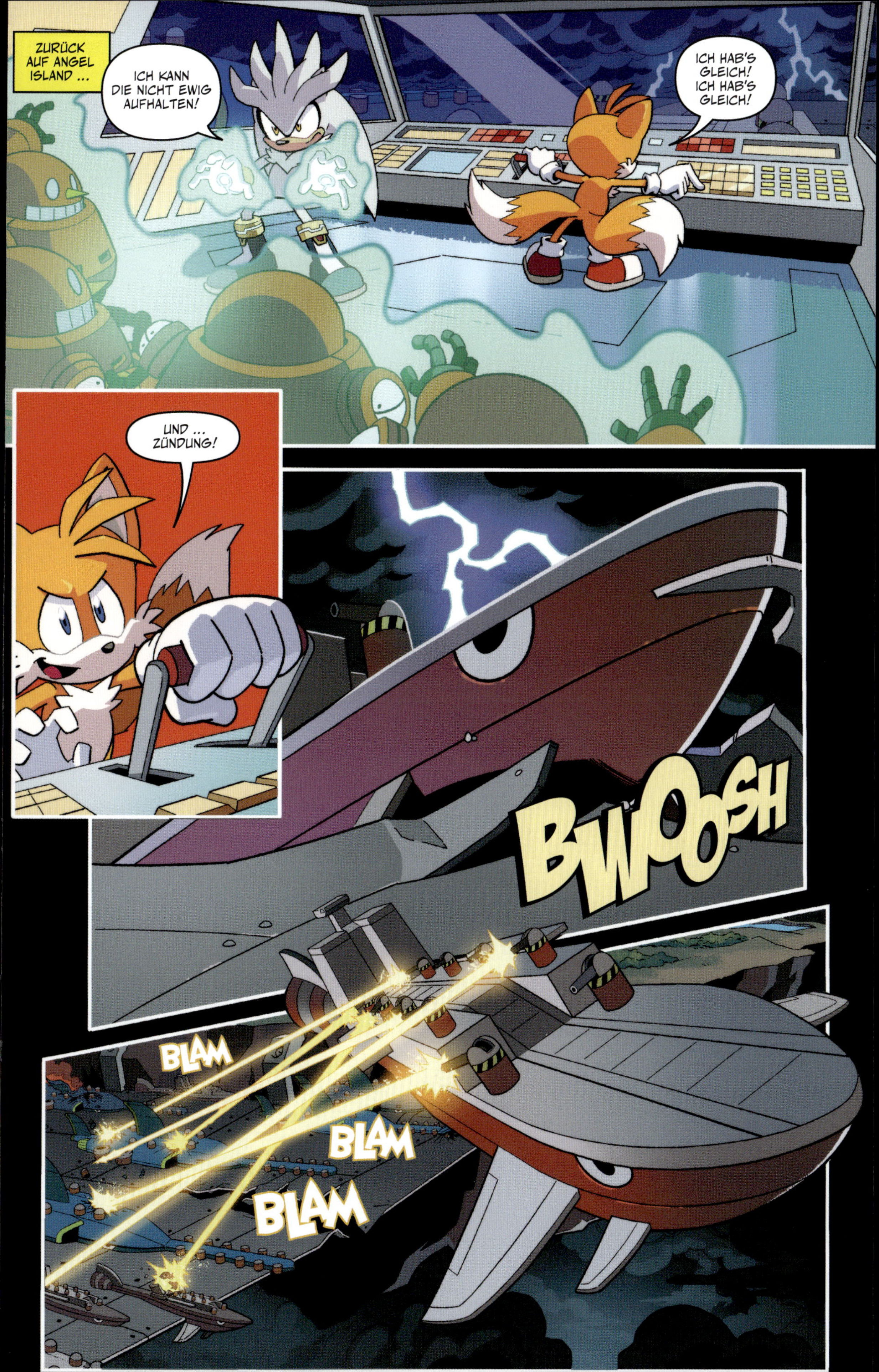
ZURÜCK AUF ANGEL ISLAND ...
ICH KANN DIE NICHT EWIG AUFHALTEN!
ICH HAB'S GLEICH! ICH HAB'S GLEICH!
UND ... ZÜNDUNG!
BWOOSH
BLAM
BLAM
BLAM

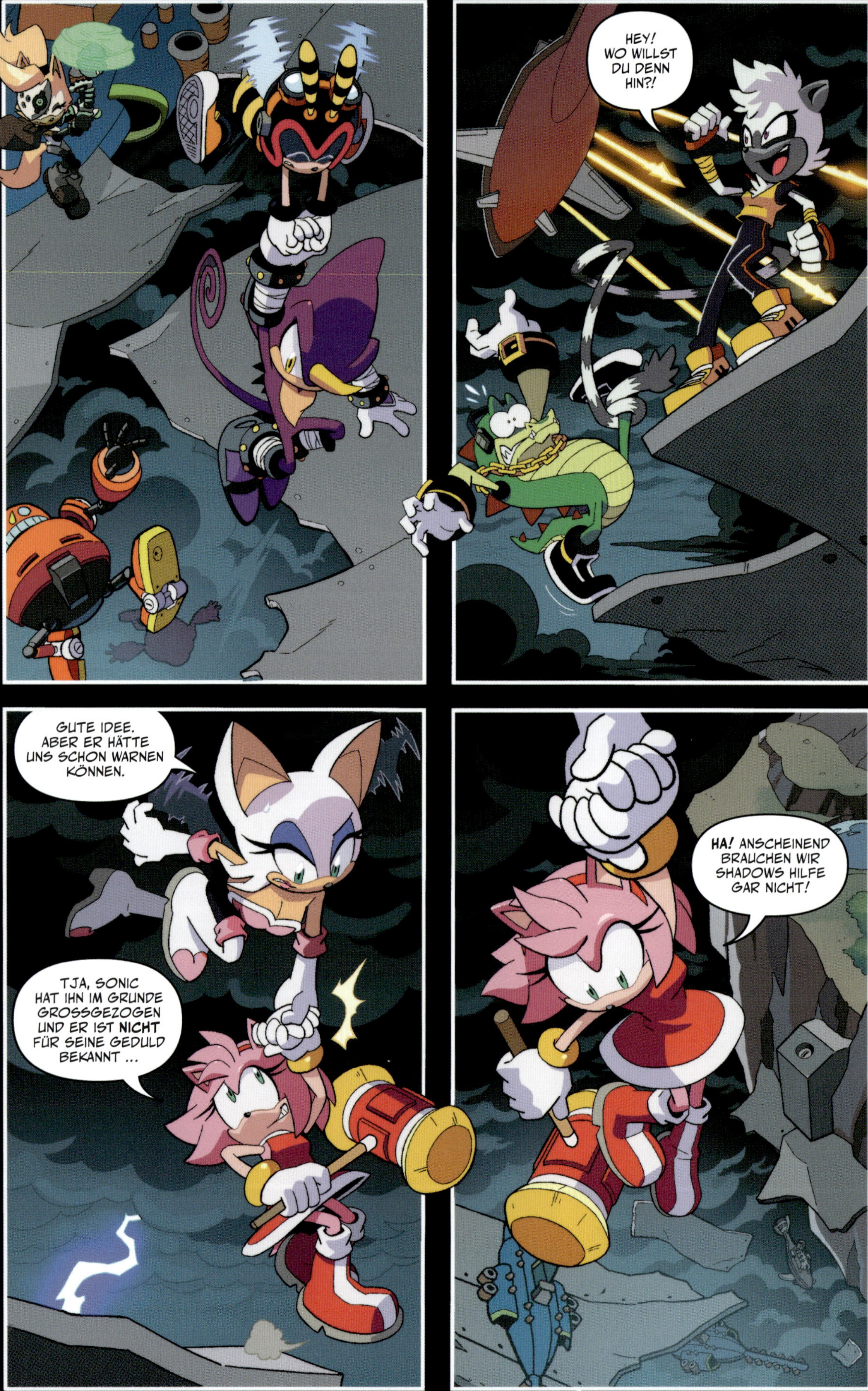
HEY!
WO WILLST DU DENN HIN?!
GUTE IDEE. ABER ER HÄTTE UNS SCHON WARNEN KÖNNEN.
TJA, SONIC HAT IHN IM GRUNDE GROSSGEZOGEN UND ER IST **NICHT** FÜR SEINE GEDULD BEKANNT ...
HA! ANSCHEINEND BRAUCHEN WIR SHADOWS HILFE GAR NICHT!

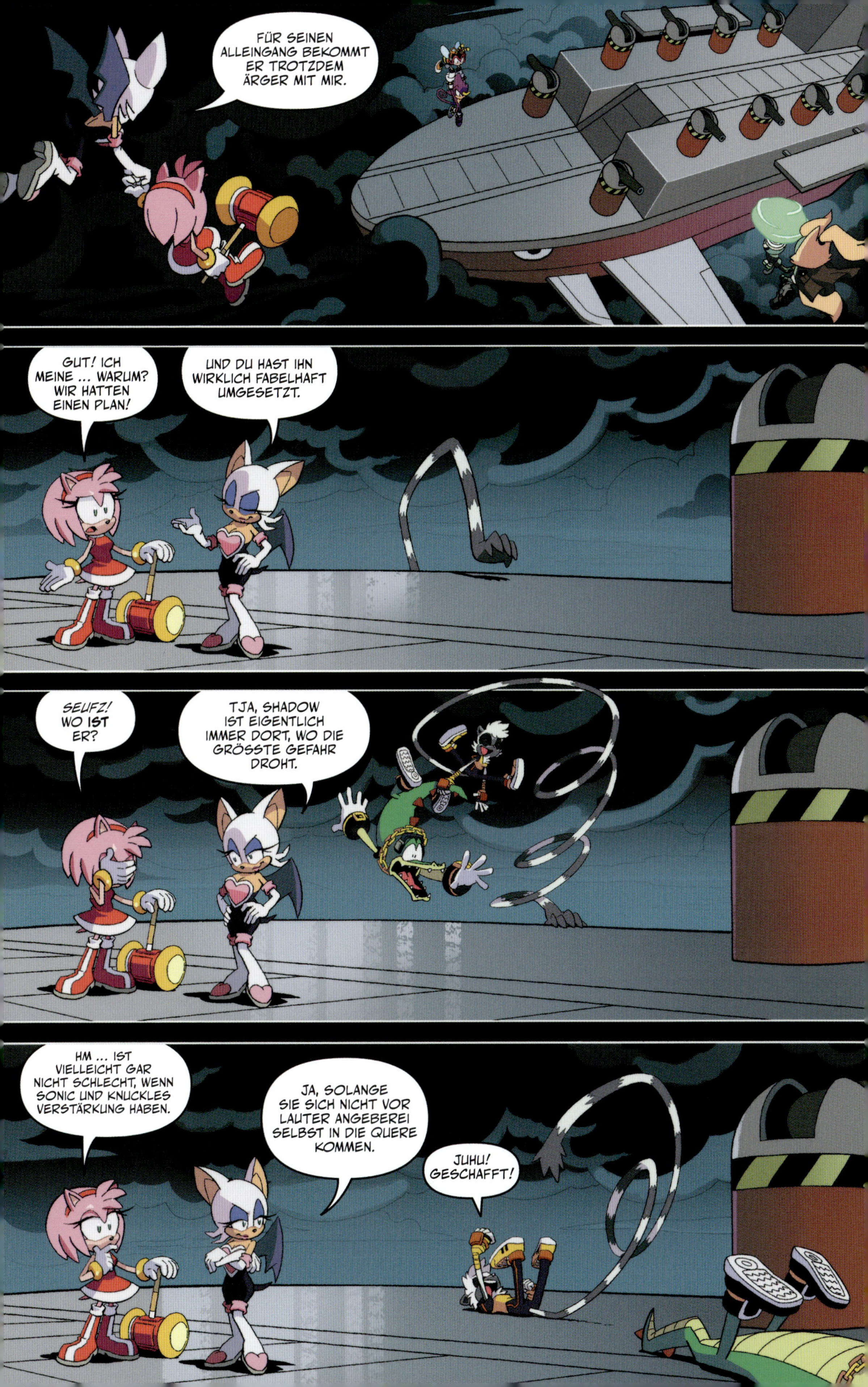
FÜR SEINEN ALLEINGANG BEKOMMT ER TROTZDEM ÄRGER MIT MIR.
GUT! ICH MEINE ... WARUM? WIR HATTEN EINEN PLAN!
UND DU HAST IHN WIRKLICH FABELHAFT UMGESETZT.
SEUFZ! WO IST ER?
TJA, SHADOW IST EIGENTLICH IMMER DORT, WO DIE GRÖSSTE GEFAHR DROHT.
HM ... IST VIELLEICHT GAR NICHT SCHLECHT, WENN SONIC UND KNUCKLES VERSTÄRKUNG HABEN.
JA, SOLANGE SIE SICH NICHT VOR LAUTER ANGEBEREI SELBST IN DIE QUERE KOMMEN.
JUHU! GESCHAFFT!

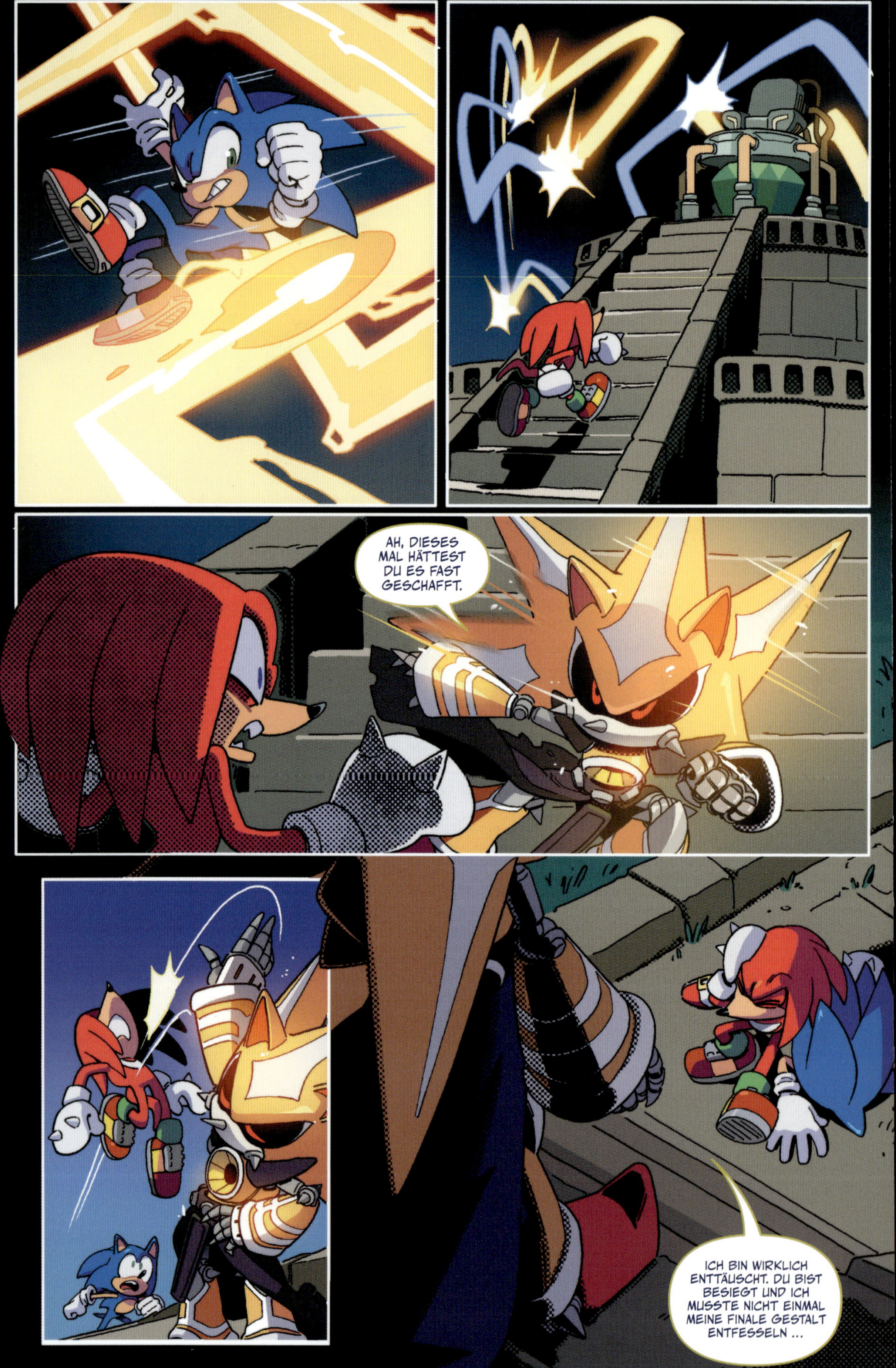
AH, DIESES MAL HÄTTEST DU ES FAST GESCHAFFT.
ICH BIN WIRKLICH ENTTÄUSCHT. DU BIST BESIEGT UND ICH MUSSTE NICHT EINMAL MEINE FINALE GESTALT ENTFESSELN ...

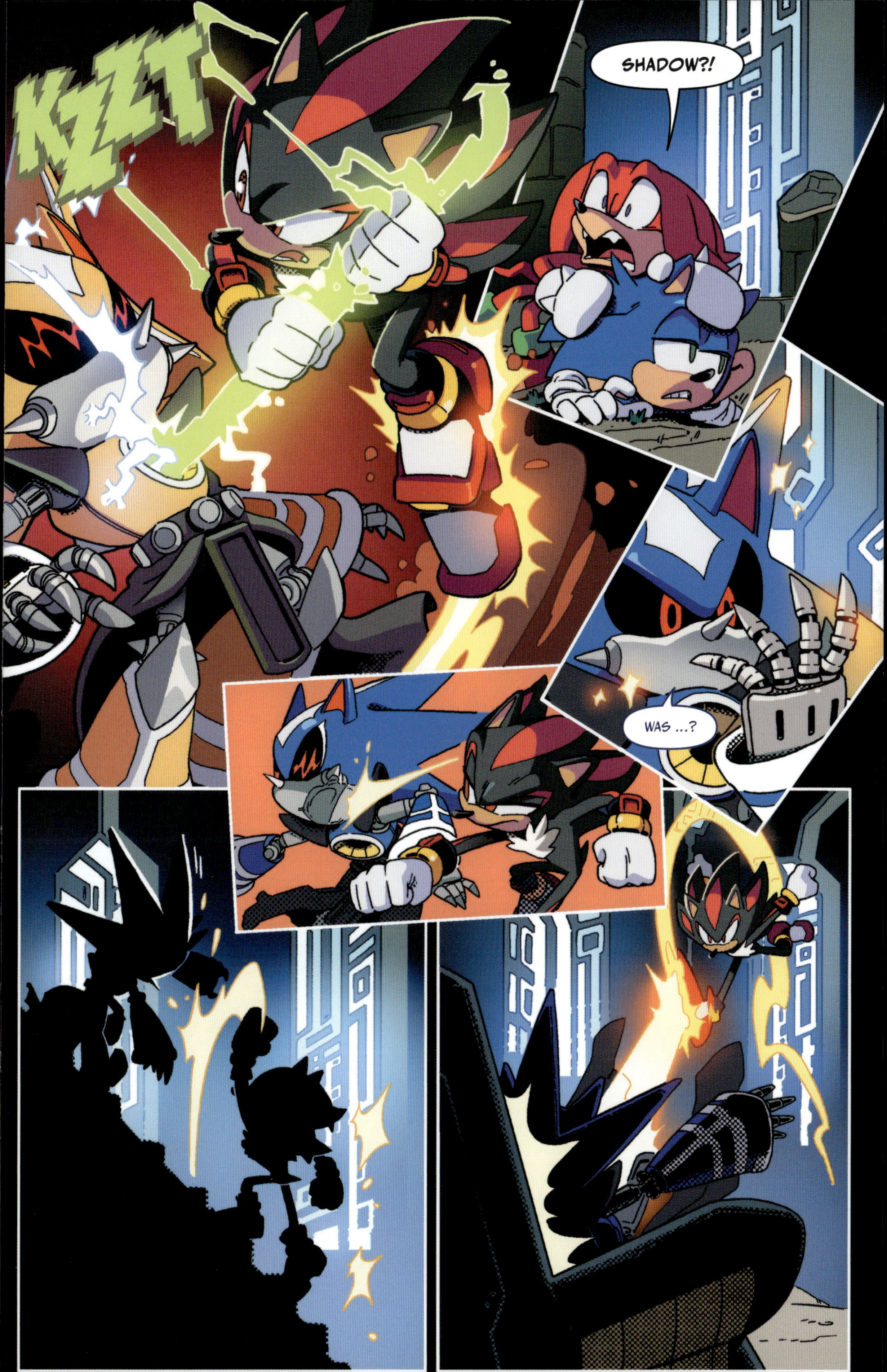

KZZT
SHADOW?!
WAS ...?

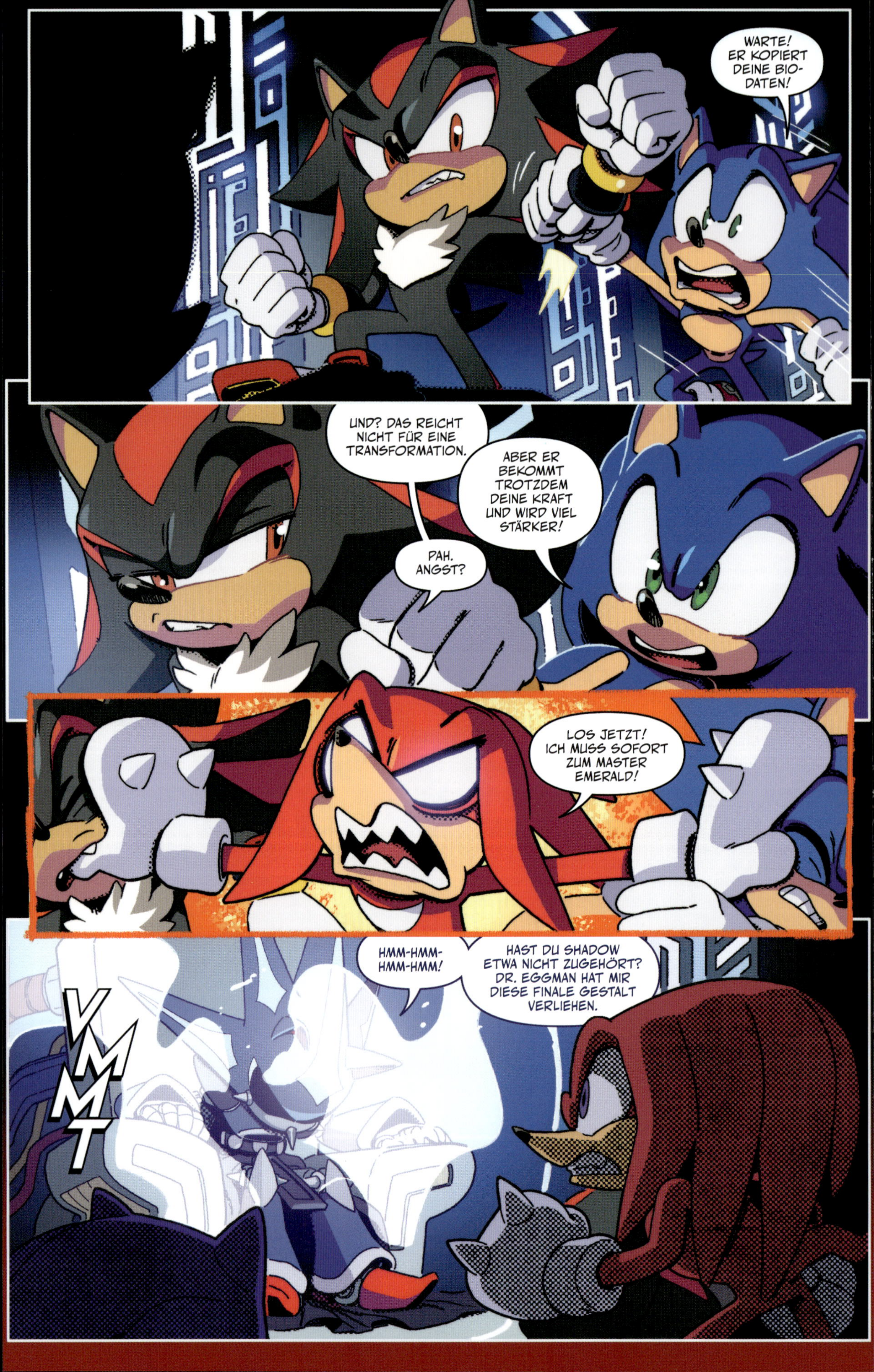
WARTE! ER KOPIERT DEINE BIO-DATEN!
UND? DAS REICHT NICHT FÜR EINE TRANSFORMATION.
ABER ER BEKOMMT TROTZDEM DEINE KRAFT UND WIRD VIEL STÄRKER!
PAH. ANGST?
LOS JETZT! ICH MUSS SOFORT ZUM MASTER EMERALD!
HMM-HMM-HMM-HMM!
HAST DU SHADOW ETWA NICHT ZUGEHÖRT? DR. EGGMAN HAT MIR DIESE FINALE GESTALT VERLIEHEN.
VMMT

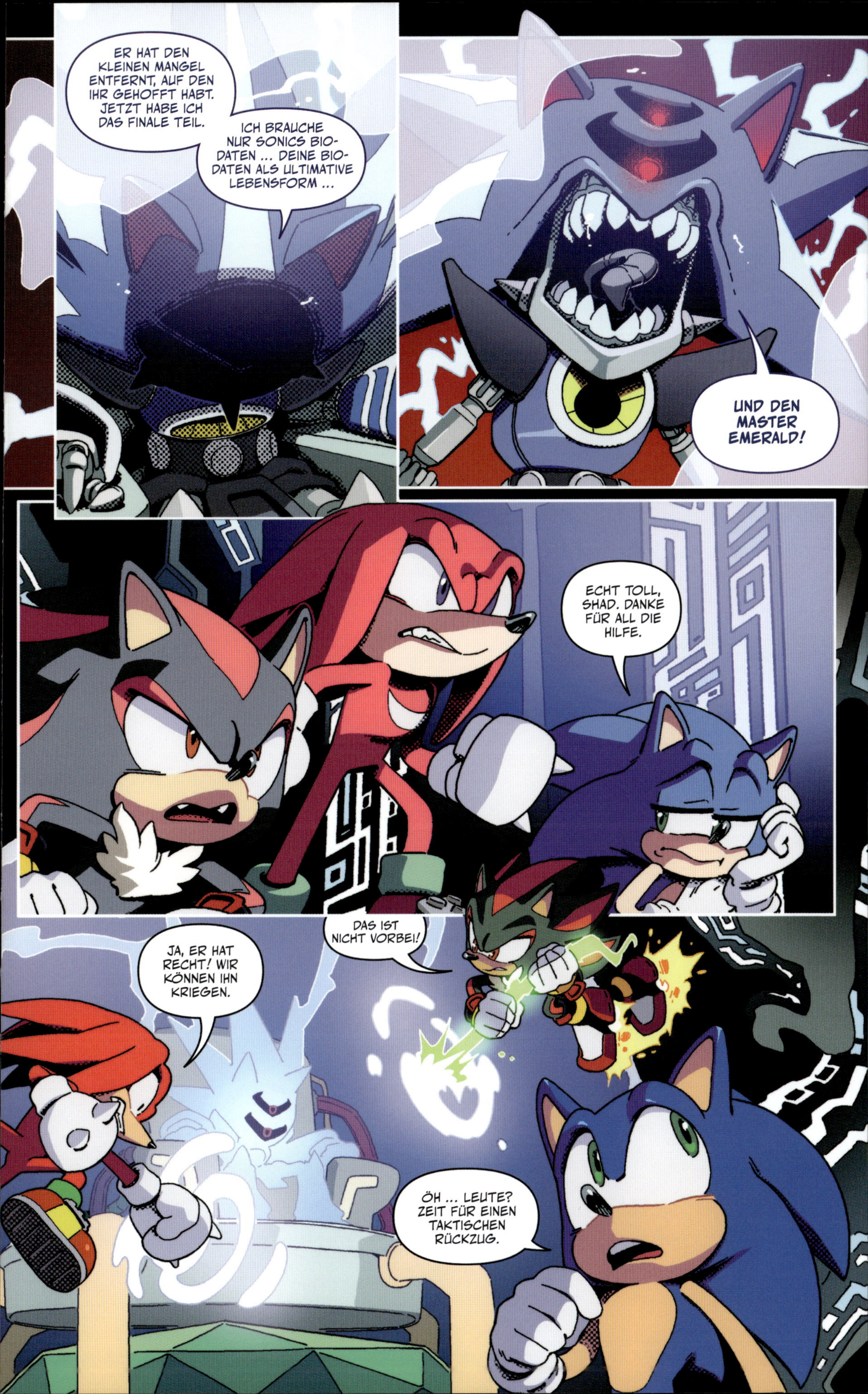
ER HAT DEN KLEINEN MANGEL ENTFERNT, AUF DEN IHR GEHOFFT HABT. JETZT HABE ICH DAS FINALE TEIL.
ICH BRAUCHE NUR SONICS BIO-DATEN ... DEINE BIO-DATEN ALS ULTIMATIVE LEBENSFORM ...
UND DEN MASTER EMERALD!
ECHT TOLL, SHAD. DANKE FÜR ALL DIE HILFE.
DAS IST NICHT VORBEI!
JA, ER HAT RECHT! WIR KÖNNEN IHN KRIEGEN.
ÖH ... LEUTE? ZEIT FÜR EINEN TAKTISCHEN RÜCKZUG.

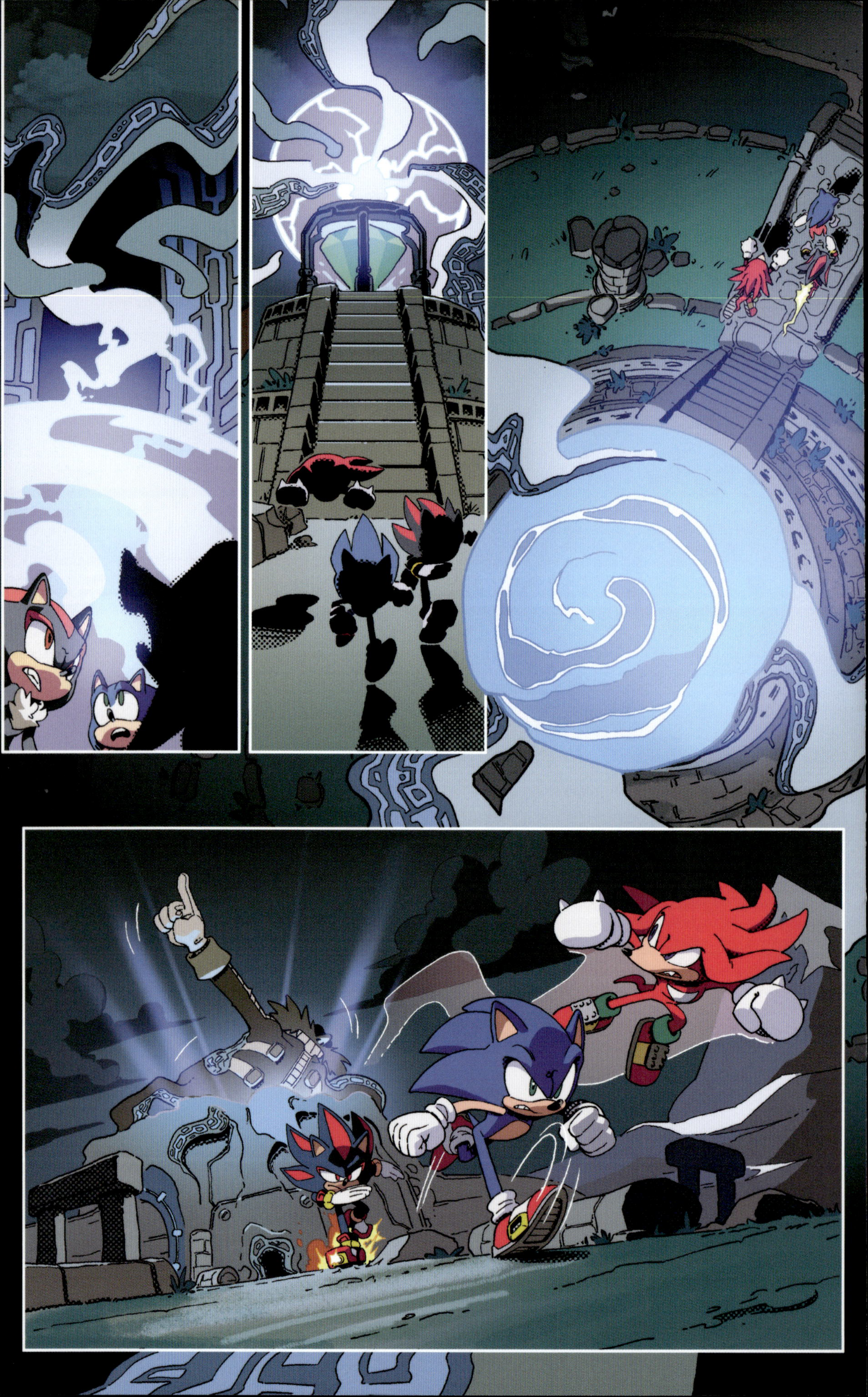

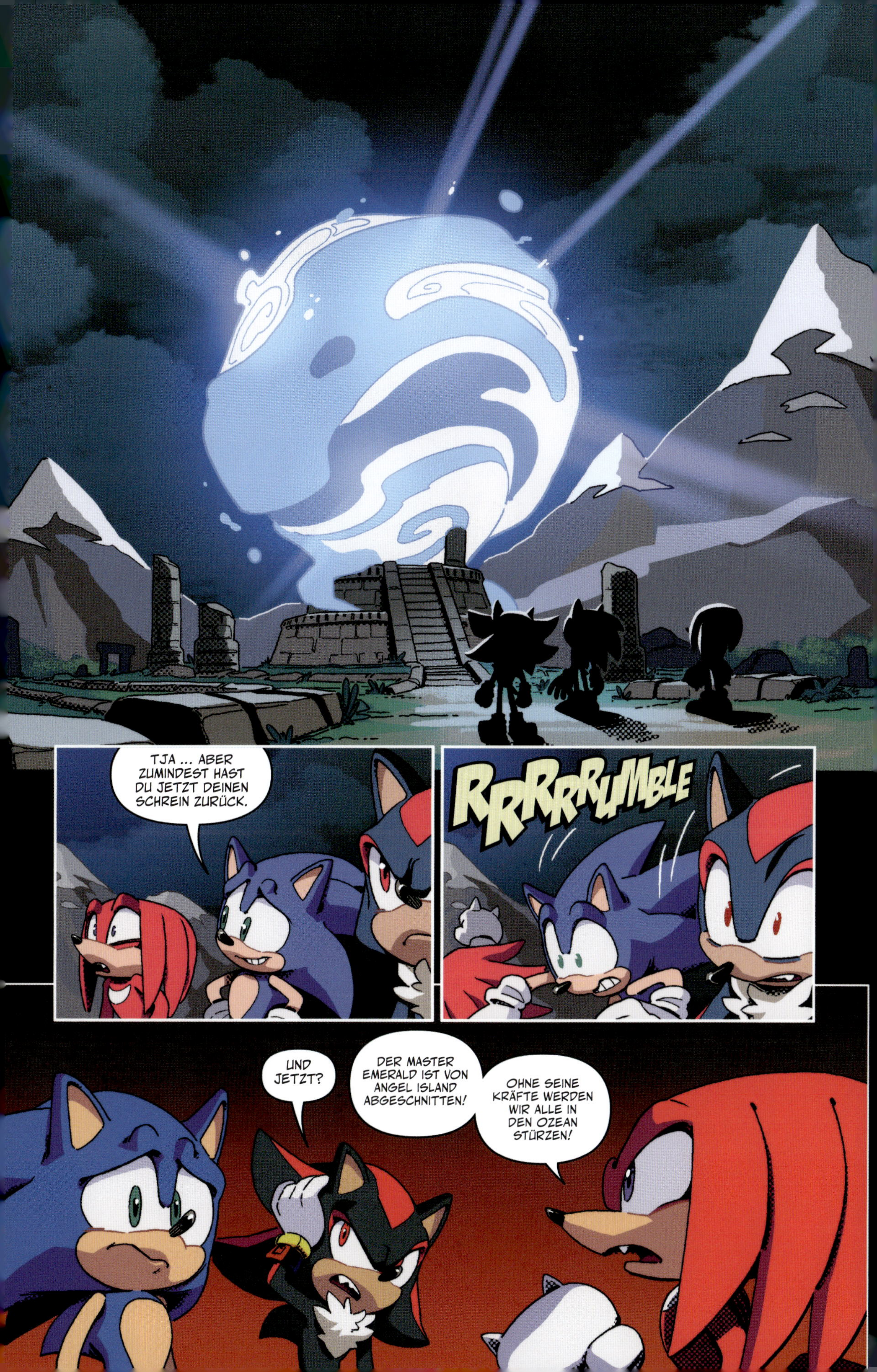
TJA ... ABER ZUMINDEST HAST DU JETZT DEINEN SCHREIN ZURÜCK.
RRRRRUMBLE
UND JETZT?
DER MASTER EMERALD IST VON ANGEL ISLAND ABGESCHNITTEN!
OHNE SEINE KRÄFTE WERDEN WIR ALLE IN DEN OZEAN STÜRZEN!

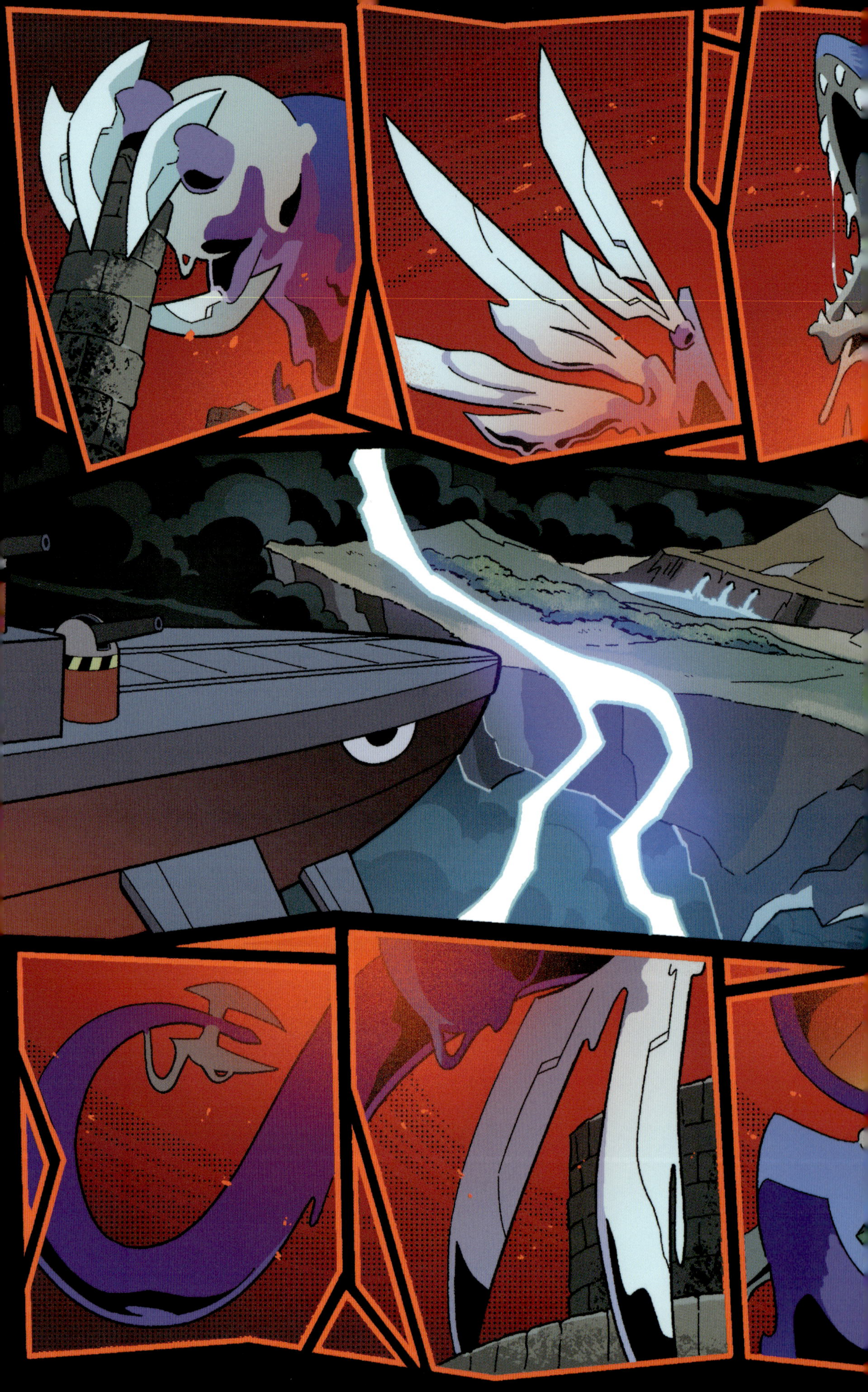

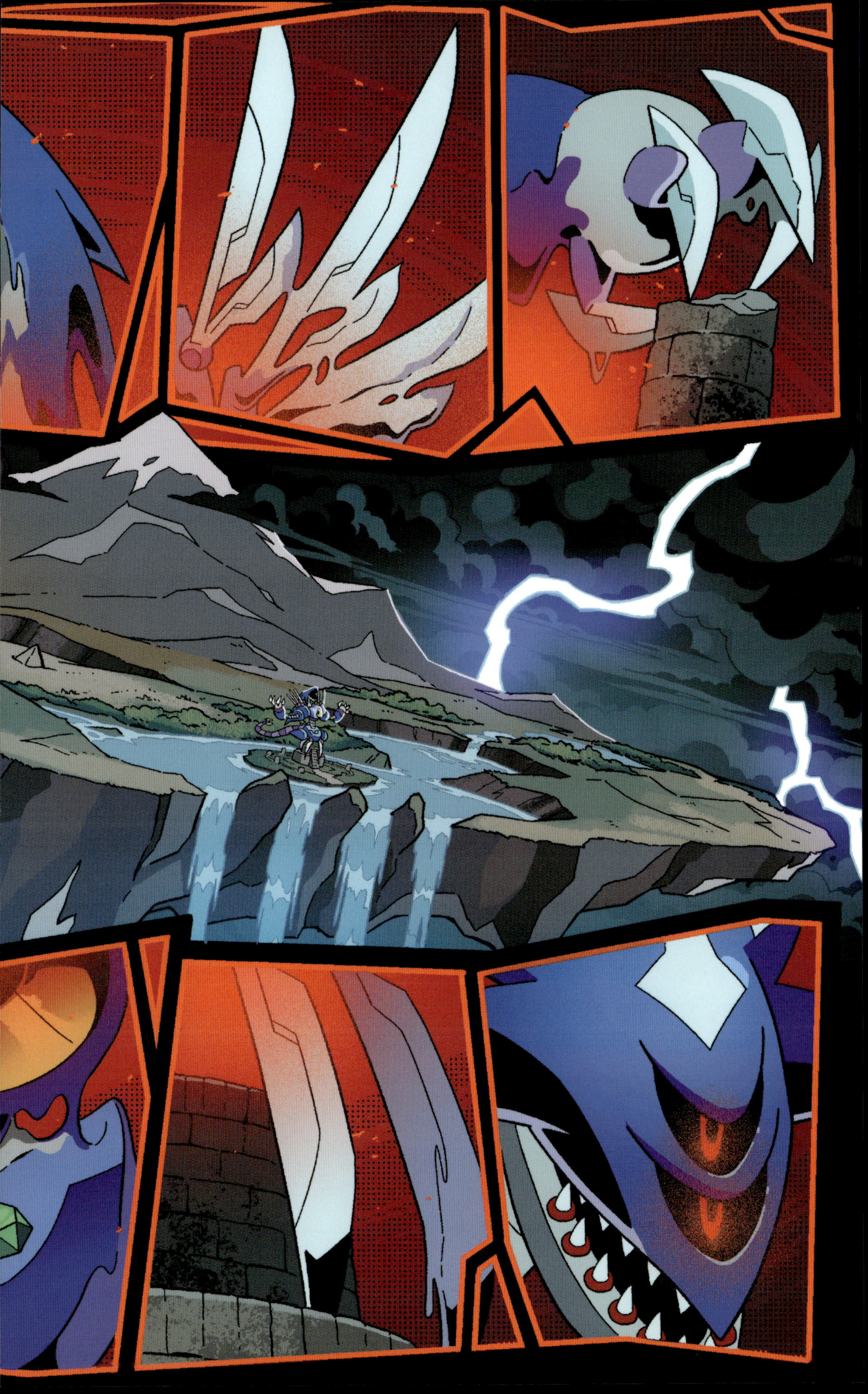

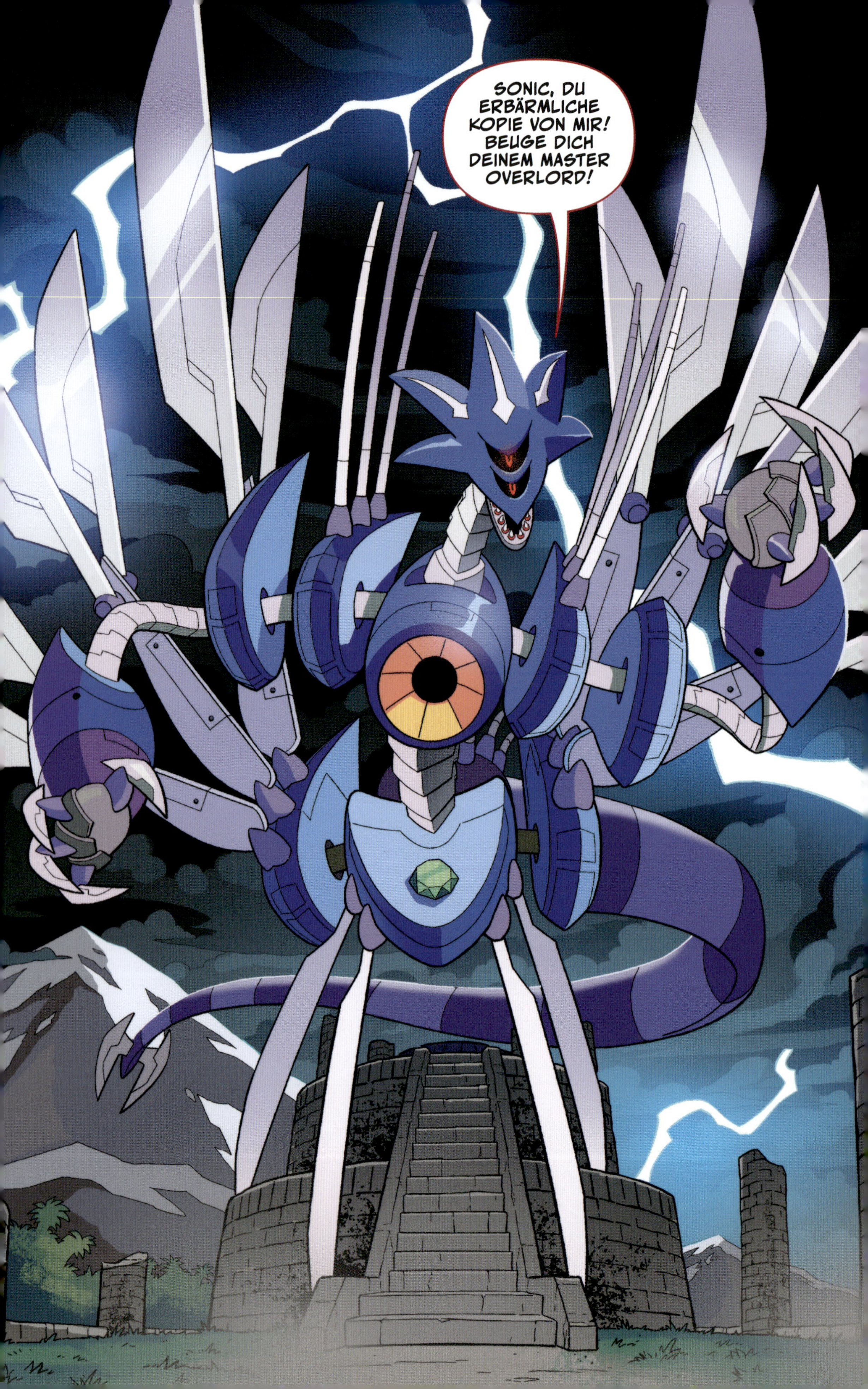
SONIC, DU ERBÄRMLICHE KOPIE VON MIR! BEUGE DICH DEINEM MASTER OVERLORD!

ZEICHNUNGEN: **NATHALIE FOURDRAINE**

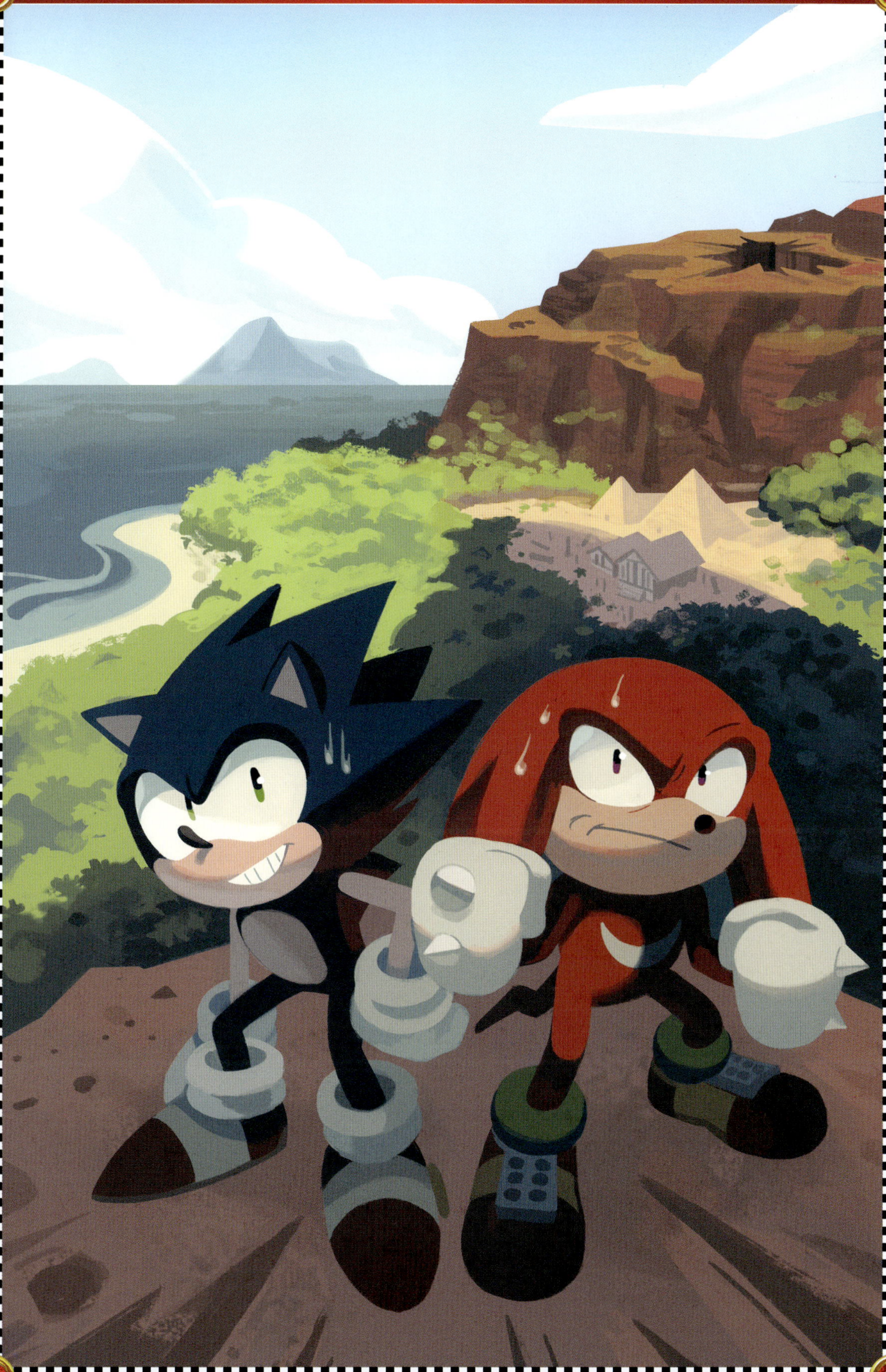

ZEICHNUNGEN: JONATHAN GRAY KOLORIERUNG: MATT HERMS

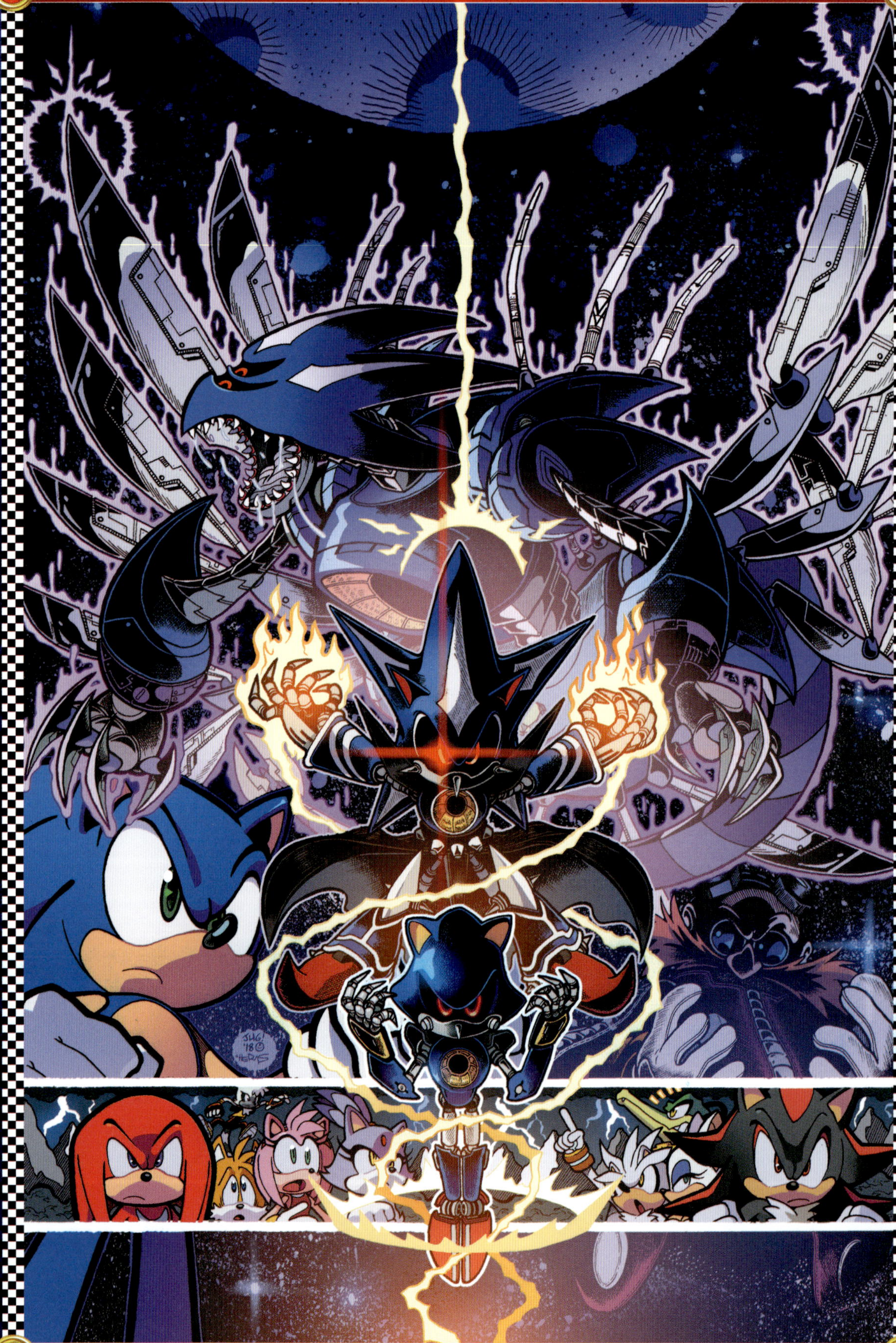

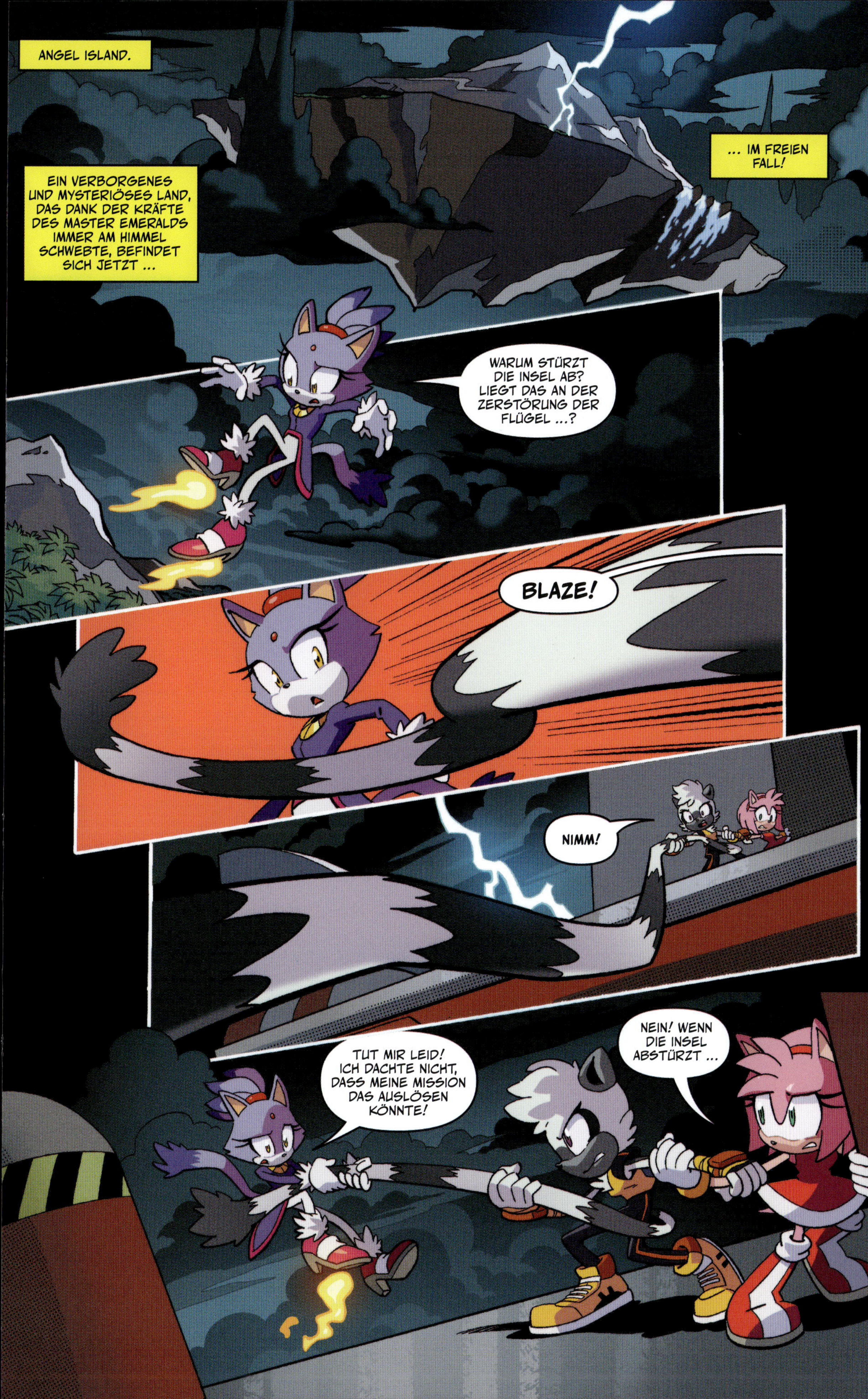
ANGEL ISLAND.
EIN VERBORGENES UND MYSTERIÖSES LAND, DAS DANK DER KRÄFTE DES MASTER EMERALDS IMMER AM HIMMEL SCHWEBTE, BEFINDET SICH JETZT ...
... IM FREIEN FALL!
WARUM STÜRZT DIE INSEL AB? LIEGT DAS AN DER ZERSTÖRUNG DER FLÜGEL ...?
BLAZE!
NIMM!
TUT MIR LEID! ICH DACHTE NICHT, DASS MEINE MISSION DAS AUSLÖSEN KÖNNTE!
NEIN! WENN DIE INSEL ABSTÜRZT ...

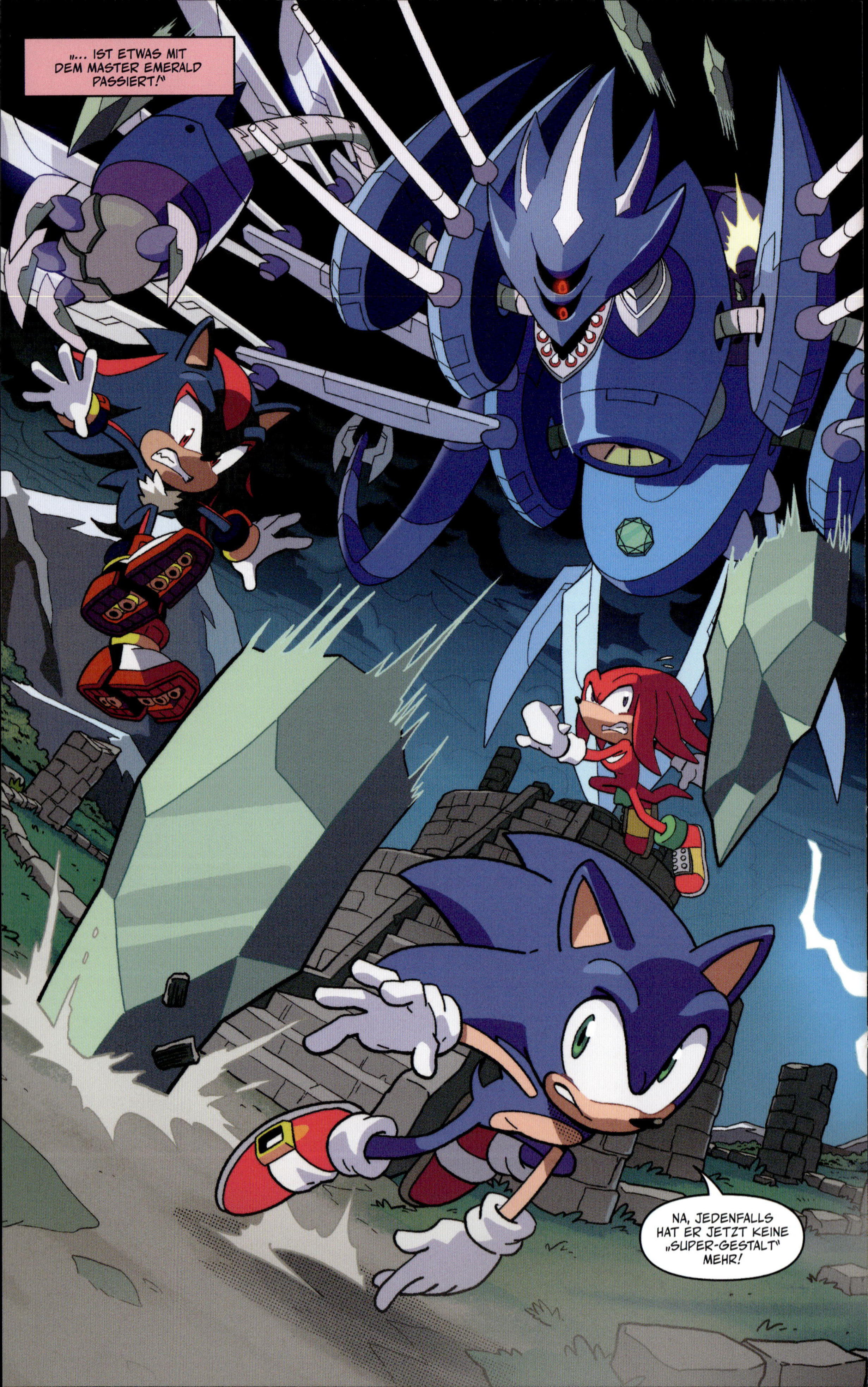
„... IST ETWAS MIT DEM MASTER EMERALD PASSIERT!“
NA, JEDENFALLS HAT ER JETZT KEINE „SUPER-GESTALT“ MEHR!

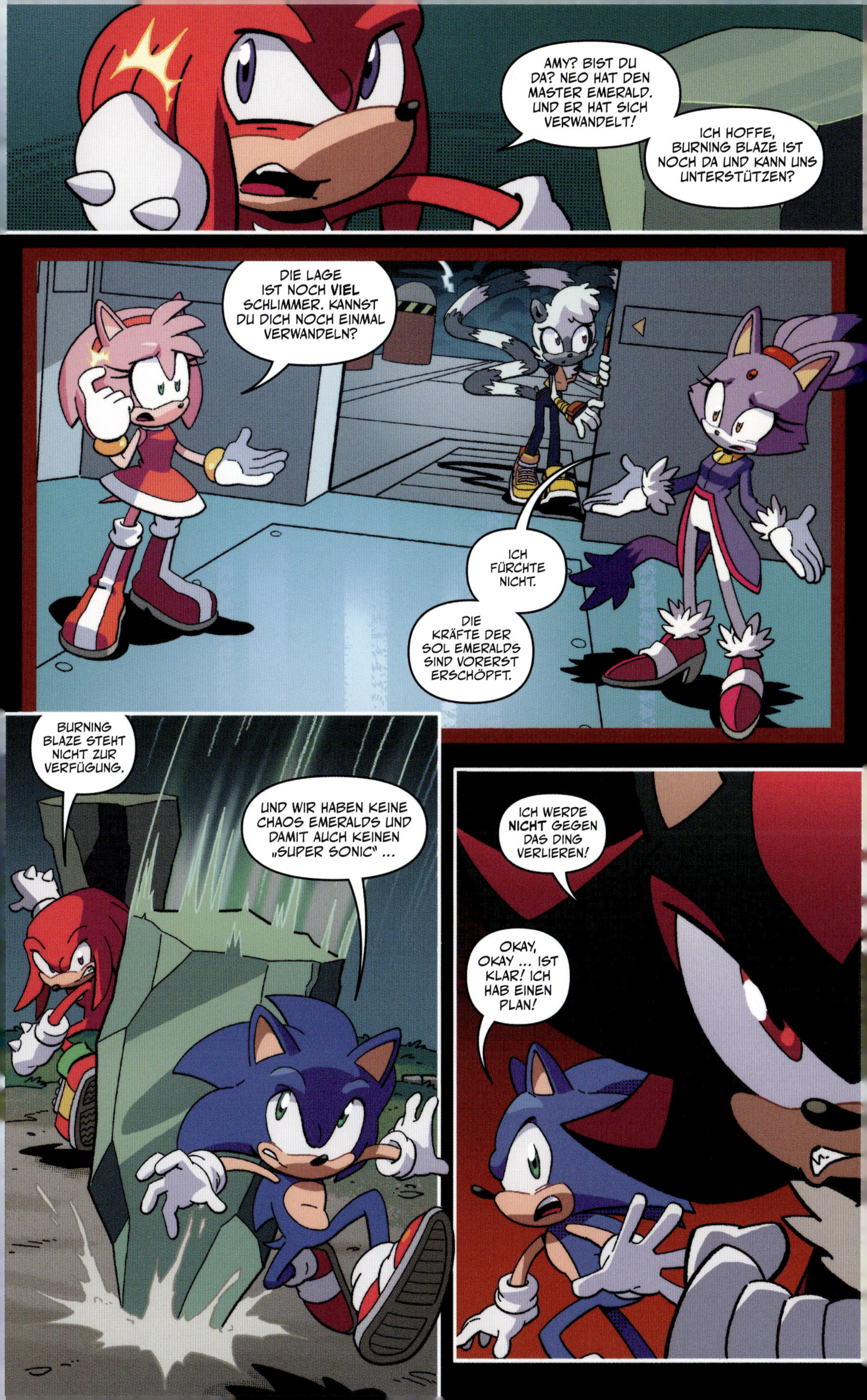
AMY? BIST DU DA? NEO HAT DEN MASTER EMERALD. UND ER HAT SICH VERWANDELT!
ICH HOFFE, BURNING BLAZE IST NOCH DA UND KANN UNS UNTERSTÜTZEN?
DIE LAGE IST NOCH VIEL SCHLIMMER. KANNST DU DICH NOCH EINMAL VERWANDELN?
ICH FÜRCHTE NICHT.
DIE KRÄFTE DER SOL EMERALDS SIND VORERST ERSCHÖPFT.
BURNING BLAZE STEHT NICHT ZUR VERFÜGUNG.
UND WIR HABEN KEINE CHAOS EMERALDS UND DAMIT AUCH KEINEN „SUPER SONIC" ...
ICH WERDE NICHT GEGEN DAS DING VERLIEREN!
OKAY, OKAY ... IST KLAR! ICH HAB EINEN PLAN!

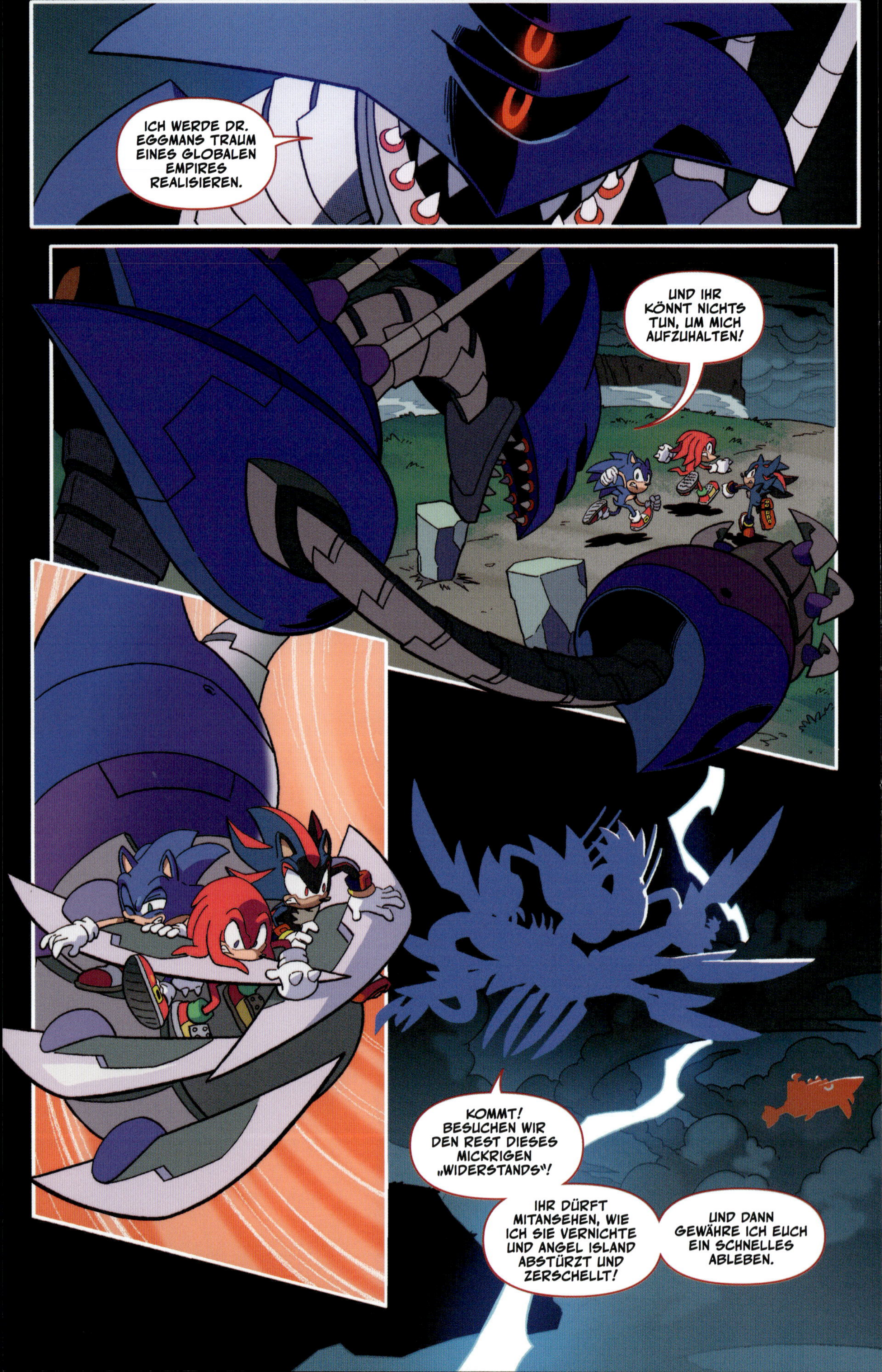

ICH WERDE DR. EGGMANS TRAUM EINES GLOBALEN EMPIRES REALISIEREN.
UND IHR KÖNNT NICHTS TUN, UM MICH AUFZUHALTEN!
KOMMT! BESUCHEN WIR DEN REST DIESES MICKRIGEN „WIDERSTANDS“!
IHR DÜRFT MITANSEHEN, WIE ICH SIE VERNICHTE UND ANGEL ISLAND ABSTÜRZT UND ZERSCHELLT!
UND DANN GEWÄHRE ICH EUCH EIN SCHNELLES ABLEBEN.

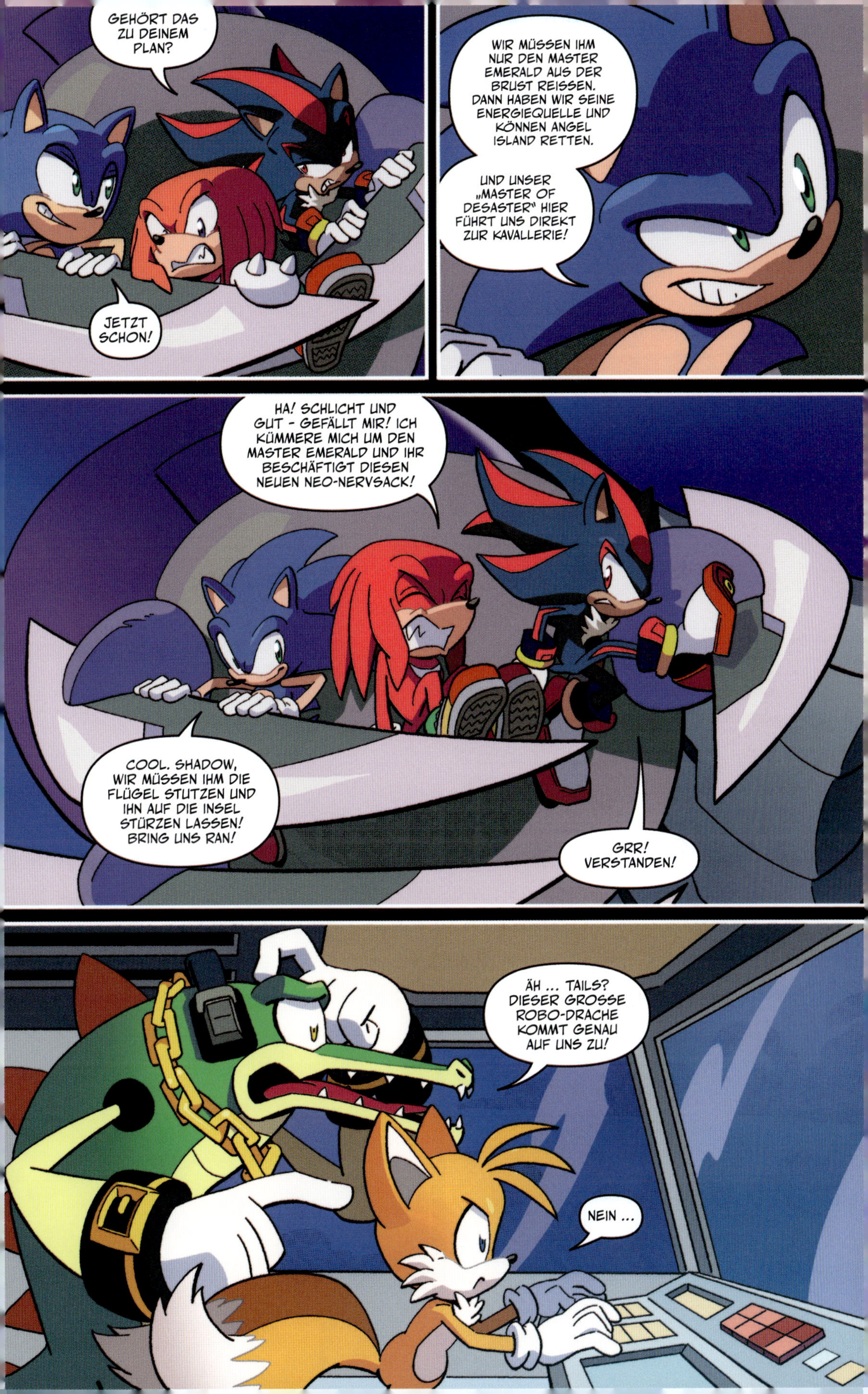
GEHÖRT DAS ZU DEINEM PLAN?
JETZT SCHON!
WIR MÜSSEN IHM NUR DEN MASTER EMERALD AUS DER BRUST REISSEN. DANN HABEN WIR SEINE ENERGIEQUELLE UND KÖNNEN ANGEL ISLAND RETTEN.
UND UNSER „MASTER OF DESASTER" HIER FÜHRT UNS DIREKT ZUR KAVALLERIE!
HA! SCHLICHT UND GUT - GEFÄLLT MIR! ICH KÜMMERE MICH UM DEN MASTER EMERALD UND IHR BESCHÄFTIGT DIESEN NEUEN NEO-NERVSACK!
COOL. SHADOW, WIR MÜSSEN IHM DIE FLÜGEL STUTZEN UND IHN AUF DIE INSEL STÜRZEN LASSEN! BRING UNS RAN!
GRR! VERSTANDEN!
ÄH ... TAILS? DIESER GROSSE ROBO-DRACHE KOMMT GENAU AUF UNS ZU!
NEIN ...

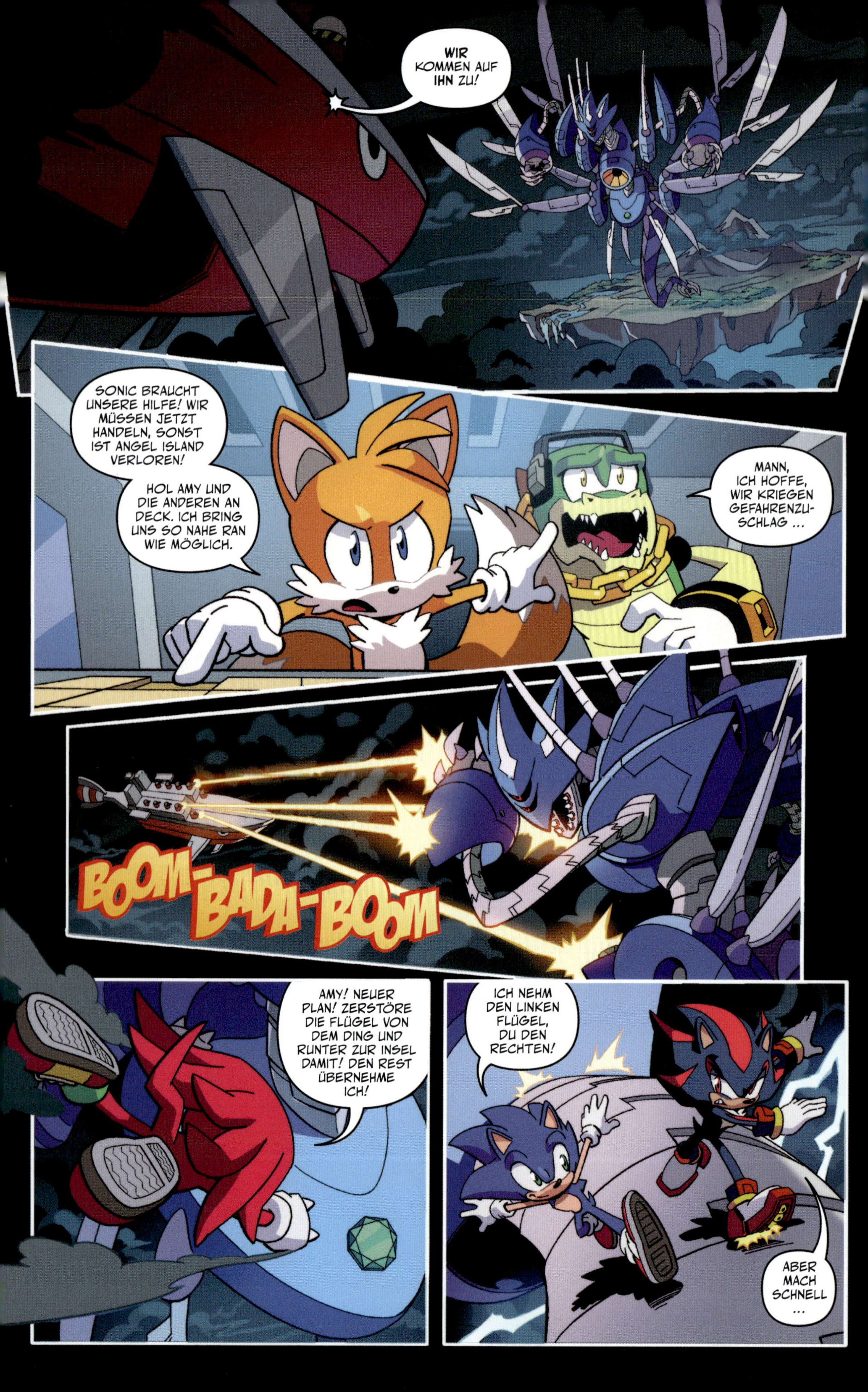
WIR KOMMEN AUF IHN ZU!
SONIC BRAUCHT UNSERE HILFE! WIR MÜSSEN JETZT HANDELN, SONST IST ANGEL ISLAND VERLOREN!
HOL AMY UND DIE ANDEREN AN DECK. ICH BRING UNS SO NAHE RAN WIE MÖGLICH.
MANN, ICH HOFFE, WIR KRIEGEN GEFAHRENZU-SCHLAG ...
BOOM-BADA-BOOM
AMY! NEUER PLAN! ZERSTÖRE DIE FLÜGEL VON DEM DING UND RUNTER ZUR INSEL DAMIT! DEN REST ÜBERNEHME ICH!
ICH NEHM DEN LINKEN FLÜGEL, DU DEN RECHTEN!
ABER MACH SCHNELL ...

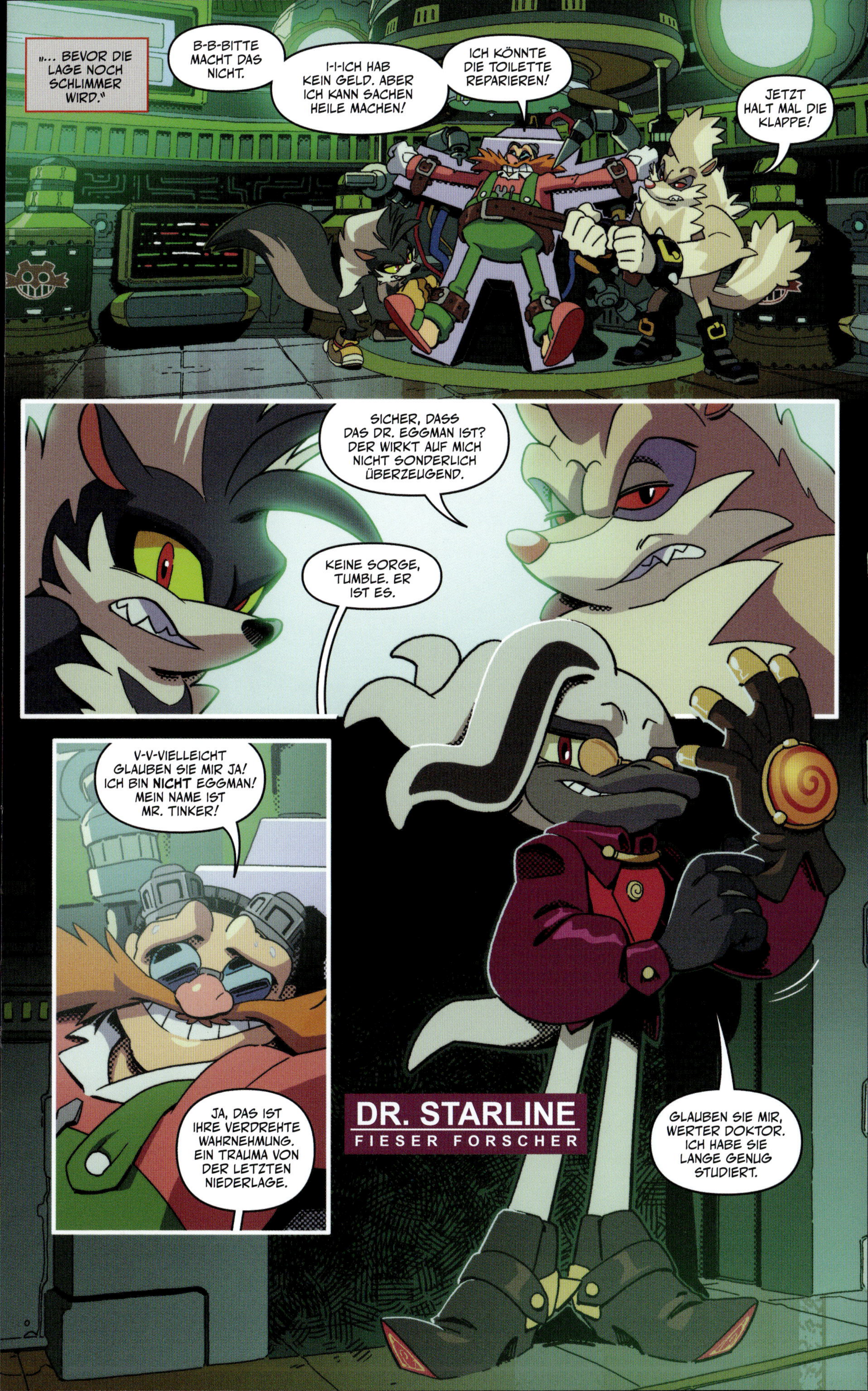

"... BEVOR DIE LAGE NOCH SCHLIMMER WIRD."
B-B-BITTE MACHT DAS NICHT.
I-I-ICH HAB KEIN GELD. ABER ICH KANN SACHEN HEILE MACHEN!
ICH KÖNNTE DIE TOILETTE REPARIEREN!
JETZT HALT MAL DIE KLAPPE!
SICHER, DASS DAS DR. EGGMAN IST? DER WIRKT AUF MICH NICHT SONDERLICH ÜBERZEUGEND.
KEINE SORGE, TUMBLE. ER IST ES.
V-V-VIELLEICHT GLAUBEN SIE MIR JA! ICH BIN **NICHT** EGGMAN! MEIN NAME IST MR. TINKER!
JA, DAS IST IHRE VERDREHTE WAHRNEHMUNG. EIN TRAUMA VON DER LETZTEN NIEDERLAGE.
DR. STARLINE
FIESER FORSCHER
GLAUBEN SIE MIR, WERTER DOKTOR. ICH HABE SIE LANGE GENUG STUDIERT.

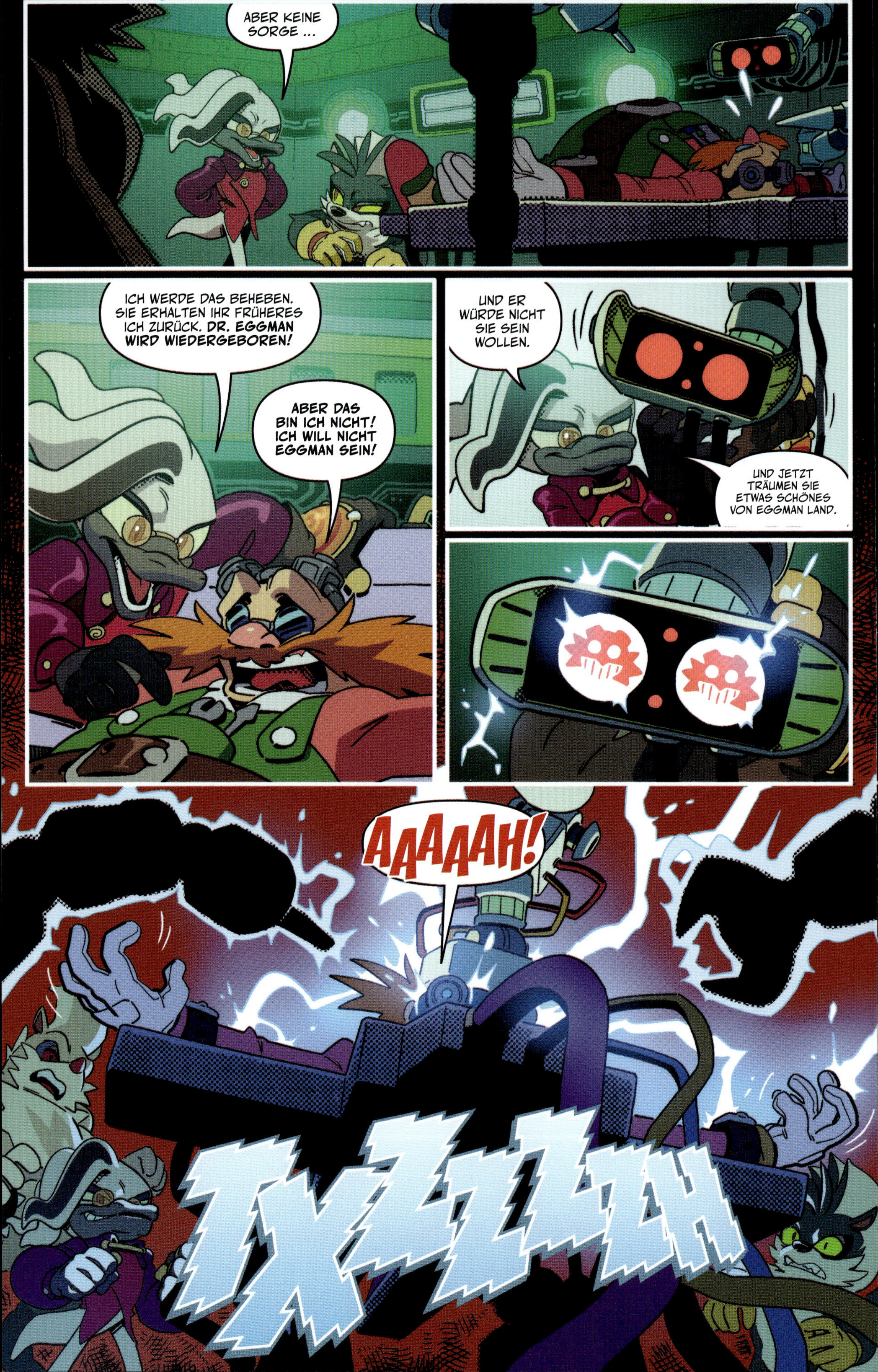
ABER KEINE SORGE ...
ICH WERDE DAS BEHEBEN. SIE ERHALTEN IHR FRÜHERES ICH ZURÜCK. DR. EGGMAN WIRD WIEDERGEBOREN!
ABER DAS BIN ICH NICHT! ICH WILL NICHT EGGMAN SEIN!
UND ER WÜRDE NICHT SIE SEIN WOLLEN.
UND JETZT TRÄUMEN SIE ETWAS SCHÖNES VON EGGMAN LAND.
AAAAAH!
TXZZZZH

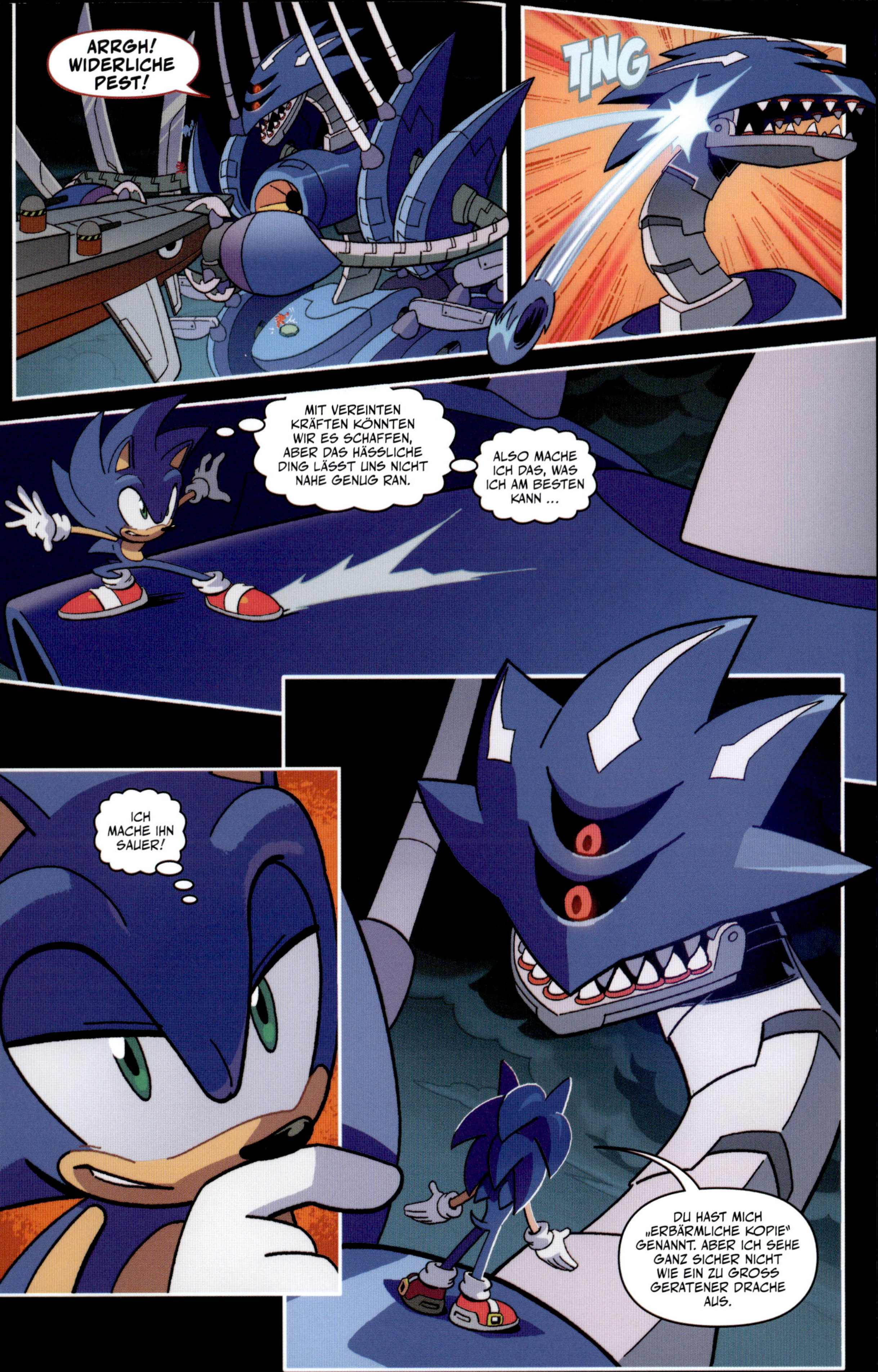
ARRGH! WIDERLICHE PEST!
TING
MIT VEREINTEN KRÄFTEN KÖNNTEN WIR ES SCHAFFEN, ABER DAS HÄSSLICHE DING LÄSST UNS NICHT NAHE GENUG RAN.
ALSO MACHE ICH DAS, WAS ICH AM BESTEN KANN ...
ICH MACHE IHN SAUER!
DU HAST MICH „ERBÄRMLICHE KOPIE" GENANNT. ABER ICH SEHE GANZ SICHER NICHT WIE EIN ZU GROSS GERATENER DRACHE AUS.

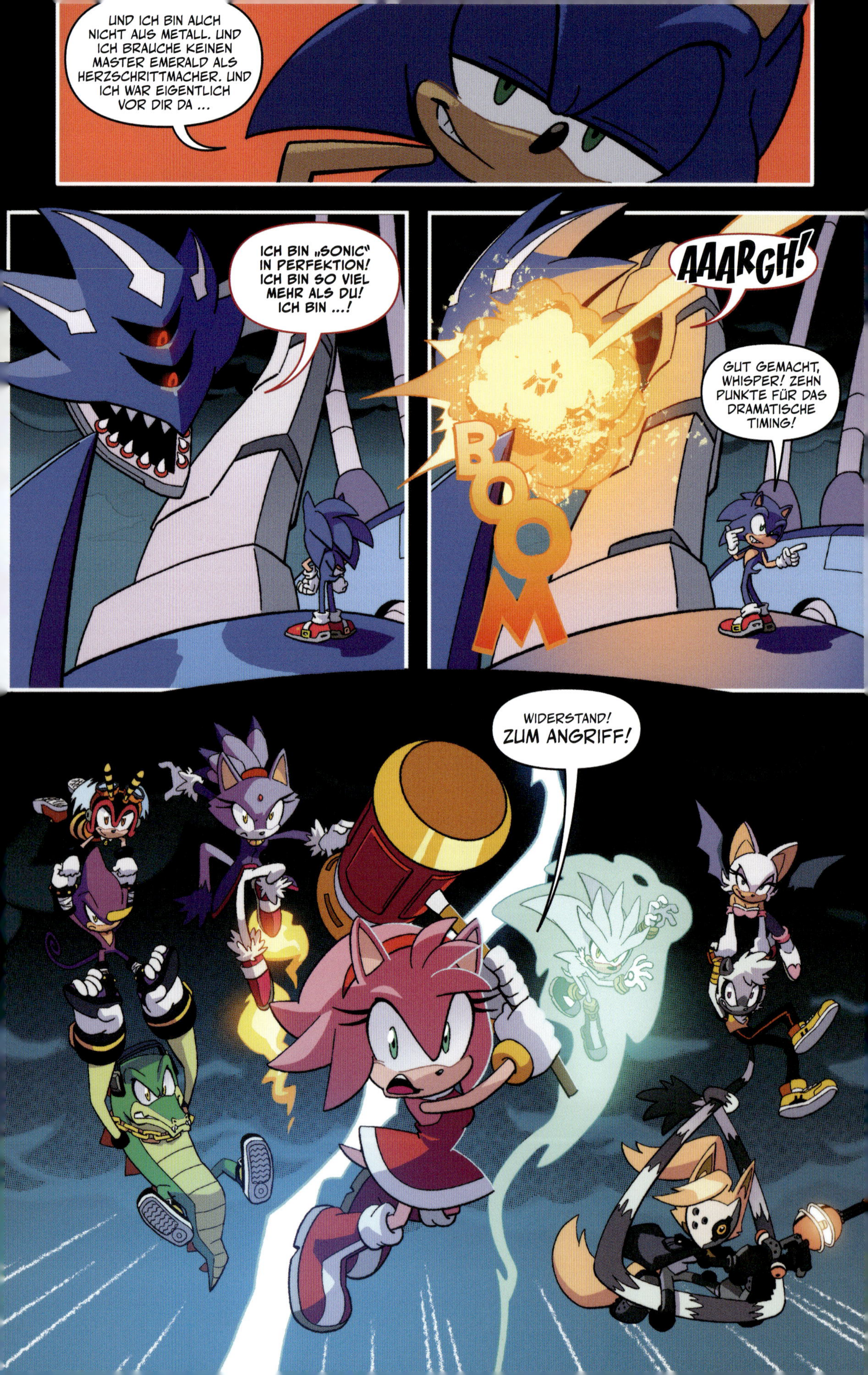
UND ICH BIN AUCH NICHT AUS METALL. UND ICH BRAUCHE KEINEN MASTER EMERALD ALS HERZSCHRITTMACHER. UND ICH WAR EIGENTLICH VOR DIR DA ...
ICH BIN „SONIC" IN PERFEKTION! ICH BIN SO VIEL MEHR ALS DU! ICH BIN ...!
AAARGH!
BOOOM
GUT GEMACHT, WHISPER! ZEHN PUNKTE FÜR DAS DRAMATISCHE TIMING!
WIDERSTAND! ZUM ANGRIFF!

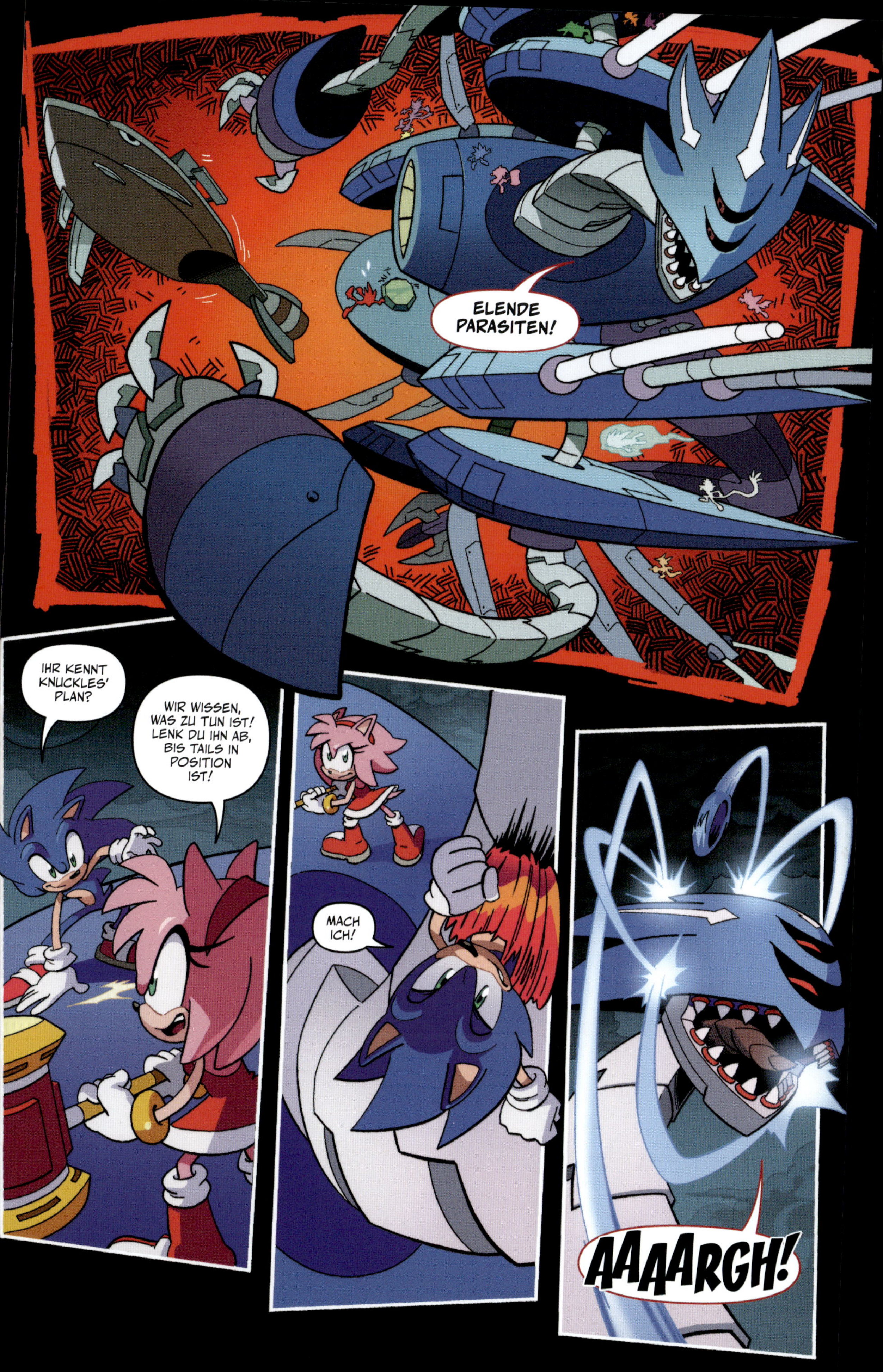

ELENDE PARASITEN!
IHR KENNT KNUCKLES' PLAN?
WIR WISSEN, WAS ZU TUN IST! LENK DU IHN AB, BIS TAILS IN POSITION IST!
MACH ICH!
AAAARGH!

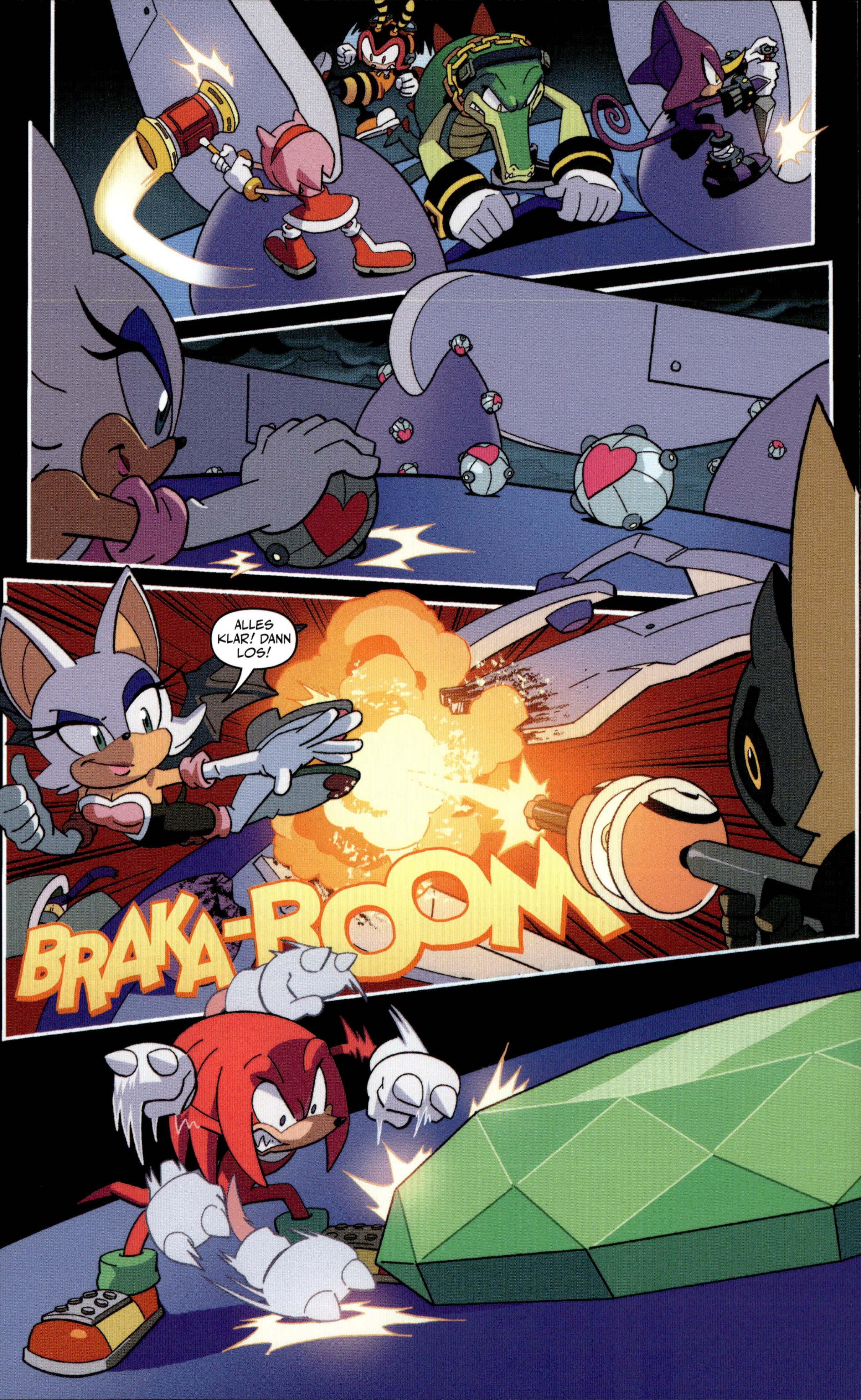

ALLES KLAR! DANN LOS!
BRAKA-BOOM

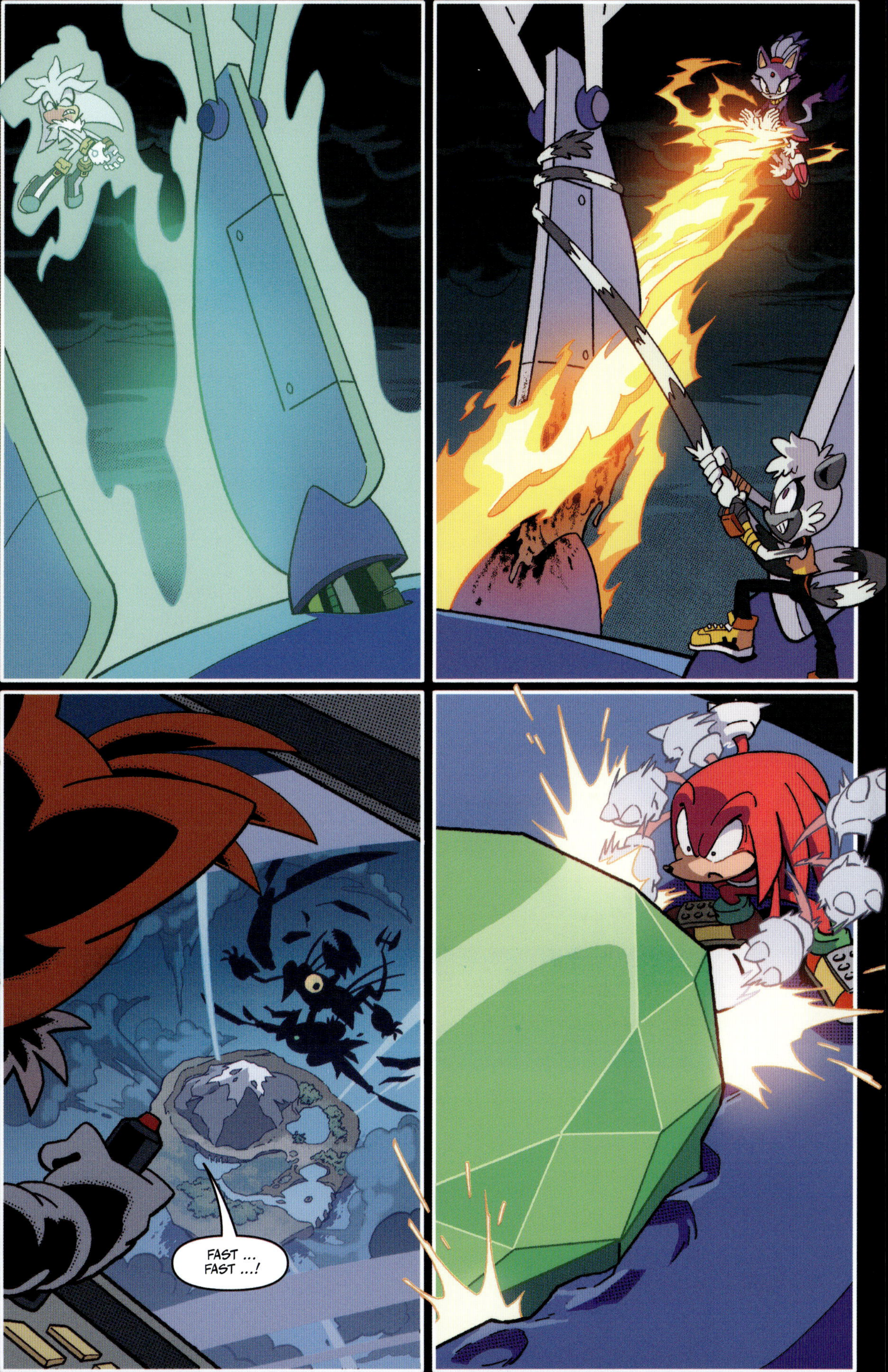
FAST ...
FAST ...!

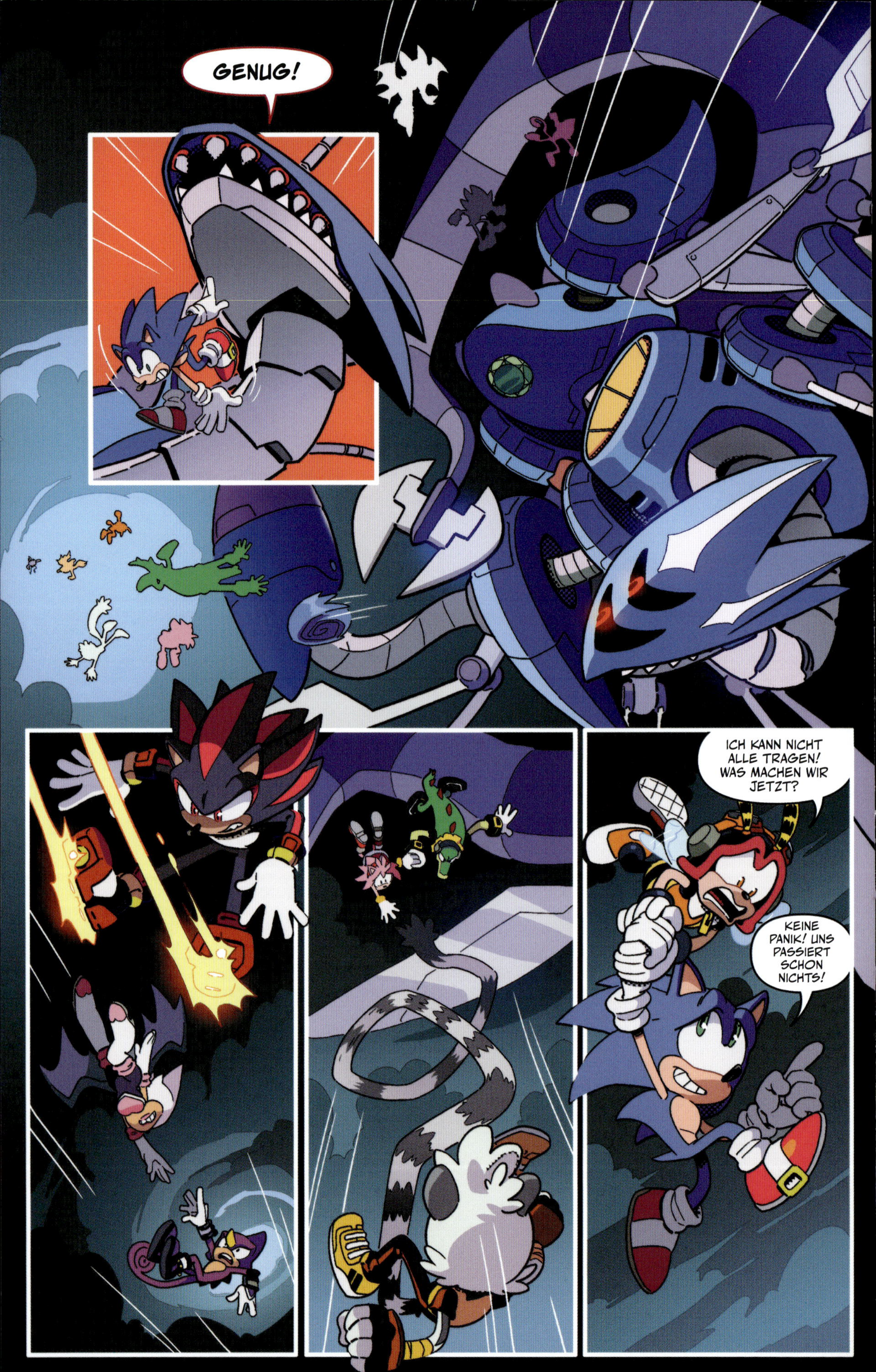
GENUG!
ICH KANN NICHT ALLE TRAGEN! WAS MACHEN WIR JETZT?
KEINE PANIK! UNS PASSIERT SCHON NICHTS!

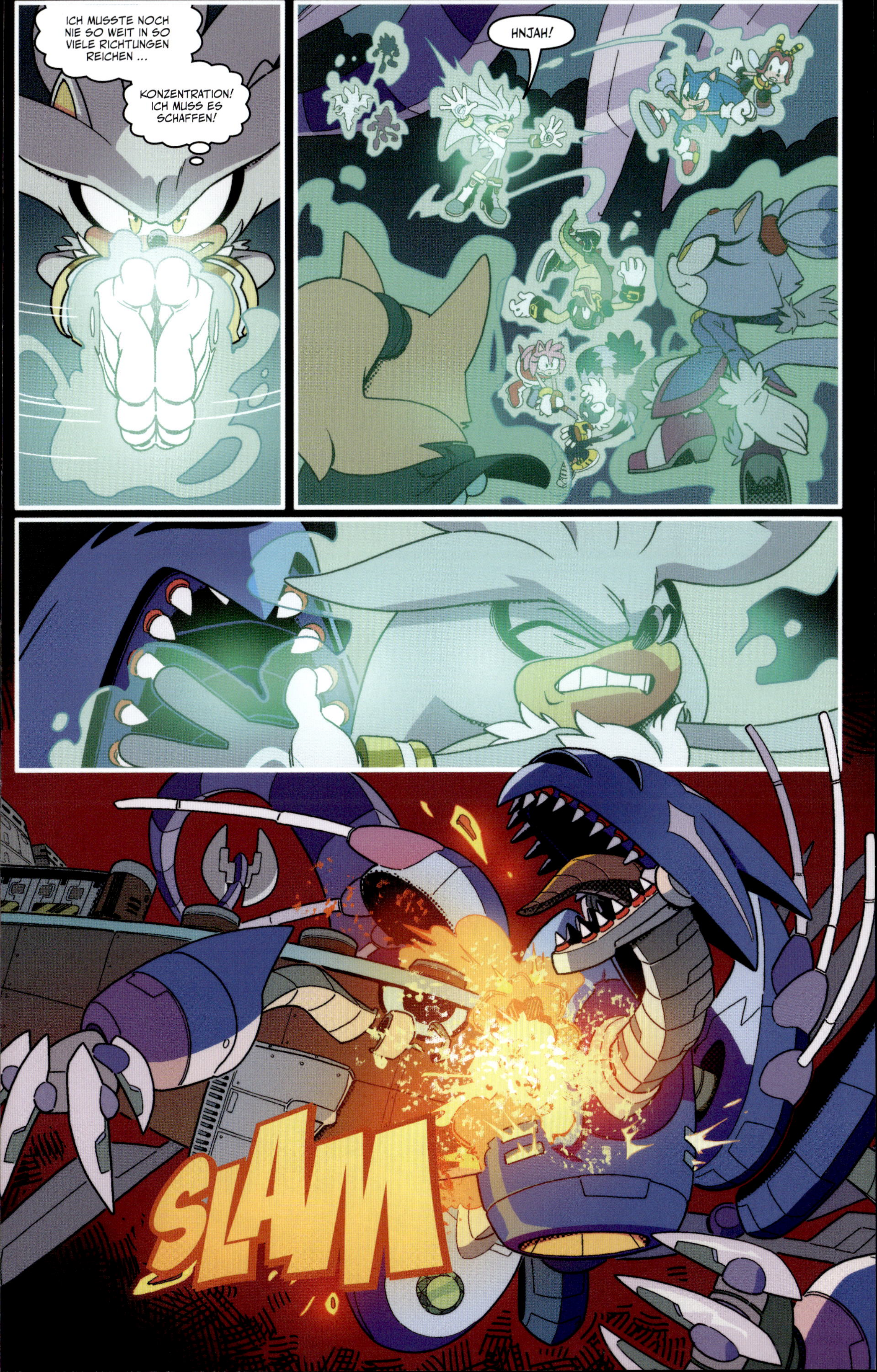
ICH MUSSTE NOCH NIE SO WEIT IN SO VIELE RICHTUNGEN REICHEN ...
KONZENTRATION! ICH MUSS ES SCHAFFEN!
HNJAH!
SLAM

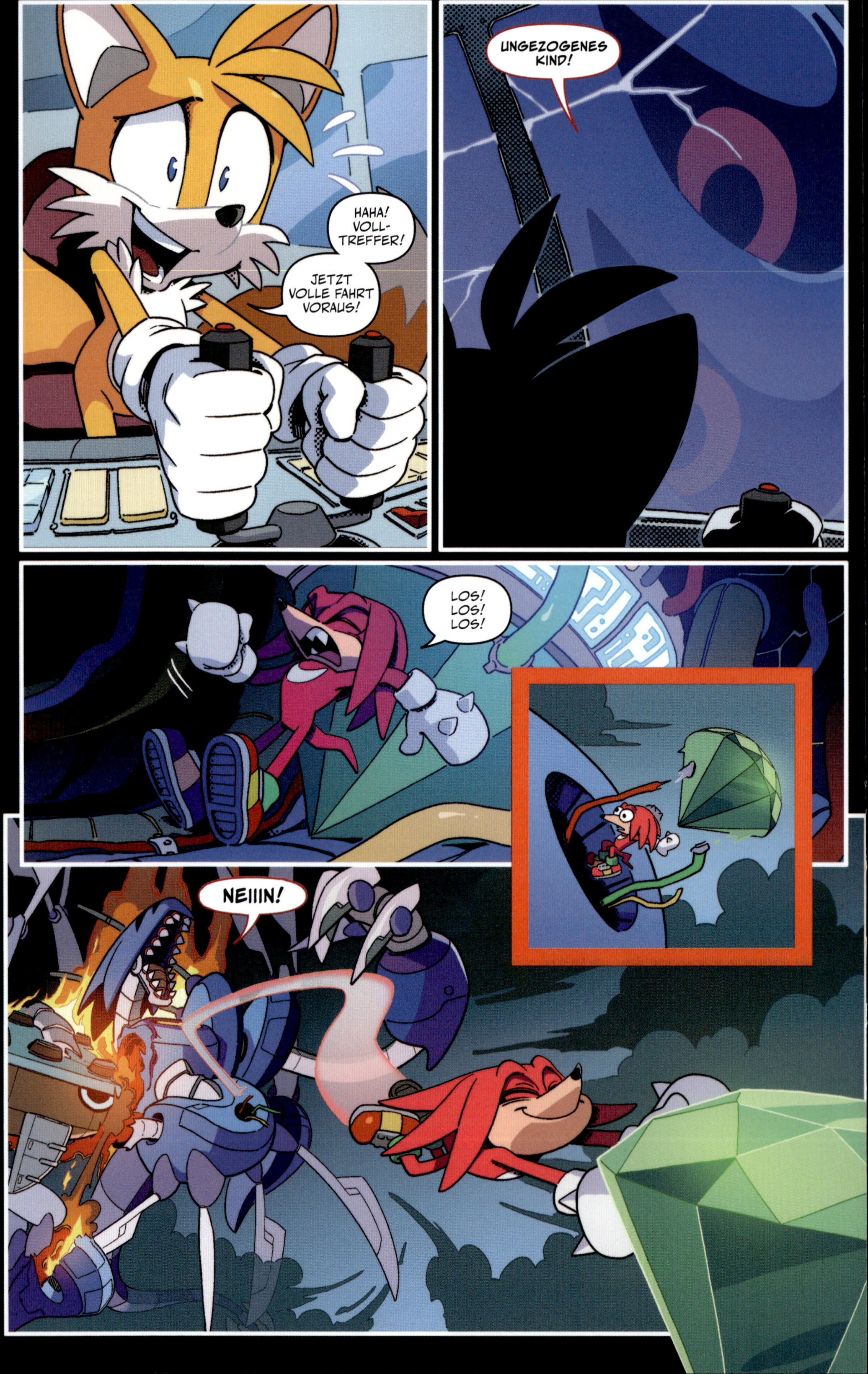
HAHA! VOLL-TREFFER!
JETZT VOLLE FAHRT VORAUS!
UNGEZOGENES KIND!
LOS! LOS! LOS!
NEIIIN!

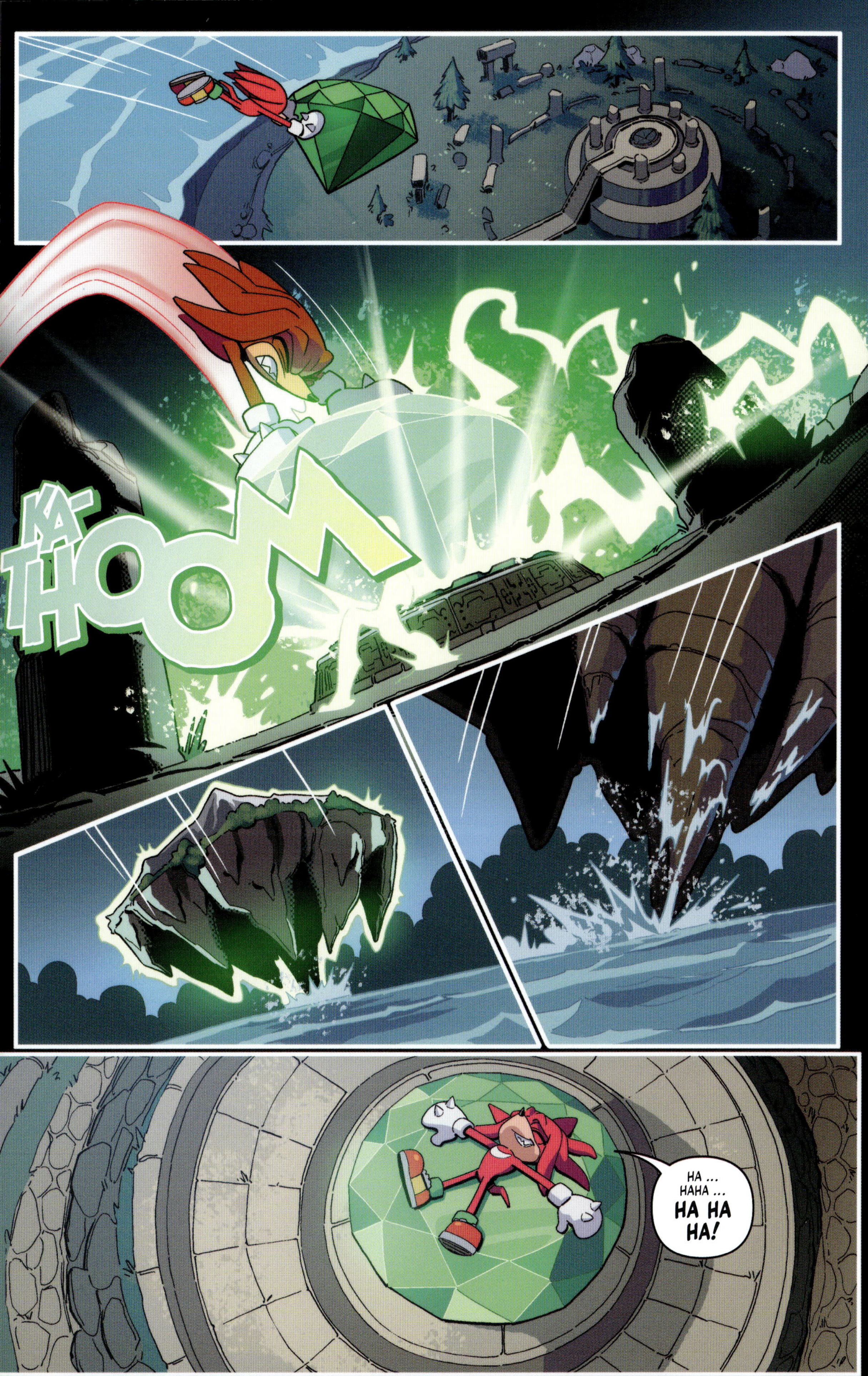
KA-THOOM
HA ... HAHA ... HA HA HA!

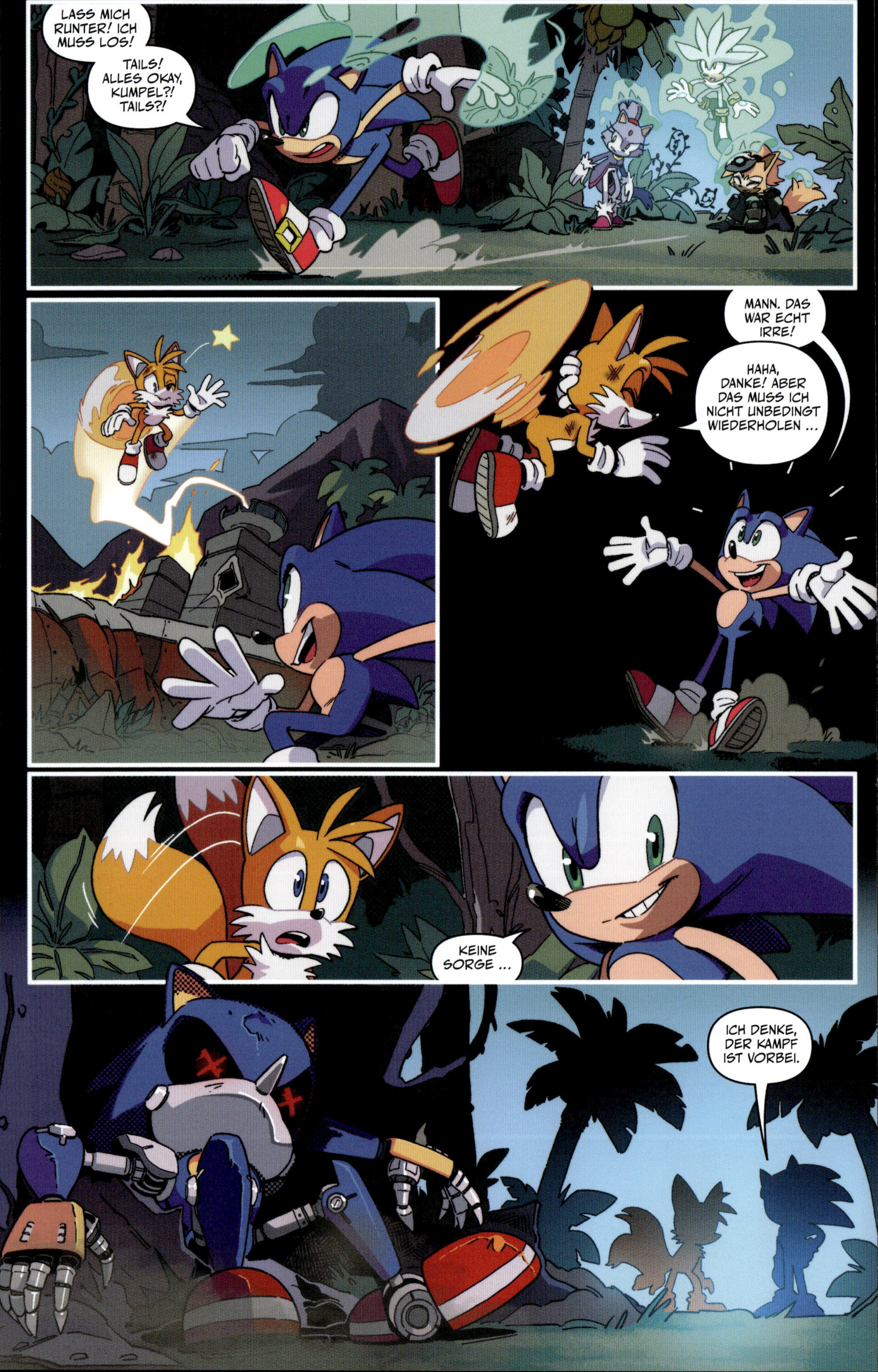
LASS MICH RUNTER! ICH MUSS LOS!
TAILS! ALLES OKAY, KUMPEL?! TAILS?!
MANN. DAS WAR ECHT IRRE!
HAHA, DANKE! ABER DAS MUSS ICH NICHT UNBEDINGT WIEDERHOLEN …
KEINE SORGE …
ICH DENKE, DER KAMPF IST VORBEI.

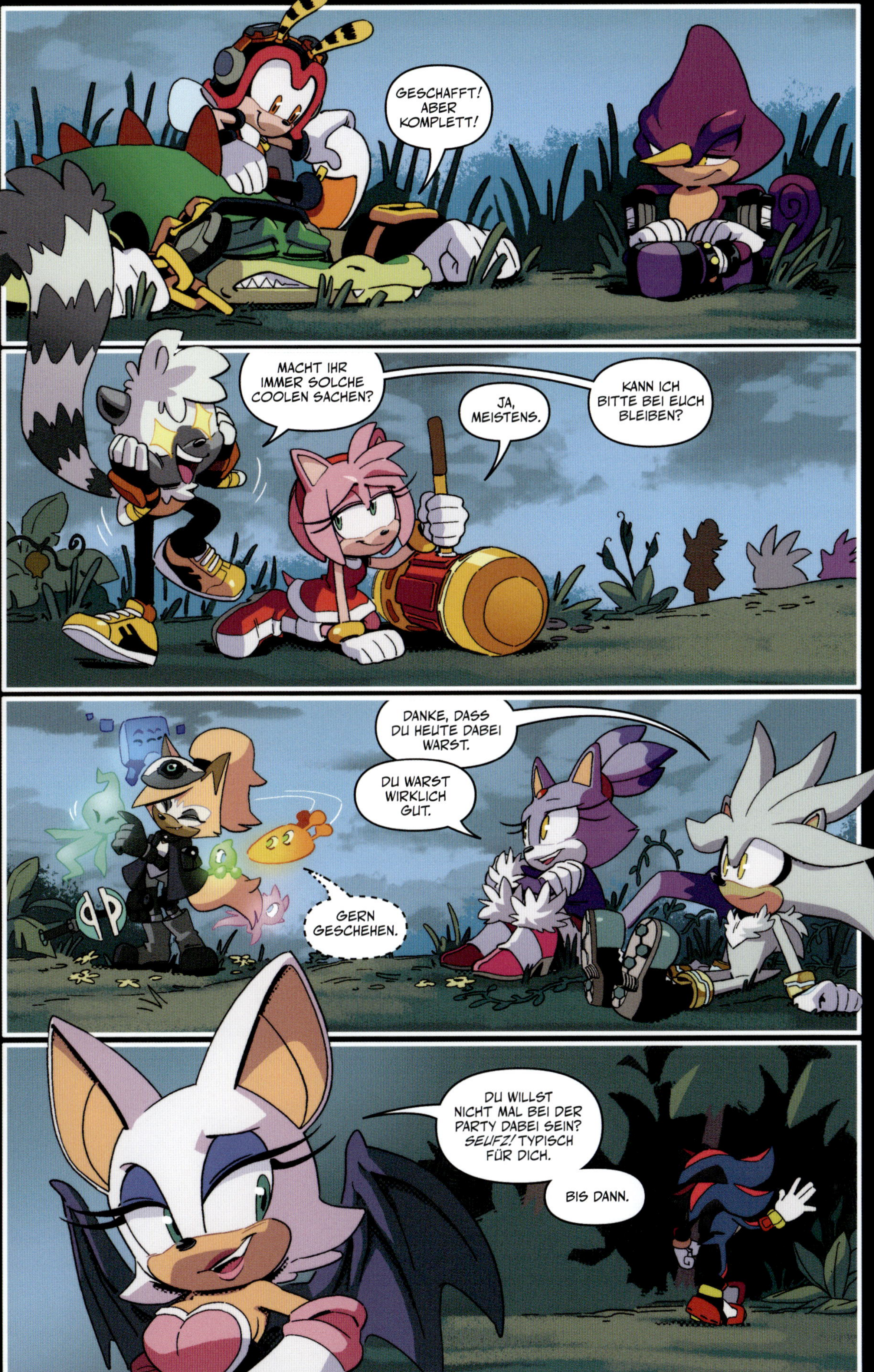
GESCHAFFT! ABER KOMPLETT!
MACHT IHR IMMER SOLCHE COOLEN SACHEN?
JA, MEISTENS.
KANN ICH BITTE BEI EUCH BLEIBEN?
DANKE, DASS DU HEUTE DABEI WARST.
DU WARST WIRKLICH GUT.
GERN GESCHEHEN.
DU WILLST NICHT MAL BEI DER PARTY DABEI SEIN? SEUFZ! TYPISCH FÜR DICH.
BIS DANN.

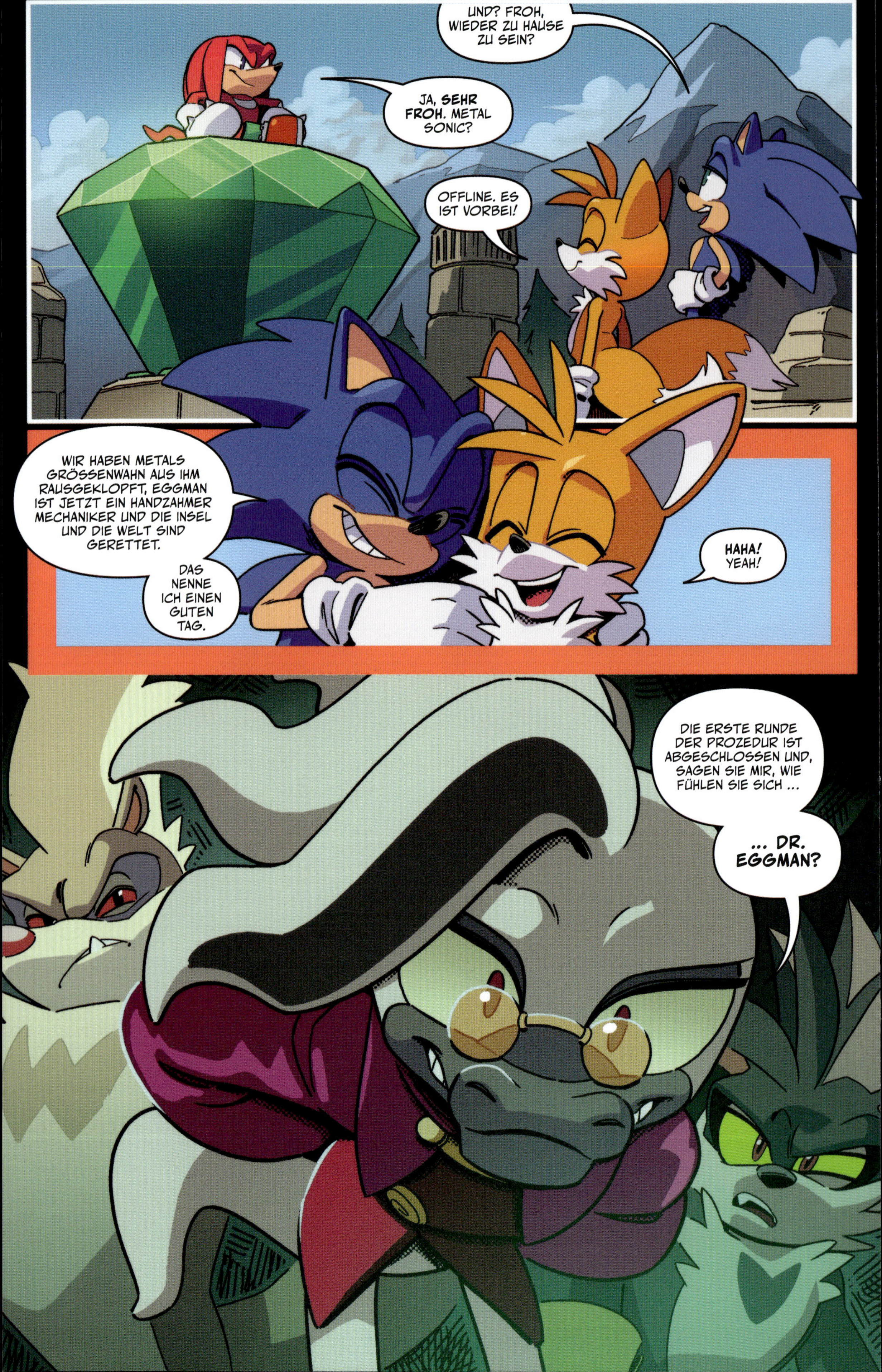
UND? FROH, WIEDER ZU HAUSE ZU SEIN?
JA, **SEHR FROH.** METAL SONIC?
OFFLINE. ES IST VORBEI!
WIR HABEN METALS GRÖSSENWAHN AUS IHM RAUSGEKLOPFT, EGGMAN IST JETZT EIN HANDZAHMER MECHANIKER UND DIE INSEL UND DIE WELT SIND GERETTET.
DAS NENNE ICH EINEN GUTEN TAG.
HAHA! YEAH!
DIE ERSTE RUNDE DER PROZEDUR IST ABGESCHLOSSEN UND, SAGEN SIE MIR, WIE FÜHLEN SIE SICH ...
... DR. EGGMAN?

ZEICHNUNGEN: **NATHALIE FOURDRAINE**

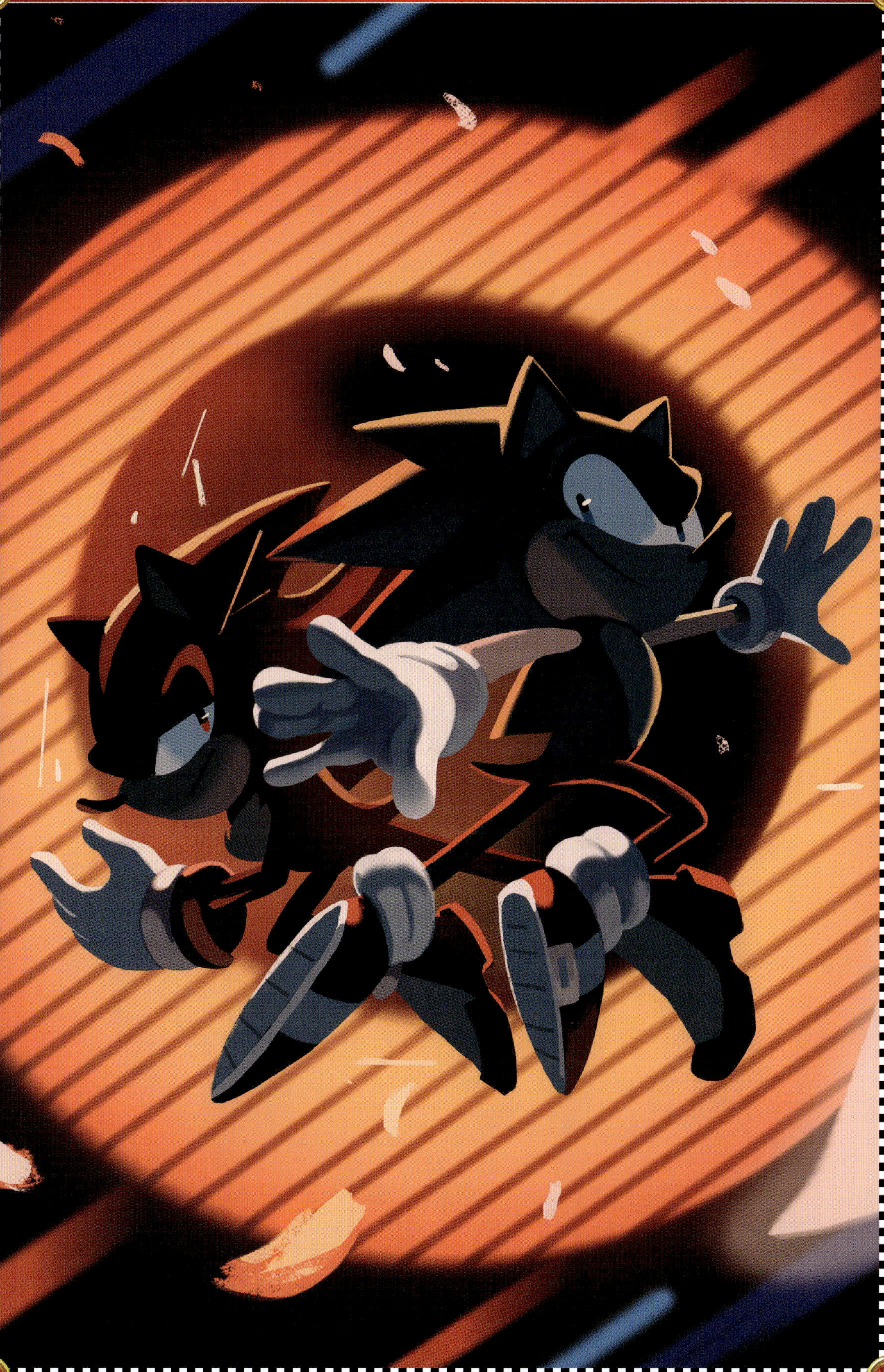

ZEICHNUNGEN: EVAN STANLEY KOLORIERUNG: MATT HERMS

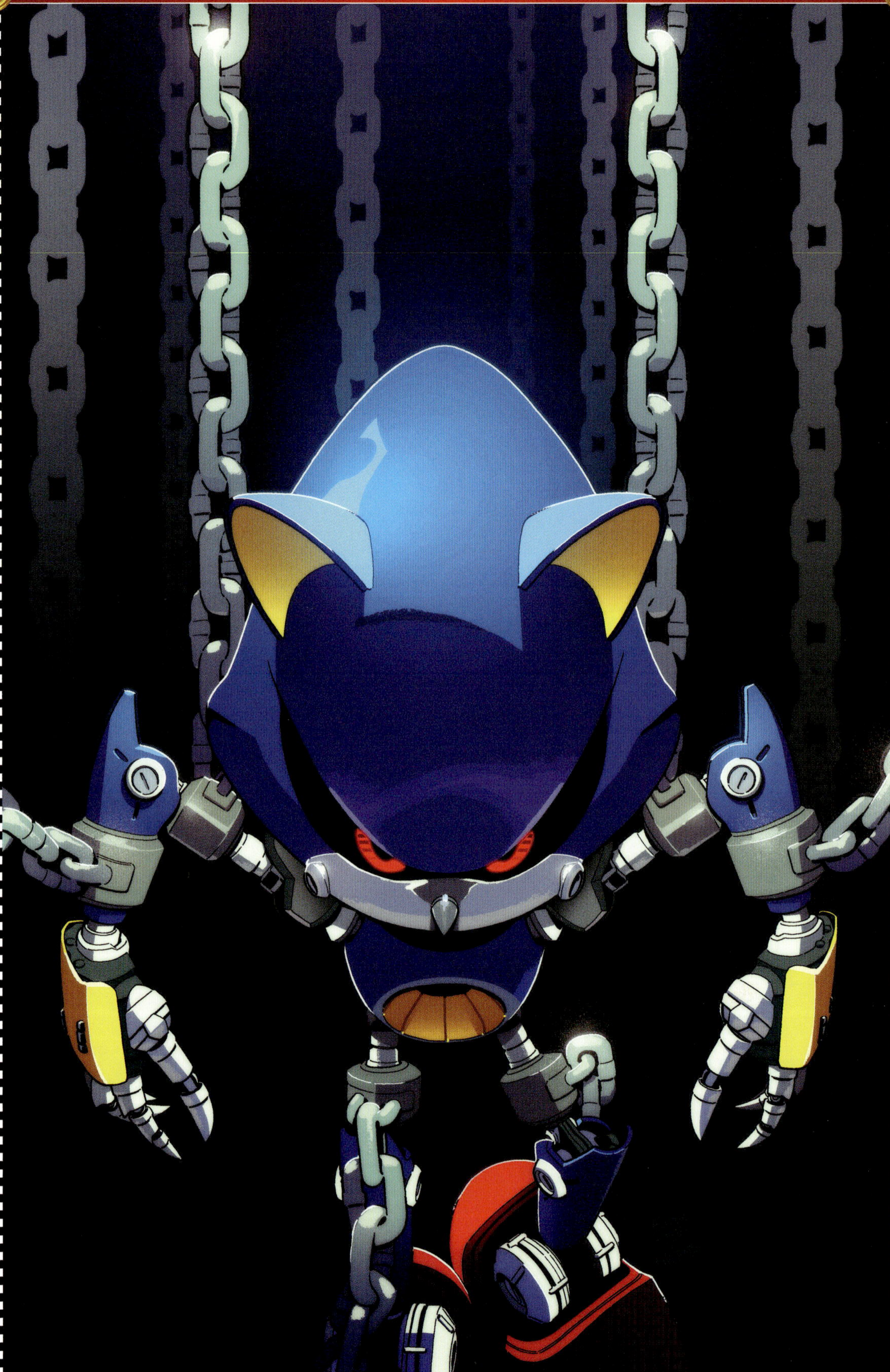

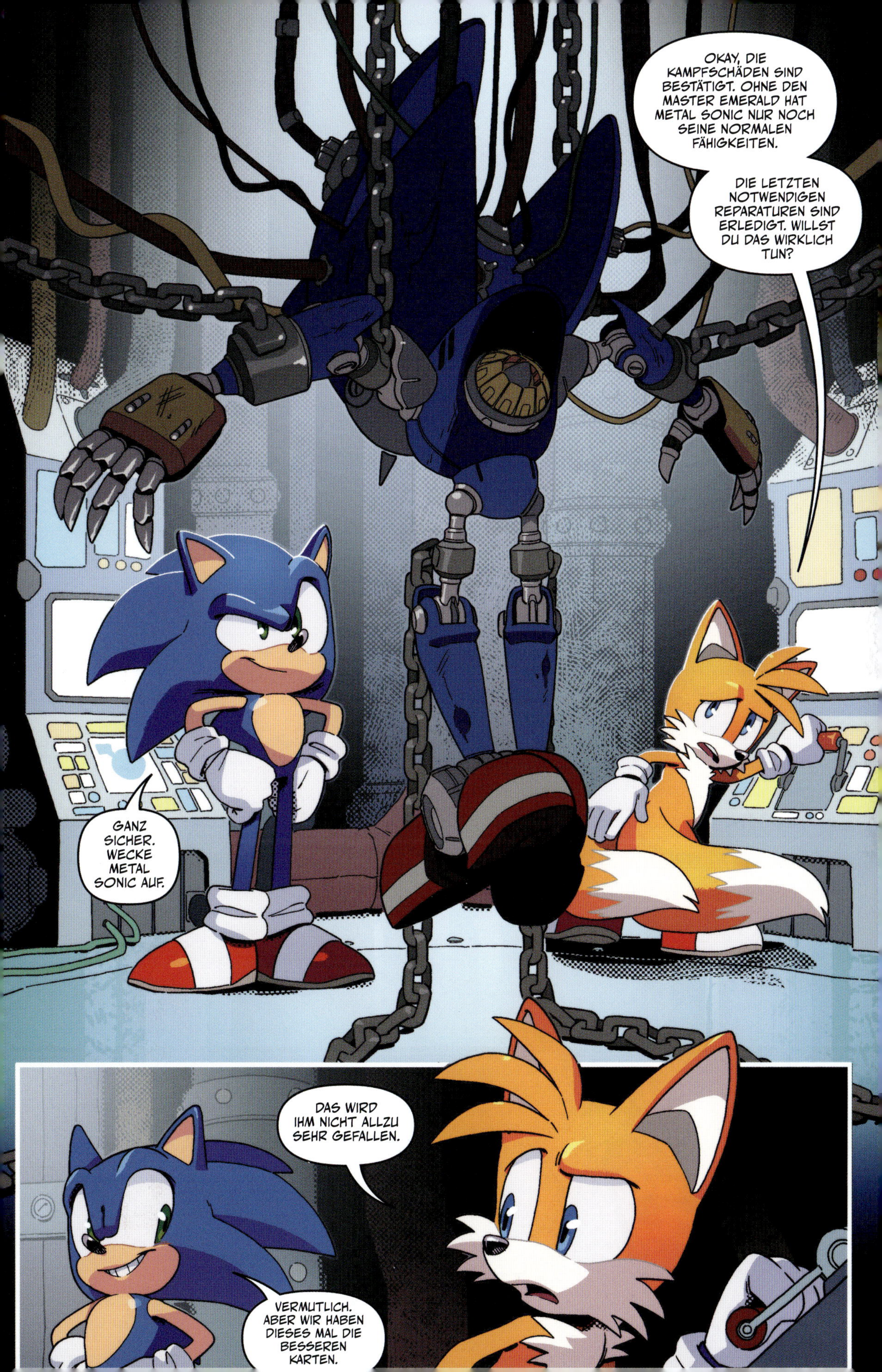
OKAY, DIE KAMPFSCHÄDEN SIND BESTÄTIGT. OHNE DEN MASTER EMERALD HAT METAL SONIC NUR NOCH SEINE NORMALEN FÄHIGKEITEN.
DIE LETZTEN NOTWENDIGEN REPARATUREN SIND ERLEDIGT. WILLST DU DAS WIRKLICH TUN?
GANZ SICHER. WECKE METAL SONIC AUF.
DAS WIRD IHM NICHT ALLZU SEHR GEFALLEN.
VERMUTLICH. ABER WIR HABEN DIESES MAL DIE BESSEREN KARTEN.

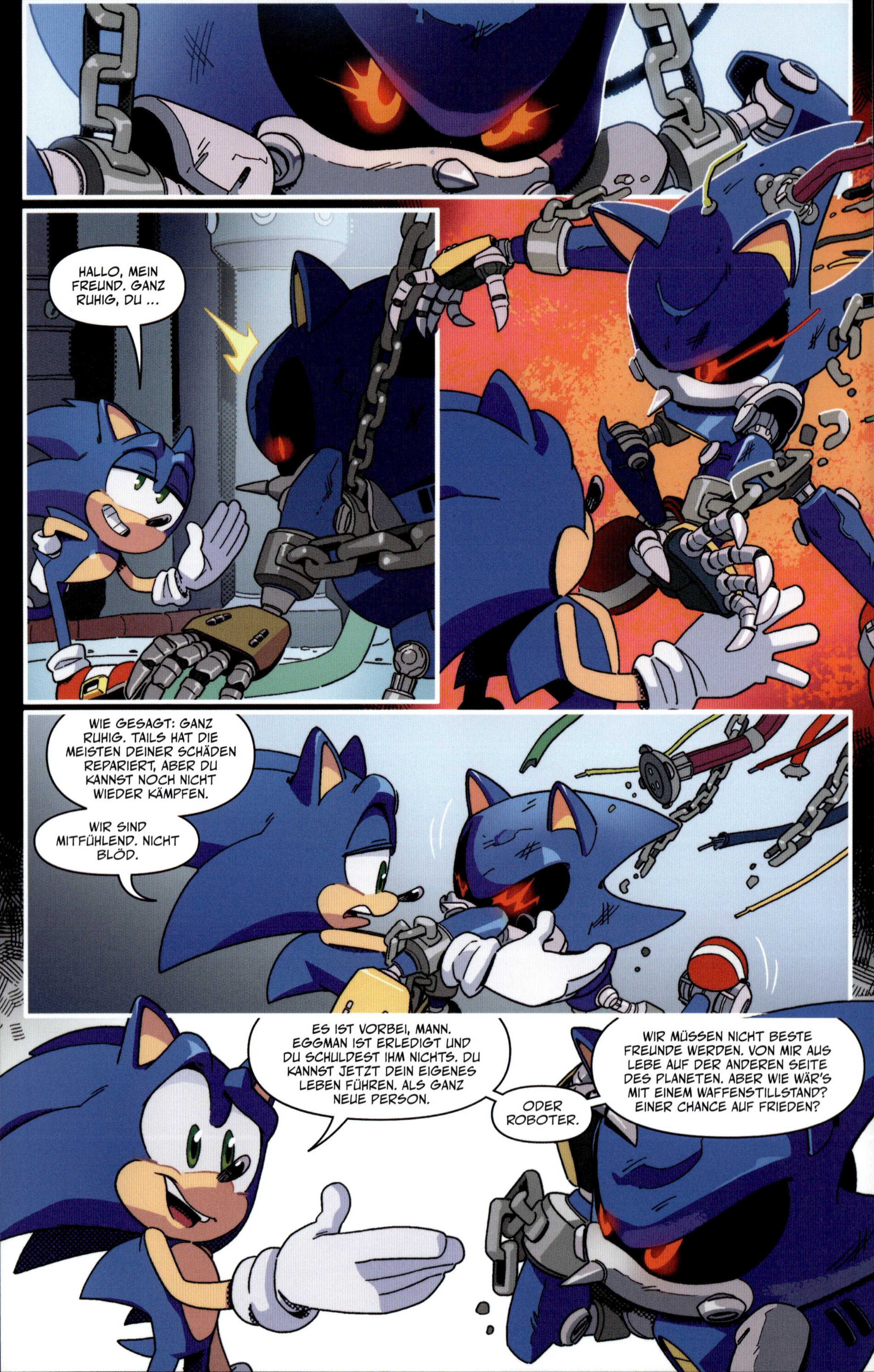
HALLO, MEIN FREUND. GANZ RUHIG, DU ...
WIE GESAGT: GANZ RUHIG. TAILS HAT DIE MEISTEN DEINER SCHÄDEN REPARIERT, ABER DU KANNST NOCH NICHT WIEDER KÄMPFEN.
WIR SIND MITFÜHLEND. NICHT BLÖD.
ES IST VORBEI, MANN. EGGMAN IST ERLEDIGT UND DU SCHULDEST IHM NICHTS. DU KANNST JETZT DEIN EIGENES LEBEN FÜHREN. ALS GANZ NEUE PERSON.
ODER ROBOTER.
WIR MÜSSEN NICHT BESTE FREUNDE WERDEN. VON MIR AUS LEBE AUF DER ANDEREN SEITE DES PLANETEN. ABER WIE WÄR'S MIT EINEM WAFFENSTILLSTAND? EINER CHANCE AUF FRIEDEN?

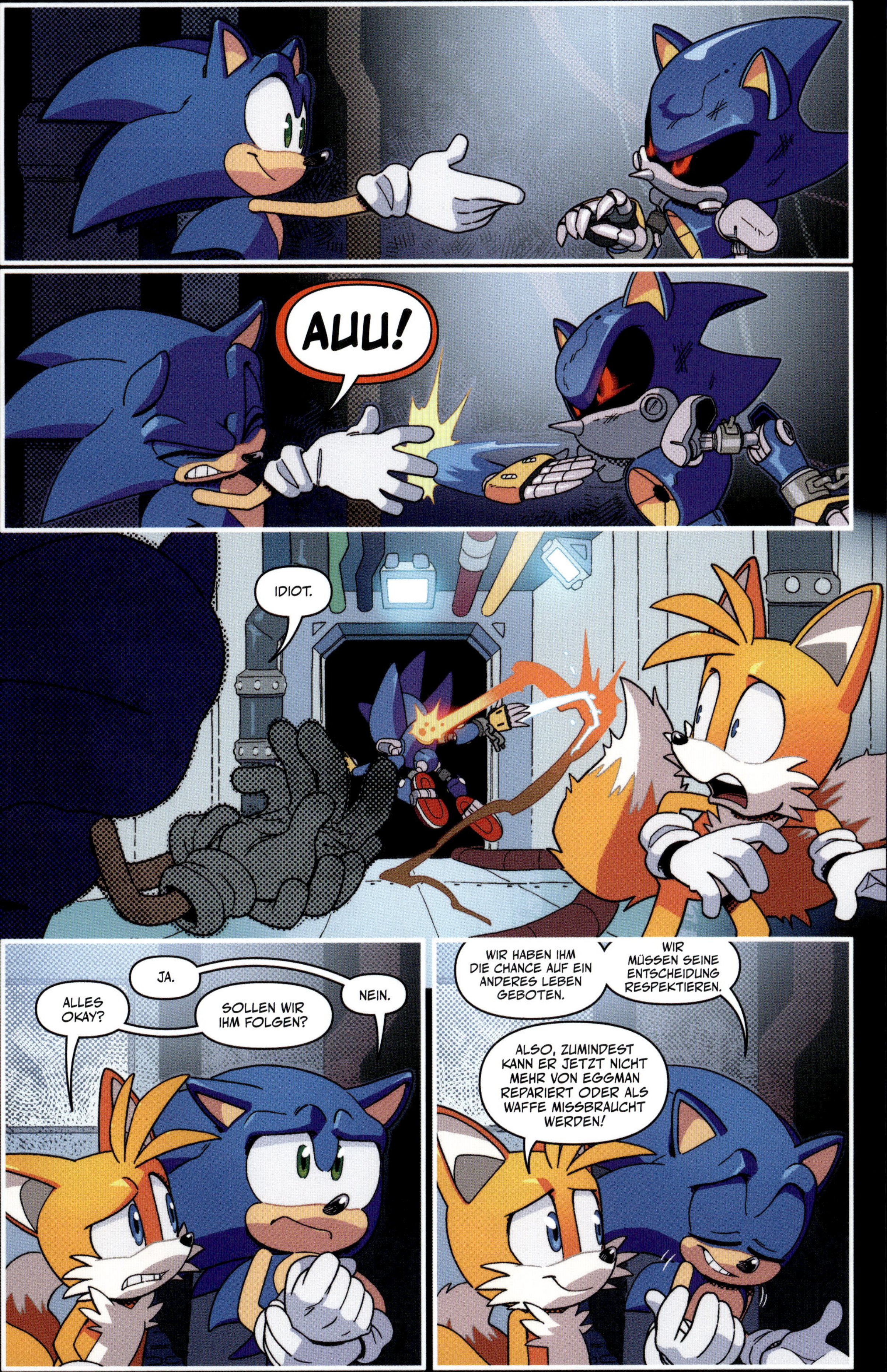
AUU!
IDIOT.
ALLES OKAY?
JA.
SOLLEN WIR IHM FOLGEN?
NEIN.
WIR HABEN IHM DIE CHANCE AUF EIN ANDERES LEBEN GEBOTEN.
WIR MÜSSEN SEINE ENTSCHEIDUNG RESPEKTIEREN.
ALSO, ZUMINDEST KANN ER JETZT NICHT MEHR VON EGGMAN REPARIERT ODER ALS WAFFE MISSBRAUCHT WERDEN!

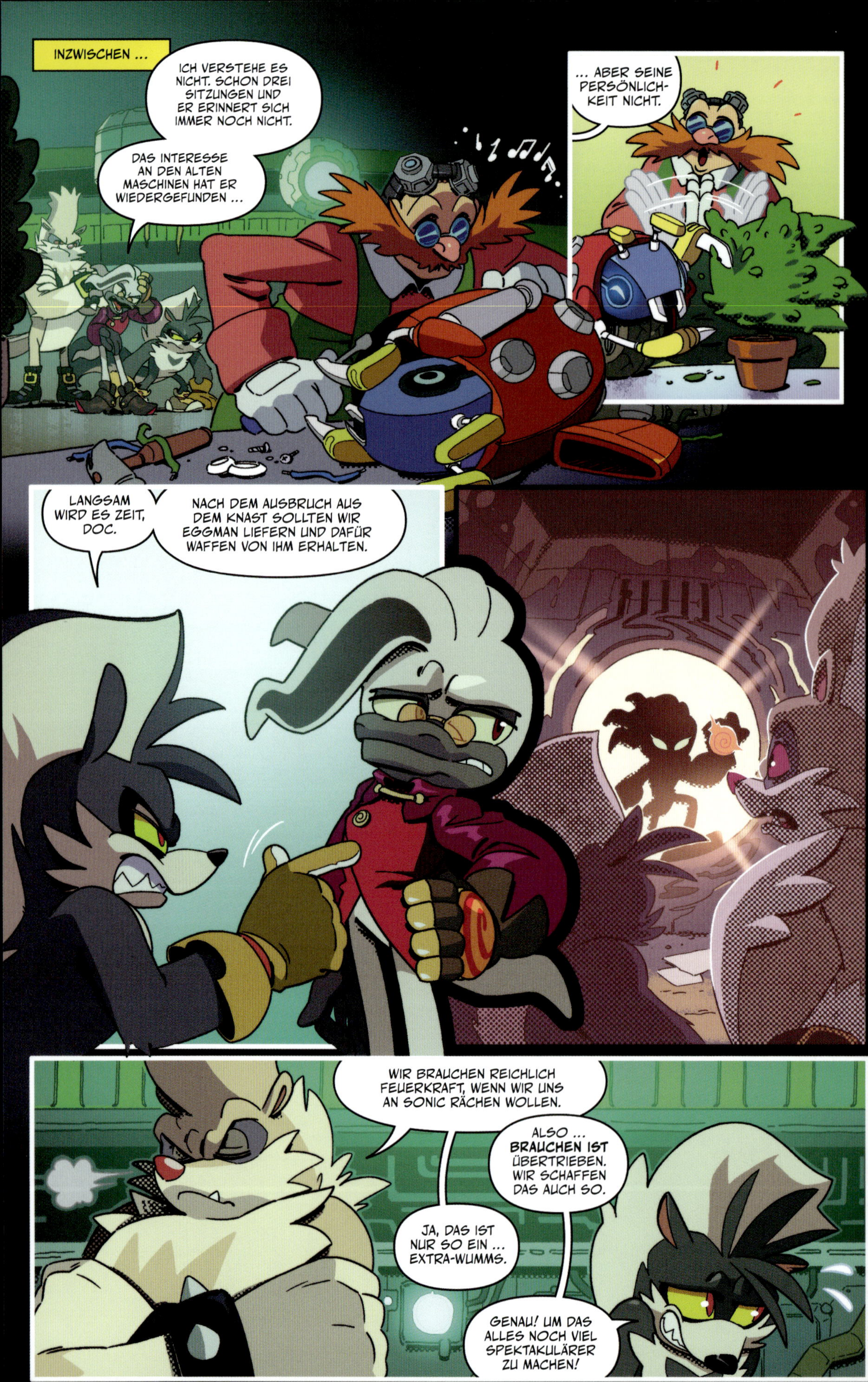
INZWISCHEN ...
ICH VERSTEHE ES NICHT. SCHON DREI SITZUNGEN UND ER ERINNERT SICH IMMER NOCH NICHT.
DAS INTERESSE AN DEN ALTEN MASCHINEN HAT ER WIEDERGEFUNDEN ...
... ABER SEINE PERSÖNLICHKEIT NICHT.
LANGSAM WIRD ES ZEIT, DOC.
NACH DEM AUSBRUCH AUS DEM KNAST SOLLTEN WIR EGGMAN LIEFERN UND DAFÜR WAFFEN VON IHM ERHALTEN.
WIR BRAUCHEN REICHLICH FEUERKRAFT, WENN WIR UNS AN SONIC RÄCHEN WOLLEN.
ALSO ... **BRAUCHEN IST** ÜBERTRIEBEN. WIR SCHAFFEN DAS AUCH SO.
JA, DAS IST NUR SO EIN ... EXTRA-WUMMS.
GENAU! UM DAS ALLES NOCH VIEL SPEKTAKULÄRER ZU MACHEN!

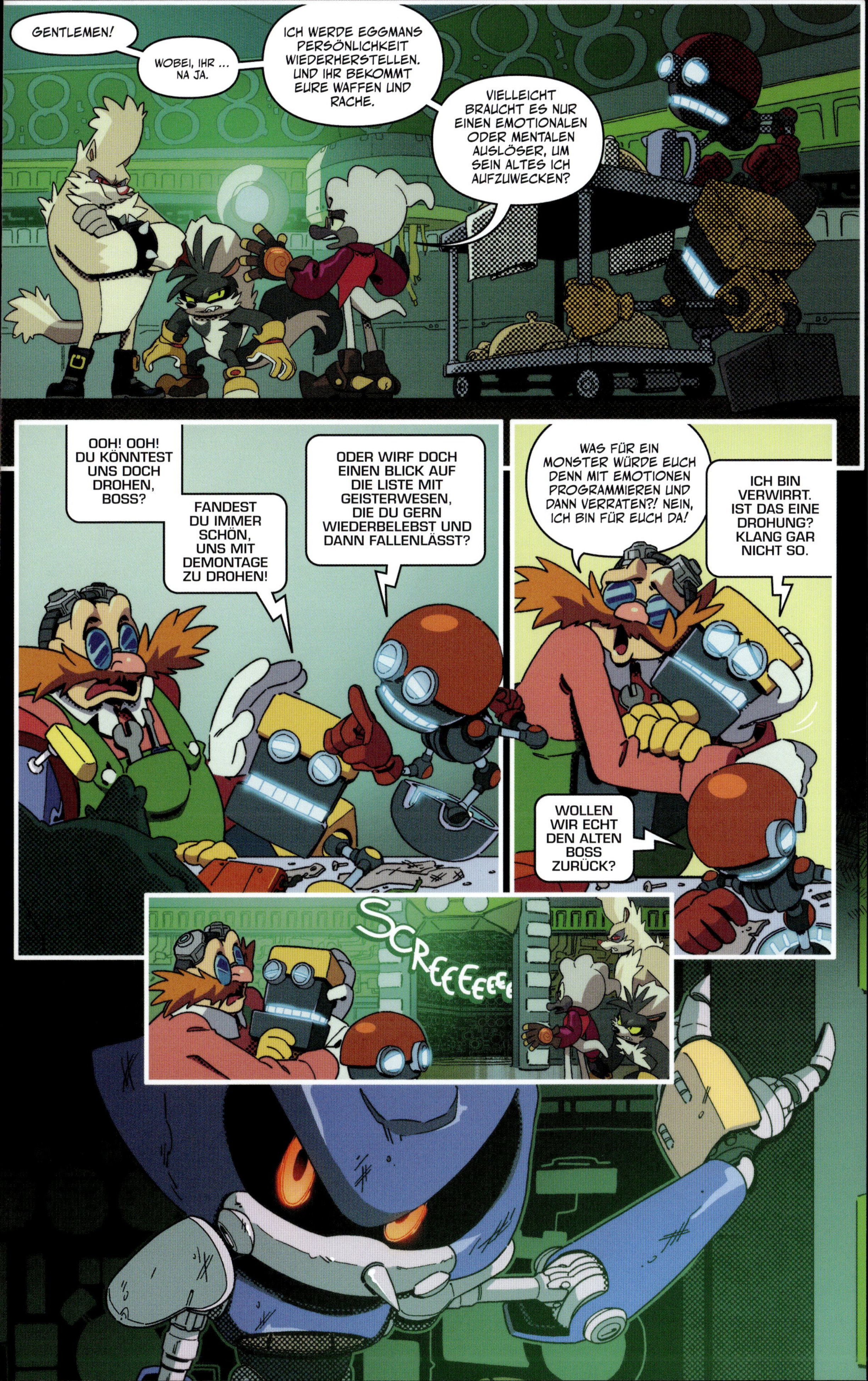
GENTLEMEN!
WOBEI, IHR ... NA JA.
ICH WERDE EGGMANS PERSÖNLICHKEIT WIEDERHERSTELLEN. UND IHR BEKOMMT EURE WAFFEN UND RACHE.
VIELLEICHT BRAUCHT ES NUR EINEN EMOTIONALEN ODER MENTALEN AUSLÖSER, UM SEIN ALTES ICH AUFZUWECKEN?
OOH! OOH! DU KÖNNTEST UNS DOCH DROHEN, BOSS?
FANDEST DU IMMER SCHÖN, UNS MIT DEMONTAGE ZU DROHEN!
ODER WIRF DOCH EINEN BLICK AUF DIE LISTE MIT GEISTERWESEN, DIE DU GERN WIEDERBELEBST UND DANN FALLENLÄSST?
WAS FÜR EIN MONSTER WÜRDE EUCH DENN MIT EMOTIONEN PROGRAMMIEREN UND DANN VERRATEN?! NEIN, ICH BIN FÜR EUCH DA!
ICH BIN VERWIRRT. IST DAS EINE DROHUNG? KLANG GAR NICHT SO.
WOLLEN WIR ECHT DEN ALTEN BOSS ZURÜCK?
SCREEEEEEE

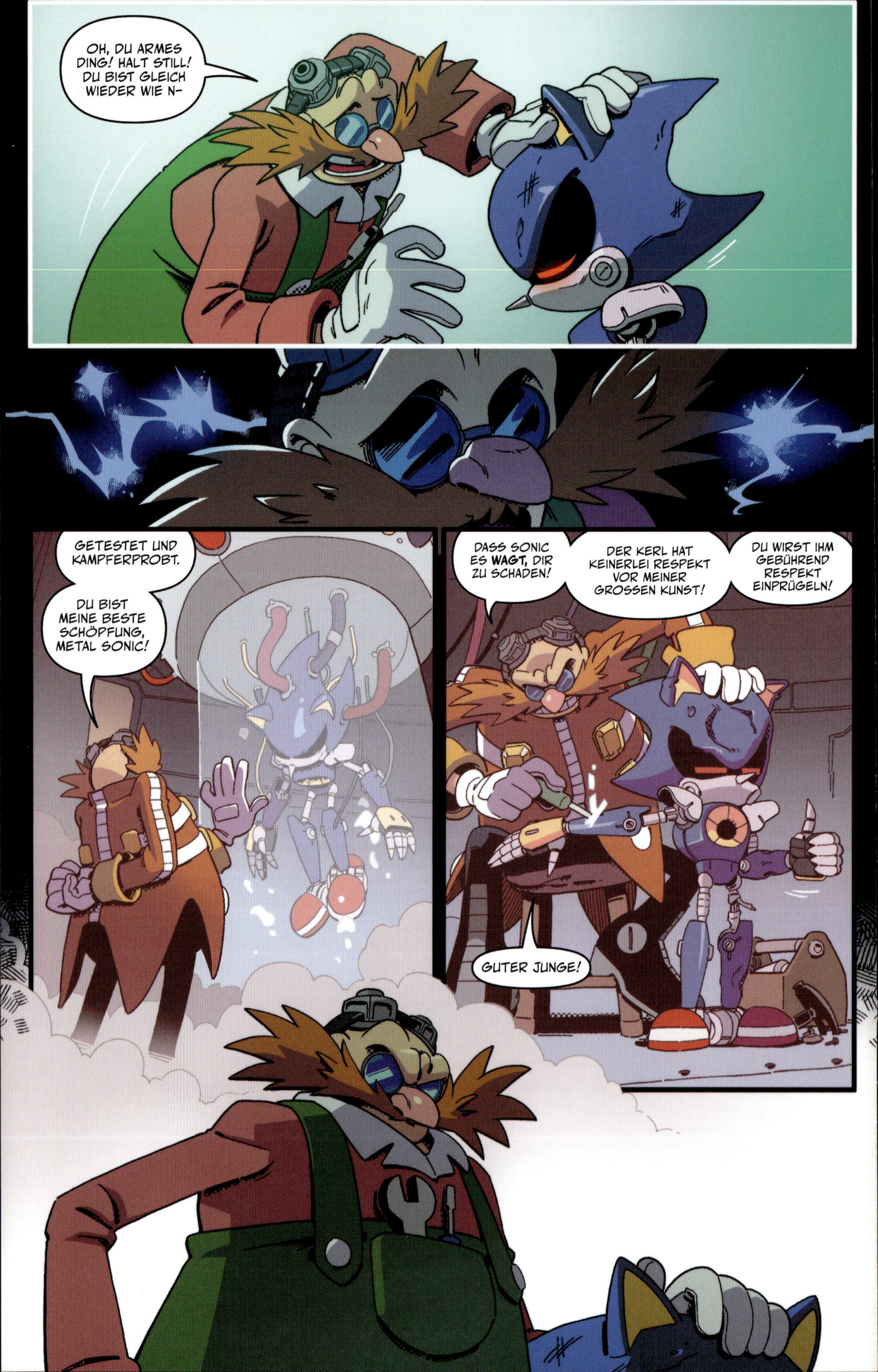
OH, DU ARMES DING! HALT STILL! DU BIST GLEICH WIEDER WIE N-
GETESTET UND KAMPFERPROBT.
DU BIST MEINE BESTE SCHÖPFUNG, METAL SONIC!
DASS SONIC ES WAGT, DIR ZU SCHADEN!
DER KERL HAT KEINERLEI RESPEKT VOR MEINER GROSSEN KUNST!
DU WIRST IHM GEBÜHREND RESPEKT EINPRÜGELN!
GUTER JUNGE!

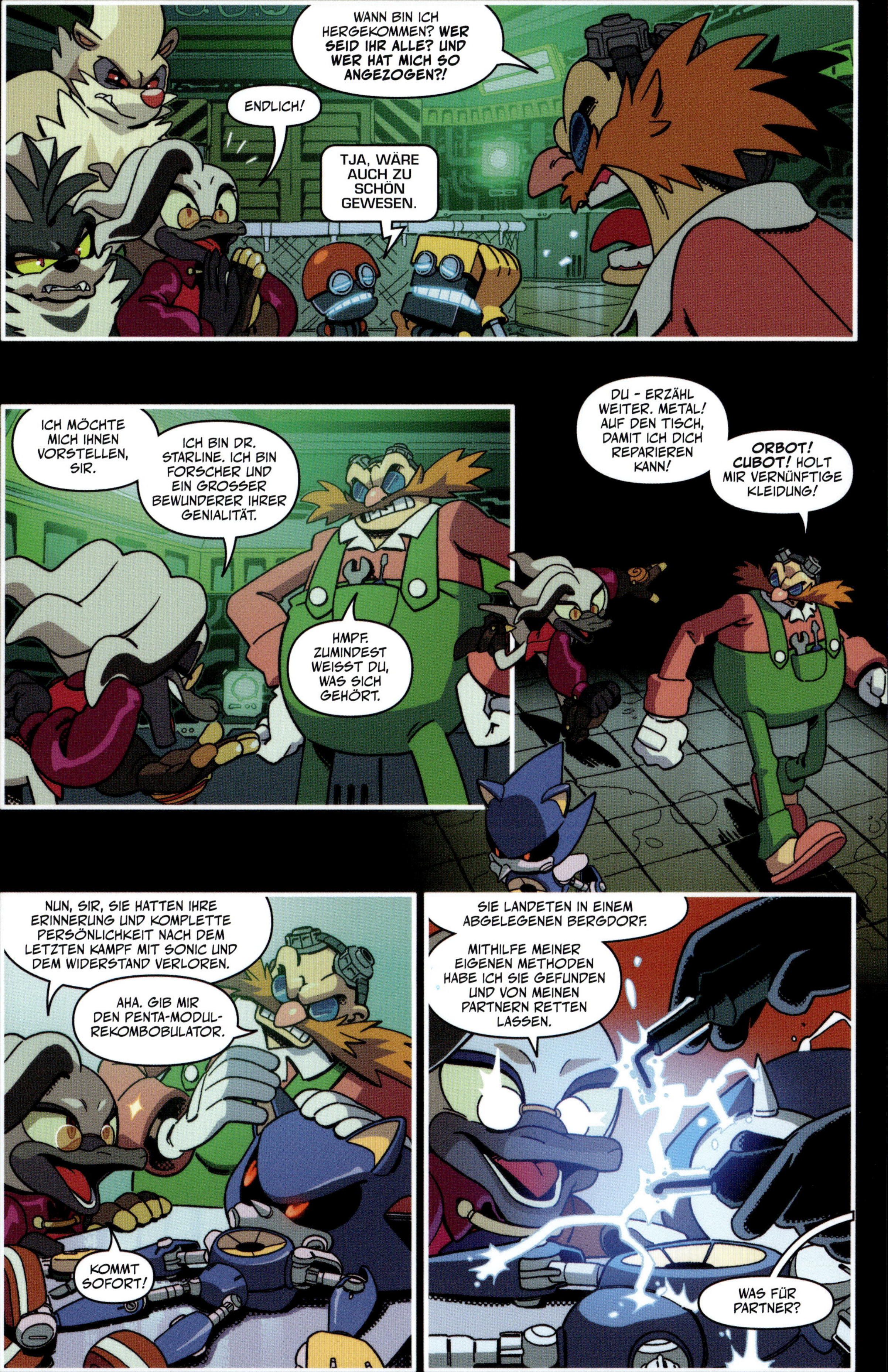
WANN BIN ICH HERGEKOMMEN? WER SEID IHR ALLE? UND WER HAT MICH SO ANGEZOGEN?!
ENDLICH!
TJA, WÄRE AUCH ZU SCHÖN GEWESEN.
ICH MÖCHTE MICH IHNEN VORSTELLEN, SIR.
ICH BIN DR. STARLINE. ICH BIN FORSCHER UND EIN GROSSER BEWUNDERER IHRER GENIALITÄT.
HMPF. ZUMINDEST WEISST DU, WAS SICH GEHÖRT.
DU - ERZÄHL WEITER. METAL! AUF DEN TISCH, DAMIT ICH DICH REPARIEREN KANN!
ORBOT! CUBOT! HOLT MIR VERNÜNFTIGE KLEIDUNG!
NUN, SIR, SIE HATTEN IHRE ERINNERUNG UND KOMPLETTE PERSÖNLICHKEIT NACH DEM LETZTEN KAMPF MIT SONIC UND DEM WIDERSTAND VERLOREN.
AHA. GIB MIR DEN PENTA-MODUL-REKOMBOBULATOR.
KOMMT SOFORT!
SIE LANDETEN IN EINEM ABGELEGENEN BERGDORF.
MITHILFE MEINER EIGENEN METHODEN HABE ICH SIE GEFUNDEN UND VON MEINEN PARTNERN RETTEN LASSEN.
WAS FÜR PARTNER?

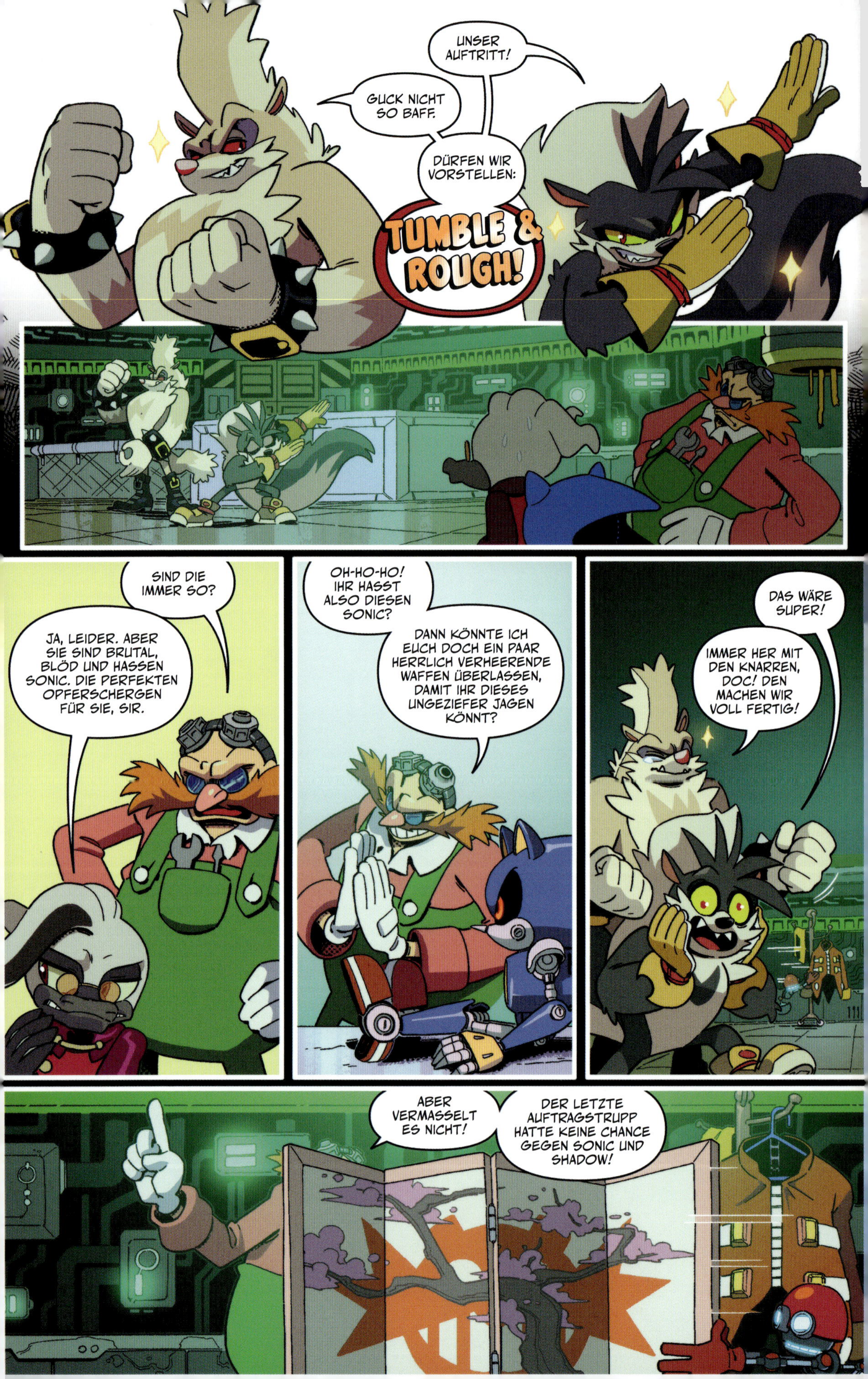
GUCK NICHT SO BAFF.
UNSER AUFTRITT!
DÜRFEN WIR VORSTELLEN:
TUMBLE & ROUGH!
SIND DIE IMMER SO?
JA, LEIDER. ABER SIE SIND BRUTAL, BLÖD UND HASSEN SONIC. DIE PERFEKTEN OPFERSCHERGEN FÜR SIE, SIR.
OH-HO-HO! IHR HASST ALSO DIESEN SONIC?
DANN KÖNNTE ICH EUCH DOCH EIN PAAR HERRLICH VERHEERENDE WAFFEN ÜBERLASSEN, DAMIT IHR DIESES UNGEZIEFER JAGEN KÖNNT?
DAS WÄRE SUPER!
IMMER HER MIT DEN KNARREN, DOC! DEN MACHEN WIR VOLL FERTIG!
ABER VERMASSELT ES NICHT!
DER LETZTE AUFTRAGSTRUPP HATTE KEINE CHANCE GEGEN SONIC UND SHADOW!

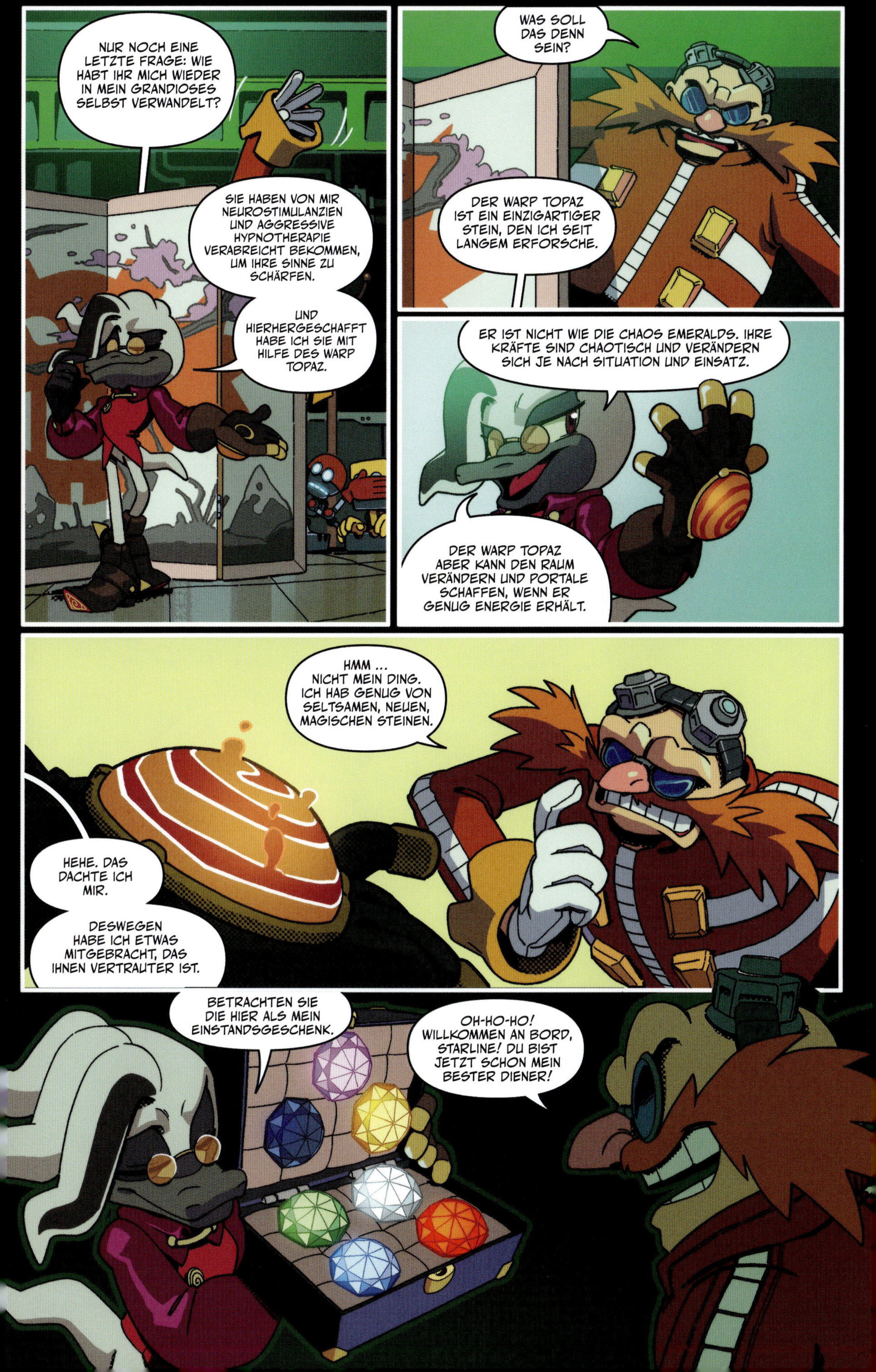

NUR NOCH EINE LETZTE FRAGE: WIE HABT IHR MICH WIEDER IN MEIN GRANDIOSES SELBST VERWANDELT?
SIE HABEN VON MIR NEUROSTIMULANZIEN UND AGGRESSIVE HYPNOTHERAPIE VERABREICHT BEKOMMEN, UM IHRE SINNE ZU SCHÄRFEN.
UND HIERHERGESCHAFFT HABE ICH SIE MIT HILFE DES WARP TOPAZ.
WAS SOLL DAS DENN SEIN?
DER WARP TOPAZ IST EIN EINZIGARTIGER STEIN, DEN ICH SEIT LANGEM ERFORSCHE.
ER IST NICHT WIE DIE CHAOS EMERALDS. IHRE KRÄFTE SIND CHAOTISCH UND VERÄNDERN SICH JE NACH SITUATION UND EINSATZ.
DER WARP TOPAZ ABER KANN DEN RAUM VERÄNDERN UND PORTALE SCHAFFEN, WENN ER GENUG ENERGIE ERHÄLT.
HMM ... NICHT MEIN DING. ICH HAB GENUG VON SELTSAMEN, NEUEN, MAGISCHEN STEINEN.
HEHE. DAS DACHTE ICH MIR.
DESWEGEN HABE ICH ETWAS MITGEBRACHT, DAS IHNEN VERTRAUTER IST.
BETRACHTEN SIE DIE HIER ALS MEIN EINSTANDSGESCHENK.
OH-HO-HO! WILLKOMMEN AN BORD, STARLINE! DU BIST JETZT SCHON MEIN BESTER DIENER!

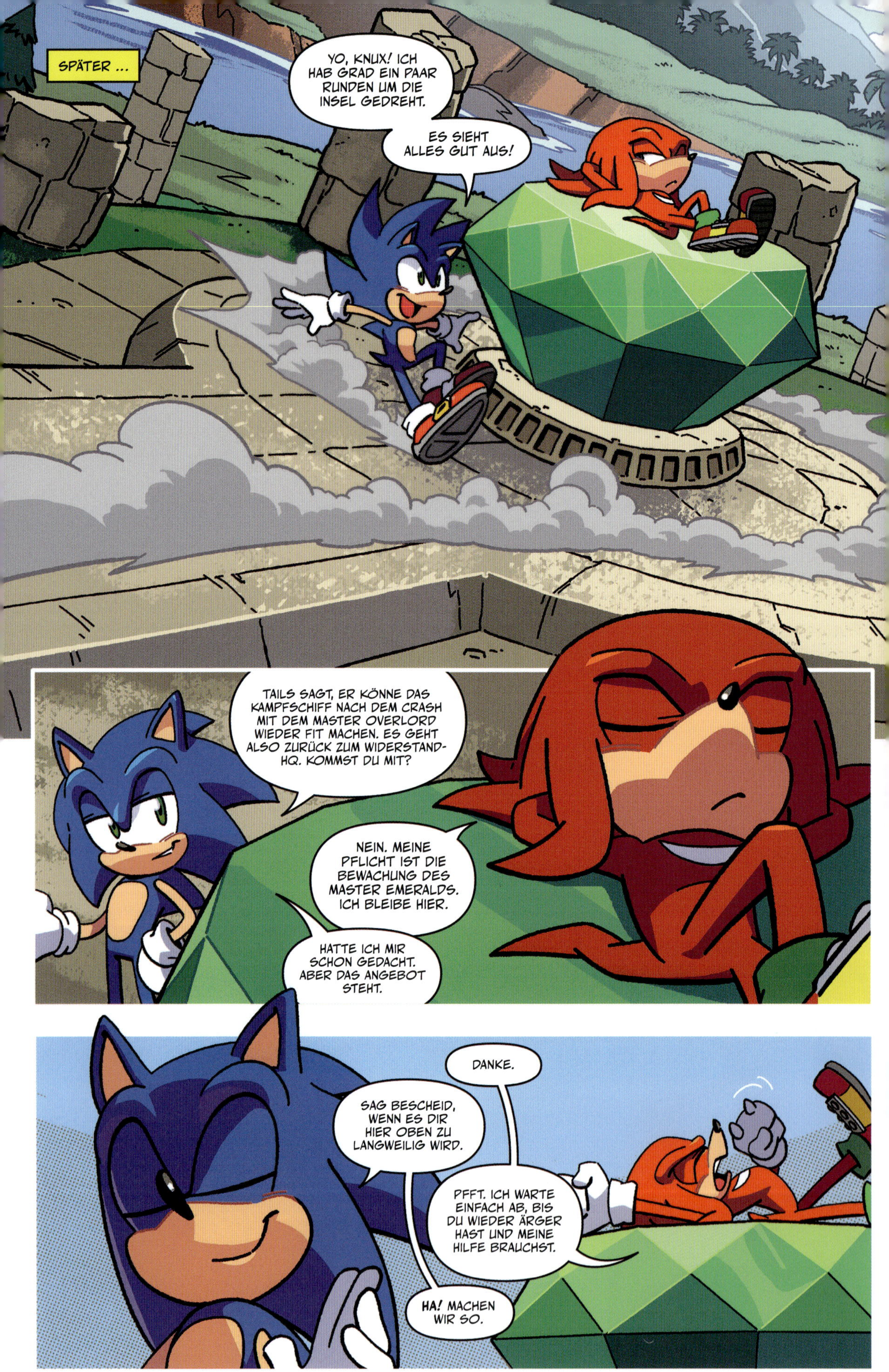
SPÄTER ...
YO, KNUX! ICH HAB GRAD EIN PAAR RUNDEN UM DIE INSEL GEDREHT.
ES SIEHT ALLES GUT AUS!
TAILS SAGT, ER KÖNNE DAS KAMPFSCHIFF NACH DEM CRASH MIT DEM MASTER OVERLORD WIEDER FIT MACHEN. ES GEHT ALSO ZURÜCK ZUM WIDERSTAND-HQ. KOMMST DU MIT?
NEIN. MEINE PFLICHT IST DIE BEWACHUNG DES MASTER EMERALDS. ICH BLEIBE HIER.
HATTE ICH MIR SCHON GEDACHT. ABER DAS ANGEBOT STEHT.
DANKE.
SAG BESCHEID, WENN ES DIR HIER OBEN ZU LANGWEILIG WIRD.
PFFT. ICH WARTE EINFACH AB, BIS DU WIEDER ÄRGER HAST UND MEINE HILFE BRAUCHST.
HA! MACHEN WIR SO.

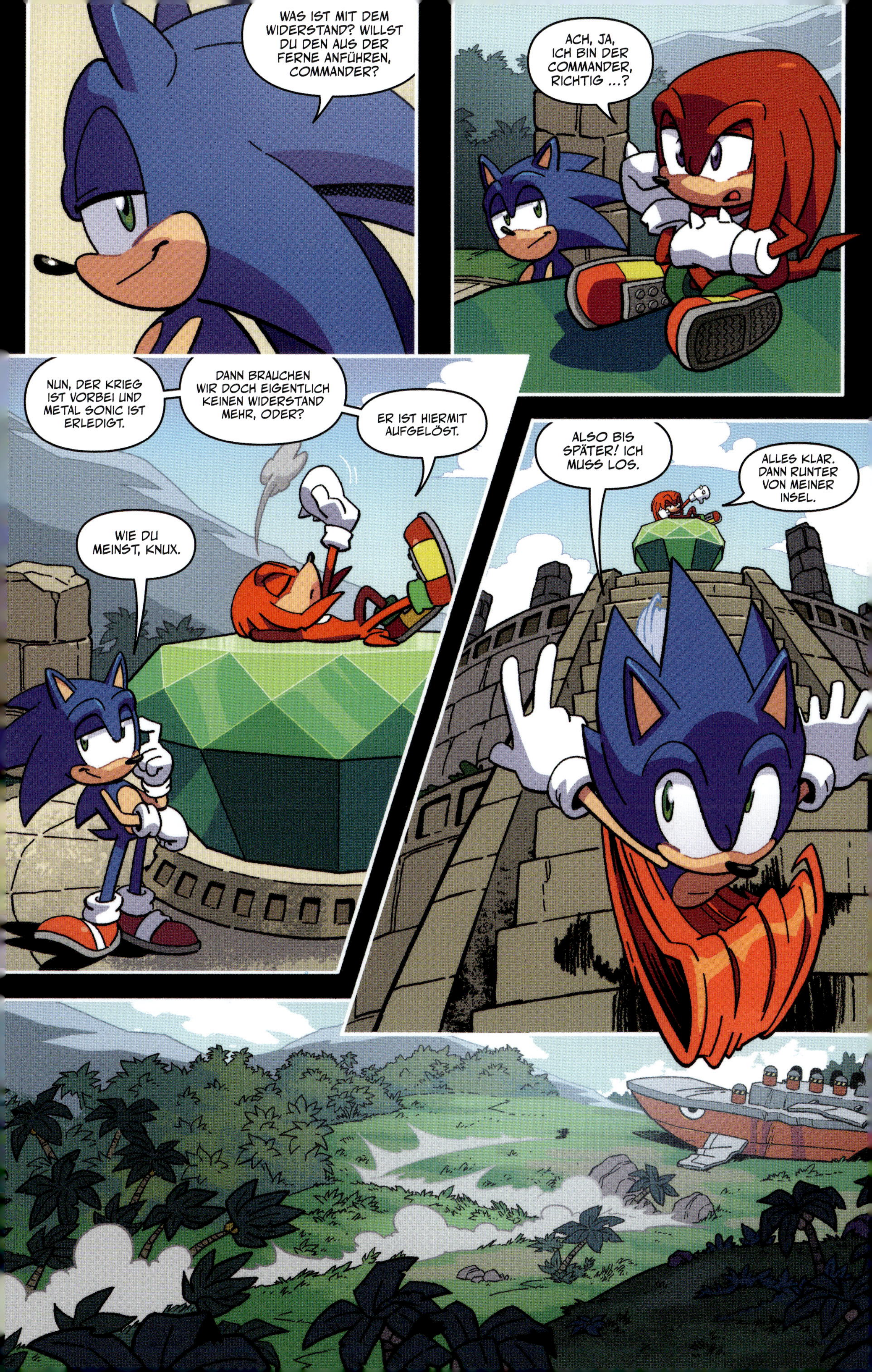
WAS IST MIT DEM WIDERSTAND? WILLST DU DEN AUS DER FERNE ANFÜHREN, COMMANDER?
ACH, JA, ICH BIN DER COMMANDER, RICHTIG ...?
NUN, DER KRIEG IST VORBEI UND METAL SONIC IST ERLEDIGT.
DANN BRAUCHEN WIR DOCH EIGENTLICH KEINEN WIDERSTAND MEHR, ODER?
ER IST HIERMIT AUFGELÖST.
WIE DU MEINST, KNUX.
ALSO BIS SPÄTER! ICH MUSS LOS.
ALLES KLAR. DANN RUNTER VON MEINER INSEL.

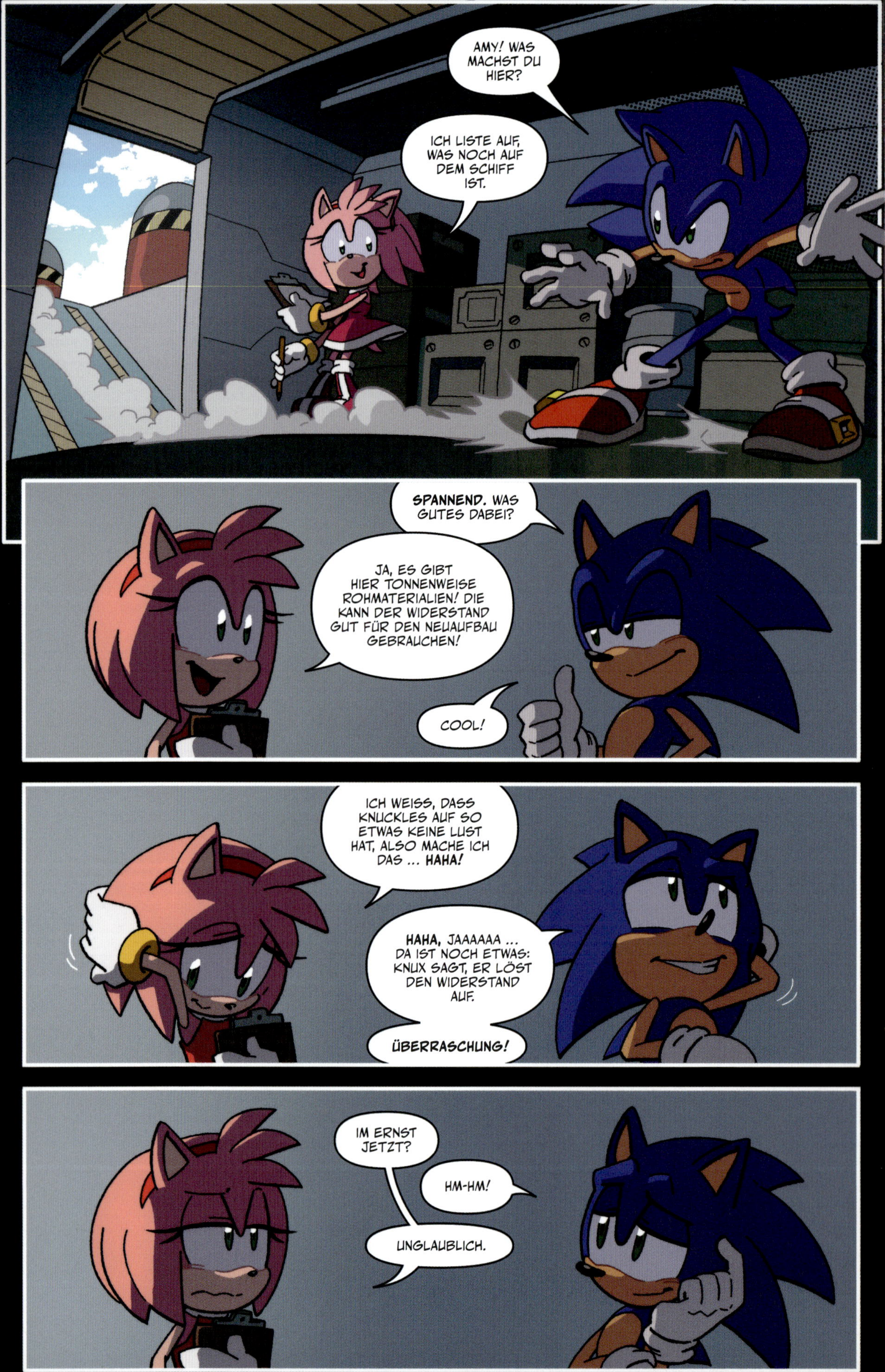
AMY! WAS MACHST DU HIER?
ICH LISTE AUF, WAS NOCH AUF DEM SCHIFF IST.
SPANNEND. WAS GUTES DABEI?
JA, ES GIBT HIER TONNENWEISE ROHMATERIALIEN! DIE KANN DER WIDERSTAND GUT FÜR DEN NEUAUFBAU GEBRAUCHEN!
COOL!
ICH WEISS, DASS KNUCKLES AUF SO ETWAS KEINE LUST HAT, ALSO MACHE ICH DAS ... HAHA!
HAHA, JAAAAAA ... DA IST NOCH ETWAS: KNUX SAGT, ER LÖST DEN WIDERSTAND AUF.
ÜBERRASCHUNG!
IM ERNST JETZT?
HM-HM!
UNGLAUBLICH.

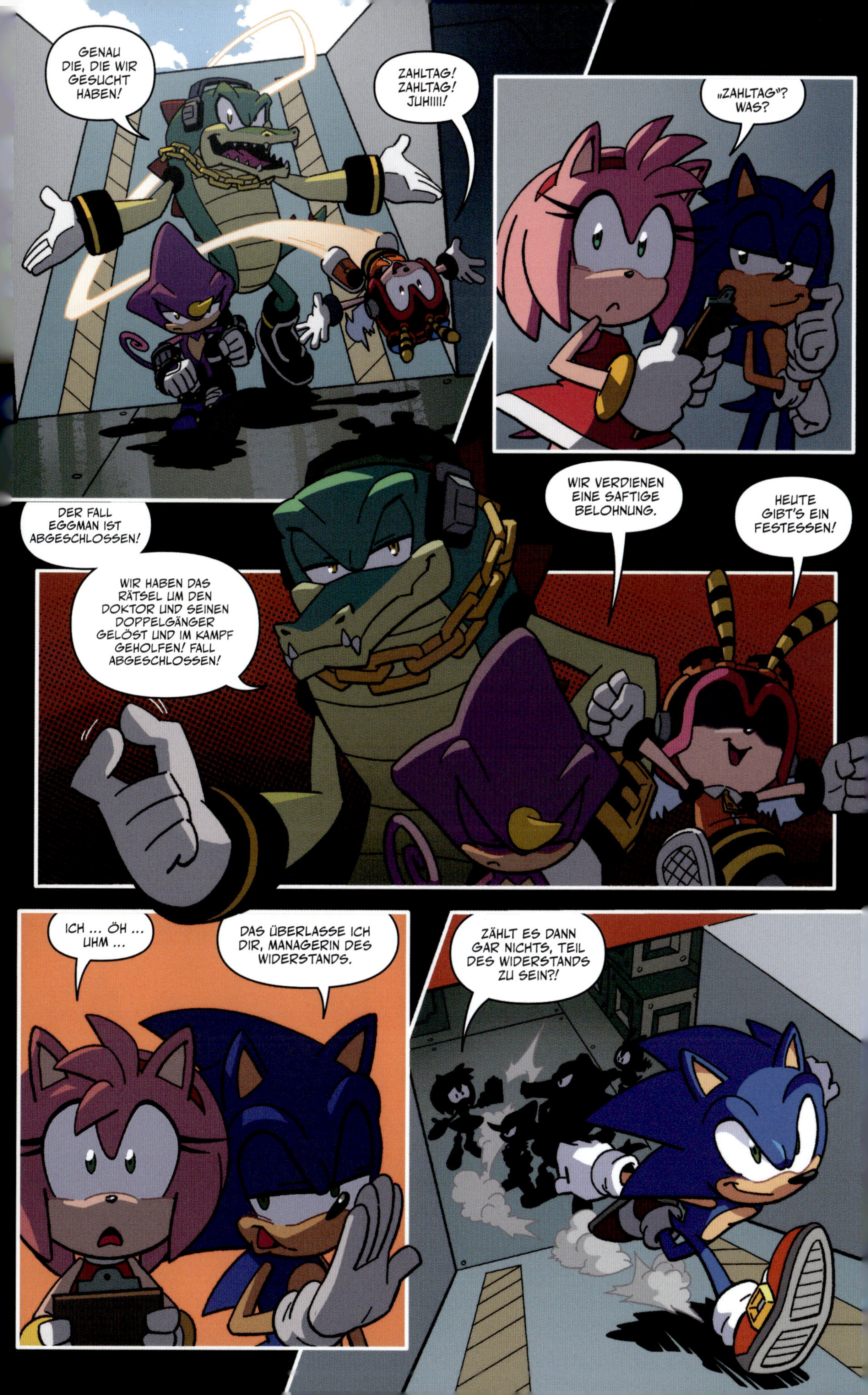
GENAU DIE, DIE WIR GESUCHT HABEN!
ZAHLTAG! ZAHLTAG! JUHIIII!
„ZAHLTAG"? WAS?
DER FALL EGGMAN IST ABGESCHLOSSEN!
WIR HABEN DAS RÄTSEL UM DEN DOKTOR UND SEINEN DOPPELGÄNGER GELÖST UND IM KAMPF GEHOLFEN! FALL ABGESCHLOSSEN!
WIR VERDIENEN EINE SAFTIGE BELOHNUNG.
HEUTE GIBT'S EIN FESTESSEN!
ICH ... ÖH ... UHM ...
DAS ÜBERLASSE ICH DIR, MANAGERIN DES WIDERSTANDS.
ZÄHLT ES DANN GAR NICHTS, TEIL DES WIDERSTANDS ZU SEIN?!

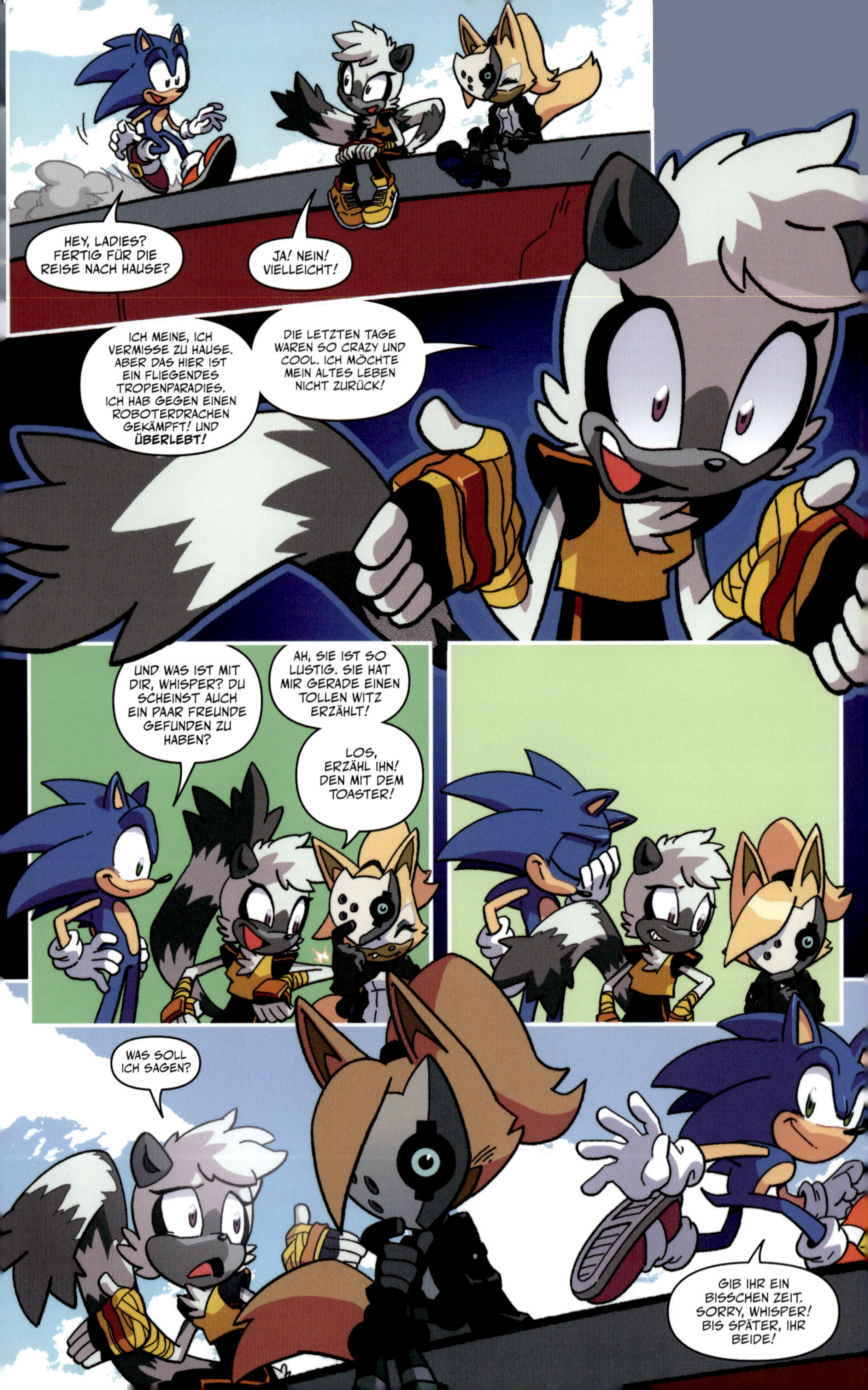
HEY, LADIES? FERTIG FÜR DIE REISE NACH HAUSE?
JA! NEIN! VIELLEICHT!
ICH MEINE, ICH VERMISSE ZU HAUSE. ABER DAS HIER IST EIN FLIEGENDES TROPENPARADIES. ICH HAB GEGEN EINEN ROBOTERDRACHEN GEKÄMPFT! UND **ÜBERLEBT!**
DIE LETZTEN TAGE WAREN SO CRAZY UND COOL. ICH MÖCHTE MEIN ALTES LEBEN NICHT ZURÜCK!
UND WAS IST MIT DIR, WHISPER? DU SCHEINST AUCH EIN PAAR FREUNDE GEFUNDEN ZU HABEN?
AH, SIE IST SO LUSTIG. SIE HAT MIR GERADE EINEN TOLLEN WITZ ERZÄHLT!
LOS, ERZÄHL IHN! DEN MIT DEM TOASTER!
WAS SOLL ICH SAGEN?
GIB IHR EIN BISSCHEN ZEIT. SORRY, WHISPER! BIS SPÄTER, IHR BEIDE!

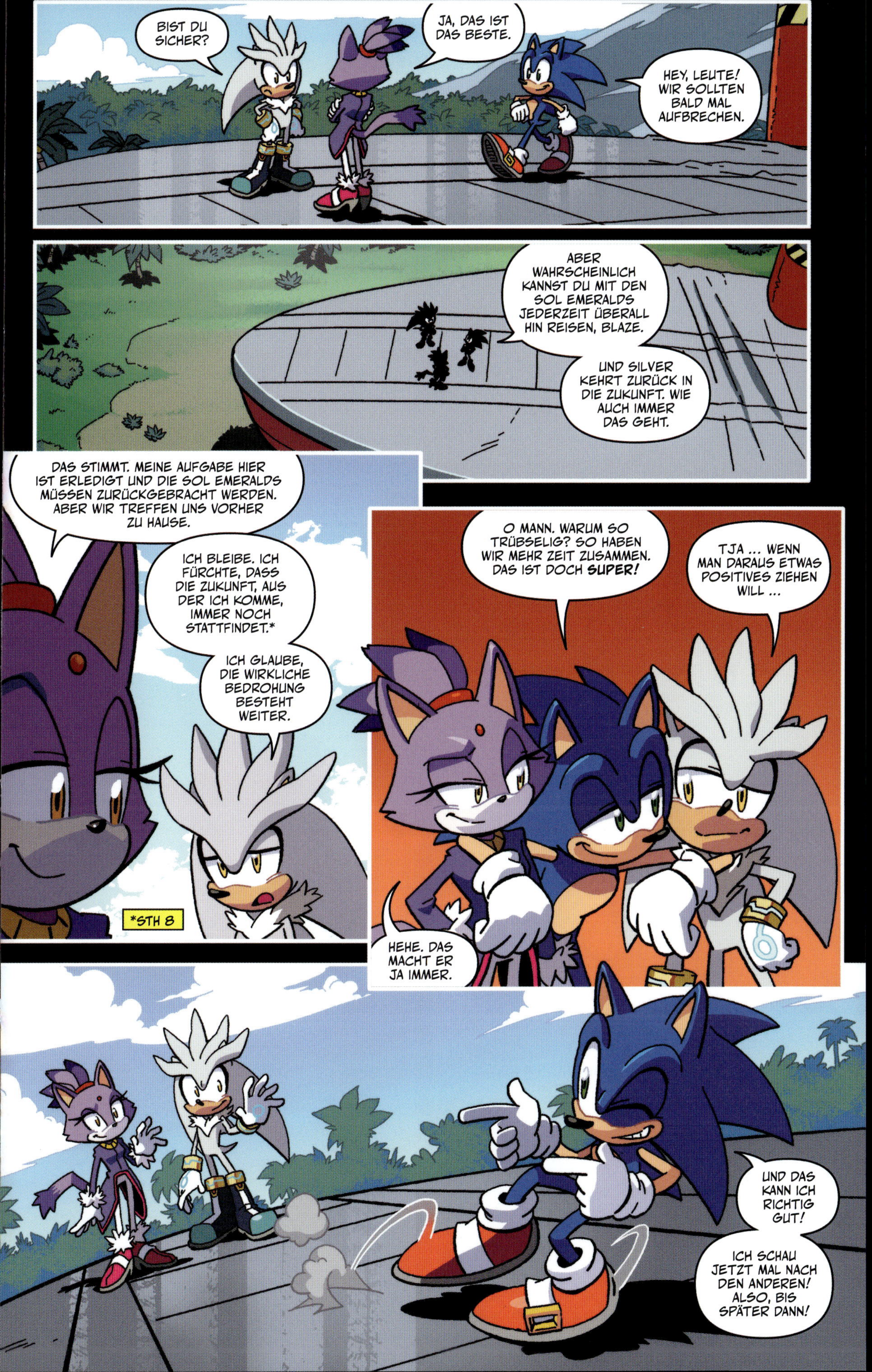
BIST DU SICHER?
JA, DAS IST DAS BESTE.
HEY, LEUTE! WIR SOLLTEN BALD MAL AUFBRECHEN.
ABER WAHRSCHEINLICH KANNST DU MIT DEN SOL EMERALDS JEDERZEIT ÜBERALL HIN REISEN, BLAZE.
UND SILVER KEHRT ZURÜCK IN DIE ZUKUNFT. WIE AUCH IMMER DAS GEHT.
DAS STIMMT. MEINE AUFGABE HIER IST ERLEDIGT UND DIE SOL EMERALDS MÜSSEN ZURÜCKGEBRACHT WERDEN. ABER WIR TREFFEN UNS VORHER ZU HAUSE.
ICH BLEIBE. ICH FÜRCHTE, DASS DIE ZUKUNFT, AUS DER ICH KOMME, IMMER NOCH STATTFINDET.*
ICH GLAUBE, DIE WIRKLICHE BEDROHUNG BESTEHT WEITER.
*STH 8
O MANN. WARUM SO TRÜBSELIG? SO HABEN WIR MEHR ZEIT ZUSAMMEN. DAS IST DOCH SUPER!
TJA ... WENN MAN DARAUS ETWAS POSITIVES ZIEHEN WILL ...
HEHE. DAS MACHT ER JA IMMER.
UND DAS KANN ICH RICHTIG GUT!
ICH SCHAU JETZT MAL NACH DEN ANDEREN! ALSO, BIS SPÄTER DANN!

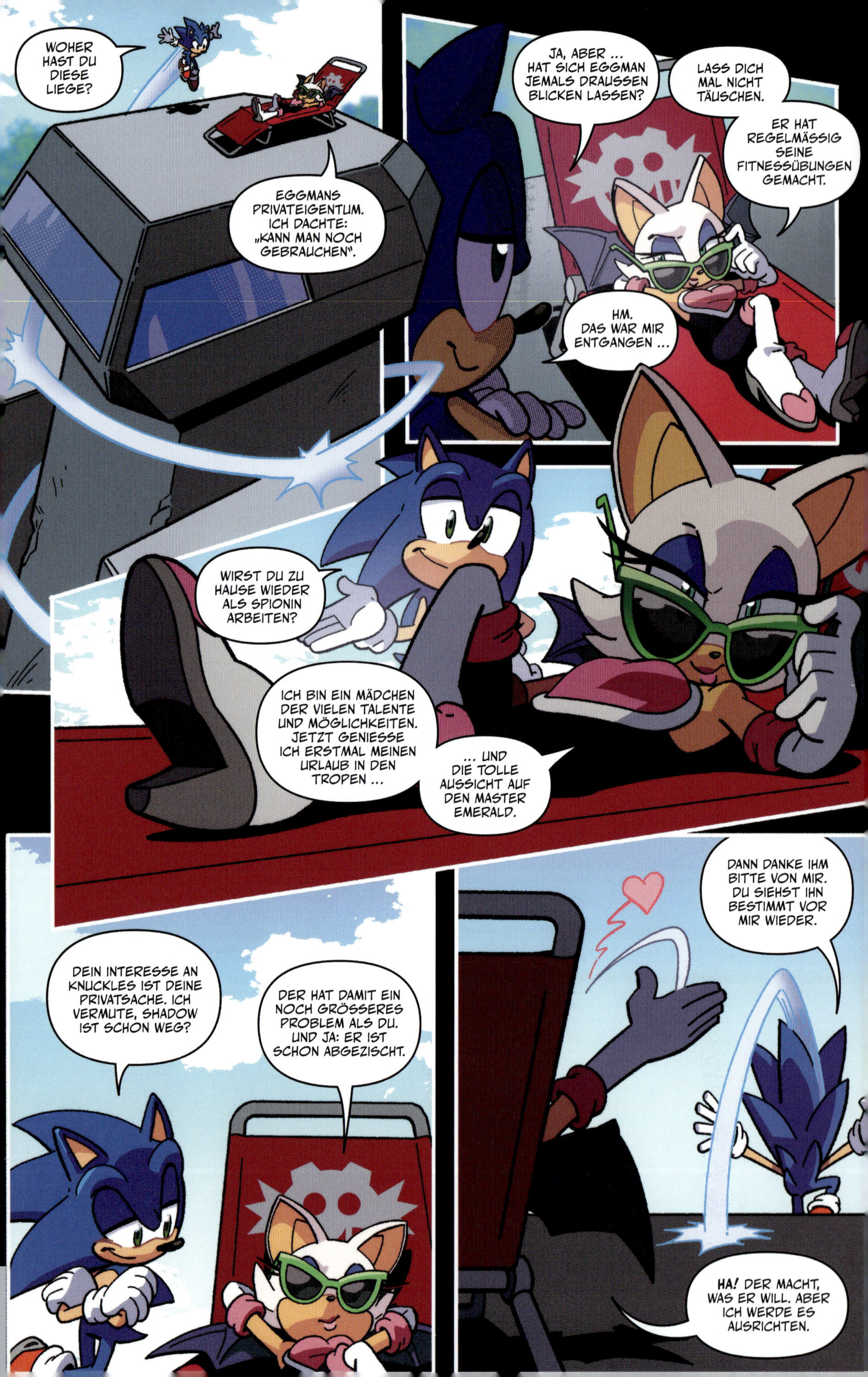
WOHER HAST DU DIESE LIEGE?
EGGMANS PRIVATEIGENTUM. ICH DACHTE: „KANN MAN NOCH GEBRAUCHEN".
JA, ABER ... HAT SICH EGGMAN JEMALS DRAUSSEN BLICKEN LASSEN?
LASS DICH MAL NICHT TÄUSCHEN.
ER HAT REGELMÄSSIG SEINE FITNESSÜBUNGEN GEMACHT.
HM. DAS WAR MIR ENTGANGEN ...
WIRST DU ZU HAUSE WIEDER ALS SPIONIN ARBEITEN?
ICH BIN EIN MÄDCHEN DER VIELEN TALENTE UND MÖGLICHKEITEN. JETZT GENIESSE ICH ERSTMAL MEINEN URLAUB IN DEN TROPEN ...
... UND DIE TOLLE AUSSICHT AUF DEN MASTER EMERALD.
DEIN INTERESSE AN KNUCKLES IST DEINE PRIVATSACHE. ICH VERMUTE, SHADOW IST SCHON WEG?
DER HAT DAMIT EIN NOCH GRÖSSERES PROBLEM ALS DU. UND JA: ER IST SCHON ABGEZISCHT.
DANN DANKE IHM BITTE VON MIR. DU SIEHST IHN BESTIMMT VOR MIR WIEDER.
HA! DER MACHT, WAS ER WILL. ABER ICH WERDE ES AUSRICHTEN.

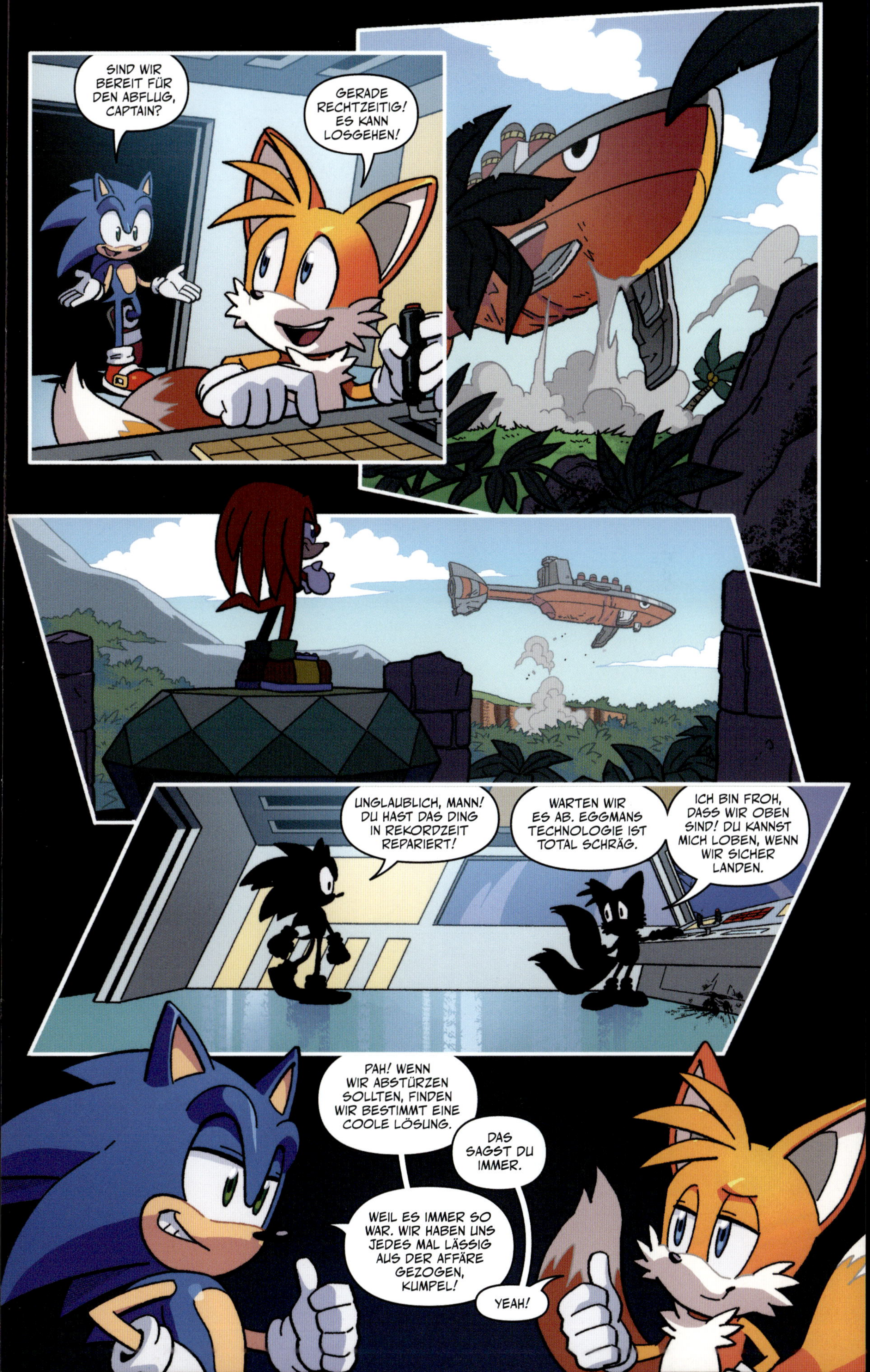
SIND WIR BEREIT FÜR DEN ABFLUG, CAPTAIN?
GERADE RECHTZEITIG! ES KANN LOSGEHEN!
UNGLAUBLICH, MANN! DU HAST DAS DING IN REKORDZEIT REPARIERT!
WARTEN WIR ES AB. EGGMANS TECHNOLOGIE IST TOTAL SCHRÄG.
ICH BIN FROH, DASS WIR OBEN SIND! DU KANNST MICH LOBEN, WENN WIR SICHER LANDEN.
PAH! WENN WIR ABSTÜRZEN SOLLTEN, FINDEN WIR BESTIMMT EINE COOLE LÖSUNG.
DAS SAGST DU IMMER.
WEIL ES IMMER SO WAR. WIR HABEN UNS JEDES MAL LÄSSIG AUS DER AFFÄRE GEZOGEN, KUMPEL!
YEAH!

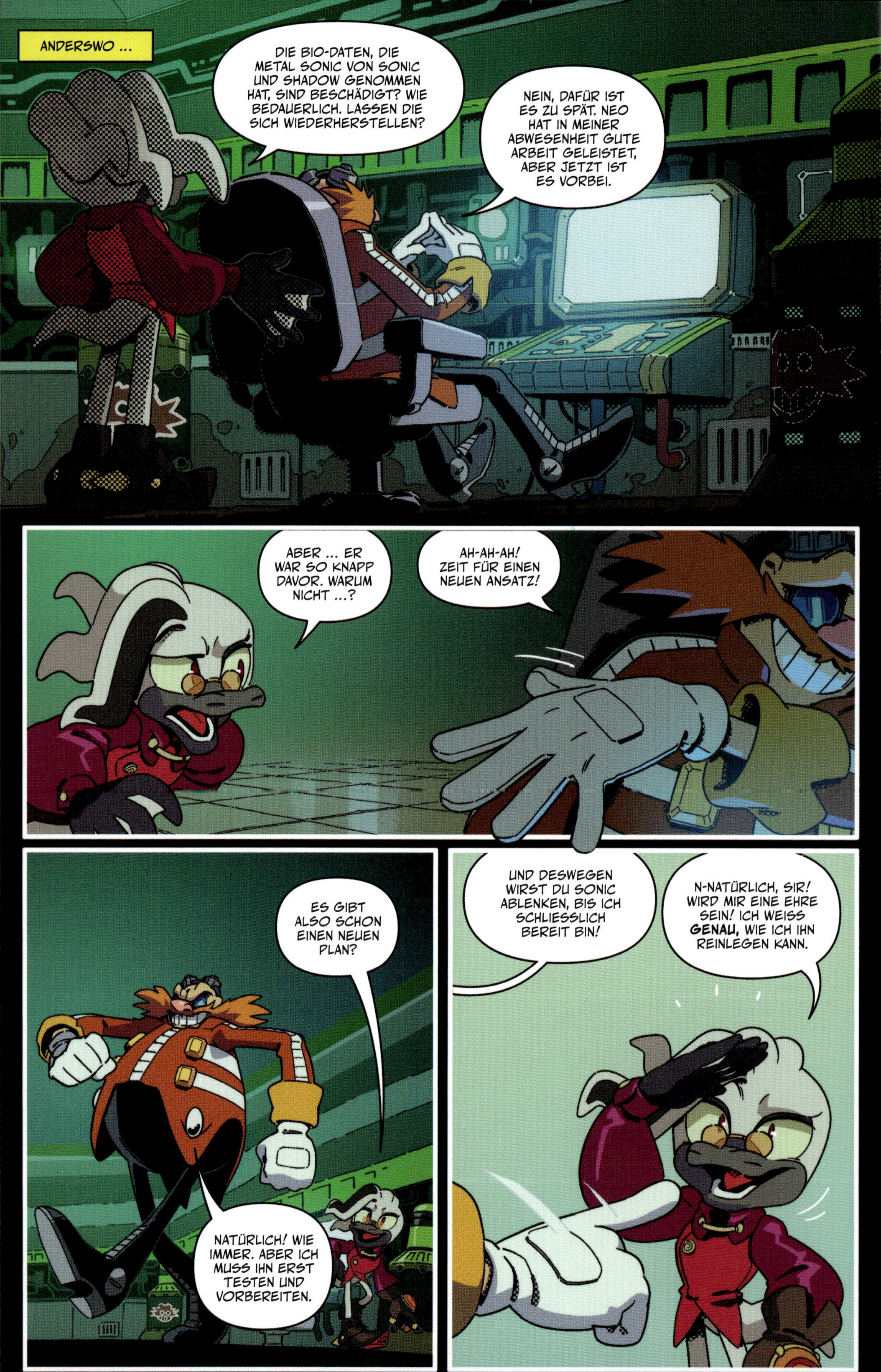
ANDERSWO ...
DIE BIO-DATEN, DIE METAL SONIC VON SONIC UND SHADOW GENOMMEN HAT, SIND BESCHÄDIGT? WIE BEDAUERLICH. LASSEN DIE SICH WIEDERHERSTELLEN?
NEIN, DAFÜR IST ES ZU SPÄT. NEO HAT IN MEINER ABWESENHEIT GUTE ARBEIT GELEISTET, ABER JETZT IST ES VORBEI.
ABER ... ER WAR SO KNAPP DAVOR. WARUM NICHT ...?
AH-AH-AH! ZEIT FÜR EINEN NEUEN ANSATZ!
ES GIBT ALSO SCHON EINEN NEUEN PLAN?
NATÜRLICH! WIE IMMER. ABER ICH MUSS IHN ERST TESTEN UND VORBEREITEN.
UND DESWEGEN WIRST DU SONIC ABLENKEN, BIS ICH SCHLIESSLICH BEREIT BIN!
N-NATÜRLICH, SIR! WIRD MIR EINE EHRE SEIN! ICH WEISS **GENAU**, WIE ICH IHN REINLEGEN KANN.

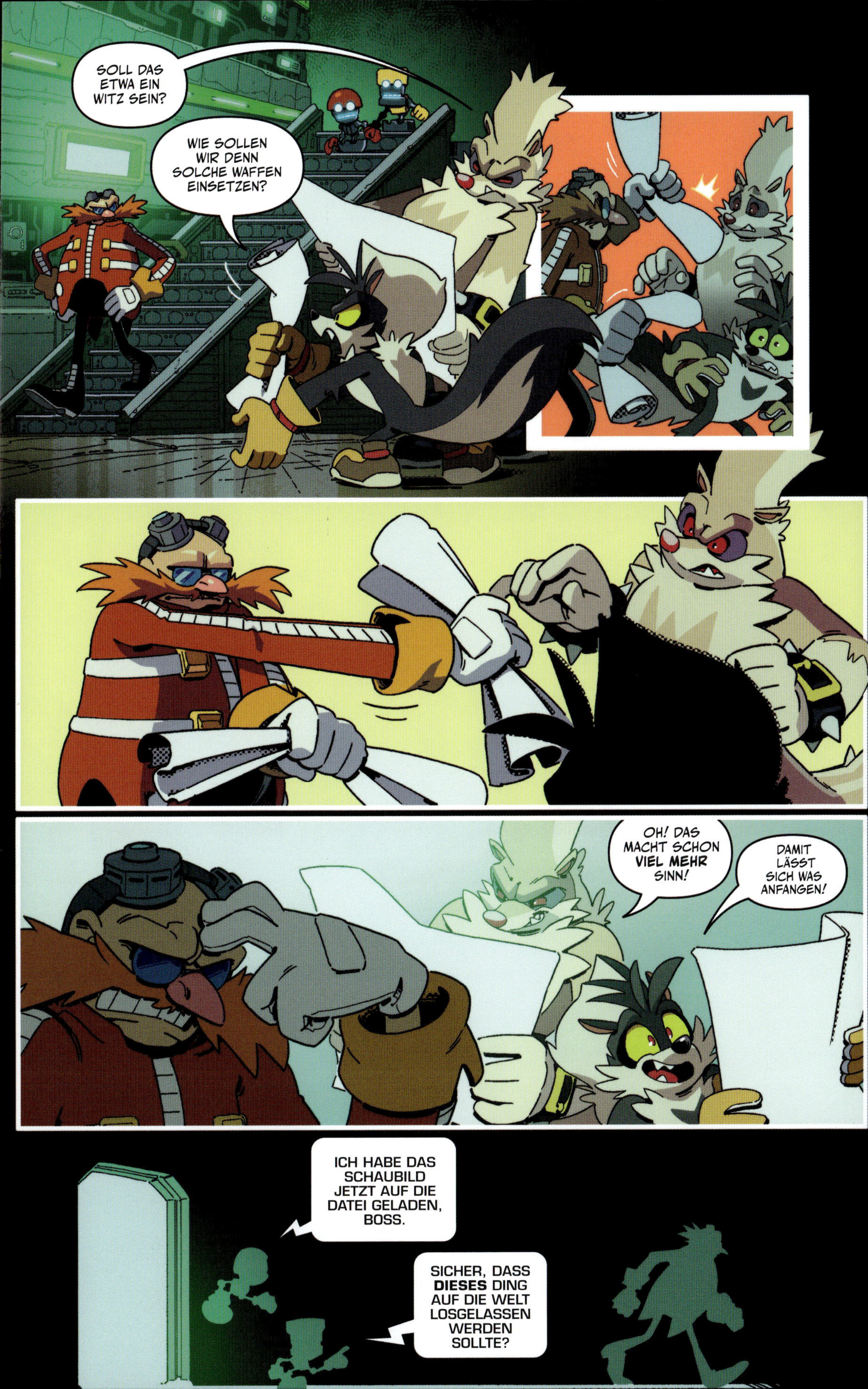
SOLL DAS ETWA EIN WITZ SEIN?
WIE SOLLEN WIR DENN SOLCHE WAFFEN EINSETZEN?
OH! DAS MACHT SCHON **VIEL MEHR** SINN!
DAMIT LÄSST SICH WAS ANFANGEN!
ICH HABE DAS SCHAUBILD JETZT AUF DIE DATEI GELADEN, BOSS.
SICHER, DASS **DIESES** DING AUF DIE WELT LOSGELASSEN WERDEN SOLLTE?

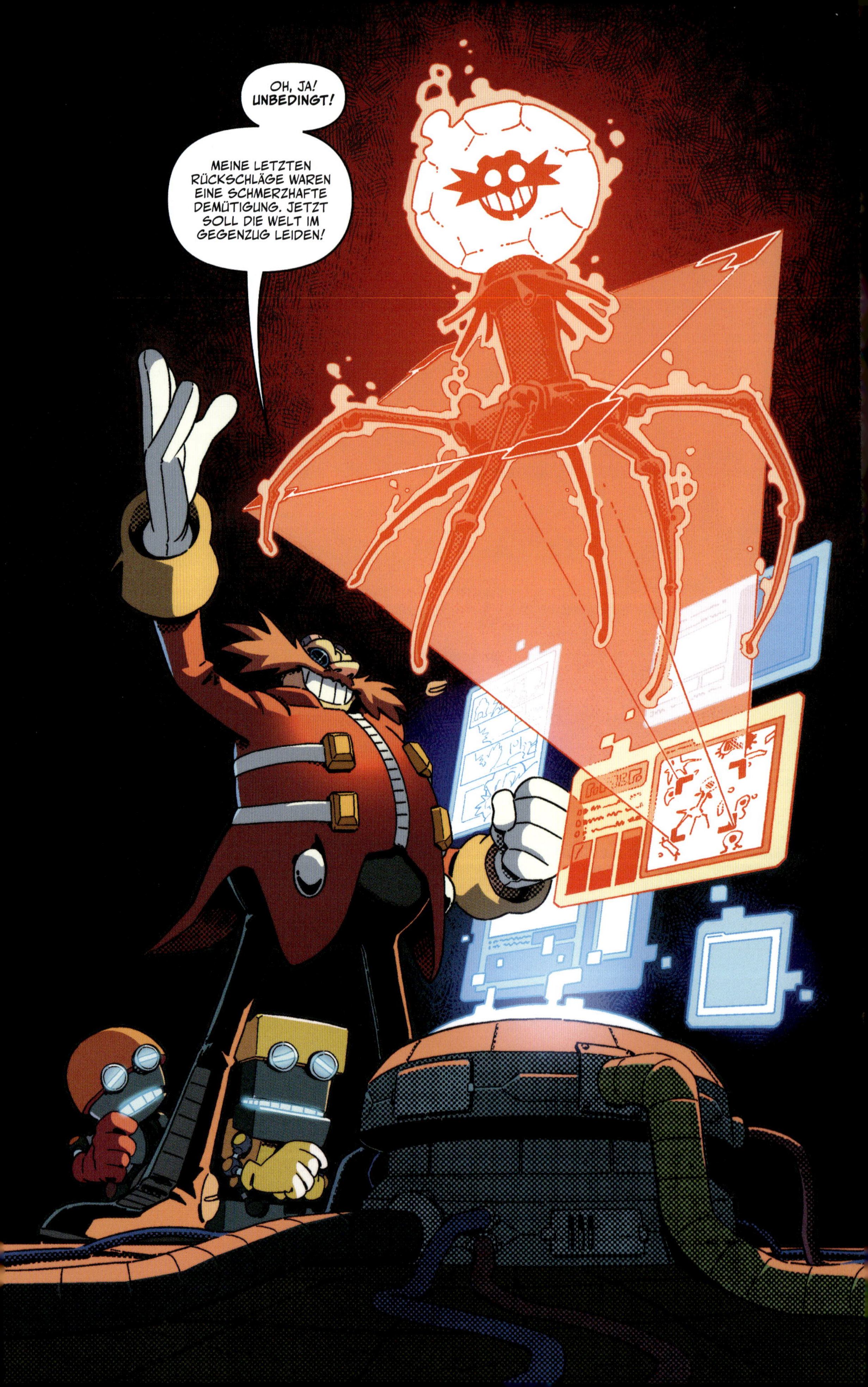
OH, JA! UNBEDINGT!
MEINE LETZTEN RÜCKSCHLÄGE WAREN EINE SCHMERZHAFTE DEMÜTIGUNG. JETZT SOLL DIE WELT IM GEGENZUG LEIDEN!

ZEICHNUNGEN: **NATHALIE FOURDRAINE**

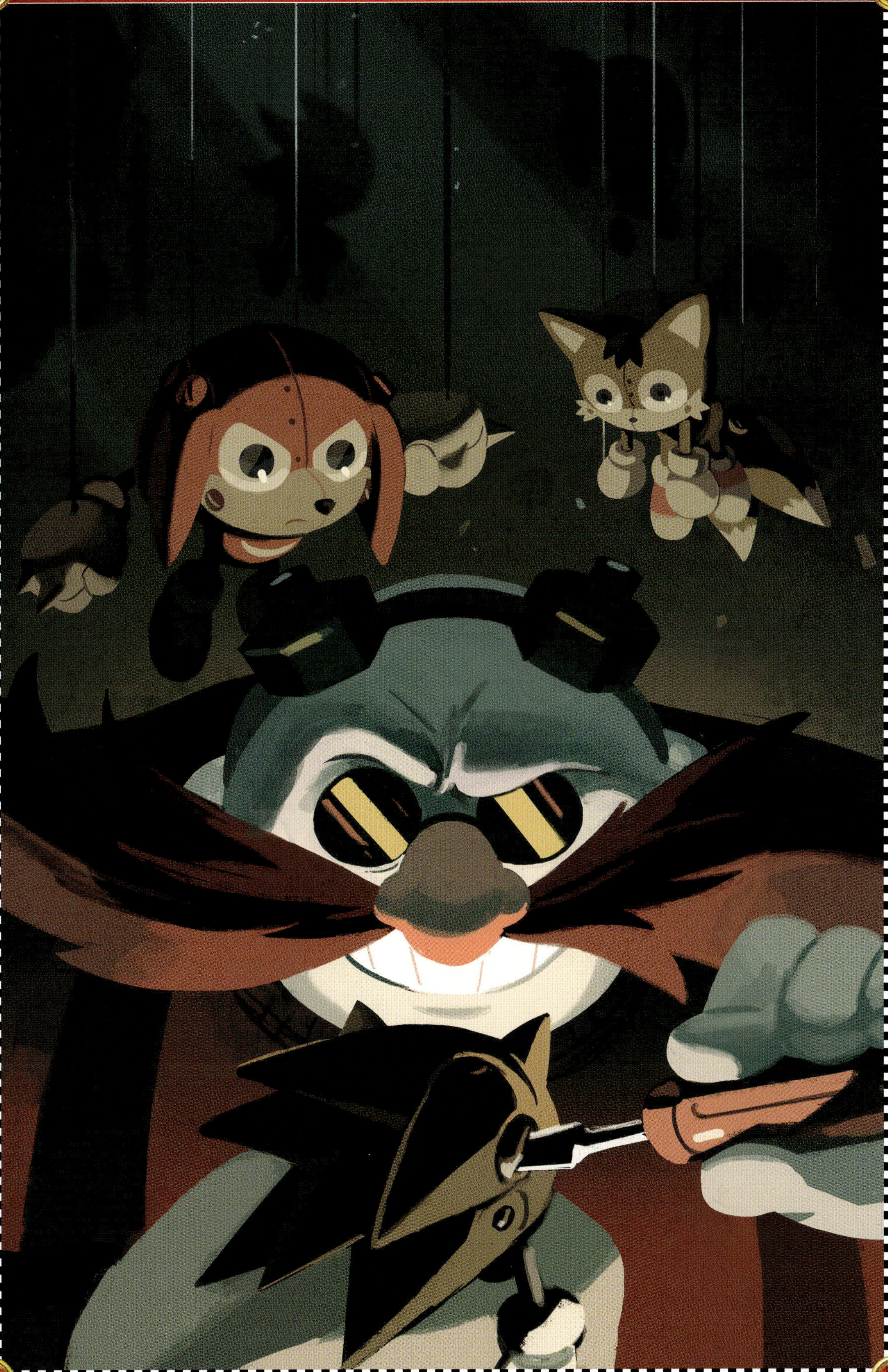

ZEICHNUNGEN: TRADY YARDLEY

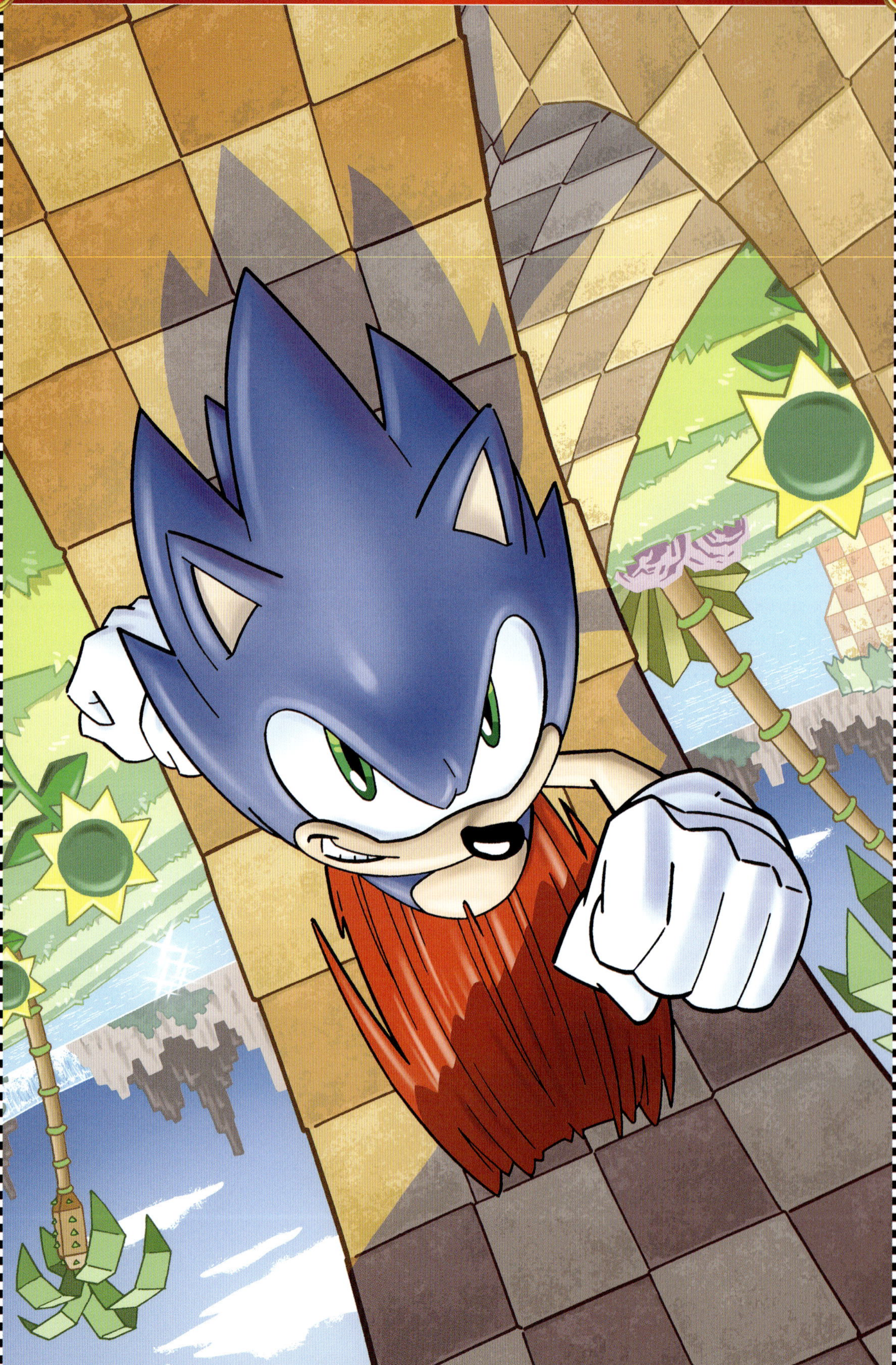

ZEICHNUNGEN: JONATHAN GRAY KOLORIERUNG: MATT HERMS

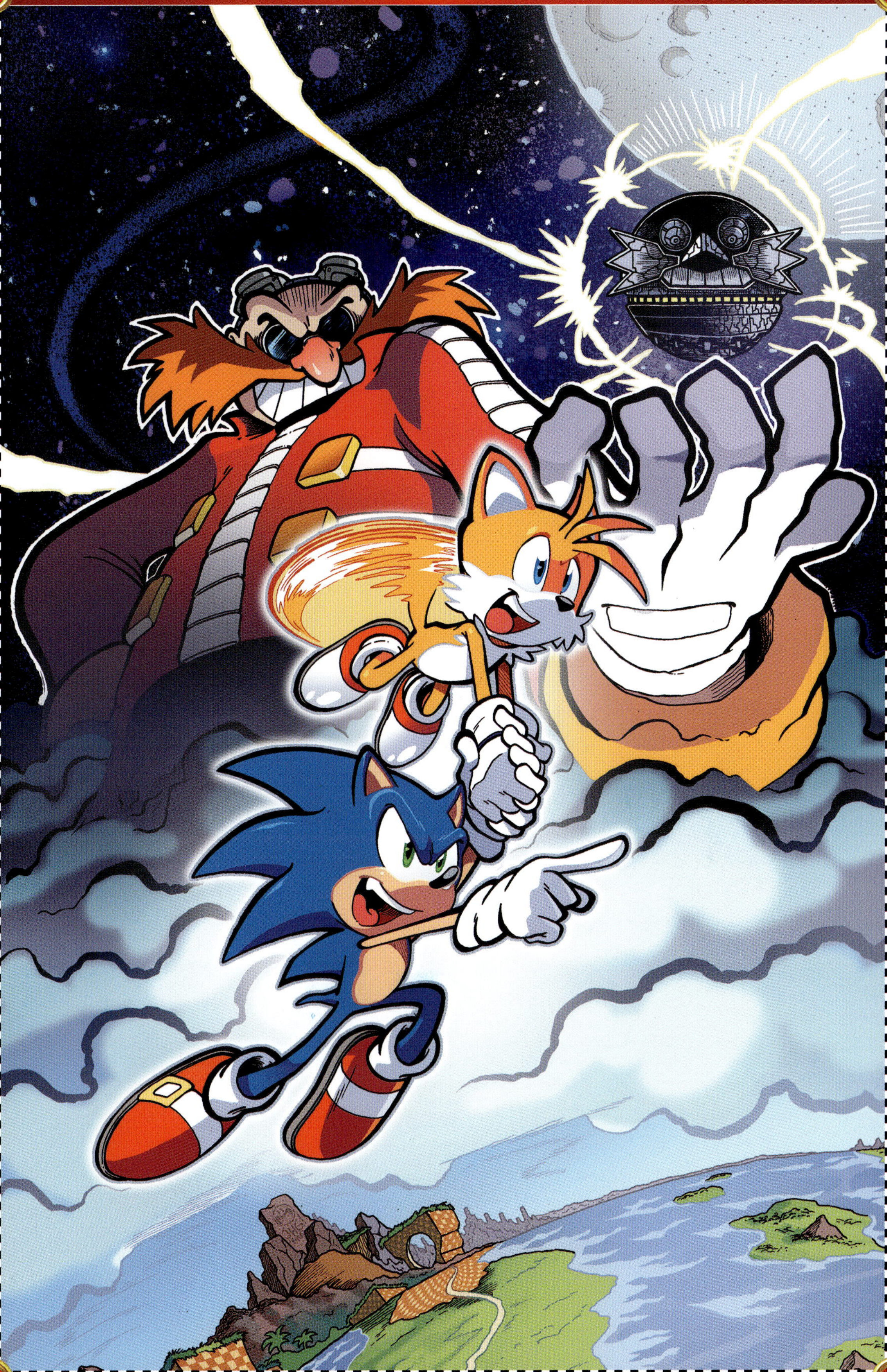

ZEICHNUNGEN: **EDWIN HUANG**

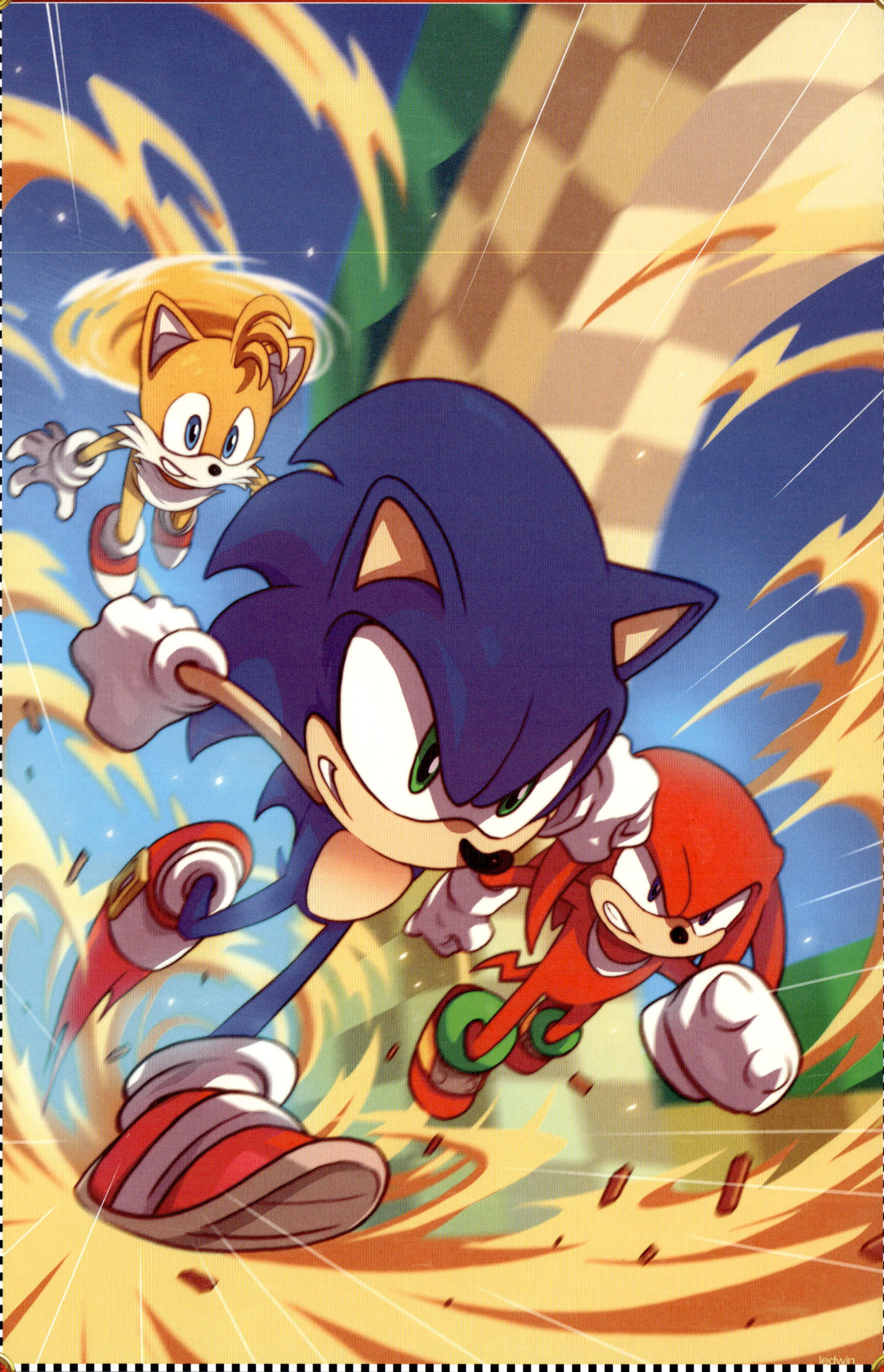

ZEICHNUNGEN: **RAFA KNIGHT**

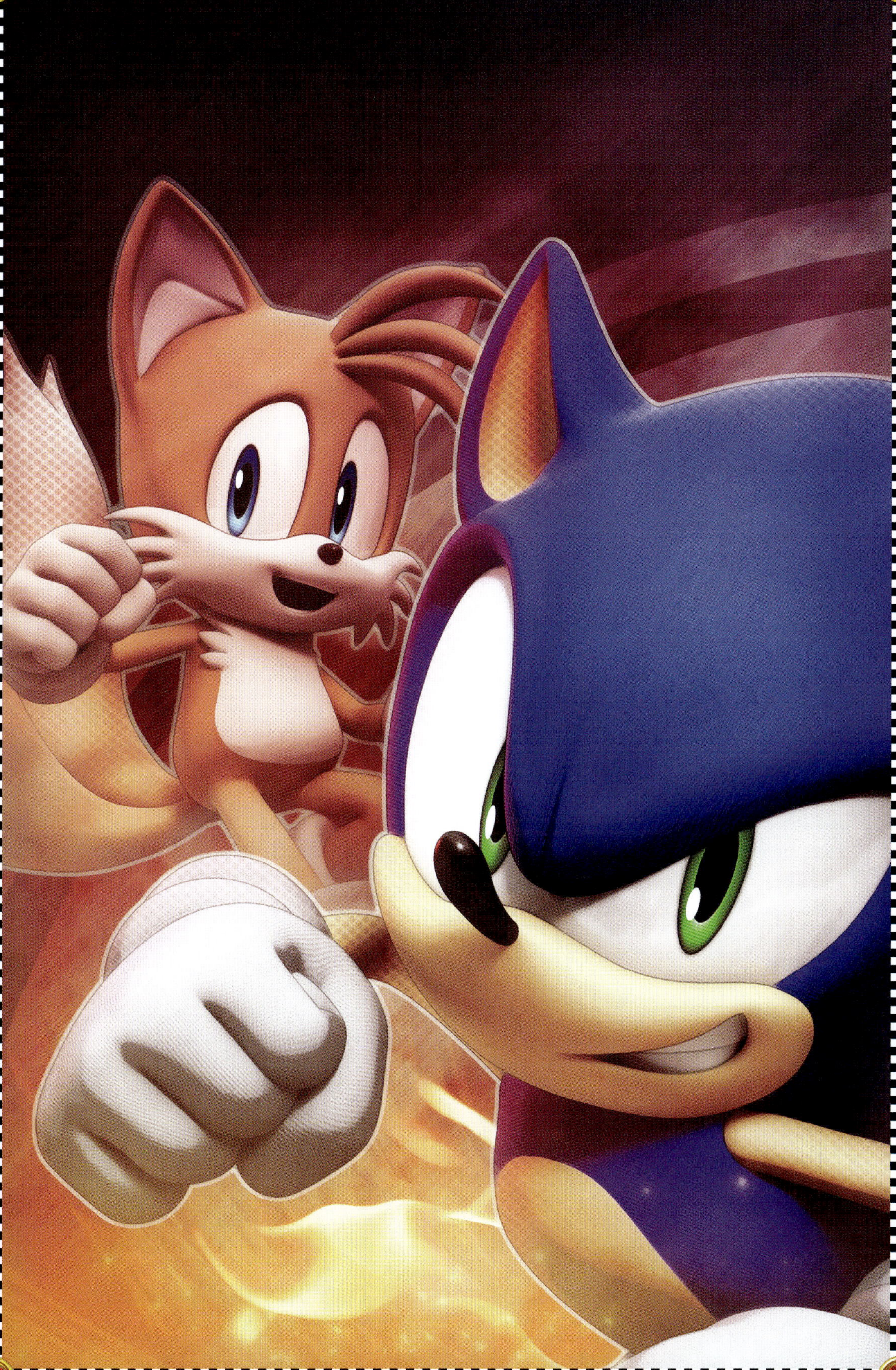

ZEICHNUNGEN: KIERAN GATES

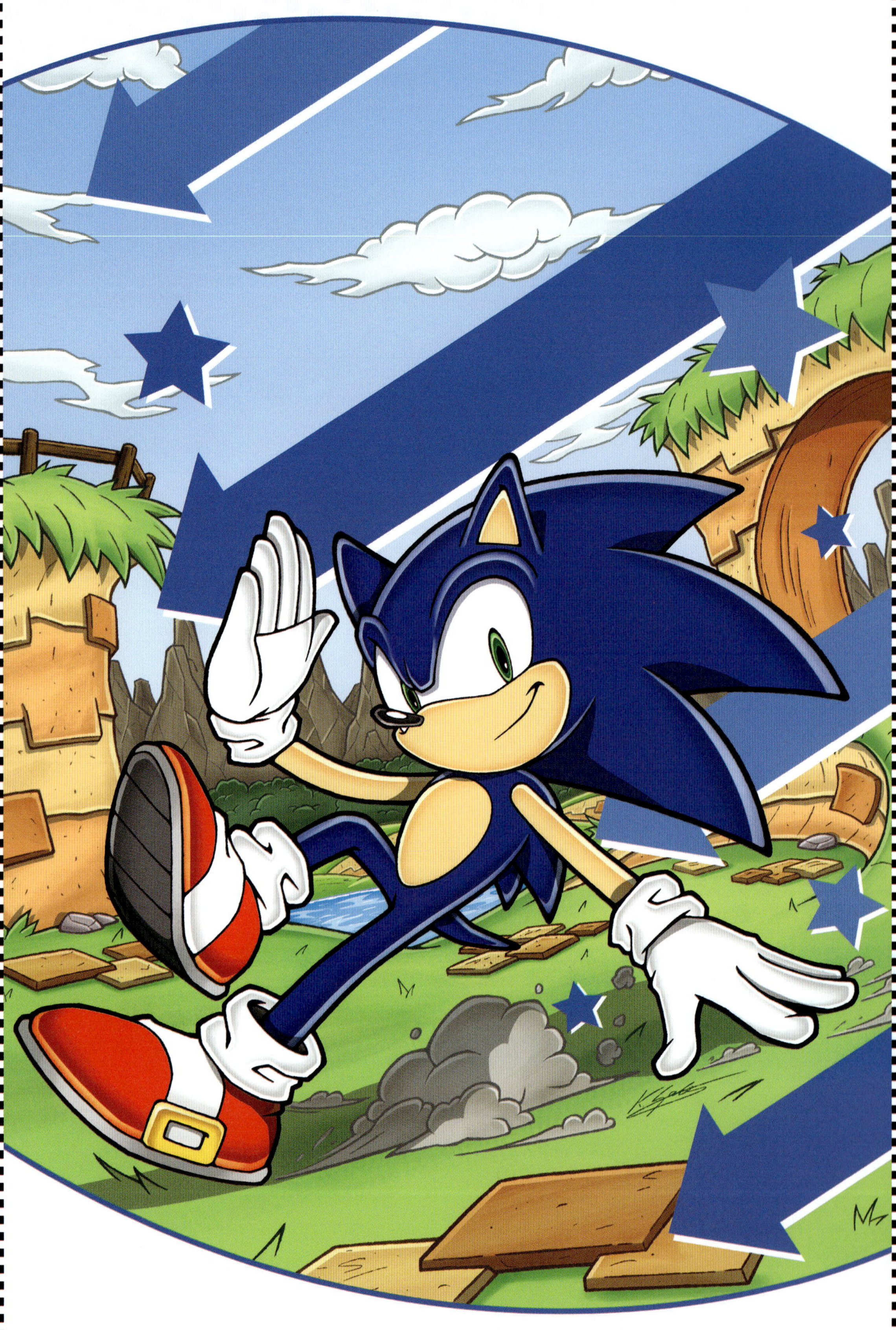

ZEICHNUNGEN: **ADAM BRYCE THOMAS**

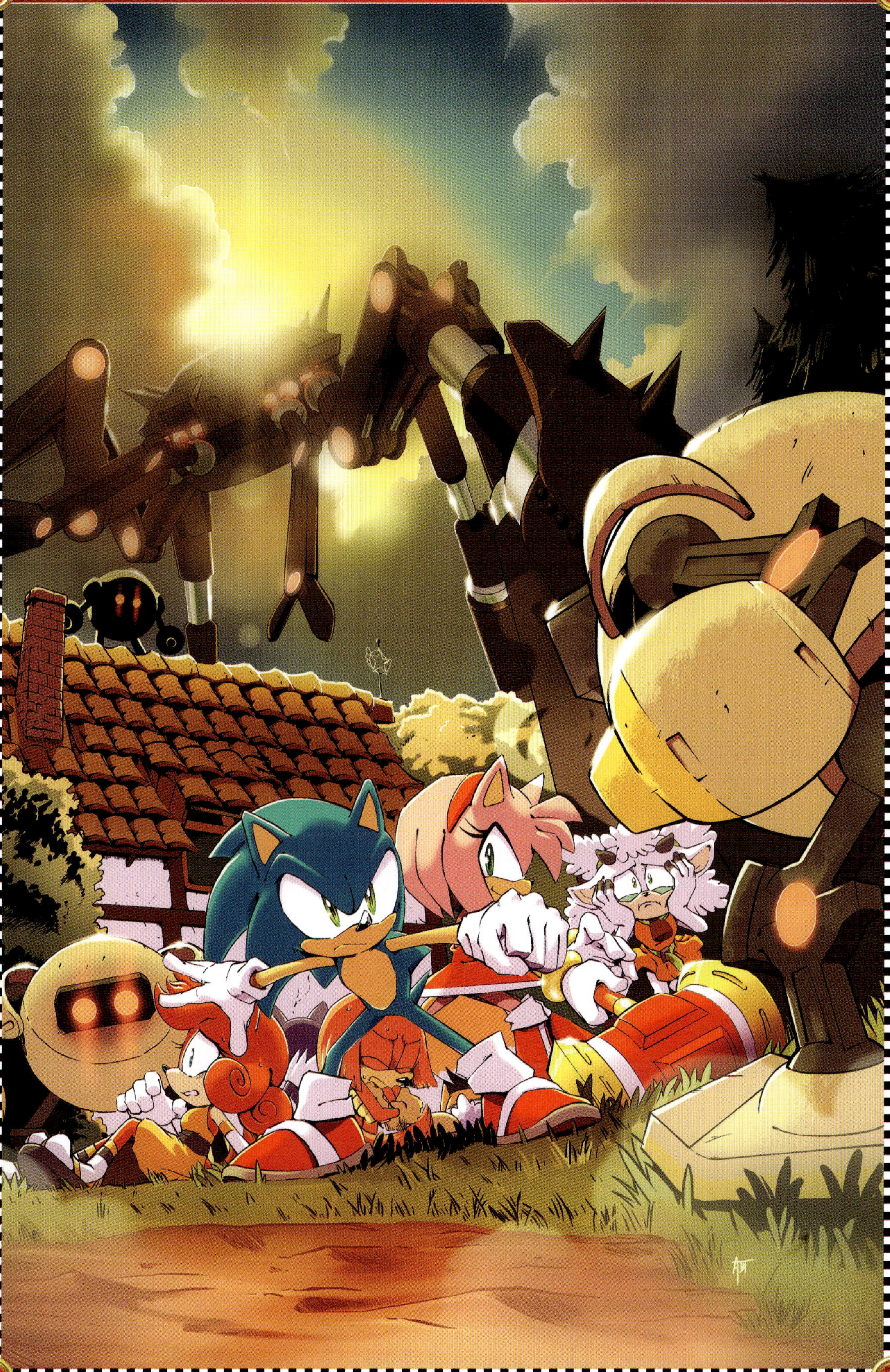

ZEICHNUNGEN: **JONATHAN GRAY** KOLORIERUNG: **MATT HERMS**

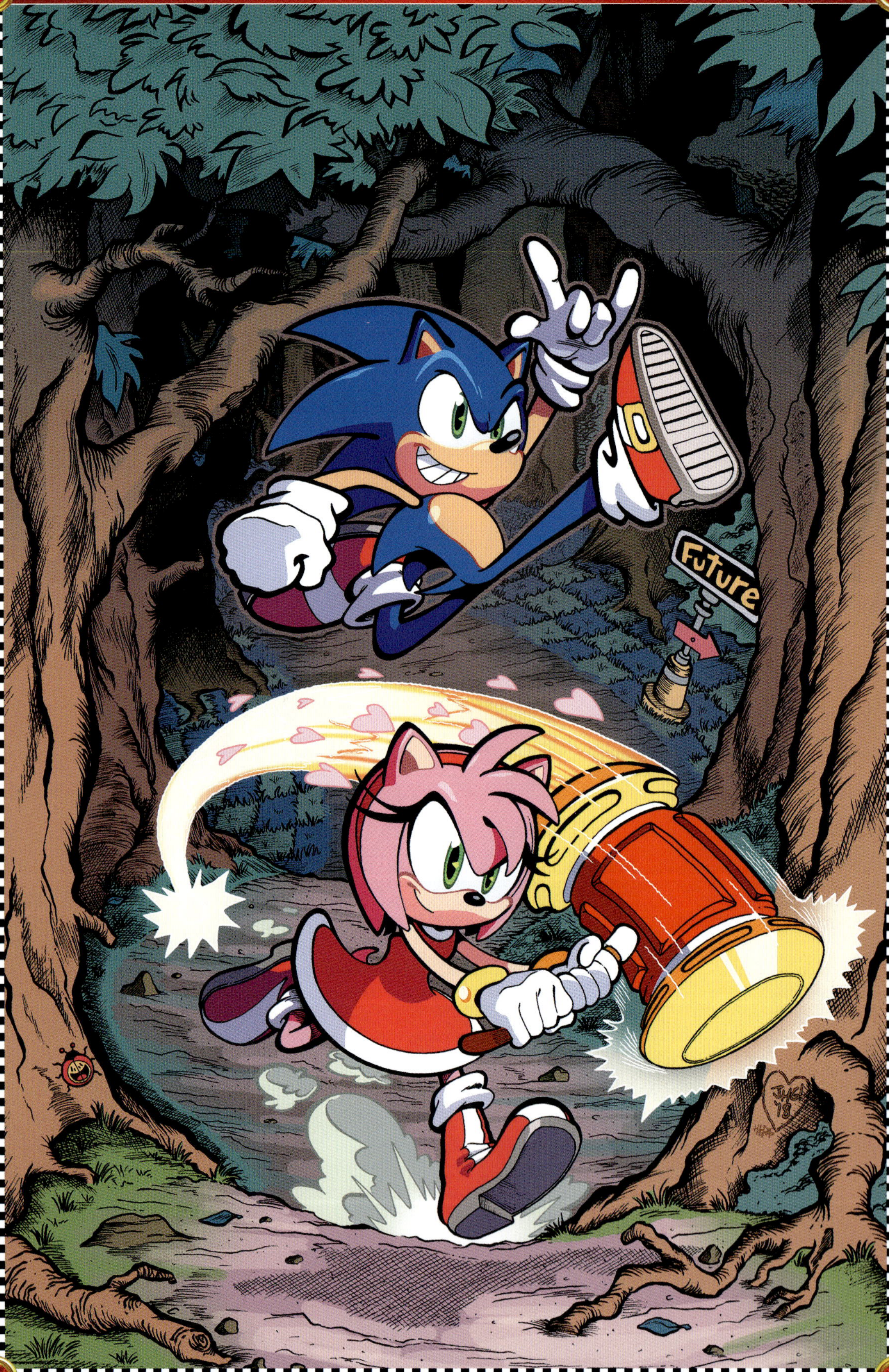

ZEICHNUNGEN: **JENNIFER HERNANDEZ**

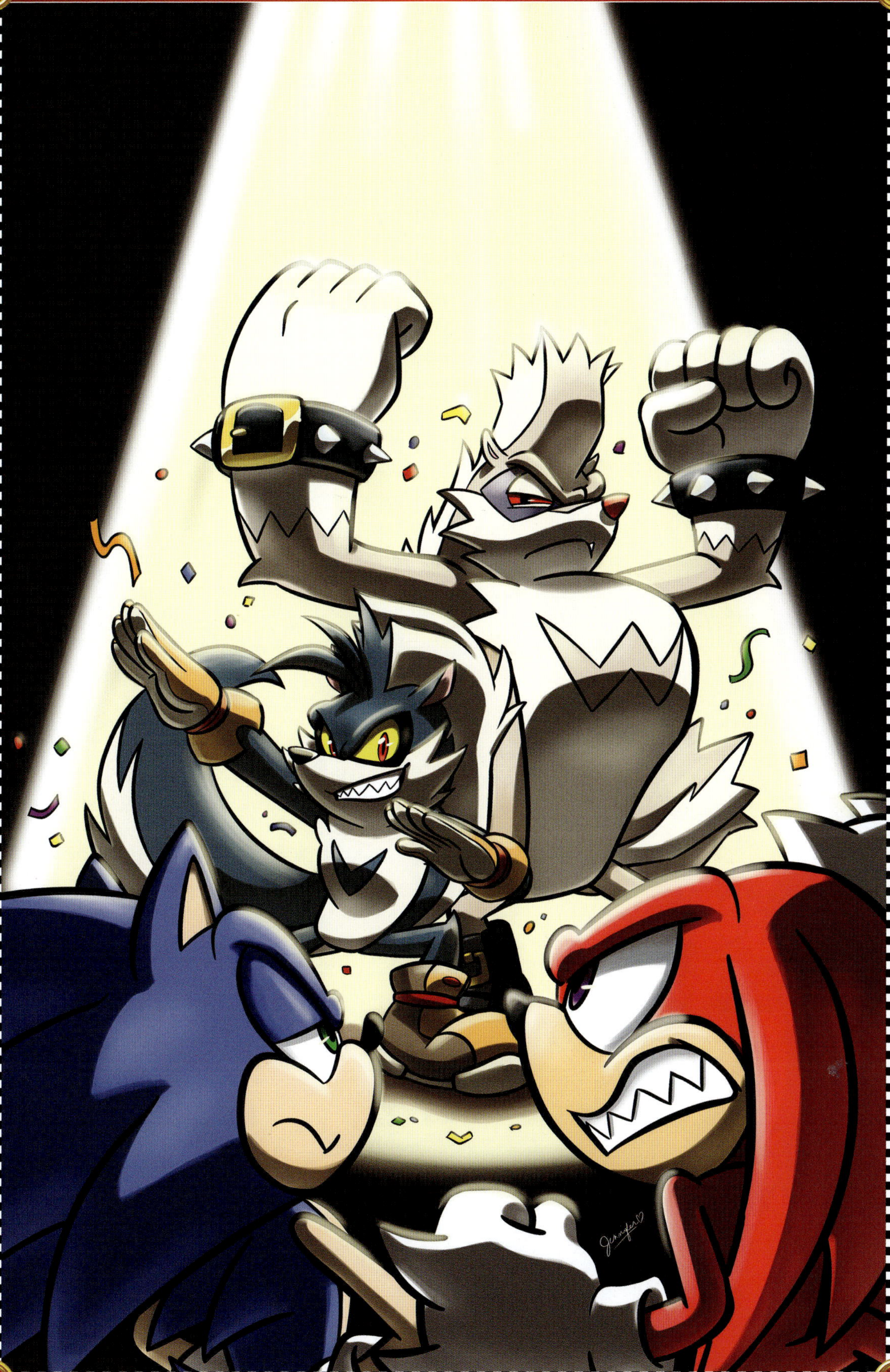

ZEICHNUNGEN: **JAMAL PEPPERS** KOLORIERUNG: **HEATHER BRECKEL**

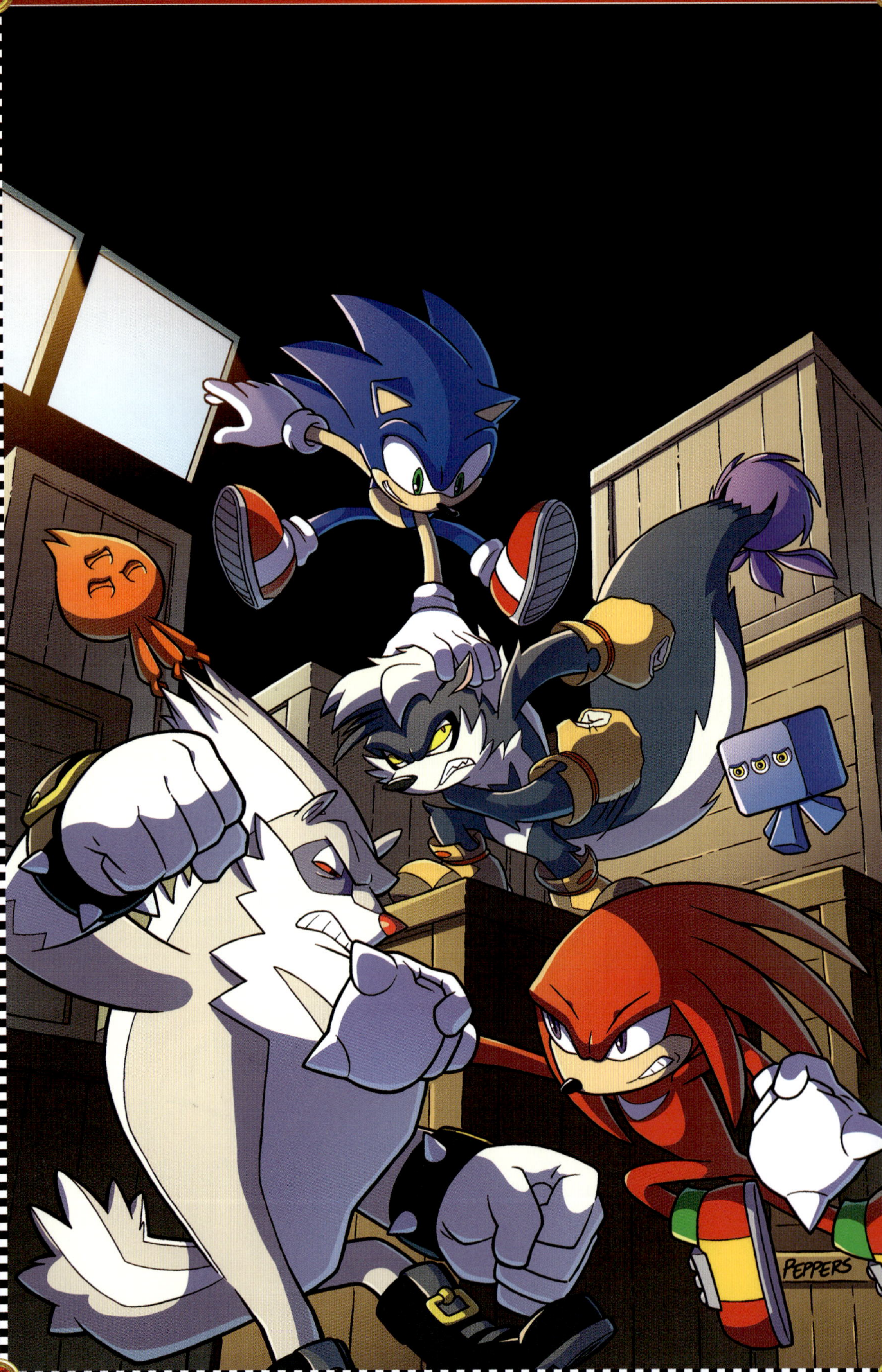

ZEICHNUNGEN: **EVAN STANLEY** KOLORIERUNG: **MATT HERMS**

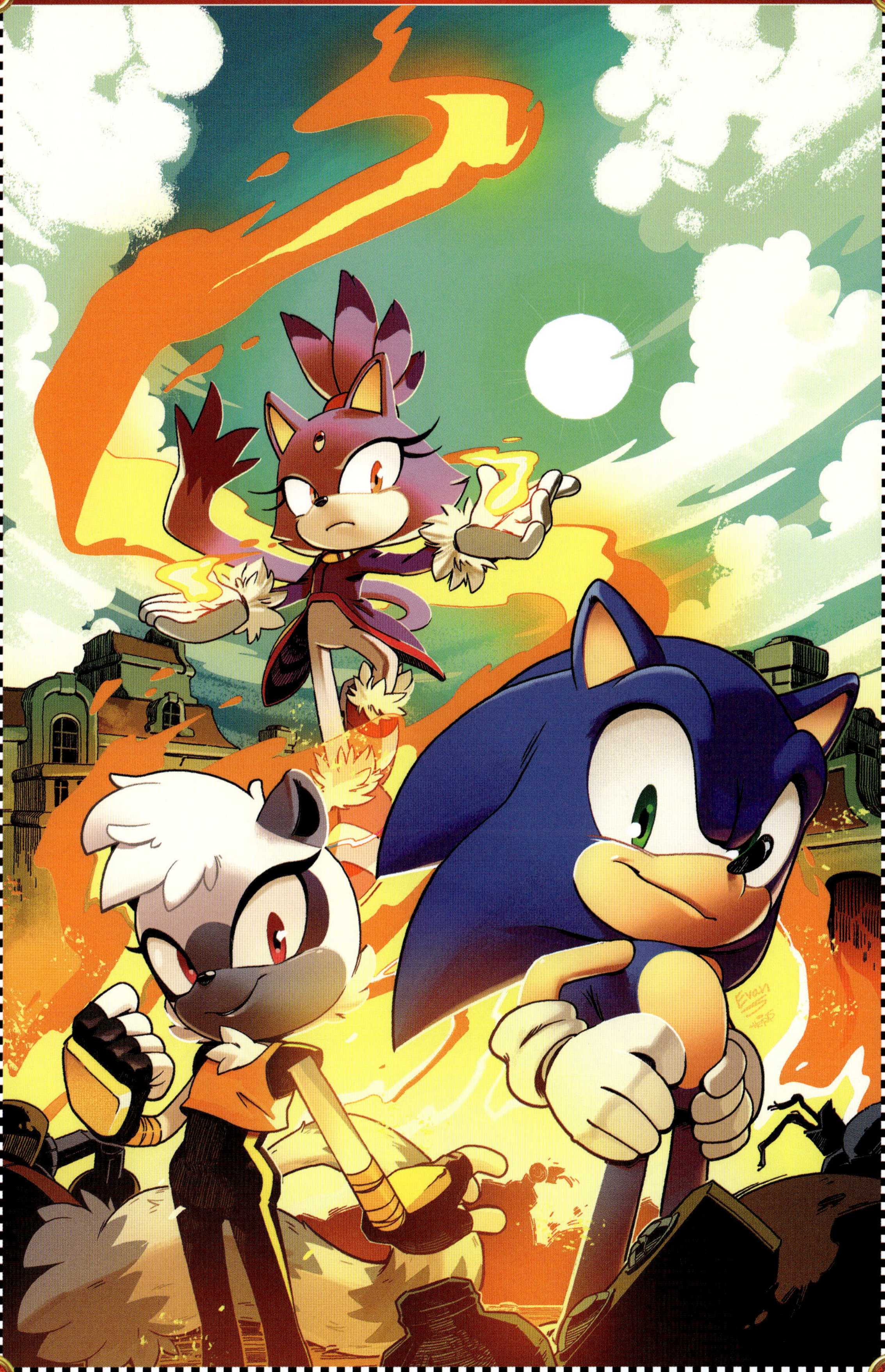

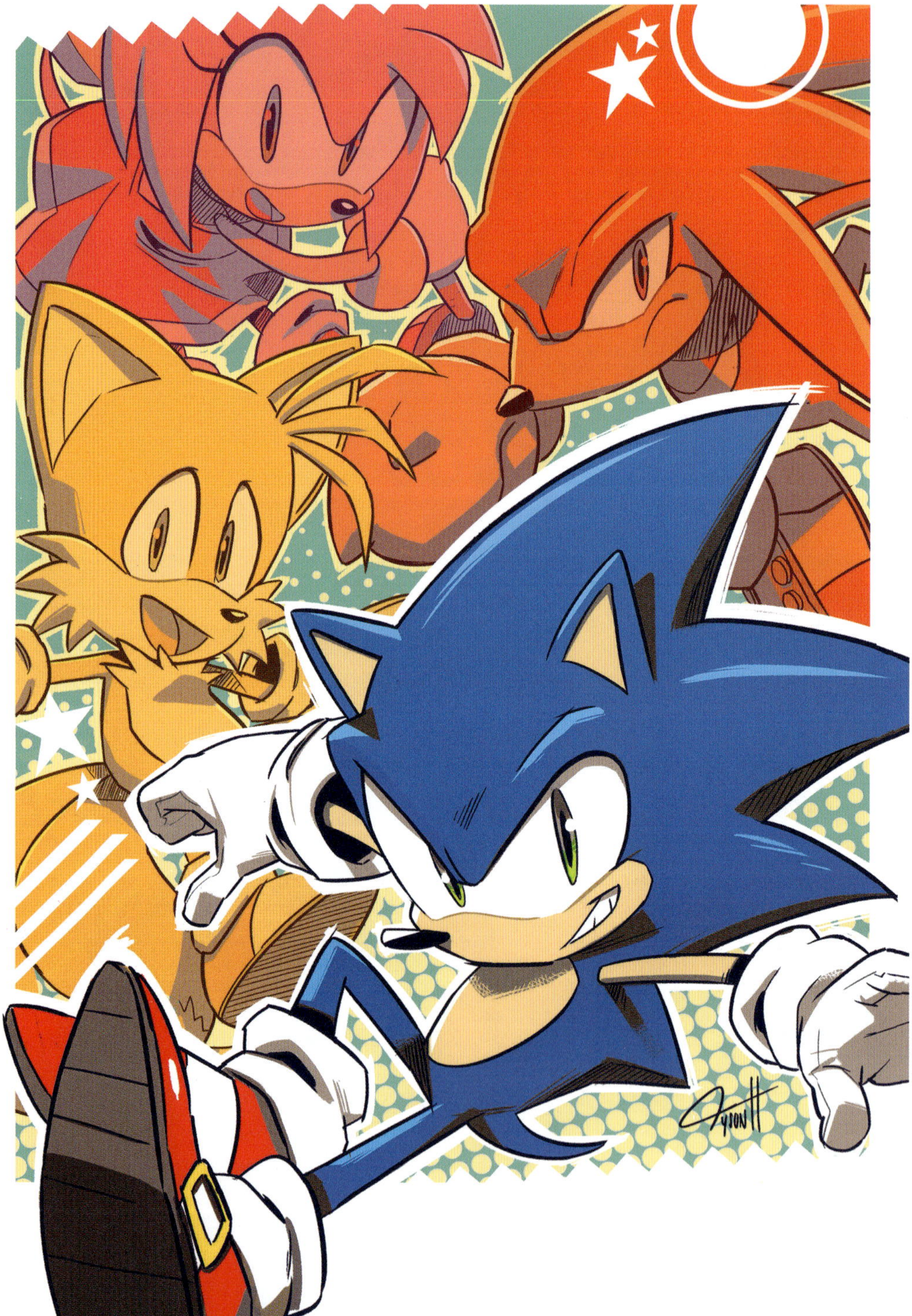

ZEICHNUNGEN: **JAMAL PEPPERS**

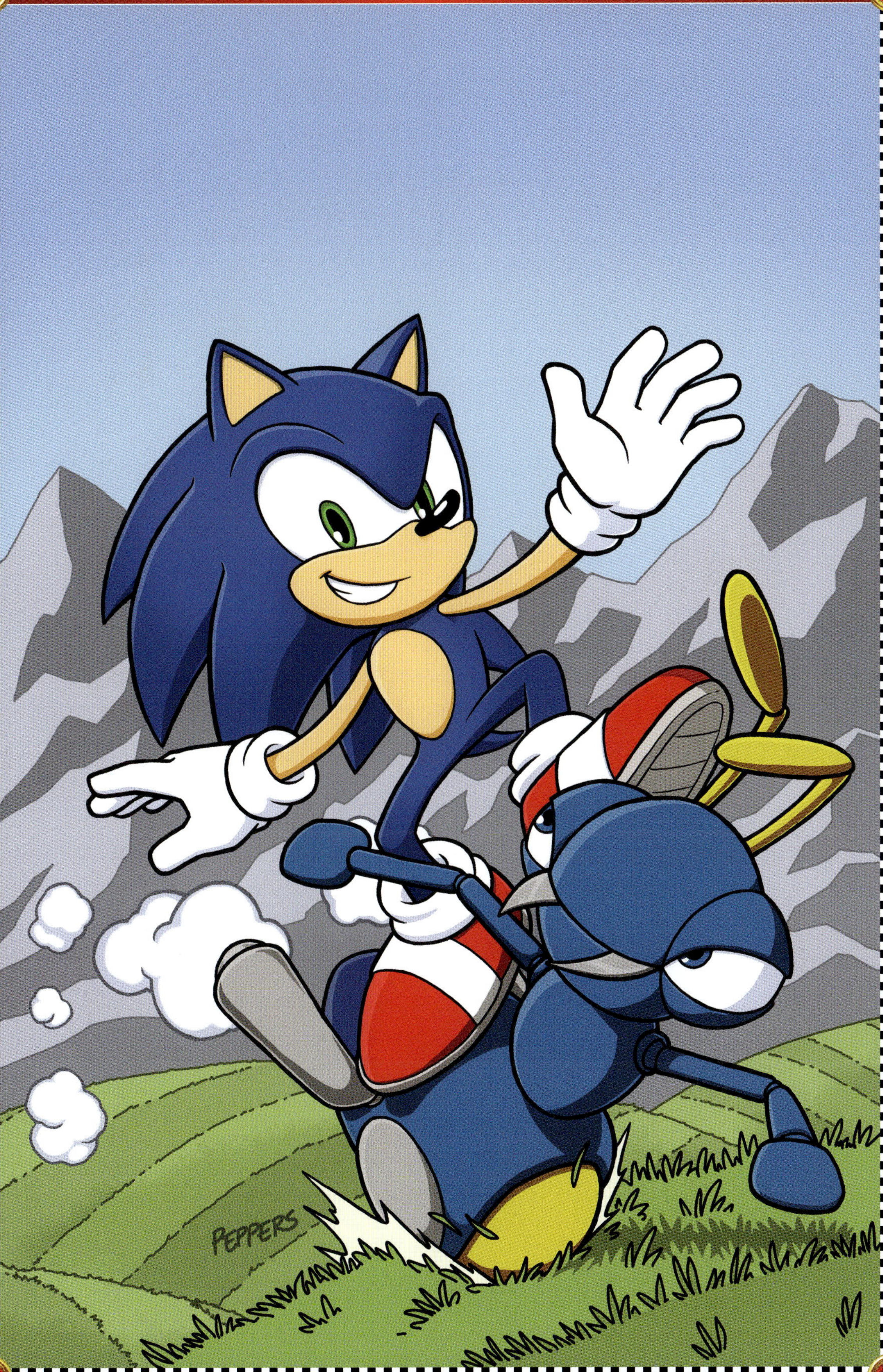

ZEICHNUNGEN: **TRACY YARDLEY**

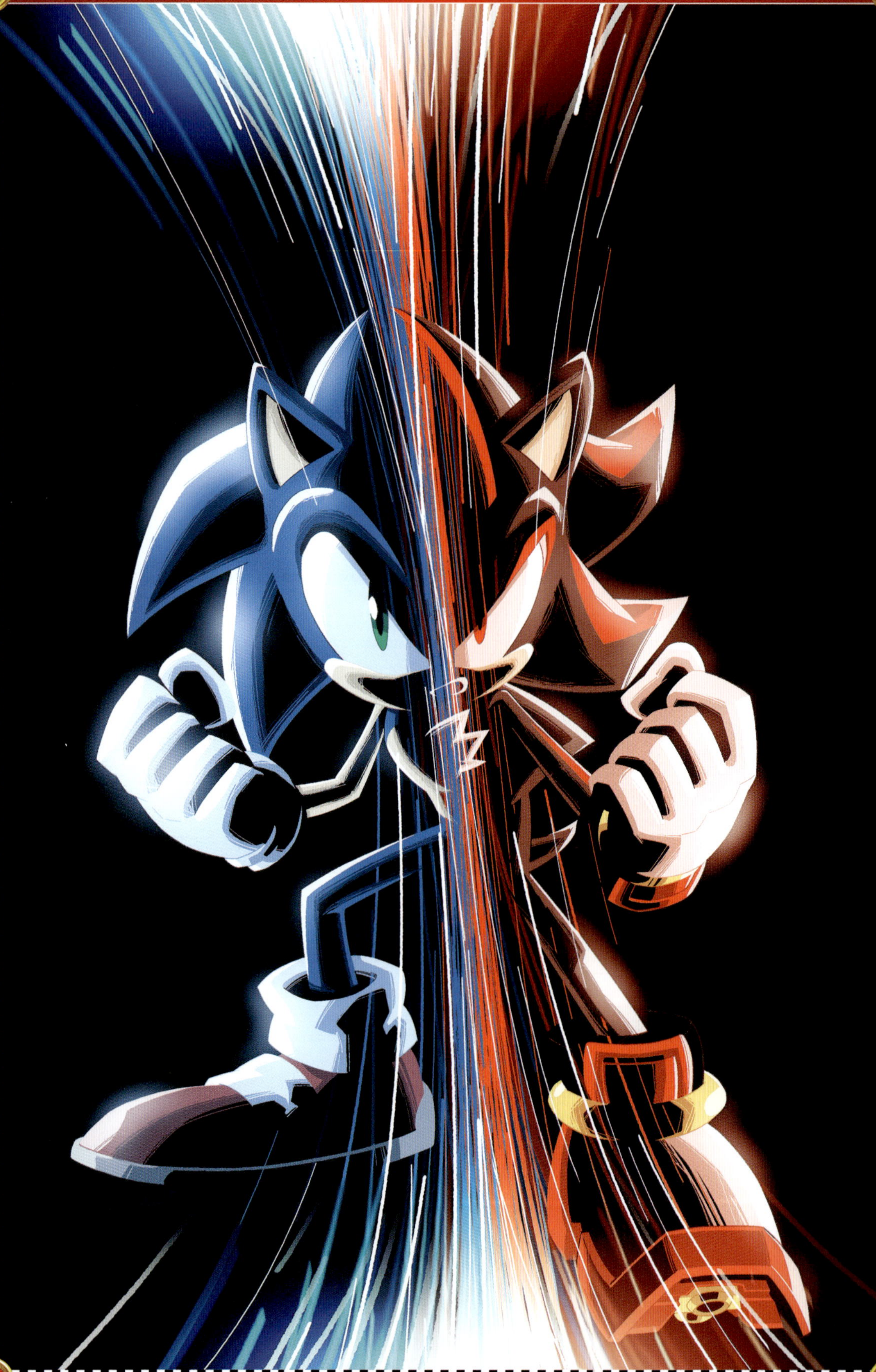

ZEICHNUNGEN: **ADAM BRYCE THOMAS**

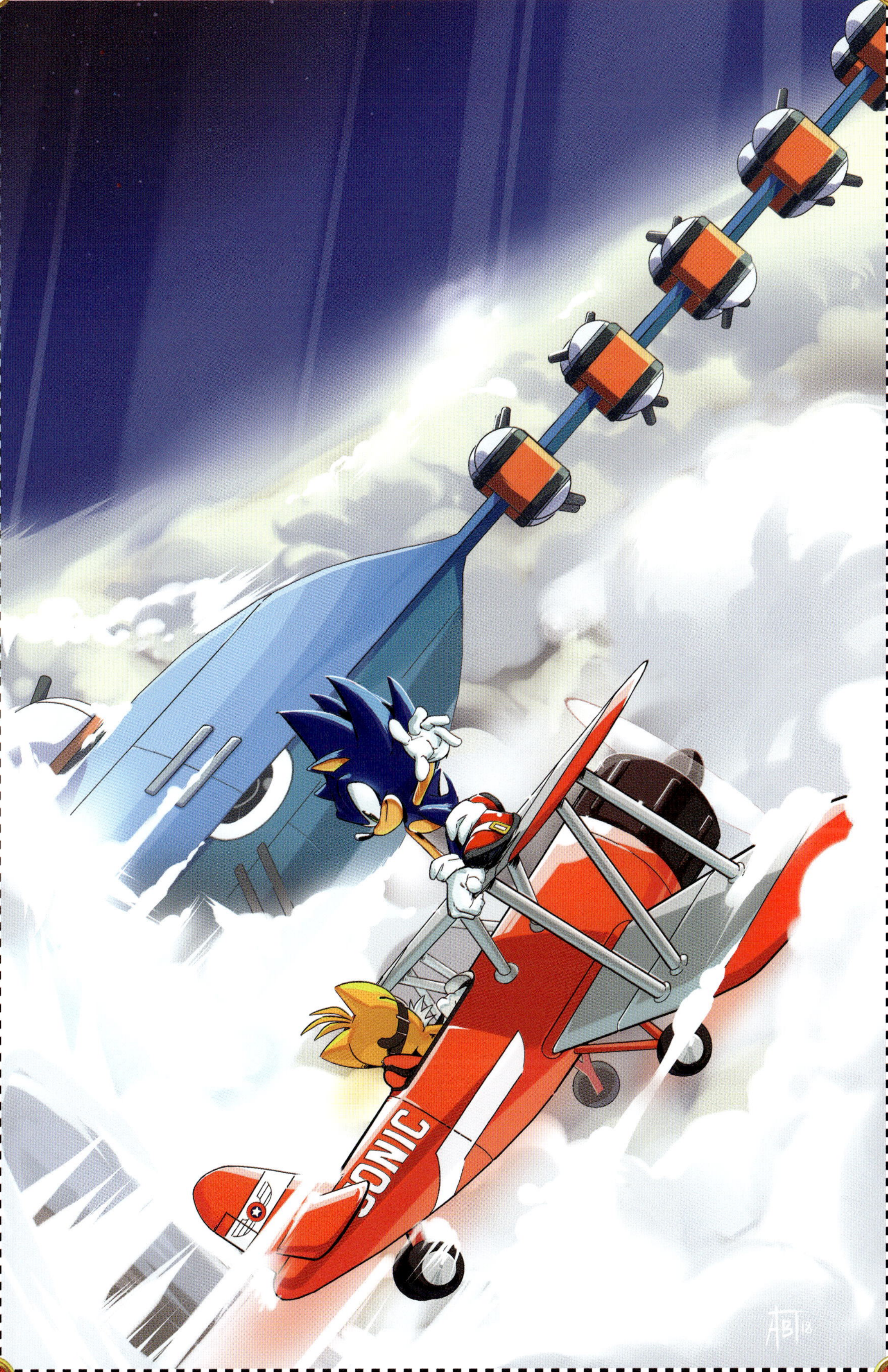

ZEICHNUNGEN: **EVAN STANLEY** KOLORIERUNG: **MATT HERMS**

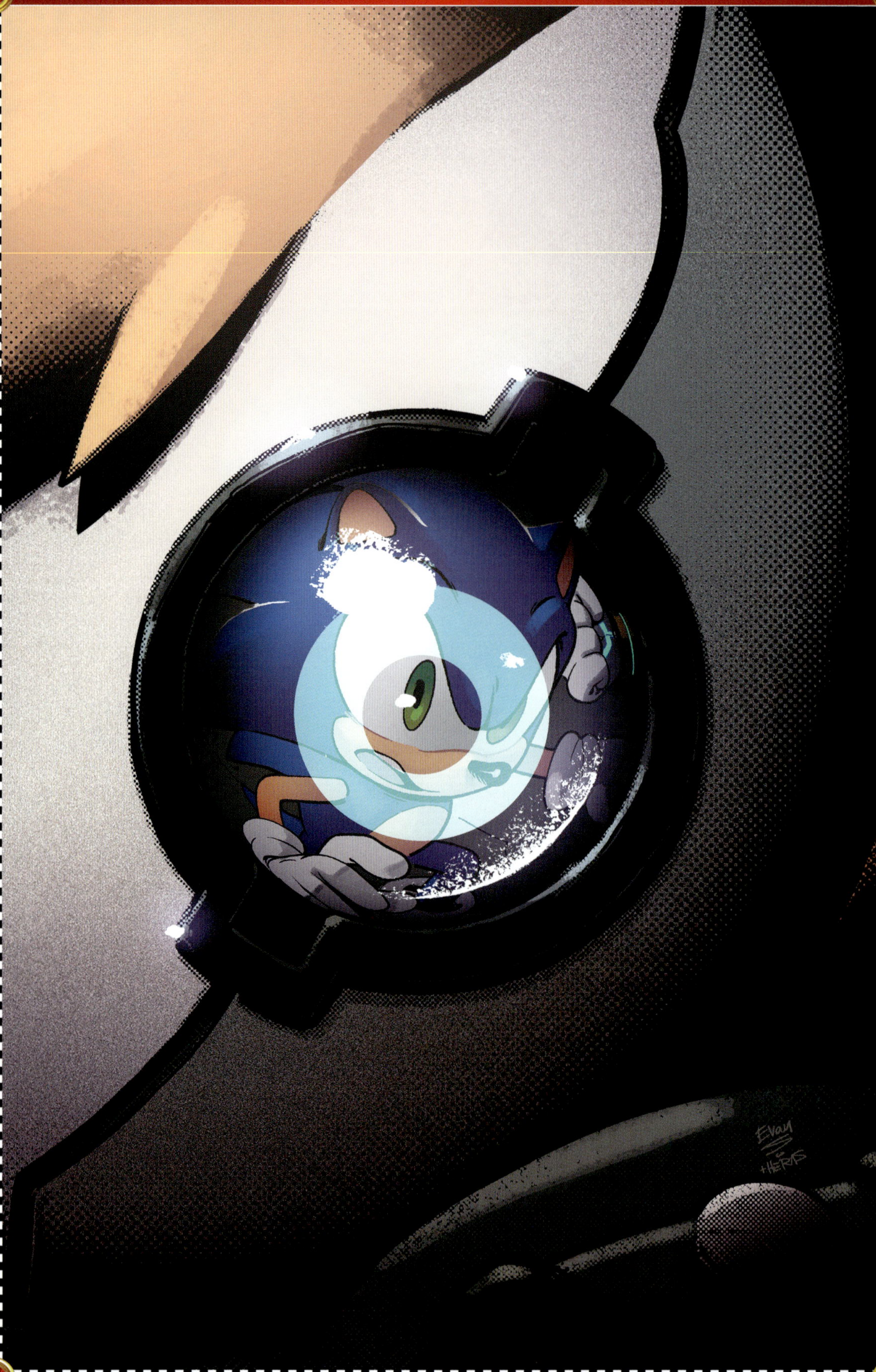

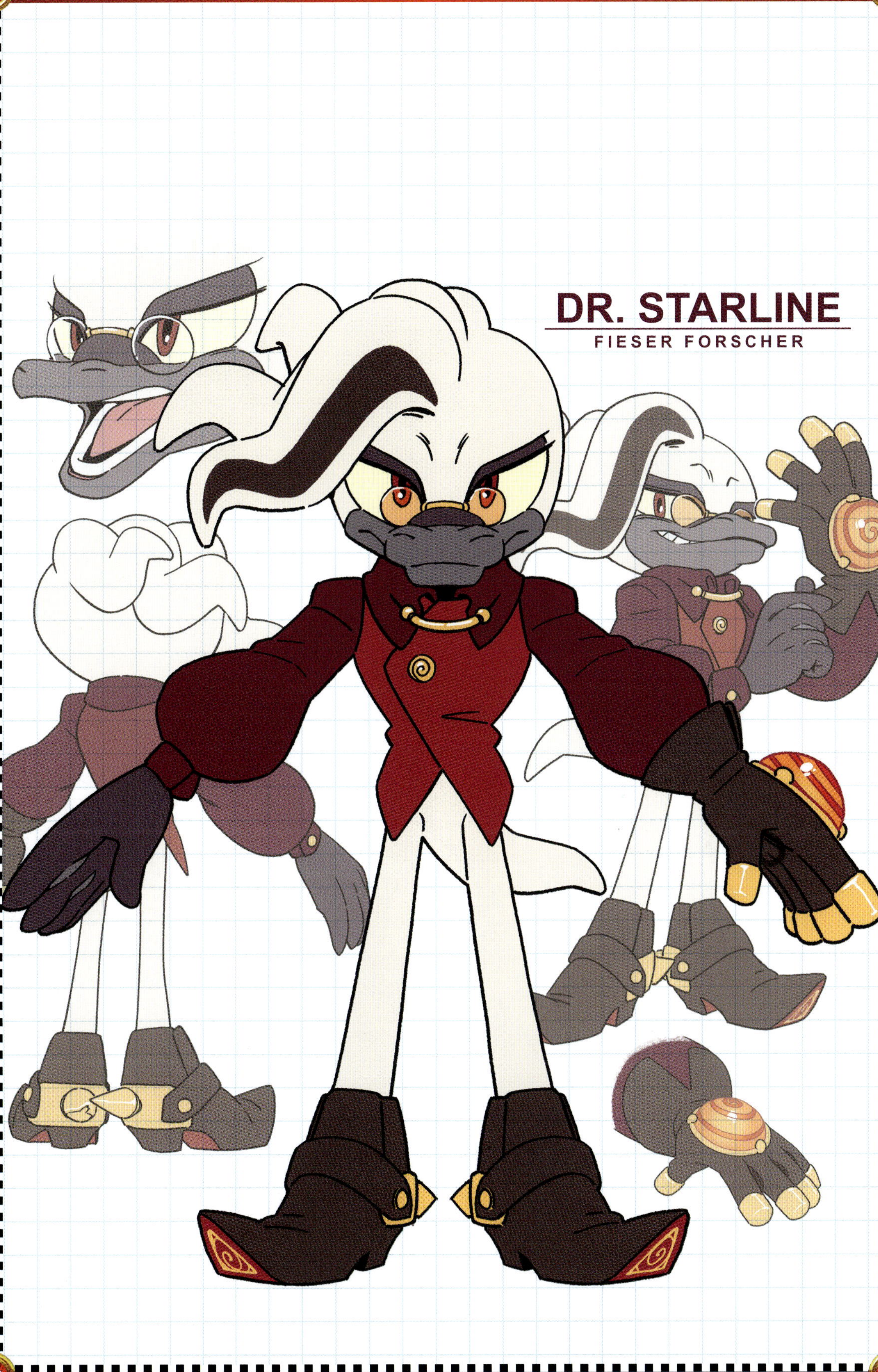
DR. STARLINE
FIESER FORSCHER

ZEICHNUNGEN: **TRACY YARDLEY**

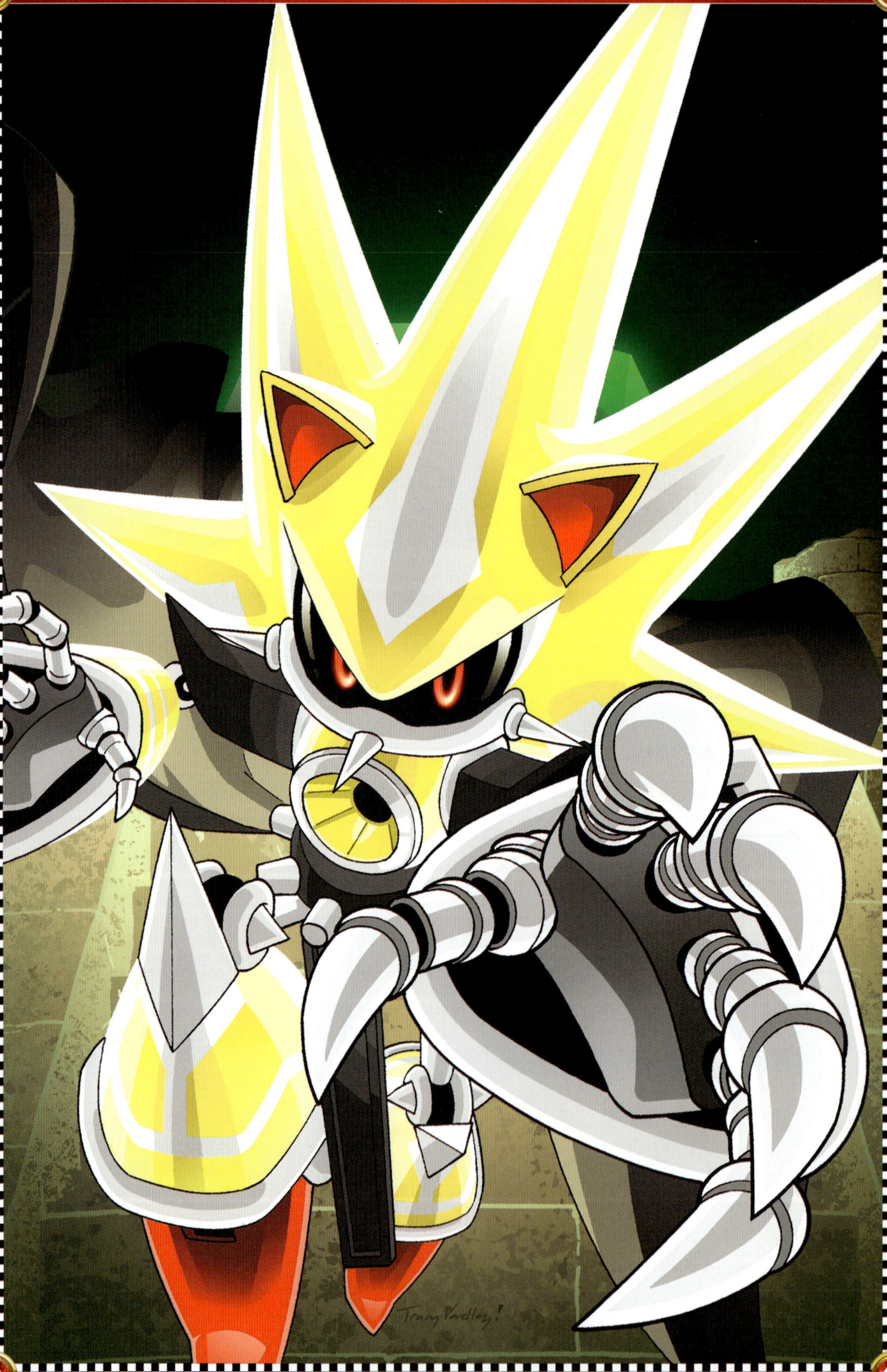

ZEICHNUNGEN: **LAMAR WELLS & ADAM BRYCE THOMAS** KOLORIERUNG: **ADAM BRYCE THOMAS**

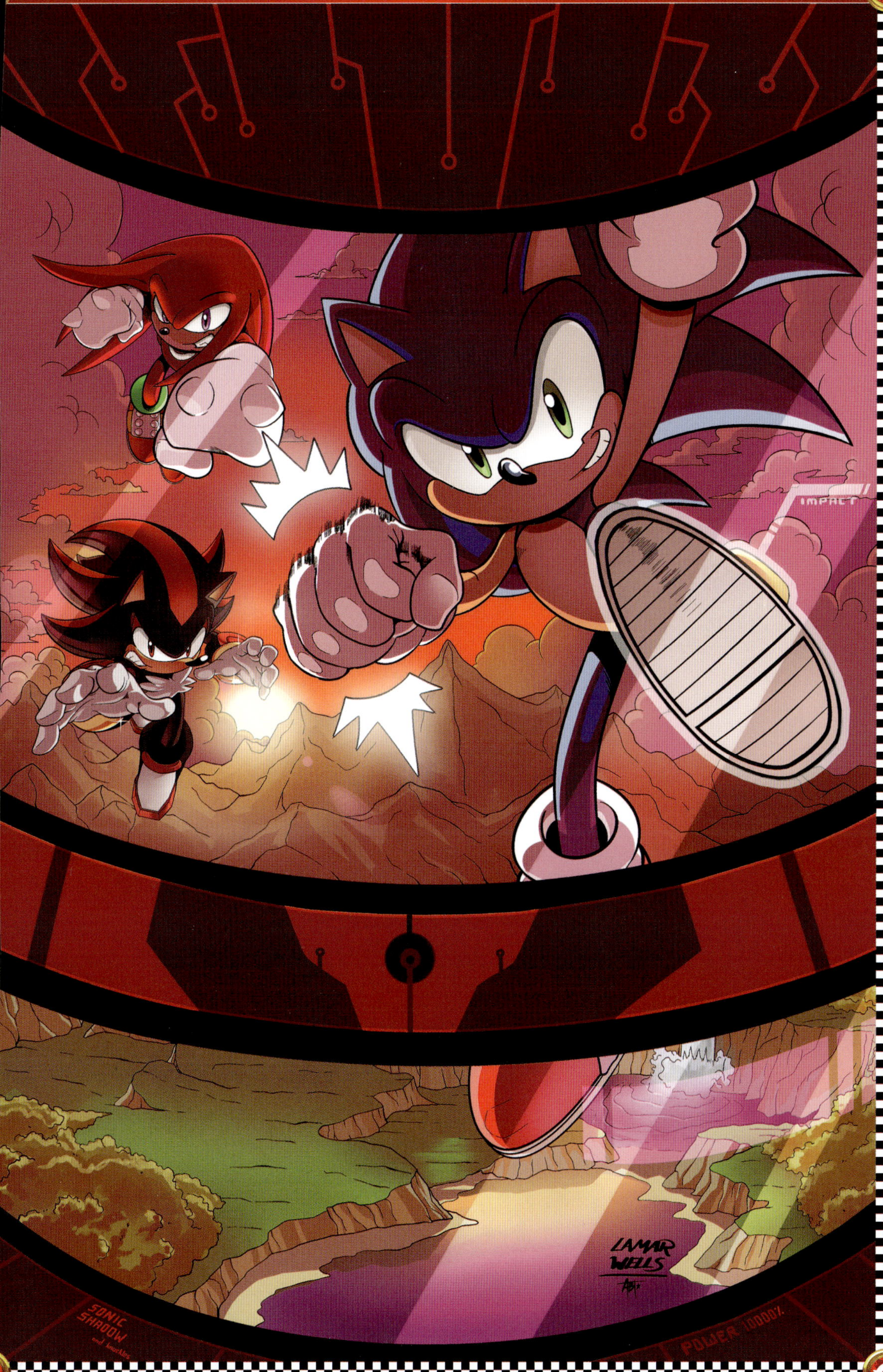

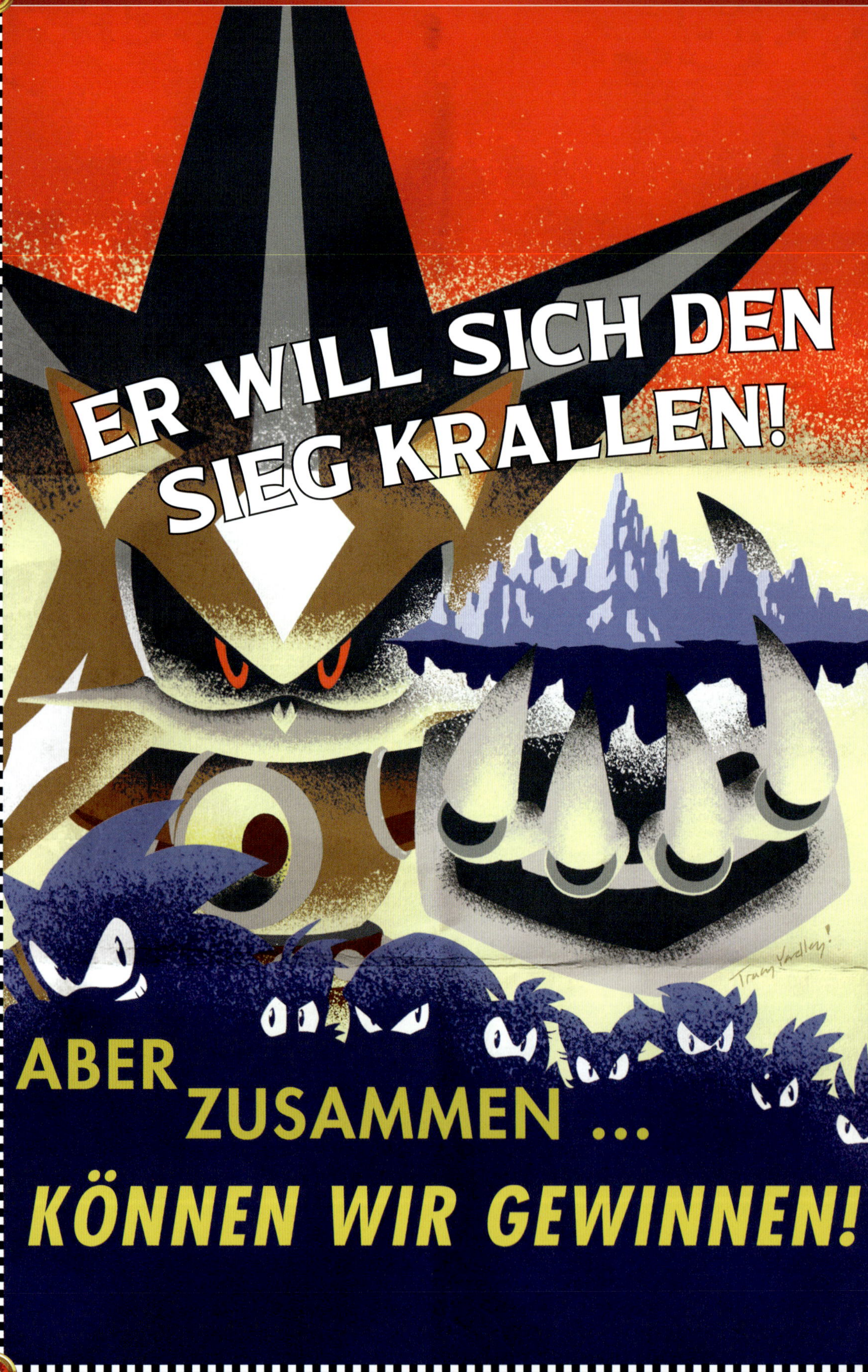
ER WILL SICH DEN
SIEG KRALLEN!
Tracy Yardley!
ABER
ZUSAMMEN ...
KÖNNEN WIR GEWINNEN!